AF891757

JUS PRIVATUM

Beiträge zum Privatrecht

Band 18

Rechtsgüterschutz im Umwelt- und Haftungsrecht

Präventive Verkehrspflichten und Beweiserleichterungen in Risikolagen

von

Thomas M. J. Möllers

J. C. B. Mohr (Paul Siebeck) Tübingen

Die Deutsche Bibliothek – CIP-Einheitsaufnahme

Möllers, Thomas M. J.:
Rechtsgüterschutz im Umwelt- und Haftungsrecht: Präventive Verkehrspflichten und Beweiserleichterungen in Risikolagen / von Thomas M. J. Möllers.
– Tübingen: Mohr, 1996
(Jus privatum; Bd. 18)
ISBN 3-16-146562-8
NE: Ius privatum

© 1996 J.C.B. Mohr (Paul Siebeck) Tübingen.

Das Werk einschließlich aller seiner Teile ist urheberrechtlich geschützt. Jede Verwertung außerhalb der engen Grenzen des Urheberrechtsgesetzes ist ohne Zustimmung des Verlags unzulässig und strafbar. Das gilt insbesondere für Vervielfältigungen, Übersetzungen, Mikroverfilmungen und die Einspeicherung und Verarbeitung in elektronischen Systemen.

Das Buch wurde von Typographic in Dettingen aus der Bembo Antiqua belichtet, von Gulde-Druck in Tübingen auf alterungsbeständiges Werkdruckpapier der Papierfabrik Weissenstein in Pforzheim gedruckt und von der Großbuchbinderei Heinr. Koch in Tübingen gebunden.

ISSN 0940-9610

Vorwort

Risiko- und Gefahrenlagen wurden in den letzten Jahrzehnten in immer stärkerem Maße durch staatliche repressive Überwachung geregelt, die in Zeiten knapper Kassen unweigerlich an Grenzen stößt. Will man das Verursacherprinzip verwirklichen, muß bereits das Unternehmen gefahren- und umweltbewußt handeln. Genau an dieser Stelle setzen moderne Regelwerke, wie die internationalen ISO 9000ff und die gemeinschaftsrechtliche Umwelt-AuditVO, an. Daneben hat sich in den letzten vierzig Jahren fast unmerklich ein präventiver Zivilrechtsschutz entwickelt, erreicht durch hohe Anforderungen an die einzelnen Verkehrspflichten und durch eine Reihe von prozessualen Beweiserleichterungen. Die Untersuchung möchte verdeutlichen, daß das Potential des Zivilrechts zum Schutz von Mensch und Gesundheit noch nicht ausgeschöpft ist und daß sich die zum Teil höchst umstrittenen, als „überspannt" bezeichneten Verkehrspflichten und die vermeintlichen Beweiserleichterungen „contra legem" dogmatisch mit dem Rechtsgüterprinzip begründen lassen.

Bei der vorliegenden Untersuchung handelt es sich um eine geringfügig überarbeitete Fassung meiner Habilitationsschrift, die der Juristischen Fakultät der Ludwig-Maximilians-Universität München im Sommersemester 1995 vorgelegen hat. Meinem verehrten Lehrer, Herrn Professor Dr.Dr. h.c. Wolfgang Fikentscher, LL.M. möchte ich für die großzügige Förderung während meiner Tätigkeit am Institut für Internationales Recht, Europäisches und Internationales Wirtschaftsrecht, meinen nachdrücklichen Dank bekunden, ohne welche diese Arbeit nicht so zügig hätte erstellt werden können. Mein besonderer Dank gilt Herrn Professor Dr. Peter Schlosser für die Übernahme des Zweitgutachtens. Für die Mühe des Korrekturlesens danke ich vornehmlich Herrn Dr.rer.nat. Helmut Stäblein, sowie Frau Ingrid Löckmann, Frau Susanne Semrau und Herrn Andreas Rohde vom Institut für Deutsches und Ausländisches Zivilprozeßrecht der Julius-Maximilians-Universität Würzburg. Meiner Frau danke ich für ihre naturwissenschaftliche Sachkunde und die ständige Bereitschaft zur Kritik, mit der sie das Werk begleitet hat.

Rechtsprechung und Schrifttum wurden bis zum 31.1.1996 berücksichtigt.

im März 1996 Thomas M.J. Möllers

Inhaltsverzeichnis

Erster Teil: Zur Dogmatik des Rechtsgüterschutzes

Zweiter Teil: Systematisierung präventiver Verkehrspflichten

Anhang

Abkürzungsverzeichnis[1]

a.A.	anderer Ansicht
AbfBetrBV	Verordnung für Betriebsbeauftragte für Abfall
AbfG	Abfallbeseitigungsgesetz
abl.	ablehnend
ABl.	Amtsblatt der Europäischen Gemeinschaften
Abs.	Absatz
AcP	Archiv für die civilistische Praxis
ADAC	Allgemeiner Deutscher Automobil-Club
a.E.	am Ende
a.F.	alte Fassung
AfP	Archiv für Presserecht
AG	Aktiengesellschaft
AK-BGB	Alternativkommentar-BGB
Alt.	Alternative
AMG	Arzneimittelgesetz
AMG-E	Entwurf zum AMG
Anh.	Anhang
Anm.	Anmerkung
AöR	Archiv des öffentlichen Rechts
ApBetrO	Apothekenbetriebsordnung
ArbStVO	Arbeitsstättenverordnung
Art.	Artikel
ASI	Arzneimittel-Schnellinformation
AT	Allgemeiner Teil
AtG	Atomgesetz
ATZ	Automobiltechnische Zeitschrift
BAG	Bundesarbeitsgericht
BAnz.	Bundesanzeiger
Bay	Bayerische
BayBO	Bayerische Bauordnung
BayObLG	Bayerisches Oberstes Landgericht
BayVBl	Bayerische Verwaltungsblätter
BB	Betriebsberater
Bd., Bde.	Band, Bände
Begr.	Begründer
ber.	bereinigt
BGA	Bundesgesundheitsamt
BGB	Bürgerliches Gesetzbuch
BGBl	Bundesgesetzblatt
BGH	Bundesgerichtshof
BGH St	Amtliche Sammlung der Entscheidungen des BGH, Strafsachen

[1] Weitere Abkürzungen sind im laufenden Text erklärt.

BGH Z	Amtliche Sammlung der Entscheidungen des BGH, Zivilsachen
BfArM	Bundesinstitut für Arzneimittel und Medizinprodukte
BImSchG	Bundes-Immissionsschutzgesetz
BImSchV	Bundes-Immissionsschutzverordnung
BLL	Bund für Lebensmittelrecht und Lebensmittelkunde e.V.
BMJ	Bundesministerium der Justiz
BMG	Bundesministerium der Gesundheit
BMU	Bundesministerium für Umwelt, Naturschutz und Reaktorsicherheit
BOÄ	Berufsordnung für die deutschen Ärzte
BR	Bundesrat
BR-Dr.	Drucksache des Bundesrates
BSeuchenG	Bundesseuchengesetz
BSG	Bundessozialgericht
Bsp.	Beispiel
BT	Besonderer Teil
BT-Dr.	Drucksache des Bundestages
BundesgesundheitsBl	Bundesgesundheitsblatt
BVerfG	Bundesverfassungsgericht
BVerfG E	Amtliche Sammlung der Entscheidungen des BVerfG
BVerwG	Bundesverwaltungsgericht
BVV	Bundesinstitut für gesundheitlichen Verbraucherschutz und Veterinärmedizin
ChemG	Chemikaliengesetz
CuR	Computer und Recht
DÄBl	Deutsches Ärzteblatt
DAR	Deutsches Autorecht
DB	Der Betrieb
d.h.	das heißt
Dig.	Digesten
DIN	Deutsches Institut für Normung
DJT	Deutscher Juristentag
DÖV	Die Öffentliche Verwaltung
DVBl	Deutsche Verwaltungsblätter
EGV	Vertrag zur Gründung der Europäischen Gemeinschaft
Einf	Einführung
Einl.	Einleitung
EN	Europäische Normen
EP	Europäisches Parlament
EU	Europäische Union
EuGH	Europäischer Gerichtshof
EuGRZ	Europäische Grundrechte Zeitschrift
EuR	Europarecht
EuZW	Europäische Zeitschrift für Wirtschaftsrecht
EWG	Europäische Wirtschaftsgemeinschaft
EWGV	Vertrag zur Gründung der Europäischen Wirtschaftsgemeinschaft
EWiR	Entscheidungen zum Wirtschaftsrecht
EWS	Europäisches Wirtschafts- und Steuerrecht
f, ff	folgende
FAZ	Frankfurter Allgemeine Zeitung
FCKW	Fluorchlorkohlenwasserstoffe
Fn.	Fußnote
FS	Festschrift
GA	Goltdammers Archiv für Strafrecht
GAU	größter atomarer Unfall

GBl	Gesetzesblatt
GCP	Good Clinical Practice
GefStV	Gefahrstoffverordnung
gem.	gemäß
GenTG	Gentechnikgesetz
GeS	Gesammelte Schriften
GewArch	Gewerbearchiv
GewO	Gewerbeordnung
ggfs.	gegebenenfalls
GLP	Good Labor Practice
GmbHG	Gesetz betr. die Gesellschaften mit beschränkter Haftung
GmbHR	GmbH-Rundschau
GMBl	Gemeinsames Ministerialblatt, hrsg. vom Bundesminister des Innern
GMP	Good Manufactoring Practice
GNG	Gesundheitseinrichtungen-Neuordnungs-Gesetz
GRUR	Gewerblicher Rechtsschutz und Urheberrecht
GS	Zeichen für „Geprüfte Sicherheit", § 3 IV GSG
GSG	Gerätesicherheitsgesetz
GVBl	Gesetz- und Verordnungsblatt
GWB	Gesetz gegen Wettbewerbsbeschränkungen
HACCP-Konzept	Hazard Analysis and Critical Control Point
HdbStR	Handbuch des Staatsrechts
Hinw.	Hinweis
H.L.Rev.	Harvard Law Review
h.M.	herrschende Meinung
Hrsg.	Herausgeber
Hs.	Halbsatz
i.d.F.	in der Fassung
i.d.R.	in der Regel
i.e.S.	im engeren Sinne
IherJb	Iherings Jahrbücher für die Dogmatik des Bürgerlichen Rechts
ISO	International Organization for Standardization
i.S.v.	im Sinne von
IUR	Internationales Umweltrecht
ivF	im vorliegenden Fall
i.V.m.	in Verbindung mit
i.w.S.	im weiteren Sinne
JA	Juristische Arbeitsblätter
JR	Juristische Rundschau
Jura	Jura
JuS	Juristische Schulung
JZ	Juristenzeitung
KF	Karlsruher Forum (Beiheft zum VersR)
KJ	Kritische Justiz
KritV	Kritische Vierteljahresschrift für Gesetzgebung und Rechtswissenschaft
KSchG	Kündigungsschutzgesetz
Kza.	Kennzahl
LMBG	Lebensmittel- und Bedarfgegenständegesetz
LRE	Sammlung lebensmittelrechtlicher Entscheidungen
Ls	Leitsatz
LZ	Lebensmittelzeitung
MAK	Maximale Arbeitsplatzkonzentration
m.Anm.	mit Anmerkung
MDR	Monatsschrift für Deutsches Recht

m.E.	meines Erachtens
MedGV	Medizingeräteverordnung
MedR	Medizinrecht
mg	Milligramm
Mia.	Milliarden
m.Hinw.	mit Hinweis
Mio.	Millionen
MitbestEgG	Mitbestimmungsergänzungsgesetz
MitbestG	Mitbestimmungsgesetz
MontanMitbG	Montan-Mitbestimmungsgesetz
MPG	Medizinproduktegesetz
mrem/a	Millirem pro Jahr
MünchKomm	Münchener Kommentar zum BGB
m.w.Hinw.	mit weiteren Hinweisen
m.w.Nachw.	mit weiteren Nachweisen
NILR	Netherlands International Law Review
NJ	Neue Justiz
NJW	Neue Juristische Wochenschrift
NJW-CoR	NJW-Computerrecht
NJW-RR	NJW-Rechtsprechungs-Report
NStZ	Neue Zeitschrift für Strafrecht
NuR	Natur und Recht
NVwZ	Neue Verwaltungszeitschrift
NVwZ-RR	NVwZ-Rechtsprechungs-Report
NW	Nordrhein-Westfalen
NWVBl	Nordrhein-Westfälisches Verwaltungsblatt
N.Y.U.L.Rev.	New York University Law Review
NZA	Neue Zeitschrift für Arbeitsrecht
NZV	Neue Zeitschrift für Verkehrsrecht
OLG	Oberlandesgericht
OVG	Oberverwaltungsgericht
PCP	Pentachlorphenol
PER	Perchlorethylen
PflSchG	Pflanzenschutzgesetz
PharmBetrV	Betriebsverordnung für pharmazeutische Unternehmen
PharmInd	Die pharmazeutische Industrie
PharmR	Pharma-Recht
PHG	Produkthaftungsgesetz
PHI	Produkthaftung international
PIC	Pharmaceutical Inspections-Convention
PrOVG	Preußisches Oberverwaltungsgericht
PrOVG E	Amtliche Sammlung der Entscheidungen des Preußischen Oberverwaltungsgerichts
PrVBl	Preußisches Verwaltungsblatt
PZ	Pharmazeutische Zeitung
RdE	Recht der Energiewirtschaft
Rdnr.	Randnummer
RGRK	Reichsgerichtsrätekommentar
RiL	Richtlinie
RIW	Recht der Internationalen Wirtschaft
RKI	Robert-Koch-Institut
RMC	Revue du Marché Commun
RR	Rechtsprechungsreport
Rs.	Rechtssache

Rspr.	Rechtsprechung
s., S.	siehe, Seite
Sp.	Spiegelstrich
Sen.	Senat
SGB	Sozialgesetzbuch
SK	Systematischer Kommentar
Slg.	Amtliche Sammlung der Entscheidungen des EuGH
SNWG	Säuglingsnahrungswerbegesetz
sog.	sogenannte
StGB	Strafgesetzbuch
StörfallVO	Störfallverordnung
StörfallVwV	Erste Allgemeine Verwaltungsvorschrift z. Störfall-Verordnung
StrlSchV	Strahlenschutzverordnung
StrV	Strafverteidiger
StrVG	Strahlenschutzvorsorgegesetz
StVO	Straßenverkehrsordnung
StVZO	Straßenverkehrszulassungsordnung
SZ	Süddeutsche Zeitung
TA Lärm	Technische Anleitung Lärm
TA Luft	Technische Anleitung Luft
TRK	Technische Richtkonzentration
u.a.	und andere/unter anderem
Ua.	Unterabsatz
UAG	Umweltauditgesetz
UBA	Umweltbundesamt
UBAG	Umweltbundesamtgesetz
UGB-E	Professorenentwurf zum Umweltgesetzbuch
UHG	Umwelthaftungsgesetz
UIG	Umweltinformationsgesetz
Umwelt-AuditVO	Umwelt-Auditverordnung
UPR	Umwelt- und Planungsrecht
UTR	Schriftenreihe des Instituts für Umwelt- und Technikrecht der Universität Trier
u.U.	unter Umständen
UWG	Gesetz gegen den unlauteren Wettbewerb
v.	vor, von
VersR	Versicherungsrecht
Verw	Die Verwaltung
VerwArch	Verwaltungsarchiv
VGH	Verwaltungsgerichtshof
VO	Verordnung
VP	Versicherungspraxis
VuR	Verbraucher und Recht
VVDStRL	Veröffentlichung der Vereinigung der Deutschen Staatsrechtslehrer
VwGO	Verwaltungsgerichtsordnung
VwV	Verwaltungsvorschrift
VwVfG	Verwaltungsverfahrensgesetz
WHG	Wasserhaushaltsgesetz
WHO	World Health Organization
WiB	Wirtschaftsrechtliche Beratung
wistra	Zeitschrift für Wirtschaft, Steuer, Strafrecht
WiVerw	Wirtschaft und Verwaltung
WM	Wertpapier-Mitteilungen
WRP	Wettbewerb in Recht und Praxis

WUR	Wirtschaftsverwaltungs- und Umweltrecht
z.B.	zum Beispiel
ZEuP	Zeitschrift für Europäisches Privatrecht
ZfB	Zeitschrift für Betriebswirtschaft
ZfS	Zeitschrift für Schadensrecht
ZfU	Zeitschrift für Umweltrecht
ZGR	Zeitschrift für Unternehmens- und Gesellschaftsrecht
ZHR	Zeitschrift für das gesamte Handels- und Wirtschaftsrecht
Ziff.	Ziffer
ZIP	Zeitschrift für Wirtschaftsrecht und Insolvenzpraxis
ZLR	Zeitschrift für das gesamte Lebensmittelrecht
ZPO	Zivilprozeßordnung
ZR	Zivilsenat
ZRP	Zeitschrift für Rechtspolitik
ZUR	Zeitschrift für Umweltrecht
zust.	zustimmend
ZVglRWiss	Zeitschrift für Vergleichende Rechtswissenschaft
ZZP	Zeitschrift für Zivilprozeß

Einleitung

Ausgangsfälle

Zur Einführung in die Thematik der vorliegenden Arbeit sind im folgenden eine Reihe von typischen Gerichtsurteilen und behördlichen Verwaltungsakten aus der jüngeren und jüngsten Zeit zusammengestellt, die jeweils den Schutz von Mensch und Umwelt betreffen. Die Sachverhalte verdeutlichen die vielfältigen Gefahren und Risiken in einer hoch technisierten Welt, welche den persönlichen Rechtsgütern und der Umwelt drohen. Die Auswahl dieser Fälle zeigt deutlich die Fülle der juristischen Probleme, die sich der Rechtswissenschaft stellen, sobald der Schutz von Mensch und Umwelt sichergestellt werden soll. Aus den Entscheidungen ergeben sich die angeführten Fragestellungen, die in der vorliegenden Arbeit beantwortet werden.

Beispiel 1: Hoechst[1] – Bei einem Chemieunfall der Hoechst AG im Februar 1993 traten 2,5 Tonnen der Chemikalie o-Nitroanisol aus. Mehr als 40 Menschen klagten über Atemprobleme, Augen- und Kopfschmerzen. Ein Firmenvertreter sprach von einer „mindergiftigen" Chemikalie, Wissenschaftler erklärten die Chemikalie für erbgutschädigend und für möglicherweise krebserregend[2]. Die Anwohner erfuhren erst nach einem Tag, daß bei Kindern eine orale Aufnahme des gelben Stoffes tödlich wirken kann, daß der Schmierfilm keineswegs mit bloßen Händen berührt werden darf und auch nicht mit den Schuhen in beheizte Räume getragen werden soll, weil er bei mehr als 10° C giftige Dämpfe erzeugt.

Wo beginnt der Rechtsgüterschutz und welche Belästigungen sind als allgemeine Lebensrisiken hinzunehmen? Können Rechtsgüter wie Gesundheit

---

[1] *Stelz*, Preis des Versagens in DIE ZEIT v.5.3.1994, 25; SZ v.24.2.1993, 12; *Roll*, SZ v.6./7.3.1993, 13; Erinnerungen an Seveso, Der Spiegel 9/1993, 18. Vgl. auch BGH v.14.1.1992 – NJW 1992, 1043 – Ethylacrylatgaswolke; KG v.4.10.1990, VersR 1991, 826 – irreparable Einlagerung von PER, Nichtannahme durch BGH VI ZR 22/90. S. auch unten §1.V.2.

[2] Die Aussagen widersprachen sich nicht, da nach § 3a I Nr. 8 iVm III ChemG a.F. Stoffe als mindergiftig galten, wenn der begründete Verdacht besteht, daß sie krebserregend, fruchtschädigend oder erbgutverändernd sind. Der Gesetzgeber hat diesen euphemistischen Begriff „mindergiftig" in der neuesten Novellierung des ChemG v.25.7.1994, BGBl I 1703 gestrichen. Der Firmenvertreter formulierte also durchaus juristisch präzise.

oder Körper in den verschiedenen Rechtsgebieten gleichbedeutend ausgelegt werden[3]?

Beispiel 2: Lederspray[4]- Ein Lederspray verursachte bei einigen Verbrauchern eine lebensbedrohende Flüssigkeitsansammlung in der Lunge. Die Geschäftsleitung nahm das Lederspray nicht vom Markt, weil sich toxische Eigenschaften des Ledersprays wissenschaftlich nicht nachweisen ließen. Der 2. Strafsenat des BGH verurteilte mehrere Geschäftsführer des Unternehmens zu Freiheits- bzw. Geldstrafen.

Bestehen Verhaltenspflichten bei Risiko- und Vermutungslagen im Öffentlichen Recht und im Zivilrecht auch ohne Nachweis einer Gefahr[5]?

Beispiel 3: Medizinalassistent[6] – Ein Facharzt für Anästhesie gab der Klägerin ein Lachgas-Sauerstoff-Gemisch zur Narkose. Obwohl der Blutdruck der Klägerin stark abgesunken war, verließ der Anästhesist während der Operation den Operationssaal und überließ die zwischenzeitliche Überwachung einem Medizinalassistenten. Bei der Klägerin trat ein Herzstillstand ein, der zu einer Hirnschädigung führte. Der BGH bejahte einen groben Behandlungsfehler des Arztes, weil dieser den Operationssaal bei der konkreten Gefahrenlage nicht hätte verlassen dürfen. Dem Arzt obliege die Beweislast, daß rechtzeitig ergriffene Gegenmaßnahmen Herzstillstand und Hirnschädigung nicht verhindert hätten.

Was sind die Voraussetzungen des groben Behandlungsfehlers? Läßt er sich als „grober Berufsfehler" auf andere Bereiche übertragen?

Beispiel 4: Mehrwegflasche[7] – Eine Flasche mit kohlensäurehaltiger Limonade war explodiert und hatte zum Verlust des rechten Auges beim Kläger geführt. Als Ursache des Unfalls kam entweder ein zu hoher Innendruck infolge zu geringer

---

[3] Sogleich § 1.

[4] BGH v.6.7.1990, St 37, 106 = NJW 1990, 2560 = BB 1990, 1856 = MDR 1990, 2560 = NStZ 1990, 588 = StrVert 1990, 566 = wistra 1990, 342 = JuS 1991, 253 (*Hassemer*) = JZ 1992, 253 m.Anm. *Hirte*, JZ 1992, 257ff = ES Nr.IV.1.17 m.Anm. *Schmidt-Salzer*, NJW 1990, 2966; *ders.*, Umwelthaftungsrecht, Einl. Rdnr. 157ff; *Beulke/Bachmann*, JuS 1992, 737; *Marxen*, EWiR § 223a StGB 1/90, 1017; *Kuhlen*, NStZ 1990, 566; *Samson*, StrV 1991, 184; *Brammsen*, Jura 1991, 533; *Puppe*, JR 1992, 30; *Kullmann*, NJW 1991, 680; *Meier*, NJW 1992, 3193 – Lederspray (Erdal); s. dazu unten § 2.II.3.b); § 4.III.6.a); § 6.III.2.b)cc).

[5] Unten § 2; ebenso § 6.III.1. und § 8.I.4.b).

[6] BGH v.18.3.1974, NJW 1974, 1424, 1425 = LM § 276 (Ca) Nr. 19 = VersR 1974, 804 – Intubationsnarkose.

[7] BGH v.7.6.1988, Z 104, 323 = NJW 1988, 2611 m.Anm. *Reinelt* = LM § 823 (E) Nr. 16 = JZ 1988, 966 m.Anm. *Giesen* = VersR 1988, 930 m.Anm. *Foerste*, VersR 1988, 958 = BB 1988, 1624 = DB 1988, 1988 = WM 1988, 1376 = ZIP 1988, 1129 = r + s 1989, 285 = DAR 1988, 310 = PharmInd 1988, 1254 = JuS 1989, 142 (*Emmerich*) = *Kullmann/Pfister*, Kza 7502/14; 7595/7 = ES Nr. I.266 m.Anm. *Boujong*, Bitburger Gespräche 1989, 35; *Pfister*, EWiR § 23 6/88, 891; *Winkelmann*, MDR 1989, 16; *Birkmann*, DAR 1990, 128; *Arens*, ZZP 104 (1991), 131; *Schmidt-Salzer*, PHI 1988, 149; kritisch *Medicus*, Grundwissen zum Bürgerlichen Recht, 1994, Rdnr. 356 – Mehrwegflasche IIa; s. hierzu und zu der Rechtslage nach dem PHG unten § 4.I.2.a) und § 5.III. 3.a), S. 168f.

Befüllung oder ein Riß im Glas in Betracht. Ob dieser Riß vor oder nach dem Inverkehrbringen der Flasche entstanden war, ließ sich nicht mehr feststellen. Um fehlerhafte Flaschen auszusondern, wurden im Betrieb der Beklagten die Mehrwegflaschen einer kurzfristigen Druckbelastung von 6,0 bar ausgesetzt. Diese Fertigungskontrolle hatte nach Auffassung des BGH nicht ausgereicht, um alle schadhaften Flaschen auszusondern. Nach Auffassung des BGH habe der Hersteller gegen eine Statussicherungs- und Befunderhebungspflicht verstoßen, die gezielt auf Aufhellung eines unklaren Zustandes oder einer ungeklärten Beschaffenheit des Produkts gerichtet sei. Deshalb trage er die Beweislast dafür, daß die Mehrwegflasche seine Betriebsstätte fehlerfrei verlassen habe.

Wie läßt sich die in diesen Fällen angesprochene Beweislastumkehr zu Lasten des Schädigers begründen? Was ist der Rechtsgrund für diese Beweislastumkehr? Wird damit gegen das Verschuldensprinzip verstoßen oder sogar eine Vermutungshaftung eingeführt[8]?

Beispiel 5: Gentechnisch veränderte Lebensmittel[9] – In den Niederlanden ist es bereits gelungen, gentechnisch hergestellte Hefe zur Produktionsreife zu bringen. Die geplante EU-Novel-Food-Verordnung sieht eine Kennzeichnungspflicht gentechnisch hergestellter Lebensmittel nur in Ausnahmefällen vor. Die Gefährlichkeit gentechnisch veränderter Lebensmittel ist noch weitgehend ungeklärt und wird nur ganz vereinzelt behauptet[10].

Bestehen nach Deliktsrecht Ermittlungs- oder Kennzeichnungspflichten[11]?

Beispiel 6: Neue Kraftfahrzeuge ohne Airbag[12] – Mit Hilfe des Airbag können Kopf- und Brustverletzungen bei Frontalkollisionen deutlich gesenkt und

---

[8] Ausführlich § 4 und § 5.

[9] Art. 4 VII des geänderten Vorschlags für eine VO über neuartige Lebensmittel und neuartige Lebensmittelzutaten v.1.12.1993, ABl. Nr. C 16, 10 v.19.1.1994. S. genauer unten § 6.III.1.b); § 8.I.4.b). Auch bei Kosmetika kennzeichnen bis heute nur einige Hersteller freiwillig ihre Inhaltsstoffe. Eine Reihe dieser Inhaltsstoffe können nachgewiesenermaßen Allergien auslösen, *Kretzschmar*, Inzidenz allergischer Reaktionen durch kosmetische Mittel, Ärztliche Kosmetologie 1989, 254ff. S. genauer unten § 8.I.5.b) bb).

[10] Z.B. nehmen entgegen der Ansicht der WHO und FAO (, Wholesomeness of Irradiated Food, Report of Joint FAO/AEA/WHO Expert Committee, 1981) *Webb/Lang* (Bestrahlte Nahrung, Auswirkungen und Risiken radioaktiver Bestrahlung bei Lebensmitteln, 1990) vielfältige Risiken dieser Behandlungsmethode an; s. dazu *Streinz*, Gesundheitsschutz und Verbraucherinformation im Lebensmittelrecht der Europäischen Gemeinschaften in Damm/Hart (Hrsg.), Rechtliche Regulierung von Gesundheitsrisiken, 1993, S. 151, 183.

[11] S. unten § 6. und § 8.

[12] Zur Geschichte s. *Brambilla*, Passive Sicherheit von Mercedes-Benz-Airbagsystemen, ATZ 95 (1995), 274ff; ausführlich zu den HIC (Head Injury Criterion)- und VTC (Viscous Tolerance Criterion)-Werten s. bereits auto, motor & sport 1990, Heft 24, 34, 36; auto, motor & sport 1991, Heft 19, 12, 17. Kritisch, daß der VW Polo der Baureihe 1994 nicht obligatorisch einen Airbag enthält, ADAC-motorwelt 1/95, 22.

Knochenbrüche weitgehend vermieden werden[13]. Seit 1967 werden Airbags entwickelt, seit 1984 in Serienreife. Seit spätestens 1990 verfügen alle Fahrzeughersteller über das Know-how, Airbags herzustellen. Trotzdem bauen heutzutage einige Kraftfahrzeughersteller den Airbag immer noch nicht obligatorisch in das neue Modell ein. Zum Teil kann der Käufer den Airbag fakultativ zu einem Mehrpreis beim Kauf des Fahrzeuges erwerben.

Sind neue Kraftfahrzeuge, die ohne Airbag verkauft werden, fehlerhaft oder muß der Hersteller den Verbraucher zumindest über Risiken, die bei der Benutzung von Kraftfahrzeugen ohne Airbag bestehen, informieren[14]?

Beispiel 7: Hautverätzungen durch Strukturputz[15] – Ein Heimwerker hatte eine Wand mit einem zement- bzw. kalkhaltigen Strukturputz versehen, der einen pH-Mittelwert von 12,80 aufwies (Portland-Zement hat einen pH-Wert von 12,54). Der Kläger trug Handschuhe, weil ihm bekannt war, daß Zement- oder Kalkputz Hautschäden hervorrufen kann. Trotzdem ließ es sich nicht vermeiden, daß er den Strukturputz mit bloßen Händen berührte. Schwere Hautverätzungen waren die Folge; Hauttransplantationen waren erforderlich. Der Hersteller hatte vor der ätzenden Wirkung des Strukturputzes nicht gewarnt, vielmehr in der beigefügten Anleitung auch Personen gezeigt, die mit bloßen Händen den Strukturputz verarbeiteten. Das OLG hatte eine Instruktionspflicht verneint und die Klage abgewiesen, was der BGH durch seinen Nichtannahmebeschluß bestätigte. Der BGH betonte unter Hinweis auf die Verbrauchererwartung, daß in Do-it-yourself-Büchern vor Hautschäden gewarnt würde, so daß der Verwender die ätzende Wirkung kenne.

Kann aber ein allgemeines Gefahrenbewußtsein des Verbrauchers dazu führen, daß jegliche Warnung vor erheblichen Gesundheitsgefahren entbehrlich wird? Welche Kriterien sind hierfür maßgeblich und entspricht das Kriterium „Verbrauchererwartung" den gemeinschaftsrechtlichen Vorgaben über die Informationspflicht an den Verbraucher[16].

Beispiel 8: Birkel (vereinfacht)[17] – Unter dem Begriff „Flüssigei-Skandal" wurde im August 1985 in der Presse über Flüssigei berichtet, das, überwiegend aus den Niederlanden kommend, Spuren von Hühnerkot und Darmbakterien vom Huhn

---

[13] Das Ergebnis der Auswertung zeigt, daß das Risiko von mittelschweren bis schwersten Kopf-/Halsverletzungen mit dem kombinierten Haltesystem Gurt und Airbag im Vergleich zu ähnlichen Unfällen ohne diese Kombination um etwa 80% zurückgegangen ist. Das Risiko schwerer bis tödlicher Verletzungen sinkt von 11,9 auf 2,8 %, *Brambilla*, ATZ 95 (1995), 274, 284; *Brieter*, ADAC-motorwelt 2/95, 42, 44.

[14] Ausführlich § 7 und § 8 sowie insbesondere § 8.IV.

[15] OLG Düsseldorf v.7.11.1989, NJW-RR 1991, 288, 289 m. Nichtannahmebeschluß des BGH – Hautverätzungen durch Strukturputz.

[16] S. unten § 8.

[17] OLG Stuttgart v.21.3.1990, NJW 1990, 2690 = ZIP 1990, 1209 = AfP 1990, 145 = WUR 1990, 43 m.Anm. Schoch; m.Anm. Walter Stillner, NJW 1991, 1340 – Birkel.

enthielt. Obwohl nach einem erstellten Gutachten noch unklar war, ob die Produkte des Unternehmens mikrobiell verdorben waren, nannte das Regierungspräsidium Stuttgart das Unternehmen namentlich in einer Presseerklärung und bezeichnete fünf Proben als „mikrobiell verdorben". Dieser Terminus wurde nicht weiter erläutert und gegenüber den Produkten aus den Niederlanden nicht abgegrenzt. Zudem entstand der sachlich unzutreffende Eindruck, es bestünde eine Gefahr für die Gesundheit. Das OLG Stuttgart sah darin eine Amtspflichtverletzung und verurteilte das Bundesland Baden-Württemberg zu Schadensersatz in Höhe von 43 Mio. DM.

In welchen Fällen dürfen Behörden warnen? Wann liegt ein Eingriff in Grundrechte des Unternehmens vor? Bestehen inhaltliche Unterschiede, wenn Verbraucherverbände oder Behörden warnen[18]?

Die vorliegende Arbeit befaßt sich mit den Verhaltensanforderungen, insbesondere mit Informationspflichten, die den Gefahrverursacher zum Schutz von Gesundheit und Umwelt treffen, damit ein Schaden nicht eintritt. Besondere Brisanz kommt der Frage zu, warum der (vermeintliche) Schädiger auch ohne den Nachweis des Verschuldens bzw. der Kausalität haften soll. Die Arbeit möchte hierfür ein Rahmenwerk aufstellen und dieses dogmatisch legitimieren.

Beispiel 9: Holzschutzmittel(-Strafverfahren)[19] – Im Zivilverfahren verlangte der Kläger Schadensersatz wegen Gesundheitsschädigung. Er trug vor, in der Zeit von 1976 bis 1988 die Profilholzdecken in seinem Einfamilienhaus mit PCP- und Lindan-haltigen Holzschutzmitteln nachbehandelt zu haben. Durch Ausgasung der Holzschutzmittel aus den behandelten Holzflächen seien die Innenräume stark mit PCP, Lindan, Dioxinen und Furanen belastet worden. Diese hätten seit dem Jahre 1976 Gesundheitsschäden verursacht, vor allem allgemein nachlassende Leistungskraft, Konzentrationsschwäche, Kopfschmerzen, Kreislauf-, Stoffwechsel-, Einschlaf- und Durchschlafstörungen, Verschlechterung des Sehvermögens, Schwindel, Schwitzen, häufige Infekte, Blutdruckschwankungen und oft leicht erhöhte Körpertemperatur. Die in den Holzschutzmitteln enthaltenen Inhaltsstoffe hätten Immunsystem sowie peripheres und zentrales Nervensystem aller Familienmitglieder in irreversibler Weise geschädigt. Eine sog. chemische Sensibilisierung hätte auch schwere Krankheitsschübe bei Umweltgiften, wie Zigarettenrauch, Reinigungsmitteln etc., zur Folge. In einem Strafverfahren waren Mitarbeiter des Unternehmens wegen Körperverletzung verurteilt worden. Beide Verfahren wurden vom BGH wegen Formfehlern aufgehoben.

Wie in einem Brennglas bündeln sich in diesem Sachverhalt die darzustellenden Fragen: Liegt eine Gesundheitsverletzung oder ein Gefahrentat-

---

[18] Ausführlich § 9.III.

[19] Vereinfachter Sachverhalt, zum Zivilverfahren BGH v. 10.1.1995, NJW 1995, 1160 = LM § 138 Nr. 34 = DB 1995, 521 = BB 1995, 540 = VuR 1995, 132 – Holzschutzmittel (Xyladecor); zum Strafverfahren BGH v.2.8.1995, NJW 1995, 2930 = NStZ 1995, 590 – Holzschutzmittel (Xyladecor)-Strafverfahren. Zum verwaltungsrechtlichen Verfahren, VG Würzburg v. 1.8.1994, ZUR 1995, 31 – Holzschutzmittel/Forsthaus mit Anm. *Köck*.

bestand vor[20]? Welche Pflichten treffen das Unternehmen[21]? Wann kann man eine Kausalität bejahen und was ist vom Kläger vorzutragen[22]?

I. *Problemaufriß: Vollzugsdefizit im Öffentlichen Recht*

In der Bundesrepublik Deutschland und in der Europäischen Union ereignen sich jährlich hunderttausende von Schadensfällen[23]; an Allergien leiden heutzutage schon etwa 4 % der Bevölkerung, zum Teil ist jedes dritte Kleinkind betroffen[24]. Neben diesen nachgewiesenen Gesundheits- und Körperverletzungen bestehen oft Situationen, bei denen ungewiß ist, ob es zu einer Gesundheitsverletzung kommt. Ein Erkenntnisdefizit liegt vor, weil nicht gewiß ist, ob bestimmte Stoffe eine Gesundheitsverletzung verursachen: Risiken wegen überhöhter Konzentrationen an Formaldehyd, Lindan, PCP oder PER in der Raumluft, wegen Arzneimitteln, deren Schädlichkeit erst nach dem Inverkehrbringen festgestellt wird (L-Tryptophan, HIV-verseuchte Blutkonserven) oder gar aus Störunfällen in chemischen Unternehmen, wie das Beispiel 1 zeigt, durch eine mit Pestiziden belastete Babynahrung und auch die Diskussion um gentechnisch veränderte Lebensmittel (Beispiel 5) verunsichern tagtäglich den Bürger[25].

---

[20] Zur Gefahr und zu den vorinstanzlichen Urteilen, s. § 2 Fn. 107ff.

[21] Zu den einzelnen Erhebungspflichten, § 6.III., S. 217ff.

[22] Zu den Beweiserleichterungen s. § 5; zur Beweiswürdigung § 5.III.3., S. 172. Zum Sachvortrag und zur Substantiierungspflicht, § 8.III.2.b), S. 315.

[23] Die Bundesregierung spricht von 200.000 Vergiftungen pro Jahr und mehr als 4.000 Todesfällen durch Fehlgebrauch von Chemikalien, BT-Dr. 11/74550, S. 54. Nach einer Studie der EG aus dem Jahre 1986 verunglücken in der EU allein 30.000 Menschen jährlich in Haushalt und Freizeit, ABl. Nr. C 167 v.5.7.1986. Beim Heimwerken verletzen sich z.B. 600.000 Menschen so schwer, daß sie ärztliche Hilfe brauchen, SZ v.22./23.10.1994, 12. Insgesamt ereignen sich in Europa 45 Mio. Unfälle jährlich, wobei mangels entsprechender Daten ungeklärt ist, in welchem Umfang Konstruktions- und Herstellungsmängel und unzureichende Gebrauchsanleitungen diese Unfälle verursachen, s. Stellungnahme des Wirtschafts- und Sozialausschusses zur Richtlinie über die Allgemeine Produktsicherheit v.31.1.1990, ABl. Nr. C 75, 3 Nr. 14.

[24] Von den Erwachsenen leiden 13% an Kontaktekzemen, 12% an Heuschnupfen, 6% an Asthma und 5% an einer Nickelallergie. *Vollmer*, Allergische Erkrankungen – nehmen sie zu?, Ärztliche Kosmetologie 1990, 11; s. auch *Kretzschmar*, Inzidenz allergischer Reaktionen durch kosmetische Mittel, Ärztliche Kosmetologie 1989, 254; *Aberer*, Das allergische Kontaktekzem, Ärztliche Kosmetologie 1991, 81ff; *Horak*, Neue Trends in der Pollenallergie, Ärztliche Kosmetologie 1991, 93ff; *Rakoski*, Allergien durch Nahrungsmittel, in Allergien, Jahrestagung der Landeszentrale für Gesundheitsbildung in Bayern, 1988, S. 12, 13. Zu den Krankheiten von Kindern s. die Antwort der Bundesregierung auf die Große Anfrage BT-Dr. 12/2580 über Kindergesundheit und Umweltbelastungen, BT-Dr. 12/4626 v.25.3.1993, 20.

[25] Ängste über Gesundheitsgefahren und Risiken können – verstärkt durch die Medien – nicht selten hysterische Züge annehmen. So für die gentechnisch veränderten Lebensmittel, *Pfleger*, ZLR 1993, 367, 382 m.w.Nachw. und die Sendung von *Moser-Seibold*, Bitteres Brot, BR 3 v.9.6.1993, 20.15 Uhr.

Effektiver Umwelt- und Gesundheitsschutz durch vorbeugende Verhaltensmaßnahmen ist deshalb geboten[26]. Der Gesetzgeber hat in den letzten zwanzig Jahren eine immense und fast nicht mehr überschaubare Flut öffentlich-rechtlicher Normen geschaffen[27] und eine Novellierung jagt die andere[28]. Diese Gesetzesflut kann von der Verwaltung nicht mehr umgesetzt werden; personelle und technische Ausstattung stoßen an ihre Grenzen; oft fehlt Angehörigen der Behörde auch die notwendige Sachinformation. Die Rede ist vom „Vollzugsdefizit", ja vom „pragmatischen Verfassungsverstoß"[29]. Das Vollzugsdefizit wird mangels ausreichender Überwachungskapazitäten in Zeiten leerer Haushaltskassen auch nicht behoben werden können. Zudem wird der Vorwurf laut, der Gesetzgeber überreguliere, regele also „zu viel" und greife damit in die Privatsphäre des Bürgers ein, wo dies gar nicht erforderlich sei[30]. Das Öffentliche Recht hat zum weiteren den Nachteil, daß der Staat nur dann in die Rechtssphäre des Herstellers eingreifen darf, wenn eine Ermächtigungsgrundlage dies erlaubt. Ohne Ermächtigungsgrundlagen sind Risikoentscheidungen nicht ohne weiteres möglich. Bis die gesetzlichen Grundlagen vom Gesetzgeber geschaffen werden, bleiben Mensch und Umwelt ungeschützt. So wird weiterhin heftig gestritten, in welchem Umfang gentechnisch veränderte Lebensmittel zu kennzeichnen sind oder die Inhaltsstoffe von Kosmetika auf dem Produkt

---

26 Umweltverschmutzung führt z.B. zu höheren Gesundheitskosten; präventive Maßnahmen wären billiger. S. *Heinz*, Kostensteigerungen im Gesundheitswesen durch Luftverunreinigungen, ZfU 1992, 45ff; *Schlomann*, Gesellschaftliche Risiken und ihre Minimierung bei Energieumwandlung und -nutzung, in Risiken für unsere Gesundheit – einschätzen und handhaben, Bundesvereinigung für Gesundheitserziehung, Bonn 1991, 67ff.

27 Nach *Gassert* (Umweltschutzorientiertes Management, in Zahn/Gassert (Hrsg.), Umweltschutzorientiertes Management, 1991, S. 1, 9) besteht das Ordnungsrecht auf dem Gebiet des Umweltschutzes aus mehr als 2000 Gesetzen und Verordnungen. Im übrigen wird auf den Anh.A. verwiesen.

28 Das Arzneimittelgesetz (AMG) v.24.8.1976 erfuhr gerade die 5. Novellierung durch das 5. Änderungsgesetz v.9.8.1994, BGBl I 2071; über die 6. Novellierung wird bereits beraten, s. BT-Dr. 12/6480. Das Chemikaliengesetz (ChemG) in der Fassung v.25.7.1994, BGBl I 1703 wurde erneut geändert. Die Gesetzesfülle verdeutlicht die Übersicht der behandelten nationalen, gemeinschaftsrechtlichen und supranationalen Rechtnormen im Anh. A.

29 BT-Dr. 7/2802, S. 180 f. m.w.Nachw.; *Hansmann* in Landmann/Rohmer, Umweltrecht, Bd. I, vor § 26 Rdnr. 1 und § 52 Rdnr. 1ff; *Kloepfer*, NuR 1993, 353; *Medicus*, NuR 1990, 145, 146; *Ule/Laubinger*, Gutachten B für den 52. DJT, 1978; *Rebentisch*, UPR 1987, 401; *Schink*, ZUR 1993, 1ff; *Lübbe-Wolff*, NuR 1989, 295ff; besonders instruktiv *dieselbe*, NuR 1993, 217ff m.w.Hinw. Von „pragmatischem Verfassungsverstoß" spricht in diesem Zusammenhang *Papier*, UTR 1994, 105, 108; *Gimpel-Hinteregger*, Grundfragen der Umwelthaftung, 1994, S. 1.

30 *Hollmann*, BR Deutschland: Produktbeobachtungs-, Prüfungs- und Warnpflichten für Kraftfahrzeuge und Zubehör, PHI 1990, 38, 50 zur Frage, ob der Rückruf fehlerhafter Produkte gesetzlich festgelegt werden soll. S. dazu unten § 9.II.1.

angegeben werden müssen[31]. Ohne eindeutige Voraussetzungen zum Handeln sieht sich der Staat zudem einer Haftung ausgesetzt; die Verwaltung wird möglicherweise dieses Haftungsrisiko scheuen und nicht handeln[32].

II. Eigener Ansatz: Präventive Verkehrspflichten

Die vorliegende Arbeit möchte nachweisen, daß im Gegensatz zu diesen immanenten Schwächen des Öffentlichen Rechts in bestimmten Bereichen das *Zivilrecht* ein höheres Maß an Schutz bieten kann[33]. Dabei sollen vor allem drei Thesen widerlegt werden, die im Deliktsrecht immer wieder angeführt werden: Das Zivilrecht wirke nicht präventiv, Verkehrspflichten würden überspannt und Beweiserleichterungen verstießen gegen geltendes Recht. So wird bis heute häufig behauptet, daß das zivile Haftungsrecht erst beim Schadensausgleich eingreife und deshalb nicht vorbeugend wirke[34], und daß es im Umweltrecht nur in sehr begrenztem Rahmen Schäden ausgleichen könne, weil der geforderte Kausalitätsbeweis oft nicht zu erbringen sei[35]. Dies ist nicht zutreffend. Es soll gezeigt werden, daß das Zivilrecht in weit stärkerem Maße präventive Elemente enthält als gemeinhin angenommen[36]. Diese präventiven Elemente des Zivilrechts ergänzen das Öffentliche Recht wirkungsvoll. Ihnen ist ein Großteil der nachfolgenden Ausführungen des ersten und zweiten Teils der Arbeit gewidmet.

---

31 Nach den jährlich etwa 40.000 Salmonellenvergiftungen in den letzten Jahren ist erst jetzt die HühnereierVO des Bundesgesundheitsministers in Kraft getreten. Auf eine KennzeichnungsVO von Chemikalien in Kleidungsstücken oder von Kosmetika wartet man bisher vergeblich; s. dazu das Beispiel 5 und ausführlich § 8.I.4.b) und 5.b)cc).

32 Zu der Vielzahl von Einzelproblemen, die sich bei staatlichen Informationen ergeben, s. ausführlich unten § 9.III.

33 Zu dieser Frage bereits *Marburger*, Ausbau des Individualschutzes gegen Umweltbelastungen als Aufgabe des bürgerlichen und des öffentlichen Rechts, Gutachten zum 56. DJT, 1986, C 106; *Kloepfer*, Umweltschutz als Aufgabe des Zivilrechts – aus öffentlich-rechtlicher Sicht, NuR 1990, 342ff; *Säcker* in MünchKomm, § 906 Rdnr. 18; *Gimpel-Hinteregger*, Grundfragen der Umwelthaftung, S. 1.

34 Sehr strittig, Nachw. unten § 4.III.3.a) und bei *Ott/Schäfer*, Schmerzensgeld bei Körperverletzungen, JZ 1990, 563, 564 Fn. 18f m.w.Nachw.

35 *Baumann*, Die Haftung für Umweltschäden aus zivilrechtlicher Sicht, JuS 1989, 433, 440; *Baur*, JZ 1987, 317; *Gaentsch*, NVwZ 1986, 601; *Gerlach*, Privatrecht und Umweltschutz im System des Umweltrechts, 1989, 43ff; *Knopp/Striegl*, Umweltschutzorientierte Betriebsorganisation zur Risikominimierung, BB 1992, 2009, 2011f; *Medicus*, JZ 1986, 778ff; *derselbe*, Umweltschutz als Aufgabe des Zivilrechts – aus zivilrechtlicher Sicht, UTR 11 (1990), 6ff = NuR 1990, 145, 148f: Begrenzung auf Schaden; Kausalitätsprobleme wegen Politik der hohen Schornsteine; *Papier*, UTR 26 (1994), 105, 124; *H. Westermann* in FS Larenz, 1973, S. 1003ff; *H.P. Westermann*, Das private Nachbarrecht als Instrument des Umweltschutzes, UTR 11 (1989), 103, 117.

36 Ebenso *Simitis*, Produzentenhaftung von der strikten Haftung zur Schadensprävention in FS Duden, 1977, S. 605, 624; *Hauschka*, Die vorbeugenden Organisations- und Produktbeobachtungspflichten des Herstellers in rechtlicher und unternehmerischer Sicht, AG 1988, 29, 33.

1. Der Rechtsgüterschutz

Schon nach derzeitiger Rechtslage können bestimmte Verdachtslagen Ermittlungs- und Rückrufpflichten auslösen und neben der zivilrechtlichen auch eine strafrechtliche Verantwortung zur Folge haben, wie die eingangs zitierte Lederspray-Entscheidung (Beispiel 2) verdeutlicht. Entgegen einer oft formulierten Ansicht bestehen hohe Verhaltensanforderungen bei der Ermittlung oder Weitergabe von Information, selbst wenn noch gar nicht bewiesen ist, ob eine Handlung oder ein Produkt überhaupt eine Rechtsgutsverletzung verursachen kann. Diesbezügliche Verkehrspflichten wurden deshalb oft als „überspannt" bezeichnet[37]. Das Bestreiten vorbeugender Wirkung des Schadensrechts einerseits und die Kritik an „überspannten Verkehrspflichten" andererseits zeigen den Bedarf rechtlicher Klärung.

In diesen Zusammenhang ungeklärter „präventiver Elemente" gehört auch das einschlägige Beweisrecht: Grundsätzlich muß jeder die Voraussetzungen seines Anspruches beweisen[38], der Patient beispielsweise, daß ein Behandlungsfehler die Rechtsgutsverletzung und den Schaden verursacht hat (sog. haftungsbegründende Kausalität). Das ist auch im Arztrecht offensichtlich, denn bei einer Operation kann der Tod oder die Verschlechterung des Gesundheitszustandes allein durch die Krankheit oder den allgemeinen körperlichen Zustand des Patienten und muß nicht durch das Eingreifen des Arztes verursacht worden sein[39]. Bei einem groben Behandlungsfehler, wie im Beispiel 3, kehrt die Rechtsprechung jedoch die Beweislast um: Der Arzt muß beweisen, daß der Schaden nicht durch den Behandlungsfehler verursacht wurde[40]. Obwohl diese Rechtsprechung seit Jahrzehnten gefestigt ist, bleibt der eigentliche Rechtsgrund für eine solche Haftungsverschärfung zu Lasten des Arztes sehr umstritten[41]. Die Rechtsprechung wird als „extra

---

[37] *Esser*, Grundlagen und Entwicklung der Gefährdungshaftung, S. 90ff; *Laufs* in FS Gernhuber, S. 245, 251; *Foerste* in Produkthaftungshandbuch I, § 24 Rdnr. 269 m.w.Hinw.; jüngst *Littbarski*, NJW 1995, 217ff; s. die Literatur in § 4 Fn. 59.

[38] S. im Detail unten § 4.I.2.

[39] Die physiologischen und biologischen Prozesse des lebenden Körpers sind nicht voll beherrschbar und der Heilungserfolg liegt vielfach außerhalb des ärztlichen Leistungsrisikos. Das Krankheitsrisiko wird nicht dadurch, daß der Arzt die Behandlung übernimmt, zum Arztrisiko in dem Sinne, daß der Arzt für das Fehlschlagen der Behandlung immer haftet. Denn das Behandlungsrisiko ist nur Teil des Krankheitsrisikos; der Arzt schuldet gerade nicht den Erfolg. Unter dieser Prämisse wird verständlich, daß der Arzt grundsätzlich nur dann einen Behandlungsfehler begeht, wenn er einen gewissen Qualitätsstandard unterschreitet; s. treffend *Mertens* in MünchKomm, § 823 Rdnr. 411; *Steffen*, Arzthaftungsrecht, B.I.1, S. 34; BGH v.3.2.1987, Z 99, 391, 398 – Lungentuberkulose.

[40] S. genauer unten § 4 I.2.b), § 5.III.3.b), S. 170 ff.

[41] Deutlicher noch *Laufs*, Unglück und Unrecht, Ausbau oder Preisgabe des Haftungssystems?, 1994, S. 1, 12: „Vor dem Hintergrund der verfassungsrechtlichen Gewaltenteilung und der Bindung des Richters an das Gesetz mutet es seltsam an, daß die Frage nach den Grenzen der Zulässigkeit richterlicher Rechtsfortbildung in der zivilistischen Literatur weithin ungestellt und unbeantwortet bleibt."; s. auch *Börgers*, Von den „Wandlungen" zur „Restrukturierung" des Deliktsrechts, 1993.

legem" bezeichnet[42]; sie hätte Gesetz und System beiseite gelassen[43]. Auch in einer Entscheidung aus dem Produkthaftungsrecht, der eingangs genannten Mehrwegflaschen-Entscheidung (Beispiel 4), hat der BGH die Beweislast dem Hersteller aufgebürdet: Nicht mehr der Geschädigte muß die Fehlerhaftigkeit der Flasche beim Verlassen des Herstellerbereiches nachweisen, sondern der Hersteller die Fehlerfreiheit, weil der Hersteller gegen eine Befunderhebungspflicht verstoßen habe. Warum eine solche Pflicht überhaupt bestand, bleibt unklar[44]. Vor diesem Hintergrund stellt sich die Frage, ob diese Rechtsprechung nicht den Bereich der Verschuldens- und Kausalhaftung verläßt und zu einer Vermutungshaftung führt.

Warum Beweiserleichterungen zugunsten des Geschädigten und damit materielle Haftungsverschärfungen zu Lasten des Schädigers mit beweisrechtlichen Mitteln stattfinden[45], ist immer noch nicht geklärt. Erforderlich sind überzeugende Wertungsgesichtspunkte; ein Rechtsgrund für diese materiellen und beweisrechtlichen Haftungsverschärfungen ist zu suchen, scheinen die Beweiserleichterungen und hohen Verhaltensanforderungen doch das heutige Haftungssystem zu sprengen. Rechtfertigt die prozessuale Waffengleichheit, die Beweisvereitelung, die Vertrauens- oder Berufshaftung, die Eröffnung eines Gefahrenbereichs oder dergleichen eine Haftungsverschärfung? Oder ist es tatsächlich ein „Strauß" von verschiedenen Sachgründen, wie dies die Lehre vom Beweglichen System propagiert?

Bis zum heutigen Tage wurde in der juristischen Auseinandersetzung der Blick meistens auf den Gefahrverursacher (den Arzt[46], den Produzen-

---

42 *Nüßgens* in RGRK, § 823 Anh.II, Rdnr. 306. Die h.M. stimmt ihr dagegen zu, s. z.B. *Fuchs*, Deliktsrecht, 1994, S. 81.

43 *Hanau*, Die Kausalität der Pflichtwidrigkeit, 1971, S. 133. Oder noch krasser hat schon vor gut achtzig Jahren *M. Rümelin* (Schadensersatz ohne Verschulden, 1910, S. 21) eingewandt, wer vom schädlichen Erfolg auf das Verschulden schließe, bewege sich auf dem Niveau der Schuldfiktionen primitiver Kulturperioden; s. auch allgemein für die Gefährdungshaftung *Protokolle*, Bd. II, S. 569.

44 Erst jüngst wurde dem BGH auch in der Mehrwegflaschen-Entscheidung wieder vorgeworfen, das Verschuldensprinzip aufgegeben und die Schwelle zur Gefährdungshaftung überschritten zu haben, wenn er den Schädiger mit einer Erfolgseinstands- oder Garantiepflicht belegt. Mit dieser Begründung gegen eine Einzelstückkontrolle bei Mehrwegflaschen *Foerste*, Anm. zu BGH v.8.12.1992, NJW 1993, 528 - Mehrwegflasche III; JZ 1993, 678, 682; *derselbe*, Produkthaftungshandbuch I, § 24 Rdnr. 286 Fn. 588; ablehnend auch *Häsemeyer*, Das Produkthaftungsrecht im System des Haftungsrechts in FS Niederländer, 1991, S. 251, 259. Zur Mehrwegflaschen-Entscheidung s. Einl. Beispiel 4 und ausführlich unten § 5.III.3.a), S. 168 f, § 8.I.1.b), S. 280.

45 *Stoll*, Haftungsverlagerung durch beweisrechtliche Mittel, AcP 176 (1976), 145 ff.

46 *Deutsch*, Arztrecht und Arzneimittelrecht, 2.Aufl., 1991; *Ehlers*, Die ärztliche Aufklärung vor medizinischen Eingriffen, 1987; *Francke/Hart*, Ärztliche Verantwortung und Patienteninformation, 1987; *Giesen*, Arzthaftungsrecht, 3.Aufl., 1990; *Kern/Laufs*, Die ärztliche Aufklärungspflicht, 1983; *Laufs/Uhlenbruck*, Handbuch des Arztrechts, 1992; *Mertens* in MünchKomm, § 823 VIII; *Nüßgens* in RGRK, § 823 Anh.II; *Steffen*, Neue Entwicklungslinien der BGH-Rechtsprechung zum Arzthaftungsrecht, 4. Aufl., 1990.

ten[47] u.a.) gerichtet und aus dieser Perspektive zu begründen versucht, warum er haften muß. Es wurde jedoch bisher noch nicht der Versuch unternommen, die obigen Pflichten und Beweiserleichterungen aus der Perspektive des Geschädigten, genauer: seiner Rechtsgüter, zu begründen.

Die folgende Untersuchung möchte – soweit ersichtlich – erstmals den Schutz der persönlichen Rechtsgüter in den Mittelpunkt der Betrachtung stellen. Es wird zu zeigen sein, daß sich für die Verhaltens- und Haftungsverschärfungen eine eigene *Dogmatik* des Rechtsgüterschutzes entwickeln läßt. Dabei ist zu prüfen, in welchem Umfang den erfolgsbezogenen Pflichten und dem Selbstbestimmungsrecht ein Platz – zu Lasten des im Deliktsrecht angelegten Verschuldens- und Verursacherprinzips – gebührt. „*Präventives Schadensrecht*" durch Sanktionierung nichtbeachteter vorbeugender Verhaltenspflichten läßt sich mit dem Rechtsgüterschutz legitimieren; dies ist das zentrale dogmatische Anliegen der Arbeit; ihren Stoff entnimmt sie dem Umwelt-, Haftungs- und Gesundheitsrecht.

2. Ein Informationsdreieck – Informationsansprüche nach UHG und UIG

Der Gefahrverursacher ist in bestimmten Fällen zur Ermittlung und Offenlegung des Risikowissens weit besser in der Lage als der Staat. Er verfügt vor allem über ein Wissen, das der Staat so nicht erzeugen kann[48]. Originäre Pflichten des Gefahrverursachers können in vielen Bereichen den Schaden wirkungsvoller vermeiden als die oft nur unzureichende Überwachung durch den Staat. Das Rechtsgüterprinzip kann deshalb eine Reihe von Informationsermittlungspflichten des Unternehmens begründen. Nachdem geklärt wurde, warum bestimmte Verhaltenspflichten bestehen und wie Verstöße

---

[47] An dieser Stelle können nur einige wichtige Werke genannt werden, weitere Arbeiten sind im folgenden Text wiedergegeben: *Borer*, Produktehaftung, 1986; *Brendl*, Produkt- und Produzentenhaftung – Handbuch für die betriebliche Praxis, Loseblattsammlung, 1980 ff; *Canaris*, Die Produzentenhaftung in dogmatischer und rechtspolitischer Sicht, JZ 1968, 494 ff; *Deutsch*, Der Schutzbereich der Produzentenhaftung nach dem BGB und PHG, JZ 1989, 465 ff; *Ficker*, Produktenhaftung als Gefährdungshaftung in FS v. Caemmerer, 1978, 343ff; *G. Hager*, PHI 1991, 2 ff; *Kullmann/Pfister*, Produzentenhaftung, 2 Bde., Loseblatt, 1980 ff; *Lorenz*, Beweisprobleme bei der Produzentenhaftung, AcP 170 (1970), 367 ff; *Mertens* in MünchKomm, § 823 Rdnr. 292 ff; *Meyer*, Instruktionshaftung, 1992; *Pfeifer*, Produktfehler oder Fehlverhalten des Produzenten, 1987; *Schmidt-Salzer*, Produkthaftung, Bd. III/1: Deliktsrecht, 2. Aufl., 1990; *Steffen* in RGRK, § 823 Rdnr. 281; *Taschner/Frietsch*, Produkthaftungsgesetz und EG-Produkthaftungsrichtlinie, 2.Aufl., 1990; *v. Westphalen* (Hrsg.), Produkthaftungshandbuch, 2 Bde., 1989 ff.

[48] *Panther*, Zivilrecht und Umweltschutz in *Ott/Schäfer* (Hrsg.), Ökonomische Probleme des Zivilrechts, 1991, S. 267, 288; *Ladeur*, Die rechtliche Steuerung von Entwicklungsrisiken zwischen zivilrechtlicher Produkthaftung und administrativer Sicherheitskontrolle, BB 1993, 1303, 1311; *Gasser* in Zahn/Gassert (Hrsg.), Umweltschutzorientiertes Management, 1991, S. 1 ff: Die Unternehmen sind Quelle des Wissens um technische, ökonomische und naturwissenschaftliche Zusammenhänge. Ihre Aufgabe ist es, dieses Wissen einzusetzen.

gegen diese Pflichten durch Beweiserleichterungen schadensrechtlich sanktioniert werden, ist die Frage zu beantworten, wie die Rechtsgüter geschützt werden können und vor allem wer diese schützen muß. Hierzu soll das Informationsdreieck aus Unternehmen – Verbraucher – Staat oder, umfassender formuliert, Gefahrverursacher – Gefährdeter – Kontrollierender, dargestellt werden. Die Vermeidung und die Abwehr von Gefahren ist oft nur eine Frage der zutreffenden Information[49]. Gefahren können aufgrund unzureichender Information entstehen, entweder im Sinne unzureichender Sachverhaltsaufklärung als unzureichende Informationsermittlung oder im Sinne unzureichender Informationsweitergabe[50]. Oft genug findet kein ausreichender Informationstransfer statt, sei es intern zwischen den Abteilungen eines Unternehmens oder extern zwischen Unternehmen und Verbraucher.

Der Schutz der persönlichen Rechtsgüter und der Umwelt ist nur möglich, wenn die Gefahr erkannt ist und gebannt werden kann. Oft fehlen dem Verbraucher aber diese Informationen. Er weiß z.B. nicht, ob die Dämpfe der benachbarten Reinigung oder chemischen Anlage giftig oder harmlos sind, er kennt nicht die einem Produkt innewohnende Gefahr. Mit diesen Überlegungen zum Schutz der Rechtsgüter des Gefährdeten bildet sich eine spannungsbeladene Zweierbeziehung zwischen Gefahrverursacher und Gefährdetem aus. Der Gefahrverursacher kann das Unternehmen, der Arzt, der Pharmazeut und der Produzent sein, der Gefährdete kann der Patient oder der Verbraucher sein. Dies zeigt die Strukturputz-Entscheidung (Beispiel 7). Es stellt sich die Frage, wo Pflichten aufgrund der Eigenverantwortung des Herstellers bestehen und wo die Selbstverantwortung des Verbrauchers beginnt. Muß der Hersteller einen Crashtest durchführen und gegebenenfalls dessen Ergebnis veröffentlichen? Muß ein Hersteller warnen, wenn noch ungewiß ist, ob ein Produkt gefährlich ist, ob gentechnisch veränderte Lebensmittel schädlich sind oder ob Kosmetika Allergien verursachen können? Oder kann er sich darauf berufen, der Fehler sei zum damaligen Zeitpunkt gar nicht erkennbar gewesen, es läge also ein Entwicklungsfehler vor, für den er nicht hafte? Es wird zu prüfen sein, inwieweit solche Verpflichtungen zur Warnung realistisch sind, um dem Vorwurf zu entgehen, man schaffe Verhaltenspflichten, die von niemandem eingehalten werden können.

Diese Informationsbeziehung ist eingehend zu untersuchen[51]. Diese Untersuchung wäre aber unvollständig, wenn sie die Aufgabe und Rolle des

---

[49] Zu den einzelnen Begriffen s. unten § 3.I.

[50] Von anderer Seite wurden dagegen alle Produktfehler als Unterart des Organisationsfehlers bezeichnet, *Steindorff*, Repräsentanten und Gehilfenversagen, AcP 170 (1970), 93 ff; ihm folgend *Simitis*, Produzentenhaftung von der strikten Haftung zur Schadensprävention in FS Duden, 1977, S. 605, 624; *Borer*, Produktehaftung, S. 85; *Foerste*, VersR 1988, 958, 959; zum Begriff s. § 3.I.2.a).

[51] Informationstransfer dient damit dem Verbraucherschutz, s. bereits *Simitis*, Verbraucherschutz, Schlagwort oder Rechtsprinzip?, 1976, S. 95 ff; *Hart/Köck*, ZRP 1991, 61, 62; *G. Hager*, UPR 1995, 401 ff.

Staates vernachlässigen würde. Denn Gesundheits- und Umweltschutz waren bis heute klassische Domänen des Öffentlichen Rechts. Damit öffnet sich die Zweier- zu einer Dreierbeziehung; es ergibt sich ein *Informationsdreieck*. Hier kommt der Kontrolle des Gefahrverursachers, aber auch der Information des Kontrollierenden an den Verbraucher eine besondere Rolle zu. Der Informationsfluß in diesem Dreiecksverhältnis Unternehmer – Verbraucher – Staat wird dargestellt.

Daß mittels Informationen der Schutz von Gesundheit und Umwelt effektiver verwirklicht werden kann, hat auch der Gesetzgeber erkannt. Die gemeinschaftsrechtliche Richtlinie über den freien Zugang zu Informationen über die Umwelt, umgesetzt durch das Umweltinformationsgesetz (UIG), gibt dem Bürger seit neuestem das Recht, ohne das Vortragen eines berechtigten Interesses Umweltinformationen von Behörden zu erfragen[52]. Das Umwelthaftungsgesetz schafft für den Geschädigten Auskunftsansprüche, die er sowohl gegenüber dem potentiellen Schädiger als auch gegenüber der Behörde geltend machen kann, §§ 8 – 10 UHG. In diesem Rahmen ist zu prüfen, ob diese Informationsansprüche tatsächlich als systemfremd und als unzulässige Ausforschung etwa im Sinne des US-amerikanischen *pre-trial-discovery*-Verfahrens[53] qualifiziert werden müssen oder ob sie sich in unser Rechtssystem als eine veränderte materielle Pflichtenstellung einfügen lassen. Dies ist auch für die Informationspflichten zu prüfen, die der Professorenentwurf zu einem Allgemeinen Teil des Umweltgesetzbuches (UGB-AT) *de lege ferenda* schafft und die in die Diskussion auf dem 59. DJT 1992 in Hannover eingeflossen sind[54].

3. Umwelt-, Gesundheits- und Technikrecht als Querschnittsgebiete – gemeinschaftsrechtliche Vorgaben

Es fehlt bis heute an einer umfassenden Darstellung über die Informationspflichten im Hinblick auf die persönlichen Rechtsgüter des Menschen. Bisher wurde im Zivilrecht die Blickrichtung zu stark auf den Handelnden (den Arzt, den Produzenten) ausgerichtet und nicht ausreichend das jeweils verletzte Rechtsgut betrachtet. Mit der folgenden Untersuchung wird der

---

52 RiL 90/313 EWG v.7.6.1990 über den freien Zugang zu Informationen über die Umwelt, ABl. Nr. L 158, 56; umgesetzt durch Umweltinformationsgesetz (UIG) v.8.7.1994, BGBl I 1490. Bis dato konnten Auskünfte bei Behörden nur in einem anhängigen Verwaltungsverfahren (§ 29 BVwVfG) erfragt werden.

53 So *Marburger*, Grundsatzfragen des Haftungsrechts, AcP 192 (1992), 1, 27; *derselbe* vor der Juristischen Gesellschaft in Berlin, zitiert nach *Vogel*, JR 1992, 60. *Toepfer* (, Das Umwelthaftungsrecht kommt!, in Bitburger Gespräche, 1989, 119, 126) und das *BMU* (Bericht Umwelthaftungsrecht, 1988, S. 65f) sprechen dagegen vom bekannten juristischen Instrumentarium. S. vorab schon *Gerlach*, Privatrecht und Umweltschutz im System des Umweltrechts, 1989, S. 311.

54 *Kloepfer/Rehbinder/Schmidt-Aßmann*, Umweltgesetzbuch – Allgemeiner Teil, 1990.

Geschädigte, oder genauer seine verletzten Rechtsgüter, in den Mittelpunkt der Betrachtung gestellt. Dies ermöglicht, erstmals das Gesundheitsrecht und das Technikrecht ebenso wie das Umweltrecht als Querschnittsgebiete aus einer einheitlichen Perspektive zu untersuchen[55]. In all diesen Rechtsgebieten steht die Gesundheit des Menschen im Vordergrund, unabhängig davon, ob sie dem Öffentlichen Recht oder dem Zivilrecht zuzuordnen sind: Arzt- und Arzneimittelrecht, Produktsicherheits-[56] und Produkthaftungsrecht, Chemikalien-, Immissionsschutz- und Atomrecht[57], Gentechnik- und Umwelthaftungsrecht. Gerade die zuletzt genannten Umweltschutzgesetze dienen vornehmlich auch dem Schutz des Menschen. Das Informationsdreieck und die Ergebnisse der einzelnen Paragraphen werden durch Fälle aus der Praxis und durch Graphiken veranschaulicht. Dabei fließen eine Reihe von Erfahrungen aus interdisziplinären Diskussionen mit Naturwissenschaftlern, Ingenieuren und Technikern in die Untersuchung mit ein[58]. Die gewählte Perspektive erleichtert es, dogmatische Figuren des Arztrechts auf das Produktrecht zu übertragen.

Umwelt- und Technikrecht können heute die gemeinschaftsrechtlichen Vorgaben der EU nicht außer acht lassen. Noch mehr: Die EG-Kommission versucht, den Verbraucher durch Informationen zu schützen. Der informierte Verbraucher soll helfen, das in der EU bestehende Vollzugsdefizit abzubauen, weil der Vollzug umgesetzter Richtlinien in den einzelnen Mitgliedstaaten unbefriedigend ist[59]. Daraus erklären sich sowohl Regelwerke wie die Umweltinformations-RiL, die Umwelt-AuditVO oder die Zertifizierungen der verschiedenen Produktsicherheitsrichtlinien[60] als auch einzel-

---

[55] Zur Überschneidung der Begriffe s. bereits *Epiney/Möllers*, Freier Warenverkehr und nationaler Umweltschutz, 1992, S. 70f; *Schottelius/Küpper-Djindjic*, Die Interdependenz zwischen Gesundheits-, Umwelt-, Arbeitsschutz und Anlagensicherheit aus der Sicht der betrieblichen Praxis, BB 1993, 445ff; *Ossenbühl*, Vorsorge als Rechtsprinzip im Gesundheits-, Arbeits- und Umweltschutz, NVwZ 1986, 161ff. Diese Rechtsgebiete werden auch als Sicherheitsrecht bezeichnet, so *Hart/Köck*, Zum Stand der Verbraucherentwicklung, ZRP 1991, 61, 65. *Kloepfer* (Umweltrecht, § 1 Rdnr. 52ff) spricht von Nachbargebieten.

[56] Hier ist auf das Gerätesicherheitsgesetz mit seinen einzelnen Verordnungen einzugehen.

[57] Zum BImSchG als medienabhängiger und dem ChemG als stoffbezogener Ansatz s. *Breuer*, Umweltschutz in v. Münch/Schmidt-Aßmann (Hrsg.), Besonderes Verwaltungsrecht, S. 601, 624.

[58] S. dazu die Liste der Gesprächspartner, Anhang B; zu diesem Ansatz vgl. auch *Luhmann*, Ökologische Kommunikation, 3. Aufl., 1990.

[59] 4. Aktionsprogramm, KOM (86) v.15.10.1986, ABl Nr. C 70, 3, 17; 5. Aktionsprogramm, KOM (92) 23 v.3.4.1992, Teil II, 74; Erwägungsgrund 3 der RiL 90/313/EWG v.7.6.1990, ABl. L 158/56; Erwägungsgrund 9 der Umwelt-AuditVO v.29.6.1993, ABl. L 168, 1. S. auch *Pernice*, NVwZ 1990, 414; 423; *v. Schwanenflügel*, DVBl 1991, 93, 95; *Kloepfer*, NuR 1993, 353, 358. S. ausführlich unten § 7.I.2.b) und § 9.IV.2. und Fn. 264.

[60] Umweltmanagement und UmweltbetriebsprüfungsVO („Umwelt-AuditVO") Nr. 1836/93 v.29.6.1993, ABl. Nr.L 168, 1; Allgemeine Produktsicherheits-RiL 92/59/EWG v.29.7.1992, ABl. Nr. L 228, 24; Einfache Druckbehälter-RiL 87/404/EWG v.25.7.1987,

ne Qualitätssicherungssysteme wie DIN (EN) ISO 9000ff. Das Gemeinschaftsrecht hat – wie im einzelnen zu zeigen sein wird – maßgeblichen Einfluß auf das deutsche Umwelt- und Technikrecht, z.B. auf den Gebieten der Produkthaftung und Produktsicherheit. Damit wird auch der vom EuGH verwendete Begriff des „mündigen Verbrauchers" präzisiert[61]. Weil die USA auf eine jahrzehntelange Tradition im Sicherheits- und Umweltrecht zurückblicken kann, werden US-amerikanische Entscheidungen in die Argumentation einbezogen.

III. Gang der Untersuchung

Aus dem Problemaufriß und dem angegebenen Lösungsansatz ergibt sich der folgende Gang der Untersuchung:

1. Erster Teil: Zur Dogmatik des Rechtsgüterschutzes

Der erste Teil der Arbeit dient der Begriffsklärung, der Darstellung der hohen Anforderungen an Informationsermittlung und -weitergabe, der Erörterung der Beweiserleichterungen und der Herausarbeitung eines neuen Rechtsgrundes für diese präventiv wirkenden Verkehrspflichten und Beweiserleichterungen für das Zivilrecht und das Öffentliche Recht.

In den §§ 1 – 3 werden die Rechtsgüter, Gefahren- und Risikotatbestände und einzelne Informationspflichten definiert. Die persönlichen Rechtsgüter und die Umwelt werden nicht nur durch das Zivilrecht, sondern auch durch das Öffentliche Recht und das Strafrecht geschützt. Umwelt- und Gesundheitsrecht sind Querschnittsgebiete, weil deliktische und öffentlichrechtliche Normen regelmäßig bezwecken, Schäden für die persönlichen Rechtsgüter und die Umwelt zu vermeiden. Deshalb erfordert es der Grundsatz der Einheit der Rechtsordnung als anzustrebendes Postulat[62], die genannten Begriffe im Zivilrecht und Öffentlichen Recht ***normübergreifend***

ABl. Nr. L 220, 48; Spielzeug-RiL 88/378/EWG v.3.5.1988, ABl. Nr. L 187, 1; Elektromagnetische Verträglichkeits-RiL 89/336/EWG v.3.5.1989, ABl. Nr. L 139, 19; Maschinen-RiL 89/392/EWG v.14.6.1989, ABl. Nr. L 183, 9; Persönliche Schutzausrüstungen-RiL 89/686/EWG v.21.12.1989, ABl. Nr. L 399, 18; Medizinische Implantate-RiL 90/385/EWG v.20.6.1990, ABl. Nr. L 189, 17; Medizinprodukte-RiL 93/42/EWG v.14.6.1993, ABl. v.12.7.1993, Nr. L 169, 1; s. Anh. A.II.3.

[61] S. unten § 7.I.2.b).

[62] Zu diesem Grundsatz s. *Engisch*, Die Einheit der Rechtsordnung, 1935; *derselbe*, Einführung in das juristische Denken, 8. Aufl., 1983, S. 160ff; *Larenz*, Methodenlehre der Rechtswissenschaft, 6.Aufl., 1991, S. 167; *Pawloski*, Methodenlehre für Juristen, 2. Aufl., 1991, Rdnr. 486; Zur Frage der Wertungswidersprüche s. unten § 1.III.3.

einheitlich auszulegen. Bestehen Wertungsparallelen, dürfen sich Verhaltensanweisungen nicht widersprechen oder ausschließen[63]. Zudem fordert der verfassungsrechtliche Mindeststandard des Art. 2 II GG eine einheitliche Auslegung des Gesundheits- und Gefahrenbegriffs[64]. Eine solche normübergreifende Begriffsbildung wird durch die jüngere Rechtsprechung auch im zivilrechtlichen und öffentlich-rechtlichen Nachbarrecht gebildet[65]. Schließlich beabsichtigt das Umweltgesetzbuch (UGB-E), zivilrechtliche und öffentlich-rechtliche Tatbestände einheitlich zusammenzufassen[66].

Umweltschutz wird im Zivilrecht neben § 823 II BGB in Verbindung mit den Schutzgesetzen maßgeblich nur über die individuellen Rechte und Rechtsgüter erreicht. Deshalb wurde gefordert, über die Rechtsgüter auch einen effektiveren Umweltschutz zu erreichen[67]. Ob dieser Weg gangbar ist, wurde bis jetzt jedoch noch nicht weiter geprüft.

Deshalb ist zunächst in § 1 zu klären, was unter den persönlichen Rechtsgütern *Leben, Körper, Gesundheit und körperliche Unversehrtheit* zu verstehen ist. Obwohl die Begriffe Körper und Gesundheit im Bürgerlichen Gesetzbuch nun schon gut 90 Jahre enthalten sind, bestehen eine Reihe von Unschärfen und Meinungsverschiedenheiten. Es wird gezeigt, daß der Schutzumfang dieser Rechtsgüter bereits im zivilrechtlichen Delikts- und Nachbarrecht nicht einheitlich bestimmt wird und deshalb zu harmonisieren ist. Dazu werden die Rechtsgüter normübergreifend für das Zivilrecht sowie das Öffentliche Recht einheitlich definiert.

In § 2 wird der *Gefahrenbegriff* von dem der *Risikovorsorge* abgegrenzt. Der Oberbegriff Risikovorsorge umfaßt neben dem Risiko und der Vorsorge auch den Gefährlichkeitsverdacht. Die im Polizei- und öffentlichen Umweltrecht entwickelte Dogmatik soll in einem ersten Schritt präzisiert

---

[63] *Canaris*, Systemdenken und Systembegriff in der Jurisprudenz, 2. Aufl., 1983, S. 122ff.

[64] Auch *Seewald* (NuR 1988, 161, 163f) bejaht ein übereinstimmendes Verständnis des Begriffs „Gesundheit" aus dem Gesichtspunkt der Einheit des Rechtsgebietes „Umweltrecht".

[65] Nach jüngster Rechtsprechung sind erhebliche Belästigungen gem. §§ 3 I, 5 I Nr. 1 BImSchG auch wesentliche Beeinträchtigungen gem. § 906 BGB, BGH v.23.9.1990, Z 111, 63, 65 – Sportfest; BVerwG v.29.4.1988, E 79, 254, 257 – Feuerwehrsirene; Erman/*Hagen*, § 906 Rdnr. 15. Zur Frage, inwieweit öffentlich-rechtliche Gestattungen die zivilrechtliche Rechtswidrigkeit ausschließen, s. *G. Wagner*, Öffentlich-rechtliche Genehmigung und zivilrechtliche Rechtswidrigkeit, 1989, S. 90ff; *Versen*, Zivilrechtliche Haftung für Umweltschäden, 1994, S. 104ff.

[66] Zum Begriff des Umweltrisikos und der Umweltgefahr s. § 2 VI S. 1, § 2 UGB-E und unten § 2 Fn. 48, 173.

[67] Zu dieser Forderung ausdrücklich bereits *Simitis*, Haftungsprobleme beim Umweltschutz, VersR 1972, 1087, 1092; *Medicus*, Zivilrecht und Umweltschutz, JZ 1986, 778, 783 (für durch Lärm verursachte Schlafstörungen); *derselbe*, Schuldrecht II, § 137.II.2. und ihm folgend: *Diederichsen*, Referat zum 56. DJT, 1986, L 72 Fn. 131; *Olzen*, Zivilrechtlicher Schutz gegen Belastungen aus der Umwelt, Jura 1991, 281, 284; s. auch *Streckel*, Umweltschutz und Versicherung, ZVersWiss 65 (1976), 55, 61; *v. Bar*, Zur Dogmatik des zivilrechtlichen Ausgleichs von Umweltschäden, KF 1987, 4, 11.

werden. Besonderes Augenmerk wird auf Risiken gelegt, bei denen Gefährlichkeit und damit die Kausalität für eine Rechtsgutsverletzung des Menschen noch weitgehend ungeklärt sind[68]. Diese Begriffe sind wiederum normübergreifend zu verwenden und damit in einem zweiten Schritt auf das Zivilrecht zu übertragen, weil bis heute der Gefahrenbegriff im Zivilrecht nur wenig diskutiert ist[69]. Bereits jetzt bestehen in Gefahr- und Risikovermutungslagen zivilrechtliche Verhaltenspflichten, die dann im zweiten Teil der Untersuchung systematisiert werden.

In § 3 sind dann die einzelnen Arten der Informationspflichten zu klären. Hier wird das gerade genannte[70] *Informationsdreieck* zwischen Unternehmen/Hersteller/Arzt – Staat/Behörde – Verbraucher/Bürger/Patient vorgestellt. Das Informationsdreieck soll veranschaulichen, welche Arten von Informationen in einem ersten Schritt erhoben werden müssen, und in einem zweiten Schritt ist zu klären, wer die Information an wen weitergeben muß. Damit dient § 3 der sprachlichen Klarheit, da vielfach die einzelnen Informationspflichten begrifflich und oft auch inhaltlich vermengt werden, so daß nicht deutlich wird, zu welchem Verhalten die jeweilige Informationspflicht zwingt. Wiederum lassen sich die Pflichten normübergreifend verstehen; diesmal kann jedoch auf umfangreiche zivilrechtliche Informationspflichten zurückgegriffen werden, die später auch für öffentlich-rechtliche Tatbestände nutzbar gemacht werden können[71].

Schließlich wird in § 4 der *Rechtsgrund* dargestellt, *warum* nach Auffassung der Rechtsprechung und Lehre zum einen besondere Anforderungen an die Informationspflichten bei Gefahren für Leib und Leben existieren und zum anderen in bestimmten Situationen die Beweislast für das Nichtbestehen einer Kausalität dem Schädiger auferlegt wird, er also stärker haften muß als dies im klassischen Deliktsrecht der Fall ist. Das Verschuldensprinzip wurde in den letzten Jahrzehnten von der Rechtsprechung in bestimmten Fallkonstellationen in Richtung Gefährdungshaftung weiterentwickelt. Im allgemeinen Produkthaftungsrecht ist heftig umstritten, ob das Unternehmen wegen Berufshaftung, aus Vertrauen, wegen Gefahrerhöhung oder aus Ingerenz haftet. Im Arztrecht gilt das Selbstbestimmungsrecht des Patienten. Es wird gezeigt, daß diese *Ansätze der Rechtsliteratur und Rechtsprechung* weder die präventiv wirkenden Verkehrspflichten noch die Beweislastumkehrungen zufriedenstellend erklären können, um eine Gefährdungs- oder Vermutungshaftung zu begründen.

---

[68] S. dazu das Beispiel 5 mit Fn. zur Deklarationspflicht von gentechnisch veränderten Lebensmitteln und Kosmetika.

[69] Zu den wenigen Beispielen zählt z.B. die Definition „Gefahr als mögliche Veränderung zum Schlechten", *Deutsch* in FS Larenz, 1973, S. 885, 888; *derselbe*, Haftungsrecht, S. 180; *derselbe*, Unerlaubte Handlung, Schadensersatz und Schmerzensgeld, 2. Aufl., 1993, Rdnr. 359; *v. Bar*, Verkehrspflichten, 1980, S. 113 m.w.Nachw. S. unten § 2.II.

[70] S. gerade Einl.II.2.

[71] S. ausführlich § 6.IV.4.

Ein eigenes Rechtsprinzip ist in § 5 zu entwickeln, um die präventiven Verkehrspflichten und die Beweislastumkehr zu begründen: *das Prinzip des Rechtsgüterschutzes*. Es läßt sich mit systematischen und teleologischen Überlegungen, insbesondere der Wertehierarchie und dem Verfassungsrecht, begründen. Der Rechtsgüterschutz kann weiterhin einen Vorhof erklären, nämlich Fallgruppen, bei denen einfache Verhaltenspflichten zu erfolgsbezogenen Pflichten werden und eine Vermutungshaftung zum Schutze der Rechtsgüter eingreift: bei einem Verstoß gegen bestimmte Ermittlungspflichten, bei einem groben Berufsfehler und bei einem Verstoß gegen die selbstbestimmende Entscheidung. Der Gedanke des Rechtsgüterschutzes wird dabei auch helfen, die Bereiche der Eigenverantwortung des Unternehmers (oder allgemeiner: des Gefahrverursachers), des Verbrauchers und des Staates abzugrenzen. Damit sind an dieser Stelle auch die Grenzen des Haftungsrechtes aufzuzeigen, jenseits derer sich eine Vermutungshaftung nicht mehr begründen läßt. Dabei ist auf die Rolle von Rechtsprechung und Gesetzgebung einzugehen[72].

2. *Zweiter Teil: Systematisierung präventiver Verkehrspflichten*

Umfang und Grenzen des Informationsdreiecks werden im *zweiten Teil* der Arbeit dargestellt. Das Informationsdreieck wird konkretisiert, um zu klären, wer in welchen Fällen einen Sachverhalt zu ermitteln hat und an wen die daraus gewonnenen Informationen weiterzugeben sind. Grundlage für diese Pflichten bilden nicht nur einzelne Umweltgesetze, sondern auch die durch die Rechtsprechung entwickelten Verkehrspflichten (insbesondere im Produkthaftungs- und Arztrecht) sowie einzelne Pflichten, die als vermeintliches „soft law" nur mittelbar oder freiwillig den Gefahrverursacher binden.

§ 6 soll die Eigeninformationspflichten des Unternehmens aufzeigen. Die bisherige Überwachung durch das Öffentliche Recht hat den Nachteil, daß sie oft auf Informationen des Unternehmens angewiesen ist und deshalb zu spät reagiert. Ein neuer Ansatz *verrechtlicht die Unternehmensstrukturen* dadurch, daß eine bestimmte Unternehmensstruktur von Gesetzes wegen verlangt wird. Dies wird beispielsweise im Arzneimittelrecht dadurch erreicht, daß ein Medikament nur zugelassen wird, wenn das pharmazeutische Unternehmen eine bestimmte Unternehmensstruktur vorweist. Eine zweite Möglichkeit ist die Bestellung gesetzlich vorgeschriebener Beauftragter. Das Gemeinschaftsrecht geht einen dritten Weg, indem es dem Unternehmer die freiwillige Zertifizierung ermöglicht, wenn er bestimmte Betriebsstrukturen

---

[72] Für diesen Bereich kann der Werbung eine ergänzende Rolle zukommen, *Simitis*, Verbraucherschutz, Schlagwort oder Rechtsprinzip?, 1976, S. 95ff; *Hart/Köck*, ZRP 1991, 61, 62.

beachtet. Hier werden die Besonderheiten der Module des Produktsicherheitsrechts, die Qualitätssicherungssysteme DIN (EN) ISO 9000ff und die Umwelt-AuditVO erörtert. Nach diesen Vorgaben ist auf die inhaltlichen Anforderungen der *Eigeninformationspflichten* einzugehen, wobei sich bestimmte Prinzipien herausarbeiten lassen, wie beispielsweise die Prinzipien der kontrollierten Gefährdung und der mehrfachen Selbstkontrolle. Die Herausarbeitung bestimmter Prinzipen ist unumgänglich, weil Konstruktions- und Fabrikationsfehler oft nur wegen unzureichender Informationen innerhalb des Unternehmens entstehen, oder weil z.B. geeignete Qualitätssicherungsmaßnahmen fehlen bzw. nicht eingehalten wurden. Schließlich ist die Betriebsstruktur genauer zu untersuchen. Es wird die Frage gestellt, wen die persönliche Verantwortung trifft, ob tatsächlich nur ein Beauftragter (wie beispielsweise der Stufenplanbeauftragte für Arzneimittel) oder mehrere Personen, wie ein Ausschuß oder sogar die Geschäftsführung, für einen Gefahrenzustand verantwortlich sind. Neben dieser persönlichen Verantwortung wird schließlich eine Betriebsstruktur aufgezeigt, die einem bestimmten Gefahrenpotential gerecht wird.

In § 7 sind die *Bereiche der Gefahrvermeidung und der Gefahrabwehr voneinander abzugrenzen*, also die Frage zu beantworten, welchen Sicherheitsanforderungen ein Produkt im Rahmen der einschlägigen nationalen und gemeinschaftsrechtlichen Produktsicherheits- und Produkthaftungsnormen genügen muß. Es ist der Problematik nachzugehen, wann die Gefahr z.B. durch eine entsprechende Konstruktion erst gar nicht entstehen darf (Gefahrvermeidung) und in welchen Fällen ein bestimmtes Gefahrenpotential zugelassen werden kann und es ausreicht, den Verbraucher darüber so zu informieren, daß dieser sich vor dem Schadenseintritt schützen kann (Gefahrabwehr). Es läßt sich eine Vorrangigkeit der Gefahrvermeidung vor der Gefahrabwehr feststellen, weil Maßnahmen, welche die Gefahr vermeiden, gegenüber solchen effektiver sind, die mittels Informationen nur eine Abwehr der Gefahr ermöglichen. Ausgehend von US-amerikanischen Erfahrungen wird gezeigt, daß das Kriterium der Verbrauchererwartung, das der BGH und auch die Produkthaftungsrichtlinie benutzen[73], wenig hilfreich ist, um den Bereich der Gefahrvermeidung vom Bereich der Gefahrabwehr durch Informationsweitergabe abzugrenzen. Statt dessen werden mit Hilfe der horizontalen und der vertikalen Produktsicherheitsrichtlinien und des Rechtsgüterprinzips die Kriterien Erforderlichkeit, Zumutbarkeit und Verhältnismäßigkeit neu definiert.

In § 8 wird eine *Prüfungsfolge für Gefahrvermeidung und Gefahrabwehr* entworfen. Dazu werden die genannten Kriterien in eine feste Prüfungsfolge gebracht, um möglichst gerechte und vorhersehbare Ergebnisse zu erzielen.

---

[73] § 3 I PHG (Art. 6 I Produkthaftungs-RiL), s. umfassend § 7.I.1.

Gemeinschaftsrechtliche Vorgaben zeigen, daß der Schutzmaßstab oft höher ist als gemeinhin angenommen.

In § 9 ist schließlich zu prüfen, inwieweit der Staat zur Informationserhebung und Weitergabe an den Bürger verpflichtet ist. Mit diesem Kapitel wird der Informationsstrang zwischen Unternehmen und Verbraucher zu einem dreiseitigen Informationsgeflecht – dem *Informationsdreieck* – erweitert. Zudem ist das Verhältnis zwischen zivil- und öffentlich-rechtlichen Informationserhebungs- und -weitergabepflichten zu konkretisieren. So wie in den §§ 5 und 6 die originäre Pflichtenstellung des Gefahrverursachers begründet wurde, wird in § 9 aufgezeigt, welche originären Pflichten des Staates existieren, um den Umwelt- und Gesundheitsschutz zu garantieren. Der „schlanke Staat" läßt sich auch im Gefahren- und Risikovorsorgebereich verwirklichen, wenn sich der Staat auf eine Kontrolle unternehmensexterner Privater beschränkt.

Die Überwachung durch den Staat kann in einigen Bereichen zurückgenommen, muß aber in anderen Bereichen noch ausgebaut werden. Mit frei gewordenen Kapazitäten müssen künftig beispielsweise Qualitätskontrollen im Krankenhausbereich und in der Produktsicherheit aufgebaut werden. Die öffentlich-rechtliche Überwachung ist auch in den Fällen erforderlich, in denen das einzelne Unternehmen bei der Gefahrermittlung überfordert ist, wie z.B. im Arzneimittelrecht, wenn erst die systematische Auswertung von Schadensfällen eines Wirkstoffes verschiedener Hersteller dessen Gefährlichkeit erkennen läßt. Gerade im Arzneimittel- und Immissionsschutzrecht kann erst das Zusammenspiel von Unternehmen und Kontrollierendem eine effektive Gefahrabwehr ermöglichen. Es wird schließlich gefragt, in welchen Fällen der Staat berechtigt ist, Informationen an den Bürger weiterzugeben. Lücken, die wegen fehlender Ermächtigungsgrundlagen im Öffentlichen Recht bestehen, können teilweise durch das Haftungsrecht gefüllt werden. Nur das Umweltinformationsgesetz gibt dem Bürger seit neuestem Ansprüche auf Information. Kritisch werden *Informationsansprüche* den *Informationspflichten* gegenübergestellt. Bei den Auskunftsansprüchen ist zu problematisieren, ob in einigen Bereichen weitergehende Ansprüche als bisher zu gewähren sind.

Im Idealfall werden die eingangs dargestellten systemimmanenten Nachteile des Zivilrechts und des Öffentlichen Rechts verringert und statt dessen die Vorteile des jeweiligen Rechtsgebietes stärker genutzt[74]. Die Untersuchung versucht, die Diskussion hierüber zu versachlichen und die Unklarheiten im Bereich der einzelnen Informationsverpflichtungen zu beseitigen, um einen möglichst effektiven Schutz von Mensch und Umwelt

---

[74] Für das Arzneimittelrecht s. *Hart*, Arzneimitteltherapie und ärztliche Verantwortung, 1990. In bezug auf öffentlich-rechtliche Genehmigung und zivilrechtlichen Ausgleich s. auch *Selmer*, Privates Umwelthaftungsrecht und öffentliche Gefahrenabwehr, 1991.

zu erreichen. Die Diskussion bewegt sich grundsätzlich auf dem Boden des geltenden Rechts. Wenn über geltendes Recht hinaus bestimmte Normen oder Pflichten *de lege ferenda* weiterentwickelt werden, wird darauf ausdrücklich hingewiesen.

IV. Abgrenzungen

Im Vordergrund der Untersuchung stehen die Voraussetzungen der materiellen Informationspflichten und hier wiederum vorrangig Informationspflichten, die deliktisch durchgesetzt werden[75]. Damit wird der Schadensersatzanspruch als Sanktionsmittel bei einer schadensverursachenden Verletzung dieser Informationspflichten in den Mittelpunkt der Betrachtung gerückt; weniger intensiv untersucht werden die Möglichkeiten, mittels Unterlassungsklagen vorbeugend diese Pflichten durchzusetzen[76].

Weitgehend ausgespart werden die Grenzen von Informationsansprüchen, die aufgrund von Betriebsgeheimnissen bestehen[77]. Auch nicht behandelt

---

[75] Zu vertraglichen und vorvertraglichen Informationspflichten s. die Arbeiten von *Breidenbach*, Die Voraussetzungen von Informationspflichten beim Vertragsschluß, 1989; *Burkhardt*, Aufklärungspflichten des Bürgschaftsgläubigers, 1985; *Lauer*, Vorvertragliche Informationspflichten nach schweizerischem, deutschem und französischem Recht, 1983; *Werres*, Aufklärungspflichten in Schuldverhältnissen und deren Grenzen, Diss. Köln 1985; *Winkler v. Mohrenfels*, Abgeleitete Informationspflichten im deutschen Zivilrecht, 1986. Den Gesichtspunkt vertraglichen Risikos behandelt jetzt ausführlich *Henssler*, Risiko als Vertragsgegenstand, 1994; *Gernhuber*, Das Schuldverhältnis, § 24.II. Zu vertraglichen Pflichten und Ansprüchen s. aber § 2.IV.1., § 4.III.4.a), S. 76 und § 5.II.2.b), S. 158.

[76] *J. Hager*, Die Kostentragung bei Rückruf fehlerhafter Produkte, VersR 1984, 799ff; *Krämer*, Zum Rückruf von Produkten in der Europäischen Gemeinschaft, DAR 1982, 37ff; *Krutein*, Warn-, Rück- und Rückholaktionen, DAR 1985, 33ff; *Pieper*, Verbraucherschutz durch Pflicht zum „Rückruf" fehlerhafter Produkte?, BB 1991, 985ff; *Mayer*, Produkthaftung und Gefahrbeseitigungsanspruch, DB 1985, 319ff; *Stoll*, Haftungsrechtlicher Schutz gegen drohendes Unrecht in FS Lange, 1992, S. 729ff; *Dietrich*, Produktbeobachtungspflicht und Schadensverhütungspflicht der Produzenten, Diss. Hamburg 1994, S. 192ff. S. aber § 1.V., § 2.II.3. und 4.

[77] Zu dieser Problematik wurde schon ausführlich Stellung genommen, s. *Breuer*, Schutz von Betriebs- und Geschäftsgeheimnissen im Umweltrecht, NVwZ 1986, 171ff; *Eilers/Schröer*, Der Schutz der betrieblichen Informationssphäre im Umweltinformationsgesetz, BB 1993, 1025ff; *Gottwald*, Zur Wahrung von Geschäftsgeheimnissen im Zivilprozeß, BB 1979, 1780ff; *Leppin*, Besichtigungsanspruch und Betriebsgeheimnis, GRUR 1984, 552ff; *Lukes/Vieweg/Hauck*, Schutz von Betriebs- und Geschäftsgeheimnissen in ausgewählten EG-Staaten, 1986; *Maas*, Information und Geheimnis im Zivilrecht, 1970; *Rebentisch*, Probleme des Geheimnisschutzes im Rahmen der Emissionserklärung, NJW 1980, 99ff; *Richler*, Schutz von Betriebs- und Geschäftsgeheimnissen im Umweltrecht, Diss. Regensburg 1989; *Schröder*, Der Geheimhaltungsschutz im Recht der Umweltchemikalien, Berichte des Umweltbundesamtes 10/80, Berlin 1980; *derselbe*, Der Schutz von Betriebs- und Geschäftsgeheimnissen im Umweltschutzrecht, UPR 1985, 394ff; *derselbe*, Auskunft und Zugang in bezug auf

werden prozessuale Informationspflichten, die primär dazu dienen, eine prozessuale Waffengleichheit zu schaffen[78]; denn mit dem hier vorzustellenden Ansatz soll eine materielle Pflichtenstellung durchgesetzt werden.

Die Untersuchung folgt dem individualisierenden Ansatz des Zivilrechts, wie er in den einzelnen zivilrechtlichen Gesetzen, insbesondere dem BGB, dem PHG und dem UHG zum Ausdruck kommt. Umweltschutz erfolgt damit über den Rechtsgüterschutz[79]. Wenn von Rechtsgütern gesprochen wird, sind regelmäßig die persönlichen Rechtsgüter gemeint[80]. Vorrangig werden damit der produktbezogene und der nachbarrechtliche Umweltschutz im Rahmen des persönlichen Rechtsgüterschutzes behandelt. Ausgespart werden weitgehend der Naturschutz und der Landschaftsschutz, also Rechtsgebiete, die sich auf den reinen Schutz der Umweltmedien Luft, Wasser und Boden und damit auf das Recht am Eigentum und Besitz beschränken. Auch anderen Wegen, die zur Zeit diskutiert werden, um einen effektiveren Umweltschutz zu gewährleisten, wird an dieser Stelle

---

Umweltdaten als Rechtsproblem, NVwZ 1990, 905ff; *derselbe*, Die Berücksichtigung der Interessen der Wirtschaft bei der Gestaltung und Umsetzung der Umweltinformationsrichtlinie der Europäischen Gemeinschaft, ZHR 155 (1991), 471ff; *Schwan*, Amtsgeheimnis und Aktenöffentlichkeit, 1984; *Stadler*, Der Schutz der Unternehmensgeheimnisse im deutschen und US-amerikanischen Zivilprozeß und im Rechtshilfeverfahren, 1989; *Steinberg*, Schutz von Geschäfts- und Betriebsgeheimnissen im atomrechtlichen Genehmigungs- und Aufsichtsverfahren, UPR 1988, 1ff; *Steindorff*, Zivilrechtliche Grundfragen von Bankgeheimnis, Bankauskunft und Persönlichkeitsschutz, ZHR 149 (1985), 151ff; *Taeger*, Die Offenbarung von Betriebs-. und Geschäftsgeheimnissen, 1988; *derselbe*, Auskunftspflichten und Geheimnisschutz im Umweltrecht in Donner/Magoulas/Simon/Wolf, Umweltschutz zwischen Staat und Markt, 1989, S. 435ff; *derselbe*, Umweltschutz und Datenschutz, CuR 1991, 681ff. S. aber zum „Geheimverfahren" kurz § 9.IV.3.c).

[78] Grundsätzlich zu diesem Ansatz *Stürner*, Die Aufklärungspflicht der Parteien des Zivilprozesses, 1976, S. 92ff; *derselbe*, Parteipflichten bei der Sachverhaltsaufklärung im Zivilprozeß, ZZP 98 (1985), 237ff; zustimmend *Schlosser*, Zivilprozeßrecht, Bd. I, Erkenntnisverfahren, 2.Aufl., 1991, Rdnr. 426ff; *derselbe*, Die lange Reise in die prozessuale Moderne, Zugleich eine Besprechung des Urteils des BGH vom 11.6.1990, JZ 1991, 599ff; *Henckel*, ZZP 92 (1979), 100ff. Dagegen *Arens*, Zur Aufklärungspflicht der nicht beweisbelasteten Partei im Zivilprozeß, ZZP 96 (1983), 1ff; *Stein/Jonas/Leipold*, ZPO, § 138 Rdnr. 22. S. auch *Rosenberg/Gottwald*, Zivilprozeßrecht, 15.Aufl., 1993, § 119 Rdnr. 47. Jüngst *Paulus*, Discovery, Deutsches Recht und das Haager Beweisübereinkommen, ZZP 104 (1991), 397ff; *Morhard*, Die Informationspflicht der Parteien bei der Erklärung mit Nichtwissen, 1993; *Affolter*, Die Durchsetzung von Informationspflichten im Zivilprozeß, 1994. S. dazu aber kurz unten § 4.III.1. und § 9.IV.3.c), S. 372ff.

[79] Ähnlich der anthropozentrische Umweltschutz, der die Umwelt um des Menschen Willen schützt, *Rehbinder*, Umweltrecht, RabelsZ 40 (1976), 363, 369f; *Kloepfer*, Umweltrecht, § 1 Rdnr. 23; *Epiney/Möllers*, Freier Warenverkehr und nationaler Umweltschutz, S. 70; *Himmelmann* in Himmelmann/Pohl/Tünnessen-Harmes, Handbuch des Umweltrechts, 1995, A.1. Rdnr. 12ff, 16; für den EG-Vertrag s. *Grabitz/Nettesheim* in Grabitz/Hilf, Kommentar zum EWG-Vertrag, Art. 130 t Rdnr. 8. Zu dem Ansatz, direkt Umweltschäden auszugleichen, s. jetzt *Seibt*, Zivilrechtlicher Ausgleich ökologischer Schäden, 1994.

[80] S. sogleich § 1.I.

nicht weiter nachgegangen[81]. Folglich kann auch die umfangreiche Diskussion zu neuen Kausalitätstheorien im Umweltrecht nicht aufgegriffen werden[82]. Intensiv dargestellt werden aber die Beweiserleichterungen für den Kausalitätsnachweis, die eine Schadensersatzpflicht ermöglichen sollen, wenn erforderliche Informationspflichten unterlassen wurden. Nur am Rande wird schließlich das Arbeitsschutzrecht[83] erörtert.

---

[81] Dazu geht man in letzter Zeit die unterschiedlichsten Wege. Es wird überlegt, ob marktwirtschaftliche Instrumente, wie Umweltabgaben oder -zertifikate, den Anreiz des einzelnen steigern können, Maßnahmen zum Schutze der Umwelt zu ergreifen; es wird überlegt, ob Fonds- oder Vertragslösungen dazu dienen können, Umweltschäden besser auszugleichen. S. *Bonus*, Der Schutz des Schwächeren in der Umweltökonomie, RabelsZ 40 (1976), 411ff; *derselbe*, Vergleich von Abgaben und Zertifikaten in FS Hansmeyer, 1994, S. 287ff; *Wagner*, Kollektives Umwelthaftungsrecht auf genossenschaftsrechtlicher Grundlage, 1990; *Kadner*, Der Ersatz ökologischer Schäden, 1995; s. auch die Konferenz des *Institute of Environmental Damages*, Environmental Contracts and Convenants: New Instruments for a Realistic Environmental Policy?, 1992; *Ladeur*, Der Umwelthaftungsfond – ein Irrweg der Flexibilisierung des Umweltrechts, VersR 1993, 257ff.

[82] S. z.B. hierzu *Bodewig*, Probleme alternativer Kausalität bei Massenschäden, AcP 185 (1985), 505ff; *Brüggemeier*, Die Haftung mehrerer im Umweltrecht, Multikausalität – Nebentäterschaft – „Teilkausalität", UTR 12 (1990), 261ff; *derselbe*, Jenseits des Verursacherprinzips?, Zur Diskussion um den Kausalitätsnachweis im Umwelthaftungsrecht, KritV 74 (1991), 297 ff; *Bydlinski*, Aktuelle Fragen um die alternative Kausalität in FS Beitzke, 1979, S. 3ff; *v. Caemmerer*, Das Problem des Kausalzusammenhangs im Privatrecht, Freiburger Universitätsreden Heft 23, 1956; *Diederichsen/Scholz*, Kausalitäts- und Beweisprobleme im zivilrechtlichen Umweltschutz, WiVerw. 1984, 23ff; *Fenyves/Weyers* (Hrsg.): Multikausale Schäden in modernen Haftungsrechten, 1988; *Gottwald*, Kausalität und Zurechnung, KF 1986, 3ff; *G. Hager* in Landmann/Rohmer, Umweltrecht, Bd. II, § 7 UHG Rdnr. 16ff; *Salje*, Umwelthaftungsgesetz, 1993, §§ 1, 3 Rdnr. 130, 136; *Möllers*, NJW 1994, 844; *Schmidt-Salzer*, Umwelthaftungsrecht, 1992, §§ 1, 6; *Steffen*, Kausalitäts- und Zurechnungsprobleme bei Umweltschäden nach dem geltenden und dem geplanten Umwelthaftungsrecht, VP 1990, 97ff. Für das US-amerikanische Produkthaftungsrecht s. *Kort*, ZVglRWiss 88 (1989), 387ff.

[83] S. auch die RiL 89/391 v.12.6.1991, ABl. Nr. L 183, 1 und die RiL 90/269 v.29.5.1990, ABl. Nr. L 393, 18 und RiL 90/270 v.29.5.1990, ABl. Nr. L 156, 9; *Fritze*, EG-Recht zu Arbeitsschutz, Gesundheitsschutz und Produktsicherheit, 2 Bde., Loseblatt 1993; *Koll*, Arbeitsschutz im Binnenmarkt, DB 1989, 1234ff; *Oetker*, Der Entwurf eines Arbeitsschutzrahmengesetzes, ZRP 1994, 219ff. S. aber unten § 1.III.3.a)b), S. 42, 45; § 6.IV.3.d), S. 239 f; § 8.I.1.b)bb), S. 278 ff.

Erster Teil
Zur Dogmatik des Rechtsgüterschutzes

§ 1 Die Rechtsgüter

Bevor aufgezeigt werden soll, wie die Rechtsgüter vor Gefahren und Risiken geschützt werden und welche Informationspflichten und -ansprüche hieraus entstehen, sind die Rechtsgüter zu definieren. Zuerst sind die Rechtsgüter Leben, Körper und Gesundheit voneinander abzugrenzen (I.). Dann ist zu fragen, wie weit der Schutz vor Gesundheitsverletzungen reicht. Dabei ist das Rechtsgut Gesundheit im Zivilrecht und Öffentlichen Recht normübergreifend einheitlich zu definieren. Die Rechtsliteratur fordert noch recht hohe Voraussetzungen, um eine Gesundheitsverletzung zu bejahen (II.). Dies ist abzulehnen; es ist mit einer eigenen Definition zu zeigen, daß der Gesundheitsschutz auch den Schutz vor erheblichen Beeinträchtigungen des Wohlbefindens umfaßt. Denn nur mit einer solchen Definition lassen sich Wertungswidersprüche zum nachbarrechtlichen Eigentumsschutz und zum Immissionsschutzrecht vermeiden (III.). Dieser Gesundheitsbegriff wird schließlich von anderen dogmatischen Ansätzen abgegrenzt, die mittels nachbarrechtlicher Normen versuchen, einen effektiveren Umweltschutz zu erreichen (IV.). Schließlich sind die Rechtsfolgen zu erörtern (V.). Als Ergebnis wird sich zeigen, daß weitergehend als bisher angenommen die Gesundheit vor Lärm, Dämpfen und ähnlichem geschützt wird und dies mittelbar auch der Umwelt zugutekommt.

I. Die Rechtsgüter: Leben, Körper, Gesundheit und der Schutz der Umwelt

1. Abgrenzungen

Im Zivilrecht ist die Dogmatik der Rechtsgüter Leben, Körper, Gesundheit – ganz im Gegensatz zur Dogmatik des Eigentumsrechts – nicht sehr stark entwickelt[1]. Die Rechtsgüter[2] Leben, Körper und Gesundheit fin-

[1] Das mag daran liegen, daß das römische Recht im Zwölftafelgesetz und mittels lex Aquila die persönlichen Rechtsgüter hauptsächlich strafrechtlich schützte und erst später zivilrechtlichen Rechtsschutz gegen Gesundheitsverletzungen bot, s. *Kaser*, Das römische Privatrecht, Bd. 1, 2. Aufl., 1975, §§ 41, 118, 142ff; *Dernburg*, Lehrbuch des Preußischen Privatrechts und der Privatrechtsnormen des Reichs, Bd. 2, Das Obligationenrecht, 1897, § 296, S. 909; *Schubert*, Vorentwürfe der Redaktoren zum BGB, Schuldrecht 3, 1871ff (Neudruck Berlin 1980), S. 63. Die Nähe des Deliktsrechts zum Strafrecht betonen auch *Heck*, Grundriß des Schuldrechts, 1929, §§ 145f, 437f; *Deutsch*, Haftungsrecht, S. 89ff; *Canaris* in FS Larenz, 1983, S. 27, 32; *Zimmermann*, The Law of Obligations, 1992, S. 902.

den sich zwar in einzelnen zivilrechtlichen und öffentlich-rechtlichen Vorschriften, wie in den §§ 823 I BGB, 1 PHG, 1 UHG, 1 AMG; es fehlen aber Legaldefinitionen für diese Rechtsgüter. Am umfangreichsten und präzisesten wurde der Begriff „Leben" im Strafrecht entwickelt: Beginn und Ende des Lebens wurden festgelegt[3]. Der Begriff „Körper" umfaßt den *äußeren* Bereich, die körperliche Integrität[4], den statischen Zustand des Menschen[5]. Geschützt wird der Mensch in seiner persönlich-leiblichen Sphäre[6]. So ist beispielsweise ein Schnitt eine Körperverletzung[7]. Der Begriff „Gesundheit" wird regelmäßig auf *innere* Funktionen oder Vorgänge des Körpers, also auf die innere Integrität, begrenzt[8]. Er umfaßt auch seelische (psychische) und organische (physiologische) Vorgänge. Die Infizierung mit Aids oder die Vergiftung verletzen die Gesundheit. Der Begriff „körperliche Unversehrtheit" findet sich in Art. 2 II 1 GG. Er schließt die Begriffe Gesundheit und Körper ein[9]. Teilweise wird eine Abgrenzung für nicht erforderlich gehalten, weil sich eine klare Grenzlinie zwischen physischer, physiologischer und psychischer Betroffenheit medizinisch oft nicht feststellen läßt[10].

Umwelt soll vorrangig auf den Menschen bezogen werden, weil das Privatrecht immer nur Rechte einzelner schützt[11]. In erster Linie behandelt also diese Untersuchung Umweltschäden, welche die Gesundheit des Menschen beeinträchtigen.

---

[2] Bei Leben, Körper und Gesundheit spricht man von Rechtsgütern und nicht von Rechten, weil der Träger nicht wie beim Eigentum dem Gegenstand zugeordnet ist, Larenz/*Canaris*, Schuldrecht II 2, S. 374.

[3] Dreher/*Tröndle*, StGB, v. § 211 Rdnr. 2ff; *Stree* in Schönke/Schröder, StGB, v. § 211 Rdnr. 13ff.

[4] *Deutsch*, Unerlaubte Handlung, Schadensersatz und Schmerzensgeld, 2. Aufl., Rdnr. 184; *derselbe*, Anm. zu BGH v.30.4.1991, NJW 1991, 1948 – Blutkonserve, NJW 1991, 1937; *Nüßgens* in RGRK, 12. Aufl., § 823 II Rdnr. 36; *Schäfer* in Staudinger, 12. Aufl., § 823 Rdnr. 24.

[5] *Steffen* in RGRK, 12. Aufl., § 823 Rdnr. 8.

[6] Erman/*Schiemann*, 9. Aufl., § 823 Rdnr. 17.

[7] *Deutsch*, Unerlaubte Handlung, Schadensersatz und Schmerzensgeld, Rdnr. 184; *derselbe*, Anm. zu BGH v.30.4.1991, NJW 1991, 1948 – Blutkonserve, NJW 1991, 1937; *Zeuner* in Soergel, § 823 Rdnr. 16, 19.

[8] So bereits *Planck*, BGB, 7. Aufl., § 823 Anm. II.1.c); *Nüßgens* in RGRK, § 823 II Rdnr. 36; *Schäfer* in Staudinger, § 823 Rdnr. 24; *v.Bar*, Gutachten und Vorschläge zur Überarbeitung des Schuldrechts, Bd. II, 1981, S. 1667; *Deutsch*, Unerlaubte Handlung, Schadensersatz und Schmerzensgeld, Rdnr. 183.

[9] *v. Münch* in v. Münch, GG, 3. Aufl., Art. 2 Rdnr. 53; *Lorenz*, in Isensee/Kirchhof (Hrsg.), Handbuch des Staatsrechts der Bundesrepublik Deutschland, Bd. 6, 1987–1992, § 128 – Recht auf Leben und körperliche Unversehrtheit, Rdnr. 17 m.w.Nachw.

[10] Für Art. 2 II GG *Kunig* in v. Münch/Kunig, 4. Aufl., Art. 2 Rdnr. 63. Auch *Fikentscher* (Schuldrecht, 8. Aufl., Rdnr. 1207) und Jauernig/*Teichmann* (§ 823 II.A.2.a) halten eine Abgrenzung im Zivilrecht für nicht erforderlich, weil beide Rechtsgüter vom Tatbestand des § 823 I BGB umfaßt werden.

[11] So gerade Einl. Fn. 79.

2. *Das Verhältnis der Rechtsgüter zueinander*

Leben kann nicht „ein wenig" verletzt werden – die Verletzung führt zum Tod. Folglich gilt der Schutz des Lebens absolut[12]. Das wird schon durch das Grundgesetz bestimmt, Art. 2 II 1 GG[13]. Auch nach der systematischen Stellung in § 823 I BGB wird das Leben als erstes und damit wichtigstes Rechtsgut genannt. Die systematische Stellung gilt auch im Verhältnis von Körper zur Gesundheit. In der Regel wird die Körperverletzung schwerer wiegen als die Gesundheitsverletzung, weil mit ihr oft die Kriterien der Dauerhaftigkeit und Irreversibilität verbunden sind (z.B. der amputierte Fuß)[14].

Im Gegensatz zum Rechtsgut Leben werden die Rechtsgüter Körper und Gesundheit nicht vollständig geschützt. Vielmehr sind eine Reihe von „unbedeutenden" Verletzungen als sozialadäquat hinzunehmen – man denke nur an unerhebliche Lärm- oder Geruchsimmissionen, wie das Krähen des Hahnes oder den Geruch des Misthaufens auf dem Land. Auf das Verhältnis der persönlichen Rechtsgüter zur Umwelt bzw. zum Eigentum im Zivilrecht ist noch einzugehen[15].

II. Der bisherige Gesundheitsbegriff

Sowohl im Zivilrecht als auch im Öffentlichen Recht fehlt es an einer Legaldefinition des Rechtsgutes Gesundheit. Wenn die Gesundheit grundsätzlich weniger hochrangig ist als Leben oder Körper, ist die Frage um so wichtiger, wie weit der Gesundheitsschutz reicht, ob und wann eine Gesundheitsverletzung oder –beeinträchtigung oder nur eine rechtlich nicht geschützte „Belästigung" vorliegt. Auch gibt es eine Reihe von Normen, wie beispielsweise § 3 GSG oder §§ 8, 24, 30 LMBG, die vorrangig die Gesundheit schützen.

Umweltschutz mittels eines weiteren Verständnisses des Rechtsgutes Gesundheit zu ermöglichen, ist bereits mehrmals gefordert worden, ohne allerdings diese Forderung näher zu begründen[16]. Die Frage, ob die Gesundheit verletzt ist, gewinnt zunehmend an Bedeutung, weil der Mensch aufgrund von zivilisationsbedingten Entwicklungen vielen Umwelteinwirkun-

---

[12] Für den strafrechtlichen Notstand s. *Roxin*, Strafrecht, AT, Bd. 1, 2. Aufl., 1994, S. 602.

[13] Zum Wortlaut s. Anh. A. III.1.

[14] S. auch 2.7.1. zu Abs. 2 Nr. 1 1. StörfallVwV v.27.4.1993, GMBl S. 582. Das muß aber nicht so sein: Eine langwierige Krankheit kann als Gesundheitsverletzung schwerer wiegen als eine leichte Hautabschürfung als Körperverletzung.

[15] S. ausführlich unten § 5.I.1.

[16] Zu dieser Forderung bereits Einl. Fn. 67.

gen ausgeliefert ist, sei es durch Emissionen militärischer Tiefflieger[17], PER-Dämpfe von chemischen Reinigungen[18], chemische Anlagen, bei denen gesundheitsschädliche Dämpfe in die Nachbarschaft entweichen[19], belastete Lebensmittel oder mit PCP oder Lindan verseuchte Wohnräume[20]. Es wird gezeigt, daß der Gesundheitsbegriff weiter als bisher verstanden werden muß, um diese Schadensfälle adäquat zu lösen.

1. *Normübergreifender Gesundheitsbegriff im Zivilrecht und im Öffentlichen Recht*

Wenn im folgenden vom Rechtsgut gesprochen wird, soll ein weiter, ein *normübergreifender Rechtsgüterbegriff* gewählt werden, um das Rechtsgut Gesundheit im Zivilrecht im Vertrag (z.B. §§ 544, 618 I BGB), im Delikt (§ 823 I BGB, § 823 II BGB iVm verschiedenen Schutzgesetzen, wie z.B. §§ 8 LMBG[21], 1 Nr. 4 PflSchG) sowie in den Gefährdungstatbeständen (beispielsweise §§ 1 PHG, 1 UHG, 84 AMG, 7 StVG) einheitlich zu definieren[22]. *Einheitlich* soll zudem der Begriff Gesundheit im Zivilrecht und im Öffentlichen Recht verwendet werden. Der Begriff „körperliche Unversehrtheit" des Art. 2 II 1 GG wird oft von der Rechtsprechung nur auf die Gesundheit bezogen[23]. Eine solche einheitliche Betrachtung gebietet die Einheit der Rechtsordnung[24].

Wenn hier ein einheitlicher Gesundheitsbegriff im Zivilrecht und Öffentlichen Recht verwendet werden soll, kann an dieser Stelle nicht abschließend geklärt werden, ob dieser Gesundheitsbegriff auch für andere Rechtsgebiete gilt, in denen andere Normzwecke im Vordergrund stehen[25]. Im

---

[17] BGH v.27.5.1993, NJW 1993, 2173 – militärische Tiefflüge; s. auch OLG Oldenburg v.6.7.1990, NJW 1990, 3215 – Nervenzusammenbruch und Selbstmorddrohungen infolge von Tiefflügen.

[18] KG v.17.11.1989, VersR 1991, 826 – irreparable Einlagerung von PER, s. unten § 1.V.2., S. 52 f; KG v.6.5.1988, 9 W 1949/88, MM 1988, 27 – Unterlassungsansprüche wegen überhöhter Perchlorethylenkonzentration (PER) durch benachbarte chemische Reinigung; s. unten § 2.III.3., S. 72 ff; § 5.I.1.a)aa), S. 155.

[19] BGH v.14.1.1992, NJW 1992, 1043 – Ethylacrylatgaswolke und z.B. die Chemieunfälle in Lengerich und bei Hoechst, s. Einl. Beispiel 1.

[20] S. dazu die zahlreichen Entscheidungen § 2.III.3., S. 72 ff.

[21] Zum Begriff Gesundheitsschaden nach § 8 LMBG s. *Zipfel*, Lebensmittelrecht, Kommentar, C 100, § 8 Rdnr. 5.

[22] Zur Unterscheidung zwischen Rechtsgut, Schutzgut und Sozialgut s. *Fikentscher*, Wirtschaftsrecht, Bd. II, 1983, S. 529.

[23] BVerfG v.19.6.1979, E 51, 324, 346 – Verhandlungsfähigkeit eines kranken Angeklagten; BVerfG v.14.1.1981, E 56, 54, 74 – Flughafen Düsseldorf.

[24] Zu diesem Grundsatz s. gerade Einl. II.3. und III.1.

[25] So stehen im Sozial- und Arbeitsrecht Arbeitsunfähigkeit und Behandlungsbedürftigkeit im Vordergrund und weniger der Schutz vor Beeinträchtigungen durch Dritte. Im Sozialrecht umfaßt Krankheit als Gegenbegriff zu Gesundheit Regelwidrigkeit und Behandlungsbedürftigkeit (BSG v.25.5.1966, E 35, 10; BSG v.12.1.1975, E 39, 167; BSG v.10.1.1993, NJW

Strafrecht reicht der Schutz gegen Beeinträchtigungen des körperlichen oder seelischen Wohlbefindens zum Teil sehr weit. Diese Beeinträchtigungen werden aber zu einem bestimmten Teil mittels anderer Rechtsnormen, wie z.B. dem Straftatbestand der Beleidigung, Nötigung oder der Mißhandlung von Schutzbefohlenen, geahndet[26]. Daneben greift oft das Ordnungswidrigkeitenrecht ein, wenn Lärmbelästigungen z.B. die Nachtruhe stören[27] oder nicht nur geringfügig sind[28]. Das Straf- und Ordnungswidrigkeitenrecht schützen insoweit auch vor Beeinträchtigungen, selbst wenn diese nicht pathogen sind. Das spricht dafür, auch im Zivilrecht und Öffentlichen Recht einen weitergehenden Schutz zu gewähren[29].

2. Der Begriff „Gesundheit" nach der Weltgesundheitsorganisation (WHO), im allgemeinen Sprachgebrauch und in der Medizin

Nach der Präambel der Weltgesundheitsorganisation (WHO) wird Gesundheit definiert als „Zustand des vollständigen körperlichen, geistigen und sozialen Wohlbefindens und nicht nur als Freisein von Krankheit und Ge-

---

1993, 2398 – Beinverlängerung) und im Arbeitsrecht Arbeitsunfähigkeit, s. *Jung*, Das Recht auf Gesundheit, 1981, S. 3f m.w.Nachw.

[26] §§ 185, 240 oder 223b StGB, zu §§ 185 und 240 s. OLG Koblenz v.2.3.1993, NJW 1993, 1808 – Lärmterror; zu § 223b s. Dreher/*Tröndle*, 45. Aufl., § 223b Rdnr. 8. Für seelische Beeinträchtigungen s. *Forkel*, Die seelische Unversehrtheit als Schutzanliegen des Zivil- und Strafrechts in FS Krause, 1990, S. 297, 305–309.

[27] Z.B. § 9 I NWImSchG; OLG Düsseldorf v.15.10.1991, NJW 1992, 585 – Störung der Nachtruhe durch Musikanlage; OLG Düsseldorf v.6.5.1991, NJW 1991, 2433 – Störung der Nachtruhe durch Garagentor; OLG Düsseldorf v.25.1.1991, NJW 1991, 1625 – Störung der Nachtruhe durch Duschen; OLG Düsseldorf v.6.6.1990, NJW 1990, 3160 – Störung der Nachtruhe durch Wachhund; OLG Düsseldorf v.15.1.1990, NJW 1990, 1676 – Störung der Nachtruhe durch Feier.

[28] Z.B. § 12 NWImSchG; OLG Düsseldorf v.10.1.1990, NJW 1990, 1677 – Störung des Nachbarn durch das Pfeifen eines Graupapageis.

[29] Damit soll für das Strafrecht nicht zu der Frage Stellung genommen werden, ob eine Beeinträchtigung des körperlichen oder seelischen Wohlbefindens als Straftatbestand, nämlich als Gesundheitsschädigung gem. § 223 I StGB, verfolgt werden kann oder ob darüber hinaus ein pathologischer Zustand festgestellt werden muß. Für ersteres *Eser* in Schönke/Schröder, 24. Aufl., § 223 Rdnr. 6 m.w.Nachw.; für letzteres die Rechtsprechung und h.M. in der Literatur, z.B. OLG Hamm v.16.9.1958, MDR 1958, 939 – Psychische Einwirkung nicht als strafrechtliche Körperverletzung; *Hirsch* in Leipziger Kommentar, 10. Aufl., § 223 Rdnr. 11; Dreher/*Tröndle*, 45. Aufl., 1991, § 223 Rdnr. 6. Die Gesundheitsbeeinträchtigung wird allerdings wiederum bejaht, wenn durch Schlafstörungen die Nerven in einen krankhaften Zustand versetzt werden, LG Hamburg v.28.5.1954, MDR 1954, 630 – nächtliche Störanrufe; BayObLG v.15.3.1974, JZ 1974, 393 – nächtliche Telefonanrufe; LG Bad Kreuznach v.18.6.1956, BB 1957, 93 – Starten schwerer Lastzüge zur Nachtzeit; Dreher/*Tröndle*, § 223 Rdnr. 6. Schließlich steht im Strafrecht – anders als im Zivilrecht und Öffentlichen Recht – der Straf- und Sühne- und nicht der Ausgleichsgedanke im Vordergrund. S. instruktiv *Schmidhäuser*, Vom Sinn der Strafe, 2. Aufl., 1971; *Deutsch*, Haftungsrecht und Strafrecht in FS Wahl, 1973, S. 339ff = *derselbe*, Haftungsrecht, S. 89ff; Palandt/*Thomas*, § 847 Rdnr. 4; *Fikentscher*, Schuldrecht, Rdnr. 1355.

brechen"[30]. Demgemäß ist Gesundheit nicht nur der Gegenbegriff zu Krankheit, sondern umfaßt auch das vollständige Wohlbefinden. Auch nach dem allgemeinen Sprachgebrauch umfaßt der Begriff Gesundheit nicht nur die Abwesenheit von Krankheit, sondern auch ein bestimmtes Maß an körperlichem oder geistigem Wohlbefinden[31], nicht jedoch ein vollständiges Wohlbefinden, so wie es die WHO versteht. Die medizinische Literatur unterscheidet zwischen der Gesundheit im weiteren und im engeren Sinne: Für die Definition der Gesundheit i.w.S. wird der Begriff der WHO übernommen. Die Definition der Gesundheit i.e.S. verzichtet auf das Kriterium des vollständigen Wohlbefindens und beschränkt sich auf das subjektive Empfinden des Fehlens körperlicher, geistiger und seelischer Störungen bzw. Veränderungen[32].

3. Die Auffassung in der Rechtswissenschaft

a) Rechtsliteratur

Nur wenige Stimmen in der Literatur sind der Meinung, daß das Rechtsgut Gesundheit durch eine Beeinträchtigung des Wohlbefindens verletzt wird[33]. Ansonsten wird der weite Gesundheitsbegriff der WHO vehement abgelehnt, sowohl von der ganz h. M. im Zivilrecht für den Tatbestand des § 823 I BGB[34] als auch im Verfassungsrecht für den Begriff der körperlichen

[30] „Health is a state of complete physical, mental and social wellbeing and not merely the absence of desease or infirmity." Übersetzung abgedruckt bei *Zacher*, Internationales und Europäisches Sozialrecht, 1976, Nr. 93; *Feldhaus*, Bundes-Immissionsschutzgesetz, § 1 BImSchG, Anm. 1, 2; *Jung*, Das Recht auf Gesundheit, 1981, S. 66f sowie *Kunig* in v. Münch/Kunig, GG, Art. 2 Rdnr. 62.

[31] *Duden*, Deutsches Universalwörterbuch, 1983, Stichwort: Gesundheit. Wer nachts schlecht oder nicht geschlafen hat, fühlt sich am nächsten Morgen nicht „wohl", bei stärkerem Unwohlsein auch nicht gesund.

[32] *Pschyrembel*, Klinisches Wörterbuch, 256. Aufl., 1990, Stichwort: Gesundheit, Krankheit; *Zetkin/Schaldach*, Wörterbuch der Medizin, 15. Aufl., 1992, Stichwort: Gesundheit; *Seelos*, Hans-Jürgen (Hrsg.), Wörterbuch der medizinischen Informatik, Berlin 1990, Stichwort: Gesundheit; *Jung*, Das Recht auf Gesundheit, 1982, S. 2.

[33] Jauernig/*Teichmann*, § 823 II A.2.a) ohne Begründung. Alle anderen Stimmen stammen aus den siebziger Jahren, *Berg*, Anm. zu KG v.15.12.1969 – Höhe des Schmerzensgeldes, NJW 1970, 515, der eine Gesundheitsverletzung als einen von der Norm abweichenden Zustand, der das Befinden des Betroffenen merklich beeinträchtigt, definiert, da sich nach heutiger wissenschaftlicher Erkenntnis Krankheit sehr oft als eine Disharmonie von Körper und Geist darstelle; *Simitis*, Haftungsprobleme beim Umweltschutz, VersR 1972, 1087, 1092; für eine weite Definition auch *Kloepfer*, Zum Grundrecht auf Umweltschutz, 1982, S. 28.

[34] *Medicus*, JZ 1986, 778, 783; zurückhaltend auch *Diederichsen/Scholz*, Kausalitäts- und Beweisprobleme im zivilrechtlichen Umweltschutz, WiVerw 1984, 23, 30; *Diederichsen*, Referat zum 56. DJT, Abteilung Umweltrecht, L 72; *Steffen* in RGRK, § 823 Rdnr. 10; *Forkel*, Immissionsschutz und Persönlichkeitsrecht, 1968, S. 31; *Stoll*, Empfiehlt sich eine Neuregelung der Verpflichtung zum Geldersatz für immateriellen Schaden?, Gutachten zum 45. DJT, Bd. I, 1964, 19ff: gegen seelische Schmerzen als Gesundheitsverletzung.

Unversehrtheit des Art. 2 II 1 GG[35], und zwar mit der Begründung, ein solcher Idealzustand sei nirgendwo in der Welt zu erreichen. Er sei für das Haftungsrecht untauglich[36] und eigne sich als unverbindliche Proklamation auch nicht für Art. 2 II 1 GG als „hartes Verfassungsrecht"[37]. Die Definition erwecke überdies unerfüllbare Erwartungen[38].

Statt dessen wird in der Rechtsliteratur *im Zivilrecht und im Öffentlichen Recht* ein *enger* Gesundheitsbegriff vertreten. Im Vordergrund stehen die Bemühungen, den Gesundheitsbegriff zu begrenzen, um eine Ausuferung des Schadensrechtes zu verhindern; der Begriff Gesundheitsverletzung müsse deshalb juristisch interpretiert und „haftungsrechtlich übersetzt"[39] werden. Um eine Gesundheitsverletzung zu bejahen, fordert die h. M. im zivilrechtlichen Schrifttum das Vorhandensein objektiv feststellbarer Störungen, die in Größe, Heftigkeit und Dauer über die Grenze des Unbedeutenden hinausgehen, medizinisch diagnostizierbar sind oder zumindest zu einem kurzfristigen pathologischen Zustand führen[40]. Überdies sei eine physiologische Veränderung der Gesundheit notwendig[41]. Darüber hinaus wird zum Teil verlangt, daß die Gesundheitsverletzung eine ärztliche Behandlung erforderlich mache[42]. Die Beeinträchtigung des Wohlbefindens ohne jeden Krankheitswert sei dagegen keine Gesundheitsverletzung[43]. Schon begrifflich sei Krankheit der Alternativzustand zu Gesundheit[44].

---

[35] *Lorenz*, Handbuch des Staatsrechts der Bundesrepublik Deutschland, Bd. 6, § 128 Rdnr. 18; *Kunig* in v. Münch/Kunig, GG, 4. Aufl., Art. 2 Rdnr. 61; *v. Münch*, GG, 3. Aufl., Art. 2 Rdnr. 53; v. Mangoldt/Klein/*Starck*, Das Bonner Grundgesetz, 3. Aufl., 1985, Art. 2 Rdnr. 130; *Rauschnig*, Staatsaufgabe Umweltschutz, VVDStRL 38 (1980) 167, 179; *Schmidt-Aßmann*, Anwendungsprobleme des Art. 2 Abs. 2 im Immissionsschutzrecht, AöR 104 (1981), 205, 209.

[36] *Deutsch*, Die Gesundheit als Rechtsgut im Haftungsrecht und Staatshaftungsrecht, KF 1983, 93; *Medicus*, JZ 1986, 778, 783.

[37] v. Mangoldt/Klein/*Starck*, Das Bonner Grundgesetz, 3. Aufl., 1985, Art. 2 Rdnr. 130; *Schmidt-Aßmann*, Anwendungsprobleme des Art. 2 Abs. 2 im Immissionsschutzrecht, AöR 106 (1981), 205, 209.

[38] *Laufs*, Grundlagen des Arztrechts in FS Weitnauer, 1980, S. 363, 365.

[39] So *Steffen* in RGRK, § 823 Rdnr. 12 für Schockschäden Dritter.

[40] *Deutsch*, KF 1983, 93, 94; *Larenz*, Schuldrecht II, § 72 I; *Schäfer* in Staudinger, § 823 Rdnr. 26 unter Berufung auf OLG Hamm v.20.12.1977, VersR 1979, 579 – Lautsprecheranlage; *Steffen* in RGRK, § 823 Rdnr. 10; für § 1 UHG: *Landsberg/Lülling*, Umwelthaftungsrecht, § 1 Rdnr. 28. Diese Definition deckt sich mit dem strafrechtlichen Gesundheitsbegriff des § 223 I StGB; s. *Hirsch* in Leipziger Kommentar, § 223 Rdnr. 11; *Eser* in Schönke/Schröder, § 223 Rdnr. 5 und gerade § 1.I.1.

[41] *Steffen* in RGRK, § 823 Rdnr. 10; für § 1 UHG nennt *Schmidt-Salzer* (Kommentar zum Umwelthaftungsrecht, §§ 12–14 Rdnr. 20–23) die physiologisch bedingte Veränderung im Bereich der Atemwege im Umkreis von Bitterfeld.

[42] *Mertens* in MünchKomm, § 823 Rdnr. 55ff; *Kullmann/Pfister*, Kza. 1512, 2. Der Hinweis auf *Fikentscher*, Schuldrecht, 7. Aufl., 1985, § 103 I 2 ist nicht zutreffend.

[43] *Steffen* in RGRK, § 823 Rdnr. 10; *Schäfer* in Staudinger, § 823 Rdnr. 24; Larenz/*Canaris*, Schuldrecht II 2, S. 377.

[44] *Landsberg/Lülling*, Umwelthaftungsrecht, § 1 Rdnr. 28.

Auch im Öffentlichen Recht wird der Begriff der körperlichen Unversehrtheit des Art. 2 II 1 GG von der Rechtsliteratur eng gefaßt. Nach Auffassung von *Dürig, Starck* und *Lorenz* ist für einen Eingriff notwendig, daß unmittelbar oder mittelbar auf die Substanz des Körpers im biologisch-physiologischen Sinne eingewirkt wird. Zudem muß die Erheblichkeitsgrenze überschritten sein[45]. Das seelische Wohlbefinden wird regelmäßig nur dann vom Begriff der körperlichen Unversehrtheit umfaßt, wenn seelische Einwirkungen – infolge des psychosomatischen Zusammenhangs – zu körperlichen Beeinträchtigungen führen[46]. Nach der Verwaltungsvorschrift zur StörfallVO liegt eine Gesundheitsverletzung nur dann vor, wenn bestimmte Körperfunktionen ausgelöst oder gehemmt werden[47].

b) Rechtsprechung

Die zivilrechtliche und öffentlich-rechtliche Rechtsprechung definieren das Rechtsgut Gesundheit *weiter* als die Rechtsliteratur. Reichsgericht und Bundesgerichtshof verstehen unter Gesundheitsverletzung eine Störung innerer Lebensvorgänge körperlicher, geistiger und seelischer Natur[48]. Zur Bejahung einer körperlichen (physischen) Gesundheitsverletzung genügt jedes Hervorrufen oder Steigern eines von den normalen körperlichen Funktionen nachteilig abweichenden Zustands, wobei unerheblich ist, ob Schmerzzustände auftreten oder bereits eine tiefgreifende Veränderung der Befindlichkeit eingetreten ist[49]. Auch seelisch (psychisch) kann die Gesundheit verletzt werden, so z.B. bei einer Nervenerkrankung[50], einem Nervenzusammenbruch[51] oder einer Unfallneurose[52]. Dafür ist eine organische Ur-

---

[45] *Lorenz*, Handbuch des Staatsrechts der Bundesrepublik Deutschland, Bd. 6, § 128 Rdnr. 16f; *Dürig* in Maunz/Dürig, Art. 2 II Rdnr. 29; v. Mangoldt/Klein/*Starck*, 3. Aufl., Art. 2 Rdnr. 130. Zum Teil wird aber der weitergehenden Rechtsprechung gefolgt, s. sogleich § 1 Fn. 59.

[46] *Kunig* in v. Münch/Kunig, 4. Aufl., Art. 2 Rdnr. 63; *v. Münch*, 3. Aufl., Art. 2 Rdnr. 54; *Lorenz*, Handbuch des Staatsrechts der Bundesrepublik Deutschland, Bd. 6, § 128 Rdnr. 18; v. Mangoldt/Klein/*Starck*, Das Bonner Grundgesetz, 3. Aufl., Art. 2 Rdnr. 130. Weitergehend *Schmidt-Aßmann*, AöR 106 (1981), 205, 209.

[47] So Erbrechen, nicht aber das Wahrnehmen eines unangenehmen Geruchs, 2.7.2. zu Abs. 2 Nr. 2 1. StörfallVwV; s. dazu kritisch unten § 1.V.1.

[48] BGH v.20.12.1952, Z 8, 243, 248 – Luesinfektion durch Blutkonserve.

[49] BGH v.30.4.1991, Z 114, 284 – Aidsinfizierung durch Blutkonserve I, auch wenn es zu einem Ausbruch der Immunschwächekrankheit Aids noch nicht gekommen ist, s. zu diesem Fall genauer unten § 1.V.2., S. 53; BGH v.20.12.1952, Z 8, 243, 245 – Luesinfizierung von Mutter und Ungeborenem durch Blutkonserve; BGH v.20.12.1952, NJW 1954, 718 (in BGHZ 11, 227, nicht abgedruckt) – Lues-Infektion; ebenso Palandt/*Thomas*, BGB, § 823 Rdnr. 4.

[50] So bereits RG v.5.10.1914, Z 85, 335 für eine psychische Beeinträchtigung durch Ehebruch des Ehepartners.

[51] OLG Oldenburg v.6.7.1990, NJW 1990, 3215 – Nervenzusammenbruch und Selbstmorddrohungen infolge von Tiefflügen.

[52] BGH v.12.11.1985, NJW 1986, 777 – Unfallneurose eines Unfallbeteiligten.

sache nicht Voraussetzung[53]. Seelische Gesundheitsverletzungen müssen jedoch nach Auffassung der Rechtsprechung pathologisch faßbar, d.h. medizinisch feststellbar sein, um Gesundheitsverletzungen gem. § 823 I BGB darzustellen[54]. Wenn unbeteiligte Dritte durch die Nachricht der Gesundheitsverletzung z.B. eines Angehörigen einen Schockschaden erleiden (Schockschäden Dritter), schränkt die Rechtsprechung die Gesundheitsverletzung zusätzlich deutlich ein[55].

Das Bundesverfassungsgericht hat sich zwar mit der Definition der WHO eingehend auseinandergesetzt, bis heute aber offengelassen, ob es diesem weiten Begriff folgt[56]. Darüber hinaus stellte das BVerfG fest, daß Eingriffe in den seelischen (psychischen) Bereich dann abgewehrt werden können, wenn sie der Zufügung von Schmerz „entsprechen"[57].

III. Eigene Auffassung

1. Definition und Anwendungsfälle

a) Gesundheitsverletzung auch durch eine erhebliche Beeinträchtigung des Wohlbefindens – Abgrenzung zur Belästigung

Im folgenden wird Gesundheitsverletzung oder gleichbedeutend eine Gesundheitsbeeinträchtigung[58] definiert als *Störung innerer Lebensvorgänge* körperlicher, geistiger und seelischer Natur oder als eine *erhebliche Beeinträch-*

---

[53] BGH v.9.4.1991, VersR 1991, 704 – psychische Unfallauswirkungen.

[54] BGH v.9.4.1991, VersR 1991, 704 – psychische Unfallauswirkungen; ebenso Palandt/*Thomas*, § 823 Rdnr. 4.

[55] Juristisch soll eine medizinisch feststellbare Gesundheitsverletzung durch die allgemeine Verkehrsauffassung korrigiert und nur dann bejaht werden, wenn es zu gewichtigen psychopathologischen Ausfällen von einiger Dauer komme, welche die üblichen Begleitumstände eines schmerzlich empfundenen Trauerfalles, wie Trauer und Schmerz, erheblich übersteigen, BGH v.11.5.1971, Z 56, 163, 165 – Schockschaden eines Dritten durch Todesnachricht; BGH v.4.4.1989, NJW 1989, 2317, 2318 – Abbruch einer Reise als Schockschaden; BGH v.31.1.1984, NJW 1984, 1405 – Alkoholabhängigkeit nach Unfalltod eines Angehörigen; ebenso Palandt/*Heinrichs*, vor § 249 Rdnr. 71; *Zeuner* in Soergel, § 823 Rdnr. 19, 25.

[56] Es hat die Frage der Gesundheitsverletzung offengelassen und statt dessen das Vorliegen einer Gesundheitsgefahr bejaht, BVerfG v.14.1.1981, E 56, 54, 74, 77 – Flughafen Düsseldorf. Zum Begriff der Gefahr s. unten § 2.I.1.

[57] BVerfG v.14.1.1981, E 56, 54, 75 – Flughafen Düsseldorf. Dieser Auffassung folgen *Kutscheidt*, Öffentliches Immissionsschutzrecht in Salzwedel, Grundzüge des Umweltrechts, 1982, S. 237, 247; *Dürig* in Maunz/Dürig, GG, Art. 2 II Rdnr. 29; *v. Münch*, 3. Aufl., Art. 2 Rdnr. 55; *Hermes*, Das Grundrecht auf Schutz von Leben und Gesundheit, 1987, S. 225; *Kunig* in v. Münch/Kunig, 4. Aufl., Art. 2 Rdnr. 63. Genannt werden Angstzustände und hochgradige Nervosität, wenn sie dem körperlichen Schmerz entsprechen.

[58] *Salje*, Umwelthaftungsgesetz, §§ 1, 3 Rdnr. 90 setzt Gesundheitsverletzung und Personenschaden gleich. Dagegen betrachtet *Gusy*, Polizeirecht, 1993, Rdnr. 105 Beeinträchtigung als Oberbegriff für Belästigung und Schaden.

tigung des körperlichen, geistigen oder seelischen *Wohlbefindens*[59]. Von der Definition der Gesundheitsverletzung läßt sich nun auch unschwer die Belästigung abgrenzen, die rechtlich nicht geschützt ist[60]. Sie liegt vor, wenn das körperliche, geistige oder seelische Wohlbefinden nur unerheblich oder freiwillig beeinträchtigt wird, wie die gerade genannten Geruchs- und Lärmbelästigungen[61]. Gesundheit umfaßt damit zum einen den körperlichen (physischen, somatischen[62]) Bereich[63], zum anderen aber auch den geistigen und seelischen (psychischen) Bereich. Mit der Definition werden zudem die normalen Lebensvorgänge, die funktionellen Vorgänge der Organe und damit die inneren Lebensvorgänge als physiologischer Bereich[64] eingeschlossen. Gesundheit umfaßt schließlich auch einen Teilbereich des Wohlbefindens. Mit dem Kriterium „Erheblichkeit" wird Bezug genommen auf das Kriterium Erheblichkeit, wie es sich in den §§ 3 I, 5 I Nr. 1 BImSchG wiederfindet[65].

b) Anwendungsfälle einer Gesundheitsverletzung

Die verschiedenen Auffassungen in der juristischen Rechtsprechung und im Schrifttum zur Gesundheitsverletzung sollen an einigen Anwendungsfällen verdeutlicht werden. Nach Auffassung der juristischen Literatur muß die Gesundheitsverletzung immer krankhaft (pathologisch) sein; die Rechtsprechung definiert zwar auch die Störung innerer Vorgänge als Gesundheitsverletzung, Beeinträchtigungen des seelischen Wohlbefindens müssen aber – in Übereinstimmung mit der juristischen Literatur – krankhaft sein.

Damit werden nur stärkere Beeinträchtigungen als Gesundheitsverletzungen geahndet, denn nur diese sind in der Regel auch krankhaft (pathologisch). Sie wirken körperlich (physisch, somatisch), wie beispielsweise Kopf- oder Augenschmerzen, Atem- (Bronchial-) oder Magenbeschwerden, Schwindelgefühle, Husten sowie allergische Hautreaktionen[66], Reizungen

---

[59] Umgekehrt umfaßt dann Gesundheit die Intaktheit der inneren Lebensvorgänge körperlicher, geistiger und seelischer Natur; notwendig ist die Abwesenheit von Krankheit und von erheblichen Beeinträchtigungen des körperlichen, geistigen oder seelischen Wohlbefindens.

[60] Zum allgemeinen Lebensrisiko s. unten § 1.III.3.c), S. 46 f und § 2.III., S. 76 ff.

[61] S. gerade § 1.I.2. Der BGH benutzt auch den Begriff „Grundbelastung", BGH v.27.5.1993, NJW 1993, 2173, 2176 – militärische Tiefflüge.

[62] Nicht somatologisch (sic), so aber *Hirsch* in Leipziger Kommentar, vor § 223 StGB Rdnr. 2; § 223 StGB Rdnr. 14.

[63] Erman/*Schiemann*, 9.Aufl., § 823 Rdnr. 17: „körperliche Funktionen".

[64] *Steffen* in RGRK, § 823 Rdnr. 8: „physiologische Abläufe in eher dynamischem Sinne".

[65] Zu der sich angleichenden Auslegung von „wesentlichen Beeinträchtigungen" gem. § 906 BGB und „schädlichen Umwelteinwirkungen" gem. § 3 I BlmschG s. BGH v.23.3.1990, Z 111, 63, 65 – Volksfest; BVerwG v.29.4.1988, E 79, 254, 258 – Feuerwehrsirene; *Schulze-Fielitz*, Recht des Immissionsschutzes in Schmidt, Öffentliches Wirtschaftsrecht, BT 1, 1995, § 3, S. 239; kritisch G. *Wagner*, NJW 1991, 2347 ff.

[66] Ebenso *Landsberg/Lülling*, Umwelthaftungsrecht, § 5 Rdnr. 7; § 1 Rdnr. 28.

der Schleimhaut[67] und der Augen oder Kreislaufstörungen oder -versagen und schließlich der Schock[68].

Die herrschende Rechtslehre im Zivilrecht und Öffentlichen Recht lehnt es dagegen ab, eine Gesundheitsverletzung zu bejahen, falls Störungen *nicht krankhaft* sind. Bei einer geringeren Eingriffsintensität wird man einen krankhaften Zustand oft verneinen und nur eine Beeinträchtigung des Wohlbefindens bejahen können. Beeinträchtigungen des körperlichen (physischen) oder geistigen Wohlbefindens sind beispielsweise Einschlafstörungen, Müdigkeit, erhöhte Nervosität und Irritiertheitsgefühle, mangelnde Konzentrations- und Aufnahmefähigkeit sowie Erregungen des vegetativen Nervensystems. Beeinträchtigungen des seelischen (psychischen) Wohlbefindens reichen von einer Herabsetzung des Erholungswertes des Zuhauses, psycho-physiologischen Defensivreaktionen, Verärgerung[69], Minderung der Lebensfreude, Unlust, Unbehagen, Ekel, Streß, Schreckreaktionen und Angst bis hin zu Furchtassoziationen, Seelenschmerz, Gefühlen des Aus-der-Bahn-geworfen-Seins und Alpträumen[70]. Das soziale Wohlbefinden wird gestört, wenn z.B. durch Lärm die Kommunikation im weitesten Sinne, d.h. Unterhaltung unter Einschluß der Mediennutzung (Telefon, Rundfunk, Fernsehen)[71] nicht mehr möglich ist.

Dieser kurze Überblick zeigt schon, daß die Abgrenzung zwischen einem krankhaften Zustand und einer Beeinträchtigung des Wohlbefindens oft nicht möglich oder nur schwer zu ziehen ist; das ist besonders bei kurzfristigen oder nur schwer diagnostizierbaren Beeinträchtigungen der Fall, wie bei leichten Atem- (Bronchial-) oder Magenbeschwerden, geringen allergischen Hautreaktionen, die auch ohne ärztliche Heilmaßnahmen vorübergehen[72], oder Schlafstörungen[73].

Es erscheint fraglich, ob der Betroffene solche Beeinträchtigungen als „allgemeines Lebensrisiko"[74] zu tragen und diesen Zustand rechtsschutzlos hinzunehmen hat.

---

[67] *Scholz*, Verfassungsfragen zum Schutz des Nichtrauchers, DB 1979, Beiheft 10, 5.

[68] Auch tiefergehende seelische (psychische) Störungen können in körperliche Beeinträchtigungen übergehen: So können sich Depressionen, Weinkrämpfe, Nervenzusammenbrüche und schwerwiegende (Unfall-)Neurosen in psycho-organischen Defekten, wie Wesensveränderung, geistiger Leistungsschwäche, Sprachstörungen oder Lähmungserscheinungen äußern. Schwere Fälle führen oft zu irreversiblen Dauerschäden bis hin zur Berufsunfähigkeit. BGH v.9.4.1991, VersR 1991, 704 – psychische Unfallauswirkungen.

[69] BVerfG v.14.1.1981, E 56, 54, 74, 77 – Flughafen Düsseldorf zu Art. 2 II GG.

[70] *Diederichsen*, Referat zum 56. DJT, Abteilung Umweltrecht, 1986, L 72.

[71] BVerwG v.21.5.1976, E 51, 15, 33 – Erheblichkeit von Straßenlärm; BVerfG v.14.1.1981, E 56, 54, 74 – Flughafen Düsseldorf.

[72] Ebenso für § 1 UHG: *Landsberg/Lülling*, Umwelthaftungsrecht, § 5 Rdnr. 7; § 1 Rdnr. 28.

[73] BVerfG v.14.1.1981, E 56, 54, 76 – Flughafen Düsseldorf.

[74] Zum allgemeinen Lebensrisiko s. sogleich § 2.V.2. und § 8.II.

2. Begründung der eigenen Auffassung

Die Rechtsliteratur schränkt den Rechtsschutz zu sehr ein, wenn sie einen pathologischen Zustand zur Bejahung einer Gesundheitsverletzung fordert. Die Rechtsprechung ist inkonsequent, wenn sie für Störungen des seelischen Wohlbefindens einen krankhaften Zustand verlangt, ansonsten aber Störungen innerer Lebensvorgänge als ausreichend erachtet, ohne einen krankhaften Zustand zu fordern. Zudem bleibt mit der Definition der Rechtsprechung unklar, ob auch eine Beeinträchtigung des Wohlbefindens als Gesundheitsverletzung qualifiziert werden kann. Systematische und teleologische Überlegungen erfordern eine weitere Fassung des deliktischen Gesundheitsbegriffs, als dies bisher angenommen wurde. Denn die zivilrechtliche und öffentlich-rechtliche Rechtsprechung ist bereit, sowohl im Nachbarrecht als auch im Vertragsrecht das Wohlbefinden mittelbar relativ weitgehend gegen Verletzungen zu schützen, während dies im Deliktsrecht inkonsequenterweise nicht gelten soll.

a) Wortlaut und Systematik

Für die hier vorgetragene Auffassung spricht bereits der Wortlaut des Begriffs „Gesundheit", weil Gesundheit sowohl im allgemeinen als auch im medizinischen Sprachgebrauch neben dem bloßen Freisein von Krankheit ein bestimmtes Maß an Wohlbefinden umfaßt und sich die Gesundheitsverletzung nicht nur auf einen pathologisch feststellbaren Befund beschränkt[75]. Auch wird, mit Ausnahme von § 84 AMG[76], das Rechtsgut Gesundheit in den einschlägigen Gesetzen, wie den §§ 823 I BGB, 1 PHG, 7 StVG oder 8 LMBG, 2 II Nr. 2 StörfallVO (12. BImSchV), nicht weiter eingeschränkt. Das gilt auch für das jüngst geschaffene Umwelthaftungsgesetz: Nur Eigentumsverletzungen, nicht aber Gesundheitsverletzungen werden durch weitere Elemente, wie Wesentlichkeit und Ortsüblichkeit, begrenzt, §§ 1, 5 UHG.

b) Systemimmanente Wertungen zu § 906 BGB und §§ 3, 5 BImSchG

aa) Für die Auslegung des Begriffes Gesundheit gem. § 823 I BGB bzw. als Teil des Begriffes „körperliche Unversehrtheit" sind neben dem Wortlaut auch die Wertungen zivilrechtlicher und öffentlich-rechtlicher Gesetze zu

---

[75] § 1 Fn. 31.

[76] Nach § 84 AMG besteht ein Schadensersatzanspruch nur, wenn die Gesundheit „nicht unerheblich" verletzt wird. Das liegt daran, daß der Kranke mittels Arzneimitteln eine Heilung wünscht. Da praktisch jedes Arzneimittel Nebenwirkungen hat, sind nicht erhebliche Gesundheitsbeeinträchtigungen hinzunehmen, um einen Heilungserfolg zu erzielen. Zur Nutzen-Risiko-Bewertung beim Arzneimittel s. unten § 7.III.1.a) und § 8.II.1.a).

berücksichtigen[77]. Im *zivilrechtlichen Nachbarrecht* kann gem. §§ 1004, 906 BGB der Eigentümer oder Mieter „wesentliche Beeinträchtigungen" auf sein Grundstück rechtlich unterbinden, soweit diese nicht ortsüblich sind. Solche Beeinträchtigungen sind dann auch Eigentumsverletzungen gem. § 823 I BGB[78]. Wesentliche Beeinträchtigungen sind nach Auffassung des Bundesgerichtshofs solche, die auf das Grundstück einwirken oder durch die auf dem Grundstück befindliche Personen derart belästigt werden, daß ihr gesundheitliches Wohlbefinden gestört oder ein körperliches Unbehagen hervorgerufen wird[79]. Damit wird deutlich, daß hinter diesen Beeinträchtigungen des Eigentums oft auch Beeinträchtigungen stehen, die das körperliche oder seelische Wohlbefinden der Bewohner des Grundstückes verletzen. Beispielsweise wurden Geruchs- und Lärmbelästigungen[80] als abwehr- bzw. ausgleichsfähige Beeinträchtigungen im Sinne von § 906 II BGB anerkannt, wie üble „jauche-, fäkalien- oder kloakenartige" Gerüche einer Kläranlage[81], und zwar unabhängig davon, ob sie zu Brechreiz und Übelkeit führten[82]. Zudem wird die Ausübung der geistigen Berufstätigkeit und damit die Konzentrationsfähigkeit geschützt[83]. Schließlich dient die Einhaltung der Nachtruhe dem seelischen und körperlichen Wohlbefinden sowie dem Erhalt der körperlichen Leistungsfähigkeit[84]. Ein ähnlich weitreichender Schutz läßt sich im *Vertragsrecht* feststellen, wenn Lärmimmissionen zu Mietzinsminderungen führen[85].

Dogmatisch und in seiner Wertung steht hinter dem Schutz des Eigentumsrechts oder der Gebrauchsmöglichkeit der Sache (Miete) neben bestimmten objektgebundenen Begebenheiten *der Schutz der Gesundheit* der Personen, die sich auf dem Grundstück aufhalten[86]. Der BGH argumentiert oft rein formal

---

[77] Zur Wertungsjurisprudenz s. *Wieacker*, Privatrechtsgeschichte der Neuzeit, 2.Aufl., 1967, S. 574ff; *Fikentscher*, Methoden des Rechts, Bd. III, 1976, S. 405ff; *Larenz*, Methodenlehre der Rechtswissenschaft, 6. Aufl., 1991, S. 119ff, 125ff.

[78] Palandt/*Thomas*, § 823 Rdnr. 9; *Larenz*, Schuldrecht II, § 72 I.

[79] BGH v.7.3.1970, VersR 1970, 36 – ästhetische Einwirkungen m. Hinweis auf RG v.8.4.1911, Z 76, 130, 131f – ästhetische Einwirkungen.

[80] S. z.B. VGH Mannheim v.3.5.1984, NJW 1985, 2352 – 12 m entfernte Telefonzelle; OVG Koblenz v.22.4.1986, NJW 1986, 2779 – 1 m entfernte Telefonzelle; BGH v.20.11.1992, NJW 1993, 925 – Frösche; zu letzterem auch *Roth* in Staudinger, § 906 Rdnr. 145.

[81] BGH v.6.2.1986, Z 97, 97 – Geruchsbeeinträchtigung durch Kläranlage zu § 906 BGB.

[82] BGH v.29.3.1984, Z 91, 20 – Geruchsbeeinträchtigung durch Kläranlage zu § 906 BGB.

[83] *Roth* in Staudinger, § 906 Rdnr. 160; BGH v.14.4.1954, JZ 1954, 613 – Bauarbeiten zu § 906 BGB.

[84] Damit können Schlafstörungen abgewehrt werden, BGH v.25.9.1970, VersR 1970, 1107 – Verschulden von Lärmimmissionen zu § 823 I BGB.

[85] LG Göttingen v.15.1.1986, NJW 1986, 1112 – Lärm durch Renovierung einer mittelalterlichen Kirche; LG Kassel v.24.5.1989, NJW-RR 1989, 1292 – Baulärm durch Bundesbahnneubaustrecke; BayObLG v.4.2.1987, NJW 1987, 1950 – Baulärm durch Nachbargrundstück. Zu den Ansprüchen wegen Gesundheitsgefährdung s. unten § 2.II.3. und 4.

[86] *Forkel*, Immissionsschutz und Persönlichkeitsrecht, 1968, S. 20f m.w.Nachw.; *Marburger*, Ausbau des Individualschutzes gegen Umweltbelastungen als Aufgabe des bürgerlichen und

mit der Wohnfunktion[87] und der Gebrauchstauglichkeit des Grundstücks. Diese Begründung erscheint aber dogmatisch unzureichend, weil die Lärm- oder Geruchsimmissionen das Wohlbefinden der sich auf dem Grundstück aufhaltenden Personen zwangsläufig betreffen. Konsequent hatte der BGH auch schon Schadensersatzansprüche wegen Gesundheitsverletzung infolge Geruchs- bzw. Lärmbeeinträchtigungen bejaht, ohne allerdings den Begriff Gesundheitsverletzung zu definieren oder zu subsumieren[88].

bb) Auch im *Öffentlichen Recht* wird die Allgemeinheit und die Nachbarschaft gem. §§ 3 I, 5 I Nr. 1 BImSchG vor „erheblichen Nachteilen und Belästigungen" durch schädliche Umwelteinwirkungen geschützt. Wie die amtliche Begründung zu § 1 BImSchG betont, wird damit eine Verbesserung des Umweltschutzes angestrebt. „*Freisein von Krankheit und körperliches, seelisches und soziales Wohlbefinden* setzen bestimmte, dem Menschen gemäße Lebensbedingungen voraus.... Eine allzu starke Verfremdung der adäquaten äußeren Lebensbedingungen erzeugt – offen und versteckt – Krankheiten, körperliche, seelische und soziale Störungen oder begünstigt sie"; dieses Verständnis nähert sich der Definition von Gesundheit an, welche die WHO vertritt[89]. Bei der Frage, ob dem Betroffenen eine Enteignungsentschädigung wegen Straßenlärms zugesprochen werden kann, hat sich der BGH ausdrücklich auf diese Begründung bezogen[90]. Damit können Schreckreaktionen oder Einschlafstörungen abgewehrt werden[91]. Zudem ist im Öffentlichen Recht anerkannt, daß beispielsweise seelische Quälereien oder psychische Folterungen Verletzungen der körperlichen Unversehrtheit darstellen, ohne daß deshalb die Körpersphäre somatisch tangiert sein muß[92].

c) Sinn und Zweck

Wenn die h. M. in der zivilrechtlichen und öffentlich-rechtlichen Literatur für eine Gesundheitsverletzung einen pathologischen Zustand fordert,

---

des öffentlichen Rechts, Gutachten C zum 56. DJT, Abteilung Umweltrecht, 1986, C 118; *Gerlach*, Privatrecht und Umweltschutz im System des Umweltrechts, 1989, S. 187. Diese Autoren begründen dies allerdings nicht mit einem weit verstandenen Gesundheitsrecht, sondern mit dem Persönlichkeitsrecht.

[87] BGH v.23.3.1990, Z 111, 63, 65 – Volksfest zu § 906 BGB.

[88] BGH v.6.2.1986, Z 97, 97, 104 – Geruchsbeeinträchtigung durch Kläranlage; BGH v.25.9.1970, VersR 1970, 1107 – Verschulden von Lärmimmissionen; kritisch auch *v. Bar*, KF 1987, 4, 11.

[89] Amtliche Begründung zu § 1 des Regierungsentwurfs des BImschG, BT-Dr. 7/179, teilweise abgedruckt bei *Feldhaus*, § 3 BImSchG Anm. 11; *Brüggemeier*, Deliktsrecht, 1986, Rdnr. 191.

[90] BGH v.20.3.1975, Z 64, 220 – Enteignungsentschädigung wegen Straßenlärms; *Kutscheidt* in Landmann/Rohmer, Umweltrecht, Bd. I, § 3 BImSchG Rdnr. 11.

[91] BVerwG v.29.4.1988, E 79, 254, 257, 260f – Feuerwehrsirene.

[92] BVerfG v.14.1.1981, E 56, 54, 75 – Flughafen Düsseldorf; a.A. *Lorenz*, Handbuch des Staatsrechts der Bundesrepublik Deutschland, Bd. 6, § 128 Rdnr. 18.

d.h. eine Krankheit, die objektiv feststellbar oder medizinisch diagnostizierbar ist, hat sie zu sehr die objektive Beweisbarkeit der Gesundheitsverletzung im Auge. Mit diesen Anforderungen läßt sich der Mißbrauch durch den Hypochonder ausschließen[93]. Auch steht die Befürchtung im Raum, Schadensersatzansprüche könnten wegen einer Vielzahl von Betroffenen nicht mehr durchsetzbar bzw. versicherbar sein. Solche Befürchtungen verlieren aber dann an Berechtigung, wenn nur *erhebliche* Beeinträchtigungen des Wohlbefindens eine Gesundheitsverletzung darstellen. Das Abstellen auf den Krankheitsbegriff ist für das Deliktsrecht nicht tauglich, weil eine Abgrenzung von pathologischem Zustand und Beeinträchtigung des Wohlbefindens oft nicht möglich ist. Die (kurzfristige) Übelkeit oder die Einschlafstörung[94] stellt eine Gesundheitsbeeinträchtigung dar, selbst wenn sie medizinisch nicht feststellbar sind. Wenn zur Bejahung einer Gesundheitsverletzung nach *Mertens* eine ärztliche Behandlung notwendig ist, so wird übersehen, daß etliche Krankheiten, wie z.B. Migräne, Übelkeit, (kurzfristige) Allergie heutzutage oft vom Arzt gar nicht behandelt werden (können) oder nicht über einen längeren Zeitraum andauern, so daß ein Arzt nicht aufgesucht wird. Demzufolge hat der BGH in einer jüngeren Entscheidung auch Kopfschmerzen und Schleimhautreizungen als Gesundheitsverletzung und Gesundheitsschaden angesehen, ohne daß ein Arzt dies diagnostiziert hatte[95].

Die Fallgruppe der Spätschäden zeigt, daß das Abstellen auf die Krankheit (und damit auf die Folge der Gesundheitsverletzung) den Blick zu sehr auf den Schaden verengt, statt den Eingriffscharakter in das Rechtsgut in den Mittelpunkt der Betrachtung zu rücken. Gesundheit ist kein idealisierter Selbstzweck, sondern Voraussetzung zur Entfaltung der Individualität und Mittel zum Zweck für ein produktives und erfülltes Leben[96]. Das BVerfG verweist auf die Menschenwürde, das „Verständnis des Menschen als Einheit von Leib, Seele und Geist", sowie die Wechselwirkungen zwischen körperlichen und seelischen Gesundheitsstörungen[97]. Darüber hinaus schützt das Rechtsgut „körperliche Unversehrtheit" – anerkanntermaßen sowohl im Zivil- und Strafrecht wie auch im Öffentlichen Recht – das Selbstbestimmungsrecht des Menschen für den Bereich seiner leiblich-seelischen Integrität; es gehört zum ureigensten Bereich der Personalität des Menschen[98].

---

[93] Aber auch bei einem weiter verstandenen Gesundheitsbegriff bleibt der Geschädigte zum Beweis verpflichtet.

[94] S. bereits oben § 1.III.1.b) S. 37.

[95] BGH v.14.1.1992, NJW 1992, 1043 – Ethylacrylatgaswolke zu §§ 823 I, 847 BGB.

[96] *Zetkin/Schaldach*, Wörterbuch der Medizin, 15. Aufl., 1992, Stichwort: Gesundheit.

[97] BVerfG v.14.1.1981, E 56, 54, 74f – Flughafen Düsseldorf.

[98] Diese Formulierung wird seit den Minderheitsvoten von *Hirsch, Niebler* und *Steinberger* anerkannt, BVerfG v.25.7.1979, E 52, 131, 174, 176 – Arzthaftungsprozeß; zustimmend *v. Münch*, 3. Aufl., Art. 2 Rdnr. 54; *Kunig* in v. Münch/Kunig, 4. Aufl., Art. 2 Rdnr. 72; *Seewald*, Zum Verfassungsrecht auf Gesundheit, 1981, S. 43f. Zur zivilrechtlichen Literatur s.

Damit ist „das Lebensgut Gesundheit von Schöpfung und Natur vorgegeben und muß von der Rechtsordnung, wenn sie daran Rechtsfolgen knüpft, als eine natürliche Wirksamkeit anerkannt werden“[99]. Für eine Gesundheitsverletzung ist es ausreichend, daß eine Störung innerer Lebensvorgänge körperlicher, geistiger oder seelischer Natur vorliegt. Der Betroffene muß also nicht abwarten, bis oder ob am eigenen Körper somatische Veränderungen oder Krankheitssymptome auftreten. Schon vorher kann in den oben genannten Fällen eine Gesundheitsverletzung vorliegen, wenn das Wohlbefinden erheblich beeinträchtigt ist. Der hier vertretene Gesundheitsbegriff erreicht eine weitergehende Harmonisierung im Zivilrecht und im Öffentlichen Recht und umfaßt Fälle, die ansonsten nur durch das Ordnungswidrigkeitenrecht geahndet werden.

3. Beschränkung auf erhebliche Beeinträchtigungen des Wohlbefindens

Der erste Paragraph soll vor allem zeigen, daß der Gesundheitsbegriff weiter zu verstehen ist als bisher. Der uferlos weite Gesundheitsbegriff der WHO ist abzulehnen (a). Es bedarf einschränkender Kriterien[100]: Nur erhebliche Beeinträchtigungen des Wohlbefindens stellen eine Gesundheitsverletzung dar. Hier ist zu fragen, wie der Begriff Erheblichkeit konkretisiert werden kann (b) und wie sich dieser Begriff in die zivilrechtliche und öffentlich-rechtliche Dogmatik einfügt (c).

a) Ablehnung der weiten Definition der WHO

Das „vollständige körperliche, seelische und soziale Wohlbefinden“, wie es die WHO fordert, ist ein Idealzustand, der dem Begriff des vollkommenen Glücks schon sehr nahekommt. Recht kann aber Glück nicht erzwingen. Ständiges Wohlbefinden kann nicht zur alltäglichen Norm erhoben werden: Dies kann der Arbeitnehmer weder auf dem Weg zur Arbeit noch während der Arbeit erwarten. Ansonsten wären viele Berufe – z.B. alle diejenigen, die Streß verursachen – durch das Deliktsrecht abwehrfähig und

---

Laufs in Laufs/Uhlenbruck, Handbuch des Arztrechts, § 61 Rdnr. 15; *Giesen*, Arzthaftungsrecht, S. 112; *Mertens* in MünchKomm, § 823 Rdnr. 421; *Nüßgens* in RGRK, § 823 II Rdnr. 62; *Deutsch*, Arztrecht und Arzneimittelrecht, 1991, S. 52; zur strafrechtlichen Literatur z.B. Dreher/*Tröndle*, § 223 Rdnr. 9ff; *Eser* in Schönke/Schröder, § 223 Rdnr. 31. Zum Selbstbestimmungsrecht im Arzt-Patienten-Verhältnis s. genauer unten § 4.I.2.c).

[99] So ausdrücklich der BGH vor inzwischen gut 40 Jahren, BGH v.20.12.1952, Z 8, 243, 248 – Luesinfektion von Mutter und Ungeborenem durch Bluttransfusion, zu der Frage, ob die Gesundheit eines Ungeborenen verletzt sein kann. Dem steht auch nicht entgegen, den Gesundheitsbegriff in § 223 StGB enger zu fassen, da erhebliche Beeinträchtigungen des Wohlbefindens als Ordnungswidrigkeiten geahndet werden, s. bereits oben § 1.II.1.

[100] Zu einer Schrankenziehung bei seelischen Beeinträchtigungen s. *Forkel* in FS Krause, 1990, S. 297, 313.

damit zu verbieten[101]. Folglich kann nicht jede Beeinträchtigung des körperlichen, geistigen oder seelischen Wohlbefindens deliktische Schadensersatzansprüche nach sich ziehen.

b) Erheblichkeit: Wohnfunktion, dauernde Betroffenheit, Freiwilligkeit

Nun ist zu präzisieren, wann die Beeinträchtigung des Wohlbefindens *erheblich* ist und zur Gesundheitsverletzung führt. Zum Teil können die § 906 BGB und §§ 3, 5 BImSchG zur Konkretisierung herangezogen werden; der hier definierte Gesundheitsbegriff geht aber über den Anwendungsbereich des Nachbarrechts hinaus, da er nicht nur auf die Wohnfunktion beschränkt ist[102]. Beeinträchtigungen des körperlichen oder seelischen *Wohlbefindens* sind nicht selten von geringerer Intensität als eine somatische Gesundheitsverletzung. Ursachen solcher Beeinträchtigungen sind oft leichtere Lärm- oder Geruchsbelästigungen, die je nach der Konstitution des einzelnen schwer oder weniger schwer empfunden werden. Nicht jedermann fühlt sich durch solche Lärm- oder Geruchsbelästigungen bereits in seinem Wohlbefinden beeinträchtigt. Weiterhin wurde gezeigt, daß diese Beeinträchtigungen des Wohlbefindens für Dritte nicht ohne weiteres erkennbar, ja oft auch medizinisch nicht feststellbar sind. Wenn aber auch der seelisch Labile rechtlich geschützt wird[103], erscheint es notwendig, die Beeinträchtigung des Wohlbefindens als rechtlich erheblich mittels weiterer *objektiver* Kriterien abzusichern.

aa) Ein solches Kriterium bietet z.B. die *Wohnfunktion*. Damit ist die Funktion und nicht das Eigentum das entscheidende Schutzobjekt[104]. Der Wohnungsinhaber soll sich in seiner Wohnung erholen können, neue Kräfte für den Alltag und die Arbeit sammeln. Dazu gehört die Möglichkeit ungestörter Kommunikation und störungsfreien Nachtschlafes[105]. Damit wird die Nachtruhe nicht nur durch das Strafrecht geschützt, vielmehr können Störungen der Nachtruhe auch als Gesundheitsverletzung zu qualifizieren sein[106]. Die besondere Wohn- und *Erholungsfunktion* ist auch der tieferlie-

---

[101] Allerdings verlangt beispielsweise auch die Maschinen-RiL, daß „bei bestimmungsgemäßer Verwendung Belästigungen, Ermüdung und psychische Belastung (Streß) des Bedienungspersonals...auf das mögliche Mindestmaß reduziert werden" müssen, s. Maschinen-RiL 89/392/EWG des Rates v.14.6.1989, ABl. Nr. L 183, 9, Anh. I Nr. 1.1.2. lit. d.

[102] S. unten § 1.IV.2.

[103] *Medicus* in Staudinger, § 249 Rdnr. 55; OLG Oldenburg v.6.7.1990, NJW 1990, 3215 – Nervenzusammenbruch mit Selbstmorddrohung infolge von Tiefflügen.

[104] Dafür spricht die nach der Gebietsart abgestufte Zumutbarkeit von Lärmbelästigungen. Danach ist das zumutbare Maß an Einwirkungen um so größer, je geringer die rechtliche Anerkennung der Wohnfunktion des Eigentums ist, BGH v.13.1.1977, NJW 1977, 894 – Lärm im Außenbereich; *Roth* in Staudinger, § 906 Rdnr. 220 m.w.Nachw.

[105] BVerwG v.21.5.1976, E 51, 15, 33 – Erheblichkeit von Straßenlärm; BGH v.23.9.1990, Z 111, 63, 67 – Volksfest.

[106] Ebenso für das Öffentliche Recht *Schmidt-Aßmann*, AöR 106 (1981), 205, 209; *Hermes*, Das Grundrecht auf Leben und Gesundheit, S. 225; v. Mangoldt/Klein/*Starck*, Art. 2 Rdnr.

gende Grund, warum im Reisevertrags- und Mietrecht die Beeinträchtigung des Wohlbefindens zu einem Mangel führen kann. Wenn § 906 BGB mittelbar auch die Gesundheit schützt, so wird doch unmittelbar auf die Grundstücksbezogenheit abgestellt.

bb) Die räumliche Nähe des betroffenen Grundstücks zur Emissionsquelle führt regelmäßig zu einer *dauernden Betroffenheit und Unentrinnbarkeit*; ohne Abwehrmöglichkeit könnte sich der Eigentümer oder der Mieter der Störung nur durch die Aufgabe seiner Rechtsposition (Veräußerung, Wegzug) entziehen[107]. Damit gewinnen die Dauer und Intensität der Einwirkung eine gewisse Rolle. Das Nachbarrecht hat zusätzliche Voraussetzungen für eine Abwehrfähigkeit entwickelt: Ortsüblichkeit, Zumutbarkeit[108]. Auch diese Kriterien haben in den Begriff Erheblichkeit einzufließen[109]. Das OLG Hamm hatte eine Gesundheitsverletzung wegen Lautsprecherdurchsagen aus einem nahen Fußballstadion pauschal abgelehnt, obwohl diese Ansagen bei einem benachbarten Anwohner zu erhöhter Nervosität, Konzentrationsmangel sowie einer Störung seiner Ruhe und seelischen Verfassung führten[110]. Das Gericht hätte statt dessen prüfen müssen, ob die dadurch bedingte Beeinträchtigung des Wohlbefindens „erheblich" ist. Hierfür wären Häufigkeit und Intensität der Lautsprecherdurchsagen zu berücksichtigen gewesen.

cc) Ein weiteres Differenzierungskriterium bildet die *Freiwilligkeit*. Ein Nachbar kann z.B. Lärm abwehren, den ein Arbeitnehmer – bei entspre-

---

130. Zum Strafrecht BayObLG v.15.3.1974, JZ 1974, 393; *Brauner/Göhner*, Die Strafbarkeit „kostenloser Störanrufe", NJW 1978, 1469ff. Generell ablehnend gegenüber solchen Beeinträchtigungen im Zivilrecht aber *Schmidt-Salzer*, Kommentar zum Umwelthaftungsrecht, §§ 12–14 Rdnr. 21. Solche Beispiele verdeutlichen, daß es auch nicht nur um Fälle des „guten Benehmens" geht, s. aber *Diederichsen*, Referat zum 56. DJT, Abteilung Umweltrecht, L 76.

[107] *Marburger*, Gutachten C zum 56. DJT, Abteilung Umweltrecht, C 118 sowie Beschluß des 56. DJT 1986, C.I.35, L 284.

[108] Erheblichkeit im Öffentlichen Recht ist erreicht, wenn sie Dritten billigerweise nicht mehr zugemutet werden kann. Die Beurteilung der Zumutbarkeit erfordert eine Abwägung der Interessen der Nachbarschaft mit dem Interesse des Anlagenbetreibers und der Allgemeinheit am Betrieb der Anlage. Die Entscheidung kann niemals nur auf naturwissenschaftlich-technischen Erkenntnissen beruhen. Abzustellen ist auf das Empfinden eines Durchschnittsmenschen im Zeitablauf wandelbarer objektiver Maßstäbe. *Feldhaus*, § 3 BImschG, Anm. 10; *Friauf*, Polizei- und Ordnungsrecht in v. Münch/Schmidt-Aßmann, Besonderes Verwaltungsrecht, S. 201, 223; *Huber*, AöR 114 (1989), 252, 289; *Jarras*, BImSchG, 2. Aufl., § 3 Rdnr. 27 ff; *Kutscheidt*, Öffentliches Immissionsschutzrecht in Salzwedel, Grundzüge des Umweltrechts, S. 237, 245; *Wagner*, Öffentlich-rechtliche Genehmigung und zivilrechtliche Rechtswidrigkeit, S. 185; BVerwG v.29.4.1988, E 79, 254, 260 – Feuerwehrsirene.

[109] Demgegenüber scheint eine Ansicht diese Kriterien zu benutzen, um den Tatbestand einer Gesundheitsverletzung einzugrenzen, *Steffen* in RGRK, § 823 Rdnr. 10 m. Hinw. auf VersR 1970, 1107; *Schmidt-Salzer*, Kommentar zum Umwelthaftungsrecht, § 6 Rdnr. 175–183. Zu den Kriterien im einzelnen s. *Roth* in Staudinger, § 906; *Baur* in Soergel, § 906; *Gursky* in MünchKomm, § 906; Erman/*Hagen*, § 906; Palandt/*Bassenge*, § 906.

[110] OLG Hamm v.20.12.1977, VersR 1979, 579 – Lautsprecheranlage.

chendem Hörschutz – unter Umständen auszuhalten hat[111]. Dieser setzt sich solchen erheblichen Beeinträchtigungen „freiwillig" aus; er wird auch dafür bezahlt. Im Arbeitsleben müssen deshalb Eingriffe in das körperliche und seelische Wohlbefinden in weit stärkerem Maße hingenommen werden als im Nachbarschaftsbereich[112]. Im Arzneimittelrecht muß z.B. vor allen Nebenwirkungen gewarnt werden, insbesondere Müdigkeit, Niedergeschlagenheit oder ähnlichen Beeinträchtigungen des Wohlbefindens, die dann freiwillig in Kauf genommen werden[113]. Ein weiteres Beispiel bildet das Passivrauchen, also die Situation, in welcher der Nichtraucher unfreiwillig dem Rauch ausgesetzt ist. Beim Passivrauchen sind drei verschiedene Konstellationen voneinander zu trennen. Zum einen kann ein Nichtraucher in seiner Konzentrationsfähigkeit und Aufmerksamkeit beeinträchtigt und belästigt werden. Schwererwiegend kann zum zweiten die Gesundheit somatisch beeinträchtigt sein, z.B. durch Kopfschmerzen und Atembeschwerden. Drittens kann die Gesundheit gefährdet sein, z.B. durch das Krebsrisiko als Passivraucher. Hier sollen nur die ersten beiden Gesichtspunkte betrachtet werden[114]. In einer neueren Entscheidung zum Passivrauchen während einer Ratssitzung hat das OVG Münster gefordert, daß der Passivraucher wegen der zu erwartenden Belästigung ein Rauchverbot vor Beginn der Sitzung einfordern und das Rauchen rügen, sein fehlendes Einverständnis also anzeigen muß. Erst dann entstehe eine Reaktionspflicht, die eventuell gerichtlich durchsetzbar ist[115]. Eine solche Obliegenheit ist ihm zumutbar. Nimmt er diese Mitwirkungspflicht nicht wahr, ist die Beeinträchtigung unbeachtlich; er nimmt sie als Belästigung freiwillig hin[116]. Damit wird auch ein Rauchen am Arbeitsplatz hinzunehmen sein, wenn dies für das Berufsfeld typisch ist, wie für den Kellner oder für die Stewardeß[117]. Ansonsten wird aber ein Arbeitgeber eine entsprechende Anzeige des Arbeitnehmers zu beachten haben[118].

---

111 Zu den Anforderungen an eine menschengerechte Arbeitsgestaltung s. *Zöllner/Loritz*, Arbeitsrecht, 4.Aufl., 1992, § 29 V. Zu den Grenzwerten am Arbeitsplatz s. *Falke* in Winter (Hrsg.), Grenzwerte, 1986, S. 164, 173. Zum Arbeitsschutzrahmengesetz *Oetker*, ZRP 1994, 219.

112 Ebenso *Scholz*, DB 1979, Beiheft 10, 7 zu § 5 ArbStVO.

113 Eine andere Frage ist dagegen, wann bei einer solchen Beeinträchtigung auch ein Schmerzensgeldanspruch gegeben ist, s. sogleich § 1.V.2.

114 Zu dem dritten Gesichtspunkt des Krebsrisikos s. sogleich § 2.II.1.a).

115 OVG Münster v.27.7.1990, NVwZ-RR 1991, 260, 261 – Rauchverbot in Ratssitzungen. S. auch OLG Hamm v.1.3.1982, MDR 1982, 779 – Nichtraucher im Strafvollzug; LG Berlin v.7.6.1977, NJW 1978, 2343 – Passivrauchen in S-Bahn; *Suhr*, Die Freiheit vom staatlichen Eingriff als Freiheit zum privaten Eingriff?, JZ 1980, 166 m.w.Nachw.; OVG Koblenz v.13.3.1989, NVwZ-RR 1990, 98 – Rauchverbot in Ratssitzungen; VG Würzburg v.12.12.1979, NJW 1981, 243 – Rauchverbot im Gemeindeparlament; *Rahmede*, Passivrauchen, Gesundheitliche Wirkungen und rechtliche Folgen, 1983.

116 Daß auf den Rechtsgüterschutz verzichtet werden kann, betont auch Larenz/*Canaris*, Schuldrecht II 2, S. 374.

117 Die Klage abweisend LG Frankfurt a.M., FAZ v.14.6.1994.

118 BVerwG v.13.9.1984, NJW 1988, 876 – Rauchverbot im Großraumbüro.

c) Vermeidung von Wertungswidersprüchen

Dadurch, daß die Gesundheitsverletzung eine *erhebliche Beeinträchtigung des Wohlbefindens* umfaßt, läßt sich zweierlei erreichen. §§ 3, 5 I Nr. 1 BImSchG bieten Schutz vor erheblichen Nachteilen und erheblichen Belästigungen der Allgemeinheit und der Nachbarschaft; § 906 BGB schützt vor einer wesentlichen Beeinträchtigung des Grundstücks[119]. Soll der Gesundheitsbegriff mit dem Schutzumfang dieser Normen konform laufen und *keinen Wertungswiderspruch* erzeugen[120], werden zum einen mit der hier vertretenen Auffassung wesentliche Beeinträchtigungen nach § 906 I BGB auch immer Gesundheitsverletzungen gem. § 823 I BGB darstellen[121]. Der Gesundheitsbegriff des Zivilrechts und des Öffentlichen Rechts schützt damit in einem gewissen Umfang auch subjektive Elemente des körperlichen oder seelischen Wohlbefindens. So wie inzwischen der bisher nur für das Eigentum geltende Unterlassungsanspruch auf die persönlichen Rechtsgüter übertragen wurde[122], sind erhebliche Beeinträchtigungen des Wohlbefindens nicht nur mittelbar über das Eigentumsrecht, sondern auch unmittelbar über das Rechtsgut Gesundheit zu schützen. Zum anderen wird durch die Ablehnung der weiten Definition der WHO vermieden, daß der Gesundheitsbegriff zu stark ausufert. Dogmatisch läßt sich diese Beschränkung auf erhebliche Beeinträchtigungen des Wohlbefindens mit dem römischen Grundsatz *„minima non curat praetor"* begründen[123]. Eine solche Einschränkung auf das „Erhebliche" findet sich zwar nicht ausdrücklich in den §§ 823 I BGB, 1 PHG, 1 UHG. Daraus wurde schon geschlossen, daß eine Einschränkung auf erhebliche Verletzungen nicht zulässig sei[124]. In der vorliegenden Untersuchung wurde aber in einem ersten Schritt der Gesundheitsbegriff so weit definiert, daß er erhebliche Beeinträchtigungen des Wohlbefindens mitumfaßt. Deshalb erscheint es zulässig, in einem zweiten Schritt nur erhebliche Beeinträchtigungen des Wohlbefindens als Gesundheitsverletzungen zu qualifizieren. Im Mietrecht kommt eine Mietzinsminderung gem. § 537 I BGB bei einer unerheblichen Minderung der Tauglichkeit nicht in Betracht. Schließlich findet sich die Erheblichkeit auch für

---

[119] S. gerade § 1.III.2.b).

[120] S. hierzu *Larenz*, Methodenlehre des Rechts, S. 334f; *Engisch*, Einführung in das juristische Denken, S. 160ff; *Canaris*, Systemdenken und Systembegriff in der Jurisprudenz, S. 112ff.

[121] A.A. *v. Bar*, Zur Dogmatik des zivilrechtlichen Ausgleichs von Umweltschäden, KF 1987, 11: „Denn das, was im Sinne von § 823 I eine ... Gesundheitsverletzung ist, das ist nahezu stets auch eine wesentliche Beeinträchtigung im Sinne des Nachbarrechts, doch läßt sich dieser Satz nicht umkehren".

[122] Palandt/*Thomas*, vor § 823 Rdnr. 18; Larenz/*Canaris*, Schuldrecht II 2, S. 672ff.

[123] Das Gericht kümmert sich nicht um Kleinigkeiten. Dig. 4,1, 4; s. schon *Cicero*, De natura deorum 3, § 86; *Deutsch*, Haftungsrecht, S. 231; zu diesem Grundsatz bei § 84 AMG *derselbe*, Arztrecht und Arzneimittelrecht, S. 420; *Kullmann/Pfister*, Kza. 3800, 17.

[124] *Landsberg/Lülling*, Umwelthaftungsrecht, § 1 Rdnr. 174 und § 5 Rdnr. 7.

das Eigentumsrecht bei § 823 I BGB[125]. Das allgemein Übliche, das Sozialadäquate[126], ist damit mangels Erheblichkeit nicht abwehrfähig, wie beispielsweise sog. ästhetische Einwirkungen von Grundstücken[127], minder schwere Eingriffe in das seelische Wohlbefinden[128] oder kurzfristige Lärm- oder Geruchsbelästigungen geringer Intensität[129].

Graphik 1:

Die Gesundheitsverletzung im Zivilrecht und Öffentlichen Recht[130]:

	Rechtsliteratur	Rechtsprechung	Eigene Auffassung	WHO
Begriff	kurzfristig, pathologisch (= krankhaft) + medizinisch feststellbar + ärztliche Behandlung notwendig	Störung innerer Lebensvorgänge körperlicher, geistiger oder seelischer Natur; seelische Beeinträchtigung nur, falls krankhaft + oder mit Schmerz vergleichbar (BVerfG)	Störung innerer Lebensvorgänge körperlicher, geistiger oder seelischer Natur + *erhebliche Beeinträchtigung des Wohlbefindens*	+ Beeinträchtigung des vollständigen Wohlbefindens, „Glück"
Begründung			Rechtsgedanken der §§ 3, 5 BImschG, § 906 BGB	
Bspe.	Vergiftung, Nervenzusammenbruch	Kopf- und Augenschmerzen, PER-Ablagerung	Schlafstörungen, Konzentrationsmangel, seelische Beeinträchtigungen, Mattigkeit, erhebliche Geruchsbelästigungen	sog. Belästigung oder Grundbelastung
Rechtsschutz	Gesundheitsverletzung Unterlassungs- und Schadensersatzanspruch			kein Rechtsschutz

[125] BGH v.25.10.1988 Z 105, 246, 350 – Fischfutter; BGH v.21.11.1989, NJW 1990, 908 – Weinkorken; BGH v.7.12.1993, NJW 1994, 517 – Gewindeschneidemittel.

[126] BVerwG v.29.7.1977, DVBl 1977, 897, 900 – Nachbarklage; OVG Münster v.27.7.1990, NVwZ-RR 1991, 260, 261 – Rauchverbot in Ratssitzungen; s. unten § 2.III.1.

[127] Z.B. Unrat vom Nachbargrundstück, so die h.M., s. *Medicus* in Staudinger, § 1004 Rdnr. 30 m.w.Nachw.; *derselbe*, JZ 1988, 778, 783; Erman/*Hagen*, § 906 Rdnr. 9; a.A. z.B. *Roth* in Staudinger, § 906 Rdnr. 114ff; *Forkel*, Immissionsschutz und Persönlichkeitsrecht, S. 24ff; *derselbe* in FS Krause, 1990, S. 297, 304.

[128] Wie beispielsweise Ekel, s. *Zipfel*, Lebensmittelrecht C 100 Rdnr. 5 für Ekel.

[129] Wie alltägliche Lästigkeiten (das Heulen des Martinshorns), *Kunig* in v. Münch/Kunig, 4. Aufl., Art. 2 Rdnr. 66 verweist unzutreffend auf die Entscheidung des BVerwG v.29.4.1988, E 79, 254 – Feuerwehrsirene.

[130] Die unterschiedlichen Auffassungen zum Begriff der Gesundheitsverletzung sind in der

IV. Auseinandersetzung mit anderen dogmatischen Ansätzen

1. Andere Definitionen für Gesundheit

Das Bundesverfassungsgericht hat eine seelische Beeinträchtigung, wenn sie dem „Schmerz gleichkommt", als einen Eingriff in die körperliche Unversehrtheit im Sinne von Art. 2 II GG anerkannt[131]. Wird auf die Vergleichbarkeit mit Schmerzen abgestellt, wird dem schmerzhaften Eingriff „automatisch" eine gewisse Erheblichkeit zukommen. Gegen das Kriterium Schmerz spricht aber, daß Schmerz immer nur ein Symptom für eine Gesundheitsbeeinträchtigung sein kann. Es versagt vor allem bei Gesundheitsbeeinträchtigungen, die keinen Schmerz verursachen, wie die Infizierung mit Aids[132]. Nachteilhaft ist auch, daß das Symptom Schmerz ein rein subjektives Kriterium ist; es müßte also auch mit objektiven Kriterien verbunden werden, um einen Mißbrauch zu verhindern.

Deutsch ist der Ansicht, daß seelische Beeinträchtigungen der Gesundheit nicht automatisch zur Rechtswidrigkeit des Eingriffs gem. § 823 BGB führen, also die Rechtswidrigkeit nicht durch den Eingriff indiziert sei. Vielmehr solle im Einzelfall positiv festgestellt werden, ob der Eingriff rechtswidrig sei. Eine solche Indizwirkung sei nicht gerechtfertigt, weil das subjektive Empfinden einer solchen Beeinträchtigung von Person zu Person variiere; zudem stehe die seelische Beeinträchtigung dem Persönlichkeitsrecht nahe, bei dem auch die Rechtswidrigkeit eines Eingriffs positiv festgestellt werden müsse[133]. Dem ist jedoch entgegenzuhalten, daß damit die klassische Auffassung, daß bei absoluten Rechtsgütern die Tatbestandsmä-

---

Graphik gegenübergestellt. Nach dem weiten Begriff der WHO und dem allgemeinen Sprachgebrauch umfaßt Gesundheit neben der Abwesenheit von Krankheit auch das vollständige körperliche, seelische und soziale Wohlbefinden. Die enge Auffassung der Rechtsliteratur zu den verschiedenen Normen des Zivilrechts und Öffentlichen Rechts verlangt dagegen zur Bejahung einer Gesundheitsverletzung einen (mindestens kurzfristigen) pathologischen Zustand; die Rechtsprechung definiert Gesundheitsverletzung zwar als Störung innerer Lebensvorgänge körperlicher, geistiger oder seelischer Natur, fordert aber bei seelischen Beeinträchtigungen einen pathologischen oder einen mit Schmerz vergleichbaren Zustand.

Nach der hier vertretenen Ansicht wird Gesundheitsverletzung sowohl im Zivilrecht als auch im Öffentlichen Recht definiert als Störung innerer Lebensvorgänge körperlicher, geistiger oder seelischer Natur oder als eine erhebliche Beeinträchtigung des körperlichen, geistigen oder seelischen Wohlbefindens. Der Schutz vor erheblichen Beeinträchtigungen des Wohlbefindens wird im zivilrechtlichen und öffentlich-rechtlichen Nachbarrecht gewährleistet und ist deshalb auch auf den deliktsrechtlichen Schutz der Gesundheit zu übertragen, um im Interesse einer einheitlichen Betrachtung Wertungswidersprüche zu vermeiden.

[131] BVerfG v.14.1.1981, E 56, 54, 74 f – Flughafen Düsseldorf, s. bereits oben § 1.II.3.b).

[132] Deshalb verlangt der BGH gerade nicht, daß Schmerzzustände oder eine Veränderung der Befindlichkeit eingetreten sind; BGH v.30.4.1991, Z 114, 284 – Aidsinfizierung durch Blutkonserve.

[133] *Deutsch*, KF 1983, 93, 96; *derselbe*, Unerlaubte Handlung, Schadensersatz und Schmerzensgeld, Rdnr. 184; ihm folgend *Landsberg/Lülling*, Umwelthaftungsrecht, § 1 Rdnr. 174.

ßigkeit des Eingriffs dessen Rechtswidrigkeit indiziert[134], aufgegeben wird. Das subjektive Empfinden eines Eingriffs darf aber nicht dazu führen, diese Indikation zu relativieren. Zudem besteht die Gefahr, den Tatbestand nur schwer eingrenzen zu können, wie die Erfahrungen mit der Güterabwägung beim Persönlichkeitsrecht und dem Recht am eingerichteten und ausgeübten Gewerbebetrieb zeigen. Deshalb erscheint es sachgerechter, bereits auf der Tatbestandsebene eine Korrektur auf erhebliche Beeinträchtigungen des Wohlbefindens vorzunehmen[135].

2. *Andere Ansätze zum Schutz vor Immissionen*

Von *Forkel* wurde vorgeschlagen, Umweltbelästigungen wegen Verletzung des Allgemeinen Persönlichkeitsrechts im Sinne von § 823 I BGB mit dem quasi-negatorischen Beseitigungsanspruch abzuwehren[136]. *Köndgen* betrachtet die Umwelt als sonstiges Recht im Sinne von § 823 I BGB[137]. *Diederichsen* und *Marburger* wollen dagegen eine Analogie zu § 906 BGB bilden und damit den persönlichen Schutzbereich über Eigentümer und Mieter hinaus auf die Nachbarschaft ausweiten, so daß auch Arbeitnehmer oder Besucher einer Ausbildungsstätte gegen Umweltimmissionen geschützt wären[138]. Als Hauptargument gegen diese Auffassungen wird regelmäßig vorgetragen, der Tatbestand des § 823 bzw. § 906 BGB geriete zu weit und würde uferlos. Im Ergebnis wäre eine zivilrechtliche Popularklage eröffnet, wenn praktisch jedermann, wie der Spaziergänger, gegen einfache Geräusch- und Lärmbelästigungen vorgehen könne[139].

Der hier vorgeschlagene Weg, Rechtsschutz über eine vorsichtige Ausdehnung des Gesundheitsbegriffs zu gewähren, vermeidet eine uferlose Aus-

---

[134] *S. Fikentscher*, Schuldrecht, Rdnr. 1053, 1216; *Larenz*, Schuldrecht II, § 72 I c); Palandt/*Thomas*, § 823 Rdnr. 33; *Medicus*, Bürgerliches Recht, Rdnr. 606; *Steffen* in RGRK, § 823 Rdnr. 114ff.

[135] Gegen die Auffassung von *Deutsch* auch Larenz/*Canaris*, Schuldrecht II 2, S. 378.

[136] *Forkel*, Immissionsschutz und Persönlichkeitsrecht, S. 24ff; 47ff; zustimmend *Lang*, Grundfragen des privatrechtlichen Immissionsschutzes in rechtsvergleichender Sicht, AcP 171 (1971), 381, 387ff; *Roth*, Materiellrechtliche und prozessuale Aspekte eines privatrechtlichen Umweltschutzes, NJW 1972, 921, 922ff.

[137] *Köndgen*, Überlegungen zur Fortbildung des Umwelthaftpflichtrechts, UPR 1983, 345, 348f.

[138] *Diederichsen*, Referat zum 56. DJT, Abteilung Umweltrecht, 1986, L 54f; *Marburger*, Gutachten C zum 56. DJT, Abteilung Umweltrecht, 1986, C 119 definiert die Nachbarschaft i. S. v. §§ 3 I, 5 I Nr. 1 BImSchG; zustimmend *Ronellenfitsch/Wolf*, Ausbau des Individualschutzes gegen Umweltbelastungen als Aufgabe des bürgerlichen und des öffentlichen Rechts?, NJW 1986, 1955, 1960.

[139] So bereits *Köndgen*, UPR 1983, 345, 349 gegenüber dem Vorschlag von *Forkel; Marburger*, 56. DJT, C 117; *Diederichsen*, 56. DJT, L 55; *Medicus*, JZ 1986, 778, 780. Gegen *Diederichsen* und *Marburger* argumentiert ausdrücklich *Olzen*, Jura 1991, 281, 283; gegen die Auffassung von *Berg* (NJW 1970, 515) mit diesem Argument *Schäfer* in Staudinger, § 823 Rdnr. 26.

weitung, da Beeinträchtigungen des seelischen oder körperlichen Wohlbefindens erheblich sein müssen[140]. Die Ansicht hat gegenüber der Ansicht von *Köndgen* den Vorzug, unmittelbar auf das Rechtsgut Gesundheit abzustellen, wie es sich in den verschiedenen zivilrechtlichen und öffentlich-rechtlichen Gesetzen findet, und nicht den schwierigen Weg des „sonstigen Rechts" des § 823 I BGB zu bemühen. Auch ist nicht notwendig – wie bei den Auffassungen von *Diederichsen* oder *Marburger* – eine Analogie zu § 906 BGB zu bilden. Die Begrenzung auf § 906 BGB hat zudem den Nachteil, daß § 906 BGB nur vor Einwirkungen schützt, die von einem anderen Grundstück ausgehen. Erhebliche Beeinträchtigungen des Wohlbefindens, die beispielsweise durch den militärischen Tiefflieger oder die mit Lindan belasteten Möbel verursacht werden, sind mit dieser Ansicht nicht geschützt. Auch in solchen Fällen gewährt nur ein weiter verstandener Gesundheitsbegriff Rechtsschutz.

V. Rechtsfolgen

Nachdem gerade das Rechtsgut „Gesundheit" normübergreifend definiert wurde, können jetzt einige Rechtsfolgen beschrieben werden, falls eine öffentlich-rechtliche oder zivilrechtliche Norm verletzt wird.

1. Meldepflichten nach der StörfallVO

Nach § 2 II Nr. 2 i.V.m. I StörfallVO (12. BImSchV) liegt ein Störfall vor, wenn nach einer Störung eines bestimmungsgemäßen Betriebes die Gesundheit einer großen Anzahl von Menschen beeinträchtigt werden kann. Nach der Verwaltungsvorschrift zur StörfallVO ist hierzu erforderlich, daß „Körperfunktionen ausgelöst oder gehemmt" werden[141]. Diese Eingriffsschwelle ist als zu hoch abzulehnen, denn auch erhebliche Beeinträchtigungen des Wohlbefindens sind nach der hier vertretenen Auffassung Gesundheitsverletzungen. Für die Erheblichkeit ist die Dauerhaftigkeit ein maßgebliches Kriterium. Bei Personen, die sich längere Zeit am Ort des Störfalls aufhalten, ist die Erheblichkeit damit gegeben. Deshalb ist bereits dann zu warnen, wenn die freigesetzten Chemikalien ein Unwohlsein oder Kopfschmerzen verursachen können[142]. Die Unfälle bei Hoechst (Beispiel 1 der Einleitung) haben gezeigt, daß großer Handlungsbedarf besteht, um die Bevölkerung bereits in solchen Fällen gem. § 11a StörfallVO (12. BImSchV) zu informieren[143].

---

[140] Das nicht erheblich beeinträchtigte Wohlbefinden wird rechtlich gerade nicht geschützt.

[141] 2.7.2. zu Abs. 2 Nr. 2 der 1.StörfallVwV, s. gerade § 1.II.3.a).

[142] Zu einem Erbrechen muß es nicht kommen.

[143] Zu den Informationspflichten s. genauer § 9.IV.3.b).

2. Schadensersatz und Schmerzensgeld

Mit einer quasi-negatorischen Unterlassungsklage können Gesundheitsverletzungen dann gem. §§ 1004, 861 BGB analog bekämpft werden, wenn eine Wiederholungsgefahr besteht[144]. Im Öffentlichen Recht werden die Bezeichnungen „Rechtsgutsverletzung", „Störung" und „Schaden" ohne Unterschied verwendet[145]. Folglich führt die Gesundheitsbeeinträchtigung regelmäßig zum Gesundheitsschaden[146]. Auch im Zivilrecht erscheint es eher theoretisch, zwischen Gesundheitsverletzung und -schaden zu trennen. Die Gesundheitsverletzung führt regelmäßig auch zum Gesundheitsschaden[147]. So kann auch ohne eine tiefgreifende Beeinträchtigung der Befindlichkeit – wie der BGH in der Aids-Entscheidung festgestellt hatte – ein Gesundheitsschaden gegeben sein[148].

Eine Gesundheitsverletzung führt nicht automatisch zu einem Schmerzensgeldanspruch. Dies zeigen schon das PHG, das AMG und das UHG, die gerade Schmerzensgeldansprüche ausklammern. Schadensersatzansprüche für den Ersatz des immateriellen Schadens sind nur gem. § 847 BGB möglich, der allerdings einen Anspruch nur zuspricht, wenn die Voraussetzungen einer „billigen" Entschädigung gegeben sind. Damit besteht die Möglichkeit, bei sog. Bagatellschäden einen Schmerzensgeldanspruch zu versagen. Wörtlich formulierte der BGH: „Der Tatrichter hält sich innerhalb seines Ermessens, wenn er bei geringfügigen Verletzungen ohne wesentliche

---

[144] BGH v.14.1.1992, NJW 1992, 1043 – Ethylacrylatgaswolke.

[145] Danach ist Schaden jede Verletzung von unter die Begriffe öffentliche Sicherheit und Ordnung fallenden Normen, Rechten und Rechtsgütern. *Götz*, Allgemeines Polizei- und Ordnungsrecht, Rdnr. 116; im Fall der Störung hat sich die Gefahr verwirklicht, ist der Schaden eingetreten, ist das polizeiliche Schutzgut verletzt; Drews/Wacke/*Vogel/Martens*, Gefahrenabwehr, S. 221f; *Lukes*, Gefahren und Gefahrenbeurteilung in der Rechtsordnung der Bundesrepublik Deutschland in Lukes (Hrsg.), Gefahren und Gefahrenbeteiligung im Recht, Bd. 1, 1980, S. 17, 22; *Gusy*, Polizeirecht, 1993, Rdnr. 104.

[146] *Gusy*, Polizeirecht, Rdnr. 104, jedoch mit der gleichzeitigen Einschränkung, daß bestimmte Beeinträchtigungen hingenommen werden müssen. Daneben sind auch nach dem oben Gesagten erhebliche Gesundheitsbelästigungen Gesundheitsverletzungen; insoweit muß der Schadensbegriff des Polizeirechts korrigiert werden, der Belästigungen generell nicht für abwehrfähig erklärt. *Hansen-Dix* (Die Gefahr im Polizeirecht, im Ordnungsrecht und im Technischen Sicherheitsrecht, 1982, S. 122ff) weist überzeugend nach, daß erhebliche Belästigungen im Polizeirecht als Gesundheitsschäden bezeichnet werden. Folglich spricht *Götz* (Allgemeines Polizei- und Ordnungsrecht, 11. Aufl., 1992, Rdnr. 118) auch vom besonderen terminus technicus im Polizeirecht; zu der ursprünglichen Auffassung Drews/Wacke/*Vogel/Martens*, Gefahrenabwehr, 9. Aufl., S. 221f m.w.Nachw; *Friauf*, Polizei- und Ordnungsrecht in v. Münch/Schmidt-Aßmann, Besonderes Verwaltungsrecht, 9. Aufl., 1992, Rdnr. 46.

[147] *Simitis*, VersR 1972, 1088, 1092; *Steffen* in RGRK, § 823 Rdnr. 10 und OLG Hamm v.20.12.1977, VersR 1979, 579 – Lautsprecheranlage; KG v.17.11.1989, VersR 1991, 826 – irreparable Einlagerung von PER.

[148] BGH v.30.4.1991, Z 114, 284, 289 – Aidsinfizierung durch Blutkonserve; BGH v.4.11.1988, St 36, 1, 6 – Sexualkontakte eines HIV-Infizierten; s. jetzt auch BGH v.10.1.1995, NJW 1995, 1160 – Holzschutzmittel (Xyladecor) und Einl. Beispiel 9.

Beeinträchtigung der Lebensführung und ohne Dauerfolgen, sog. Bagatellschäden, jeweils prüft, ob es sich nur um vorübergehende, im Alltagsleben typische und häufig auch aus anderen Gründen als einem besonderen Schadensfall entstehende Beeinträchtigungen des körperlichen oder seelischen Wohlbefindens handelt, die im Einzelfall weder unter dem Blickpunkt der Ausgleichs- noch der Genugtuungsfunktion ein Schmerzensgeld als billig erscheinen lassen"[149].

Ob ein solches Verständnis den heutigen Gegebenheiten noch entspricht, kann an dieser Stelle nicht eingehend untersucht werden[150]. Zu Recht hat in der Tiefflug-Entscheidung der BGH Amtshaftungsansprüche zumindest für denkbar gehalten, nachdem militärische Tiefflugübungen nach 22.00 Uhr das Nervensystem der Klägerin nachhaltig belasteten[151]. Zweifelhaft sind dagegen die Ausführungen des Kammergerichts Berlin[152]: Über einen längeren Zeitraum war ein Kläger in seiner Wohnung Perchlorethlyen-(PER-) Dämpfen der Konzentration 11mg/m³ aus einer benachbarten chemischen Reinigung ausgesetzt. Aufgrund dieser Raumluftkonzentration lagerte sich beim Kläger PER in Haaren, Leber, Nieren und dem Zentralnervensystem in Höhe von 133 ng/kg irreparabel ein. Das Kammergericht hatte einen Schmerzensgeldanspruch abgelehnt und PER nicht als krebserregend eingestuft. Das Kammergericht hätte statt dessen feststellen müssen, ob der ständig bemerkbare Geruch der Chemikalie so penetrant war, daß bereits deshalb eine erhebliche Beeinträchtigung des Wohlbefindens und damit eine Gesundheitsverletzung zu bejahen war. Dafür spricht, daß sowohl der zulässige Vorsorge- als auch der Gefahrengrenzwert (0,1 bzw. 0,5 mg/m³) durch den Meßwert von 11 mg/m³ deutlich überschritten war. Zudem hatte das KG unzutreffend einen Krebsverdacht bei PER verneint[153].

---

[149] BGH v.27.5.1993, NJW 1993, 2173, 2175 – militärische Tiefflüge. Zur Substantiierungspflicht von Gesundheitsbeeinträchtigungen im Verwaltungsprozeß s. BVerwG v.14.12.1994, NJW 1995, 1690 – militärische Tiefflüge.

[150] In der Entscheidung zur Ethylacrylatgaswolke fehlen vertiefte Ausführungen über die Unverträglichkeit bzw. Giftigkeit dieser Chemikalie, BGH v.14.1.1992, NJW 1992, 1043 – Ethylacrylatgaswolke. Generell kritisch *Lange*, Schadensersatz, 2. Aufl., 1990, S. 441f; *Ott/Schäfer*, Schmerzensgeld bei Körperverletzungen, JZ 1990, 563ff; *v. Bar*, RabelZ 59 (1995), 203, 219; s. auch *Kürschner*, NZV 1995, 6 ff; *G. Müller*, VersR 1993, 909ff. Inzwischen ist geplant, in einer 6. Novellierung zum AMG gem. § 87 AMG-E einen Schmerzensgeldanspruch zu schaffen, BR-Dr. 565/93; BT-Dr. 12/6480.

[151] BGH v.27.5.1993, NJW 1993, 2173, 2175 – militärische Tiefflüge; zu den Auswirkungen von Fluglärm auf den Schlaf instruktiv *Hermann*, Schutz vor Fluglärm bei der Planung von Verkehrsflughäfen im Lichte des Verfassungsrechts, S. 62ff m.w.Nachw.

[152] KG v.17.11.1989, VersR 1991, 826 – irreparable Einlagerungen von PER. Unstimmig insoweit *Schmidt-Salzer*, Kommentar zum Umwelthaftungsrecht, §§ 12–14 Rdnr. 23; wie hier *Salje*, Umwelthaftungsgesetz, 1993, §§ 1, 3 Rdnr. 90.

[153] Die Senatskommission zur Prüfung gesundheitsschädlicher Arbeitsstoffe der Deutschen Forschungsgemeinschaft hat PER als „begründet krebsverdächtig" eingestuft. S. zu weiteren Fällen und einer Unterlassungsklage bei Gesundheitsgefährdung unten § 2.II.4.c) sowie KG v.6.5.1988, 9 W 1949/88, MM 1988, 27 – Unterlassungsansprüche wegen überhöhter PER-Konzentration.

Der BGH hat in seiner zeitlich erst nach dem Urteil des Kammergerichts ergangenen Aids-Entscheidung dem Kläger einen Schmerzensgeldanspruch in Höhe von 1.000,- DM pro Monat zuerkannt, obwohl der Kläger durch HIV „nur" infiziert wurde, ohne daß die Immunschwächekrankheit Aids bereits ausgebrochen war. Dies ist überzeugend, denn das psychische Wohlbefinden des Klägers wurde erheblich beeinträchtigt, und es wäre zynisch, Schadensersatzansprüche erst bei einem Ausbruch der Immunschwächekrankheit anzuerkennen, kurz bevor der Betroffene verstirbt. Diese Überlegungen sind auch auf die PER-Entscheidung des Kammergerichtes zu übertragen. Im Gegensatz zur HIV-Infizierung fehlen zwar noch Erfahrungswerte, ab welcher PER-Belastung bzw. in welchem Zeitraum der Betroffene tatsächlich an Krebs erkrankt. Andererseits ist es unbillig, mit einem Schadensersatzanspruch zuzuwarten, bis der Kläger tatsächlich an Krebs erkrankt und dann gegebenenfalls verstirbt.

Zwischenergebnis zu § 1: Die Rechtsgüter

1. Die Rechtsgüter Leben, Körper, Gesundheit, körperliche Unversehrtheit und die Umwelt lassen sich voneinander abgrenzen und stehen in einer gewissen Wertehierarchie. Um festzustellen, in welchem Umfang diese Rechtsgüter mittelbar auch die Umwelt schützen, ist zu prüfen, wie weit der Schutzbereich der Gesundheit als schwächstes Rechtsgut dieser Hierarchie reicht.

2. Gesundheit ist in einem weiten normübergreifenden Sinne zu verstehen, also im Zivilrecht und im Öffentlichen Recht einheitlich auszulegen. Nach dem weiten Begriff der WHO und dem allgemeinen Sprachgebrauch umfaßt Gesundheit neben der Abwesenheit von Krankheit auch das vollständige körperliche, seelische und soziale Wohlbefinden. Die enge Auffassung der Rechtsliteratur zu den verschiedenen Normen des Zivilrechts und Öffentlichen Rechts verlangt dagegen zur Bejahung einer Gesundheitsverletzung einen (mindestens kurzfristigen) pathologischen Zustand; die Rechtsprechung definiert Gesundheitsverletzung zwar als Störung innerer Lebensvorgänge körperlicher, geistiger oder seelischer Natur, fordert aber bei Beeinträchtigungen des seelischen Wohlbefindens einen pathologischen oder einen mit Schmerz vergleichbaren Zustand.

3. Nach der hier vertretenen Ansicht wird Gesundheitsverletzung sowohl im Zivilrecht als auch im Öffentlichen Recht definiert als *Störung innerer Lebensvorgänge körperlicher, geistiger oder seelischer Natur oder als eine erhebliche Beeinträchtigung des körperlichen, geistigen oder seelischen Wohlbefindens.*

a) Die enge Auffassung von Rechtsliteratur und Rechtsprechung widerspricht der grammatikalischen, systematischen und teleologischen Auslegung des Gesundheitsbegriffs. Denn der Schutz vor erheblichen Beeinträchtigungen des Wohlbefindens wird im zivilrechtlichen und öffentlich-rechtlichen

Nachbarrecht gewährleistet und ist deshalb auch auf den deliktsrechtlichen Schutz der Gesundheit zu übertragen, um im Interesse einer einheitlichen Betrachtung Wertungswidersprüche zu vermeiden.

b) Die Erheblichkeit der Beeinträchtigung des Wohlbefindens läßt sich mit objektiven Kriterien konkretisieren. *Objektive* Kriterien bilden die Wohn- oder Erholungsfunktion, die Dauerhaftigkeit und Unentrinnbarkeit von Beeinträchtigungen sowie das freiwillige Dulden der Beeinträchtigung.

4. Dieser einheitliche Gesundheitsbegriff vermeidet – in Unterscheidung zu anderen dogmatischen Ansätzen – eine uferlose Ausweitung, schützt das Rechtsgut „Gesundheit" und kann auf Analogien zu § 906 BGB verzichten. Die Analogie zu § 906 BGB hat zudem den Nachteil, daß sie nicht vor Beeinträchtigungen schützt, die durch schädliche Produkte verursacht werden.

5. Ein Gesundheitsschaden kann auch dann bejaht werden, wenn die Krankheit noch nicht ausgebrochen ist. Bagatellschäden berechtigen nicht zu einem Schmerzensgeldanspruch.

§ 2 Das Dreistufenmodell bestehend aus Gefahrabwehr, Risikovorsorge und Restrisiko

In § 1 wurde die Reichweite des Rechtsgutes „Gesundheit" für das Zivilrecht und das Öffentliche Recht definiert. Dabei wurden Gesundheitsverletzungen von nicht erheblichen Beeinträchtigungen der Gesundheit abgegrenzt.

Nun ist zu fragen, ob Gefahren bereits im *Vorfeld* einer Rechtsgutsverletzung abgewehrt werden können. In diesem § 2 ist zweierlei zu leisten: In einem ersten Schritt ist die Dogmatik des Gefahrbegriffs, die ursprünglich im Polizeirecht entwickelt wurde, genauer zu bestimmen. In einem zweiten Schritt ist dann die Terminologie auf das Zivilrecht zu übertragen.

Die Gefahrabwehr wurde bereits seit geraumer Zeit um die Bereiche Risikovorsorge und Restrisiko erweitert. Hauptanwendungsfeld dieses herrschenden Dreistufenmodells ist das *Öffentliche Gesundheits- und Umweltrecht*, also einzelne Gesetze zum Schutz von Gesundheit und Umwelt, wie beispielsweise das ChemG oder das AMG. Dabei muß allerdings die Dogmatik noch weiter präzisiert und die Abgrenzung zwischen Gefahr und Risikovorsorge schärfer vollzogen werden, als dies oft getan wird (I.). Denn erst durch eine klare Trennung wird ersichtlich, ob jeweils Verhaltenspflichten zum Schutz der Rechtsgüter bestehen und die Gefahr abgewehrt werden kann[1]. Folgende Begriffe seien an dieser Stelle schon genannt: Gefahr kann unterschieden werden in abstrakte und konkrete Gefahr sowie Gefahrverdacht (I.1.–3.), Risikovorsorge in die Bereiche Risiko, Vorsorge und Gefährlichkeitsverdacht (4.). Das Öffentliche Recht hält im Bereich von Gefahrabwehr und Risikovorsorge bestimmte Maßnahmen bereit (5.).

Im *Zivilrecht* sind die Begriffe noch wenig geklärt. Es erscheint auf den ersten Blick fraglich, ob Risiken auch zivilrechtlich unterbunden werden können, weil das Deliktsrecht in der Regel nur Schäden ausgleicht, die (quasi-)negatorische Unterlassungsklage nur bei Gefahren einsetzt und damit keinen Rechtsschutz im Bereich der Vorsorge bietet. Das ist nicht zutreffend; vielmehr werden im zweiten Teil der Untersuchung entsprechende Verhaltenspflichten und deren Sanktionierung bei Nichtbeachtung dieser Pflichten aufgezeigt[2]. Weil Verkehrspflichten und die näher zu untersuchen-

---

[1] S. schon *Rehbinder*, Schutz vor gefährlichen Stoffen (Chemikalien) in Salzwedel, Grundzüge des Umweltrechts, S. 455, 463; *Ossenbühl*, Vorsorge als Rechtsprinzip im Gesundheits-, Arbeits- und Umweltschutz, NVwZ 1986, 161, 163.

[2] S. auch schon unten § 2.II.2.–4.

den Informationspflichten überwiegend Gefahrvermeidungs- und abwehrpflichten darstellen[3], ist es erforderlich, auch im Zivilrecht im Bereich von Gefahr und Risikovorsorge eine klare Terminologie zu schaffen, damit schwierige Abgrenzungsfälle richtig eingeordnet werden können. Denn scheinbar zufällig sind in jüngster Zeit Schadensersatzansprüche in verschiedenen Holzschutzmittelprozessen bejaht bzw. verneint worden[4]. In einem zweiten Schritt soll deshalb, wie schon in § 1, eine *einheitliche, normübergreifende Terminologie* im Zivilrecht und im Öffentlichen Recht gefunden werden. Dies kann wieder mit der Einheit der Rechtsordnung begründet werden, weil Umwelt und Gesundheit sowohl durch Zivilrecht als auch durch Öffentliches Recht geschützt werden[5]. Dazu werden die Begriffe Gefahr und Risikovorsorge, die bisher nur im Polizeirecht und dann im Öffentlichen Umweltrecht entwickelt wurden, in das Zivilrecht übertragen, um einerseits die bisher im Zivilrecht noch wenig geklärten Gefahrbegriffe[6] zu konkretisieren (II.1. und 2.). Andererseits ist der Bereich der Risikovorsorge mit den Begriffen Risiko, Gefährlichkeitsverdacht und Vorsorge für das Zivilrecht fruchtbar zu machen, da für diese Tatbestände bisher noch jegliche Terminologie fehlt. Dies ist erforderlich, da auch das Zivilrecht Rechtsschutz im Bereich von Gefahrabwehr und Risikovorsorge gewährt (II.3. und 4.). Welche konkreten Pflichten aus dieser Abgrenzung zwischen Gefahr und den einzelnen Formen der Risikovorsorge folgen, wird dann erst im zweiten Teil der Untersuchung dargestellt und begründet[7].

Sowohl im Zivilrecht als auch im Öffentlichen Recht sind die Fälle der entschädigungslos hinzunehmenden Risiken bekannt. Dieses nicht abwehrfähige Risiko läßt sich in das Restrisiko, das allgemeine Lebensrisiko und die soziale Adäquanz aufgliedern. Als Oberbegriff soll der eingeführte Begriff „Restrisiko" verwendet werden (III.). Das Dreistufenmodell, bestehend aus Gefahr, Risikovorsorge und Restrisiko, soll schließlich begründet werden (IV.)

I. Gefahrabwehr und Risikovorsorge im Öffentlichen Recht

1. Begriff der Gefahr und die einzelnen Kriterien

Gefahrabwehr bedeutet im Polizeirecht Schadensabwehr[8]; hier kann auf eine seit gut hundert Jahren entwickelte Dogmatik zurückgegriffen werden[9].

---

[3] S. ausführlich den zweiten Teil (§§ 6–8).

[4] S. unten § 2.II.4.

[5] S. oben Einl. II. 3. und III.1. Fn. 62 und § 1 Fn. 65.

[6] So schon die Bilanz von *Deutsch*, Gefahr, Gefährdung, Gefahrerhöhung in FS Larenz, 1973, S. 885, 889; s. jüngst *Meder*, Risiko als Kriterium der Schadensverteilung, JZ 1993, 539 ff. S. bereits Einl. Fn. 69.

[7] S. insbesondere § 6.III.1., § 8.I.2. und 4.

[8] *Hansen-Dix*, Die Gefahr im Polizeirecht, im Ordnungsrecht und im Technischen Sicherheitsrecht, 1982, S. 21.

Nach ganz h. M. liegt eine Gefahr im Öffentlichen Recht immer dann vor, *wenn erkennbare Anhaltspunkte* dafür vorhanden sind, daß eine Sachlage oder ein Verhalten bei ungehindertem Ablauf des objektiv zu erwartenden Geschehens *mit hinreichender Wahrscheinlichkeit ein Rechtsgut schädigen* wird[10]; verkürzt formuliert ist Gefahr demnach ein mit hinreichender Wahrscheinlichkeit zu erwartender zukünftiger Schaden.

Um zu bestimmen, ob Maßnahmen für eine Gefahrabwehr zu ergreifen sind, ist zu fragen, ob eine Gefahr vorliegt. Dazu müssen im *Öffentlichen Recht* die fünf Kriterien Schutzgut, Eingriffsgut, Schadensausmaß für das Rechts- und Eingriffsgut, Wahrscheinlichkeit und zeitliche Nähe vorliegen. Diese werden dann in einem zweiten Schritt in Verhältnis gesetzt und gewichtet, so daß die *Summe* dieser verschiedenen Kriterien entscheidet, ob eine Gefahr vorliegt. Für das Polizeirecht ist erstens der Rang, d.h die *Bedeutung des bedrohten Rechtsgutes,* zu bewerten. In § 1 wurde gezeigt, daß die Rechtsgüter Leben, Körper und Gesundheit in einem Wertigkeitsverhältnis stehen und zudem die Art des Eingriffs von erheblicher Bedeutung sein kann[11]. Dies gilt auch, wenn im Vorfeld einer Rechtsgutsverletzung über die Abwehr der Gefahr zu befinden ist. Die Gefahr für Leib oder Leben, bei der eine nicht nur leichte Körperverletzung oder der Tod einzutreten droht[12], ist ohne Zweifel höher zu bewerten als die einfache Gesundheitsverletzung. Als zweiter Gesichtspunkt ist der Rang des Rechtsgutes festzulegen, in welches eingegriffen werden soll (sog. *Eingriffsgut*). Drittens sind Rang des Rechtsgutes und *Ausmaß des Schadens* zu unterscheiden. Zum einen wurde schon festgestellt, daß die Belästigung eine weniger intensive Beeinträchtigung darstellt als die Verletzung, und daß nur eine erhebliche Beeinträchtigung des Wohlbefindens überhaupt abwehrfähig ist[13]. Zum

---

[9] Ausführlich *Di Fabio*, Risikoentscheidungen im Rechtsstaat, S. 11-40.

[10] PrOVG v.15.10.1894, PrVBl 16, 125, 126 – Gefahr; BVerwG v.26.2.1974, E 45, 51, 57 – Ingewahrsamnahme; BVerwG v.6.9.1974, E 47, 31, 40 – Betreten einer Wohnung; BVerwG v.27.10.1978, E 57, 61, 65f – Ausweisung von Ausländern; OVG Saarlouis v.17.5.1973, E 863 – Verbot einer Partei; OVG Koblenz v.7.5.1991, NVwZ 1992, 499 – Gefahrerforschung im Wasserrecht; *v. Müller*, Die Möglichkeit und Wahrscheinlichkeit im Polizeirecht, PrVBl 1930, 92, 93; Drews/Wacke/*Vogel/Martens*, Gefahrenabwehr, 9.Aufl., 1985, S. 220 m.w.Nachw.; *Götz*, Allgemeines Polizei- und Ordnungsrecht, 11. Aufl., 1992, Rdnr. 115ff; *Gusy*, Polizeirecht, 1993, Rdnr. 108ff, 111ff; *Denninger* in Lisken/Denninger, Handbuch des Polizeirechts, 1992, Rdnr. E 29; *Lukes*, Gefahren und Gefahrenbeurteilung in der Rechtsordnung der Bundesrepublik Deutschland in Lukes (Hrsg.), Gefahren und Gefahrenbeteiligung im Recht, Bd. 1, 1980, S. 17, 26; *Huber*, Der Immissionsschutz im Brennpunkt modernen Verwaltungsrechts, AöR 114 (1989), 252, 288; *Kloepfer*, Umweltrecht, 1989, § 3 Rdnr. 9; *Rehbinder*, Immissionsschutzrechtlicher Gefahrenbegriff – Beurteilung von Störfällen durch äußere Einwirkungen, BB 1976, 1ff. Der öffentlich-rechtliche Schadensbegriff ist als Rechtsgutsverletzung zu verstehen, s. bereits oben § 1.V.2.

[11] S. oben § 1.I.2. und 3. sowie unten § 5.I.1.a), S. 144ff.

[12] § 2 II Nr. 1 der 12. BImSchV (StörfallV) spricht von schwerwiegenden Gesundheitsbeeinträchtigungen; *Denninger* in Handbuch des Polizeirechts, Rdnr. E 47.

[13] S. oben § 1.III.1.

anderen kommt bei der Berücksichtigung des Schadensausmaßes, der Schadenshöhe, ein quantitatives Element hinzu, z.B. die Zahl der betroffenen Rechtsgüter oder Rechtsgutsträger. So droht beispielsweise bei einem Störfall die Gemeingefahr oder die dringende Gefahr für eine unbestimmte Anzahl von Menschen[14]. Auch der Schaden beim Eingriffsgut ist zu berücksichtigen. Der *Wahrscheinlichkeitsgrad* als viertes Kriterium ist der Grad der Sicherheit, mit dem ein mögliches Ereignis eintreten wird[15]. Der Grad an Sicherheit kann von reinen Spekulationen ohne Anhaltspunkte über hypothetische Erwägungen nur gedachter Geschehnisse, ganz unwahrscheinlichen über mögliche bis hin zu mit größerer oder mit an Sicherheit grenzender Wahrscheinlichkeit eintretenden Schadensereignissen reichen. Nach herrschender Ansicht sind Abwehrmaßnahmen erst dann zulässig, wenn der Schaden mit hinreichender Wahrscheinlichkeit eintritt. Schließlich wird fünftens eine gewisse *zeitliche Nähe* des möglichen Schadenseintritts gefordert. Ausreichend ist, daß der Schadenseintritt in überschaubarer Zukunft erfolgt. Damit muß die Gefahr aber nicht gegenwärtig sein, d.h. die Einwirkung des schädigenden Ereignisses braucht noch nicht begonnen zu haben oder unmittelbar bevorzustehen[16].

2. *Die Gefahrprognose*

Die Beurteilung, ob eine Gefahr vorliegt, ist im Öffentlichen Recht erst möglich, nachdem eine Gefahrprognose erstellt ist. Sie besteht aus zwei Elementen: der Wahrnehmung von Anhaltspunkten, insbesondere Gefahrindizien, (a) und einer Prognose der zukünftigen Entwicklung[17]. Für die Beurteilung, ob eine Gefahr vorliegt, ist ein System aus mehreren Variablen maßgeblich (b).

a) Erfahrungssätze oder gesicherte wissenschaftliche Erkenntnisse als Entscheidungsmaßstab

Die Gefahrprognose erfolgt „ex ante"[18]. Die Beurteilung, ob die jeweiligen Kriterien in der konkreten Situation vorliegen, richtet sich nach einem objektiven Maßstab. Maßstab ist demnach ein objektiv-typisierter engerer

---

[14] Nach § 2 II Nr. 2 der 12. BImSchV (StörfallV) ist eine Gefahr ernst, wenn sie einer großen Anzahl von Menschen droht. *Denninger* in Handbuch des Polizeirechts, Rdnr. E 48; *Hansen-Dix*, S. 41 m.Nachw. aus der Rechtsprechung.

[15] *Hansen-Dix*, S. 35.

[16] Ausreichend ist es, wenn die Gefahr möglicherweise erst nach Jahren zu einem Schaden führt, BVerwG v.26.6.1970, NJW 1970, 1890, 1892 – Öltank im Wasserschutzgebiet; *Götz*, Rdnr. 117; *Denninger* in Handbuch des Polizeirechts, Rdnr. E 43; *Hansen-Dix*, S. 46f.

[17] *Gusy*, Rdnr. 113f.

[18] BVerwG v.26.2.1974, E 45, 51, 60 – polizeiliche Verwahrung; OVG Koblenz v.7.5.1991, NVwZ 1992, 499; *Gusy*, Rdnr. 118.

Verkehrskreis, wie der genügend unterrichtete und erfahrene Mensch (etwa der idealtypische Polizist)[19]. Die Prognose über die Wahrscheinlichkeit des Schadenseintrittes beruht in der Regel auf Erfahrungssätzen des täglichen Lebens. Weil konkretes Erfahrungswissen aber im Immissionsschutzrecht oft fehlt, ist daneben auf gesicherte wissenschaftliche Erkenntnisse abzustellen, um die Schädlichkeit einer Umwelteinwirkung zu beurteilen[20].

b) Gefahr als System von Variablen

Die gerade genannten fünf Kriterien müssen für die Beurteilung der künftigen Entwicklung eines konkreten Falles gewichtet, d.h. in Verhältnis gesetzt und gegeneinander abgewogen werden[21]. Es existiert ein System von Variablen. Schon früh wurde formuliert, daß die Anforderungen an die Wahrscheinlichkeit des Schadenseintritts (4. Kriterium) um so geringer sind, je höher das zu schützende Rechtsgut (1. Kriterium) oder je größer der zu erwartende Schaden ist (3. Kriterium)[22]; oder: Je höherwertig das Rechtsgut ist, in das zur Abwehr eingegriffen werden muß (2. Kriterium), desto höhere Anforderungen sind an die Wahrscheinlichkeit (4. Kriterium) zu stellen[23].

Bei Lichte betrachtet ist auch diese doppelte Relation noch zu unpräzise, denn die Gefahr besteht aus einem *variablen oder flexiblen System* mit den genannten Kriterien Schutzgut, Eingriffsgut, Schadensausmaß für das Rechts- und Eingriffsgut, Wahrscheinlichkeit und zeitliche Nähe[24]. Erst die gewichtete *Summe* dieser verschiedenen Kriterien entscheidet, ob eine Gefahr vorliegt. Dies mag ein Bild aus der Mathematik verdeutlichen: Eine Gefahr liegt vor, wenn die Summe aus den genannten Kriterien einen Betrag

---

[19] Drews/Wacke/*Vogel/Martens*, S. 223 spricht von einem normativ-subjektiven Maßstab; *Lukes* in Lukes (Hrsg.), S. 17, 24; *Hansen-Dix*, S. 34; *Hoffmann-Riem* in FS Wacke, 1972, S. 327, 331; *Nell*, Wahrscheinlichkeitsurteile in juristischen Entscheidungen, S. 47ff, 74ff; *Friauf*, Polizei- und Ordnungsrecht in v. Münch/Schmidt-Aßmann, Besonderes Verwaltungsrecht, 9. Aufl., 1992, S. 201, 222.

[20] Drews/Wacke/*Vogel/Martens*, S. 159f; BVerwG v.17.2.1978, E 55, 250, 254, 265 – Kohlekraftwerk Voerde; OVG Münster v.12.7.1991, GewArch 1992, 246f – Chlorophen-Transformatoren; *Hansen-Dix*, S. 103ff; *Lukes* in Lukes (Hrsg.), S. 17, 21, 36. Hier kommt der TA-Luft eine besondere Rolle zu, *Huber*, AöR 114 (1989), 252, 302ff.

[21] BVerfG v.8.8.1978, E 49, 89, 142 – Kernkraftwerk Kalkar; *Isensee* in HdbStR V, § 111 Rdnr. 141; *Denninger* in Handbuch des Polizeirechts, E 42; *Gusy*, Rdnr. 119; *Canaris*, JuS 1989, 161, 163.

[22] BVerwG v.6.9.1974, E 47, 31, 40 – Durchsuchung einer Wohnung; BVerwG v.26.6.1970, NJW 1970, 1890, 1892 – Öltank im Wasserschutzgebiet; *Gusy*, Rdnr. 116; Drews/Wacke/*Vogel/Martens*, S. 224 m.w.Nachw.; *Denninger* in Handbuch des Polizeirechts, Rdnr. E 42; *Hansen-Dix*, S. 40.

[23] BVerwG v.27.10.1978, E 57, 61, 65f – Ausweisung von Ausländern; OVG Saarlouis v.17.5.1973, DÖV 1973, 863, 864 – Verbot einer Partei; *Hansen-Dix*, S. 39.

[24] *Hansen-Dix*, S. 42; *Lingemann*, Die Gefahrenprognose als Basis eines polizeilichen Beurteilungsspielraums, 1985, S. 29.

X ergibt. Ist ein Summand klein, so wird die Summe X dennoch erreicht, wenn die anderen Summanden genügend groß sind. Folglich kann eine Gefahr auch dann bejaht werden, wenn die Wahrscheinlichkeit weniger „hinreichend" ist (und damit links von der Mitte steht) und gleichzeitig das Rechtsgut, z.B. Leben, besonders schützenswert ist (und damit rechts von der Mitte steht)[25]. Dies verdeutlicht Graphik 2 auf Seite 81.

3. *Verschiedene Formen der Gefahr*

a) *Gefahrverdacht als Defizit der Sachverhaltsaufklärung oder Verzicht auf gesicherte Erkenntnisse*

Im Öffentlichen Umweltschutzrecht fehlt es bei einer Vielzahl der Altlastenfälle[26] noch an einer ausreichenden Sachverhaltsaufklärung darüber, ob die Situation harmlos oder gefährlich ist. Heftig umstritten ist, ob diese Defizite der Sachverhaltsaufklärung der Gefahrabwehr[27] oder der Risikovorsorge[28] zuzuordnen sind oder ob der Gefahrverdacht als Teil der Risikovorsorge sich je nach Einzelfall soweit verdichten kann, daß er der Gefahr gleichzustellen ist[29]. Wenn ein Grundstückseigentümer eine dunkle Flüssigkeit in den Rasen seines Gartens schüttet[30] oder wenn Anhaltspunkte vorliegen, daß der Endiviensalat möglicherweise von Typhuserregern befallen ist[31], läßt zwar ein abstrakter Erfahrungssatz eine Kausalität von Ursachen zu einer wahrscheinlichen Rechtsgutsverletzung zu: Öl oder die Typhuserreger können jeweils in der konkreten Situation die Umwelt oder die Gesundheit verletzen. Es ist jedoch dann zu prüfen, ob tatsächlich auch eine Rechtsguts-

---

[25] Abzulehnen ist damit die Ansicht, es existiere eine „variable Gefahrenschwelle", die unabhängig von einer festen Summe X zur Gefahrabwehr berechtige, so aber Drews/Wacke/*Vogel/Martens*, S. 224; *Lingemann*, S. 29.

[26] OVG Koblenz v.7.5.1991, NVwZ 1992, 499 – Gefahrerforschung im Wasserrecht; OVG Koblenz v.12.9.1991, NVwZ-RR 1992, 238 – Kosten der Gewässeraufsicht für Gefahrerforschung; VGH Kassel v.11.10.1990, NVwZ 1991, 498 – Kostentragung bei Altlastenverdacht; VGH München v.13.5.1986, NVwZ 1986, 942 – Altlasten; OVG Münster v.6.11.1989, NWVBl 1990, 159, 160 – Schachtabdeckung, s. hierzu *Breuer*, Umweltschutz und Gefahrenabwehr bei Anscheins- und Verdachtslagen in Gedächtnisschrift Martens, 1987, S. 317ff.

[27] *Hansen-Dix*, S. 172ff, 66ff, 69ff; *Darnstaedt*, Gefahrenabwehr und Gefahrenvorsorge, 1983, S. 94ff, 122; *Schneider*, Grundsätzliche Überlegungen zur polizeilichen Gefahr, DVBl 1980, 406, 408; *Gusy* (Rdnr. 186) spricht gar vom Scheinproblem.

[28] Für die h.M. *Rehbinder/Kayser/Klein*, Chemikaliengesetz, Einleitung, Rdnr. 48; *Lukes* in Lukes (Hrsg.), S. 17, 35. Zur Risikovorsorge s. sogleich § 2.I.4.

[29] *Breuer*, in v. Münch/Schmidt-Aßmann, Umweltschutz, Rdnr. 177; *Kloepfer*, Umweltrecht, § 3 Rdnr. 14 Fn. 38.

[30] Beispiel von *Gusy*, Rdnr. 186.

[31] BVerwG v.28.12.1961, E 12, 87 - Endiviensalat; BVerwG v.16.12.1971, E 39, 190 - Salmonellen; s. aber auch OVG Münster v.24.1.1989, NJW 1989, 1691 - Keine Tötung von hormonbehandelten Kälbern, wenn im Eigentum des Tierschutzvereins.

verletzung droht. Dazu sind weitere Schritte notwendig, um den Sachverhalt aufzuklären. Nach allgemeinem Polizeirecht sind solche Maßnahmen zur weiteren Gefahraufklärung als sog. Gefahraufklärungs-[32] oder *Gefahrerforschungseingriffe* erlaubt[33]. Bei dem so verstandenen Gefahrverdacht werden *nicht* die Anforderungen an die Wahrscheinlichkeit des Schadenseintritts reduziert, sondern die Sachverhaltsaufklärung ist unzureichend und damit das Wissen um den potentiell gefährlichen Zustand. Damit ist der Gefahrverdacht ein Unterfall der Gefahr.

Die Sachverhaltsaufklärung kann auch dem Gefahrverursacher obliegen, wie etwa nach § 26 I 1 BImSchG. Danach kann der Betreiber einer nicht genehmigungsbedürftigen Anlage verpflichtet werden, die von der Anlage ausgehenden Emissionen zu ermitteln, wenn „zu befürchten ist, daß durch die Anlage schädliche Umwelteinwirkungen hervorgerufen werden". Auch hier sind konkrete Anhaltspunkte notwendig, die ergeben, daß die verursachten Immissionen unter Berücksichtigung der örtlichen und zeitlichen Gegebenheiten für einen normal empfindlichen Durchschnittsmenschen nicht mehr zumutbar sind[34].

Für die Bejahung einer Gefahr wurde verlangt, daß Erfahrungswissen bzw. gesicherte wissenschaftliche Erkenntnisse die Ursächlichkeit zwischen Handlung und Rechtsgutsverletzung begründen[35]. Darüber hinaus wird man auch dann von einem Gefahrverdacht sprechen können, wenn *nur Anhaltspunkte bzw. ein wissenschaftlich begründeter Verdacht*[36] auf eine Gefahr für Leib oder Leben hindeuten. Der mögliche Schadenseintritt ist damit erkennbar. Nach § 23 II 1 ChemG kann ein dreimonatiges Verbot für einen Stoff beispielsweise dann ausgesprochen werden, wenn Anhaltspunkte, insbesondere ein nach dem Stand der wissenschaftlichen Erkenntnisse begründeter Verdacht vorliegt, daß von ihm eine erhebliche Gefahr für Leben oder Gesundheit des Menschen oder für die Umwelt ausgeht[37]. Damit läßt sich festhalten, daß sowohl die Gefahr als auch der Gefahrverdacht jeweils davon ausgehen, daß eine Sachlage oder ein Verhalten bei ungehindertem Ablauf des objektiv zu erwartenden Geschehens mit hinreichender Wahrscheinlichkeit ein Rechtsgut schädigen wird. Im Unterschied zur Gefahr fehlt es beim Gefahrverdacht entweder an einer ausreichenden Sachverhaltsaufklärung

---

[32] *Gusy*, Rdnr. 186.

[33] OVG Koblenz v.12.9.1991, NVwZ-RR 1992, 238 - Gewässeraufsicht; *Götz*, Rdnr. 130. Zur Problematik, wie diese materiellen Fragen formal zu behandeln sind, und zur Zulässigkeit von vorläufigen Verwaltungsakten *Di Fabio*, Vorläufiger Verwaltungsakt bei ungewissem Sachverhalt, DÖV 1991, 629, 635; *Losch*, Zur Dogmatik der Gefahrenerforschungsmaßnahme, DVBl 1994, 781, 783.

[34] Nicht jede Nachbarbeschwerde bietet schon genügend Anhaltspunkte, um eine Gefahr zu bejahen, *Hansmann* in Landmann/Rohmer, Umweltrecht, Bd. I, § 26 BImschG Rdnr. 9.

[35] S. gerade § 2.I.2.a) und Fn. 20.

[36] Zum Begriff s. sogleich § 2.I.5.b)bb).

[37] *Ossenbühl*, NVwZ 1986, 161, 164.

oder an einem wissenschaftlichen Beweis für die Kausalität zwischen Handlung und Rechtsgutsverletzung.

b) Konkrete und abstrakte Gefahr

Von einer konkreten Gefahr spricht man, wenn in dem zu entscheidenden Einzelfall mit hinreichender Wahrscheinlichkeit mit einem Schadenseintritt zu rechnen ist[38].

Eine abstrakte Gefahr liegt vor, wenn in gedachten, typischen Fällen, also aus bestimmten Arten von Handlungen oder Zuständen, eine Gefahr zu entstehen pflegt[39]. Die Regeln der StVO gelten z.B. unabhängig davon, ob Rechtsgüter konkret bedroht sind[40].

4. Risikovorsorge

Defizite an gesichertem Erfahrungswissen über technische Geschehensabläufe, Wirkungszusammenhänge und Eigenschaften von Stoffen machen häufig eine Gefahrenprognose unmöglich[41]. Je geringer das Wissen über die Zusammenhänge zwischen Ursache und Folge ist, desto schwieriger wird es auch, eine hinreichend genaue Wahrscheinlichkeit im Sinne des Gefahrenbegriffs zu begründen. Mangels empirischer Anhaltspunkte wird dann oft eine Gefahr verneint, obwohl sich später herausstellt, daß ein Stoff oder Produktionsverfahren äußerst gefährlich ist[42]. Das Öffentliche Recht hat zur Lösung dieser Probleme bestimmte Fallgruppen geschaffen, die im folgenden dargestellt werden. Die Risikovorsorge läßt sich inhaltlich von der Gefahrabwehr dadurch unterscheiden, daß Maßnahmen auch dann ergriffen werden können bzw. müssen, wenn das Vorliegen einer Gefahr verneint werden muß, weil bestimmte Kriterien nicht bestehen oder noch nicht bekannt sind. So sind beim *Risiko* Maßnahmen auch dann zulässig, wenn ein

---

[38] Drews/Wacke/*Vogel/Martens*, S. 227; *Denninger* in Handbuch des Polizeirechts, Rdnr. E 32; *Lukes* in Lukes (Hrsg.), S. 17; *Darnstaedt*, S. 28ff.

[39] Drews/Wacke/*Vogel/Martens*, S. 227, 496; *Denninger* in Handbuch des Polizeirechts, Rdnr. E 32; *Lukes* in Lukes (Hrsg.), S. 17, 26. Für das Strafrecht s. *Roxin*, Strafrecht, Allgemeiner Teil, § 10 Rdnr. 123, § 11 Rdnr. 114ff. Deshalb müssen die gleichen Anforderungen an die Wahrscheinlichkeit bestehen wie bei der konkreten Gefahr. Drews/Wacke/*Vogel/Martens*, S. 496; BVerwG v.26.6.1970, NJW 1970, 1890, 1892 - Öltank im Wasserschutzgebiet; BVerwG v.12.7.1973, DVBl 1973, 857, 858 m. zustimmenden Anm. *Schneider/Mäder* - Fahrstuhl; a.A. *A. Reich*, Gefahr, Risiko, Restrisiko, S. 109, der nur ein Risiko bejaht.

[40] Im Öffentlichen Recht ergibt sich der Unterschied zwischen konkreter und abstrakter Gefahr nur aus dem unterschiedlichen Charakter einer Verfügung, die sich an bestimmte Personen richtet, und von einer Verordnung, die sich an die Allgemeinheit richtet, Drews/Wacke/*Vogel/Martens*, S. 496.

[41] *Ossenbühl*, NVwZ 1986, 161, 163.

[42] *Murswiek*, Hoffen auf die große Krise, FAZ v.26.10.1992, 38.

Schadenseintritt *nicht wahrscheinlich* ist (a). Beim *Gefährlichkeitsverdacht* sprechen hinreichende Anhaltspunkte lediglich dafür, daß ein Zustand oder ein Stoff eine Gefahr für die Umwelt oder für ein Tier bildet; auf eine konkrete Eintrittswahrscheinlichkeit *in bezug auf den Menschen* wird vollständig verzichtet (b). Schließlich muß bei der *Vorsorge* gehandelt werden, auch wenn ein bestimmter Zustand nach Erfahrungssätzen oder den Erkenntnissen der Wissenschaft *nicht zu einem Schaden führen* kann. Es wird damit ein Bereich unterhalb der Schadensschwelle geschützt (c).

a) Risiko als Gefahr mit geringer Eintrittswahrscheinlichkeit

Es wurde gesagt, daß eine Gefahr immer dann vorliegt, wenn erkennbare Anhaltspunkte dafür vorhanden sind, daß eine Sachlage oder ein Verhalten bei ungehindertem Ablauf des objektiv zu erwartenden Geschehens mit hinreichender *Wahrscheinlichkeit* ein Rechtsgut schädigen wird[43]. Wenn eine Kausalbeziehung zwischen Sachlage und möglicher Rechtsgutsverletzung besteht, der Eintritt der Rechtsgutsverletzung *aber nicht wahrscheinlich, sondern nur möglich oder vielleicht unwahrscheinlich ist, spricht man nur noch von einem Risiko*[44]. Das wird zum Teil zwar mit dem Argument abgelehnt, der Risikobegriff sei überflüssig, weil er sich wie der Gefahrbegriff auf Eintrittswahrscheinlichkeit und Schadensumfang beziehe[45]. Jedoch differenziert bereits der allgemeine Sprachgebrauch zwischen Gefahr und Risiko: Man spricht vom Unfallrisiko oder Krebsrisiko, weil beim Autofahren oder Rauchen ein Schadenseintritt zwar möglich, aber nicht wahrscheinlich ist. Erst eine gewisse Wahrscheinlichkeit macht das Risiko zur Gefahr. Der Unterschied zwischen Gefahr und Risiko ist damit nur ein quantitativer[46]. Schließlich besteht auch begriffslogisch ein Anwendungsbereich für das Risiko. Denn die Gefahr ist – wie oben gesehen – nur die Summe X mehrerer Kriterien eines flexiblen Systems. Wenn Rechtsgut und Schaden hoch sind, wird eine geringe Wahrscheinlichkeit für das Vorliegen einer Gefahr als ausreichend erachtet und für einen zusätzlichen Bereich des Risikos keine Anwendung mehr sein, z.B. bei einer Gemeingefahr für eine Vielzahl von Menschenleben wie beim GAU eines Kernkraftwerkes[47]. Geht es jedoch

---

[43] Oben § 2.I.1 mit Fn. 10.

[44] *A. Reich* (Gefahr, Risiko, Restrisiko, S. 82ff) benutzt dagegen den Begriff Risiko auch bei Ungewißheiten über den Kausalverlauf und den Sachverhalt.

[45] *Ossenbühl*, NVwZ 1986, 161, 163.

[46] *Kutscheidt*, Öffentliches Immissionsschutzrecht in Salzwedel, Grundzüge des Umweltrechts, S. 237, 246; *Rengeling*, Die immissionsschutzrechtliche Vorsorge als Genehmigungsvoraussetzung, DVBl 1982, 622, 627; *Kloepfer/Bosselmann*, Zentralbegriffe des Umweltchemikalienrechts, 1984, S. 164f; *Kloepfer*, Chance und Risiko als rechtliche Dimension, UTR 5 (1988), 32; s. auch § 2 VI 1 UGB-E (in Kloepfer/Rehbinder/Schmidt-Aßmann, Umweltgesetzbuch - AT), Umweltrisiko als Möglichkeit des Eintritts einer Umweltbeeinträchtigung.

[47] So auch *Ossenbühl*, NVwZ 1986, 161, 163 unter Berufung auf BVerfG v.8.8.1978, E 49, 89, 143 - Kernkraftwerk Kalkar.

darum, einen weniger großen Schadensfall zu vermeiden, wird der Gefahrbegriff weniger wahrscheinliche Fälle nicht umfassen.

In § 1 wurde gefragt, inwieweit Beeinträchtigungen der Gesundheit durch das Passivrauchen abgewehrt werden können, wenn dieses z.B. Kopfschmerzen verursacht[48]. Jetzt ist zu prüfen, ob Passivrauchen wegen des Krebsrisikos abgewehrt werden kann. Während in den siebziger Jahren das Passivrauchen überwiegend noch als ungefährlich angesehen wurde, weil ein wissenschaftlicher Nachweis eines erhöhten Krebsrisikos noch nicht erbracht war, ist der heutige Kenntnisstand ein anderer[49]. Inzwischen weisen 23 Studien zum Passivrauchen ein erhöhtes Krebsrisiko und weitere 11 Studien ein erhöhtes Herzinfarktrisiko nach, so daß man einen wissenschaftlich begründeten Verdacht bejahen muß. Da nur rund ein Viertel des gesamten Rauches einer Zigarette vom Raucher als Hauptstromrauch beim Ziehen eingeatmet wird, drei Viertel aber „ungenutzt" als Nebenstromrauch von der Glut in die Umgebungsluft abgeleitet werden und viele schädliche Substanzen im Nebenstromrauch in weit höheren Konzentrationen enthalten sind als im Hauptstromrauch, ist der Passivraucher Schadstoffmengen an Nitrosaminen, Stickoxiden und Formaldehyd ausgesetzt, die ab einer bestimmten Raumluftkonzentration mit den Schadstoffmengen, die der Aktivraucher inhaliert, vergleichbar sind. Er setzt sich damit einem Gesundheitsrisiko aus[50].

b) Gefährlichkeitsverdacht

aa) Verzicht auf Rechtsgutsgefährdung und Kausalität

Während es sowohl für das Vorliegen einer Gefahr als auch für das Vorliegen eines Risikos erforderlich ist, daß die Kausalität zwischen einer Sachlage

[48] § 1.III.3.b).

[49] *Scholz* (Verfassungsfragen zum Schutz des Nichtrauchers, DB 1979, Beilage 10, 2, 8, 15) bejahte nur bei schwerwiegenden gesundheitlichen Beeinträchtigungen Rechtspflichten.

[50] Die bis heute vorliegenden 23 epidemiologischen Studien ergeben in ihrer Gesamtheit einen deutlichen Zusammenhang zwischen Passivrauchen und Lungenkrebs. Die mittlere Erhöhung des Lungenkrebsrisikos durch Passivrauchen liegt etwa zwischen 30 und 50%. Nach Berechnungen von *Doll* und *Peto* sowie des Bundesgesundheitsamtes ist das Lungenkrebsrisiko nach zehnjährigem Passivrauchen rund hundertmal größer als dasjenige nach zehnjährigem Besuch einer Schule mit einer Asbestkonzentration von 1000 kritischen Fasern pro m^3. Schätzungen aus Großbritannien und den USA ergeben auf die Bundesrepublik Deutschland übertragen jährlich 500 bis 1000 Nichtraucher, die durch Passivrauchen allein an Lungenkrebs sterben. Inzwischen gibt es auch 11 Studien, die auf einen Zusammenhang zwischen Passivrauchen und Herzkrankheiten hinweisen. Im Mittel ist das Risiko um 25-30% erhöht. Bei Kindern, die dem elterlichen Tabakrauch ausgesetzt sind, ist neben einem höheren Risiko für Lungenentzündung, Bronchitis und verminderte Lungenfunktion auch mit einer Risikosteigerung für chronische Mittelohrkrankheiten und Verschlimmerung bestehenden Asthmas zu rechnen. S. *Burckhard*, Rauchen und Passivrauchen in Großklaus/Somogyi, Gesundheit und Umwelt '91, BGS-Schrift 5/91, 1992, S. 76ff, 81ff; *Stiehr*, Risikokonflikte und der Streit um das Rauchen, 1992, S. 78.

oder einem Verhalten und einem Schaden bejaht werden, *fehlt diese Kausalbeziehung* bei dem Gefährlichkeitsverdacht[51]. Auf die Ursächlichkeit zwischen der Sachlage und der Rechtsgutsverletzung bzw. dem Schaden wird verzichtet. Die Neufassung von § 11 I ChemG verdeutlicht den Gefährlichkeitsverdacht. Während die Anmeldestelle nach der alten Fassung des § 11 I 1 ChemG weitere Prüfnachweise eines Stoffes nur verlangen konnte, „wenn sich aus tatsächlichen Anhaltspunkten eine erhebliche Wahrscheinlichkeit dafür ergibt, daß von dem Stoff eine Gefahr für Leben oder Mensch ausgeht" (und der Stoff damit die Voraussetzungen der Gefahr erfüllte), reichen jetzt „Anhaltspunkte, insbesondere ein nach dem Stand der wissenschaftlichen Erkenntnisse begründeter Verdacht, daß der Stoff gefährlich ist", aus. Erforderlich für die Anordnung von Maßnahmen ist also nicht mehr die konkrete Gefahr einer Rechtsgutsverletzung, sondern nur noch die Gefährlichkeit des Stoffes[52]; der Nachweis der Kausalität, daß dieser Stoff zur Rechtsgutsverletzung führen kann, muß nicht mehr geführt werden. Gem. § 3a I Nr. 15, II ChemG ist ein Stoff auch gefährlich, wenn er umweltgefährlich ist. Ein gefährlicher Stoff muß deshalb noch nicht einmal für den Menschen eine Gefahr darstellen. So gefährden FCKW-haltige Produkte nicht unmittelbar die Gesundheit des Menschen, sondern zerstören „nur" die Ozonschicht und damit die Umwelt. Wenn des weiteren krebserzeugende oder fortpflanzungsgefährdende Stoffe gefährliche Stoffe gem. § 3a I Nr. 12, 13 ChemG darstellen, so ist es zur Bejahung der Gefährlichkeit nicht erforderlich, daß der Stoff beim Menschen krebserzeugend oder fortpflanzungsgefährdend wirkt. Es reicht aus, wenn dieser Nachweis bei Tieren geführt wird. Diese Gefährlichkeit ist auch ausreichend, um schädliche Wirkungen gem. § 5 II AMG zu bejahen. Erkranken z.B. Mäuse bei der pharmakologisch-toxikologischen Prüfung an Krebs, so sprechen diese Anhaltspunkte für die Schädlichkeit des Medikamentes[53]. Die Ursächlichkeit des Schadenseintritts läßt sich für die Umwelt oder Tiere nachweisen[54]. Zu diesem Zeitpunkt fehlt aber (noch) der wissenschaftliche Nachweis, daß dieses Medikament auch für den Menschen schädlich ist[55]. Aufgabe der Ethik-

---

[51] Der Begriff stammt von *Kloepfer*, Chemikaliengesetz, 1981, S. 54.

[52] Der Regierungsentwurf begründete die Neufassung des § 11 I 1 ChemG damit, daß ein effektiver vorbeugender Schutz in der alten Fassung des § 11 I 1 ChemG nicht möglich war; das Beispiel FCKW zeige, daß nicht tatsächliche Anhaltspunkte, sondern zunächst rein wissenschaftliche Erkenntnisse, nämlich Strukturanalysen, auf das ozonschädigende Potential der Fluorchlorkohlenwasserstoffe hingewiesen haben, BT-Dr. 11/4550, S. 29ff = *Mahlmann*, Chemikalienrecht, 1991, S. 225; *Di Fabio*, Risikoentscheidungen im Rechtsstaat, S. 141f.

[53] *Zipfel*, Lebensmittelrecht, D § 5 AMG, Rdnr. 15.

[54] Solche gefährlichen Stoffe i.S.v. § 3a ChemG unterliegen bestimmten Verpackungs- und Kennzeichnungspflichten der Gefahrstoffverordnung (GefStoffV), §§ 3ff GefStoffV in der Fassung vom 25.9.1991; s. genauer unten § 8.I.4.b).

[55] Denn Resultate aus Tierversuchen sind qualitativ nicht auf den Menschen übertragbar, s. *Henschler*, Stochastische Risiken von Stoffen: Risikoerkennung, Risikosituation, Grenzwerte in Kuhlmann (Hrsg.), 1. Weltkonkreß für Sicherheitswissenschaft, Bd. 1, 1990, S. 427, 429; *Winter* in Winter (Hrsg.), Grenzwerte, S. 1, 10.

kommission ist dann die Entscheidung, ob überhaupt die klinische Prüfung – also der Versuch an Menschen – begonnen werden darf[56]. Der Gesetzgeber knüpft damit Rechtsfolgen an einen Gefährlichkeitstatbestand, ohne daß eine Gefahr oder ein Risiko vorliegt.

bb) Abgrenzung zum Gefahrverdacht

Bei Gefährlichkeitsverdacht und Gefahrverdacht ist die Entscheidungsprognose dieselbe: Notwendig ist ein begründeter Verdacht, wie er z.B. nach § 5 II AMG zur Bejahung der Schädlichkeit eines Medikamentes im Stufenplanverfahren erforderlich ist. Der begründete Verdacht zeichnet sich dadurch aus, daß ein *Wirkungszusammenhang* (bezogen auf die Schädlichkeit) zwar noch nicht wissenschaftlich bewiesen ist, aber aufgrund *theoretischer wissenschaftlicher Überlegungen* oder *beobachteter Phänomene* für möglich erachtet wird[57]. Der begründete Verdacht bewegt sich in der Mitte von zwei Extremen: Zum einen ist es nicht notwendig, daß gesicherte Erkenntnisse hinsichtlich der Gefährlichkeit vorliegen[58]. Zum anderen ist nicht jede denkbare Gefährlichkeit ausreichend[59]. Er verlangt ernstzunehmende Erkenntnisse für einen möglichen Kausalzusammenhang zwischen dem Arzneimittel und der schädlichen Wirkung bei bestimmungsgemäßem Gebrauch[60]. Die *ernstzunehmenden Erkenntnisse lassen sich als substantiierte Verdachtsmomente, also eine erhärtete, unabweisbare Möglichkeit*[61], beschreiben. Die Phänomene in der Praxis müssen sich nicht auf die Rechtsgutsverletzung am Menschen, sondern nur auf die Schädlichkeit beziehen.

Die Literatur und Rechtsprechung verwenden zwar auch in diesen Fällen den Begriff Gefahrverdacht[62]. Das scheint aber weder inhaltlich noch terminologisch zutreffend. Der Gefährlichkeitsverdacht läßt sich von dem obigen Gefahrverdacht im engeren Sinne als unzureichende Sachverhaltsaufklärung abgrenzen. Im Unterschied zum Gefahrverdacht besteht beim Gefährlichkeitsverdacht weder ein eindeutiger Erfahrungssatz noch ein nach dem Stand der Wissenschaft begründeter Verdacht, daß eine bestimmte Sachlage

---

[56] S. *Deutsch*, Arztrecht und Arzneimittelrecht, 2. Aufl., 1991, S. 366ff; *Wolz*, Bedenkliche Arzneimittel als Rechtsproblem, 1988; *Kullmann/Pfister*, Kza. 3800, 26ff.

[57] OVG Berlin v.26.11.1987, PharmR 1988, 57 - Buscopan compositum; *Di Fabio*, Risikoentscheidungen im Rechtsstaat, S. 258f; zustimmend *Möllers*, JZ 1994, 1110, 1111.

[58] *Schiwy*, Arzneimittelgesetz, § 5 Anm. 2.c); *Zipfel*, Lebensmittelrecht, D 520 Rdnr. 14 m.w.Nachw. Zu den Schwierigkeiten der Behörden, den begründeten Verdacht zu beweisen, s. *Kekulé*, Absurdes Duell in DIE ZEIT v.11.10.1993, S. 44.

[59] *Zipfel*, Lebensmittelrecht, D 520 Rdnr. 11.

[60] BT-Dr. 10/5112, S. 14; *Hart*, MedR 1989, 15, 16.

[61] *Sander*, Arzneimittelrecht, Anh. I/63, 2 zu 6. Zum Stufenplanverfahren s. unten § 9.II.3.a).

[62] Drews/Wacke/*Vogel/Martens*, S. 226; *Rehbinder/Kayser/Klein*, Chemikaliengesetz, Einleitung, Rdnr. 48; *Lukes* in Lukes (Hrsg.), S. 17, 27; *Huber*, AöR 114 (1989), 252, 291; *Ossenbühl*, NVwZ 1986, 161, 163.

zu einer Rechtsgutsgefährdung führen kann. Der wissenschaftlich begründete Verdacht bezieht sich nur darauf, inwieweit die Gefahr für die Umwelt oder die Tiere besteht. Er bezieht sich also *nur auf die Gefährlichkeit des Produktes, nicht aber auf eine Rechtsgutsverletzung bzw. einen Schaden beim Menschen.* Damit liegt weder eine Gefahr noch ein Gefahrverdacht vor. In den Fällen nur denkbarer oder theoretischer Kausalität ist der Begriff Verdacht nur zutreffend, soweit er auf die Gefährlichkeit für Tier und Umwelt bezogen wird. Ein Kausalitätsnachweis für Gefahren für den Menschen ist dagegen nicht erforderlich[63]. Es erscheint deshalb sinnvoll, zwischen den Begriffen „Gefahrverdacht" und „Gefährlichkeitsverdacht" zu differenzieren.

c) Vorsorge als Schutz unterhalb der Schädlichkeitsschwelle

Vorsorge[64] erfordert Maßnahmen zur Verhinderung von Umwelteinwirkungen, auch wenn die Einwirkungen noch nicht intensiv genug sind, um ein Rechtsgut des Menschen zu verletzen. Vorsorgemaßnahmen sind zulässig *unterhalb der Schadensschwelle und damit unterhalb einer konkreten Gefahr für ein Rechtsgut*[65]. Das geschieht in der Regel dadurch, daß zusätzliche Vorsorgegrenzwerte festgelegt werden, die nochmals deutlich unter den Grenzwerten liegen, ab denen eine Gefahr zu bejahen ist. So wird bei dem möglicherweise krebserregenden PER der Gefahrengrenzwert bei 5,0 mg/m^3 und der Vorsorgegrenzwert für Innenraumluft bei 0,1 mg/m^3 angesetzt. Im Urteil zum Kernkraftwerk Stade hat das BVerwG überzeugend dargelegt, daß der Strahlengrenzwert von 30 Millirem pro Jahr (30 mrem/a) nach § 45 I StrlSchV deutlich unter den weltweit anerkannten Empfehlungen liegt. Er berücksichtigt den Standort einschließlich der Vorbelastungen und Belastungspfade, wie z.B. Ernährungsketten. Das Strahlenrisiko aufgrund dieses Grenzwertes ist kleiner als das mit der natürlichen Strahlenbelastung verbundene Risiko; der Grenzwert wurde aufgrund pessimistischer Schätzungen und dadurch mit zusätzlichen Sicherheitsreserven festgelegt[66]. Ein solcher Vorsorgegrenzwert soll damit deutlich unterhalb der Gefahrengrenze bleiben[67]. Vorsorge erlaubt deshalb z.B. Maßnahmen gegen Belastungen, die für sich genommen ungefährlich, in ihrer Summe aber gegebenenfalls schädlich und technisch vermeidbar sind[68].

---

[63] Ein Ursachenzusammenhang kann weder bejaht noch verneint werden, BVerwG v.19.12.1985, E 72, 300, 315 - Kernkraftwerk Wyhl; *J. Schmidt* (Steuerung „neuer Risiken" mit Hilfe des zivilrechtlichen Vertragsrechts, KritV 74 (1991), 344, 345) benutzt den Begriff „vermutetes Risiko".

[64] *Huber*, AöR 114 (1989), 252, 290 m.w.Nachw.

[65] *Lukes* in Lukes (Hrsg.), S. 17, 34.

[66] BVerwG v.22.12.1980, E 61, 256, 265 - Kernkraftwerk Stade.

[67] BVerwG v.19.12.1985, E 72, 300, 315 - Kernkraftwerk Wyhl.

[68] Insbesondere erlaubt § 5 Nr. 2 BImSchG Maßnahmen zur Verhinderung von Umwelteinwirkungen unterhalb der Schädlichkeits- und Erheblichkeitsschwelle, *Lukes* in Lukes (Hrsg.), S. 17, 34; *Huber*, AöR 114 (1989), 252, 294; allgemein *Kloepfer*, Umweltrecht, § 3 Rdnr. 11.

Von Vorsorge ist schließlich auch zu sprechen, wenn sich die Gefährlichkeit eines Zustands oder eines Produkts noch nicht ausreichend wissenschaftlich untermauern läßt, also noch kein begründeter Verdacht besteht. Das ist z.B. der Fall, wenn nur eine Mindermeinung davon ausgeht, daß ein bestimmtes Produkt gefährlich ist: Die Gefährlichkeit gentechnisch veränderter Lebensmittel ist noch weitgehend ungeklärt und wird nur ganz vereinzelt behauptet[69].

5. *Öffentlich-rechtliche Maßnahmen zu Gefahrabwehr und Vorsorge*

Im Öffentlichen Recht ist die Entscheidung, ob eine Gefahr vorliegt, von entscheidender Bedeutung sowohl für die Zuständigkeit besonderer Umweltschutzbehörden oder der Polizei[70] als auch für die Gesetzmäßigkeit des Handelns der Verwaltung[71].

a) Gefahrabwehr

Gefahrabwehrmaßnahmen können regelmäßig mit Maßnahmen des Sicherheitsrechts durchgesetzt werden. Schädliche Umwelteinwirkungen können gem. § 5 I Nr. 1 BImSchG abgewehrt werden: Diese Norm ist drittschützend, der Nachbar kann mit der Anfechtungs- oder Verpflichtungsklage gegen eine erteilte immissionsschutzrechtliche Anlagengenehmigung vorgehen[72]. Beim Gefahrverdacht ist der Grundsatz der Verhältnismäßigkeit zu beachten: Aufklärungs- und vorläufige Sicherungsmaßnahmen gehen endgültigen Maßnahmen vor[73]. Ein plausibel begründeter Verdacht des ursächlichen Zusammenhangs zwischen Anlage und Schaden führt dann bereits zu einer Gefahr[74].

b) Vorsorge

Im Atomrecht hatte das BVerfG den Bereich des Restrisikos sehr eng definiert; die Vorsorge geht in diesem Bereich so weit, daß es nach dem Stand

---

[69] S. Einl. Beispiel 5. Zu den daraus entstehenden Verhaltenspflichten s. § 6.III.1.b) und § 8.I.4.b). Zu den Risiken des Bierkonsums vgl. EuGH v.12.3.1987, Slg. 1987, 1227, 1275 Ziff. 9 - Bier; *Epiney/Möllers*, Freier Warenverkehr und nationaler Umweltschutz, S. 76.

[70] Für die Risikovorsorge ist regelmäßig nicht die Polizei, sondern sind spezielle Behörden zuständig. Besondere Bestimmungen finden sich in § 5 I 1 Nr. 2 BImSchG und § 7 II Nr. 3 sowie Nr. 5 AtG; *Gusy*, Rdnr. 103.

[71] S. genauer auch unten § 9.III.3.

[72] *Jarass*, BImSchG, 2. Aufl., 1993, § 5 Rdnr. 97; *Breuer*, Umweltschutzrecht in v. Münch/Schmidt-Aßmann, Rdnr. 182 m.w.Nachw.; *Huber*, AöR 114 (1989), 252, 287.

[73] *Berg*, Die verwaltungsrechtliche Entscheidung bei ungewissem Sachverhalt, 1980, S. 138; Ausnahme: § 10 BSeuchenG, BVerwG v.16.12.1971, E 39, 190, 194 - Salmonellen.

[74] *Jarass*, Effektivierung des Umweltschutzes gegenüber bestehenden Anlagen, DVBl 1985, 193, 196.

von Wissenschaft und Technik praktisch ausgeschlossen sein muß, daß ein Schaden eintritt. Maßgeblich sind die neuesten wissenschaftlichen Erkenntnisse für die mögliche Schadensvorsorge[75]. Damit ist das *höchste denkbare Sicherheitsniveau* zu gewährleisten[76]. Dem wird u.a. dadurch Rechnung getragen, daß die Grenzwerte der radioaktiven Belastung unter dem Wert der natürlichen Strahlenbelastung liegen[77]. Man muß sich in Erinnerung rufen, daß das Bundesverfassungsgericht diesen Standard nur für das Atomrecht formuliert hat, also für einen Bereich, in dem bei einem Schadensfall sich die Gemeingefahr verwirklicht, d.h. eine sehr große Anzahl von Menschenleben bedroht sein kann. Für andere Rechtsgebiete ist aber ein so hohes Schadensausmaß in der Regel nicht zu befürchten. Deshalb wird bezweifelt, ob diese Anforderungen z.B. in das Immissionsschutzrecht transferiert werden können[78]. Mit *Breuer* wird man den vom BVerfG aufgestellten Maßstab auch auf chemische Anlagen mit einem stoffbedingten Risikopotential übertragen können, das im Schadensausmaß der radioaktiven Strahlung ähnelt[79], beispielsweise auf Anlagen, in denen das Phosgengas hergestellt wird[80]. Ansonsten wird man den vom BVerfG aufgestellten Maßstab aber auf das *technisch Mögliche* begrenzen, wie es z.B. die §§ 5 I Nr. 2, 22 I Nr. 1, 2 BImSchG definieren. In diesen Fällen wird auf die Grenzwerte der TA-Luft und TA-Lärm zurückzugreifen sein[81].

Grundsätzlich ist der Vorsorgegrundsatz, wie er beispielsweise in § 5 I Nr. 2 BImSchG zum Ausdruck kommt, nicht individualschützend, so daß der Nachbar nicht auf Einhaltung dieses Grundsatzes klagen kann[82]. Das läßt sich damit erklären, daß die Vorsorge unterhalb der Schädlichkeitsschwelle einsetzt[83]. Jedoch kann der Vorsorgegrundsatz ausnahmsweise individualschützend sein, soweit ein Schutzstandard wegen des Fehlens von Unbedenklichkeitsschwellen nicht gefunden werden kann. Das ist für die Grenz-

---

[75] BVerfG v.8.8.1978, E 49, 89, 138ff, 142 - Kernkraftwerk Kalkar; BVerfG v.20.12.1979, E 53, 30, 59 - Kernkraftwerk Mülheim-Kärlich. Die Vorsorge betont auch § 377 Nr. 1 UGB-E im Gegensatz zu § 1 AtG.

[76] BVerfG v.8.8.1978, E 49, 89, 136, 143 - Kernkraftwerk Kalkar; *Marburger*, Die Regeln der Technik im Recht, 1979, S. 164f.

[77] *Rauschnig* (Staatsaufgabe Umweltschutz, VVDStRL 38 (1980) 167, 198) weist zudem darauf hin, daß die radioaktive Belastung aus Flugasche und Rauch eines Kohlekraftwerkes hundertmal höher sei.

[78] *Rehbinder*, BB 1976, 1, 3; *Schmidt-Aßmann*, AöR 106 (1981), 205, 212.

[79] *Breuer*, Anlagensicherheit und Störfälle, Vergleichende Risikobewertung im Atom- und Immissionsschutzrecht, NVwZ 1990, 211, 220.

[80] Zum Computerszenario der Studien des TÜV-Rheinland, s. Der Spiegel 9/1993, 21.

[81] VGH Baden-Württemberg v.4.3.1992, GewArch 1992, 245, 246 - Motorenprüfstand; BVerwG v.19.1.1989, E 81, 197 - Sportplatz.

[82] BVerwG v.18.5.1982, E 65, 313, 320 - Heizölkraftwerk; *Huber*, AöR 114 (1989), 252, 285 m.w.Nachw.; *Jarass*, BImSchG, § 5 Rdnr. 98; *Rauschnig*, VVDStRL 38 (1980), 167, 204f; *Ronellenfitsch/Wolf*, Ausbau des Individualschutzes gegen Umweltbelastungen als Aufgabe des bürgerlichen und des öffentlichen Rechts, NJW 1986, 1955, 1959.

[83] S. oben § 2.I.4.c) und Fn. 65ff.

werte von ionisierenden Strahlen und kanzerogenen Stoffen der Fall[84]. Für das Atomrecht hat das BVerwG anerkannt, daß der Dosisgrenzwert von 30 mrem/a nach § 45 I Strahlenschutzverordnung drittschützende Wirkung hat[85], weil es für radioaktive Strahlung keinen Schwellenwert gibt, unterhalb dessen mit Gewißheit somatische Schäden auszuschließen sind[86]. Mit anderen Worten: Bei kanzerogenen Einflüssen besteht keine Proportionalität zwischen Dosishöhe und Schwere des Krankheitsbildes – die Krankheit kann schon bei kleinsten Mengen in vollem Umfang auftreten[87]. Deshalb kann auf Einhaltung der Vorsorgegrenzwerte geklagt werden. Dieser Maßstab ist übertragbar für den der Luftreinhaltung, nämlich bei den krebserzeugenden Stoffen nach Nr. 2 TA-Luft[88] sowie im Arbeitsschutz für die technische Richtkonzentration.

II. Gefahr und Risikovorsorge im Zivilrecht

Diese umfangreichen Ausführungen zu den Begriffen Gefahr (einschließlich des Gefahrverdachts) und der Risikovorsorge (mit den Begriffen Risiko, Gefährlichkeitsverdacht und Vorsorge) waren erforderlich, weil bis heute keine entsprechende Dogmatik im Zivilrecht existiert[89]. Vor allem im Bereich der Risikovorsorge fehlt es an jeglicher Begriffsbildung. Diese ist erforderlich, weil die zivilrechtliche Rechtsprechung Verkehrspflichten gebildet hat, die zu Gefahrvermeidungs- und Gefahrabwehrmaßnahmen verpflichten, also bereits die Schadensverwirklichung vermeiden wollen und nicht erst beim Schadensausgleich ansetzen.

---

[84] *Salzwedel*, NVwZ 1987, 276, 277.

[85] BVerwG v.22.12.1980, E 61, 256, 264 - Kernkraftwerk Stade; *Huber*, AöR 114 (1989), 252, 296f; *Salzwedel*, NVwZ 1987, S. 276, 277.

[86] BVerwG v.22.12.1980, E 61, 256, 264 - Kernkraftwerk Stade.

[87] Das führt zu der Kritik, daß dann der Vorsorgegrenzwert von 30 mrem/a „zu hoch" ist, weil auch unterhalb dieses Wertes eine geringe Dosis einen Schaden verursachen kann; s. die Beiträge von *Winter* (S. 1, 9, 23 und 127), *Falke* (S. 164), *A. Reich* (S. 199, 203), *Ladeur* (S. 263, 271f) in Winter (Hrsg.), Grenzwerte, 1986; *Nicklitz*, Grenzwerte und technische Regeln aus rechtlicher Sicht in Nicklisch (Hrsg.), Prävention im Umweltrecht, Risikovorsorge, Grenzwerte, Haftung, 1988, S. 95, 104. Zum Restrisiko s. sogleich § 2.III.1.

[88] *Huber*, AöR 114 (1989), 252, 292; ebenso *Jarass*, BImSchG, § 5 Rdnr. 98 m.w.Nachw. Zum weiteren wird gefordert, dem Schutzgrundsatz des § 5 Nr. 1 BImSchG dann nachbarschützende Wirkung zuzusprechen, wenn einschlägige Immissionswerte nicht mehr ausreichen, um die Allgemeinheit oder Nachbarschaft vor schädlichen Umwelteinwirkungen zu schützen. *Breuer*, Umweltschutzrecht in v. Münch/Schmidt-Aßmann, Rdnr. 177, 188; *Marburger*, Ausbau des Individualschutzes gegen Umweltbelastungen als Aufgabe des bürgerlichen und des öffentlichen Rechts, Gutachten C zum 56. DJT, 1986, C 95, 97ff; noch weitergehend fordert *Huber* (AöR 114 (1989), 252, 294, 296) immer dann einen nachbarschützenden Charakter des § 5 I Nr.2 BImSchG, solange nur ein Gefahrverdacht vorliegt.

[89] Das gilt auch für den Haftpflichtversicherungsbereich, s. beispielsweise die recht allgemeine Definition von *Nickel* in Kullmann/Pfister, Kza. 6810, 5.

1. *Gefahr und Gefahrprognose*

Im Zivilrecht bezweckt der Tatbestand der unerlaubten Handlung Schadensausgleich, aber auch Schadensvermeidung[90]. Weniger präzise als im Öffentlichen Recht wird im Zivilrecht „Gefahr als mögliche Veränderung zum Schlechten oder als erwartete Kausalität"[91] beschrieben[92]. Dies ist zu präzisieren. Wie für das Öffentliche Recht[93] müssen auch für die zivilrechtliche Gefahr die fünf Kriterien Schutzgut, Eingriffsgut, Schadensausmaß für das Rechts-[94] und Eingriffsgut[95], Wahrscheinlichkeit und zeitliche Nähe[96] vorliegen. Diese werden dann in einem zweiten Schritt in Verhältnis gesetzt und gewichtet, so daß die Summe dieser verschiedenen Kriterien entscheidet, ob eine Gefahr vorliegt. Die Wahrscheinlichkeit der Rechtsgutsverletzung läßt sich anhand unmittelbarer und mittelbarer Eingriffe verdeutlichen. Bei unmittelbaren Eingriffen, wie der Operation oder der Einnahme von Arzneimitteln mit unvermeidbaren Nebenwirkungen, findet ein Eingriff in das Rechtsgut mit Sicherheit statt. Diese Sicherheit, daß es zu einer Rechtsgutsverletzung kommt, ist dagegen nicht gegeben, wenn beispielsweise Produkte bei bestimmungsgemäßer Anwendung sicher sind und nur ein bestimmungswidriger Gebrauch zu einer Gefahr für einzelne Rechtsgüter führen kann. Dann ist zu fragen, mit welcher Wahrscheinlichkeit ein solcher bestimmungswidriger Gebrauch auftreten kann[97].

Auch im Zivilrecht ist ein objektiver Maßstab anzulegen, wenn zu fragen ist, ob eine Gefahr zu bejahen ist. Grundsätzlich sollen aber nur durchschnittliche Anforderungen an diesen Kenntnisstand zu stellen sein[98]. Ob dies wirklich zutrifft oder sich die Gefahrprognose nicht nach einem höhe-

---

[90] *Deutsch*, Haftungsrecht, S. 178; *Nicklisch*, Die Haftung für Risiken des Ungewissen in der jüngsten Rechtsprechung zur Produkt-, Gentechnik- und Umwelthaftung in FS Niederländer, 1991, S. 341, 351; s. genauer unten § 4.III.3.a).

[91] *Deutsch* in FS Larenz, 1973, S. 885 = *derselbe,* Haftungrecht, S. 177 m.w.Nachw.

[92] Auch wird Gefahr als zu erwartender, möglicher oder wahrscheinlicher Eintritt einer Verletzung oder eines Schadens definiert, *Deutsch* in FS Larenz, 1973, S. 885, 888 = *derselbe,* Haftungsrecht, S. 180; *derselbe,* Unerlaubte Handlung, Schadensersatz und Schmerzensgeld, Rdnr. 359; *v. Bar,* Verkehrspflichten, S. 113 m.w.Nachw.

[93] S. oben § 2.I.1. und Fn. 8ff.

[94] LG Aachen v.18.12.1970, JZ 1970, 507, 516 - Contergan; BGH v.17.3.1981, Z 80, 186, 191 - Apfelschorf I (Derosal); *Hauschka,* Die vorbeugenden Organisations- und Produktbeobachtungspflichten des Herstellers in rechtlicher und unternehmerischer Sicht, AG 1988, 29, 30; *Veltins* in Kullmann/Pfister, Kza. 4310, 22. S. auch unten § 5.I.1.a), S. 144ff.

[95] Eine Güterabwägung findet beispielsweise zwischen dem zu schützenden Rechtsgut und dem Eingriffsgut für den Verteidiger beim Verteidigungsnotstand des § 228 BGB und beim Angriffsnotstand des § 904 BGB statt, Palandt/*Heinrichs,* § 228 Rdnr. 1, 7f; Palandt/*Bassenge,* § 904 Rdnr. 3.

[96] Der Verteidigungsnotstand des § 228 BGB verlangt beispielsweise eine drohende, der Angriffsnotstand gem. § 904 BGB eine gegenwärtige Gefahr, s. Palandt/*Heinrichs,* § 228 Rdnr. 4; Palandt/*Bassenge,* § 904 Rdnr. 2.

[97] S. genauer unten § 8.I.5.b)bb).

[98] *Hanau* in MünchKomm, § 276 Rdnr. 79 m.w.Nachw.

ren Maßstab (dem vernünftigen oder sogar dem idealen Hersteller) ausrichtet, wird weiter unten untersucht[99]. Abgesehen vom Fall der negatorischen Unterlassungsklage wird die Gefahr regelmäßig nach Schadenseintritt in einem Haftpflichtprozeß geprüft[100]; mittels nachträglicher Prognose gilt für Verhaltenspflichten auch eine „ex-ante"-Perspektive.

2. *Gefahrverdacht, konkrete und abstrakte Gefahr*

In ständiger Rechtsprechung betont der Bundesgerichtshof, daß ein ernst zu nehmender Verdacht ausreicht, damit der Hersteller, der ein Produkt auf den Markt gebracht hat, reagieren muß, indem er gegebenenfalls den Verbraucher warnt oder einen Rückruf veranlaßt[101].

Das Zivilrecht schützt regelmäßig vor *konkreten* Gefahren, die z.B. nach dem Inverkehrbringen eines Produktes auftreten können. Da der Verbraucher das Produkt verwendet, er also mit dem Gefährdungspotential konfrontiert ist, kann sich die Gefahr (jederzeit) realisieren. Es besteht eine konkrete Gefahr. Neben § 823 II BGB kann aber auch § 823 I BGB vor *abstrakten* Gefahren schützen[102]. So besteht z.B. die Pflicht des Herstellers zur Gefahrvermeidung, also die Pflicht, Gefahren zu vermeiden, bevor der Verbraucher mit diesen Produkten in Berührung kommt. Die zivilrechtlichen Ermittlungs-, Konstruktions- und Fabrikationspflichten dienen dazu, daß ein gefährliches Produkt erst gar nicht entwickelt oder in den Verkehr gebracht wird. Das Produkt, das z.B. bei einer betriebsinternen Kontrolle bereits aus dem Verkehr gezogen wird, bevor es auf den Markt kommt, kann kein Rechtsgut konkret gefährden. Das Verhaltensgebot ist unabhängig davon, ob im entscheidenden Zeitpunkt Rechtsgüter konkret in Gefahr geraten[103] [104].

3. *Zivilrechtlicher Schutz zur Gefahrabwehr*

Im Zivilrecht dienen Haftungstatbestände sowie Verkehrspflichten vor allem als Instrumente zur Zuweisung der Haftung und damit zur Ausgren-

---

[99] S. genauer § 8.I.2.

[100] *Deutsch* in FS Larenz, 1973, S. 885, 890f = *derselbe* Haftungsrecht, S. 182; *v. Bar*, Verkehrspflichten, S. 115.

[101] BGH v.17.3.1981, Z 80, 186, 192 - Apfelschorf I (Derosal); BGH v.24.1.1989, Z 106, 273 283 - Asthmaspray (Alupent Dosier Aerosol); *Kullmann/Pfister*, Kza. 1520, 50. Die einzelnen Verhaltenspflichten werden im zweiten Teil genauer aufgezeigt.

[102] Allgemein *Deutsch* in FS Larenz, 1973, S. 885, 894ff = *derselbe*, Haftungsrecht, S. 185; *v. Bar*, Verkehrspflichten, S. 65f, 116f; *Mertens* in MünchKomm, § 823 Rdnr. 42a.

[103] *Epiney/Möllers*, Freier Warenverkehr und nationaler Umweltschutz, S. 75.

[104] Die Gefahrvermeidung ist damit ein Unterfall der Gefahrabwehr im Öffentlichen Recht. Zu dem Begriff „Gefahrabwehr" als Pflicht zur Informationsweitergabe s. sogleich § 3.II.2.

zung entschädigungsloser „allgemeiner Lebensrisiken" und zugelassener Gefährdungen[105].

Unzweifelhaft lassen sich drohende Gesundheitsgefahren zivilrechtlich abwehren; dies ist mit einer quasinegatorischen Unterlassungsklage möglich[106]. Zudem haben etliche Gerichte anerkannt, daß die überhöhte Raumluftkonzentration an Formaldehyd, Lindan, PCP oder PER vertragliche Gewährleistungsansprüche begründet. So war die Kündigung wegen ernstlicher Gesundheitsgefährdung gem. § 544 BGB berechtigt[107] oder eine Minderung des Mietzinses[108], Kaufpreises[109] oder Werklohnes[110] gerechtfertigt. Daneben wurden deliktische Ansprüche bejaht, soweit bestimmte Holzschutzmittel Grenzwerte überschritten[111]. Allerdings gibt es auch eine Reihe von Entscheidungen, die vertragliche[112] oder deliktische[113] Ansprüche ablehnen.

---

[105] *Steffen* in RGRK, § 823 Rdnr. 139; *Zippelius*, Politikverdrossenheit, ZRP 1993, 241 ff; *Redeker*, Individualisierung, NJW 1993, 1835 f; s. genauer sogleich § 2.III. und im zweiten Teil: § 4.II.1., § 8.I. und II.

[106] *Stoll* in FS Lange, 1992, S. 729, 730 ff; *Lange*, Schadensersatz, S. 293 ff; *v. Bar*, KF 1983, 80, 84. Der Arbeitnehmer kann die Arbeit verweigern, BAG v.2.2.1994, DB 1994, 1087 – Arbeitsverweigerung bei Asbestbelastung.

[107] AG Mettmann v.13.2.1990, VuR 1990, 208 - Mietkündigung wegen überhöhter Formaldehyd- und Lindankonzentration; LG München I v.26.9.1990, NJW-RR 1991, 975 - Mietkündigung wegen überhöhter Formaldehydkonzentration.

[108] AG Rheinbach v.11.1.1989, VuR 1990, 212 - Mietminderung bei akuter Gesundheitsgefahr aufgrund überhöhter Pentachlorphenol- (PCP) und Lindankonzentration; AG Köln v.30.9.1986, NJW-RR 1987, 972 - Mietminderung wegen überhöhter Formaldehydkonzentration im Fertighaus; LG Hannover v.25.4.1990, 11. Senat, NJW-RR 1990, 972 – Mietminderung bei begründeter Gefahrbesorgnis durch Austritt von Perchlorethylen einer benachbarten Wäscherei.

[109] OLG Frankfurt v.9.5.1988, VuR 1988, 333 - Kaufpreisminderung wegen überhöhter Formaldehydkonzentration; LG Duisburg v.8.10.1986, VuR 1987, 43 - Wandlung wegen überhöhter Formaldehydkonzentration in Caravan; OLG Saarbrücken v.3.12.1985, NJW-RR 1987, 470 - fehlerhafte Imprägnierung.

[110] OLG Köln v.6.5.1991, NJW-RR 1991, 1077 - Wertminderung wegen überhöhter Formaldehydkonzentration; LG Ansbach v.18.8.1989, VuR 1990, 35 (nicht rechtskräftig) - werkrechtliche Gewährleistungsansprüche wegen überhöhter Formaldehydkonzentration.

[111] OLG Koblenz v.14.7.1969, VuR 1988, 152 - Schadensersatz für äußerlich erkennbare Gesundheitsverletzungen bei Verletzung der Instruktionspflicht; LG München II v.21.12.1977, VuR 1988, 155 - PCP-Vergiftung durch Holzschutzmittel Sadolin PX 65; LG Stuttgart v.31.3.1987, VuR 1988, 161 – Feststellungsurteil: Verwendung des Holzschutzmittels Avenarol.

[112] AG Erkelenz v.20.5.1987, VuR 1988, 339, bestätigt durch LG Mönchengladbach v.29.4.1988 - keine Mietkündigung wegen leicht überhöhter Formaldehydkonzentration; AG Lindau v.9.6.1988, VuR 1988, 344 - keine Mietkündigung mangels Gesundheitsgefährdung durch Holzschutzmittel (Konversal-Bläue); LG Hannover v.28.9.1989, 3. Senat, VuR 1990, 40 - Mietminderung nur bei Schadenseintritt wegen überhöhter Perchlorethylenkonzentration; OLG Düsseldorf v.26.10.1990, NJW-RR 1991, 1495 - Formaldehyd-Ausgasung aus Spanplatte.

[113] LG Köln v.17.12.1986, NJW-RR 1987, 541 m.Anm. Micklitz (nicht rechtskräftig); OLG Köln v.15.12.1987, Aussetzung des Verfahrens - keine Verletzung einer Verkehrspflicht bei Verseuchung eines Fachwerkhauses durch Holzschutzmittel; LG Siegen v.25.6.1987, VuR

4. Zivilrechtlicher Schutz zur Risikovorsorge

Während für den Gefahrentatbestand immerhin eine Reihe von Entscheidungen existieren, scheint die Rechtslage im Bereich der Risikovorsorge mangels dogmatischer Vertiefung noch ungesichert. Gibt es auch im Zivilrecht eine Pflicht zur Risikovorsorge? Das erscheint auf den ersten Blick unwahrscheinlich, weil das Schadensrecht auf Ausgleich angelegt ist, also der Schaden eintritt und nur über § 1004 BGB vorbeugender Rechtsschutz gewährt wird. Es fragt sich, ob das Unternehmen bestimmte Pflichten hat, auch wenn noch keine Gefahr für den Menschen droht. Fälle von Holzschutzmitteln, mit Pestiziden belasteter Babynahrung[114], mit Glykol versetztem Wein und PER-Dämpfen durch chemische Reinigungen sowie die Diskussion um gentechnisch veränderte Lebensmittel zeigen die praktische Relevanz dieser Thematik. Es wird gezeigt, daß die Unterscheidung der Risikovorsorge in Risiko (a), Gefährlichkeitsverdacht (b) und Vorsorge (c) auch für das Zivilrecht Bedeutung hat und dann im zweiten Teil der Arbeit eine wichtige Abgrenzungsfunktion für die Bejahung oder Verneinung präventiver Verkehrspflichten erfüllt[115].

a) Risiko

So läßt sich der obige Fall des Passivrauchers auch mit zwei Privatpersonen durchspielen: Der Arbeitnehmer kann den raucherfreien Arbeitsplatz auch zivilrechtlich analog § 1004 BGB durchsetzen. Anders ist zu entscheiden, wenn der Arbeitnehmer Berufe akzeptiert, bei denen er typischerweise mit Rauchern in Kontakt steht[116] oder wenn es kein hinreichend hohes Risiko gibt, z.B. wenn sich ein Gast nur selten dem Rauch aussetzt[117].

b) Gefährlichkeitsverdacht

Eine Fallgruppe des Gefährlichkeitsverdachts bilden beispielweise Arzneimittel, bei welchen der begründete Verdacht der Schädlichkeit besteht. Nicht erforderlich ist der Nachweis, daß diese zu einer Rechtsgutsverlet-

---

1988, 162 - keine Verletzung der Instruktionspflicht bei Xyladecor 200 (Lindan); LG Traunstein v.1.12.1987, VuR 1988, 168 - keine Verletzung der Instruktionspflicht bei Xyladecor 200 (Lindan); OLG Stuttgart v.9.10.1987, VuR 1988, 163 - Verjährung von Deliktsansprüchen: Xyladecor; OLG Saarbrücken v.3.12.1985, NJW-RR 1987, 470 - fehlerhafte Imprägnierung.

[114] AG Kiel v.27.7.1987, NJW 1987, 2748 - Babynahrung.

[115] S. Einl. Beispiel 5, § 6.III.1.b), S. 217ff; § 8.I.4.b), S. 293ff.

[116] S. zur Frage der Freiwilligkeit aber oben § 1.III.3.b).

[117] OLG Stuttgart v.19.2.1992, NJW 1992, 2707 - Rauchverbot bei Inlandsflügen. Zu den Risiken des Passivrauchens s. gerade § 2 Fn. 50.

zung führen[118]. Ein solches Arzneimittel darf der Hersteller nicht auf den Markt bringen bzw. muß es vom Markt nehmen. Auch in der Lederspray-Entscheidung bestanden keine Erfahrungswerte oder wissenschaftlichen Erkenntnisse, daß das betreffende Aerosol (also eine feinste Verteilung fester oder flüssiger Stoffe in Gasen) zu einem Lungenödem führen könnte. Die Geschäftsleitung nahm das Lederspray nicht vom Markt, weil sich toxische Eigenschaften des Ledersprays wissenschaftlich nicht nachweisen ließen[119]. Der BGH verurteilte die Angeklagten zu Recht, weil sie auch ohne den wissenschaftlichen Nachweis toxischer Eigenschaften verpflichtet waren, bestimmte Maßnahmen zu ergreifen[120]. Der BGH spricht zutreffend davon, daß eine Gefahr, wenn sie Abwehrpflichten auslösen soll, nicht schon konkret greifbar sein muß – sie müsse sich allerdings „verdichtet" haben[121]. Ein Eingreifen war erforderlich, weil eine gehäufte Anzahl von Gesundheitsbeschwerden auf die Gefährlichkeit des Produktes schließen ließ[122]. Eine Kausalität zwischen Produkt und Rechtsgutsverletzung fehlt auch dann, wenn weder wissenschaftliche Nachweise noch Anhaltspunkte aus der Praxis einen Verdacht aufkommen lassen und nur ein verwandtes Produkt gefährliche Eigenschaften aufweist. Auch in solchen Fällen können präventive Verkehrspflichten bestehen[123].

c) Vorsorge

Die Vorsorge als dritte Fallgruppe der Risikovorsorge setzt unterhalb der Schädlichkeitsschwelle an, greift also vor der Rechtsgutsverletzung ein. Im Arbeitsschutz sind die technischen Richtkonzentrationen (TRK-Werte) bestimmter Stoffe unentbehrlich. Die Überschreitung dieser Werte führt zu einer Reihe von Pflichten seitens des Arbeitgebers[124]. § 13 I 3 ChemG verpflichtet den Hersteller zu dem Hinweis: „Achtung – noch nicht vollständig geprüfter Stoff". Bei Arzneimitteln ist die Formulierung üblich: „Arzneimittel während der ersten drei Monate einer Schwangerschaft nicht einnehmen, obwohl Anhaltspunkte für eine fruchtschädigende Wirkung nicht bekannt sind"[125]. Lassen sich solche öffentlich-rechtlichen Pflichten auch als präventive zivilrechtliche Verkehrspflichten auslegen, obwohl nur Vermutungen bestehen?

---

[118] S. oben § 2.I.4.b)aa); *Hart* (MedR 1989, 15f, 18) spricht von einer Kausalitätsfiktion; *Zipfel*, Lebensmittelrecht, D 520 Rdnr. 14.

[119] S. zum Sachverhalt Einl. Beispiel 2, § 6.III.2.b).

[120] BGH v.6.7.1990, St 37, 106, 109 - Lederspray (Erdal); s. dazu unten § 4.III.6.a).

[121] BGH v.17.3.1981, Z 80, 186, 191f - Apfelschorf I (Derosal).

[122] Zu den Voraussetzungen des Gefährlichkeitsverdachtes s.o. § 2.I.4.b), S. 64ff.

[123] S. genauer unten § 6.III., S. 217ff und § 8.I.4., S. 293ff.

[124] *Falke*, Rechtliche Kriterien für und Folgerungen aus Grenzwerten im Arbeitsschutz in Winter, Grenzwerte, 1986, S. 164, 188ff.

[125] S. ausführlich unten § 8.I.4.b).

Ein Nachbar einer chemischen Reinigung wollte mit einer Unterlassungsklage durchsetzen, daß in seiner Wohnung als Grenzwert der Innenraumkonzentration für das möglicherweise krebsauslösende Perchlorethylen (PER) nur der Vorsorgewert (in Höhe von 0,1 mg/m^3), nicht aber der deutlich höhere Gefahrenwert (von 5,0 mg/m^3) zulässig ist. Das lehnte das Kammergericht ab[126]. Dies steht in Widerspruch zum Öffentlichen Recht, das – wie gerade gezeigt[127] – bei krebserregenden Stoffen auch Rechtsschutz für die Vorsorgewerte gibt[128]. Es fällt auf, daß Zivilgerichte Ansprüche dann bereitwillig zuerkennen, wenn eine Behörde eine bestimmte Aussage über die Gefährlichkeit des Stoffes getroffen hat[129]. Auch scheinen Gerichte eher bereit, Gewährleistungsansprüche zuzusprechen und seltener deliktische Ansprüche[130]. Das mag daran liegen, daß der Schuldner für die vertraglich vereinbarte Leistung unabhängig vom Verschulden einzustehen hat, während deliktische Ansprüche gem. § 823 I BGB regelmäßig nur bestehen, wenn die unerlaubte Handlung verschuldet wurde.

An dieser Stelle werden nur die Begriffe geklärt und die Problematik aufgezeigt. Im zweiten ist dann auf das Verhältnis von Gesetzgebung, Verwaltung und Rechtsprechung einzugehen[131], und es werden die einzelnen Probleme der Risikovorsorge vertieft. Es wird gezeigt, in welchem Umfang der Schädiger für sog. Entwicklungs- oder Erkenntnisfehler nicht haften muß, da diese für ihn nicht erkennbar sind und ihm ein Verschulden nicht vorzuwerfen ist[132]. In einem weiten Umfang wird bereits heute der Gefährdete auch im Bereich der Risikovorsorge zivilrechtlich geschützt. Das gilt für die Vorsorge, aber auch für Risiko und Gefährlichkeitsverdacht: Hier können Pflichten zur Informationserhebung und zur Informationsweitergabe bestehen[133].

III. Grenzen der Gefahrabwehr und Risikovorsorge

Im Zivilrecht und im Öffentlichen Recht ist allgemein anerkannt, daß ein Bereich existiert, in welchem Gefährdungen und Schäden entschädigungslos hinzunehmen sind. In diesem Zusammenhang werden die Begriffe Restrisiko, allgemeines Lebensrisiko und soziale Adäquanz benutzt (1.). Die

[126] KG v.6.5.1988, 9 W 1949/88, MM 1988, 27 - Unterlassungsansprüche wegen überhöhter PER-Konzentration.
[127] S. gerade § 2.I.5.b).
[128] Zur eigenen Auffassung s. unten § 5.II.1.a)bb), S. 154f.
[129] *Köck/Meier*, JZ 1992, 548, 550f m.w.Hinw. auf die Rechtsprechung.
[130] S. gerade die Nachw. in den Fn. 107–113.
[131] S. § 5.II.1., S. 154ff.
[132] Zur Problematik des Entwicklungsfehlers ausführlich unten § 8.I.2.a) und 4.b).
[133] § 6.III.1., S. 217 und § 8 I.4., S. 293ff.

Termini werden wiederum für das Öffentliche Recht und das Zivilrecht einheitlich verwendet und voneinander abgegrenzt (2.).

1. *Restrisiko, allgemeines Lebensrisiko und soziale Adäquanz*

a) Der Begriff des Restrisikos wird hauptsächlich im Öffentlichen Recht verwendet, findet sich aber auch im Zivilrecht. In der Kalkar-Entscheidung hatte das Bundesverfassungsgericht neben der Vorsorge einen rechtlich nicht geschützten Bereich des Restrisikos bejaht[134]. *Di Fabio* wendet sich gegen diese Unterscheidung von Risikovorsorge und Restrisiko mit dem Argument, wenn schon theoretische Erwägungen bei der Risikovorsorge berücksichtigt werden müßten, sei für die Erwägungen jenseits praktischer Vernunft kein Anwendungsbereich mehr[135]. Da der Gefährlichkeitsverdacht auf den Nachweis einer Kausalität zwischen dem Gefahrenzustand und der Rechtsgutsverletzung verzichtet, sei es widersinnig, das Restrisiko als äußerst unwahrscheinliche Gefahr[136] zu bezeichnen.

Maßnahmen zur Abwehr einer Gefahr sind nur dann zulässig, wenn zumindest ein hinreichender Verdacht für eine solche Gefahr spricht[137]. Auch das Risiko verlangt Anhaltspunkte, um auf einen Sachverhalt reagieren zu können. Damit bleibt aber – entgegen der Ansicht von *Di Fabio* – auch ein Anwendungsbereich für das sog. Restrisiko[138]. Das sind zum einen Situationen, in denen die Gefahr nicht erkannt wird, sog. unbehebbare Ungewißheiten. Zum anderen handelt es sich um Minimalgefährdungen, in denen sich ein Schadenseintritt zwar praktisch, nicht aber mit letzter Sicherheit ausschließen läßt[139]. Deshalb sind z.B. Strahlenbelastungen von Kernkraftwerken im Normalbetrieb, die zehnmal niedriger sind als die natürliche Strahlenbelastung (und damit deutlich unterhalb des Vorsorgegrenzwertes liegen), als Restrisiko hinzunehmen[140].

---

[134] BVerfG v.8.8.1978, E 49, 89, 137 - Kernkraftwerk Kalkar.

[135] *Di Fabio*, Risikoentscheidungen im Rechtsstaat, S. 70f.

[136] *Kloepfer*, Umweltrecht, § 8 Rdnr. 16.

[137] PrOVGE 77, 333, 338; *Friauf*, Polizei- und Ordnungsrecht in v. Münch/Schmidt-Aßmann, S. 201, 222; *Brandner*, Gefahrenerkennbarkeit und polizeirechtliche Verantwortlichkeit, 1990, S. 19.

[138] Gegen *Di Fabio* bereits *Möllers*, JZ 1994, 1110, 1111.

[139] BVerfG v.8.8.1978, E 49, 89, 140ff - Kernkraftwerk Kalkar; Drews/Wacke/*Vogel*/*Martens*, Gefahrenabwehr, S. 225; *Lukes* in Lukes (Hrsg.), S. 17, 28.

[140] Das Restrisiko kann nicht abgewehrt werden. Folglich definiert § 2 VI 2 UGB-AT (in *Kloepfer/Rehbinder/Schmidt-Aßmann*, Umweltgesetzbuch - Allgemeiner Teil) Umweltgefahr als dasjenige Umweltrisiko, welches unter Berücksichtigung des Grades seiner Eintrittswahrscheinlichkeit und des möglichen Schadensumfangs nicht mehr hinnehmbar ist; anders noch *Kloepfer*, Umweltrecht, § 2 Rdnr. 17: Risiko als theoretisch möglicher Schadenseintritt, der so unwahrscheinlich ist, daß die Gefahrenschwelle nicht erreicht ist. Diese Definition ist abzulehnen, weil sie gleichzeitig Fälle der Risikovorsorge und des Restrisikos umfaßt. S. auch OVG Lüneburg v.21.4.1992, NVwZ 1992, 993 - Energieabstrahlung von 20 m entfernter Sendeanlage; BVerwG v.2.8.1994, NVwZ 1994, 1000 - Stromleitung.

b) Der Begriff des allgemeinen Lebensrisikos ist in Rechtsprechung und Rechtslehre ein bekannter Gedanke[141]; er wird hauptsächlich im Zivilrecht verwendet, hat aber auch im Öffentlichen Recht Eingang gefunden. Im zivilrechtlichen Schadensrecht findet er in Fällen Anwendung, in denen ein Schaden bereits eingetreten ist. Das allgemeine Lebensrisiko wird unterschiedlich definiert. *Grunsky* versteht darunter Gefahren, die nicht über das hinausgehen, was im täglichen Zusammenleben ohnehin unter Billigung der Rechtsordnung in Kauf genommen werden muß[142]. *Heinrichs* fragt danach, ob der Schaden im inneren Zusammenhang mit der vom Schädiger geschaffenen Gefahrenlage steht oder ob er zu dieser eine nur zufällige äußere Verbindung hat[143]. *Lange* definiert das allgemeine Lebensrisiko als ein Risiko, das mit unseren Formen des Zusammenlebens so allgemein verbunden ist, daß die Verwirklichung des Risikos auch dann nicht als Unfallfolge empfunden wird, wenn es sich aufgrund eines an sich zum Ersatz verpflichtenden Umstandes verwirklicht und mit ihm in adäquatem Kausalzusammenhang steht[144]. Dem ist ein weiteres Element hinzuzufügen: Das allgemeine Lebensrisiko beruht auf einem Zustand oder einer Handlung, die nicht dem Schädiger, sondern dem Geschädigten obliegt. Im Ergebnis trägt trotz Kausalität und einer gefahrverursachenden Handlung des Schädigers nicht der Schädiger, sondern der Geschädigte den Schaden, weil die Abwehr der Gefahr oder auch das Dulden des Risikos in den Bereich fällt, der mit den Worten des BGH[145] der *Selbstvorsorge* des Geschädigten unterliegt. Vom allgemeinen Lebensrisiko ist auch dann zu sprechen, wenn der Geschädigte den Schaden mitverursacht hat[146].

c) Sozial adäquat sind solche Handlungen, die sich völlig innerhalb des Rahmens der geschichtlich gewordenen sozialethischen Ordnung des Gemeinwesens bewegen und von ihr gestattet werden[147].

2. *Abgrenzung der verschiedenen Begriffe*

Lassen sich auch die Begriffe Restrisiko, allgemeines Lebensrisiko und soziale Adäquanz abgrenzen? Im Öffentlichen Recht setzt *Gusy* ausdrück-

---

[141] Vgl. schon *Wilburg*, Die Elemente des Schadensrechts, 1941, S. 40ff, 58; *v. Caemmerer*, Das Problem des Kausalzusammenhangs im Privatrecht, 1956; *Mädrich*, Das allgemeine Lebensrisiko, 1980.

[142] *Grunsky* in MünchKomm, vor § 249 Rdnr. 72.

[143] Palandt/*Heinrichs*, vor § 249 Rdnr. 88.

[144] *Lange*, Schadensersatz, § 3 X 4, S. 148f; ebenso *Deutsch*, Das „allgemeine Lebensrisiko" als negativer Zurechnungsgrund, VersR 1993, 1041, 1044, 1046.

[145] BGH v.7.6.1988, Z 104, 323, 328 - Mehrwegflasche II.

[146] Z.B. die Panikreaktion von hochsensiblen Zuchtschweinen infolge von Unfallgeräuschen, BGH v.2.7.1991, Z 115, 84 - Panikreaktion von Zuchtschweinen.

[147] Ebenso Enneccerus/*Nipperdey*, Lehrbuch des Bürgerlichen Rechts, Allgemeiner Teil, 15. Aufl., 1959, § 209 II; *Deutsch*, VersR 1993, 1041, 1043.

lich Restrisiko und allgemeines Lebensrisiko gleich, da er die Grenze zur Gefahr erst dann überschritten sieht, wenn der Bereich des allgemeinen Lebensrisikos verlassen wird. Gefahr ist nach seiner Meinung das nicht sozial adäquate Risiko[148]. Ähnlich definiert *Grunsky* das sozial Adäquate als Gefahr, die nicht über das hinausgehen, was im täglichen Zusammenleben ohnehin unter Billigung der Rechtsordnung in Kauf genommen werden muß[149].

Die Bereiche Restrisiko, allgemeines Lebensrisiko und soziale Adäquanz lassen sich jedoch voneinander abgrenzen. Restrisiko ist das nicht erkannte und das erkannte, aber nicht vermeidbare Risiko, welches hingenommen werden muß. Es handelt sich um Gefahren, die im Entscheidungszeitpunkt noch gar nicht erkennbar sind und deshalb auch nicht abgewehrt werden können[150]. So haftet der Hersteller grundsätzlich nicht für nicht erkennbare Gefahren, wie sog. Erkenntnisfehler[151]. Daneben hat der Geschädigte letztlich das erkannte Restrisiko, wie beispielsweise mit HIV infiziert zu werden, selbst zu tragen, wenn alle zumutbaren Maßnahmen, insbesondere Untersuchungen und Kontrollen bei Blutpräparaten, vorgenommen wurden[152]. Beim allgemeinen Lebensrisiko liegt zwar grundsätzlich ein haftungsbegründendes Tun des Schädigers vor[153]; nur wird ein Schadensersatz verneint und der Schaden bzw. ein vorhergehendes gefahrvermeidendes Tun der *Selbstvorsorge* des Geschädigten auferlegt. Das allgemeine Lebensrisiko ist damit ein eigenständiges Haftungsbegrenzungselement[154], nicht Element der Zurechnung[155], der Adäquanztheorie[156] oder der Schutzzwecklehre[157]. Als Fälle des allgemeinen Lebensrisikos werden zumindest die bewußt eingegangenen Risiken genannt: das Sich-Bewegen in der Natur, z.B. wildes Baden, soweit die damit verbundenen Risiken und Gefahren erkennbar sind[158]. Dazu zählt der BGH auch unvermeidbare Gefahren eines Produktes, die für den Verbraucher zum Allgemeinwissen gehören, z.B. die normalen Ermüdungserscheinungen des Materials[159]. Der genaue Bereich des allgemeinen Lebensrisikos wird im zweiten Teil der Arbeit unter § 8.II. untersucht. Die Risiken

---

[148] *Gusy*, Rdnr. 110; *Hansen-Dix*, S. 44; ähnlich *Lukes* in Lukes (Hrsg.), S. 17, 35.

[149] *Grunsky* in MünchKomm, vor § 249 Rdnr. 72.

[150] *Brandner*, Gefahrenerkennbarkeit und polizeirechtliche Verantwortlichkeit, S. 19; s. genauer unten § 8.I.2.a).

[151] Palandt/*Thomas*, § 823 Rdnr. 205. Hierzu und zu den Besonderheiten nach § 84 I 2 AMG, s. genauer unten § 8.I.2.a).

[152] BGH v.30.4.1991, Z 114, 284 - AIDS-Infizierung durch Blutkonserve.

[153] *Lange*, Schadensersatz, § 3 X 4, S. 148f; ausdrücklich *Deutsch*, VersR 1993, 1041, 1044.

[154] *Mädrich*, Das allgemeine Lebensrisiko, S. 96ff.

[155] *Medicus* in Staudinger, § 249 Rdnr. 94.

[156] *Larenz*, Schuldrecht I, § 27 III b 3.

[157] *Grunsky* in MünchKomm, vor § 249 Rdnr. 72ff.

[158] Zur Baggersee-Entscheidung s. aber genauer unten § 7.II.1.b); § 8.I.1.c). Auch die normale psychische Belastung beim Schockschaden wird zum allgemeinen Lebensrisiko gezählt, s. bereits oben § 1.II.2.b); *Deutsch*, VersR 1993, 1041, 1045.

[159] Z.B. von Glas, BGH v.7.6.1988, Z 104, 323, 328 - Mehrwegflasche IIa.

oder Gefahren sozial adäquater Handlungen sind zwar bekannt, aber als rechtlich unerheblich hinzunehmen. Es wurde in § 1 gezeigt, daß Gesundheitsbeeinträchtigungen nur als Störung innerer Vorgänge oder als wesentliche Beeinträchtigungen des Wohlbefindens geschützt sind. Damit sind unwesentliche Beeinträchtigungen des Wohlbefindens, wie sie insbesondere bei Lärm- und Geruchsimmissionen tagtäglich vorkommen, sozial adäquat und deshalb nicht abwehrbar[160]. Dasselbe gilt für Summationsschäden, wie bei Emissionen, die durch den Kraftverkehr entstehen und die keinem Schädiger individuell zugerechnet werden können. Eine kurze Zusammenfassung der einzelnen Kriterien der Gefahr und die Abgrenzungen im Dreistufenmodell aus Gefahrabwehr, Risikovorsorge und Restrisiko bietet die folgende Graphik 2.

160 S. ausführlich oben § 1.III.1.a) und 3.c). Ebenso *Deutsch*, VersR 1993, 1041, 1046.

Graphik 2

Das Dreistufenmodell aus Gefahrabwehr, Risikovorsorge und Restrisiko[161]

	Das Dreistufenmodell als Ausdruck der Verhältnismäßigkeit		
	Gefahrabwehr	*Risikovorsorge*	*Restrisiko*
Gefahr und Risiko als System von Variablen	1. Rang des Rechtsgutes	Rang des Rechtsgutes oder Verzicht auf Rechtsgut (Schutzgut ist Umwelt/Tier)	
	2. Rang des Eingriffsgutes		
	3. Schadensausmaß beim Rechts- und Eingriffsgut	*Vorsorge*: Handeln unterhalb der Schadensschwelle	
	4. Eintrittswahrscheinlichkeit	*Risiko*: Reduzierung der Eintrittswahrscheinlichkeit	
	5. zeitliche Nähe		
Entscheidungsgrundlage	1. gewichtete Summe X der Kriterien (1 - 5) = *Gefahr*	1. Kriterien (1 - 5) müssen nicht alle vorliegen = *Risikovorsorge*	
	2. *Prognose* beruhend auf Erfahrungssätzen oder gesicherten Erkenntnissen oder		
	3. *Gefahrverdacht*: Erfahrungssätze, aber ungesicherter Sachverhalt oder nur begründeter Verdacht, daß eine Rechtsgutsverletzung wahrscheinlich ist	3. *Gefährlichkeitsverdacht:* Anhaltspunkte oder begründeter Verdacht bezogen auf Tier oder Umwelt (nicht auf Rechtsgut)	keine Anhaltspunkte; kein begründeter Verdacht; oder nicht abwehrfähig
Rechtsgrundlage	Im Öffentlichen Recht: Polizeiliche Generalklausel; umfassender Rechtsschutz Gefahrverdacht: vorab Sachverhaltsaufklärung	Im Öffentlichen Umweltrecht: nur ausnahmsweise individualschützend Schutz über BImschG, ChemG, AMG	kein Rechtsschutz
	Im Zivilrecht: - § 823 I, II BGB - vertragliche Sekundäransprüche, § 554 BGB	Im Zivilrecht: - § 823 II i.V.m. Schutzgesetzen, Verkehrspflichten gem. § 823 I BGB - arbeitsrechtliche Pflichten	

[161] Maßnahmen der Gefahrabwehr verlangen eine *Gefahr*, die nach den Kriterien Schutzgut, Eingriffsgut, Schadensausmaß für das Rechts- und Eingriffsgut, Wahrscheinlichkeit und zeitliche Nähe bestimmt wird. Die Kriterien werden in Verhältnis gesetzt und gewichtet, so daß die Summe dieser verschiedenen Kriterien entscheidet, ob eine Gefahr vorliegt, s. im Text § 2.I.2.b), S. 59. Entscheidungsgrundlage ist eine *Prognose*, die auf Erfahrungssätzen oder gesicherten wissenschaftlichen Erkenntnissen basiert. Erkenntnisdefizite bei der Beurteilung des Sachverhaltes definieren den *Gefahrverdacht*.

IV. Dogmatische Begründung des Dreistufenmodells

Das flexible System der Gefahr- oder Schadensabwehr wird in vielen Entscheidungen vorausgesetzt, ohne daß es dogmatisch begründet wird[162]. Dasselbe gilt für das Dreistufenmodell bestehend aus Gefahrabwehr, Risikovorsorge und Restrisiko. Es wird zum Teil in der Literatur stark angegriffen[163]. Die Abgrenzung der drei Bereiche sei fließend[164]. Im folgenden läßt sich nachweisen, daß sowohl die Summe der Kriterien zur Bejahung einer Gefahr als auch das Dreistufenmodell[165] jeweils den Grundsätzen der Verhältnismäßigkeit folgen.

Das BVerfG hat in dem Beschluß zum Kernkraftwerk Kalkar festgehalten, daß angesichts von Art und Schwere der Folgen eines radioaktiven Unfalls für die Rechtsgüter einer Vielzahl von Menschen bereits eine sehr geringe Wahrscheinlichkeit ausreichen muß, um eine Schutzpflicht des Gesetzgebers auszulösen, wie sie in Art. 1 I 2 GG zum Ausdruck kommt. Die Verpflichtung des Staates, die Würde des Menschen zu achten, kann es gebieten, rechtliche Regelungen so auszugestalten, daß die Gefahr von Grundrechtsverletzungen eingedämmt bleibt[166]. Im Öffentlichen Recht ist anerkannt, daß eine nicht unerhebliche Gefährdung der Gesundheit einem Eingriff in die Gesundheit gleichgesetzt werden kann[167]. Daß in bestimmten Fällen die

---

Die *Risikovorsorge* unterscheidet sich von der Gefahrabwehr dadurch, daß sie die Anforderung an einige der genannten fünf Kriterien reduziert oder sogar ganz auf sie verzichtet. Bei der *Vorsorge* werden bereits unterhalb der Schadensschwelle Maßnahmen vorgenommen. Ist der Schadenseintritt nicht wahrscheinlich, sondern nur möglich oder sogar unwahrscheinlich, spricht man von *Risiko*. Der *Gefährlichkeitsverdacht* verzichtet auf den Schadenseintritt beim Menschen und damit auf den Nachweis der Kausalität. Der wissenschaftlich begründete Verdacht oder die Anhaltspunkte beziehen sich nur auf die Gefährlichkeit des Produktes oder die Emission, nicht aber auf die Rechtsgutsverletzung.

Gefahrabwehr und Risikovorsorge finden ihre Grenze im *Restrisiko*, dem allgemeinen Lebensrisiko und der sozialen Adäquanz. Restrisiken sind z.B. unbehebbare Ungewißheiten.

162 Zur Kritik auch *Nell*, Wahrscheinlichkeitsurteile in juristischen Entscheidungen, 1983.

163 *Ladeur*, Alternativen zum Konzept der „Grenzwerte" im Umweltrecht - Zur Evolution des Verhältnisses von Norm und Wissen im Polizeirecht und Umweltplanungsrecht in Winter (Hrsg.), Grenzwerte, S. 263, 274ff; *Di Fabio*, Risikoentscheidungen im Rechtsstaat, S. 71ff, 85; *Scherzberg*, Risiko als Rechtsproblem, Ein neues Paradigma für das technische Sicherheitsrecht, VerwArch 1993, 484, 496ff. Die Kritik an der Entscheidungsfindung und am Verfahren wird an anderer Stelle aufgenommen, s. unten § 5.II., S. 153, § 6.III.1., § 8.I.2.a) und I.4.b).

164 *Breuer*, NVwZ 1990, 211, 213.

165 Für die Dreiteilung auch die h.M., s. nur Drews/Wacke/*Vogel/Martens*, Gefahrenabwehr, 9.Aufl., 1985, S. 223; *Gethmann/Kloepfer*, Handeln unter Risiko im Umweltstaat, 1993, S. 64ff.

166 BVerfG v.8.8.1978, E 49, 89, 142 - Kernkraftwerk Kalkar. Zur Schutzpflicht des Staates s. auch § 5.I.2.

167 BVerfG v.8.8.1978, E 49, 89, 141f - Kernkraftwerk Kalkar; BVerfG v.19.6.1979, E 51, 324, 346f – Verhandlungsfähigkeit eines erkrankten Angeklagten; BVerfG v.20.12.1979, E 53, 30, 57 - Kernkraftwerk Mülheim-Kärlich; BVerwG v.26.6.1970, NJW 1970, 1890, 1892 - Öltank im Wasserschutzgebiet; s. auch *Hermes*, S. 227f; *Seewald*, Die Bedeutung der Gesund-

Gefahr bejaht werden kann, selbst wenn die Wahrscheinlichkeit einer Rechtsgutsverletzung gering ist, läßt sich aus der Verfassung, genauer aus dem Recht auf körperliche Unversehrtheit gem. Art. 2 II GG ableiten[168]. Auch beim Gefahrenverdacht, bei dem der Kausalverlauf zumindest wissenschaftlich begründet werden kann und nur Unsicherheiten bei der Sachverhaltsaufklärung bestehen, gehen Maßnahmen der Gefahrerforschung – wie das BVerwG formuliert – nicht über das hinaus, was jeder verantwortungsbewußte Eigentümer seuchenverdächtiger Gegenstände von sich aus zur Vermeidung einer Gefährdung oder Schädigung anderer veranlassen würde oder müßte[169]. Die Vergangenheit hat gezeigt, daß die Gefahrabwehr wegen des begrenzten menschlichen Wissensstandes oft zu spät kommt[170]. Effektiver Umwelt- und Gesundheitsschutz umfaßt deshalb zwingend den Bereich der Vorsorge. Folglich hat das BVerfG in dem Kalkar-Beschluß für das Atomrecht den Grundsatz der bestmöglichen Risikovorsorge aufgestellt. Danach muß es – unabhängig von dem beschränkten menschlichen Erfahrungswissen – praktisch ausgeschlossen sein, daß ein Schaden eintritt[171]. Um dies sicherzustellen, sind die neuesten wissenschaftlichen Erkenntnisse anzuwenden[172]. Ein dynamischer Grundrechtsschutz wird nur gewährleistet, wenn die Schutzpflicht dem jeweils neuesten Stand im Sinne einer sicherheitstechnischen Optimierung angepaßt wird[173]. Nur auf diese Weise können der Mensch und die Umwelt vor Umweltbeeinträchtigungen geschützt werden, so wie dies in den zahlreichen Gesetzen zum Ausdruck kommt[174]. Die Schutzpflicht des Art. 2 II GG verpflichtet zur Vorsorge, weil nicht gewartet werden kann, bis „Erfahrungssätze" belegen, daß z.B. ein bestimmtes Arzneimittel tödlich wirkt[175]. Das Restrisiko wird dagegen nicht mehr von Art. 2 II GG geschützt[176]. Ein Schadenseintritt ist zwar theoretisch noch denkbar[177]. Nicht behebbare Ungewißheiten jenseits „der Schwelle prakti-

---

heit im Umweltrecht, NuR 1988, S. 161, 165; Drews/Wacke/*Vogel/Martens*, S. 224f; *Kloepfer*, Umweltrecht, § 8 Rdnr. 15ff.

[168] Weil ein Sturz in einem Aufzug tödliche Folgen haben kann, muß z.B. eine solche Gefahr trotz statistisch geringer Unfallhäufigkeit bei Fahrstühlen ohne Fahrkorbtüren abgewehrt werden, BVerwG v.12.7.1973, DVBl 1973, 857, 858 - Fahrstuhl.

[169] BVerwG v.16.12.1971, E 39, 190, 194 - Salmonellen.

[170] *A. Reich*, Gefahr, Risiko, Restrisiko, S. 29, 127; *Ossenbühl*, NVwZ 1986, 161ff und oben Fn. 41f.

[171] BVerfG v.8.8.1978, E 49, 89, 143 - Kernkraftwerk Kalkar.

[172] BVerfG v.8.8.1978, E 49, 89, 136 - Kernkraftwerk Kalkar.

[173] BVerfG v.8.8.1978, E 49, 89, 139, 143 - Kernkraftwerk Kalkar; *Breuer*, NVwZ 1990, 211, 217. Zur Schutzpflicht des Staates s. unten § 5.I.2.

[174] S. z.B. § 1 Nr. 2 AtomG; § 1 StrVG; § 1 BImSchG; § 1 ChemG; § 1 GefStV; BVerwG v.19.12.1985, E 72, 300 - Kernkraftwerk Wyhl.

[175] *Breuer*, NVwZ 1990, 211, 220.

[176] BVerfG v.8.8.1978, E 49, 89, 136, 143 - Kernkraftwerk Kalkar.

[177] BVerfG v.8.8.1978, E 49, 89, 136, 143 - Kernkraftwerk Kalkar; auch § 2 VI 1 UGB-E (in *Kloepfer/Rehbinder/Schmidt-Aßmann*, Umweltgesetzbuch, AT) verneint das Umweltrisiko, wenn es aufgrund praktischer Vernunft ausgeschlossen erscheint.

scher Vernunft"[178] und erkannte, allerdings statistisch extrem unwahrscheinliche Risiken sind jedoch in der technischen Zivilisation als Ausdruck der Situationsgebundenheit der Grundrechte hinzunehmen[179].

Bei Lichte betrachtet liegt der Dreigliederung Gefahrabwehr, Risikovorsorge (bestehend aus Risiko, Gefährlichkeitsverdacht, Vorsorge) und Restrisiko der Grundsatz der Verhältnismäßigkeit zugrunde. So ist die Gefahrabwehr als System von Variablen, das bei höherrangigen Rechtsgütern Maßnahmen auch bei geringerer Eintrittswahrscheinlichkeit erlaubt, genauso am Grundsatz der Verhältnismäßigkeit orientiert wie der Gefahrverdacht, der nur Gefahrerforschungseingriffe erlaubt. Auch die Risikovorsorge ist am Grundsatz der Verhältnismäßigkeit auszurichten[180], denn angesichts der einschneidenden Eingriffsmöglichkeiten und im Hinblick auf das hohe Irrtumsrisiko dürfen weder Gesetzgeber noch Verwaltung und Rechtsprechung in beliebigem Umfang Risikotatbestände schaffen, um der Ungewißheitsproblematik zu entgehen[181]. Schließlich ist das vom einzelnen hinzunehmende Restrisiko Ausdruck des Verhältnismäßigkeitsgrundsatzes, weil ein völliger Risikoausschluß, d.h. absolute Sicherheit, in einer hochindustrialisierten Welt nicht realisierbar[182] ist. Es gibt kein Grundrecht auf Ausschaltung jeglichen Risikos[183].

Zwischenergebnis zu § 2: Das Dreistufenmodell aus Gefahrabwehr, Risikovorsorge und Restrisiko

1. Eine Gefahrabwehr verlangt erkennbare Anhaltspunkte, daß mit hinreichender Wahrscheinlichkeit eine Sachlage oder ein Verhalten bei ungehindertem Ablauf zu einer Rechtsgutsverletzung führen wird.

2. Maßnahmen einer Gefahrabwehr verlangen eine Gefahr, die nach den Kriterien Schutzgut, Eingriffsgut, Schadensausmaß für das Rechts- und Eingriffsgut, Wahrscheinlichkeit und zeitliche Nähe bestimmt wird. Die

[178] BVerfG v.8.8.1978, E 49, 89, 138ff, 142f - Kernkraftwerk Kalkar; BVerfG v.20.12.1979, E 53, 30, 59 - Kernkraftwerk Mülheim-Kärlich; zustimmend z.B. *Breuer*, NVwZ 1990, 211, 213; *G. Wagner*, Öffentlich-rechtliche Genehmigung und zivilrechtliche Rechtswidrigkeit, 1989, S. 184.

[179] *H. Wagner*, NJW 1980, 665, 669; *Degenhart*, Kernenergierecht, 1982, S. 149, 199; *Kloepfer*, Umweltrecht, § 8 Rdnr. 16.

[180] VGH Mannheim DVBl 1976, 538 - Atomrechtlicher Teilgenehmigungsbescheid; *Lukes* in Lukes (Hrsg.), S. 17, 35; *Papier*, Anmerkung zu OVG Berlin v.17.7.1978 - Kraftwerk Lichterfelde, DVBl 1979, 162, 163; *H. Wagner*, NJW 1980, 665, 670; *Kloepfer*, Umweltrecht, § 3 Rdnr. 17; *Sellner*, Zum Vorsorgegrundsatz im Bundes-Immissionsschutzgesetz, NJW 1980, 1255, 1259.

[181] *Berg*, Die verwaltungsrechtliche Entscheidung bei ungewissem Sachverhalt, 1980, S. 138.

[182] *Roßnagel*, UPR 1986, 46, 47; *Kloepfer*, Umweltrecht, § 2 Rdnr. 17.

[183] *H. Wagner*, NJW 1980, 665, 669. Eine solche Vorsorge wäre eine Vorsorge „ins Blaue hinein", die sich rechtlich nicht legitimieren läßt, *Ossenbühl*, NVwZ 1986, 161, 164.

Kriterien werden in einem zweiten Schritt in Verhältnis gesetzt und gewichtet, so daß die Summe dieser verschiedenen Kriterien entscheidet, ob eine Gefahr vorliegt. Entscheidungsgrundlage ist eine Prognose, die auf Erfahrungssätzen oder gesicherten wissenschaftlichen Erkenntnissen basiert.

3. Erkenntnisdefizite bei der Beurteilung des Sachverhaltes definieren den Gefahrverdacht. Es bestehen zwar Erfahrungssätze oder zumindest ein wissenschaftlich begründeter Verdacht, daß eine bestimmte Situation abstrakt zu einer Rechtsgutsverletzung führen kann. In der konkreten Situation fehlen jedoch Anhaltspunkte, um zu beurteilen, ob im vorliegenden Einzelfall eine Gefahr vorliegt. Zulässig sind Gefahrerforschungseingriffe, um den Sachverhalt in dieser Hinsicht weiter aufzuklären.

4. Die Risikovorsorge unterscheidet sich von der Gefahrabwehr dadurch, daß sie die Anforderung an einige der genannten fünf Kriterien reduziert oder sogar ganz auf sie verzichtet. Ist der Schadenseintritt nicht wahrscheinlich, sondern nur möglich oder sogar unwahrscheinlich, spricht man von Risiko. Der Gefährlichkeitsverdacht verzichtet auf den Schadenseintritt beim Menschen und damit auf den Nachweis der Kausalität. Der wissenschaftlich begründete Verdacht bzw. die Anhaltspunkte beziehen sich nur auf die Gefährlichkeit des Produktes oder der Emission, nicht aber auf die Rechtsgutsverletzung. Bei der Vorsorge werden bereits unterhalb der Schadensschwelle Maßnahmen vorgenommen.

5. Im Öffentlichen Recht dürfen die Behörden die Gefahr regelmäßig abwehren. Vorsorgetatbestände sind dagegen nur ausnahmsweise nachbarschützend.

6. Auch im Zivilrecht gibt es die Unterscheidung zwischen Gefahr, konkreter und abstrakter Gefahr sowie Gefahrverdacht. Jüngere Entscheidungen zeigen, daß auch im Zivilrecht über Sachverhalte, bei denen nur von einem Gefährlichkeitsverdacht gesprochen werden kann, bestimmte Verhaltenspflichten bestehen können. Unklar bleibt, inwieweit auch im Vorsorgebereich Rechtsschutz stattfindet.

7. Gefahrabwehr und Risikovorsorge finden ihre Grenze im Restrisiko, dem allgemeinen Lebensrisiko und der sozialen Adäquanz. Restrisiken sind z.B. unbehebbare Ungewißheiten. Das allgemeine Lebensrisiko verwirklicht sich beim Geschädigten, wenn die unterlassene Handlung oder der eingetretene Schaden der Selbstvorsorge oder dem Verantwortungsbereich des Geschädigten zuzurechnen ist. Sozial adäquat sind Handlungen, die sich innerhalb der sozialethischen Ordnung des Gemeinwesens bewegen.

8. Das Recht auf körperliche Unversehrtheit gem. Art. 2 II 1 GG verlangt effektive Gefahrabwehr und Risikovorsorge. Die Situationsgebundenheit der Grundrechte führt dazu, daß das Restrisiko hinzunehmen ist. Die Gefahr und das Dreistufenmodell aus Gefahrabwehr, Risikovorsorge und Restrisiko sind Ausdruck des Verhältnismäßigkeitsgrundsatzes.

§ 3 Das Informationsdreieck: Unternehmen – Verbraucher – Behörde

I. Allgemeine Unterscheidungskriterien für Informationen

Nachdem in den ersten beiden Kapiteln die Rechtsgüter und der Bereich von Gefahr und Risikovorsorge, also eine bestimmte Gefährdungslage, definiert wurden, soll in diesem Paragraphen das Informationsdreieck eingeführt werden, um es dann im zweiten Teil der Arbeit (§§ 6–9) näher in seinen rechtlichen Konsequenzen zu beschreiben. Verkehrspflichten können eine Frage der ausreichenden Information sein. Eine Verletzung von Verkehrspflichten sowie Fehler im Sinne des Produkthaftungsrechtes sind oft deshalb zu bejahen, weil Informationen unzureichend ermittelt oder weitergegeben wurden[1]. Die verschiedenen Informationspflichten werden in der Rechtsprechung ganz unterschiedlich bezeichnet. Zum Teil wird von Mitteilungs-, Instruktions-, Belehrungs-, Warn- oder Hinweispflichten gesprochen. Dabei handelt es sich mehr um ein Phänomen sprachlicher Kreativität als um eine eindeutige Präzisierung des Pflichteninhalts[2]. Um die Begriffe möglichst „greifbar" zu machen, soll in § 3 eine Präzisierung der Informationspflichten und -ansprüche vorgenommen werden[3].

1. Die Information

Information ist eine Aussage über Sachverhalte[4]. Der Begriff „Information" ist dabei wertneutraler als der Begriff „Wissen", der das Bewußte, Erkannte, mehr in den Vordergrund stellt[5], während die Information auch das Nichtwissen oder Teilwissen umfaßt. Der Begriff „Aufklärungspflicht" wird hauptsächlich für (vor-)vertragliche Informationspflichten verwendet[6]. Dagegen wird er bei den deliktischen Informationspflichten, die gem. § 823 I

---

[1] S. hierzu bereits Einl. Fn. 50.

[2] *Winkler v. Mohrenfels*, Abgeleitete Informationspflichten im deutschen Zivilrecht, 1986, S. 23.

[3] »Begriff« kommt von »greifen«, *Duden*, Etymologie der deutschen Sprache, 1989, zu »greifen«.

[4] *Gusy*, Polizeirecht, Rdnr. 180.

[5] *Duden*, Etymologie der deutschen Sprache, 1989, zu »wissen«.

[6] *Breidenbach*, Die Voraussetzungen von Informationspflichten bei Vertragsschluß, 1989, S. 4.

BGB allein dem Schutz der Rechtsgüter Leib, Leben, Körper, Gesundheit und des Eigentumsrechts dienen, weitgehend gemieden und nur bei der therapeutischen und bei der Selbstbestimmungsaufklärung im Arztrecht und bei der Öffentlichkeitsaufklärung im Öffentlichen Recht benutzt.

a) Eigeninformation und Informationstransfer

Im folgenden werden nur Informationen zum Schutze der persönlichen Rechtsgüter und der Umwelt untersucht. Hier kann zwischen Eigeninformationspflichten und Informationspflichten zugunsten Dritter, dem Informationstransfer, getrennt werden. Bei der *Eigeninformation* dient die Information unmittelbar dem Informationssuchenden. Dieser Informationsvorgang läßt sich weiter aufgliedern. Zuerst ist der Sachverhalt zu ermitteln, in einer zweiten Stufe ist er auszuwerten, und auf einer dritten Stufe ist eine Entscheidung als Folge der Auswertung zu treffen. Danach bestehen bestimmte Kontrollpflichten. Auf einer anderen Ebene stellt sich zudem die Frage, ob diese Informationsermittlung zu sichern und zu dokumentieren ist[7]. Bei dem *Informationstransfer* wird die Information an einen Dritten weitergegeben, z.B. wenn eine neutrale Stelle einen bestimmten Sachverhalt prüft. Das wird hauptsächlich dann der Fall sein, wenn eine Seite über einen Informationsvorsprung verfügt, während die andere Seite unter einem Informationsdefizit leidet[8]. Wie bei der Eigeninformation kann man auch hier aufgliedern und nur die Ermittlungsergebnisse oder auch die Auswertung dieser Ermittlungen oder sogar das Ergebnis der aus dieser Auswertung erfolgten Entscheidung an den Dritten weitergeben.

b) Der maßgebliche Zeitpunkt

Auch der Zeitpunkt kann für die Informationspflicht entscheidend sein. Es lassen sich drei Zeiträume unterscheiden: vor, bei und nach der Gefahreröffnung. Vor der Gefahreröffnung bestehen in der Regel nur Eigeninformationspflichten. Bei der Gefahreröffnung können Informationsweitergabepflichten bestehen, wenn die Gefahr nicht bereits durch den Gefahrverursacher vermieden wird. Nach der Gefahreröffnung[9] sind zwar grundsätzlich die gleichen Informationspflichten wie vor Gefahreröffnung einzuhalten. Es können aber die Anforderungen an den Informationstransfer steigen, damit sie vom Verbraucher überhaupt wahrgenommen wird[10].

---

[7] S. sogleich § 3.III.2.

[8] Ausführlich unten § 9.IV.

[9] Zum Begriff der Gefahr s. oben § 2.I.

[10] Für die Warnung s. sogleich unten § 3.IV.1. und § 8.V.

c) Informationsanspruch und Informationspflicht

Rechtssätze sind in hypothetische Sollenssätze gekleidete Imperative[11]. Es bestehen sowohl Ansprüche auf den Empfang bestimmter Informationen als auch Pflichten zur Weitergabe von Informationen, insbesondere Aufklärungs-, Mitteilungs-, Instruktions- oder Warnpflichten. Ein Recht ist ein unmittelbar durchsetzbarer *Anspruch*; der Informationssuchende kann eine Information beim Inhaber der Information abfragen. Das sind Ansprüche auf Auskunft oder Akteneinsicht, wie sie jetzt beispielsweise § 4 UIG dem Bürger gegenüber dem Staat gewährt. Im Zivilrecht besteht z.B. das Einsichtsrecht des Patienten in die Krankenunterlagen, die der Arzt erstellt hat[12]. Informationsansprüche sind relativ selten. Im folgenden werden vorrangig die *Informationspflichten* untersucht. Auf das Verhältnis von Informationspflicht und -anspruch wird in § 9 eingegangen[13]. Eine *Pflicht* ist eine Anforderung an einen einzelnen, ein Unternehmen oder eine Behörde, sich in bestimmter Weise zu verhalten. Hier geht es um die Pflichten, entweder eine Information zu erheben, also einen Sachverhalt zu erforschen, Konsequenzen aus der erlangten Information zu ziehen und gegebenenfalls diese Information an einen Dritten weiterzugeben[14]. Die Verletzung dieser Pflichten führt zu verschiedenen Rechtsfolgen, sie kann z.B. einen zivilrechtlichen Sekundäranspruch, wie einen Anspruch auf Schadensersatz, begründen oder zur Beweislastumkehr führen. Im Öffentlichen Recht oder im Strafrecht kann die Pflichtverletzung beispielsweise als Ordnungswidrigkeit mit einem Bußgeld bewehrt sein.

2. Der Personenkreis

Zwischen den einzelnen Informationspflichten kann erst dann deutlich getrennt werden, wenn vorab das Verhältnis zwischen Unternehmen – Behörde – Verbraucher näher aufgezeigt wurde. Dazu ist zwischen den einzelnen Beteiligten (dem Gefahrverursacher und dem Gefährdeten) deutlich zu unterscheiden.

---

[11] *Thon*, Rechtsnorm und subjektives Recht, 1878, S. 3; *von Ihering*, Der Zweck im Recht, Bd. I, 1878, Kap. VIII, 1. Abs. Zu *Thons* Imperativentheorie s. nur *Engisch*, Einführung in das juristische Denken, 7. Aufl., 1977, S. 22ff; *Fikentscher*, Methoden des Rechts, Bd. IV, 1977, S. 156ff; s. aber *Larenz*, Methodenlehre der Rechtswissenschaft, 6. Aufl., 1991, S. 253ff jeweils m.w.Nachw.

[12] S. genauer unten § 9.IV.3.c).

[13] Ausführlich unter § 9.IV.

[14] Eine solche Unterscheidung in Informationsanspruch und Informationspflicht erscheint sinnvoller, als den Informationsanspruch des Verbrauchers als passive Informationspflicht der Behörde oder des Unternehmens zu bezeichnen, so aber *v. Schwanenflügel*, DVBl 1991, 93, 96; *Fluck*, Freier Zugang zu Umweltinformationen aus der Sicht der Industrie, UTR 1993, 25, 28f.

a) Der Gefahrverursacher

In der Regel ist der Unternehmer als Hersteller oder aber als Anlagenbetreiber der Informationsverpflichtete. Im Arztrecht muß regelmäßig der Arzt die Informationen geben. Aber auch der Staat und der Verbraucher können selbst zur Informationserhebung verpflichtet sein. Verursacht der Verpflichtete einen Schaden, ist er der Schädiger; vor Eintritt eines Schadens ist er der Verursacher einer Gefahr oder einer Gefährdung. Der Begriff kann also auch für denjenigen verwendet werden, bei dem nicht sicher ist, ob er den Schaden verursacht hat, bei dem also die haftungsbegründende Kausalität zwischen Pflichtverletzung und Rechtsgutsverletzung zweifelhaft ist[15]. Eine gewisse Rolle spielt der Personenkreis, der das Produkt nicht herstellt, aber mit ihm handelt, wie der (Zwischen-)Händler. Auch das Krankenhaus und der Apotheker nehmen eine Sonderrolle ein. Hier wird zu prüfen sein, inwieweit auch diese Berufsstände Informationspflichten treffen[16]. Teilweise sind diese Pflichten nicht nur gesetzlich festgelegt, sondern auch institutionalisiert. Der Verpflichtete muß sich in bestimmten Fällen eines *Beauftragten* bedienen. So gibt es im Arzneimittelrecht einen Stufenplanbeauftragten und einen Informationsbeauftragten, die dafür verantwortlich sind, daß Informationen ermittelt werden. Zu prüfen bleibt, inwieweit die Unternehmensleitung, der Beauftragte oder der konkret Handelnde zum Informationstransfer verpflichtet sind und persönlich haftbar gemacht werden können[17].

b) Der Gefährdete und sein Informationsdefizit

Häufig verfügt eine Privatperson nicht über ausreichende Informationen, um sich zu schützen; sie hat ein Informationsdefizit. Der Gefährdete wird, sobald ein Schaden eintritt, zum Geschädigten. Die Privatperson ist zivilrechtlich meist der Verbraucher, im Umweltrecht oft der Nachbar. Im Arzt- und Arzneimittelrecht wird er zum Patienten, wobei auch hier der Begriff „Verbraucher" verwendet wird[18]. Im Arbeitsrecht wird er zum Arbeitnehmer. Im Verhältnis zum Staat wird der Verbraucher zum Bürger[19]. In gewissen Fällen kann auch das Unternehmen oder die Behörde auf den Empfang von Informationen angewiesen sein[20].

---

[15] Zu diesen Fällen s. § 4.I. und § 5.III. Im Strafrecht spricht man allgemein vom Täter, *Roxin*, Strafrecht, Allgemeiner Teil, Bd.1, § 6 Rdnr. 1ff; Dreher/*Tröndle*, vor § 25 Rdnr. 1aff.

[16] S. genauer unten § 5.IV.2.

[17] Eingehend unter § 6.IV.

[18] Zum Begriff s. §§ 36, 39c, 48, 55, 78, 84 AMG und *Storz*, Der Verbraucher und der richtige Umgang mit Gesundheit und Arzneimitteln, PharmInd 1989, 137ff; *Kullmann/Pfister*, Kza. 3800, 12.

[19] Im Strafrecht zum Opfer s. §§ 66 I Nr. 3, 177 III, 178 III, 179 I, 239a I StGB; zum Begriff Opfer für das Öffentliche Recht auch *Isensee* in HdbStR V, § 111 Rdnr. 154, 111.

[20] So stehen dem Unternehmen Informationsansprüche gem. § 10 I UHG zu.

c) Der Kontrollierende

Für die meisten der zu untersuchenden Rechtsgebiete besteht ein administratives Sicherheitsrecht, etwa das Arzneimittel-, Chemikalien- und Immissionsschutzrecht. Oft kontrolliert die Behörde die erstmalige Zulassung; nach der erteilten Zulassung überwacht sie mittels Marktkontrolle den Hersteller oder Emittenten. Neben diesen Aufsichtsbehörden[21] üben Bundesoberbehörden, wie das Umweltbundesamt, oder einzelne Institute[22] Kontrollaufgaben aus. Nicht nur der Staat, sondern auch private Dritte können ein Produkt zulassen oder überwachen. Bekannt sind die Technischen Überwachungsvereine (TÜV), die durch eine Vielzahl von Gemeinschaftsrichtlinien eine Fülle neuer Aufgaben bekommen haben. Im Gemeinschaftsrecht spricht man von zugelassener Prüfstelle[23].

II. Der Zweck von Informationserhebung und Informationstransfer

1. Gefahrermittlung und Gefahrvermeidung durch den Gefahrverursacher

Informationen dienen sowohl der Gefahrvermeidung durch den Gefahrverursacher als auch der Gefahrabwehr durch den Gefährdeten[24]. Zuvor muß der Sachverhalt erhoben werden. Die genaue Erforschung des Gefährdungspotentials – das wurde für den Gefahrentatbestand ausgeführt[25] – ist immer der erste unabdingbare Schritt, um einer Gefährdungslage mit den richtigen Mitteln zu begegnen. Liegen dann die erforderlichen Informationen vor, ist zu prüfen, ob die Gefahr vermieden werden muß. Es wird in § 5 und in § 7 zu zeigen sein, daß das Unternehmen primär zur *Gefahrvermeidung* verpflichtet ist, damit beispielsweise durch bestimmte konstruktive Maßnahmen eine Gefahr erst gar nicht entsteht. Subsidiär erfolgt die Gefahrabwehr durch den Gefährdeten.

---

[21] Behörde ist die für den konkreten Sachverhalt zuständige Amtsstelle.

[22] Das Bundesgesundheitsamt wurde aufgelöst. Das Bundesinstitut für Arzneimittel und Medizinprodukte (BfrAM) ist zuständig für die Zulassung von Arzneimitteln, soweit nicht das Paul-Ehrlich-Institut gem. § 77 AMG für Blutprodukte zuständig ist. Das Robert-Koch-Institut (RKI) ist zuständig für infektiöse und nicht übertragbare Krankheiten sowie für Gentechnik und Epidemiologie, das Bundesinstitut für gesundheitlichen Verbraucherschutz und Veterinärmedizin für Lebensmittel- und Veterinärangelegenheiten, Gesundheitseinrichtungen-Neuordnungs-Gesetz (GNG) v.24.6.1994, BGBl I 1416. S. auch Anh. A.III.1.

[23] S. unten § 6.II.3. und § 9.II.

[24] Zum Begriff der Gefahrabwehr s. oben § 2.I.

[25] S. oben § 2.I.2.a).

2. *Gefahrabwehr und Selbstbestimmung des Gefährdeten durch Informationstransfer*

Es gibt Fälle, in denen die Gefahrvermeidung durch den Gefahrverursacher nicht möglich ist, etwa bei Arzneimitteln, die wegen einer bestimmten erwünschten Wirksamkeit eingenommen und deren Nebenwirkungen dabei zwangsläufig in Kauf genommen werden, oder bei Produkten, die nur bei einem bestimmungswidrigen Gebrauch gefährlich sind. Das Unternehmen ist dann verpflichtet, dem Verbraucher Informationen an die Hand zu geben, ihn etwa über die richtige Verwendung zu instruieren und ihn zu einem sorgsamen Umgang mit (potentiellen) Gefahren zu veranlassen. Von einer *Gefahrabwehr durch den Gefährdeten* wird also gesprochen, wenn eine Gefahr oder ein Gefährlichkeitsverdacht existiert und der Gefährdete ihnen durch Einhaltung von Verhaltensregeln ausweichen kann. Im Unterschied zur Gefahrvermeidung durch den Gefahrverursacher wird die Gefahr also nicht bereits im Vorfeld vermieden, sondern der Gefährdete mit der Gefahr konfrontiert. Erst entsprechende Verhaltensmaßnahmen des Verbrauchers verhindern die Rechtsgutsverletzung. Bedienungsanleitungen und Warnhinweise wollen den Verbraucher veranlassen, bestimmte Gefahren abzuwehren.

Weitergehend sind Informationen auch dann notwendig, wenn der Gefahr nicht ausgewichen werden kann und sich der Betroffene *entscheiden* muß, ob er sich einer bestimmten Gefahr oder einem bestimmten Risiko aussetzen will. So dient die Selbstbestimmungsaufklärung im Arztrecht dazu, daß der Patient selbstbestimmend entscheiden kann, ob er das Behandlungsrisiko gegen das Krankheitsrisiko tauscht. Zu fragen bleibt, inwieweit das Selbstbestimmungsrecht des Verbrauchers auch in anderen Rechtsgebieten tangiert sein kann. Weil dies nur zum Teil möglich ist, wird der Begriff der selbstbestimmenden Entscheidung eingeführt[26].

3. *Überwachung mittels Informationsweitergabe*

Oft reicht eine Informationserhebung durch den Gefahrverursacher nicht aus. Das kann unterschiedliche Ursachen haben. Bei Produkten mit hohem Gefährdungspotential, etwa Arzneimitteln, soll zusätzlich der Staat prüfen können, ob und in welchem Umfang ein solches Gefährdungspotential hingenommen werden kann. Das Öffentliche Recht versucht durch eine Fülle von Instrumentarien, bereits im Vorfeld Gefahren gänzlich zu vermeiden[27]. So unterliegen gefährliche Produkte, wie z.B. Arzneimittel, Chemikalien, Pflanzenschutzmittel, aber auch Anlagen, die Luftverunreinigungen verursa-

[26] Zu Anwendungsbereich und Umfang s. genauer § 5.III.3.c)cc).
[27] S. hierzu *Epiney/Möllers*, Freier Warenverkehr und nationaler Umweltschutz, S. 90ff.

chen, nicht nur der Gefahrerhebungs- und Gefahrvermeidungspflicht, sondern zusätzlich einem Zulassungs- oder Anmeldeverfahren gegenüber einer Behörde oder eine zugelassene Stelle. Dieses administrative Sicherheitsrecht bezweckt eine *Informationsweitergabe*, einen *Informationstransfer*, des Gefahrverursachers an den Kontrollierenden, damit geprüft werden kann, ob ein gewisses Gefahrenpotential zulässig ist. Das Unternehmen ist also in einem bestimmten Umfang verpflichtet, seine Informationen an die Behörde oder eine zugelassene Prüfstelle weiterzugeben, damit das Inverkehrbringen des Produktes oder die Inbetriebnahme der Anlage zugelassen wird. Der Informationstransfer dient dazu, das Informationsdefizit der Behörde zu reduzieren, also am Informationsvorsprung des Unternehmens mit dem entsprechenden Know-how teilzuhaben[28]. Eine Überwachung nach Gefahreröffnung kann schließlich erforderlich sein, wenn z.B. das zivile Haftungsrecht keine ausreichende Präventionswirkung entfaltet, weil der Schaden im konkreten Einzelfall zu gering ist, z.B. bei verdorbenen Lebensmitteln, die nur ausnahmsweise besondere Lebensgefahren verursachen. Manchmal ist auch ein Hersteller alleine nicht hinreichend in der Lage, systematisch ein Gefährdungspotential aufzuspüren. Deshalb soll die Überwachung der Arzneimittel durch das BfArM oder das Robert-Koch-Institut Nebenwirkungen systematisch erfassen. In den §§ 6 und 9 wird gezeigt, daß Zulassung und Überwachung von der spezifischen, abstrakten Gefährlichkeit des einzelnen Produkts bzw. der einzelnen Anlage abhängig sind.

III. Informationserhebung durch Unternehmen etc.

1. Informationserhebung vor Gefahreröffnung

Vor Gefahreröffnung kann der Gefahrverursacher verpflichtet sein, Daten zu erheben, um bestimmte Gefahrenquellen zu beherrschen und auszuschließen. Die Erhebung von Daten wird als Oberbegriff verwendet für das Sammeln, Ermitteln, Auswerten, Entscheiden, Kontrollieren und Dokumentieren von Informationen.

a) Sammlung

Informationen können *gesammelt* werden. Dieser Begriff soll verwendet werden, wenn nur die Information eines Dritten für eigene Zwecke genutzt wird, ohne daß der Sachverhalt selbst, gegebenenfalls durch eigenes Fachpersonal, ermittelt wird, so wenn z.B. ein Unternehmen durch die Auswer-

[28] Zu dieser Problematik s. schon Einl. II.2. und unten § 9.II.4.

tung der Fachliteratur den Stand der Technik feststellt. Das Erfassen schließt sich als systematisches Zusammenstellen dem Sammeln an[29].

b) Allgemeine und konkrete Ermittlungspflichten statt „Vorpflicht"

Die Ermittlungspflichten gehen über das Sammeln von Informationen hinaus, weil der Hersteller nicht nur auf die Informationen Dritter zurückgreift, sondern den Sachverhalt *selbst* erforscht und ermittelt. Er versucht, Art und Umfang der Gefahrenquelle durch eigene Experimente und Forschungen herauszufinden[30]. Im Arztrecht muß beispielsweise der Arzt den Patienten untersuchen, um die Krankheit festzustellen. Er ist zur Erstellung einer Anamnese verpflichtet. Der Bundesgerichtshof spricht hier auch von der Pflicht zur Befunderhebung[31]. Bevor ein Unternehmer ein Produkt in den Verkehr bringt, könnte er verpflichtet sein, die potentiellen Gefahren zu ermitteln, die von seinem Produkt ausgehen. Denn nur, wenn er die Gefahr kennt, kann er entscheiden, welche Gefahren vermieden und welche Gefahren durch entsprechende Informationsweitergabe an den Verbraucher von diesem abgewehrt werden können. Dies kann durch Tests, Prüfungen etc. geschehen. Eine solche Ermittlungspflicht entsteht zwingenderweise vor dem Inverkehrbringen eines Produktes. Damit ist die Frage, inwieweit bestehende Ermittlungspflichten nicht ausreichend beachtet wurden, grundsätzlich der Frage vorrangig, ob ein Konstruktions-, Fabrikations- oder Instruktionsfehler vorliegt. In der Betriebswirtschaftslehre spricht man von „Risikoerkennung", um Risiken oder Gefahren zu identifizieren, die zumindest für das betroffene Unternehmen bisher unbekannt waren[32].

In der Literatur sind solche Pflichten bis jetzt nur wenig erörtert worden. Unklar bleibt, inwieweit der Hersteller selbst ermitteln muß, ob und in welchem Umfang von seinem Produkt Gefahren ausgehen[33]. Der Bundesgerichtshof hat jüngst erstmals deutlicher in der Kindertee-Entscheidung festgestellt, daß der Hersteller verpflichtet ist, ein Produkt zu prüfen, bevor er es in den Verkehr bringt. Mit einer solchen Pflicht müsse der Hersteller die Gefahren, die von seinem Produkt ausgehen, selbst ermitteln[34], ohne abwarten zu dürfen, bis die Wissenschaft diese Gefahren entdeckt habe. *V. Westphalen*

---

[29] *Hohm*, Der Stufenplanbeauftragte nach dem neuen AMG – eine vorläufige Standortbestimmung, MedR 1988, 15, 17f.

[30] *Duden*, Etymologie der deutschen Sprache, zu „ermitteln".

[31] S. unten § 6.III.

[32] *S. Hollmann*, Industrielles Risiko-Management in einem geänderten haftungsrechtlichen Umfeld, EWS 1992, 259, 260 m.w.Nachw., der allerdings diese Definition mit der Produktbeobachtung gleichsetzt, die erst eingreift, nachdem die Gefahr eröffnet wurde. Zur Risikoerkennung und -bewertung s. unten § 6.III.2.

[33] *Foerste* (in Produkthaftungshandbuch, § 24 Rdnr. 24ff) stellt z.B. lediglich fest, daß der Hersteller den Stand der Technik einzuhalten hat.

[34] BGH v.12.11.1991, Z 116, 60, 71 – Kindertee (Milupa) I. In der Entscheidung wurde diese Pflicht jedoch nicht weiter präzisiert.

bildete hierfür den Begriff „Vorpflicht“[35]. Wenn der BGH damit auf eine Pflicht zur Selbstprüfung abstellt, ist diese Bezeichnung jedoch zu eng, weil man unter dem Begriff „prüfen“ versteht, die Echtheit und Güte eines Produktes zu untersuchen[36]. Im konkreten Fall war aber nicht erforderlich, nur die Güte der Babyflasche festzustellen, sondern darüber hinaus eine dem Hersteller unbekannte Gefahr zu ermitteln. Ein analoger Handlungsbedarf besteht z.B. bei Arzneimitteln, wenn nicht nur nach ihrer Wirksamkeit, sondern auch nach den Nebenwirkungen zu forschen ist. Damit eignet sich der Begriff „prüfen“ besser für die gleich darzustellende Kontrolle[37]. Es wird deshalb der Begriff „Ermittlungspflicht“ verwendet. Ermittlungspflichten lassen sich weiter konkretisieren: Sie bestehen entweder *allgemein bzw. abstrakt*, d.h. unabhängig von einer konkreten Gefahr oder Unsicherheit, z.B. regelmäßig nach Ablauf einer Zeitspanne. Oder Ermittlungspflichten bestehen *konkret*, d.h. nur wegen einer Veranlassung, z.B. aufgrund eines Gefahrverdachts. Diese Differenzierungen werden im zweiten Teil der Arbeit vertieft[38].

c) Auswertung und Entscheidung

Informationen zu sammeln und zu erkennen, ist nur dann sinnvoll, wenn sie ausgewertet und bewertet werden. An dic Ermittlung schließt sich daher die Pflicht zur Auswertung sowohl eigener Informationen (z.B. eigener Forschungsergebnisse) als auch der Informationen von dritter Seite an (z.B. die Auswertung von Fachzeitschriften und Teilnahme an Fachtagungen). Hier kann man von einer *Auswertungspflicht* sprechen. So ist der Arzt zu einer Diagnose verpflichtet; er muß den Patienten nicht nur untersuchen, sondern die Krankheit auch benennen[39]. In der Betriebswirtschaftslehre bewertet die Risikoanalyse Ausmaß und Eintrittswahrscheinlichkeit der erkannten möglichen Schäden[40].

Aber auch die Auswertung der Information ist nicht zweckfrei, sondern verlangt eine Entscheidung. Im Arztrecht ist dies die vorgeschlagene Therapie, nachdem die Krankheit diagnostiziert wurde. Bei Produkten ist die Entscheidung zu treffen, welche Gefahren nach dem Stand der Wissenschaft und Technik vermieden werden müssen und welche Gefahren durch entsprechende Warnung an den Verbraucher von diesem abgewehrt werden

---

[35] *v. Westphalen*, ZIP 1992, 18, 22; ihm folgend *Fahrenhorst*, JuS 1994, 288, 292. Weil die Entscheidung maßgeblich auf den Instruktionsfehler abstellte, blieb diese „Prüfpflicht“ in den Rezensionen weitgehend unerörtert.

[36] *Duden*, Etymologie der deutschen Sprache, zu „prüfen“.

[37] Schließlich ist der Begriff „Pflicht“ zu inhaltsleer, da er nicht den Inhalt der Pflicht beschreibt. S. sogleich § 3.III.2.e).

[38] S. § 6.III.2. und § 9.I.1.b).

[39] Eine Blinddiagnose ist nicht zulässig, s. genauer unten § 5.III.3.a)bb).

[40] *Hollmann*, EWS 1992, 259, 260; anders noch *Schmidt-Salzer*, BB 1972, 1430, 1431.

können[41]. In der Betriebswirtschaftslehre bezeichnet Risikohandhabung die Auswahl, Durchführung und Kontrolle der Maßnahmen zur Bewältigung der identifizierten und bewerteten Risiken[42].

d) Eigenkontrolle und Statussicherungspflicht

Wenn sich der Hersteller für ein bestimmtes Produkt oder der Arzt sich für einen bestimmten ärztlichen Eingriff entscheidet, muß er das Produkt bzw. den Eingriff kontrollieren und überwachen. Diese Kontrolle geschieht durch den Verpflichteten selbst. Insoweit spricht man von *Eigenkontrollpflichten*. Inhaltlich entspricht die Kontrolle weitgehend der Ermittlung mit dem Unterschied, daß sich die Kontrolle nach den Vorgaben der Entscheidung richtet, während die Ermittlung erst auf eine Entscheidung hinarbeitet. Die Eigenkontrolle ist von der Fremdkontrolle durch unternehmensexterne Dritte, beispielsweise durch Private oder Behörden, zu unterscheiden.

In der Mehrwegflaschen-Entscheidung sprach der Bundesgerichtshof von Befundsicherung und Befunderhebung, also von der Pflicht, bestimmte Befunde zu ermitteln und sich der Fehlerfreiheit der Produkte zu vergewissern[43]. Der Begriff „Befundsicherung" führte zur Fehldeutung, denn in etlichen Rezensionen wurde er mit der Dokumentationspflicht verwechselt[44]. Maßgeblich in der Entscheidung war aber nicht eine Verletzung der Ermittlungspflicht, wie gerade definiert, oder die Verletzung einer Dokumentationspflicht. Es ging in der Mehrwegflaschen-Entscheidung vielmehr um eine Kontrolle von bereits auf dem Markt befindlichen Mehrwegflaschen und das zuverlässige Kontrollieren jedes einzelnen Produkts, um sicherzustellen, daß ein solches nicht fehlerhaft auf den Markt kam (sog. Befundsicherungs- oder Statussicherungspflicht)[45].

2. Informationserhebung nach Gefahreröffnung

Die Überwachung und Kontrolle der auf dem Markt befindlichen Produkte wird als Marktkontrolle bezeichnet; vermieden wird damit der Begriff

[41] S. unten § 7.III. und § 8.I.1.

[42] *Hollmann*, EWS 1992, 259, 260.

[43] Der BGH spricht von Befunderhebung (BGH v.7.7.1988, Z 103, 323, 334, 335 – Mehrwegflasche I) und Befundsicherung (BGH v.7.7.1988, Z 103, 323, 334, 336, Leitsatz 2 – Mehrwegflasche I).

[44] So die jeweiligen Entscheidungsrezensionen zu BGH v.7.6.1988, Z 104, 323 – Mehrwegflasche IIa von *Brüggemeier* VuR 1988, 345; *Emmerich*, JuS 1989, 142; *Foerste*, VersR 1988, 858, 959; *Schmidt-Salzer*, PHI 1988, 146, 151; *Winkelmann*, MDR 1989, 16, 19; *Pfeiffer* zu LM § 823 (Dc) Nr. 186.

[45] Klarstellend *Kullmann*, BR Deutschland: Die neuere Rechtsprechung des BGH zur Produkthaftpflicht – Konsolidierung und Rechtsfortbildung, PHI 1989, 110, 121f. Zu den Folgerungen des Vorhofes s. unten § 4.I.2.a) und § 5.III. 3.a), S. 168f.

„Nachmarktkontrolle"[46]. Diese Kontrolle können sowohl der Gefahrverursacher mittels eigener Informationserhebung als auch unternehmensexterne Dritte durchführen.

a) Aktive und passive Produktbeobachtungspflicht

Im Zivilrecht obliegt dem Unternehmen nach dem Inverkehrbringen eines Produktes eine sog. Produktbeobachtungspflicht. Der Begriff „Produktbeobachtung", der um die Adjektive „aktiv" und „passiv" erweitert wurde, läßt sich nur historisch erklären. Ursprünglich verpflichtete die Produktbeobachtung den Hersteller, nach Inverkehrgabe zu überwachen, wie sich die Produkte in der Praxis bewähren, und Beschwerden über Mängel des Produktes, die ihm über seine Außenstellen und Vertragshändler mitgeteilt wurden, nachzugehen[47]. Insoweit läßt sich *„Beobachten"* zutreffend als ein passives Geschehen beschreiben[48]. Der BGH hat jedoch den Begriff „Beobachten" mit einer Fülle von aktiven Verhaltenspflichten angereichert, wie etwa dem Aufbau einer Betriebsorganisation zur Beschaffung und Auswertung von Informationen über die Bewährung des Produktes bei seinem Einsatz in der Praxis[49]. Den Hersteller trifft auch die Verpflichtung, die Ergebnisse wissenschaftlicher Kongresse und Fachveranstaltungen zu verfolgen sowie gegebenenfalls das nationale oder internationale Fachschrifttum auszuwerten[50]. Er muß also aktiv tätig werden und hat Anhaltspunkten für etwaige Gefahrenquellen selbständig und eigenverantwortlich nachzugehen[51]. Der Hersteller kann verpflichtet sein, Informationen selbst zu ermitteln. Dagegen beziehe sich die passive Produktbeobachtungspflicht nur auf die Überprüfung von Beanstandungen des Produktes, die dem Unternehmen zugeleitet werden[52].

---

[46] Die Übersetzung aus dem englischen „post-market" mit Nachmarkt erscheint nicht sehr klar. Er wird aber verwendet z.B. von *Hart*, MedR 1993, 207; *Di Fabio*, VerwArch 81 (1990), 193, 198; *derselbe*, Risikoentscheidungen im Rechtsstaat, S. 237ff; kritisch dagegen bereits *Hohm*, MedR 1988, 15, 16; *Möllers*, JZ 1994, 1110, 1111.

[47] OLG Karlsruhe v.22.6.1977 mit Nichtannahmebeschluß des BGH, VersR 1978, 550 – Cola-Flasche; BGH v.17.3.1981, Z 80, 199, 203 – Apfelschorf II (Benomyl); *Taschner/Frietsch*, Einf. Rdnr. 85; *Foerste* in Produkthaftungshandbuch, § 24 Rdnr. 252 m.w.Nachw.

[48] Im allgemeinen Sprachgebrauch wird es als ein aufmerksames und langes Betrachten verstanden, *Duden*, Etymologie der deutschen Sprache, von lat. observare.

[49] BGH v.24.11.1993, NJW 1994, 517, 519 – Synthetik-Gewindeschneidemittel; s. auch *Foerste* in Produkthaftungshandbuch, § 24 Rdnr. 256; *derselbe*, NJW 1994, 909, 910; *Taschner/Frietsch*, Einf. Rdnr. 85.

[50] BGH v.17.3.1981, Z 80, 199, 203 – Apfelschorf II (Benomyl).

[51] BGH v.17.3.1981, Z 80, 199, 203 – Apfelschorf II (Benomyl); *Taschner/Frietsch*, Einf. 85; *Foerste* in Produkthaftungshandbuch, § 24 Rdnr. 252 m.w.Nachw.

[52] BGH v.24.11.1993, NJW 1994, 517, 519 – Synthetik-Gewindeschneidemittel; s. auch *Foerste* in Produkthaftungshandbuch, § 24 Rdnr. 256; *derselbe*, NJW 1994, 909, 910; *Taschner/Frietsch*, Einf. Rdnr. 85.

Der Begriff der aktiven und passiven Produktbeobachtungspflicht erscheint damit wenig erhellend.

Bereits der Umfang an aktiven Pflichten überschreitet den Wortsinn des Beobachtens[53]. Damit besteht sowohl für die Allgemeinheit als auch für den Pflichtigen die naheliegende Gefahr, den Begriff mißzuverstehen. Aber auch der Begriff der passiven Produktbeobachtung führt zu Mißdeutungen. Denn der Hersteller darf sich auch bei passiver Produktbeobachtung nicht auf ein Entgegennehmen von Beschwerden beschränken. Er muß bei einer Gefahr handeln. Es besteht die Gefahr, den Begriff „passiv" nicht nur auf die Verhaltensanforderungen bei der Ermittlung, sondern auch auf die Verhaltensanforderungen nach Erkennen der Gefahr zu beziehen und zu vermuten, diese Pflicht hätte geringere und weniger intensive Handlungspflichten zur Folge. Tatsächlich soll die Passivität aber nur erklären, daß eine eigene Ermittlung nicht notwendig ist. Die Pflicht, Informationen auszuwerten und einer Gefahr beispielsweise durch einen Rückruf zu begegnen, besteht aber auch bei der passiven Produktbeobachtungspflicht. Schließlich ist auch die Einengung auf das in den Verkehr gebrachte *Produkt* zu eng. Die Informationsverpflichtung erstreckt sich nämlich auch auf Inhalts- und Ausgangsstoffe, die nur Teil des eigenen Produktes sind. Darüber hinaus kann der Hersteller verpflichtet sein, verwandte und ähnliche Produkte auf dem Markt nach Gefahrenquellen zu beobachten[54].

b) Eigener Begriff: allgemeine und konkrete Erhebungspflichten

Wegen dieser Bedenken läßt sich allgemein von einer Pflicht sprechen, entsprechende Informationen nach Gefahreröffnung zu erheben. Diese *Informationserhebungspflicht* nach Gefahreröffnung ist mit der obigen Erhebungspflicht vor Gefahreröffnung zu vergleichen, nämlich der Pflicht, die Ursachen für Gefahren zu sammeln, zu ermitteln, auszuwerten und zu kontrollieren. Diese Pflichten beziehen sich sowohl auf wissenschaftliche Erkenntnisse des einzelnen Produktes selbst als auch auf Informationen über die am Markt befindlichen vergleichbaren Produkte oder Ausgangssubstanzen. Anstatt die Adjektive „aktiv" und „passiv" zu verwenden, sollte auch bei Pflichten nach Gefahreröffnung statt dessen von *allgemeinen und konkreten* Erhebungspflichten gesprochen werden[55]. Wie stark sich die Erkenntnisse verdichtet haben müssen, damit aus dieser Markterhebung Verhaltens-

---

[53] S. gerade Fn. 48.

[54] Ausdrücklich BGH v.17.3.1981, Z 80, 186, 194f – Apfelschorf I (Derosal): für die Erkenntnis, daß bereits bei anderen Pilzen Resistenzbildungserscheinungen erkannt wurden, und BGH v.24.1.1989, Z 106, 273, 282f – Asthmaspray (Alupent Dosier Aerosol): für das Verhältnis von Isoprenalinsulfat und Orciprenalinsulfat. *Hollmann* (DB 1985, 2389, 2396) benutzte den Begriff Feldbeobachtung. S. soeben § 2.III.3.b). und unten § 6.III.2.c).

[55] S. gerade § 3.III.2.b).

pflichten für den Hersteller erwachsen, wird im zweiten Teil der Arbeit untersucht[56].

3. Dokumentation

Daneben kann die Pflicht bestehen, diese Daten zu sichern. Im Arztrecht spricht der Bundesgerichtshof deutlich von der Pflicht zur Dokumentation. Der Arzt muß z.B. die Informationen in einer Datei oder in den Krankenunterlagen dokumentieren[57].

IV. Informationspflichten gegenüber dem Verbraucher etc.

1. Bei Gefahreröffnung: Kennzeichnung, Instruktion, Warnung statt Folgewarnung, erklärende Warnung, Selbstbestimmungsaufklärung

Da primär deliktische Informationspflichten untersucht werden, stehen vorrangig Offenbarungspflichten, also Informationspflichten, die spontan ohne Nachfrage des Gefährdeten geschuldet sind, im Raum. Damit wird die Auskunftspflicht im Verhältnis Unternehmen – Verbraucher nicht näher behandelt, also die Pflicht, auf Nachfrage eine richtige Antwort zu geben[58]. *Kennzeichnungspflichten* verlangen, bestimmte Informationen an einem Produkt anzubringen. Der Verbraucher ist dann selbst in der Lage, diese Information aufgrund seines Erfahrungswissens zu berücksichtigen. Das gilt z.B. für Waschsymbole bei der Kleidung oder Symbole bei Chemikalien in der Form von Piktogrammen. Unabhängig von einer konkreten Gefahr bestehen *Unterrichtungspflichten*, soweit sie gesetzlich festgeschrieben sind. So hat z.B. der Betreiber einer Verbrennungsanlage einmal jährlich die Bevölkerung über seine Messungen zu unterrichten[59]. Die Instruktions- oder Belehrungspflicht ist umfassender. Von einer *Instruktions-, Anleitungs- oder Belehrungspflicht*[60] spricht man dann, wenn der Verwender über die ordnungsgemäße Verwendung einer Sache belehrt wird. Diese Pflicht besteht, um Gefahren und Risiken, die durch eine nicht ordnungsgemäße Verwendung entstehen, auszuschließen. Instruktionspflichten sollen damit eine

---

[56] § 6.III.2.

[57] S. unten § 6.III.4.

[58] Zu den Auskunftsansprüchen der Behörden gegenüber dem Unternehmen s. sogleich § 3.VI.1.

[59] § 18 17. BImSchV (VO für Verbrennungsanlagen für Abfälle und ähnliche brennbare Stoffe).

[60] Der BGH spricht jetzt von Instruktionsfehlern, ursprünglich von Belehrungsfehlern, z.B. BGH v.11.1.1994, NJW 1994, 932 – Kindertee II (Milupa) für Instruktionsfehler und BGH v.5.11.1955, VersR 1955, 765 – Insektenvernichtungsmittel; BGH v.14.4.1959, VersR 1959, 523 – Fensterkran/Seilhexe für Belehrungsfehler. Von Anleitungsfehlern spricht *Medicus*, Bürgerliches Recht, Rdnr. 650.

Gefahrabwehr durch den Verwender ermöglichen. Mit dieser Instruktionspflicht bei Produkten ist die therapeutische Aufklärungspflicht im Arztrecht vergleichbar. Beide wollen den Verbraucher und Bürger zu einem sorgsamen Umgang mit (potentiellen) Gefahren veranlassen[61].

Im Zivilrecht bekannt ist die *Warnpflicht.* Oft wird sie mit der Instruktion gleichgesetzt. Diese Gleichsetzung ist zu vermeiden. „Warnen" stammt von dem althochdeutschen „warnōn" ab und bedeutet „sich vorsehen". Die Warnung weist somit auf eine Gefahr oder die drohenden Folgen einer Gefahr hin[62]. Im juristischen Sprachgebrauch soll deshalb der Begriff Warnung nur verwendet werden, wenn es um eine Information geht, die notwendig ist, damit der Verwender die *spezifischen Folgen der Gefahr für seine Rechtsgüter* erkennen kann, die mit einem bestimmten Gebrauch oder Zustand verbunden sind[63]. Die Warnung kann deshalb auch die Anleitung zu einem bestimmten Verhalten umfassen. Es muß sichergestellt sein, daß der Verwender die Gefahr von seinem Rechtsgut abwenden kann[64]. Die Warnung dient damit dem Schutz der Rechtsgüter oder dem Erhaltungsinteresse[65]. In der Literatur wurde statt dessen der Begriff „Folgewarnung" geprägt[66]. Der BGH hat ihn jüngst übernommen und versteht darunter mehr als nur allgemeine Verhaltenshinweise, nämlich die deutliche Herausstellung einer drohenden Gefahr[67]. Auf diesen Begriff kann aber verzichtet werden. Unterscheidet man nämlich, wie gerade definiert, zwischen Instruktion und Warnung und versteht unter Warnung den Hinweis auf die Folgen der drohenden Gefahr, dann ist der Begriff „Folgewarnung" tautologisch, weil bereits die Warnung auf die möglichen Folgen einer Gefahr hinweist[68].

Eine andere Frage ist dagegen, ob man danach unterscheidet, welchen Umfang die Warnung jeweils hat. Während die „Warnung" nur auf die

---

[61] Dazu unten § 7.I.2.

[62] *Duden*, Etymologie der deutschen Sprache, Stichwort „warnen".

[63] Dagegen sind *allgemeine* Gefahrenhinweise oft nicht geeignet, weil der Verwender die Gefahr durch die Hinweise nicht deutlich genug wahrnimmt, oder oft auch nicht erforderlich, weil sie zum Allgemeinwissen des Verwenders gehören. S. z.B. BGH v.18.10.1988, NJW-RR 1989, 219, 220 – Baggersee: „Baustelle – Betreten verboten" als Warnung viel zu undifferenziert. S. genauer unten § 7.II.1.b) und § 8.I.1.c).

[64] Zu den einzelnen Voraussetzungen der Warnung: 1. Warnung vor der Verletzung der Rechtsgüter; 2. bei bestimmungsgemäßem oder vorhersehbarem Gebrauch; 3. mit dem Hinweis auf Verhaltenspflichten, s. genauer unten § 8.I.5.

[65] *Breidenbach*, Die Voraussetzungen von Informationspflichten bei Vertragsschluß, S. 4.

[66] *Hasskarl*, Aufklärungspflichten des Warenherstellers, BB 1973, 120f; *Taschner/Frietsch*, Einf. Rdnr. 77; *v.Westphalen*, ZIP 1992, 18, 20; *Meyer*, Instruktionshaftung, S. 128.

[67] BGH v.11.1.1994, NJW 1994, 932 – Kindertee II (Milupa). S. auch BGH v.11.7.1972, NJW 1972, 2217 – Intraarterielle Injektion eines Kurznarkosemittels (Estil); s. auch OLG Koblenz v.14.7.1969 – Holzschutzmittel in *Kullmann/Pfister*, Kza. 7505, 12. Deutlich auch *Kullmann/Pfister*, Kza. 1520, 37f; *Kullmann*, NJW 1994, 1698, 1701.

[68] Das erkennt auch der BGH an, wenn er verlangt, daß ein Hinweis notwendig ist, damit der Patient erkennt, daß eine erhebliche Überschreitung der Dosis gefährlich sein kann, BGH v.24.1.1989, Z 106, 273, 282 – Asthmaspray (Alupent Dosier Aerosol).

mögliche Rechtsgutsverletzung hinweist, stellt die *erklärende Warnung* zusätzlich den Funktionszusammenhang zwischen der Verwendung und der möglichen Rechtsgutsverletzung dar, damit der Verbraucher erkennt, warum das Produkt gefährlich ist. Es wird also *nicht nur auf die spezifische Gefahr hingewiesen, sondern erklärt, warum es zu einer möglichen Rechtsgutsverletzung kommen kann.* Ohne dies weiter zu präzisieren, hat der BGH jüngst die Darlegung eines solchen Funktionszusammenhangs bei Produkten verlangt, die erhebliche Körper- oder Gesundheitsschäden verursachen können[69]. Erforderlich ist eine erklärende Warnung, wenn sie die größere Chance bietet, vom Gefährdeten ernstgenommen zu werden, insbesondere dann, wenn die Gefahr für den Verbraucher so versteckt oder verborgen ist, daß er eine allgemeine Warnung ohne die Darstellung des Funktionszusammenhanges nicht beachtet.

Weitergehend als die Warnung und die therapeutische Aufklärung, die nur der Gefahrabwehr dienen, warnt die *Selbstbestimmungsaufklärung* den Gefährdeten nicht vor den Gefahren eines unsachgemäßen Umgangs mit der Sache, sondern sie will dem Betroffenen vor einem Eingriff die Informationen vermitteln, mit denen er selbstbestimmend entscheiden kann, ob er in einen Eingriff einwilligt. Diese Selbstbestimmung spielt eine entscheidende Rolle im Arztrecht. Auch bei der klinischen Prüfung von Arzneimitteln ist sie Voraussetzung. Wo die Grenzen zwischen der Aufklärung zur Gefahrabwehr und der Selbstbestimmungsaufklärung verlaufen, ist im einzelnen noch zu zeigen[70].

2. *Nach Gefahreröffnung: Warnung und Rückruf*

Eine erklärende Warnung kommt auch für Dauerkunden in Frage, die mit dem Produkt so vertraut sind, daß sie nicht mehr mit einer Gefahr rechnen. Hier muß die Warnung besonders nachdrücklich sein. Eine Warnung muß bereits dann erfolgen, wenn ein ernstzunehmender Verdacht einer Gesundheitsgefahr besteht[71]. Das gilt jedoch nur, wenn das Produkt schon in den Verkehr gebracht ist. Wenn die StörfallVO unverfänglich davon spricht, daß bei einem Störfall die Öffentlichkeit in geeigneter Weise und unaufgefordert über die Sicherheitsmaßnahmen und das richtige Verhalten zu „informieren" ist, ist dem Inhalt nach zu warnen[72]. Soweit eine Warnung an die Verbraucher nicht mehr ausreicht, die Gefahr abzuwehren, muß das Produkt aus dem Verkehr gezogen werden. Man spricht hier von *Rückruf.*

---

[69] BGH v.12.11.1991, Z 116, 60, 66 – Kindertee I (Milupa); ebenfalls keine genaueren Angaben bei *Zinkann*, Die Reduzierung der Produkthaftungsrisiken, 1989, S. 97, auf den sich der BGH beruft.

[70] S. unten § 5.III.3.c).

[71] Zu den Voraussetzungen im einzelnen s. oben § 2.I.5. und unten § 8.I.4.b).

[72] § 18 12. BImSchV (VO für Verbrennungsanlagen für Abfälle und ähnliche brennbare Stoffe).

V. Informationspflichten gegenüber der Behörde

1. Anmeldepflichten bei Gefahreröffnung

Im Öffentlichen Recht ist oft das Inverkehrbringen bestimmter gefährlicher Produkte verboten bzw. muß bei der Behörde angemeldet oder zugelassen werden. Die dafür erforderlichen Informationen muß der Hersteller des Produkts bzw. der Betreiber der Anlage der Behörde ohne weitere Aufforderungen mitteilen. Anmeldepflichtige Tatsachen können die gesammelten, ermittelten, ausgewerteten und bewerteten Informationen sein. Hier soll von Anmeldepflichten gesprochen werden[73].

2. Mitteilungspflichten des Unternehmens

Zusätzlich bestehen in bestimmten Fällen nach Gefahreröffnung Mitteilungspflichten gegenüber Behörden. Diese Mitteilungspflichten sind abhängig von der Art der Ermittlungspflichten. Bestehen bereits *allgemeine* Ermittlungspflichten, sind diese Daten in der Regel auch der Behörde mitzuteilen. Solche Pflichten zur Emissionsmessung bestehen für Stoffe mit einem hohen Gefährdungspotential unabhängig von einer konkreten Gefahr oder Unsicherheit, etwa nach Ablauf einer vorgeschriebenen Zeitspanne[74]. Mitteilungspflichten können auch *konkret* bestehen, d.h. nur aufgrund eines bestimmten Gefahrverdachts[75]. Wie die Ermittlungs- und Kontrollpflicht kann auch die Mitteilungspflicht einem Beauftragten übertragen werden[76].

VI. Informationserhebung durch den Staat und den Verbraucher

1. Eigene Informationserhebung des Staates: Überwachung und Auskunftsansprüche

Die Mitteilungspflichten verpflichten den Unternehmer originär. Die Überwachung stellt dagegen eine *eigene* Informationserhebung durch die Behörde dar; sie setzt also ein eigenes Tätigwerden der Behörde voraus. So besteht eine Auskunftspflicht des Herstellers bzw. des Betreibers nur, wenn die Behörde eine bestimmte Information gezielt erfragt. Die Auskunftspflicht setzt also einen Auskunftsanspruch der Behörde voraus, wie z.B. nach §§ 31, 52 II BImSchG. Folglich sollten die Begriffe Mitteilungs- und

[73] *Kloepfer* (Umweltrecht, § 4 Rdnr. 34) spricht von Anmelde- und Anzeigepflichten, ohne die Begriffe inhaltlich zu unterscheiden. S. dazu unten § 9.I.1.a).

[74] S. § 9.I.1.b).

[75] So muß z.B. ein Störfall der Behörde unverzüglich mitgeteilt werden, § 11 12. BImSchV. Dagegen ohne Differenzierung *Kloepfer*, Umweltrecht, § 4 Rdnr. 135.

[76] S. ausführlich § 6.II.1. und IV.

Auskunftspflicht in diesem Sinne unterschieden werden[77]. Schließlich kann die Behörde sich selbst Informationen besorgen, beispielsweise indem sie von ihrem Zutrittsrecht gem. § 52 II BImSchG oder §§ 40ff LMBG Gebrauch macht. In diesem Rahmen ist das Unternehmen verpflichtet, Unterlagen vorzulegen, § 52 II BImSchG.

2. *Eigene Informationserhebung des Verbrauchers und Information durch den Staat*

Eigeninformationspflichten können auch den Verbraucher und Bürger treffen, der damit seiner Eigenverantwortung, der Selbstvorsorge, nachkommt. Dazu gehört vor allem der Erwerb von Allgemeinwissen, so daß eine Warnung vor bekannten Gefahren entbehrlich erscheint. Der Kranke wird seine Symptome, wie Fieber, Husten oder den lokal begrenzten Schmerz, genau beobachten, bevor er einen Arzt aufsucht. Ein hohes Maß an Wissen wird ihm dabei durch Elternhaus, Schule, Medien etc. vermittelt. Daneben stellt sich die Frage, ob das Spezialwissen des Benutzers dazu führen kann, die Pflichtenintensität des Herstellers zu reduzieren[78]. Neben den Informationen durch den Gefahrverursacher und dem eigenen Wissen des Gefährdeten können zusätzliche Informationen durch staatliche Institutionen hinzukommen. Der Begriff „Öffentlichkeitsbeteiligung" soll in diesem Zusammenhang verwendet werden, wenn Einwendungen gegen das Inverkehrbringen oder gegen die Inbetriebnahme einer potentiellen Gefahrenquelle in einem förmlichen Verfahren geltend gemacht werden können. Von Unterrichtung oder Verbraucher- bzw. Öffentlichkeitsaufklärung ist zu reden, wenn staatliche Organe z.B. nur über die Verträglichkeit eines Produktes oder einer Produktgattung informieren und regelmäßig keine unmittelbare Gefahr für den Menschen gegeben ist. Hier besteht das Problem, ob neutrale Dritte oder der Staat solche Informationen an den Bürger auch dann geben dürfen, wenn es an einer Ermächtigungsgrundlage fehlt[79]. Stehen Gefahren für den Menschen im Vordergrund, läßt sich von einer (öffentlich-rechtlichen oder behördlichen) Warnung sprechen[80]. Schließlich stehen dem Verbraucher in einem gewissen Umfang Auskunftsansprüche gegenüber dem Staat und gegenüber dem Unternehmen zu[81].

---

[77] Dagegen spricht *Kloepfer* (Umweltrecht, § 4 Rdnr. 136f) von permanenten Mitwirkungspflichten und Mitwirkungspflichten während konkreter Überwachungsmaßnahmen. Zu den unterschiedlichen Auswirkungen von Mitteilungs- und Auskunftspflichten s. unten § 9.II.4.

[78] S. § 8.I.1.b); genauer zur Selbstvorsorge des Verbrauchers s. § 8.II.

[79] S. genauer unten § 9.III.2.b).

[80] OLG Stuttgart v.21.3.1990, NJW 1990, 2690 – Birkel, s. unten § 9.III.2.

[81] Zu dem UIG und §§ 8 und 9 UHG ausführlich unten § 9.IV.

Graphik 3

Das Informationsdreieck aus Gefahrverursacher, Gefährdetem und Kontrollierendem vor und nach Gefahreröffnung[82]

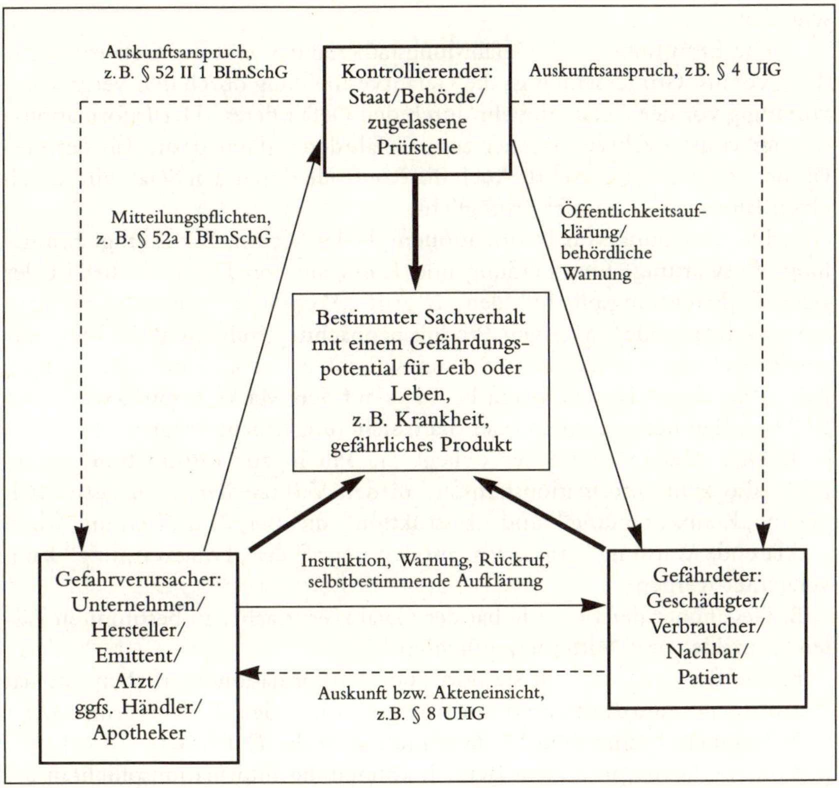

Informations(erhebungs)pflicht
Informations(weitergabe)pflicht
Informationsanspruch

[82] Der Gefahrverursacher ist oft das Unternehmen, der Gefährdete oft der Verbraucher, der Kontrollierende oft eine staatliche Behörde. Alle drei Gruppen können verpflichtet sein, den Gefahrenzustand zu ermitteln, wobei den Gefahrverursacher i. d. R. deutlich umfangreichere *Informationserhebungspflichten* treffen als den Gefährdeten. Diese Pflicht besteht aus der Sammlung, Ermittlung, Auswertung, Entscheidung, Kontrolle und Dokumentation eines bestimmten Sachverhaltes mit Gefährdungspotential. In einem zweiten Schritt sind die *Informations(weitergabe)pflichten* zu untersuchen. Sie lassen sich im Verhältnis Gefahrverursacher – Gefährdeter, im Verhältnis Gefahrverursacher – Kontrollierender sowie im Verhältnis Kontrollierender – Gefährdeter begründen. Damit entsteht das Informationsdreieck. Neben den Informationspflichten bestehen schließlich Informationsansprüche.

Auskunftsansprüche des Schädigers, wie beispielsweise nach § 10 UHG, werden nicht dargestellt.

Zwischenergebnis zu § 3: Das Informationsdreieck

1. Information ist eine Aussage über einen Sachverhalt. Es lassen sich sowohl die Informationserhebung und die Informationsweitergabe (der Informationstransfer) als auch Informationsansprüche und -pflichten unterscheiden.

2. Die Ermittlung eines Gefährdungstatbestandes geht der Gefahrvermeidung voraus. Grundsätzlich ist die Gefahrvermeidung durch den Verursacher vorrangig vor der Gefahrabwehr durch den Gefährdeten. Der Informationstransfer vom Gefahrverursacher zum Gefährdeten dient dazu, daß der Gefährdete die Gefahr abwehrt. Auch die Kontrolle durch den Staat wird durch einen Informationstransfer ermöglicht.

3. Die Erhebung von Informationen gliedert sich in Sammlung, Ermittlung, Auswertung, Entscheidung und Kontrolle von Daten. Dabei ist der Begriff „Ermittlungspflicht" dem Begriff „Vorpflicht" vorzuziehen. Statt von „aktiven" oder „passiven Produktbeobachtungspflichten" ist von „allgemeinen" oder „konkreten Erhebungspflichten" zu sprechen. Die Pflicht, jedes Produkt zu kontrollieren, bevor es auf den Markt kommt, wird vom BGH als Befundsicherungs- oder Statussicherungspflicht bezeichnet.

4. Dem Gefahrverursacher obliegt die Pflicht zur Informationsweitergabe, also zum Informationstransfer, an den Verbraucher. Hier lassen sich neben „Kennzeichnung" und „Instruktion" die Begriffe „Warnung" und „erklärende Warnung" einführen; auf den Begriff der „Folgewarnung" kann verzichtet werden.

5. Gegenüber der Behörde hat der Gefahrverursacher in bestimmten Fällen Anmelde- und Mitteilungspflichten.

6. Die Behörde kann für sie notwendige Informationen erheben. Sie hat Zutrittsrechte und Auskunftsansprüche gegenüber dem Gefahrverursacher.

7. In einem bestimmten Umfang muß auch der Gefährdete selbst Informationen erheben; in diesem Bereich können die Informationspflichten des Gefahrverursachers entfallen oder sich verringern. Der Gefährdete kann auch durch den Staat informiert werden. Hier stehen Verbraucheraufklärung und behördliche Warnung im Vordergrund.

§ 4 Das Rechtsprinzip für präventive Verkehrspflichten und Beweiserleichterungen: Kritik an den bisherigen Ansätzen

Der Gefährlichkeitsverdacht zeichnet sich dadurch aus, daß Handlungspflichten bestehen können, obwohl die haftungsbegründende Kausalität zwischen Handlung und Rechtsgutsverletzung nicht nachgewiesen werden kann (I.1.). Auch beim eigentlichen Schadensausgleich gibt es eine Reihe von Fällen, in denen der Schädiger haftet, obwohl der Geschädigte nicht beweisen kann, daß ein Handeln des Schädigers für die eingetretene Rechtsgutsverletzung und den Schaden kausal war (I.2.). Diese durch Richterrecht entwickelten Beweiserleichterungen widersprechen den sonst gültigen Grundsätzen des Beweisrechts und stellen die traditionelle Zweispurigkeit des Haftungsrechts in Frage (II.). Bevor im zweiten Teil der Untersuchung (§§ 6–9) der Umfang der Informationspflichten im Zivilrecht näher betrachtet wird, soll deshalb in §§ 4 und 5 der Frage nachgegangen werden, *warum* überhaupt Informationen gegeben werden müssen und Beweiserleichterungen gewährt werden. Dabei sollen die verschiedenen Auffassungen in der Literatur kritisch gewürdigt werden (III. und IV.). Eine eigene Ansicht wird dann in § 5 entwickelt.

I. Präventive Verkehrspflichten und Schadensausgleich ohne bewiesene Kausalität

1. Gefahrabwehrpflichten ohne nachgewiesene Kausalität

In § 2 wurde aufgezeigt, daß die Rechtsprechung Verkehrspflichten im Deliktsrecht entwickelt hat, die z.B. das Unternehmen verpflichten, einen Gefahrenzustand zu ermitteln oder die Verbraucher zu warnen, obwohl noch nicht bewiesen ist, ob ein bestimmtes Produkt überhaupt zu einer Rechtsgüterverletzung führen kann. Oft besteht nur ein Gefährlichkeitsverdacht. Beispielsweise haben Experimente hinreichende Anhaltspunkte für die Gefährlichkeit eines Produktes bei Tieren ergeben, jedoch gibt es keine wissenschaftlichen Ergebnisse, ob dies auch für den Menschen gilt. Die Frage, ob eine Gefahr und damit eine Kausalität zwischen einer Sachlage und einer Rechtsgutsgefährdung besteht, kann mangels Erfahrungssätzen oder mangels hinreichend begründetem Verdacht nicht beantwortet werden.

Es bestehen nur Vermutungen[1] für eine Rechtsgutsverletzung. Schließlich gibt es Fälle, in denen es noch nicht einmal hinreichende Anhaltspunkte für eine solche Gefährlichkeit gibt[2].

2. Beweiserleichterungen bezüglich der Kausalität beim Schadensausgleich

Grundsätzlich muß derjenige, der im Prozeß von einem anderen eine Leistung oder Schadensersatz fordert, die Rechtmäßigkeit dieses Anspruchs darlegen und im Streitfall beweisen[3]. Für das Deliktsrecht bedeutet das, daß der Geschädigte alle Voraussetzungen des § 823 I BGB zu beweisen hat, nämlich daß eine Handlung des Schädigers schuldhaft die Rechtsgutsverletzung und den Schaden des Klägers verursacht hat[4]. Wird ein pflichtwidriges Unterlassen behauptet, so muß der Geschädigte zusätzlich beweisen, daß pflichtgemäßes Handeln den Eintritt des schädigenden Erfolges verhindert hätte[5]. Der Patient muß im Arzthaftungsrecht grundsätzlich den Behandlungsfehler, den Schaden[6], die Ursächlichkeit des Behandlungsfehlers für den eingetretenen Schaden und das Verschulden des Arztes beweisen. Anderenfalls würde der Arzt mit einer von ihm nicht geschuldeten Garantie für den Erfolg der Behandlung belegt[7]. Im deliktischen Produkthaftungsrecht muß der Geschädigte grundsätzlich beweisen, daß eine Rechtsgutsverletzung eingetreten bzw. das Produkt fehlerhaft ist, außerdem, daß die Ursache für die fehlerhafte Beschaffenheit im Bereich des Produzenten zu finden ist, daß ein Ursachenzusammenhang zwischen Produktfehler und Rechtsgutsverletzung besteht und daß daraus ein Schaden resultiert[8]. Nun gibt es eine Reihe von

---

[1] S. die Lederspray-Entscheidung in der Einl. Beispiel 2 und § 2.III.4.b), S. 74 ff.

[2] Zu gentechnisch veränderten Lebensmitteln, Elektrosmog bei Mobiltelefonen s. unten § 8.I.4.b).

[3] *Rosenberg*, Die Beweislast, 5. Aufl., 1965, S. 12; Rosenberg/Schwab/*Gottwald*, Zivilprozeßrecht, § 117.II.2., S. 671; *Musielak*, Die Grundlagen der Beweislast im Zivilprozeß, 1975, S. 293; *Baumgärtel*, Handbuch der Beweislast I, § 823 I Rdnr. 1 m.w.Nachw.; *Gottwald*, Grundprobleme der Beweislastverteilung, Jura 1980, 225, 227; *Grunsky* in MünchKomm, vor § 249 Rdnr. 130.

[4] *Baumgärtel*, Handbuch der Beweislast I, § 823 I Rdnr. 3, 6f, 26, 30.

[5] BGH v.30.1.1961, NJW 1961, 868, 870 – Verkehrssicherungspflicht für Grabstein; *Baumgärtel*, Handbuch der Beweislast I, § 823 I Rdnr. 16.

[6] BGH v.22.1.1980, NJW 1980, 1333 – Schilddrüsenoperation; Palandt/*Heinrichs*, § 282 Rdnr. 18.

[7] BGH v.5.7.1973, Z 61, 118, 120 – Beweislast bei Verletzung vertraglicher Aufklärungspflicht; BGH v.22.1.1980, NJW 1980, 1333 – Schilddrüsenoperation; BGH v.3.2.1987, Z 99, 391 – Beweislast bei Verstoß gegen Befundsicherungspflicht II; *Giesen*, Arzthaftungsrecht, S. 192; *Steffen*, Arzthaftungsrecht, B.I.1., S. 34; B.I.7., S. 77; B.V.1., S. 124; *Mertens* in MünchKomm, § 823 Rdnr. 412; *Nüßgens* in RGRK, § 823 Anh.II Rdnr. 287. S. bereits oben die Einleitung.

[8] *Weitnauer*, Beweisfragen in der Produktenhaftung in FS Larenz, 1973, S. 905, 911; *Baumgärtel*, Handbuch der Beweislast I, § 823 Anh. C III, Rdnr. 13ff. Das gilt grundsätzlich auch nach dem neuen PHG; beweist der Geschädigte allerdings Fehler, Schaden und ursächlichen

Fällen, in denen nicht der Geschädigte die Kausalität zwischen Verletzungshandlung und Rechtsgutsverletzung beweisen muß, sondern der Schädiger beweisen muß, daß sein Handeln *nicht ursächlich* für den eingetretenen Schaden war (Beweislastumkehr bzw. Beweiserleichterung für den Geschädigten). Die Fallgruppen sollen hier geschildert und dann in § 5 erweitert und begründet werden.

a) Verstoß gegen Befunderhebungspflichten

Im *Arztrecht* kann die Verletzung der Befunderhebungspflicht Beweiserleichterungen bis hin zur Beweislastumkehr zur Folge haben. Wenn durch den Sorgfaltspflichtverstoß die Aufklärung des hypothetischen Kausalverlaufs unmöglich gemacht wird, kann die Beweislast für die Ursächlichkeit den Arzt treffen[9]. Dazu muß die Befunderhebung durch eine ärztliche Untersuchungsmaßnahme angesichts der Symptome des Patienten zur Aufklärung und Sicherung des Status' ärztlich zweifelsfrei geboten gewesen und schuldhaft unterlassen worden sein. Das sind Fälle, in denen erstens einfachste Diagnose- oder Kontrollmaßnahmen nicht durchgeführt werden, also gegen elementare Pflichten zur Aufdeckung und Kontrolle des Geschehens verstoßen wird[10]. Zweitens muß eine Befundsicherung gerade wegen des erhöhten Risikos des in Frage stehenden Verlaufs geschuldet gewesen sein. Nur in Fällen, in denen der Arzt gegen diese Befunderhebungspflicht verstoßen hat, erscheint es unbillig und unzumutbar[11], den Patienten das volle Aufklärungsrisiko tragen zu lassen[12]. Schließlich werden Beweiserleichterungen dem Geschädigten auch zugebilligt, wenn das Versäumnis zwar nicht als „grob" zu qualifizieren, der vermutete Schadensverlauf aber wahrscheinlich

---

Zusammenhang, muß der Hersteller beweisen, daß der Fehler noch nicht bestand, bevor er das Produkt in den Verkehr gebracht hatte, § 1 IV S. 2 PHG, s. *Baumgärtel*, Handbuch der Beweislast I, § 823 C IV, Rdnr. 20.

[9] BGH v.3.2.1987, Z 99, 391, 397 – Beweislast bei Verstoß gegen die Befunderhebungspflicht II m.Hinweis auf BGH v.25.1.1983, NJW 1983, 2935 – unterlassene Untersuchung von Trinkwasser; ebenso Baumgärtel, Handbuch der Beweislast I, § 823 Anh.C II, Rdnr. 13.

[10] BGH v.21.9.1982, Z 85, 212, 217, 220 – Beweislast bei Verstoß gegen Befundsicherung Ib; BGH v.4.10.1994, NJW 1995, 778 – Nichterhebung der Diagnose.

[11] BGH v.27.6.1978, Z 72, 132, 139 – Beweislast bei Verstoß gegen Befunderhebung Ia.

[12] BGH v.3.2.1987, Z 99, 391, 398f – Beweislast bei Verstoß gegen Befundsicherungspflicht II; *Steffen*, Arzthaftungsrecht, B.V.1, S.136; *Laufs*, Arztrecht, Rdnr. 431ff. Gegen diese hohen Anforderungen *Giesen*, Arzthaftungsrecht, S. 233. Im Streitfall hatte es der Arzt unterlassen, nach einem unklaren Röntgenbefund eine erneute Röntgenaufnahme nach Abklingen einer akuten Bronchopneumonie (Lungenentzündung) anzufertigen. Nach mehrmaligen Untersuchungen wurde 14 Monate später eine offene Tuberkulose festgestellt. Hier war streitig, ob bereits beim ersten Röntgenbefund die Patientin an einer Tuberkulose erkrankt war. Hierfür war der Arzt beweispflichtig. Denn hätte der Arzt die zweifelsfrei gebotene zweite Röntgenuntersuchung durchgeführt, hätte der Befund wahrscheinlich geklärt, ob die Patientin an Tuberkulose erkrankt war (und damit den von der Klägerin behaupteten Ursachenverlauf bestätigt).

ist[13]. In der in der Einleitung erwähnten Mehrwegflaschen-Entscheidung hat der BGH diese Überlegungen auf das *Produkthaftungsrecht* übertragen und eine Verletzung der Befundsicherungs- bzw. Statussicherungspflicht bejaht, weil der Hersteller nicht gezielt die Aufhellung eines unklaren Zustands oder einer ungeklärten Beschaffenheit des Produkts betrieben hatte[14]. Schon früh wurde eine Umkehr der Beweislast auch im *Umweltbereich* anerkannt, soweit eine gesetzlich bestehende Untersuchungspflicht verletzt wurde. Das verdeutlicht die Trinkwasser-Entscheidung[15]. Der BGH bejahte einen Verstoß gegen die dem Inhaber der Wasserversorgungsanlage obliegende Ermittlungspflicht des § 8 TrinkwasserVO[16]. Die Beweislast für die Ursächlichkeit der überhöhten Nitratwerte für den Schaden kehrte er zu Lasten des Schädigers um[17].

b) Grobe Verletzung von Berufspflichten

Grundsätzlich versteht man unter einem Behandlungsfehler jede ärztliche Maßnahme, die nach dem Erkenntnisstand der medizinischen Wissenschaft die gebotene Sorgfalt vermissen läßt und damit unsachgemäß ist[18]. Der BGH bejaht eine Beweislastumkehr bezüglich der Kausalität zu Lasten des Arztes bei groben Behandlungsfehlern, wenn nämlich die Feststellung der Schadensursachen besonders erschwert wurde. Dem Patienten sei dann die Beweisführung, daß der Behandlungsfehler ursächlich für den Schaden war, unzumutbar[19]. Bei groben Behandlungsfehlern ist eine Beweislastumkehr für

---

[13] BGH v.3.2.1987, Z 99, 391, 397 – Beweislast bei Verstoß gegen die Befunderhebungspflicht II; BGH v.21.9.1982, Z 85, 212, 217 – Beweislast bei Verstoß gegen Befunderhebung Ib; S. 170 f. *Steffen*, Arzthaftungsrecht, B.V.1., S. 136. Zu dieser Fallgruppe s. unten §5.III.3.b), S. 170f.

[14] BGH v.7.6.1988, Z 104, 323, 334 – Mehrwegflasche IIa.

[15] Ein Mädchen, das gesund zur Welt gekommen war, wurde nach der Geburt von ihrer Mutter mit Babynahrung ernährt, die mit Leitungswasser zubereitet war. Das Wasser stammte aus einem hauseigenen Brunnen des Gebäudes, in dem die Klägerin wohnte. Nach Aufnahme der Babynahrung traten schwere Hirnschäden auf, die zu einer spastischen Halbseitenlähmung führten. Der Inhaber der Wasserversorgungsanlage hatte das Wasser nicht untersucht. Eine von der Gesundheitsbehörde veranlaßte Untersuchung ergab, daß die Nitratkonzentration des Leitungswassers in Höhe von 111 mg/l deutlich über dem zulässigen Grenzwert von 50 mg/l lag. § 2 I TrinkVO i.V.m. Anlage 2 Nr. 8.

[16] In der Fassung v.30.1.1975, BGBl I 453; jetzt § 10 i.V.m. §§ 11, 12 TrinkwasserVO in der Fassung v.5.12.1990, BGBl I 2612.

[17] BGH v.25.1.1983, NJW 1983, 2935, 2936 m.Anm. *v. Bar*, KF 1987, 4, 7 – nitrathaltiges Trinkwasser; zur Begründung s. unten § 5.III.3.a) cc). Zu weiteren gesetzlichen Untersuchungspflichten s. *Buchwaldt* in Kullmann/Pfister, Kza. 2014, 11 Fn. 52.

[18] *Giesen*, Arzthaftungsrecht, S. 29; *Nüßgens* in RGRK, § 823 Anh.II, Rdnr. 177.

[19] BGH v.21.9.1982, Z 85, 212, 216 – Beweislast für Befunderhebung Ib; BGH v.3.2.1987, Z 99, 391, 397 – Beweislast bei Verstoß gegen Befunderhebungspflicht II. Zustimmend: *Giesen*, Arzthaftungsrecht, S. 223; *Nüßgens* in RGRK, § 823 Anh.II, Rdnr. 304ff; *Steffen*, Arzthaftungsrecht, B.V.1., S. 129ff; *derselbe* in RGRK, § 823 Rdnr. 530; *Brüggemeier*, Deliktsrecht, Rdnr. 683f; *Mertens* in MünchKomm, § 823 Rdnr. 415 Fn. 719; *Baumgärtel*, Handbuch

die Kausalität nur zulässig, wenn drei Voraussetzungen vorliegen: Der Arzt muß erstens gegen elementare Behandlungsregeln verstoßen, also einen Fehler begehen, der bei Anlegung des für einen Arzt vorauszusetzenden Ausbildungs- und Wissensmaßstabs nicht mehr verständlich und verantwortbar erscheint, also schlechterdings nicht unterlaufen darf, weil die Risiken „voll beherrschbar" sind[20]. Zweitens muß der Behandlungsfehler geeignet sein, den aufgetretenen Gesundheitsschaden verursacht zu haben[21]. Es muß ein Schaden eingetreten sein, welcher den Behandlungsfehler als grob erscheinen läßt. Nicht maßgeblich ist die Wahrscheinlichkeit für den Eintritt des Schadens. Und drittens muß der Arzt den groben Behandlungsfehler verschuldet haben[22]. Diese Fallgruppe wurde auf andere Berufszweige übertragen, z.B. auf den Schwimmlehrer oder auf den Kirmesveranstalter, wenn sie ihre Berufspflichten grob verletzten[23].

c) Verletzung des Selbstbestimmungsrechts

Im Arztrecht kann die Rechtswissenschaft auf eine lange Tradition der Aufklärungspflichten zurückblicken; dazu gibt es inzwischen eine umfangreiche Spezialliteratur[24]. Mit der Selbstbestimmungsaufklärung soll sichergestellt werden, daß der Patient selbst entscheidet, ob und in welcher Form er sich einem Heileingriff oder einer Untersuchung unterziehen will. Der Patient muß Wesen, Bedeutung und Tragweite des ärztlichen Eingriffs in seinen Grundzügen erkannt haben. Er soll zu einer informierten Risikoabwägung in der Lage sein, also zwischen Krankheitsrisiko und Behandlungsrisiko wählen können[25]. Der Patient ist über alle wichtigen Gesichtspunkte

---

der Beweislast I, § 823 Anh.C II, Rdnr. 33; *Matthies*, Anm. zu BGH v.18.3.1986, JZ 1986, 958 – Dekubitus, JZ 1986, 959, 960.

[20] BGH v.18.3.1974, NJW 1974, 1424, 1426 – Intubationsnarkose; BGH v.21.9.1982, Z 85, 212 – Beweislast bei Verstoß gegen Befunderhebung Ib; BGH v.25.4.1989, Z 107, 222 – Aufklärung über Metastasenbildung; *Steffen*, Arzthaftungsrecht, B.V.1., S. 126ff m. Begründung auf die „arzteigene Risikosphäre"; *Rieger*, Lexikon des Arztrechts, Rdnr. 306; *Ulsenheimer*, Zur zivil- und strafrechtlichen Verantwortung des Arztes, MedR 1992, 127, 129; *Nüßgens* in RGRK, § 823 Anh. II, Rdnr. 178.

[21] BGH v.21.9.1982, Z 85, 212 – Beweislast bei Verstoß gegen Befunderhebung Ib; *Nüßgens* in RGRK, § 823 Anh.II, Rdnr. 300; *Giesen*, Arzthaftungsrecht, S. 221f; *Steffen*, Arzthaftungsrecht, B.V.1., S. 128ff.

[22] *Baumgärtel*, Handbuch der Beweislast I, § 823 Anh.C II, Rdnr. 30.

[23] BGH v.13.3.1962, NJW 1962, 959 – Schwimmlehrer; OLG Köln v.18.11.1969, Z 70, 311 – Kirmesveranstalter; BGH v.10.11.1970, NJW 1971, 241 – Krankenpflegepersonal; OLG Braunschweig v.17.4.1985, VersR 1987, 76 – Hebamme. S. auch die weiteren Nachweise bei *v. Bar*, Verkehrspflichten, S. 49f, 310 und *Baumgärtel*, Handbuch der Beweislast I, § 823 IRdnr. 12, § 823 II Rdnr. 50, § 282 Anh. Rdnr. 71ff; *Schäfer* in Staudinger, § 823 Rdnr. 143.

[24] S. dazu die in der Einl. Fn. 46 erwähnte Literatur.

[25] Richtschnur ist die Kenntnis, die der Patient unter Berücksichtigung seiner erkennbaren persönlichen Verhältnisse vernünftigerweise seiner Entscheidung zugrundelegen wird. Damit soll insbesondere das durchschnittliche Aufklärungsbedürfnis abgesteckt und eine Grenze

zu unterrichten, wie den ärztlichen Befund, Art, Tragweite, Dringlichkeit, voraussichtlichen Verlauf und Folgen des geplanten Eingriffs (sog. Verlaufsaufklärung) sowie über Art und konkrete Wahrscheinlichkeit der verschiedenen Risiken im Verhältnis zu den entsprechenden Heilungschancen, über mögliche andere Behandlungsweisen und über die ohne den Eingriff zu erwartenden Risiken einer Verschlechterung des Gesundheitszustandes (sog. Risikoaufklärung)[26]. Diese notwendigen Fakten sind in einer für den medizinischen Laien verständlichen Form mitzuteilen. Die Risikoaufklärung dient dazu, den Patienten über solche Risiken aufzuklären, die sich auch bei Anwendung der gebotenen Sorgfalt, d.h. bei fehlerfreier Durchführung des Eingriffs, nicht mit Gewißheit ausschließen lassen und die damit *unvermeidbar* sind[27]. Der Arzt muß nicht auf die Möglichkeit eines Behandlungsfehlers hinweisen, sondern nur über die Risiken aufklären, die trotz ordnungsgemäßer Behandlung auftreten[28]. Die Aufklärung umfaßt auch sog. typische Risiken, d.h. solche Risiken, die – unabhängig von einer Komplikationsrate – mit der Eigenart des Eingriffs verbunden sind[29]. Im Vordergrund steht eine Aufklärung über Risiken, die *nachhaltige Belastungen der künftigen Lebensführung* zur Folge haben können; damit wird neben dem konkreten Eingriff auch die private Lebensführung des Patienten berücksichtigt[30]. Die abstrakte Wahrscheinlichkeit von Komplikationen ist nicht entscheidend für den Umfang der Aufklärung, sondern vielmehr die konkrete Höhe des Behandlungsrisikos, also Häufigkeit und Schwere der Komplikation, somit der Grad

---

gefunden werden, bis zu der ein Patient eine Aufklärung erwarten darf. Andererseits kann dieser generelle Maßstab durch das individuelle Informationsbedürfnis korrigiert werden: Der individuelle Patient geht dem „verständigen Patienten" vor. BGH v.10.7.1954, NJW 1956, 1106 – Elektroschock I; BGH v.26.6.1990, NJW 1990, 2928 – Dringlichkeit einer Operation; *Nüßgens* in RGRK, § 823 Anh.II, Rdnr. 112, 49; *Steffen*, Der verständige Patient aus der Sicht des Juristen, MedR 1983, 88ff; *derselbe*, Arzthaftungsrecht, B.II.7., S. 107; *Brüggemeier*, Deliktsrecht, Rdnr. 719; *Francke/Hart*, Ärztliche Verantwortung und Patienteninformation, S. 28; *Giesen*, Arzthaftungsrecht, S. 112, Fn. 214 und unten § 5.III.3.c), S. 172ff.

[26] BGH v.7.4.1984, Z 90, 103, 106 – Querschnittslähmungsrisiko durch Bestrahlung; *Mertens* in MünchKomm, § 823 Rdnr. 426; *Laufs* in Handbuch des Arztrechts, § 63 Rdnr. 11ff.

[27] BGH v.27.10.1981, NJW 1982, 697 – Myambutol Ia.

[28] Damit ist nicht über Gefahren aufzuklären, deren Abwendung beim gegenwärtigen Stand der Operationstechnik ohne nennenswerte Schwierigkeiten möglich ist, also über Gefahren, die durch medizinische Fehler entstehen, da hier der Patient schon durch die Pflicht des Arztes, fehlerfrei zu verfahren, geschützt wird. BGH v.9.12.1959, Z 29, 46, 58 – Elektroschock; BGH v.19.3.1985, NJW 1985, 2193; *Laufs* in Handbuch des Arztrechts, § 64 Rdnr. 3; *Steffen*, Arzthaftungsrecht, B.II.2., S. 91; *Nüßgens* in RGRK, § 823 Anh.II, Rdnr. 113.

[29] Daneben ist der Patient auch über atypische, seltene Risiken aufzuklären, wenn sie im Falle ihrer Verwirklichung das Leben des Patienten schwer belasten und für den Patienten überraschend sind, BGH v.7.4.1984, Z 90, 103 – Querschnittslähmungsrisiko durch Bestrahlung; s. die instruktiven Rechtsprechungsfälle bei *Laufs* in Handbuch des Arztrechts, §64 Rdnr. 3 Fn. 6; *Steffen*, Arzthaftungsrecht, B.II.2., S. 86ff.

[30] BGH v.22.4.1980, NJW 1980, 1905, 1907 – nervus facialis; *Rieger*, Rdnr. 257; *Steffen*, Arzthaftungsrecht, S. 85 m. umfangreichen w.Nachw.

der Gefährlichkeit des Eingriffs sowie die sachliche und zeitliche Dringlichkeit des Eingriffs[31].

Im Arztrecht wird deutlich zwischen Selbstbestimmungsaufklärung und therapeutischer Aufklärung (Sicherungsaufklärung) unterschieden. Die therapeutische Aufklärung unterrichtet den Patienten, wie er den Heilungserfolg durch richtiges Verhalten nicht gefährdet; sie soll den Patienten vor vermeidbaren Schäden durch sein eigenes Handeln oder Unterlassen bewahren, wie beispielsweise vor Unverträglichkeitsrisiken oder vor den Nachteilen einer Überschätzung der Therapie[32]. Sie dient dazu, den Patienten zu informieren, wie er sich verhalten soll. Wie bei der Frage nach der beruflichen Sorgfalt und den diagnostischen Pflichten handelt es sich auch bei der Sicherungsaufklärung um ärztliche Gefahrsicherung[33]; die Gefahrabwehr, die Vermeidung einer Selbstgefährdung mangels ausreichender Information, steht im Vordergrund. Die Sicherungsaufklärung unterscheidet sich damit strukturell von der Selbstbestimmungsaufklärung: Die therapeutische Aufklärung dient nicht dazu, dem Selbstbestimmungsrecht des Patienten, in einen Eingriff einzuwilligen, gerecht zu werden, sondern nur dazu, den Behandlungserfolg zu sichern, die Mitwirkung des Patienten an den Heilungschancen zu erreichen und eine mögliche Selbstgefährdung zu vermeiden[34].

Die Selbstbestimmungsaufklärung unterscheidet sich von der therapeutischen Aufklärung, da die Selbstbestimmungsaufklärung nur über Gefahren aufklären soll, die nicht abgewendet werden können, während die Gefahrabwehr gerade den Zweck hat, es dem Patienten zu ermöglichen, der Gefahr durch richtiges Verhalten begegnen zu können. Damit schließen sich auch Selbstbestimmung und Gefahrabwehr aus. Auch bezüglich der Beweislast unterscheiden sich Selbstbestimmungsaufklärung und therapeutische Aufklä-

---

[31] BGH v.26.2.1985, NJW 1985, 2192 – Knie-Ellenbogenlage; *Nüßgens* in RGRK, § 823 Anh.II, Rdnr. 114; *Brüggemeier*, Deliktsrecht, Rdnr. 726. Unterscheiden kann man zwischen (a) medizinisch nicht indizierten Eingriffen, wie der kosmetischen Operation, (b) relativen Eingriffen, die eine Alternative zu Eingriff und Inkaufnahme des krankhaften Zustandes erlauben, (c) absoluten Eingriffen zur Beseitigung einer erheblichen Gesundheitsverletzung und (d) vital indizierten Eingriffen zur Beseitigung von unmittelbar lebensbedrohenden Krankheiten oder Verletzungen. Je weniger dringlich der Eingriff, desto höhere Anforderungen können an die Aufklärungspflicht gestellt werden; BGH v.28.11.1972, NJW 1973, 556, 557 – Oberschenkelnerv; *Tempel*, Inhalt, Grenzen und Durchführung der ärztlichen Aufklärungspflicht unter Zugrundelegung der höchstrichterlichen Rechtsprechung, NJW 1980, 609, 611; s. auch die instruktiven „Merkhilfen" bei *Giesen*, Arzthaftungsrecht, S. 145ff; *Nüßgens* in RGRK, § 823 Anh.II, Rdnr. 117ff; ähnlich *Kern/Laufs*, Die ärztliche Aufklärungspflicht, S. 69ff.

[32] *Steffen*, Arzthaftungsrecht, B.II.1., S. 83.

[33] LG Konstanz v.14.4.1972, NJW 1972, 2223 – Nachfolgewirkungen von Megacillin; *Nüßgens* in RGRK, § 823 Anh.III, Rdnr. 45; *Giesen*, Arzthaftungsrecht, S. 102 Fn. 17; *Rieger*, Rdnr. 280; *Steffen*, Arzthaftungsrecht, S. 83 m.w.Nachw.; *Laufs* in Handbuch des Arztrechts, § 62 Rdnr. 4; *Kern/Laufs*, Die ärztliche Aufklärungspflicht, S. 183.

[34] *Mertens* in MünchKomm, § 823 Rdnr. 422; *Laufs* in Handbuch des Arztrechts, § 62 und § 63; *Laufs*, Arztrecht, Rdnr. 118; *Giesen*, Arzthaftungsrecht, S. 102 Fn. 17; *Steffen*, Arzthaftungsrecht, S. 82f; Palandt/*Thomas*, § 823 Rdnr. 44ff.

rung deutlich. Bei der therapeutischen Aufklärung muß der Patient die fehlende Aufklärung beweisen, so wie er auch grundsätzlich den Behandlungsfehler[35] zu beweisen hat. Zudem muß der Patient beweisen, daß die unterlassene Aufklärung für den Schadenseintritt ursächlich war. Dagegen muß bei der Selbstbestimmungsaufklärung der Arzt beweisen, daß er die Selbstbestimmungsaufklärung durchgeführt hat, damit der Patient selbstbestimmend in den Heileingriff einwilligen[36] konnte. Diese Beweislastverteilung macht die Selbstbestimmungsaufklärung geradezu zum Auffangtatbestand für den Behandlungsfehler, der vom Patienten zu beweisen ist. Ob die Grundsätze der Selbstbestimmung auf andere Rechtsgebiete übertragen werden können, wird unter § 5 näher betrachtet[37].

3. Beweiserleichterungen bezüglich Pflichtwidrigkeit und Verschulden

In Produkthaftungsfällen brachte die Hühnerpest-Entscheidung für den Geschädigten allgemein drei Erleichterungen: Er muß neben Schaden und Rechtsgutsverletzung nur noch beweisen, daß das Produkt fehlerhaft ist und aus dem Gefahrenbereich des Herstellers stammt. Dadurch entfällt für ihn der Nachweis, daß eine Verkehrspflichtverletzung vorlag und diese den Produktfehler verursacht hat. Zudem muß der Geschädigte nicht mehr das Verschulden des Herstellers beweisen[38]. Auch im Arztrecht kann eine Beweislastumkehr für Verschulden in Betracht kommen, wenn der Sorgfaltspflichtverstoß im Organisationsbereich des Krankenhauses angesiedelt ist[39]. Voraussetzung ist allerdings, daß die Schädigung aus einem Bereich stammt, dessen Gefahren ärztlicherseits voll ausgeschlossen werden können und müssen (sog. voll beherrschbare Risiken).

---

[35] *Laufs*, Arztrecht, Rdnr. 121.

[36] Ohne Einwilligung ist der ärztliche Heileingriff eine Körperverletzung gem. §§ 223, 230 StGB, § 823 BGB sowie eine Verletzung der in Art. 2 GG genannten körperlichen Integrität. Umstritten RG v.27.5.1908, Z 68, 431, 438 – fehlende Einwilligung der Eltern; BGH v.27.10.1981, NJW 1982, 697, 698 – Myambutol Ia; OLG Oldenburg v.20.1.1984, VersR 1986, 69, 71 m.Nichtannahmebeschluß des BGH – Myambutol Ib, *Nüßgens* in RGRK, § 823 Anh.II, Rdnr. 64; 173; *Giesen*, Arzthaftungsrecht, S. 192, 253; *Deutsch*, Schutzbereich und Tatbestand des unerlaubten Heileingriffs im Zivilrecht, NJW 1965, 1985, 1989; *derselbe*, AcP 192 (1992), 179; *derselbe*, Arztrecht und Arzneimittelrecht, S. 73; kritisch *Laufs*, Arztrecht, Rdnr. 447ff; differenzierend: *Mertens* in MünchKomm, § 823 Rdnr. 3.

[37] S. unten § 5.III.3.c), S. 172ff.

[38] BGH v.26.11.1968, Z 51, 91 – Hühnerpest; *Larenz*, Schuldrecht I, § 24.I.b); *Foerste* in Produkthaftungshandbuch I, § 30 Rdnr. 44; *Baumgärtel*, Handbuch der Beweislast I, § 823 Anh. C III, Rdnr. 25.

[39] BGH v.27.9.1983, Z 88, 248 – Anfängeroperation; *Giesen*, Arzthaftungsrecht, S. 77, 80f; BGH v.10.1.1984, Z 89, 263 – Arztvertrag.

II. Prinzipien des Deliktsrechts

1. Die Zweispurigkeit von Verschuldens- und Gefährdungshaftung

Das Deliktsrecht soll Risikosphären abgrenzen[40]. Es bezweckt einen sachgerechten Ausgleich zwischen dem Integritätsschutz des Geschädigten und der allgemeinen Handlungsfreiheit des Schädigers. Der Verschuldensgrundsatz bezweckt insbesondere die Erhaltung dieser Handlungsfreiheit[41]. Im Zivilrecht hat der Inhaber eines Rechtsguts grundsätzlich den Schaden an seinem Rechtsgut selbst zu tragen; dies liegt in der Natur der Sache: *casum sentit dominus*[42]. Ein Dritter haftet nur dann für den Schaden, wenn dieser dem Dritten zugerechnet, eine Kausalität zwischen rechtswidriger Handlung und Rechtsgutsverletzung festgestellt werden kann und der Schaden schuldhaft verursacht wurde. Der Gesetzgeber hat das *Verschuldensprinzip* in der für das Deliktsrecht wichtigsten Norm, § 823 BGB, festgelegt[43]. Die Verschuldenshaftung ist Einstandspflicht für verschuldetes Unrecht[44]. Die Gefährdungshaftung ist dagegen durch Sondernormen und –gesetze geregelt[45]; im Unterschied zur Verschuldenshaftung gestattet sie auch die Haftung für Zufall[46]. Pointiert beschreibt *Canaris* die Gefährdungshaftung als Haftung des idealtypischen, die Verschuldenshaftung als Haftung des durchschnittlichen Herstellers[47]. Folglich unterscheidet die überwiegende Auffassung deutlich zwischen Gefährdungs- und Verschuldenshaftung. Man spricht insoweit von

---

[40] *Protokolle*, Bd. II, S. 567; *Steffen* in RGRK, § 823 Rdnr. 6; *Rüßmann* in AK-BGB, vor § 249 Rdnr. 1; *Schäfer/Ott*, Lehrbuch der Ökonomischen Analyse des Zivilrechts, S. 137.

[41] *Motive*, Bd. II, S. 727; *Protokolle*, Bd. II, S. 568f, 585; *Kötz*, AcP 170 (1970), 1, 4; v. *Caemmerer*, Reform der Gefährdungshaftung, GeS III, S. 239, 245; *Joerges* in AK-BGB, § 823 Rdnr. 1; *Schäfer/Ott*, Lehrbuch der Ökonomischen Analyse des Zivilrechts, S. 138; Larenz/*Canaris*, Schuldrecht II 2, S. 351ff.

[42] Den Zufall spürt der Eigentümer, s. Dig. 50, 17, 23; *Wacke*, Gefahrerhöhung als Besitzverschulden in FS Hübner, 1984, S. 669ff.

[43] Teilweise wird behauptet, das Verschuldensprinzip würde nur römische Rechtsregeln fortführen und sich aus der römischen *culpa* herleiten, *Motive*, Bd. II, 1896, S. 724f; *Mudgan*, Bd. II, 1899, S. 1267; M. *Rümelin*, Die Gründe der Schadenszurechnung, 1896, S. 4ff; s. auch *Kötz*, Deliktsrecht, Rdnr. 16 und *Fuchs*, Deliktsrecht, S. 2. Nach anderer Auffassung ist dagegen das Verschuldensprinzip weder dem römischen noch dem altgermanischen Recht zwingend zu entnehmen und wurde erst durch die Arbeit von *v. Ihering*, Das Schuldmoment im römischen Privatrecht, 1867, in die wissenschaftliche Diskussion eingeführt, s. *Protokolle* (Bd., II, 1898, S. 568), die auch auf das ältere deutsche Recht hinweisen; ebenso *Esser*, Grundlagen und Entwicklung der Gefährdungshaftung, 1941, S. 46ff; jüngst *Laufs* in FS Gernhuber, 1993, S. 245ff, 250; *Börgers*, Von den „Wandlungen" zur „Restrukturierung" des Deliktsrechts?, S. 50ff; *Koch*, Die Sachhaftung, Diss. Tübingen, 1991, S. 51 Fn. 19.

[44] Larenz/*Canaris*, Schuldrecht II 2, S. 352.

[45] Z.B. im WHG, AMG, StVG; für einen Überblick s. instruktiv *Kreuzer*, Prinzipien des deutschen außervertraglichen Haftungsrechts in FS Lorenz, 1991, S. 123ff.

[46] Oder Unglück, Esser/*Weyers*, Schuldrecht II, § 63 I. Der Hersteller haftet z.B. für Ausreißer.

[47] Larenz/*Canaris*, Schuldrecht II 2, S. 645. Ob dies so zutrifft, wird unter § 5.II.3. untersucht.

der Zweispurigkeit des Haftungsrechts[48]. Nach Ansicht der Rechtsprechung kann bei § 823 BGB nicht ohne weiteres auf das Verschuldenselement verzichtet und damit von einer Verschuldens- zu einer Gefährdungshaftung übergegangen werden[49]. Auch sind Gefährdungstatbestände, bei denen auf ein Verschulden des Schädigers verzichtet wird, nach bundesdeutscher Rechtsprechung nicht analogiefähig[50]. Das Bürgerliche Recht sieht gerade nicht vor, daß jeder für die Rechtsgüter Dritter verantwortlich ist[51]. Eine so weitgehende Verschiebung des Beweisrisikos führt zu einer Aushöhlung der Verschuldenshaftung[52], von deren Geltung das Bürgerliche Gesetzbuch grundsätzlich ausgeht[53]. Dieser Vorwurf der Aushöhlung trifft erst recht zu, wenn zusätzlich die Voraussetzungen der Kausalität aufgegeben werden. Denn dann besteht die Gefahr einer Verdachtshaftung[54], ja einer reinen Vermutungshaftung.

2. Ein mehrspuriges Haftungsrecht

a) Gefährdungselemente bei der Verschuldenshaftung

Auf der anderen Seite hat sich das heutige Deliktsrecht deutlich von der reinen Verschuldenshaftung fortentwickelt[55]. Das begann mit einer Verob-

[48] *Esser*, Zweispurigkeit unseres Haftpflichtrechts, JZ 1953, 129ff; ihm folgend auch die Lehrbuchliteratur, z.B. *Fikentscher*, Schuldrecht, 16.Abs., 1.Unterabschnitt I. A. und B; *Medicus*, Bürgerliches Recht, Rdnr. 604; *derselbe*, Schuldrecht II, § 134 II; *Larenz*, Schuldrecht II, Dritter Abschnitt, Erstes und Zweites Kapitel; Larenz/*Canaris*, Schuldrecht II 2, Dritter Abschnitt, Erstes und Zweites Kapitel.

[49] „Eine generelle Beweislastumkehr würde die Deliktshaftung zu einer Erfolgseinstandshaftung machen, für die es einer besonderen materiell-rechtlichen Legitimierung bedarf", BGH v.7.6.1988, Z 104, 323, 332f – Mehrwegflasche IIa und bereits BGH v.26.11.1968, Z 51, 91, 98 – Hühnerpest. S. auch unten § 5.II.3., S. 159.

[50] Sog. Enumerationsprinzip der Gefährdungshaftung, s. Larenz/*Canaris*, Schuldrecht II 2, S. 601. Diese höchstrichterliche österreichische Rechtsprechung hat dagegen die Gefährdungshaftung rechtsfortbildend anerkannt.

[51] Eine reine Kausalhaftung, die nur an die Verursachung anknüpft, kann keine Brücke zur Verantwortlichkeit schlagen; wenn die Kausalität Handlung und Ursache verknüpft, rechtfertigt dies alleine noch keine Haftung, so bereits *M. Rümelin*, Die Gründe der Schadenszurechnung, 1896, S. 26.

[52] *Diederichsen*, Zur Rechtsnatur und systematischen Stellung von Beweislast und Anscheinsbeweis, VersR 1966, 211, 216; *Stoll*, Haftungsverlagerung durch beweisrechtliche Mittel, AcP 176 (1976), 145, 161; *Larenz*, Schuldrecht I, § 24.I.b).

[53] *Motive*, Bd. II, 1896, S. 724f; *Protokolle*, Bd. II, S. 568ff; *Mudgan*, Bd. II, 1899, S. 1267; s. auch *Kötz*, Deliktsrecht, Rdnr. 16.

[54] Für das neue Umwelthaftungsgesetz besonders eindringlich *Schmidt-Salzer*, Kommentar zum Umwelthaftungsrecht, § 6 Rdnr. 17ff.

[55] *Esser*, Grundlagen und Entwicklung der Gefährdungshaftung, S. 9; *Gernhuber*, Bürgerliches Recht, 3. Aufl., 1991, S. 381f; insoweit wurde schon von heimlichen Gefährdungstatbeständen gesprochen; *Will*, Quellen erhöhter Gefahr, 1980, S. 41; *Adams*, Ökonomische Analyse der Gefährdungs- und Verschuldenshaftung, S. 110.

jektivierung des Schuldbegriffes durch § 276 I 2 BGB, dem Abstellen auf die im Verkehr erforderliche Sorgfalt, die sich insoweit vom strafrechtlichen, persönlichen Schuldvorwurf unterscheidet[56]. Daneben wurden die Anforderungen an die Sorgfaltsvorkehrungen derart gesteigert, daß diese nahezu nicht mehr erfüllt werden können. Dies geschieht dadurch, daß Verkehrspflichten nachträglich „erfunden" werden, deren Beachtung geeignet gewesen wäre, in casu den eingetretenen Schaden zu verhindern[57]. Einzelne Verkehrspflichten werden deshalb von einem Teil der Literatur als überspannt angesehen[58]. Die gerade genannten Beispiele zeigen auch, daß die Rechtsprechung in den letzten Jahren Beweiserleichterungen zugunsten des Geschädigten bezogen auf Kausalität und Verschulden vorgenommen hat. Der Schädiger muß beweisen, daß der Schaden nicht durch ihn verursacht wurde oder ihn zumindest kein Verschulden trifft. Es scheint in gewissem Umfang die Notwendigkeit zu bestehen, über das Verschuldensprinzip hinaus in bestimmten Bereichen eine strengere Haftung des Schädigers zuzulassen[59]. Dies kommt dem Geschädigten als Beweiserleichterung zugute.

b) Verschuldenselemente bei der Gefährdungshaftung

Schließlich läßt sich auch die Gefährdungshaftung nicht in Reinkultur durchführen; in bestimmten Fallkonstellationen ist sie ohne das Abstellen auf den jeweiligen Sorgfaltsmaßstab undurchführbar. So nähert sich, das wird noch genauer aufgezeigt, im Arzneimittelrecht die Gefährdungshaftung einer Verschuldenshaftung[60]. Im Produkthaftungsgesetz sind die Fehlerbe-

---

[56] *Motive*, Bd. I, S. 280; *Protokolle*, Bd. II, S. 2786f; *Larenz*, Schuldrecht I, § 20 III; *Fikentscher*, Schuldrecht, Rdnr. 508; *Kullmann/Pfister*, Kza. 1525, 17; BGH v.18.3.1955, Z 8, 138, 140 – Sorgfaltspflicht eines Dentisten.

[57] S. im einzelnen bereits *Esser*, JZ 1953, 129ff; *Kötz*, Haftung für besondere Gefahr, AcP 170 (1970), 1, 10; *Deutsch*, Haftungsrecht, S. 365; *v. Caemmerer*, Das Verschuldensprinzip in rechtsvergleichender Sicht, RabelsZ (1978), 5, 15 = GeS III, S. 261, 271f; *Steffen*, Verkehrspflichten im Spannungsfeld von Bestandsschutz und Handlungsfreiheit, VersR 1980, 409, 410; *Will*, Quellen erhöhter Gefahr, S. 41ff; *v. Bar*, Verkehrspflichten, S. 103ff; *Gernhuber*, Bürgerliches Recht, S. 382. Von Pseudoverhaltenspflichten spricht *Schünemann*, UTR 1994, 137, 153f.

[58] *Esser*, Grundlagen und Entwicklung der Gefährdungshaftung, S. 90ff; *Laufs* in FS Gernhuber, 1993, S. 245, 251; *Foerste* in Produkthaftungshandbuch I, § 24 Rdnr. 269 m.w.Hinw.; *Kreuzer* in FS Lorenz, 1991, S. 123, 126; ebenso BGH v.27.9.1994, NJW 1994, 3349, 3350 – Elektrodenkabel, zu den Anforderungen der Vorinstanz. A.A. *v. Bar*, Verkehrspflichten, S. 129f. Für das Strafrecht warnend: *Schünemann*, UTR 1994, 137, 154; *Kuhlen*, JZ 1994, 1142, 1146. S. bereits oben Einl. Fn. 37 und 43.

[59] S. schon *Stoll*, AcP 176 (1976), 145, 161: „Unter gewissen Voraussetzungen besteht ein unabweisbares Bedürfnis, die außervertraglichen Verhaltenspflichten durch die Hereinnahme eines begrenzten Erfolgsmomentes inhaltlich aufzuwerten".

[60] Das gilt vor allem für den Instruktionsfehler des § 84 S. 2 Nr. 2 AMG, z.T. aber auch für die Vertretbarkeitsprüfung des § 84 S. 2 Nr. 1 AMG; *Deutsch*, Der Zurechnungsgrund der Produzentenhaftung, VersR 1988, 1197, 1199; für das US-amerikanische Recht *Lüderitz*, RIW 1988, 786, Fn. 55–57 und unten § 8.I.1.a) und 2.a)bb).

griffe mit den Definitionen des Konstruktions- und Instruktionsfehlers des allgemeinen Deliktsrechts weitgehend identisch; insoweit fließen beim Fehlerbegriff des PHG auch wieder Verschuldenselemente ein[61]. Anhänger der ökonomischen Analyse des Rechts halten ebenfalls den Wegfall jeglicher Verschuldenshaftung für problematisch, weil in diesem Fall für den Schädiger der Anreiz fehlt, die Sorgfaltspflichten einzuhalten und der Geschädigte nicht angehalten wird, seinerseits Sorgfaltsmaßnahmen zu ergreifen, um der Gefahr auszuweichen. Deshalb sei die Verschuldenshaftung einer reinen Gefährdungshaftung vorzuziehen, weil mittels einer Beweislastumkehr für das Tatbestandsmerkmal Verschulden dem Schädiger die Möglichkeit eröffnet ist, einer Haftung zu entgehen, indem er nachweist, den maßgeblichen Sorgfaltsmaßstab eingehalten zu haben[62]. Es ist zu zeigen, daß man statt von der Zweispurigkeit besser von einer Mehrspurigkeit des Deliktsrechts reden sollte.

3. Der Rechtsgrund für präventive Verkehrspflichten und Beweiserleichterungen

Vor diesem Hintergrund stellt sich die Frage, ob mit den eben genannten hohen Anforderungen an die Verhaltenspflichten und Beweiserleichterungen die Grundlagen des geltenden Rechts verlassen werden, denn § 823 I BGB sieht weder eine Gefährdungs- noch eine Vermutungshaftung vor. Bereits *Stoll* hat festgestellt, daß über den Anwendungsbereich der Beweiserleichterungen wenig Klarheit herrscht[63]. Seit Jahrzehnten wurde immer wieder der Versuch unternommen, einen Rechtsgrund für solche Haftungsverschärfungen zu finden[64]. Der Rechtsgrund (oder gleichbedeutend Sachgrund, Haftungsgrund, Rechtsprinzip) kann als rechtsethisches Prinzip

---

[61] *Baumgärtel*, Handbuch der Beweislast I, § 823 Anh C IV, § 1 PHG Rdnr. 21; *Schlechtriem*, Dogma und Sachfrage, Überlegungen zum Fehlerbegriff des Produkthaftungsgesetzes in FS Rittner, 1991, S. 545, 549 Fn. 21, 551; *Lüderitz*, Gefährdung und Schuld im Produkthaftungspflichtrecht – Versuch einer Synthese in FS Rebmann, 1989, S. 755, 763; *G. Hager*, PHI 1991, 1, 8; *v. Bar*, Neues Haftungsrecht durch Europäisches Gemeinschaftsrecht, in FS Lange, 1992, S. 373, 389. Ausdrücklich für einen einheitlichen Fehlerbegriff im Deliktsrecht und PHG *Diederichsen*, Zur Dogmatik der Produkthaftung nach Inkrafttreten des Produkthaftungsgesetzes, in Arbeitsgemeinschaft der Verkehrsanwälte (Hrsg.), Probleme der Produzentenhaftung, 1988, S. 9, 24. S. auch *Pfeifer*, Produktfehler oder Fehlverhalten des Produzenten, S. 195ff; *Schubert*, PHI 1989, 74, 80; *Kötz*, Deliktsrecht, Rdnr. 450.

[62] *Adams*, Ökonomische Analyse der Gefährdungs- und Verschuldenshaftung, S. 51, 114ff, 266; *Wickhorst*, Recht und Ökonomie des Produkthaftungsgesetzes, Diss. Hannover, 1994, S. 194ff. So bereits schon *Steindorff*, AcP 170 (1970), 93, 117.

[63] *Stoll*, AcP 176 (1976), 145, 147.

[64] S. schon *G. Rümelin*, Culpahaftung und Causalhaftung, AcP 88 (1898), 285, 301; *M. Rümelin*, Die Gründe der Schadenszurechnung, 1896; *derselbe*, Schadensersatz ohne Verschulden, 1910, S. 4ff.

definiert werden, das nach wertenden Gesichtspunkten die umfangreichen Informationspflichten in bestimmten Fällen zu erklären vermag und dessen Anerkennung im geltenden Recht nachgewiesen werden kann. Damit können auch die Grenzen des Rechtsgrunds bestimmt werden. Das Rechtsprinzip ist richtunggebender Maßstab rechtlicher Normierung, die vermöge ihrer eigenen Überzeugungskraft rechtliche Entscheidungen zu begründen vermag[65]. Für diese Suche ist bereits entwickelten Rechtsgründen, aber auch neueren Ideen nachzugehen (§ 4.III.). Einen anderen Weg beschreitet die Lehre vom Beweglichen System, die verschiedene Rechtsprinzipien kombiniert (§ 4.IV.). In § 5 soll dann nachgewiesen werden, daß es für präventive Verkehrspflichten und die durch die Beweislastumkehr hervorgerufenen Haftungsverschärfungen einen eigenen Rechtsgrund gibt, mit dem sich zu einem guten Teil sowohl die vermeintliche „Überspannung" der Verkehrspflichten als auch eine Vermutungshaftung rechtfertigen lassen.

III. Rechtsgründe zum Schutz der persönlichen Rechtsgüter in Rechtsprechung und Schrifttum

1. Beweisnot und prozessuale Waffengleichheit

a) Die Beweislast bezüglich der Kausalität wird oft deshalb zugunsten des Geschädigten umgekehrt, weil der Geschädigte nicht beweisen kann, daß der Schädiger den Schaden verursacht hat. Deshalb soll dem Geschädigten aus seiner Beweisnot dadurch geholfen werden, daß die Beweislast einzelner Tatbestandsmerkmale vom Geschädigten auf den Schädiger verlagert wird. Für das Arzthaftungsrecht hat die höchstrichterliche Rechtsprechung betont, daß diese Beweiserleichterung dazu dient, die *prozessuale Waffengleichheit* zwischen den Parteien herzustellen. Der Patient unterliege einer besonderen Beweisnot, da ihm die entsprechende Sachkenntnis fehle und es ihm während einer Narkose gar nicht möglich sei, das Tun des Arztes zu überwachen. Nur durch Beweiserleichterungen könne die Rechtsanwendungsgleichheit gewährleistet werden[66]. Die Literatur ist dieser Begründung

---

[65] *Larenz*, Methodenlehre der Rechtswissenschaft, S. 474; *Emmerich* (Das Recht der Leistungsstörungen, 3.Aufl., 1991, S. 40 Fn. 11) definiert den Begriff des Haftungsgrundes. *Baumgärtel* (Handbuch der Beweislast I, § 823 Anh. C, Rdnr. 28) fragt nach der „Wertungsgrundlage für die Beweislastumkehr", s. *derselbe*, Anm. zu BGH v.18.9.1984, Z 92, 143 – Kupolofen, JZ 1984, 1109; *Picker*, Vertragliche und deliktische Schadenshaftung, JZ 1987, 1041, 1052.

[66] BGH v.14.3.1978, NJW 1978, 1681, 1682 – Dammschnitt bei einer Entbindung, und BVerfG v.25.7.1979, E 52, 131, 144ff – Arzthaftungsprozeß. Zudem müsse der Arzt dem Patienten durch die Dokumentation Aufschluß über sein Tun geben.

zum Teil gefolgt[67]. Das Abstellen auf die prozessuale Waffengleichheit diene dazu, in bestimmten Fällen eine Haftung des Arztes zu ermöglichen und damit schwerwiegende und unerträgliche Ergebnisse durch eine Beweislastverlagerung zugunsten des Patienten zu korrigieren[68].

b) Der Beweisnotstand des Geschädigten allein kann kein Rechtsgrund für die Haftung des Schädigers sein, weil diesem Notstand durch eine Umkehr der Beweislast Rechnung getragen werden kann[69]. Damit wird noch nicht begründet, warum der Schädiger stärker haften muß als nach den allgemeinen Grundsätzen. Die Beweislastverteilung hat mittelbar auch materiell-rechtliche Bedeutung. Wird die Beweislast bezüglich Verschulden und Kausalität dem Schädiger auferlegt, führt das im Falle der Nichtentlastung zur Gefährdungs- bzw. Vermutungshaftung. Die Beweislastregel entscheidet mittelbar materiell-rechtlich, ob auch im Falle der Beweislosigkeit bestimmte Haftungsvoraussetzungen bestehen. Das Beweisrisiko muß also im Einklang mit der materiell-rechtlichen Haftungsordnung stehen[70]. Eine Veränderung der Beweislastkonstellation ist folglich nur möglich, wenn Wesen und Gehalt der *materiellen* Deliktspflichten dies zulassen. Eine Beweislastumkehr aus rein prozessualer Billigkeit ist damit abzulehnen[71]; sie verletzt materielles Deliktsrecht[72]. Mit der „prozessualen Waffengleichheit" soll sichergestellt werden, daß ein bereits eingetretener Schaden tatsächlich vom Schädiger ersetzt werden muß. Die vom BGH durchgeführte Beweislastumkehr in den hier genannten Fällen gehen aber darüber hinaus.

In diesen Fällen kann die Beweiserleichterung bereits eine präventive Verkehrspflicht erzwingen. So dient beispielsweise die Dokumentationspflicht des Arztes primär dazu, den nachbehandelnden Arzt über den Umfang der Therapie aufzuklären und damit die Behandlung optimal fort-

[67] *Brüggemeier*, Deliktsrecht, Rdnr. 688; *Mertens* in MünchKomm, § 823 Rdnr. 414ff; *Laufs*, Deliktische Haftung ohne Verschulden? – ein Skizze in FS Gernhuber, 1993, S. 245, 255; *Laufs*, Arztrecht, Rdnr. 441. *Stürner*, Die Einwirkungen der Verfassung auf das Zivilrecht und den Zivilprozeß, NJW 1979, 2234ff. Ebenso für die Dokumentationspflicht *Francke/Hart*, S. 79; *Giesen*, Arzthaftungsrecht, S. 198; *Baumgärtel*, Handbuch der Beweislast I, § 823 Anh.C II, Rdnr. 1 m.w.Nachw.; unklar *Thomas/Putzo*, vor § 284 Rdnr. 30: Waffengleichheit, vor § 284 Rdnr. 31: Gefahrbereich, § 286 Rdnr. 31: Beweisvereitelung.

[68] BVerfG v.25.7.1979, E 52, 131, 144ff – Arzthaftungsprozeß unter Berufung auf Art. 3 I GG und das Rechtsstaatsprinzip; s. auch *Reinhardt*, Die Umkehr der Beweislast aus verfassungsrechtlicher Sicht, NJW 1994, 93, 97, 99. Für das Produkthaftungsrecht s. *Häsemeyer* in FS Niederländer, 1991, S. 251, 259.

[69] So schon *M. Rümelin*, Der Zufall im Recht, 1896, S. 30; ähnlich *Blaschczok*, Gefährdungshaftung und Risikozuweisung, 1993, S. 66f.

[70] *Gottwald*, Jura 1980, 225, 229; s. auch Rosenberg/Schwab/*Gottwald*, § 117.II.2., S. 671; *Kim*, Fehlerbegriff und Haftungsgrund in der Produkthaftung in FS Kitagawa, 1992, S. 423, 447.

[71] *Stürner*, NJW 1979, 1225, 1226; deutlich auch *Prütting* in MünchKommZPO, § 286 Rdnr. 121: „Eine Beweislastumkehr im Einzelfall, also aus Gründen der Gerechtigkeit oder Billigkeit des einzelnen Prozesses ist in jedem Fall abzulehnen".

[72] *Steffen* in RGRK, § 823 Rdnr. 523.

zusetzen und Behandlungsfehler zu vermeiden[73]. Nur nachrangig will die Dokumentationspflicht auch Haftungsansprüche des Geschädigten erleichtern.

2. *Beweisvereitelung*

a) Weitergehend könnte man deshalb daran denken, den Rechtsgrund einer Beweislastumkehr mit einer dem Schädiger anzulastenden Beweisvereitelung zu begründen. Unter Beweisvereitelung versteht man ein Tun oder Unterlassen, welches die Klärung des Sachverhaltes wesentlich erschwert. Das kann beispielsweise dadurch geschehen, daß der Schädiger dem Geschädigten vorhandene Beweismittel vorenthält, vernichtet oder die Aufklärung eines bereits eingetretenen Schadensereignisses unterläßt[74]. Darüber hinaus kann unter Berufung auf den Rechtsgedanken des § 444 ZPO eine Beweislastumkehr stattfinden, wenn der Schädiger nach Eintritt eines Schadensereignisses die Aufklärung fahrlässig erschwert oder vereitelt, obwohl ihm die Notwendigkeit einer Beweisführung erkennbar sein mußte[75]. Nach Meinung des BGH liegt ein solcher Fall beim groben Behandlungsfehler des Arztes vor, weil der Arzt durch den Behandlungsfehler den Nachweis eines Ursachenzusammenhanges zwischen Fehler und Schaden verhindert hat[76]. Auch den Ausführungen des BGH zur Mehrwegflaschen-Entscheidung wurde entnommen, daß der Bundesgerichtshof auf das Prinzip der Beweisvereitelung infolge unterlassener Befunderhebung abstellt[77]. Der grobe Behandlungsfehler hat mit der unterlassenen Befunderhebung gemeinsam, daß durch derartige Sorgfaltspflichtverstöße die Aufklärung der Schadensursache(n) unmöglich gemacht wird[78].

---

[73] S. genauer unten § 5.III.2.c). Im Produkthaftungsrecht soll die Dokumentation der Produktion bzw. eine Unternehmensstruktur ein bestimmtes Maß an Qualität sichern und damit Gefahren für Rechtsgüter Dritter vermeiden, s. § 6.III.4.

[74] BGH v.14.7.1960, VersR 1960, 844, 846 – Schuldhafte Entziehung eines Beweismittels; *Baumgärtel*, Die Beweisvereitelung im Zivilprozeß in FS Kralik, 1986, S. 75; *Thomas/Putzo*, § 286 Anm. 5, Rdnr. 17 ff.

[75] BGH v.15.11.1984, NJW 1986, 59 – Beweislast bei Verletzung einer Dokumentationspflicht; BGH v.28.9.1970, JZ 1971, 29 – Beweislast für Versagen von Bremsen; *Thomas/Putzo*, § 286 Rdnr. 19; *Kullmann/Pfister*, Kza. 1526, 7; *Baumgärtel*, Handbuch der Beweislast I, § 823 II Rdnr. 51. Zu dem Gedanken des § 444 ZPO s. schon Ulp.D. 47.2.27.2.3.

[76] BGH v.21.9.1982, Z 85, 212 – Beweislast bei Verstoß gegen Befunderhebung Ib; *Giesen*, Arzthaftungsrecht, S. 223; *Nüßgens* in RGRK, § 823 Anh.II Rdnr. 304; *Steffen*, Arzthaftungsrecht, B.V.1., S. 129ff; *Brüggemeier*, Deliktsrecht, Rdnr. 683f; *Mertens* in MünchKomm, § 823 Rdnr. 415 Fn. 719; *Baumgärtel*, Handbuch der Beweislast I, § 823 Anh.C II, Rdnr. 33.

[77] *Giesen*, Anm. zu BGH v.7.6.1988, Z 104, 323 – Mehrwegflasche IIa, JZ 1988, 969, 971; *Foerste*, Anm. zu BGH v.7.6.1988, Z 104, 323 – Mehrwegflasche IIa, VersR 1988, 958, 960; *derselbe*, Produkthaftungshandbuch I, § 30 Rdnr. 22 als allgemeines Prinzip im Produkthaftungsrecht; ähnlich *Winkelmann*, MDR 1989, 16, 18: Befundsicherungspflicht als Beweiserhaltungspflicht.

[78] Ähnlich BGH v.3.2.1987, Z 99, 391, 397 – Beweislast bei Verstoß gegen die Befunderhebungspflicht II m. Hinweis auf BGH v.25.1.1983, NJW 1983 – unterlassene Untersuchung von Trinkwasser; *Baumgärtel*, Handbuch der Beweislast I, § 823 Anh.C II, Rdnr. 13.

b) Eine Beweisvereitelung liegt jedoch nicht vor, wenn die Unaufklärbarkeit durch das schadenstiftende Ereignis *selbst* herbeigeführt wird[79]. Die gerade genannte fahrlässige Beweisvereitelung überzeugt nicht in den Arzthaftungsfällen, weil der Schädiger keine Beweismittel durch weiteres Zutun vernichtet[80]. Ebensowenig beruht die Mehrwegflaschen-Entscheidung auf dem Gedanken der Beweisvereitelung. Wie auch bei einem groben Behandlungsfehler ist es nur die *Folge nichterfüllter Sorgfalt*, daß ein bestimmter Zustand nicht mehr aufzuhellen ist und deswegen eine Beweislastumkehr vorgenommen wird. Folglich betont auch der BGH ausdrücklich, daß die materielle Pflicht die prozessuale Beweislastregelung begrenzt[81].

3. Ökonomische Analyse des Rechts

Möglicherweise kann die Lehre von der „Ökonomischen Analyse des Rechts" erklären, warum in bestimmten Fällen Beweiserleichterungen und präventive Verkehrspflichten bestehen. Beweiserleichterungen können gegebenenfalls stattfinden, wenn auf diese Weise die Effizienz von Regelungen gesteigert werden kann.

a) Gesamtwirtschaftliche Wohlfahrt, Prävention und Effizienz

aa) Die ökonomische Analyse des Rechts zielt auf Nutzen- oder Wohlstandsmehrung, also auf einen Gewinn an gesamtwirtschaftlicher Wohlfahrt[82]. Damit soll eine ökonomische Effizienz, d.h. die optimale Verteilung der verfügbaren knappen Ressourcen als ständige Optimierungsaufgabe erreicht werden. Das Zivilrecht übernimmt dabei eine Steuerungsfunktion: Es dient der optimalen Verhaltenssteuerung juristischer oder natürlicher Per-

---

[79] *Baumgärtel* in FS Kralik, 1986, S. 63, 68ff; zustimmend *Foerste*, VersR 1988, 958, 960.

[80] Zum Teil wird auch vertreten, daß der Schädiger solche Gefahren beherrschen muß und damit das Rechtsgut nicht verletzen darf, also auf die Gefahrbeherrschung als Sachgrund abgestellt, *Stoll*, AcP 176 (1976), 145, 157. Zu diesem Sachgrund s. unten § 4.III.6.d).

[81] „Ist der Hersteller in diesem Sinne zur Erhebung und Sicherung ... verpflichtet, ... dann verändert es die materielle Pflichtenstellung des Herstellers nicht, sondern bestätigt sie, wenn ihm, weil er diese Pflicht zur Statussicherung verletzt hat, im Prozeß die Beweislast dafür auferlegt wird, daß pflichtgemäße Befunderhebung im Zeitpunkt der Prüfung einen einwandfreien Zustand des Produktes ergeben haben würde", BGH v.7.6.1988, Z 104, 323, 334 – Mehrwegflasche IIa; ähnlich *Kullmann*, PHI 1989, 110, 122, 124 und oben Fn. 70ff.

[82] *Calabresi*, Yale L.J. 70 (1961), Some Thoughts on Risk Distribution and the Law of Torts, 499ff; *derselbe*, Harv.L.Rev. 78 (1961), The Decision for Accidents: An Approach to Nonfault Allocation of Costs, 713ff = Übersetzung in Assmann/Kirchner/Schanze, S. 241ff; *derselbe*, The Cost of Accidents, A Legal and Economic Analysis, 5th. ed., 1977; *Coase*, J.L & E. 2 (1960), The Problem of Social Cost, 1ff = Übersetzung in Assmann/Kirchner/Schanze, S. 129ff; *Posner*, J.Leg.Stud 1 (1972), A Theory of Negligence, 28ff; *derselbe*, Economic Analysis of Law, 3rd. ed., 1986; *Cooter/Ulen*, Law and Economics, 1986; *Kötz*, Deliktsrecht, Rdnr. 40, 119ff; Esser/*Schmidt*, Schuldrecht AT, § 2 IV; *Kübler*, Effizienz als Rechtsprinzip in FS Steindorff, 1990, S. 687.

sonen[83]. Dagegen spricht die überwiegende Rechtslehre dem Haftungsrecht eine Steuerungsfunktion ab: Der Präventionsgedanke liege außerhalb des Zivilrechts[84], Haftungsrecht diene vorrangig dem Ausgleich eines Schadens[85]. Dem ist entgegenzuhalten, daß schon allgemein das Zivilrecht, insbesondere das Wirtschafts- und Kartellrecht, Aufgaben der Wirtschaftsordnung und -steuerung übernommen hat[86]. Auch übernehmen die Verkehrspflichten – dies wird im zweiten Teil der Untersuchung noch dargelegt – eine Steuerungsfunktion[87], nämlich eine *Präventionsfunktion* im Deliktsrecht[88]. Zum einen bezwecken bestimmte Verkehrspflichten, wie z.B. die Instruktionspflicht, präventive Gefahrabwehr, da sie dazu dienen, über bestimmte Risiken aufzuklären und diese gegebenenfalls abzuwehren[89]. Zum anderen haftet der Schädiger, weil ihm schuldhaft die Schadensvermeidung nicht gelungen ist. Er wird künftig bestrebt sein, die Verkehrspflichten zu erfüllen und so eine Haftung zu vermeiden – auch dies führt zur Prävention.

bb) Die ökonomische Analyse berücksichtigt ausschließlich Kosten-Nutzen-Gesichtspunkte bei der Beurteilung von Gefahrvermeidungsmaßnahmen[90]. Für die richtige Lösung einer Rechtsfrage ist es notwendig, Schädiger und Geschädigten in einer Person zu betrachten[91]. Die *Effizienz* ist durch eine Kosten-Nutzen-Rechnung zu ermitteln. Nach der Formel des US-

---

[83] *Schäfer/Ott*, Lehrbuch der ökonomischen Analyse des Zivilrechts, 1986, S. 208; *Kübler* in FS Steindorff, 1990, S. 687, 689. S. hierzu auch *Mataja*, Das Recht des Schadensersatzes vom Standpunkt der Nationalökonomie, 1888, S. 19ff, *Fikentscher*, Wirtschaftsrecht, Bd. 2, S. 144ff; *derselbe*, Modes of Thoughts, 1995, S. 48ff; *Möllers*, Die Haftung der Bank bei der Kreditkündigung, 1991, S. 134ff.

[84] *Marburger*, AcP 192 (1992), 2, 30.

[85] *Grunsky* in MünchKomm, vor § 249 Rdnr. 3; *Lange*, Schadensersatz, Einl. III.a), S. 9ff; Palandt/*Thomas*, § 847 Rdnr. 4; unklar *Deutsch*, Haftungsrecht, S. 72.

[86] *Steindorff*, Wirtschaftsordnung und -steuerung durch Privatrecht in FS Raiser, 1974, S. 621, 641f; *Fikentscher*, Wirtschaftsrecht, Bd. I, S. 8, Bd. II, S. 38ff.

[87] Für eine Steuerungsfunktion der Verkehrspflichten ausdrücklich *Mertens*, AcP 178 (1978), 227, 256; *derselbe*, Verkehrspflichten und Deliktsrecht, VersR 1980, 397; *derselbe* in MünchKomm, § 823 Rdnr. 22; *Assmann*, Prospekthaftung, S. 265, 288.

[88] *Marton*, Versuch eines einheitlichen Systems zivilrechtlicher Haftung, AcP 162 (1963), 1, 42, 45; *Weyers*, Unfallschäden, 1971, S. 456ff; *Simitis*, Produzentenhaftung von der strikten Haftung zur Schadensprävention in FS Duden, 1977, S. 605, 634ff; *Diederichsen*, Zur gesetzlichen Neuordnung des Schuldrechts, AcP 182 (1982), 101, 111. *Kötz* in FS Steindorff, 1990, S. 643 = *derselbe*, Deliktsrecht, Rdnr. 130; *Gimpel-Hinteregger*, Grundfragen der Umwelthaftung, S. 60f., *Taupitz* in Nicklisch (Hrsg.), S. 21, 23. Von einer Prävention als erwünschtes Nebenprodukt sprechen auch *Larenz*, Schuldrecht I, § 27 I; *Lange*, Schadensersatz, Einl. III.2.b), S. 10; *Mertens*, Der Begriff des Vermögensschadens im Bürgerlichen Recht, 1967, S. 109; *derselbe* in Soergel, vor § 249 Rdnr. 11; *Stoll*, Haftungsfolgen im Bürgerlichen Recht, 1993, S. 151. Für die ökonomische Analyse *Calabresi*, 78 (1965) Harv.L.Rev., 713ff; *derselbe*, The Costs of Accidents.

[89] Insoweit ist die Information ein präventives Instrument. *Breidenbach*, S. 13.

[90] Esser/*Weyers*, § 55 II 3, S. 559f; *Kötz* in FS Steindorff, 1990, S. 643, 651.

[91] *Adams*, Ökonomische Analyse der Verschuldens- und Gefährdungshaftung, 1985, S. 42, 165ff; *derselbe*, Zur Aufgabe des Haftungsrechts im Umweltschutz, ZZP 99 (1986), 129, 141; *Assmann*, Prospekthaftung, S. 268.

amerikanischen Richters *Learned Hand* ist der potentielle Schädiger (nur dann) zu Vorsorgemaßnahmen verpflichtet, wenn der dazu erforderliche (Vermeidungs-)Aufwand kleiner ist als das Produkt aus Wahrscheinlichkeit und Höhe des Schadens[92]. Damit hat derjenige die Kosten als *cheapest-cost-avoider* zu tragen, der den möglichen Schaden mit dem geringsten Aufwand vermeiden kann[93]. Dieser Effizienzgedanke soll dabei nicht nur ein Abwägungskriterium sein, sondern das maßgebliche Kriterium, um einen konkreten Rechtsfall zu entscheiden[94]. Die Anhänger der ökonomischen Analyse versuchen, mit Entscheidungen der Rechtsprechung zu belegen, daß auch diese das Kriterium der Effizienz berücksichtige[95]. Verkehrspflichten, insbesondere die Aufklärungs-, Kennzeichnungs- und Warnpflichten, könnten mit dem Effizienzkriterium erklärt werden[96]. Die Ausrichtung am Kriterium der Effizienz hat zur Folge, daß den potentiellen Schädiger immer dann keine Verhaltens- oder Sorgfaltspflichten mehr treffen, wenn der nötige Aufwand den potentiellen Schaden übersteigt. Eine Haftung scheidet z.B. aus, wenn der Schaden durch die Sozialversicherung des Geschädigten billiger abgedeckt wird als durch Vorsorgemaßnahmen des Schädigers[97]. Dann ist Prävention als Gefahrsteuerung unter ökonomischen Gesichtspunkten nicht erstrebenswert. Dies führt zu einer Relativierung des absoluten Rechtsgüterschutzes[98].

---

[92] United States v. Carol Towing Co. 159 F.2d 169 (2d Cir. 1947); ihm folgend ebenso *Posner*, 1 Journal of Legal Studies, 29ff (1972); *Schäfer/Ott*, Lehrbuch der ökonomischen Analyse des Zivilrechts, S. 97, 127, 217; Esser/*Weyers*, Schuldrecht BT, § 55 II 3, S. 559f; *Kötz* in FS Steindorff, 1990, S. 643, 651; s. auch *Mertens*, VersR 1980, 397, 401. Allgemeiner lautet das Kaldor-Hicks-Theorem: Eine Regel ist richtig, wenn die Gewinne der Begünstigten die Verluste der Benachteiligten übersteigen und die Benachteiligten von den Begünstigten entschädigt werden können. *Cooter/Ulen*, Law and Economics, 1986, S. 44, 49; *Polinsky*, An Introduction to Law and Economics, 1983, 7; *Schäfer/Ott*, Lehrbuch der ökonomischen Analyse des Zivilrechts, S. 30ff; *Ott/Schäfer*, Die ökonomische Analyse – Irrweg oder Chance wissenschaftlicher Erkenntnis, JZ 1988, 213, 217f; *Kübler* in FS Steindorff, 1990, S. 687, 695.

[93] *Schäfer/Ott*, Lehrbuch der ökonomischen Analyse des Zivilrechts, S. 120, 127; *Assmann*, Die Transformationsprobleme des Privatrechts in Assmann/Kirchner/Schanze, Ökonomische Analyse des Rechts, S. 17, 43.

[94] *Schäfer/Ott*, Lehrbuch der ökonomischen Analyse des Zivilrechts, S. 201; *Ott/Schäfer*, JZ 1988, 213, 215; s. jüngst *Shavell*, Economic Analysis of Accident Law, 1987. Gegen den Universalanspruch der ökonomischen Analyse *Fezer*, Aspekte einer Rechtskritik an der economic analysis of law und am property right approach, JZ 1986, 817, 819; *derselbe*, Nochmals: Kritik an der ökonomischen Analyse des Rechts, JZ 1988, 223, 226. Zurückhaltend auch *Behrens*, Die ökonomischen Grundlagen des Rechts, 1986, S. 81ff.

[95] *Posner*, 1 J.Leg.Stud, 28ff (1972); *derselbe*, Economic Analysis of Law, Part I. Für das bundesdeutsche Recht *Schäfer*, KritV 75 (1992), 374, 380 für die Kriterien der Möglichkeit und Zumutbarkeit. *Esser/Schmidt*, Schuldrecht AT, § 2 IV, S. 43f unter Berufung auf BGH v.7.6.1988, Z 104, 323 – Mehrwegflasche IIa.

[96] *Schäfer/Ott*, Lehrbuch der ökonomischen Analyse des Zivilrechts, S. 148; *Kübler* in FS Steindorff, 1990, S. 687, 701.

[97] *Kötz*, Deliktsrecht, Rdnr. 141, S. 212ff; a.A. aber wohl Esser/*Schmidt*, Schuldrecht I, § 2 IV, S. 44, der von dem Grundsatz „Gefahrvermeidung vor Schadensausgleich" ausgeht.

[98] *Kötz* in FS Steindorff, 1990, S. 643, 646.

b) Ablehnung der rein ökonomischen Beurteilung beim Schutz persönlicher Rechtsgüter und der Umwelt

aa) Gegenüber der ökonomischen Analyse des Rechts wird eingewendet, die Effizienzethik sei nicht die Ethik des Zivilrechts[99]. Denn in bloßen Aufwandsüberlegungen kämen der Integritätsanspruch des Geschädigten und die kollidierende Handlungsfreiheit des Schädigers zu kurz[100]. Die ökonomische Analyse versucht, dem Präventionsgedanken bei Körperverletzungen dadurch Rechnung zu tragen, daß sie in Schadensfällen höhere Schmerzensgeldsätze fordert als zur Zeit von bundesdeutschen Gerichten zugesprochen werden[101]. Zwar ist der Gedanke richtig, daß höhere Schadenskosten den Schädiger künftig auch zur Ausgabe höherer Schadensvermeidungskosten veranlassen können[102]. Der Ansatz versagt jedoch für das Rechtsgut Leben, weil es für den Wert des Lebens keine konsensfähige, allgemein gültige Kostengröße gibt[103]. Aus den Notstandsparagraphen des Strafrechts (§§ 34 f. StGB) ist bekannt, daß das Leben eine absolute Größe darstellt und – auch gegenüber anderen Rechtsgütern – nicht abgewogen werden kann[104]. Das gilt ebenso für das Zivilrecht und das Öffentliche Recht[105]. Auch zivilrechtliche Normen erlauben den Angriffs- und Verteidigungsnotstand gem. §§ 904, 228 BGB unabhängig von materiellen Erwägungen. Dem Störer oder Schädiger ist zuzumuten, Maßnahmen zu treffen, auch wenn er nicht der *cheapest-cost-avoider* ist. Oder allgemeiner formuliert: Die Rechtsgüter Leib und Leben verlangen präventive Verkehrspflichten, denen durch rein ökonomische Erwägungen nicht ausreichend Rechnung getragen werden kann.

Mit reinen Effizienzerwägungen ließe sich die Notwendigkeit der oft sehr aufwendigen Selbstbestimmungsaufklärung für einen Heileingriff nicht

---

[99] *Fezer*, JZ 1986, 817, 823; *derselbe*, JZ 1988, 223, 226.

[100] *Steffen*, VersR 1980, 409, 411.

[101] Z.B. *Ott/Schäfer*, Schmerzensgeld bei Körperverletzungen, JZ 1990, 563, 566; *Kötz/Schäfer*, AcP 189 (1989), 501ff: *Eger/Nagel/Weise*, Effizienz und Menschenwürde – ein Gegensatz? in Ott/Schäfer (Hrsg.), Ökonomische Probleme des Zivilrechts, 1991, S. 18, 32.

[102] S. die Beispiele bei *Kötz*, Deliktsrecht, Rdnr. 121 und *Schäfer/Ott*, Lehrbuch der ökonomischen Analyse des Zivilrechts, S. 86.

[103] In der Regel ist der einzelne auch gar nicht bereit, gegen eine entsprechende Risikoprämie eine Lebensgefahr hinzunehmen, s. *Blaschczok*, Gefährdungshaftung und Risikozuweisung, S. 226.

[104] Selbst eine Abwägung Leben gegen Leben ist unzulässig. S. nur BGH v.15.9.1988, St 35, 347, 350 – Katzenkönig; *Roxin*, Lehrbuch des Strafrechts, Allgemeiner Teil, Bd.1, § 16 Rdnr. 29, 463; Dreher/*Tröndle*, § 34 Rdnr. 10.

[105] Der Staat ist nach der polizeilichen Generalklausel verpflichtet, bei Gefahr für Leib und Leben zu helfen und dabei keine Kosten und Mühen zu scheuen, unabhängig von der Tatsache, ob die Gefahrenlage vom Bedrohten selbst verursacht wurde oder dieser sich vielleicht selbst retten kann. Der Wanderer, der sich im Berg verstiegen hat, ist mit allen zur Verfügung stehenden Mitteln (z.B. einem Hubschrauber) zu retten.

erklären[106], denn diese klärt ja nicht über mögliche Behandlungsfehler, sondern nur über unvermeidbare Risiken auf. War der Eingriff, ex post betrachtet, erfolgreich, war er auch effizient – auch wenn der Patient nicht vorab in die Operation einwilligte. Über fernliegende Nebenwirkungen und Unverträglichkeiten von Arzneimitteln müßte nach Auffassung der ökonomischen Analyse immer dann nicht aufgeklärt werden, wenn die Kosten der Aufklärung höher sind als der Nutzen, der durch die Aufklärung bewirkt wird. Trotzdem nimmt man im Arzneimittelrecht in Kauf, daß der Hinweis auf selbst sehr fernliegende Nebenwirkungen in den Beipackzetteln so abschreckend auf den Patienten wirkt, daß er das Arzneimittel aus Angst vor den Nebenwirkungen nicht einnimmt[107]. Es wird bewußt auf eine ökonomisch effiziente Regelung verzichtet, weil die Selbstbestimmung des Verbrauchers Effizienzüberlegungen vorgeht.

bb) Daran ist zu erkennen, daß die ökonomische Analyse den Wert der Rechtsgüter oft nicht zutreffend bestimmt. Die Rechtsprechung hat durch eine Reihe von Verhaltenspflichten den effektiven Rechtsgüterschutz *vorverlagert*[108], und auch diese Pflichten entziehen sich teilweise dem reinen Kosten-Nutzen-Kriterium. Bestimmte Organisationspflichten, wie Erhebungspflichten bei Risikolagen, Dokumentation, Produktbeobachtung oder die Pflicht zum Rückruf, bestehen, obwohl es billiger wäre, nur den Schaden auszugleichen. Von Anhängern der ökonomischen Analyse werden nur Informationspflichten bei einem Informationsgefälle verlangt[109]. Der Wissenvorsprung mag eine Vielzahl von Informationspflichten erklären; jedoch können auch unabhängig von einem Informationsgefälle Ermittlungs- und Warnpflichten existieren[110]. Wenn nach *Kötz* Kraftfahrzeuge dann nicht mit einem Airbag auszustatten sind, wenn die Kosten einer solchen Pflicht den Nutzen übertreffen[111], bestünde keine entsprechende Konstruktionspflicht des Herstellers. Jedoch muß z.B. bei einem Rückruf immer der effektive Rechtsgüterschutz im Vordergrund stehen und nicht, wie der Rückruf besonders kostengünstig organisiert werden kann. Die Rechtsprechung for-

[106] A.A. *Adams*, Ökonomische Analyse der Gefährdungs- und Verschuldenshaftung, S. 204ff. S. hierzu oben § 4.I.1.c).

[107] Diese Non-compliance-Rate liegt z.T. bei 80 %, s. *Storz*, Der Verbraucher und der richtige Umgang mit Gesundheit und Arzneimitteln, PharmInd 1989, 137ff; *derselbe*, PharmInd 1988, 22; *Rahner*, PharmInd 1990, 1431.

[108] *Steffen* (VersR 1980, 409, 411) spricht von früher einsetzenden Verhaltenspflichten; s. bereits *Michelmann*, Umweltverschmutzung als unerlaubte Handlung: eine nichtzufällige Betrachtung von *Calabresis* „Unfallkosten" in Assmann/Kirchner/Schanze, S. 270, 281 = Übersetzung von Pollution as a Tort: A Non-Accidental Perspective on Calabresis's „Cost", 80 (1970/71) Yale L.J., S. 647ff.

[109] *Ott*, Vorvertragliche Aufklärungspflichten im Recht des Güter- und Leistungsaustausches in *Ott/Schäfer* (Hrsg.): Ökonomische Probleme des Zivilrechts, S. 142, 155; auch *Breidenbach* (S. 46) ist der Auffassung, die Verpflichtung zur Beschaffung nicht präsenten Wissens könne nur vom Gesetzgeber auferlegt werden.

[110] S. genauer unten § 8.I.4.b).

[111] *Kötz*, Deliktsrecht, Rdnr. 39. Speziell zur Frage der Airbags s. unten § 8.IV.

muliert prägnant: „Bei Gefahren für Leib und Leben verbietet sich jede Rücksichtnahme auf Absatzinteressen“[112]. Die ökonomische Analyse lehnt eine Haftung für Entwicklungsfehler ab, weil der Fehler für den Hersteller nicht erkennbar sei[113]. Dagegen sieht § 84 S.2 Nr.1 AMG eine Haftung für Entwicklungsfehler vor[114]. Schließlich kann auch der Staat das Recht zur Information des Verbrauchers haben, selbst wenn dies deutliche Umsatzeinbußen des Unternehmens zur Folge hat, weil diese Informationsweitergabe nicht mehr „effizient“ ist[115]. Auch kann die ökonomische Analyse nicht das Verhältnis von Gefahrvermeidung, Gefahrabwehr und Selbstvorsorge in ausreichendem Maße erklären: Wann dürfen beispielsweise gefährliche Produkte erst gar nicht konstruiert werden (Gefahrvermeidung), wann sind Informationen an den Verbraucher ausreichend (Gefahrabwehr), wann greift der Grundsatz der Selbstvorsorge ein[116]?

cc) Schließlich ist zivilrechtliche Prävention nicht immer ausreichend. Da dem Handelnden immer die Möglichkeit bleibt, zu schädigen und den Schaden auszugleichen, sind oft bloße Haftungsverschärfungen nicht ausreichend, um die Prävention zu gewährleisten[117]. In bestimmten Bereichen – nämlich bei dem hier zu untersuchenden Schutz von Leib und Leben sowie der Umwelt – liegt es auch im öffentlichen Interesse, daß sich der potentielle Schädiger sachgemäß verhält[118]. Deshalb sind *Kontrollen* in den noch zu untersuchenden Bereichen mit hohem Gefährdungspotential für die Rechtsgüter, wie Arzt-, Arzneimittel-, Produkt-, Lebensmittel-, Immissions-, Chemikalienrecht, durch neutrale Stellen oder sogar Behörden notwendig. Weitergehend sind sogar Verbote oder bestimmte Zulassungsverfahren, um ein bestimmtes Verhalten oder die Nichtgefährdung der Rechtsgüter und der Umwelt sicherzustellen, unumgänglich[119 120].

---

[112] BGH v.11.7.1972, NJW 1972, 2217, 2220 – Produzentenhaftung/Kurznarkosemittel (Estil); LG Aachen v.18.12.1970, JZ 1971, 507, 515 – Contergan. Zu möglichen Einschränkungen s. genauer § 8.I.2.b)aa).

[113] *Schäfer/Ott*, Lehrbuch der ökonomischen Analyse der Zivilrechts, S. 155; *Meyer*, Instruktionshaftung, S. 214f; zustimmend *Brüggemeier*, AcP 193 (1993), 606, 609.

[114] Auch im Gemeinschaftsrecht besteht gem. Art. 15 I lit.b Produkthaftungs-RiL die Möglichkeit des Mitgliedstaates, eine Haftung für Entwicklungsfehler vorzusehen; über eine verbindliche Haftung wird gem. Art. 15 III Produkthaftungs-RiL 1995 neu beschlossen. Zu den Entwicklungsfehlern s. umfassend unten § 8.I.2.a). Die ökonomische Analyse schließlich kann auch nicht die Haftung für Ausreißer erklären. S. dazu unten § 4.III.7.

[115] S. genauer unten § 9.III.3.d).

[116] Zu den ähnlichen Problemen zwischen Gewährleistung und Information im Vertragsrecht s. die Diskussion bei *Ott/Schäfer* (Hrsg.), Ökonomische Probleme des Zivilrechts, S. 167. S. unten § 8.IV.

[117] *Simitis* in FS Duden, 1977, S. 605, 638.

[118] Zu der Diskussion im Bereich der Umweltabgaben *Kloepfer*, Umweltrecht, § 2 Rdnr. 201; *Köck*, Umweltrechtsentwicklung und ökonomische Analyse, NuR 1992, 412, 418.

[119] S. *v. Hippel*, Verbraucherschutz, RabelsZ 40 (1976), 513, 517. S. ausführlich im zweiten Teil § 9.II.2.

[120] Daß Öffentliches Recht und Strafrecht eingreifen müssen, wenn die zivilrechtliche Prävention nicht ausreicht, wird auch von Anhängern der ökonomischen Analyse anerkannt,

Zusammenfassend läßt sich damit festhalten: Nur *rechtliche und nicht ökonomische Wertungen* können angeben, wann Informationen an den Verbraucher gegeben werden müssen[121]. Tatsächlich haben Anhänger der ökonomischen Analyse den Effizienzgedanken bei bestimmten Rechtsgütern ausdrücklich eingeschränkt[122], da die ökonomische Analyse keine Basiswertung für diese Rechtsgüter darstellt[123]. Das Effizienzkriterium ist nicht „Maßstab aller Dinge", so daß nach einem anderen Sachgrund für die eingangs erwähnten Fälle zu suchen ist.

4. *Der Vertrauensgrundsatz*

a) Verschulden bei Vertragsschluß und Delikt

Die Vertrauensstellung[124] wird als Rechtsgrund ausdrücklich bei der Haftung für Verschulden bei Vertragsverhandlungen, die culpa in contrahendo (cic), genannt[125]. Das sind Fälle, in denen eine Partei zur Offenbarung von Umständen – also zu Informationen – verpflichtet ist, die für den Vertragsabschluß entscheidend oder für den Gegner von besonderer Bedeutung sind[126]. Da die Verletzung von Schutzpflichten bei Vertragsverhandlungen in

---

Adams, Produkthaftung – Wohltat oder Plage – Eine ökonomische Analyse, BB 1987, Beilage 20, 24; *Kötz* in FS Steindorff, 1990, S. 643, 655.

[121] Kritisch gegenüber der Einzieligkeit der ökonomischen Analyse *Fikentscher*, Wirtschaftsrecht, Bd. 2, S. 146; ebenso *Gimpel-Hinteregger*, Grundfragen der Umwelthaftung, S. 66. Für das Grundwissen eines Kunden *Hopt*, Funktion, Dogmatik und Reichweite der Aufklärungs-, Warn- und Beratungspflichten der Kreditinstitute in FS Gernhuber, 1993, S. 169, 172. S. dazu unten § 5.I.

[122] *Ott/Schäfer*, JZ 1988, 213, 219, 222 („es kann notwendig sein, zum Schutz höherwertiger Rechtsgüter auch Effizienzverluste in Kauf zu nehmen"); Esser/*Schmidt*, Schuldrecht I, § 55 II 3, S. 559 („Effizienz nur für Sachgüter, nicht für persönliche Rechtsgüter"); *Kübler* in FS Steindorff, 1990, S. 687, 701f („Einschränkung der Effizienz für Menschenwürde und individuelle Autonomie"); ausführlich auch *Blaschczok*, Gefährdungshaftung und Risikozuweisung, S. 255ff, 346.

[123] *Schiemann*, Argumente und Prinzipien bei der Fortbildung des Schadensrechts, 1981, S. 181; Larenz/*Canaris*, Schuldrecht II 2, § 76 III.4.h), S. 417.

[124] Zu dem Vertrauensgedanken als Rechtsprinzip s. *Ballerstedt*, Zur Haftung für culpa in contrahendo bei Geschäftsabschluß durch Vertreter, AcP 151 (1951/1952), 501ff; *Canaris*, Ansprüche wegen „positiver Vertragsverletzung" und „Schutzwirkung für Dritte" bei nichtigen Verträgen, JZ 1965, 475ff; *derselbe*, Die Vertrauenshaftung im deutschen Privatrecht, 1971.

[125] *Wiedemann* in Soergel, vor § 275 Rdnr. 169; *Breidenbach*, S. 47ff.

[126] Bei *vorvertraglichen* Verhandlungen sind nach *Breidenbach* (§ 13) Informationspflichten abhängig vom Informationsbedarf des Informationsempfängers (z.B. des Bankkunden), von den Informationsmöglichkeiten des Informationsgebers und von dessen konkreter Funktion oder Rolle (z.B. der Bank bei einem Investmentgeschäft). Wirtschaftliches Übergewicht oder die besondere Fachkunde des Informationsgebers lassen den Informationsbedarf des Kunden steigen; zustimmend *Roth* in MünchKomm, § 242 Rdnr. 216; *Emmerich* in MünchKomm, vor § 275 Rdnr. 81; ähnliche Kriterien finden sich bei *Hopt* in FS Gernhuber, 1993, S. 169, 186.

Wirklichkeit dem Deliktsrecht zuzuordnen ist[127], ließe sich überlegen, ob die Vertrauenshaftung auch ohne (vor-)vertragliche Beziehungen für die deliktischen Informationspflichten nutzbar gemacht werden kann. Tatsächlich wurde vorgeschlagen, daß auch im Deliktsrecht eine sog. Anvertrauenshaftung gelte, da der Geschädigte zwar nicht auf eine Erklärung vertraue, er aber im Rahmen des rechtsgeschäftlichen Verkehrs seine Rechtsgüter der anderen Person anvertraue[128]; dies gelte insbesondere bei der Produkthaftung[129]. Weitergehend ließe sich der Vertrauensgedanke dahingehend modifizieren, daß der Verbraucher darauf vertraue, nicht mit Gefahren konfrontiert zu werden, die für ihn nicht erkennbar sind: Er müsse über nicht erkennbare Gefahren informiert werden[130]. Wenn im Deliktsrecht immer wieder auf die „Verbrauchererwartung" abgestellt wird[131] und im Straßenverkehrsrecht das Vertrauen des Geschädigten eine Rolle spielt[132], so scheint dem Vertrauensgedanken auch im Deliktsrecht eine besondere Bedeutung zuzukommen. Schließlich wurde überlegt, inwieweit die Werbung haftungsbegründendes Vertrauen schafft[133].

b) Schutzpflichten als vom Vertrauen unabhängige Pflichten

Dem Bestreben, mit der Vertrauensstellung des Schuldners als allgemeinem Rechtsgrund vorvertragliche Pflichten zu bejahen, wurde vorgehalten, damit könne man alles und nichts begründen, weil ein solcher Grundsatz

---

[127] *Mertens*, Deliktsrecht und Sonderprivatrecht, AcP 178 (1978), 227ff; *v. Bar*, Verkehrspflichten, S. 212ff; *Medicus* in BMJ, Gutachten I, S. 479, 490ff; *Stoll*, Tatbestände und Funktionen der Haftung für culpa in contrahendo in FS v. Caemmerer, 1978, S. 435, 452; *Emmerich* in MünchKomm, vor § 275 Rdnr. 55.

[128] *Canaris*, Die Vertrauenshaftung im deutschen Privatrecht, S. 540, unter Berufung auf BGH v.26.9.1961, NJW 1962, 31 – Bananenschale; *derselbe*, Schutzgesetze – Verkehrspflichten – Schutzpflichten in FS Larenz, 1983, S. 28, 107; jüngst auch *Laufs*, Deliktische Haftung ohne Verschulden – eine Skizze in FS Gernhuber, 1993, S. 245, 252; ähnlich *Stoll*, AcP 176 (1976), 145, 162.

[129] *Rehbinder*, Zur Haftung des Warenherstellers ohne Verschulden, BB 1965, 439, 440ff; *Canaris*, Die Produzentenhaftung in dogmatischer und rechtspolitischer Sicht, JZ 1968, 494, 500f, 504.

[130] Noch anders die Begründung von *Laufs* in FS Gernhuber, 1993, S. 245, 252: „...darauf vertrauen können, daß der andere diejenige normale Sorgfalt walten läßt, die typischerweise zu erwarten steht".

[131] Zu diesem Kriterium umfassend unten § 7.II.2 und III.5.

[132] BGH v.12.7.1954, Z 14, 232 Ls. – Vertrauensgrundsatz im Straßenverkehr; *Hanau* in MünchKomm, § 276 Rdnr. 103ff. Zum Vertrauensgrundsatz bei horizontaler Arbeitsteilung s. unten § 6.IV.3.d).

[133] *Taschner/Frietsch*, Produkthaftungsgesetz und EG Produkthaftungsrichtlinie, 2. Aufl. 1990, Einl. 25; offengelassen von BGH v.10.7.1963, Z 40, 91, 108 – Ledergürtel; abgelehnt von BGH v.21.6.1967, Z 48, 118, 122f – Damenbekleidung.

viel zu allgemein sei[134]. Als einer der Mitbegründer der Vertrauenshaftung hat bereits *Canaris* eingeräumt, daß der eigentliche Anwendungsbereich der Vertrauenshaftung im rechtsgeschäftlichen Bereich liege und die Überzeugungskraft abnehme, wo es um Pflichten zum Schutz von Leben und Gesundheit gehe[135]. Wenn Rechtsgüter bei Vertragsverhandlungen im Rahmen der culpa in contrahendo verletzt werden, kann der Vertrauensgedanke den notwendigen Rechtsgüterschutz nicht überzeugend erklären[136]. Daß der Vertrauensgedanke im Deliktsrecht einen nicht ausreichenden Rechtsgrund darstellt, zeigen auch die Kriterien, die für die Informationspflichten im vorvertraglichen Bereich entwickelt wurden[137]: Das Kriterium „Informationsbedarf" richtet sich regelmäßig nach dem Informationsinteresse, das durch den Vertrag geprägt wird (z.B. daß die Gültigkeit des Vertrages gesichert ist)[138]. Im deliktischen Bereich fehlt es aber an dem Vertrag, auf den sich diese Kriterien beziehen. Denn oft kommt der Kunde mit dem Schädiger, z.B. dem Hersteller, gar nicht in Berührung, oft wird er nicht von einem Verkäufer beraten. Es fehlt an der typischen Beziehung zwischen Berechtigtem und Verpflichtetem oder, mit anderen Worten, an einem typischen Vertrauen in die Erklärung der anderen Seite. Der Bundesgerichtshof hat deshalb konsequent eine Vertrauenshaftung als Rechtsgrundlage für die Haftung des Produzenten abgelehnt[139], weil das fehlerhafte Produkt und nicht etwa eine unzutreffende oder unzureichende Erklärung den Grund für die Haftung darstellt[140].

Darüber hinaus kann das Vertrauen nicht das Verhältnis von Gefahrvermeidung zur Gefahrabwehr durch Information regeln. Bekanntlich können Warnpflichten erforderliche Gefahrvermeidungsmaßnahmen nicht ersetzen: Wenn eine Gefahr unproblematisch vermieden werden kann, reicht eine Information, insbesondere eine Warnung, nicht aus – die Gefahr muß bereits vom Verursacher und nicht erst vom Benutzer vermieden werden[141]. Mit dem Vertrauensgrundsatz läßt sich nicht erklären, daß beispielsweise auch

[134] Deutlich *Picker* (JZ 1987, 1041, 1046) mit dem Argument, daß Vertrauen einerseits haftungsbegründend, andererseits haftungsbeschränkend wirke; *Emmerich*, Das Recht der Leistungsstörungen, 3.Aufl., 1991, S. 42; *derselbe* in MünchKomm, vor § 275 Rdnr. 55; kritisch auch *Assmann*, Prospekthaftung, S. 267; *Fikentscher*, Schuldrecht, Rdnr. 162.

[135] *Canaris* in FS für Larenz, 1983, S. 27, 107.

[136] BGH v.26.9.1961, NJW 1962, 31 – Bananenschale; *Kramer* in MünchKomm, Einl. 81 vor § 241 m.w.Hinw. in Fn. 190; *Wiedemann* in Soergel, vor § 275 Rdnr. 122; *Emmerich*, Das Recht der Leistungsstörungen, S. 44; *derselbe* in MünchKomm, vor § 275 Rdnr. 54; *Medicus*, Schuldrecht I, § 14 II., S. 56ff.

[137] S. dazu gerade § 4.III.4.a) und § 4 Fn. 126.

[138] Auch das Kriterium „Funktionskreis" wird durch den Vertrag bestimmt.

[139] BGH v.26.11.1968, Z 51, 91, 101 – Hühnerpest.

[140] *Hopt*, Nichtvertragliche Haftung außerhalb von Schadens- und Bereicherungsausgleich – Zur Theorie und Dogmatik des Berufsrechts und der Berufshaftung, AcP 183 (1983), 608, 708.

[141] S. genauer unten § 7.I.1. und z.B. BGH v.7.6.1988, Z 104, 323, 328f – Mehrwegflasche IIa.

dann aufgeklärt werden muß, wenn in seltenen Fällen nur bestimmte Risikogruppen, z.B. Neurodermitiker, von einer Gefahr betroffen sind. Denn hier könnte man argumentieren, daß die Erwartung des typischen Adressatenkreises, nämlich des gesunden Verbrauchers, gerade nicht enttäuscht wird. Es bleibt zu zeigen, daß das Kriterium der Verbrauchererwartung nicht entscheidend sein kann, um das Verhältnis von Gefahrvermeidung zur Gefahrabwehr und die Anforderungen an die Information zu bestimmen[142]. Bei vorvertraglichen Verhandlungen werden Informationspflichten regelmäßig mit der informationellen Unterlegenheit des Begünstigten bzw. mit dem Informationsvorsprung des Informationsgebers und dem sich daraus ergebenden Informationsgefälle begründet[143]. Folglich beschränke sich die Informationsmöglichkeit des Verpflichteten auf vorhandenes Wissen[144]. Auch diese These ist zu widerlegen: Im Bereich des Rechtsgüterschutzes bestehen Informationspflichten auch dann, wenn ein solches Informationsgefälle nicht besteht. Denn einerseits muß der Hersteller (und nicht der Verbraucher) in bestimmten Fällen aktiv die Risiken und die Gefahren seines Produktes erforschen[145]. Andererseits können auch Informationspflichten bestehen, selbst wenn der Verbraucher die Gefahr kennt[146]. Damit kann der Vertrauensgedanke nicht den entscheidenden Sachgrund für Beweiserleichterungen und präventive Verkehrspflichten darstellen[147].

5. *Berufshaftung*

a) *Berufsspezifische Sorgfalts- und Einstandspflichten*

Unter dem noch nicht vollständig geklärten Begriff der Berufshaftung versteht man üblicherweise eine Haftung wegen Verletzung derjeniger Normen, die nur Angehörigen bestimmter Berufe wegen ihrer besonderen Sachkunde auferlegt werden[148]. Es kann sich hierbei sowohl um vertragliche Berufspflichten[149] als auch um berufsspezifische Verkehrssicherungspflichten

---

142 S. genauer unten § 7.III.5.

143 *Teichmann* in Soergel, § 242 Rdnr. 140ff m.w.Nachw.; *Roth* in MünchKomm, § 242 Rdnr. 218; ähnlich *Emmerich* in MünchKomm, vor § 275 Rdnr. 81; OLG Karlsruhe v.16.3.1994, NJW 1994, 2100 – keine Mietkündigung wegen Mobilfunkstation; *Hopt*, Der Kapitalanlegerschutz im Recht der Banken, 1975, S. 253ff; *Stoll* in FS v. Caemmerer 1978, S. 435, 467ff; *Singer*, Das Verbot widersprüchlichen Verhaltens, 1993, S. 124.

144 *Breidenbach*, S. 52, 61ff; ihm folgend *Emmerich*, Das Recht der Leistungsstörungen, S. 48.

145 Zu diesen Eigeninformationspflichten s. unten § 6.III.

146 Zu den Informationsweitergabepflichten s. unten § 8.I.4. und 5.

147 A.A. *v. Bar* (Verkehrspflichten, 1980, S. 117f, 235), der von einem zentralen Kriterium spricht; *Diederichsen*, Die Haftung des Warenherstellers, 1967, S. 374.

148 *Köndgen*, Selbstbindung ohne Vertrag, 1981, S. 226ff, 352ff; *Hopt*, AcP 183 (1983), 608, 638ff; *Grunewald*, Zur Haftung von Fachleuten im Zivilrechtsverkehr, JZ 1982, 627ff.

149 *Odersky*, Entwicklungstendenzen der Expertenhaftung, NJW 1989, 1ff; *Hopt* in FS Gernhuber, 1993, S. 169, 176f.

handeln[150]. Diese Berufspflichten sollen sich am Berufs- und Pflichtenkreis des Betroffenen orientieren[151]. Als typischer Fall der Berufshaftung wird die Produzentenhaftung genannt[152]. Auch in der Rechtsprechung scheint die Berufshaftung zum Teil Anklang gefunden zu haben: Im Arztrecht wurde die Fallgruppe der groben Behandlungsfehler entwickelt, die zu Beweiserleichterungen führen können[153].

b) Anknüpfung an die Berufsrolle

Wenn die hohe Sachkunde oder Professionalität einen Anknüpfungspunkt für eine Haftung bilden soll, mag das beim Arzt oder Hersteller überzeugen. Die Berufshaftung kann dann an die vertragliche Bindung anknüpfen, wenn der Funktion, der Berufsrolle des Erklärenden (z.B. der Kompetenz der Bank), eine Bedeutung zukommt[154]. Vor diesem Hintergrund hat die Berufshaftung ein eigenes Gewicht bei Vermögensschäden, die nicht deliktisch geschützt werden[155]. Diese besondere Sachkunde oder Professionalität als Kriterium der Berufsrolle verliert aber an Überzeugung, wenn die Beweislastumkehr für die Kausalität auch für den Schwimmlehrer oder den Kirmesbesitzer gilt[156]. Auch findet eine Beweislastumkehr für das Verschulden statt, wenn nicht ein professioneller Lebensmittelhersteller, sondern nur ein Besitzer einer kleinen Gaststätte eine Rechtsgutsverletzung verursacht hat[157]. Maßgeblich kann deshalb nicht nur das vermeintlich professionelle Handeln des Schädigers sein. Integritätsschutz muß auch ohne einschlägige Profession bestehen[158]. Berufspflichten können die Haftung wegen einer Verletzung von Verkehrspflichten gegebenenfalls verschärfen, aber nicht allein begründen.

6. Gefährdungshaftung

a) Ingerenz

Im Strafrecht ist derjenige, der eine Handlung unterläßt, nach herrschender Meinung nur dann strafbar, wenn er als Garant zum Handeln verpflich-

---

[150] *Mertens* in MünchKomm, § 823 Rdnr. 188.

[151] Esser/*Weyers*, Schuldrecht II, § 55 II 3, S. 559.

[152] *Hopt*, AcP 183 (1983), 608, 709.

[153] S. bereits gerade § 4.I.2.b) und unten § 5.III.3.b), S. 170 f. Palandt/*Thomas*, § 823 Rdnr. 171.

[154] Ablehnend gegenüber der Berufshaftung bei Erklärungen *Canaris* in FS Larenz, 1983, S. 27, 84; Larenz/*Canaris*, Schuldrecht II 2, S. 409.

[155] *Damm*, Entwicklungstendenzen der Expertenhaftung, JZ 1991, 373, 375.

[156] § 4.I.2.b). S. auch *Marburger* (Die Regeln der Technik im Recht, S. 452, Fn. 121), der sich dagegen wendet, daß auch ein Architekt oder Wurstverkäufer dieser Fallgruppe unterliegen soll.

[157] BGH v.19.11.1991, Z 116, 104 – Salmonellenvergiftung beim Hochzeitsessen.

[158] *Picker*, JZ 1987, 1041, 1046.

tet war. Eine solche die Person verpflichtende Garantenstellung kann sich z.B. als Ingerenz daraus ergeben, daß der Garant pflichtwidrig eine Gefahrenlage herbeiführt. Er hat dann alles zu tun, um den schädigenden Erfolg abzuwenden[159]. Der 2. Strafsenat des BGH hatte in der Lederspray-Entscheidung die angeklagten Geschäftsführer wegen fahrlässiger Körperverletzung durch Unterlassen verurteilt und die für eine Pflicht zum Tätigwerden notwendige Garantenstellung aus vorangegangenem, pflichtwidrigen Tun (Ingerenz) bejaht[160]. Die Entscheidung ist zwar vom Ergebnis, nicht aber in ihrer dogmatischen Begründung überwiegend gebilligt worden: Den Angeklagten könne ein pflichtwidriges Vorverhalten nicht vorgeworfen werden, weil die mögliche Gesundheitsgefahr beim erstmaligen Inverkehrbringen des Ledersprays nicht erkennbar gewesen war; an einem objektiven Sorgfaltspflichtverstoß fehle es daher[161]. Das Abstellen auf die Pflichtwidrigkeit sei deshalb ein schlecht verhohlenes Lippenbekenntnis, da die Pflichtwidrigkeit des Tuns nicht maßgeblich sei. Der Täter müsse unabhängig davon einstehen, ihn träfe eine sog. Erfolgseinstandspflicht[162]. Deshalb kann die Pflichtwidrigkeit nicht das entscheidende Merkmal zur Bejahung der Täterschaft sein. In den Besprechungen zu dieser Entscheidung ist deshalb auch der Versuch unternommen worden, die Entscheidung mit anderen Sachgründen als dem der Ingerenz zu begründen[163]. Auch im Zivilrecht wird schon seit langem betont, daß die Pflichtwidrigkeit nicht das entscheidende Merkmal sein kann, um eine Pflicht zum Handeln zu begründen[164].

b) Gefahrenquelle und Gefahrerhöhung

aa) Ein anderes Kriterium für eine Haftungsverschärfung soll die Schaffung einer „Gefahrenquelle" sein. Die Gefahr muß so ungewöhnlich beschaffen oder schwer beherrschbar, der Schaden so hoch oder häufig sein, daß die Zulassung einer derartigen *Gefahrenquelle* im Verkehr überhaupt nur bei Schadloshaltung eventueller Opfer gerechtfertigt ist[165]. Deshalb wurde

---

[159] S. nur *Stree* in Schönke-Schröder, StGB, 24. Aufl., 1991, § 13 Rdnr. 35.

[160] BGH v.6.7.1990, St 37, 106, 118 – Lederspray (Erdal). S. dazu oben Einl. Beispiel 2 und § 2.III.3.b).

[161] *Samson*, Probleme strafrechtlicher Produkthaftung, StrV 1991, 182, 184; *Lackner*, § 13 Rdnr. 13; *Kuhlen*, NStZ 1990, 566, 568; *Wessels*, Strafrecht, AT, 21.Aufl., 1991, S. 233; *Schünemann*, UTR 26 (1994), 137, 152; *Ransiek*, ZGR 1992, 203, 216.

[162] *Puppe*, JR 1992, 30; *Beulke/Bachmann*, JuS 1992, 737, 739; *Kuhlen*, NStZ 1990, 566, 568; *Samson*, StrV 1991, 182, 184; *Brammsen*, Jura 1991, 533, 534. Zu diesem Begriff ausführlich § 5.III.1.b) und 2.a)–b); III.1.2., S. 162 ff.

[163] S. dazu im folgenden unter § 4.III.6. b) – d).

[164] *Foerste* in Produkthaftungshandbuch I, § 23 Rdnr. 6, 9. A.A. aber *Häsemeyer* in FS Niederländer, 1991, S. 251, 257.

[165] *Will*, Quellen erhöhter Gefahr, S. 283 f; ähnlich *Deutsch*, Haftungsrecht, S. 366 f, 385: „Gefahr ungewöhnlich, schwer beherrschbar, unausweichlich"; *derselbe*, Anm. zu LG die

die Forderung erhoben, neben die bisherige Verschuldenshaftung einen Gefährdungstatbestand treten zu lassen[166]. Nur in Verbindung mit einer kompensatorischen Gefährdungshaftung könne die Gefahrerhöhung gerechtfertigt werden[167]. Daneben wird die besondere oder *erhöhte Gefahr*, die durch betriebsgemäße Verwendung von Maschinen und technischen Anlagen aller Art in Industrie, Verkehr und Handwerk geschaffen wird, als Sachgrund angegeben[168].

bb) Nach einhelliger Auffassung gilt im Haftungsrecht der allgemeine Satz, daß jeder, der eine Gefahrenquelle schafft, die erforderlichen Sicherungsmaßnahmen zum Schutz anderer Personen treffen muß[169]. Dieser Grundsatz gilt folglich bereits allgemein im Deliktsrecht und kann deshalb noch nicht eine Gefährdungs- oder Vermutungshaftung begründen. Umstritten ist zudem, ob nur gegenständlich verkörperte Gefahrenquellen[170] oder auch gefährliche Tätigkeiten einer Gefährdungshaftung unterliegen sollen[171]. Deshalb ist der Einwand naheliegend, der Begriff der Gefahrenquelle oder Gefahrerhöhung sei nicht abgrenzbar[172]. Gegenüber dem Prinzip der Gefährdungshaftung wird zudem vorgetragen, daß einerseits auch für *weniger gefährliches Tun* ohne Verschulden gehaftet werden

Hamburg v.10.2.1989, NJW 1989, 1551 – Blutkonserve, NJW 1991, 1554; *Ficker*, Produktenhaftung als Gefährdungshaftung in FS v. Caemmerer, 1978, S. 343, 357, für das UHG: *G. Hager*, JZ 1990, 397, 400; *derselbe*; PHI 1991, 1, 8.

[166] *Kötz*, AcP 170 (1970), 1, 41; *derselbe*, Gefährdungshaftung in BMJ (Hrsg.), Gutachten und Vorschläge zur Überarbeitung des Schuldrechts, Bd. II, 1981, S. 1779, 1786; *Deutsch*, Haftungsrecht, S. 385; *Weitnauer*, Aktuelle Fragen des Haftungsrechts, VersR 1970, 585, 598; *Will*, Quellen erhöhter Gefahr, S. 243ff, 328; für Fallgruppen *v. Caemmerer*, Reform der Gefährdungshaftung, S. 19ff = GeS III, S. 239, 253ff. Zu dem Verhältnis von Gefährdungs- zur Verschuldenshaftung s. bereits § 4.II.1. und 2. sowie unten § 5.II.3.

[167] Zur Begründung der Ingerenz s. *Goll*, Produkthaftungshandbuch I, § 45 Rdnr. 8; die Gefahrenquelle als Rechtsgrund der Gefährdungstatbestände nennt *Kreuzer* in FS Lorenz, 1991, S. 125, 132.

[168] *M. Rümelin*, Die Gründe der Schadenszurechnung, S. 49; *derselbe*, Schadensersatz ohne Verschulden, S. 31; *Nipperdey*, Warum doch Gefährdungshaftung?, 1941, S. 5; *Kötz*, Haftung für besondere Gefahr, AcP 170 (1970), 1, 29; *Koziol*, Bewegliches System und Gefährdungshaftung in Bydlinski u.a. (Hrsg.), Das Bewegliche System im geltenden und künftigen Recht, S. 51, 53.

[169] RG v.23.2.1903, Z 54, 53, 57ff – Verkehrspflicht der Gemeinde; *v. Bar*, Verkehrspflichten, S. 43, 113 mit Hinw. auf die Rspr. in Fn. 5; *Fikentscher*, Schuldrecht, Rdnr. 1253; *Medicus*, Bürgerliches Recht, Rdnr. 654.

[170] *v. Caemmerer*, Reform der Gefährdungshaftung, GeS III, S. 239, 255; *Kötz*, Gutachten, S. 1796ff; *Kreuzer* in FS Lorenz, 1991, S. 125, 141; *G. Hager*, NJW 1991, 134, 136 für Anlagen nach dem UHG; *derselbe*, PHI 1991, 1, 8: speziell für chemische Produkte.

[171] *Deutsch*, Haftungsrecht, S. 328.

[172] *Enneccerus/Nipperdey*, Allgemeiner Teil des Bürgerlichen Rechts, Bd. 2, 15.Aufl., 1959, § 217 II, S. 1343: Grenze zwischen gefährlichen und ungefährlichen Anlagen höchst zweifelhaft; *Adams*, Ökonomische Analyse der Gefährdungs- und Verschuldenshaftung, S. 109. Zu den Konkretisierungsbemühungen s. *Will*, Quellen erhöhter Gefahr, S. 119–242.

kann, während andererseits für gefährlicheres Tun eine Verschuldenshaftung gilt. Das hat *Esser* schon für das Verhältnis der preußischen Eisenbahn zum Postwagen- und Diligencenverkehr[173] aufgezeigt. Danach traf den Eisenbahnverkehr eine Haftung ohne Verschulden, während beim Postwagen- und Diligencenverkehr nur mit Verschulden gehaftet wurde, obwohl in der damaligen Zeit der Postwagen- und Diligencenverkehr deutlich höhere Unfallzahlen aufwies und damit viel gefährlicher war[174]. Der Gedanke der Gefahrerhöhung verliert zunehmend an Überzeugungskraft, weil Produkte, wie beispielsweise Kraftfahrzeuge, durch die technische Entwicklung von Jahr zu Jahr sicherer werden. Wenn die Bedeutung von Gefahr und Risiko, wie in § 2 definiert, ganz maßgeblich von der Wertigkeit des Rechtsgutes abhängt, können Gefahrvermeidungs- und Gefahrabwehrmaßnahmen gerade auch dann erforderlich sein, wenn die „Gefahrenquelle" relativ sicher ist. Soll die Gefährdungshaftung auch dann eingreifen, wenn sich die Gefahr nur *gelegentlich* verwirklicht[175], kann die Gefährlichkeit der Güterproduktion nicht mehr den entscheidenden Sachgrund einer Haftung darstellen.

c) Gefahrenbereich

aa) Aus der Lehre vom *Gefahrenbereich* wird ebenfalls versucht, die Beweislastumkehr für Verschulden oder Kausalität zu begründen[176]. Der Gefahrenbereich wird als derjenige Bereich bezeichnet, in dem möglicherweise eine Verhaltenspflicht schuldhaft verletzt wurde, ohne daß dieser Bereich vom Geschädigten überschaut werden kann. Beispielsweise haben Produktfehler oft im Organisationsbereich des Herstellers ihren Ursprung[177]. Weil der Geschädigte die schuldhafte Verletzung dieser Organisationspflichten oft nicht beweisen kann, hat der BGH in der Hühnerpest-Entscheidung die Lehre vom Gefahrenbereich zur Begründung dafür herangezogen, daß der Schädiger das Nichtverschulden dieser Pflichten zu beweisen hat[178]. Jüngst hat der BGH den Risikobereich des Krankenhauses als Sachgrund für eine Beweislastumkehr herangezogen, weil nur das Personal des Krankenhauses

---

173 Vierrädrige Postkutschen für eilige Postsendungen.

174 *Esser*, Grundlagen und Entwicklung der Gefährdungshaftung, S. 10 Fn. 1, 21, 41; jüngst *Ladeur*, BB 1993, S. 1303, 1308 für das Verhältnis Bäumefällen zu Eisenbahnfahren.

175 *Diederichsen*, Zur Dogmatik der Produkthaftung nach Inkrafttreten des Produkthaftungsgesetzes, in Arbeitsgemeinschaft der Verkehrsanwälte (Hrsg.), Probleme der Produzentenhaftung, 1988, S. 9, 12. A.A. *Koziol* in Bydlinski (Hrsg.), Das Bewegliche System im geltenden und künftigen Recht, S. 51, 56.

176 *Prölss*, Beweiserleichterungen im Schadensersatzprozeß, 1966, S. 72ff; *derselbe*, Die Beweislast nach Gefahrenbereichen, VersR 1964, 901ff. Für eine Beweislastumkehr des Verschuldens *Steffen* in RGRK, § 823 Rdnr. 532ff.

177 S. bereits Einl. Fn. 50.

178 BGH v.26.11.1968, Z 51, 91, 105 – Hühnerpest; BGH v.9.12.1976, Z 67, 383, 387 – Beweislast bei Schiffsunglück; BGH v.7.6.1988, Z 104, 323, 333 – Mehrwegflasche IIa; zustimmend *Giesen*, JZ 1988, 969, 970.

das Verhalten des Blutspenders beeinflussen könne[179] [180]. Schließlich halten die Anhänger der ökonomischen Analyse des Rechts die Lehre vom Gefahrenbereich für sinnvoll, weil der Geschädigte den Gefahrenbereich des Schädigers nicht überblicke und deshalb keine eigenen Maßnahmen zur Gefahrabwehr ergreifen könne[181].

bb) Oft bestehen jedoch präventive Verkehrspflichten, ohne daß ein besonderer Gefahrenbereich des Schädigers vorliegt. Wenn der Baggersee oder das Schwimmbad nur unzureichend gesichert sind, sind das keine besonderen Gefahrenbereiche des Schädigers, Produzenten, Herstellers, sondern jedermann zugängliche *Verkehrsflächen*[182]. Daß z.B. die Gemeinde bestimmte Pflichten treffen, um Verkehrsflächen zu sichern, muß andere Gründe haben. Auch kann die Verantwortung des Herstellers nicht enden, sobald das Produkt in den Verkehr gebracht wird und den Organisationsbereich des Herstellers verläßt[183]. Die einzelnen Pflichten des Herstellers beziehen sich nicht nur auf den gegenständlich-räumlichen Bereich der Herstellung, sondern auf alle zur Herstellung erforderlichen Fertigungsvorgänge, einschließlich des Materialtransports. Eine Rückrufpflicht besteht beispielsweise erst dann, wenn das Produkt den Gefahrenbereich des Herstellers verlassen hat. Damit ist der Mangel der gelieferten Sache entscheidend und nicht der besondere Gefahrenbereich des Herstellers[184]. Die Lehre vom Gefahrenbereich kann auch nicht erklären, warum Informationen an Dritte gegeben werden müssen. So bleiben das Verhältnis von Unternehmen zur Behörde und vor allem das Verhältnis von Eigenverantwortung des Herstellers zur Selbstvorsorge des Verbrauchers ungeklärt. Damit ist der Gefahrenbereich als Sachgrund für eine strenge Haftung unzureichend[185].

---

[179] BGH v.30.4.1991, Z 114, 284, 297- Blutkonserve I; zustimmend *Giesen*, JR 1991, 485, 489; *Giesen/Poll*, RIW 1993, 265, 270; *Spickhoff*, Zur Haftung für HIV-kontaminierte Blutkonserven, JZ 1991, 756, 760.

[180] Auch im Strafrecht wird zur Begründung von Unterlassungsdelikten in immer stärkerem Maße auf den Gefahrenbereich abgestellt, *Schünemann*, Strafrechtsdogmatische und kriminalpolitische Grundfragen der Unternehmenskriminalität, wistra 1982, 41, 44; *Stree* in Schönke/Schröder, § 13 Rdnr. 39; *Jakobs*, Strafrecht, Allgemeiner Teil, 2.Aufl., 1991, S. 39, 42; *Otto*, Grundkurs Strafrecht, 3.Aufl., 1991, § 9 II 2.b).

[181] S. bereits *Heck*, Grundriß des Schuldrechts, 1929, S. 460; *Schäfer/Ott*, Lehrbuch der ökonomischen Analyse des Zivilrechts, S. 157; vorsichtiger *Adams*, Ökonomische Analyse der Gefährdungs- und Verschuldenshaftung, S. 137: nur wenn das Opfer keinen Einfluß auf die Schadensabwehr besitzt.

[182] Ähnlich schon *Esser*, Grundlagen und Entwicklung der Gefährdungshaftung, S. 41 und *Blaschczok*, Gefährdungshaftung und Risikozuweisung, S. 77, 390. Zur Baggersee-Entscheidung s. ausführlich unten § 7.II.1.b); § 8.I.1.c).

[183] BGH v.6.7.1990, St 37, 106, 119ff – Lederspray (Erdal); *Goll*, Produkthaftungshandbuch I, § 45 Rdnr. 15.

[184] *Musielak*, Die Grundfragen der Beweislast im Zivilprozeß, S. 181f; *derselbe*, Beweislastverteilung nach Gefahrenbereichen, AcP 176 (1976), 465, 474ff; zustimmend *Stoll*, AcP 176 (1976), 145, 161.

[185] So auch *Baumgärtel*, Handbuch der Beweislast I, § 823 Anh.C III, Rdnr. 28 a.E.

d) Gefahrbeherrschung

Ein ähnlicher Sachgrund ist der Gedanke der *Gefahrbeherrschung*[186]. Er besagt, daß der Schädiger deshalb haftet, weil er die Gefahr hätte beherrschen müssen. Im Arztrecht wird z.B. dann eine Beweislastumkehr zugelassen, wenn die Risiken voll beherrschbar sind. Ansonsten wird aber eine Beweislastumkehr abgelehnt, weil Zwischenfälle infolge der Unabwägbarkeiten des lebenden Organismus schicksalhaft auftreten können und deshalb ein nach einem Heileingriff sich verschlechternder Gesundheitszustand nicht notwendigerweise auf einen Behandlungsfehler schließen läßt[187]. Die Gefahrbeherrschung soll auch der Rechtsgrund des UHG sein[188]. Ähnlich wird das professionelle Handeln des Herstellers zur Begründung der Gefährdungshaftung genannt[189] [190].

Der Gedanke der Gefahrbeherrschung vermag zu überzeugen, wenn ein gewisser Sorgfaltsmaßstab einzuhalten und dieser Stand der Technik zu beherrschen ist. Dann kann auf den Nachweis des Verschuldens verzichtet werden. Auch bei groben Behandlungsfehlern im Arztrecht läßt sich die Beweislastumkehr für die Kausalität mit dem groben Verstoß gegen den medizinischen Standard erklären. Unklar bleibt aber, warum eine Beweislastumkehr auch dann eintreten kann, wenn der Behandlungsfehler nicht grob war[191]. Damit kann auch der Gedanke der Gefahrbeherrschung nicht immer erklären, *warum* der Schädiger die Gefahr beherrschen muß, um Beweiserleichterungen zugunsten des Geschädigten in einem Schadensprozeß zu vermeiden.

7. Vorteilsziehung

Bälz hat jüngst das Deliktsrecht als Haftungsrecht für ein Verhalten und das Bereicherungsrecht als Haftungsrecht für einen Zustand qualifiziert. Weil

---

[186] *v. Caemmerer*, Reform der Gefährdungshaftung, 1971, S. 15 = GeS III, 1983, S. 239, 249; ähnlich bereits *derselbe*, Die absoluten Rechte in § 823 Abs.1, KF 1961, S. 19ff = GeS I, 1967, 554, 579; *Larenz* in FS Hauß, 1978, S. 225, 238; *derselbe*, Schuldrecht II, § 72 I, 12. Aufl., S. 613; *v. Bar*, Verkehrspflichten, S. 122ff, 306; für die Haftung von Unternehmen im Umweltrecht *Gimpel-Hinteregger*, Grundfragen der Umwelthaftung, S. 74.

[187] *Stoll*, AcP 176 (1976), 145, 157; *Nüßgens* in RGRK, § 823 II Rdnr. 316, 314. S. genauer unten § 5.III.3.b), S. 170 f.

[188] *Nicklisch*, Zur Grundkonzeption der Technik- und Umweltgefährdungshaftung in FS Serik, 1992, S. 297, 300ff.

[189] Für die Gefährdungshaftung des PHG und des AMG Larenz/*Canaris*, Schuldrecht II 2, S. 644, 649.

[190] Auch im Strafrecht wird zur Begründung der Unterlassungsdelikte der Gedanke der Gefahrbeherrschung herangezogen, *Rudolphi* in SK, StGB, § 13 Rdnr. 21; *Beulke/Bachmann*, JuS 1992, 737, 740.

[191] S. oben § 4.I.2.a) und b), S. 106ff.

die Gefährdungshaftung die Zustandshaftung betreffe, gehe es tatsächlich um Haftung wegen ungerechtfertigter Bereicherung, um die Eingriffskondiktion und um einen Ausgleich wegen Vorteilsziehung auf Kosten des Berechtigten[192]. Auch daß die Gewinnchance dem Unternehmensrisiko gegenübersteht[193], wird von dem Gedanken der Vorteilsziehung geprägt. Von anderer Seite wurde versucht, die Eingriffs- oder Aufopferungshaftung als Grundsatz im Verhältnis zur Gefährdungshaftung darzustellen[194]. Damit ließe sich auch eine Haftung für Ausreißer erklären, bei welchen der Schädiger alle objektiven und subjektiven Sorgfaltsanforderungen einhält. Die Haftung für Ausreißer könnte dann mit dem privatrechtlichen Aufopferungsanspruch begründet werden und nicht mit der Gefährdungshaftung im Sinne eines gefährlichen Tuns[195].

Der Gedanke der Vorteilsziehung ist, wie auch der des Vertrauens, ein so allgemeiner, daß er nicht nur für das Delikt, sondern auch im Vertragsrecht, z.B. für Dienstleistungen[196], ja für alle Austauschgeschäfte gilt. Er kann nicht erklären, warum der Produzent z.B. zum Rückruf verpflichtet bleibt, selbst wenn die dadurch verursachten Aufwendungen jeglichen Vorteil aufzehren. Zum weiteren kann der Gedanke der Vorteilsziehung nicht begründen, warum so umfangreiche Beweiserleichterungen bezüglich der Kausalität zwar bei Ärzten, nicht dagegen für den Hersteller von Produkten existieren. Ärzten wird kaum eine stärkere Vorteilsziehung nachzuweisen sein als den Herstellern von Produkten.

8. *Verteilende Gerechtigkeit*

Wenn nicht wegen Vorteilsziehung gehaftet wird, bietet sich als Sachgrund möglicherweise die verteilende Gerechtigkeit an. Schon *Esser* hielt fest, die Gefährdungshaftung sei nicht Haftung wegen des besonderen Gefahrenpotentials, sondern wegen des sozialen Zwangs zur Teilnahme an einem so geschaffenen Verkehr. Die *distributive Gerechtigkeit* (verteilende Gerechtigkeit) verlange deshalb einen Ausgleich für die Wagnisübernahme und

---

[192] *Bälz*, Zum Strukturwandel des Systems zivilrechtlicher Haftung, 1991, S. 24; *derselbe*, Ersatz oder Ausgleich?, JZ 1992, 57, 63, 66.

[193] *Lieb*, Anm. zu BGH v.3.6.1975, NJW 1975, 1827 – Spannkupplung, JZ 1976, 526, 527; *Larenz* in FS Hauß, 1978, S. 225, 238; *Sack*, BB 1985, 812, 818; *Baumgärtel*, Handbuch der Beweislast I, § 823 Anh.C III, Rdnr. 30.

[194] Esser/*Weyers*, Schuldrecht II, §§ 54 III, 63 I.

[195] *Fikentscher*, Schuldrecht, Rdnr. 1253. Man kann anderer Auffassung sein, wenn man Gefährdungshaftung als Einstehenmüssen für zwar erlaubtes, aber nicht voll beherrschbares Risiko definiert, so z.B. *Lorenz*, Europäische Rechtsangleichung auf dem Gebiet der Produzentenhaftung: Zur Richtlinie des Rates der Europäischen Gemeinschaften vom 25. Juli 1985, ZHR 151 (1987), 1, 10.

[196] *Reinhardt*, NJW 1994, 903, 905.

die Vorteilsziehung aus diesem Zustand[197]. Gefährdungshaftung bezwecke den Schadensausgleich für erlaubtes Risiko[198]. Ähnlich verlangt der Gedanke des Interessensausgleiches, daß jedermann die Kosten der Geltendmachung seiner Interessen selbst zu tragen hat[199]. Die Verteilungsgerechtigkeit muß dabei sowohl die Aktivitäten von Schädiger und Geschädigtem als auch die mit den Aktivitäten verbundenen Einschränkungen der Handlungs- und Entfaltungsmöglichkeiten bewerten[200]. Ähnlich wird auf die Versicherbarkeit des Schadensrisikos abgestellt, das nur der Produzent durch die Erhöhung des Verkaufspreises weitergeben (und sozialisieren) kann, nicht aber der Geschädigte[201].

Richtig an dieser Aussage ist, daß bei Haftungsfragen, den Fragen nach dem Verhaltensunrecht, immer beide Seiten betrachtet werden müssen. Das hat *M. Rümelin* schon für das Verhältnis zwischen dem Schutz des Individuums und der Weiterentwicklung der Gesellschaft festgestellt[202]. In seiner Habilitationsschrift kommt *Blaschczok* u.a. zu dem Ergebnis, daß Freizeitaktivitäten deshalb einer Gefährdungshaftung unterliegen, weil niemand auf solche Aktivitäten angewiesen sei[203]. Dies hätte zur Folge, daß eine bestimmte Aktivität (z.B. das Autofahren, das Fahrradfahren) in der Freizeit einer besonders strengen Haftung unterliegt, im Alltag oder zu beruflichen Zwecken aber nicht. Die Rechtsprechung urteilt aber gegenteilig, wenn der durch Rechtsgutsverletzung verursachte Schaden beim Mannschaftssport (in der Freizeit) nur unter engen Voraussetzungen ausgeglichen wird und der Handelnde damit nicht haftet[204], während die Anforderungen an die Arzthaftung aus beruflicher Tätigkeit außerordentlich hoch sind. Der Gedanke

---

197 *Esser*, Grundlagen und Entwicklung der Gefährdungshaftung, S. 56, 67, 91, 103, 107, insbesondere S. 73 unter Hinw. auf *Aristoteles*, Nikomachische Ethik, 5. Buch, 5. Kap.; *v. Caemmerer*, Reform der Gefährdungshaftung, GeS III, S. 239, 249; s. auch *Deutsch*, Haftungsrecht, S. 364f; *v. Bar*, Verkehrspflichten, S. 125ff.

198 *Esser*, Grundlagen und Entwicklung der Gefährdungshaftung, S. VI, 56, 67; speziell für den § 6 UHG *Nicklisch* in FS Serik, 1992, S. 297, 309.

199 *Merkel*, Juristische Enzyklopädie I, 1885, § 683, 2; *M. Rümelin*, Die Gründe der Schadenszurechnung, 1896, S. 45ff; *derselbe*, Schadensersatz ohne Verschulden, S. 26; *Marton*, AcP 162 (1963), 1, 48.

200 *Blaschczok*, Gefährdungshaftung und Risikozuweisung, S. 349, 335. *Blaschczok* (S. 295, 306) nennt zusätzlich als Gründe sowohl die Planungs- und Koordinierungsüberlegenheit als auch den Innovationsdruck. Beides scheint m.E. für eine Haftungszuweisung bzw. Haftungsverlagerung nicht ausreichend.

201 *Baumgärtel*, Handbuch der Beweislast I, § 823 Anh.C III, Rdnr. 30; *Larenz* in FS Hauß, 1978, S. 225, 238.

202 *M. Rümelin*, Schadensersatz ohne Verschulden, S. 59.

203 *Blaschczok*, Gefährdungshaftung und Risikozuweisung, S. 368f, 375, 397f.

204 Dadurch, daß unterstellt wird, der Geschädigte habe vorab stillschweigend in das Verletzungsrisiko eingewilligt, BGH v.5.11.1974, Z 63, 140 – Fußballspiel; *Steffen*, Zivilrechtliche Haftung im Sport, NJW 1990, 2658ff; Palandt/*Thomas*, § 823 Rdnr. 122; *Baumgärtel*, Handbuch der Beweislast I, § 823 C I, Rdnr. 1ff.

der verteilenden Gerechtigkeit ist damit zu allgemein, um als Rechtsgrund die Beweiserleichterungen zu begründen. Es besteht deshalb die Gefahr, vom Ergebnis her zu argumentieren: Dann würde derjenige den Schaden tragen müssen, bei dem er besser „verteilt" ist, also gegebenenfalls der finanziell Potentere[205]. So gibt auch *Blaschczok* zu bedenken, daß der Gedanke der verteilenden Gerechtigkeit mit weitergehenden Wertungen konkretisiert werden muß[206].

Damit läßt sich festhalten, daß der Rechtsgrund für die eingangs genannten Fälle weder von der klassischen Verschuldenshaftung noch von der Gefährdungshaftung, sei es mit den Kriterien der Ingerenz, der Gefahrerhöhung oder des Gefahrenbereichs, erklärt werden kann[207].

IV. Das Bewegliche System von Wilburg

Mit keinem der genannten Rechtsgründe ließ sich ausreichend begründen, warum im Verhältnis zwischen Unternehmen, Verbraucher und Staat umfangreiche Informationspflichten bestehen und Beweiserleichterungen zu einer „Aufweichung" der Verschuldenshaftung führen können. Alle Begründungen haben immanente Nachteile, wenn man sie auf die Rechtsgüter bezieht. Die gerade genannten Entwicklungen sprechen dafür, nicht mehr strikt die Gefährdungs- und Verschuldenshaftung gegeneinander auszuspielen. Deshalb wird die eingangs erwähnte Zweispurigkeit des Haftungsrechts[208] von einer Auffassung mit der These abgelehnt, die Gefährdungshaftung sei nur eine aus unterschiedlicher rechtspolitischer Motivation geregelte Haftungsverschärfung, ein „Annex der Schuldhaftung"[209]. Infolgedessen sei die Rechtsprechung nicht gehindert, die Verkehrspflichten auch angemessen fortzuentwickeln[210].

In der Diskussion um das Verhältnis von Verschuldens- zur Gefährdungshaftung vertreten die Anhänger des „Beweglichen Systems" eine mittlere Position, weil das Verschuldenselement nicht immer entfällt, aber in bestimmten Fällen entfallen kann. *Wilburg* hat die außervertragliche Haftung anfangs mit vier Kriterien – seinem Beweglichen System – begründet, die von Fall zu Fall in verschiedener Stärke zu gewichten sind. Er nannte die

---

205 Zur deep-pocket-Doktrin s. *Möllers*, Die Haftung der Bank bei der Kreditkündigung, S. 129. *Keeton* (Prosser and Keeton on Torts, S. 693) spricht dagegen von einer „risk-bearing economic theory".

206 Indem er bestimmte Aktivitäten bewertet, s. *Blaschczok*, Gefährdungshaftung und Risikozuweisung, S. 335.

207 So auch *Blaschczok*, Gefährdungshaftung und Risikozuweisung, S. 139, 387.

208 S. oben § 4.II.1.

209 *Deutsch*, Haftungsrecht, S. 365.

210 *Schlechtriem* in FS Rittner, 1991, S. 545, 556f.

Kriterien: (1.) ein Handeln, das in einen fremden Rechtsbereich eingreift oder diesen gefährdet, (2.) die Veranlassung des Schadensfalles durch Umstände in der Sphäre des Haftenden, (3.) den Vorwurf eines Mangels in der Sphäre des Haftenden und (4.) die wirtschaftliche Kraft oder die Zumutbarkeit, sich zu versichern[211]. Später hat er als weiteres (5.) Kriterium die Konzentration von Vorteil und Gefahr in einem Unternehmen hinzugenommen[212]. In Anlehnung an das System von *Wilburg* begründen nach *v. Bar* die vier folgenden Kriterien eine Pflicht zur Gefahrenkontrolle: (1.) Schaffung oder Unterhaltung einer Gefahr(enquelle), (2.) Gefahrbeherrschung, (3.) Vorteilsziehung aus der Gefahrenquelle und (4.) Vertrauensschutz[213]. Das Bewegliche System hat für das Deliktsrecht eine Reihe von Anhängern gefunden[214]. Es kann für sich in Anspruch nehmen, drei Dinge zu leisten: Erstens überwindet es den Gegensatz von Verschuldens- und Gefährdungshaftung, die Zweispurigkeit des Haftungssystems, indem es die Tatbestandsmerkmale nicht gegeneinander ausspielt[215]. Zweitens kann es mit einer Reihe von Kriterien unterschiedliche Sachverhalte erfassen, wie beispielsweise die Verkehrspflichten. Das geschieht dadurch, daß die einzelnen Kriterien in Beziehung gesetzt werden, nämlich als komparative Sätze im Sinne eines „je mehr, desto mehr“[216]. Und drittens gibt das Bewegliche System dem Juristen eine Anzahl von Kriterien an die Hand, die abschließend sind[217]. Dies ist der Vorteil gegenüber einer unbestimmten Generalklausel und unterscheidet das Bewegliche System auch von der Zusammen-

---

[211] *Wilburg*, Die Elemente des Schadensrechts, 1941, S. 26ff; *derselbe*, Entwicklung eines Beweglichen Systems im Bürgerlichen Recht, 1950, S. 12ff.

[212] *Wilburg*, Zusammenspiel der Kräfte im Aufbau des Schuldrechts, AcP 163 (1964), 346ff.

[213] *v. Bar*, Verkehrspflichten, S. 113ff, 294ff; *derselbe*, Zur Bedeutung des Beweglichen Systems für die Dogmatik der Verkehrspflichten, in Bydlinski u.a. (Hrsg.), Das Bewegliche System im geltenden und künftigen Recht, 1986, S. 63, 69; ihm folgend *Mertens* in MünchKomm, § 823 Rdnr. 177ff.

[214] *Mertens*, VersR 1980, 397, 402; *Assmann*, Prospekthaftung, S. 265; *Deutsch*, *Koziol* und *v. Bar* (S. 72) in Bydlinski u.a. (Hrsg.), Das Bewegliche System im geltenden und künftigen Recht, 1986; Larenz/*Canaris*, Schuldrecht II 2, S. 412ff. Zu der nur bedingten Rezeption des Systems s. *Westerhoff*, Die Elemente des Beweglichen Systems, 1991, S. 93 Fn. 455.

[215] *Wilburg*, Entwicklung eines Beweglichen Systems im Bürgerlichen Recht, S. 12; zustimmend *Deutsch* (S. 45), *Koziol* (S. 51) und *v. Bar* (S. 72), in Bydlinski u.a. (Hrsg.), Das Bewegliche System im geltenden und künftigen Recht, 1986.

[216] *Otte*, Komparative Sätze im Recht. Zur Logik eines Beweglichen Systems, Jahrbuch für Rechtssoziologie und Rechtstheorie 2 (1972), S. 301, 318; ebenso *Steininger* (S. 13) und *Bydlinski* (S. 28), in Bydlinski u.a. (Hrsg.), Das Bewegliche System im geltenden und künftigen Recht; *Canaris*, Systemdenken und Systembegriff in der Jurisprudenz, S. 78: für § 254 BGB. *Larenz* (Methodenlehre der Rechtswissenschaft, S. 470ff) spricht von Typenreihen.

[217] *Wilburg*, Entwicklung eines Beweglichen Systems im Bürgerlichen Recht, S. 14, 16.

stellung von Topoi-Katalogen[218]. Mit diesen Kriterien grenzt es sich von einer reinen Billigkeitshaftung ab[219].

Zu den einzelnen Kriterien wie Vorteilsschaffung und Gefahrbeherrschung wurde oben Stellung genommen und begründet, warum sie allein noch nicht in ausreichendem Maße das Rechtsprinzip für die hohen Verhaltensanforderungen und Beweiserleichterungen darstellen. Damit hat auch das Bewegliche System den Nachteil, auf ein maßgebliches Rechtsprinzip zu verzichten. Ein solches rechtsethisches Prinzip oder eine „Basiswertung" sind aber notwendig, um rechtliche Entscheidungen aufgrund ihrer inneren Überzeugungskraft zu begründen und die Erfordernisse an die Gerechtigkeit und Rechtssicherheit zu erfüllen[220]. Die einzelnen Kriterien können – was noch darzulegen ist – als Unterprinzipien eine Rolle für ein grundlegendes Prinzip spielen, das in § 5 vorgestellt wird.

Zwischenergebnis zu § 4: Das Rechtsprinzip für präventive Verkehrspflichten und Beweiserleichterungen: Kritik an den bisherigen Ansätzen

1. Schon in § 2 wurde gezeigt, daß präventive Verkehrspflichten bestehen können, auch wenn eine Kausalität zwischen Handlung und möglicher Rechtsgutsverletzung noch nicht erwiesen ist. Auch ohne daß der Geschädigte die Kausalität bewiesen hat, haftet der Gefahrverursacher im Arzt-, Produkt- und Umweltrecht bei einer groben Verletzung der Befunderhebungspflicht. Auch bestehen Beweiserleichterungen bei der groben Verletzung einer Berufspflicht und bei voll beherrschbarem Tun. Schließlich muß bei der Verletzung des Selbstbestimmungsrechts der Arzt die Einwilligung des Patienten und die hypothetische Kausalität beweisen.

2. Die noch h. M. geht von der Zweispurigkeit des Haftungsrechts aus. Nur der Gesetzgeber könne neue Gefährdungstatbestände schaffen. Jedoch hat die Rechtsprechung die Verschuldenshaftung durch Elemente einer Gefährdungs- und Vermutungshaftung und durch präventiv wirkende Verkehrspflichten erweitert. Der Vorwurf wird erhoben, die Rechtsprechung

---

[218] *Canaris*, Systemdenken und Systembegriff in der Jurisprudenz, S. 76ff; *Bydlinski*, Juristische Methodenlehre und Rechtsbegriff, 1982, 533; *Canaris* (S. 103), *Bydlinski* (S. 32) und *v. Bar* (S. 68f), in Bydlinski u.a. (Hrsg.), Das Bewegliche System im geltenden und künftigen Recht. A.A. *Viehweg*, Topik und Jurisprudenz, 5.Aufl., 1974, S. 72ff. Ebenso bereits *M. Rümelin*, Die Gründe der Schadenszurechnung, S. 49; *derselbe*, Schadensersatz ohne Verschulden, S. 32.

[219] *Wilburg*, Entwicklung eines Beweglichen Systems im Bürgerlichen Recht, S. 22; zustimmend *Bydlinski*, in Bydlinski u.a. (Hrsg.), Das Bewegliche System im geltenden und künftigen Recht, S. 32. Für die Übernahme des Beweglichen Systems im Vertragsrecht s. z.B. *Breidenbach*; *Göpfert*, „Bewegliche Systeme" zur Bewältigung von Ähnlichkeiten am Beispiel der „Bürgschaftsfälle" des BGH, JuS 1993, 655ff.

[220] *Bydlinski*, Bewegliches System und juristische Methodenlehre, in Bydlinski u.a. (Hrsg.), Das Bewegliche System im geltenden und künftigen Recht, S. 21, 30; *Larenz*, Methodenlehre der Rechtswissenschaft, S. 474.

mißachte geltendes Recht durch eine „Überspannung der Verkehrspflichten" und ein Abgehen vom Verschuldensprinzip. Insoweit stellt sich die Frage, ob die Rechtsentwicklung durch einen Rechtsgrund legitimiert werden kann.

3. Die aufgrund von Beweisnot und Beweisvereitelung gewährten Beweiserleichterungen bilden keinen Sachgrund für Informationspflichten, sondern wollen vielmehr erreichen, daß der Schädiger den Schaden des Geschädigten zu ersetzen hat.

4. Die Lehre der ökonomischen Analyse des Rechts, die juristische Regelungen nach dem Kriterium der ökonomischen Effizienz beurteilt, kann den Wert der persönlichen Rechtsgüter nicht sachgerecht bestimmen. Als Folge davon berücksichtigt sie zu wenig, daß Verkehrspflichten persönliche Rechtsgüter auch dann schützen müssen, wenn sie ökonomisch nicht effizient sind.

5. Vertrauenshaftung und Berufshaftung mögen im Vertragsrecht ihre Rechtfertigung haben, wenn auf die Erklärung der anderen Vertragsseite vertraut wird und dieser Erklärung eine besondere Funktion zukommt. Beide Ansätze können jedoch nicht die hohen Anforderungen an die Verhaltenspflichten zum Schutz der Rechtsgüter erklären, die unabhängig von einer Willenserklärung oder einer Professionalität der anderen Vertragsseite erforderlich sind.

6. Ein eigener Sachgrund liegt der Gefährdungshaftung zugrunde: Ingerenz, die Eröffnung einer Gefahrenquelle oder eines Gefahrenbereichs, die Gefahrerhöhung oder die Gefahrbeherrschung sollen jeweils einen Sachgrund für eine strenge Haftung darstellen. Dagegen sprechen schon die tatsächlichen Erfahrungen: Oft wird auch ohne ein hohes Gefahrenpotential streng gehaftet; schließlich ist auch der Gefahrenbereich als Haftungsgrund zu begrenzt.

7. Der Gedanke der Vorteilsziehung berücksichtigt nicht, daß Verhaltenspflichten häufig unabhängig von einer Vorteilsziehung bestehen. Die verteilende Gerechtigkeit kommt – wie auch schon die ökonomische Analyse des Rechts – nicht ohne Wertungen aus.

8. Das Bewegliche System von *Wilburg* kann zwar die Zweispurigkeit des Haftungsrechts aufheben. Es ist allerdings ohne Basiswertung unzureichend.

§ 5 Rechtsgüterschutz und Vorhof

In § 4 wurde gezeigt, daß Rechtsprechung und Schrifttum nicht ausreichend begründen können, warum in bestimmten Fällen hohe Verhaltensanforderungen bis an die Grenze des Machbaren bestehen und warum eine Beweislastumkehr zugunsten des Geschädigten und damit eine Haftungsverschärfung zu Lasten des Schädigers eintritt, wenn bestimmte Gefahrvermeidungs- oder Gefahrabwehrmaßnahmen nicht durchgeführt wurden. Treffend schreibt *Prütting*: „Keinesfalls kommt eine Beweislastumkehr aber aus Gerechtigkeits- oder Billigkeitsgründen im Einzelfall in Betracht, immer setzt sie eine neue generelle Regelbildung voraus"[1]. Ausgangspunkt ist die These, daß Beweiserleichterungen nur möglich sind, wenn Wesen und Gehalt der *materiellen* Deliktspflichten dies zulassen[2]. Veränderungen der Beweislastkonstellation, wie sie die Rechtsprechung mit dem groben Behandlungsfehler oder dem groben Berufsfehler vornimmt, müssen begründbar sein. Ansonsten müßte die Rechtsprechung als „extra- oder präterlegal" bezeichnet werden[3]. In § 5 soll der Versuch unternommen werden, die Beweiserleichterung und die Beweislastumkehr mit dem Rechtsgüterschutz zu begründen. Dazu soll eine Wertehierarchie herangezogen werden, die sich im GG, BGB und StGB findet (I.1.) Mittels verfassungskonformer Auslegung des § 823 I BGB kann auch der Vorhof dogmatisch begründet werden (I.2.). Der Rechtsgüterschutz kann sowohl für das Zivilrecht als auch für das Öffentliche Recht besonders hohe Anforderungen an die Informationspflichten begründen[4]. Die in § 4 genannten Rechtsprinzipien lassen sich als Begründungshilfen jeweils auf den Rechtsgüterschutz beziehen (I.3.). Zudem sind die Grenzen dieses Rechtsgüterschutzes für den Vorhof und für die normalen Verhaltenspflichten aufzuzeigen. Das führt zur Frage, in welchem Umfang Rechtsfortbildung durch die Rechtsprechung in Bereiche vordringen kann und soll, die grundsätzlich der Verwaltung oder der Gesetzgebung vorbehalten sind (II.1.). Die Grenzen des Deliktsrechts

---

[1] *Prütting* in MünchKommZPO, § 286 Rdnr. 123; s. ähnlich bereits oben § 4.III.1. Fn. 71.

[2] BGH v.7.6.1988, Z 104, 323, 333 – Mehrwegflasche IIa; zustimmend *Foerste*, Anm. zu BGH v.8.12.1992, NJW 1993, 528, Mehrwegflasche III, JZ 1993, 678, 682. S. oben § 4.III.1. Fn. 71 f, 81.

[3] Kritisch z.B. *E. Schneider*, Die Beweisvereitelung, MDR 1969, 4, 9; grundsätzlich *Neuner*, Die Rechtsfindung contra legem, 1992.

[4] Der Rechtsgüterschutz kann also erklären, warum bestimmte Eigeninformationspflichten sowohl Private als auch den Staat treffen.

sind aufzuzeigen. Die Werbung kann Informationen an den Verbraucher geben, die das Deliktsrecht nicht erzwingen kann. Hier sind die wichtigsten Grundsätze, die zum Schutz von Mensch und Umwelt bestehen, darzustellen (II.2.). Schließlich muß sich der eigene Ansatz fragen lassen, ob er mit der jetzigen Rechtslage vereinbar ist, inwieweit also der eingangs erwähnten Zweispurigkeit von Verschuldens- und Gefährdungshaftung Rechnung getragen wird. Der Rechtsgüterschutz vermag jedoch die Mehrspurigkeit des Haftungsrechts zu erklären (II.3.).

In diesem Kapitel sollen die Fallgruppen und Prinzipien des Rechtsgüterschutzes formuliert und präzisiert werden. Eine solche Regelbildung für die Beweislastumkehr stellen die sog. erfolgsbezogenen Pflichten dar, die als Vorhof bezeichnet und von den einfachen Verhaltenspflichten abgegrenzt werden (III.1. und 2.). Einzelne Fallgruppen des Vorhofes werden genannt, in welchen Beweiserleichterungen zugunsten des Geschädigten eintreten (III.3.). Schließlich sind einzelne Prinzipien des Rechtsgüterschutzes zu formulieren, nämlich die Eigenverantwortung des Gefahrverursachers zu präzisieren (IV.1.) und der Kreis der Pflichtigen zu bestimmen (IV.2.).

I. Eigene Auffassung: Der Rechtsgüterschutz

Rechtsgrund für präventive Verkehrspflichten sowie Beweiserleichterungen bilden die zu schützenden hohen Rechtsgüter. Es ist allerdings zu prüfen, ob es sich nicht um einen *Zirkelschluß* oder eine Tautologie handelt, wenn den persönlichen Rechtsgütern und ihrer Wertehierarchie bei der Bestimmung eines allgemeinen Rechtsprinzips für das Öffentliche Recht und Zivilrecht eine besondere Bedeutung zugeschrieben wird[5]. Denn das Deliktsrecht schützt die Rechtsgüter ohnehin durch § 823 I BGB. Ein Zirkelschluß liegt jedoch nicht vor, weil der Rechtsgüterschutz in den besonders hohen Verhaltensanforderungen zugunsten der Rechtsgüter Ausdruck findet und erhebliche Bedeutung für die Beweislast im Prozeß hat. Der Rechtsgüterschutz dient damit der Erhellung des Zwecks und der Funktion einzelner Verhaltenspflichten[6]. Das Prinzip des Rechtsgüterschutzes und der Vorhof können mittels der Wertehierarchie und der verfassungsrechtlichen Vorgaben begründet werden.

---

[5] Zu einem solchen Vorwurf gegenüber der besonderen Gefahr *Blaschczok*, Gefährdungshaftung und Risikozuweisung, S. 79.

[6] Das unterscheidet die Tautologie oder den Zirkelschluß vom sog. hermeneutischen Zirkel, nämlich der wechselseitigen Erhellung des Sinnes zwischen dem Ganzen und seinen Bestandteilen. Die Sinnerwartung hat den Charakter einer Hypothese, die durch eine gelungene Auslegung bestätigt wird, *Larenz*, Methodenlehre der Rechtswissenschaft, S. 206f; *Deutsch*, Haftungsrecht, S. 67.

1. Die Wertehierarchie

a) Die systematische Stellung der Rechtsgüter im GG, BGB und StGB

Die persönlichen Rechtsgüter Leben, Körper und Gesundheit stehen in einer Wertehierarchie[7]. Es fragt sich, ob eine solche Wertehierarchie auch für das Verhältnis der persönlichen Rechtsgüter zum Eigentum und zum Vermögen gilt. Das wird von Teilen der Literatur ausdrücklich abgelehnt. Im Rahmen des § 823 I BGB hätten die Rechtsgüter nur die Funktion, das Unrecht einer Handlung für den Regelfall erkennbar zu machen, indem sie zur besseren Präzisierung des Eingriffs Eingriffsobjekte formulieren[8]. *Mertens* ist der Auffassung, der Richter sei nicht ermächtigt, eine soziale Rangskala von Gütern und Verhaltenspflichten aufzustellen[9]. Auch im Öffentlichen Recht wird eine solche bereits abstrakt bestehende Wertehierarchie überwiegend abgelehnt: Statt einer Rangordnung der Grundrechte sei vielmehr das Verhältnis der Grundrechte zueinander durch eine Güterabwägung im konkreten Einzelfall zu bestimmen[10].

Die *systematische* Stellung im Grundgesetz, im Bürgerlichen Gesetzbuch und im Strafgesetz deutet jedoch auf eine solche bereits abstrakt vorgegebene Wertehierarchie für verschiedene Rechtsgüter hin, ja sie erscheint offenkundig[11]. Im Zivilrecht (§ 823 I BGB) läßt sich eine bestimmte Wertehierarchie der Rechtsgüter anhand ihrer systematischen Stellung ablesen: Leben, Körper, Gesundheit stehen vor Freiheit, Eigentum und dem sonstigen Recht. Das Recht auf Leben stellt innerhalb der Grundrechtsordnung einen „Höchstwert" dar; sein Schutz gilt absolut[12]. Auf die Integrität des Körpers kann der einzelne in weitem Umfang nicht verzichten[13]. Die körperliche

---

[7] § 1.I.2.

[8] *Fikentscher*, Schuldrecht, Rdnr. 1049.

[9] *Mertens*, VersR 1980, 397, 401.

[10] BVerfG v.24.2.1971, E 30, 173, 195 – Mephisto. Besonders entschieden ablehnend *Böckenförde*, Grundrechtstheorie und Grundrechtsinterpretation, NJW 1974, 1529, 1534; vorsichtiger *Zippelius*, Wertungsprobleme im System der Grundrechte, 1962, S. 195; *Ossenbühl*, Die Kontrolle von Tatsachenfeststellungen und Prognoseentscheidungen durch das Bundesverfassungsgericht in Festgabe zum 25jährigen Bestehen des Bundesverfassungsgerichts, Bd.1, 1976, S. 458, 507; *v. Münch* in v. Münch/Kunig, GG, 4.Aufl., 1992, vor Art. 1 – 19, Rdnr. 46; *Larenz*, Methodenlehre der Rechtswissenschaft, S. 341 f; *Bethge*, Zur Problematik von Grundrechtskollisionen, 1977, S. 269; *Grimmer*, Demokratie und Grundrechte, 1980, S. 118; *Stern*, Das Staatsrecht der Bundesrepublik Deutschland, § 81.IV.5., S. 562 einerseits, § 82.IV.8.b), S. 678 andererseits.

[11] *Fabricius*, AcP 160 (161), 273, 291; *Peter* in Salje, § 1 UHG Rdnr. 27. Von einer „Ranghöhe" der Rechtsgüter spricht Larenz/*Canaris*, Schuldrecht II 2, S. 374, 449.

[12] BVerfG v.25.1.1975, E 39, 1, 25 f – Schwangerschaftsabbruch I; BVerfG v.1.8.1978, E 49, 24, 53 – Kontaktsperre; *Lorenz*, HdbStR VI, § 128 Rdnr. 5; Schmidt/Bleibtreu/*Klein*, Art. 2, Rdnr. 22a. Für den strafrechtlichen Notstand *Roxin*, Strafrecht, AT, Bd. 1, § 16 Rdnr. 29 f.

[13] Trotz Einwilligung des Opfers ist eine Körperverletzung gem. § 226 a StGB strafbar, wenn sie gegen die guten Sitten verstößt. Zur Ausnahme bei leichtesten Gesundheitsverletzungen s. oben § 1.III.3.b), S. 44 ff.

Integrität ist kein verkehrsfähiges Rechtsgut, weil sie unmittelbar zum ureigensten Bestand des Menschen gehört[14]. In bestimmten Gesetzen zur Gefährdungshaftung, wie z.B. dem Arzneimittel-, dem Umwelthaftungs- und dem Produkthaftungsgesetz, wird das Eigentum überhaupt nicht oder nur unter sehr engen Voraussetzungen geschützt[15]. Das Vermögen und die Handlungsfreiheit werden durch § 823 I BGB nicht geschützt[16]. Im Grundgesetz sind die Menschenwürde und die körperliche Unversehrtheit in den ersten zwei Artikeln (Art. 1, 2 GG) genannt. Berufs- und Eigentumsfreiheit sind an deutlich späterer Stelle geregelt (Art. 12, 14 GG)[17]. Eingriffe in die körperliche Integrität, Intim- und Privatsphäre sind nur ausnahmsweise gestattet, während Eigentum, das Recht auf Berufsausübung und unternehmerische Freiheit stärker unter sozialen Gesichtspunkten eingeschränkt werden können[18]. Auch im *Strafrecht* sind die Voraussetzungen eines rechtfertigenden Notstandes (§ 34 StGB) abhängig vom Rang des jeweiligen Rechtsgutes – das Leben genießt im Verhältnis zu den anderen Rechtsgütern eindeutig eine Vorrangstellung[19]. Am Strafmaß läßt sich diese Wertehierarchie besonders deutlich ablesen[20]. Damit liegt der Schluß nahe, daß der Rechtsschutz um so stärker sein muß, je ranghöher das Rechtsgut ist.

Schließlich besteht auch eine Wertehierarchie zwischen den persönlichen Rechtsgütern und dem Umweltschutz. Pflanzenschutzmittel dürfen gem. § 15 I Nr. 3 lit. a PflSchG nur zugelassen werden, wenn sie auf die Gesundheit von Mensch und Tier keine schädlichen Auswirkungen haben können. Die-

---

[14] § 1 Fn. 98f. Vgl. *Eidenmüller*, Effizienz als Rechtsprinzip, 1995, S. 364, 386, der sich auf *Hegel* (Grundlinien der Philosophie des Rechts, 1821, § 66) beruft. S. auch zugleich § 5 Fn. 31. Folglich sind Leihmütterverträge oder Verpflichtungen lebender Spender zur Organtransplantation sittenwidrig, OLG Hamm v.2.2.1986, NJW 1986, 781, 782 – Leihmuttervertrag; *Jauernig*, v. § 90 Anm. II.6.

[15] Das AMG schützt gem. § 84 S. 1 nur Leben, Körper und Gesundheit; das UHG schützt gem. § 5 Eigentum nicht, wenn die Sache nur unwesentlich oder in einem Maße beeinträchtigt wird, das nach den örtlichen Verhältnissen zumutbar ist. Gem.§ 1 I 2 PHG (Art. 9 lit. b i ii Produkthaftungs-RiL) wird der Eigentümer einer beschädigten Sache nur entschädigt, wenn sie gewöhnlich für den privaten Gebrauch bestimmt und verwendet wurde.

[16] Auch nach Larenz/*Canaris*, Schuldrecht II 2, S. 355 ff; 449 ergibt sich daraus ein differenzierter Schutz der Rechtsgüter des § 823 I BGB im Verhältnis zu Vermögen und der allgemeinen Handlungsfreiheit. Für die Verkehrspflichten als Zurechnungsgrund eines Unterlassens wird dieser Gedanke von Canaris jedoch nicht genutzt; s. auch unten Fn. 265.

[17] Daß die allgemeine Handlungsfreiheit in Art. 2 I GG vor der körperlichen Unversehrtheit in Art. 2 II GG geregelt wurde, bildet nur eine Ausnahme von der Regel.

[18] *Kriele*, Menschenrechte und Gewaltenteilung in Recht, Vernunft, Wirklichkeit, 1990, S. 190, 206f. Für eine Wertehierarchie im GG ausdrücklich auch *Larenz*, Methodenlehre der Rechtswissenschaft, S. 476; *Hauschka*, AG 1988, 29, 30.

[19] § 34 S. 1 StGB: „... in einer gegenwärtigen, nicht anders abwendbaren Gefahr für Leben, Leib, Freiheit, Ehre, Eigentum oder ein anderes Rechtsgut...“; *Roxin*, Lehrbuch des Strafrechts, Allgemeiner Teil, Bd.1, § 16 Rdnr. 25ff.

[20] Totschlag (§ 212 StGB): nicht unter fünf Jahren; schwere Körperverletzung (§ 224 StGB): ein Jahr bis fünf Jahre; gefährliche Körperverletzung (§ 223a StGB): bis fünf Jahre; Körperverletzung (§ 223 StGB): bis fünf Jahre; Sachbeschädigung (§ 303 StGB): bis zwei Jahre Freiheitsstrafe; s. auch *Engisch*, Einführung in das juristische Denken, S. 163.

ser absolute Rechtsgüterschutz gilt dagegen nicht für Auswirkungen auf den Naturhaushalt, weil gem. § 15 I Nr. 3 lit. b PflSchG nur „nicht vertretbare Auswirkungen" verboten sind. Mit diesem Kriterium hat die Behörde Nutzen und Auswirkungen des Pflanzenschutzmittels bezogen auf die Umwelt gegeneinander abzuwägen[21].

Die bereits systematisch angelegte Wertehierarchie wird durch weitere Reformbemühungen verstärkt[22]. Der Geschädigte ist bei Ansprüchen aus Delikt schon heute privilegiert, weil für diese die Verjährungsfrist erst zu laufen beginnt, wenn der Verletzte Kenntnis von Schaden und Person des Schädigers erlangt, § 852 BGB[23]. Im Vertragsrecht beginnt die Verjährungsfrist dagegen unabhängig von der Kenntnis des Schadens zu laufen. Bis jetzt verjähren bestimmte vertragliche Ansprüche allerdings erst nach dreißig Jahren, dagegen Ansprüche aus Delikt schon nach drei Jahren. Die Schuldrechtskommission schlägt eine absolute Verjährungsfrist für Schadensersatzansprüche bei Sachschäden von drei Jahren bei Vertrag (§ 195 KE), von zehn Jahren bei Delikt und Gefährdung (§ 199 KE) und von dreißig Jahren bei Personenschäden (§ 201 KE) vor[24]. Verjährungsvorschriften, die in einem besonderen Maße einen gerechten Ausgleich der Interessen von Gläubiger und Schuldner bezwecken, werden also auch hier nach der Wertehierarchie der Rechtsgüter abgestuft[25].

b) alterum non laedere

Damit läßt sich eine gewisse *abstrakte Wertehierarchie der Rechtsgüter* feststellen, die grundsätzlich gilt[26]. Materielle und prozessuale Regelungen ge-

---

[21] *Di Fabio*, Risikoentscheidungen im Rechtsstaat, S. 156f. Zur Risiko-Nutzen-Bewertung s. unten § 7.III.1.

[22] Zu den sich wandelnden Werteerfahrungen *Zippelius*, Wertungsprobleme im System der Grundrechte, 1962, S. 194; *Fikentscher*, 34 (1991), American Behavioral Scientist, 314ff.

[23] S. dazu die instruktive Entscheidung BGH v.19.3.1991, NJW 1991, 2351 – Alival.

[24] *Rabe*, NJW 1992, 2395, 2998; *Kramer* in MünchKomm, vor § 241 Rdnr. 101; *Stürner*, NJW 1994, Beilage 1, 3. Der 60. DJT hat diesen Vorschlag durch Beschluß angenommen, s. NJW 1994, 3075, IV. Nr. 21 und *BMJ*, (Hrsg.), Abschlußbericht der Kommission zur Überarbeitung des Schuldrechts, 1992, S. 42ff, 76, mit der Begründung, Personenschäden würden erst später entdeckt.

[25] Auch das Verbrechensbekämpfungsgesetz v.28.10.1994, BGBl I, 3186 verschärfte die Strafandrohung für Körperverletzungsdelikte (s. Fn. 20). Zur Kritik am vorherigen Zustand, s. BT-Dr. 12/6853, S. 19, 25; *Spendel*, Zur Lehre vom Strafmaß, 1954, S. 150; zur jetzigen Novellierung kritisch, *Hettinger*, GA 1995, 399ff m.w.Nachw.

[26] Ausnahmsweise kann die Intensität der Rechtsgutsverletzung oder auch die Wahrscheinlichkeit eines Schadenseintritts zu stärkeren oder weniger starken Verhaltenspflichten führen, s. bereits oben § 2.I.2. *Roxin*, Strafrecht AT, § 16 Rdnr. 25; für § 34 StGB s. Rdnr. 7. Die gerade in § 5 Fn. 10 genannten Autoren, die eine solche Wertehierarchie ablehnen, werfen einer solchen Hierarchie vor allem vor, man könne daraus nicht das konkrete Ergebnis ablesen wie aus einer Tabelle; statt dessen müsse immer eine Interessensabwägung der sich widerstreitenden Grundrechte im konkreten Fall vorgenommen werden. Das will die hier vertretene Auffassung auch nicht bestreiten.

bieten es, die Verhaltenspflichten so zu erhöhen, daß besonders hohe Rechtsgüter vor Rechtsgutsverletzungen bewahrt werden und im Schadensfall dem Geschädigten ein Ausgleich gewährt wird. Der oben formulierte Rechtssatz „*casum sentit dominus*“[27] wird insoweit eingeschränkt[28]. Erst jüngst hat der 2. Strafsenat des BGH formuliert, daß derjenige, der gefährliche Produkte in den Verkehr bringt, prinzipiell dafür einstehen muß, daß sie keinen Schaden anrichten[29]. Dahinter steht die allgemeine Rechtspflicht, niemanden körperlich zu verletzen[30]. Historisch gesehen läßt sich diese Pflicht mit dem Nichtstörungsgebot, dem Verbot, die Rechte Dritter zu verletzen (*alterum non laedere*)[31], begründen. Im Ergebnis läßt sich die Wertehierarchie der Rechtsgüter auch bei der Schadensbemessung im Falle des Schadensausgleichs nachweisen[32].

c) Verhältnis des Rechtsgüterschutzes zum Schutz anderer Rechte

Zum Schutze der Rechtsgüter existieren Verkehrspflichten, die es für Rechte, wie Eigentum, Besitz oder für das Vermögen, nicht gibt. Zum Schutze der persönlichen Rechtsgüter bestehen Informationsermittlungs- und -weitergabepflichten auch dann, wenn nur Informationen über vage Verdachts- oder Vermutungslagen vorliegen. Ist beispielsweise das Leben des Verbrauchers gefährdet, muß der Pflichtige aktiv ermitteln und Informationen – selbst ausländischer wissenschaftlicher Literatur – sammeln und auswerten[33]. Zum Schutze des Vermögens bestehen dagegen vorvertragliche Informationspflichten nur, soweit ein Informationsgefälle zwischen Informationsgeber und -nehmer vorliegt[34]. Die Informationspflicht beschränkt sich dann auf eigenes vorhandenes Wissen – zur weitergehenden Informationsermittlung ist der Schuldner in der Regel nicht verpflichtet.

---

[27] § 4.II.1.

[28] Noch stärker *Picker*, JZ 1987, 1041, 1053: Danach dienen die deliktischen Tatbestände nicht der Haftungsbegründung, sondern der Haftungsbeschränkung; zustimmend *Börgers*, Von den „Wandlungen“ zur „Restrukturierung“ des Deliktsrechts?, S. 103.

[29] BGH v.6.7.1990, St 37, 106 – Lederspray (Erdal).

[30] RG v.13.10.1916, Z 88, 433, 434f – Kegelbahn.

[31] Schaden ist demnach ein „weniger“, als dem Geschädigten gehört. Was dem Geschädigten gehört, läßt sich daran erkennen, was ihm bereits von der Natur her zukommt: Das sind Leben, Körper, Gesundheit, also die persönlichen Rechtsgüter, *Zimmermann*, The Law of Obligations, S. 1086 m.w. Nachw. in den Fn. 270 – 275. Zu den römischen Quellen des Prinzips, Ulp.D. 1.1.10.1.; s. *Picker*, JZ 1987, 1041, 1048ff; *Schiemann*, Das allgemeine Schädigungsverbot „alterum non laedere“, JuS 1989, 345ff; *Deutsch*, Haftungsrecht, S. 130; *Larenz*, Schuldrecht II, § 72 I. S. auch Kants kategorischen Imperativ, *Kant*, Metaphysik der Sitten, S. 236. Zu dem Ansatz von *Picker*, JZ 1987, 1041ff s. unten § 5 Fn. 114.

[32] *Huber*, Fragen der Schadensberechnung, 2. Aufl., 1995, S. 57, 62ff. Zum schadensersatzrechtlichen Schutz der Gesundheit im italienischen Recht nach Art. 2043 C.C. s. *Busnelli* in v. Bar, Deliktsrecht in Europa 1993, S 21f.

[33] Zu diesen Pflichten s. bereits oben § 2.III.3. und unten § 6.III.1.

[34] S. oben § 4.III.4.b).

Auch werden Rückrufpflichten nur zum Schutze der persönlichen Rechtsgüter bejaht, nicht aber, wenn nur das Eigentum verletzt zu werden droht[35].

Die in § 4 geschilderten Beweiserleichterungen bei einer Verletzung von Befunderhebungspflichten sind im Arztrecht besonders ausgeprägt. Sie lassen sich auf das Produkthaftungsrecht übertragen, wenn dies wiederum zum Schutz von Leib und Leben erforderlich ist[36]. Auch das Selbstbestimmungsrecht und das Einsichtsrecht in Krankenunterlagen gibt es nur, weil die persönlichen Rechtsgüter tangiert sind[37]. Schließlich kommen bestimmte Beweiserleichterungen – wie im Kupolofenfall oder in § 6 UHG – der Umwelt zugute.

2. *Verfassungsrechtliche Vorgaben*

Die Beweiserleichterungen und die präventiven Verkehrspflichten lassen sich mit den verfassungsrechtlichen Vorgaben begründen, die in einem immer stärkeren Maße im Zivilrecht zu berücksichtigen sind[38]. Zur Präzisierung dieses Grundsatzes muß vorab kurz dargestellt werden, auf welchen dogmatischen Grundlagen die verfassungskonforme Auslegung beruht (a). Es wird zu zeigen sein, daß sowohl das Öffentliche Recht als auch das Zivilrecht eine Reihe gesetzlicher Bestimmungen zum Schutze der körperlichen Unversehrtheit besitzen (b). Schließlich kann die verfassungskonforme Auslegung zur Begründung von Rechtsgüterschutz und Vorhof herangezogen werden. Die Auslegung im Lichte der Grundrechte ist aber oft zu abstrakt, um handhabbar zu sein. Mit dem Prinzip des Rechtsgüterschutzes und der Lehre vom Vorhof kann begründet werden, „wann das verfassungsrechtliche Licht einzuschalten" ist und „mit welcher Intensität dieses Licht ausstrahlt"[39] (c).

a) Die Schutzpflicht aus Art. 2 I GG und die Lehre von der Drittwirkung

Dem Staat obliegt gegenüber dem Bürger eine Schutzpflicht, die körperliche Unversehrtheit des Bürgers zu sichern. Sie ruht in der objektiven

---

[35] *Schwenzer*, JZ 1987, 1059, 1062 und unten § 8.I.6.

[36] S. § 5 III.3.b), S. 170f.

[37] S. sogleich § 5.III.3.c), S. 172ff und unten § 9.IV.3.c).

[38] Das gilt nicht nur für Generalklauseln, sondern für sämtliche Normen des Privatrechts. S. jüngst BVerfG v.19.10.1993, NJW 1994, 36, 38 – Bürgschaften vermögensloser Familienangehöriger; kritisch dazu *Medicus*, AcP 192 (1992), 36ff. S. allgemein *Stern*, Das Staatsrecht der Bundesrepublik Deutschland, Bd. III/1, S. 1557; *Isensee*, HdbStR V, § 111 Rdnr. 152; *Canaris*, Grundrechte und Privatrecht, AcP 184 (1984), 201, 223; Palandt/*Heinrichs*, § 242 Rdnr. 7f; *Preu*, JZ 1991, 265, 268.

[39] So die Formulierung von *Bauer*, Altes und Neues zur Schutznormtheorie, AöR 113 (1988), 598, 609. Für das Verhältnismäßigkeitsprinzip *Canaris*, JuS 1989, 161, 167.

Wertung der Grundrechte[40] und auf der Staatsaufgabe Sicherheit[41]. Der Staat sichert damit das gerade genannte *alterum non laedere*. Die Schutzpflicht des Staates lebt auf, wenn ein Privater ein grundrechtliches Schutzgut eines Bürgers rechtswidrig verletzt oder wenn von ihm die Gefahr einer solchen Verletzung ausgeht[42]. Nach überwiegender Auffassung ist die Schutzpflicht die dogmatische Grundlage der Drittwirkung[43], oder genauer: Die Drittwirkung ist ein Unterfall der Schutzwirkung[44]. Für diese Ansicht spricht, daß das Verhältnis von Störer zu Opfer regelmäßig durch die Gerichte gestaltet wird. Mit anderen Worten: Wenn Gerichte bei der Auslegung von Normen die Grundrechte berücksichtigen, entwickeln sie deren Schutzfunktion sowie deren Drittwirkung für das konkrete Verhältnis von Störer und Opfer[45]. Der Richter ist damit aufgerufen, bei der verfassungskonformen Auslegung von Gesetzen die Schutzwirkung von Grundrechten zu entfalten.

b) Umsetzung der Schutzpflicht im Zivilrecht, Strafrecht und Öffentlichen Recht

Adressat der Schutzpflicht ist der Staat als Gesetzgeber. Er hat die notwendigen Gesetze zum Schutze der Grundrechte und damit Gesetze zu ihrer Durchsetzung zu erlassen[46]. Damit werden auch das Strafrecht und das in die Privatsphäre des Bürgers weniger eingreifende Zivilrecht zum Schutz von Leben und Gesundheit eingesetzt[47]. Im Zivilrecht haben die Schutzpflichten an verschiedenen Stellen Eingang gefunden. Der Unterlassungsanspruch

---

[40] S. die Nachw. bei *J. Hager*, Grundrechte im Privatrecht, JZ 1994, 373, 378 Fn. 60.

[41] *Isensee*, Das Grundrecht auf Sicherheit, 1983, S. 3ff; *derselbe*, HdbStR V, § 111 Rdnr. 83f; *Murswiek*, Die staatliche Verantwortung für die Risiken der Technik, S. 102ff; *Robbers*, Sicherheit als Menschenrecht, 1987, S. 27ff; ausführlich *Hermes*, Das Grundrecht auf Schutz von Leben und Gesundheit, S. 145ff; *Dietlein*, Die Lehre von den grundrechtlichen Schutzpflichten, S. 21ff; *E. Klein*, NJW 1989, 1633, 1635; *Papier*, UTR 26 (1994), 105ff. Diese Rechtfertigungsphilosophie wurde schon von Thomas Hobbes und John Locke erkannt; *Thomas Hobbes*, Leviathan, 1656, 2. Teil, 17. Kap.; *John Locke*, The Second Treatise of Government, II, § 4.

[42] *Isensee* in HdbStR V, § 111 Rdnr. 97.

[43] *E. Klein*, NJW 1989, 1633, 1640; ähnlich *Dürig* in Maunz/Dürig/Herzog/Scholz, Art. 1 Rdnr. 102, 131; *Canaris*, AcP 184 (1984), 201, 226; *Badura* in FS Molitor, 1988, S. 1, 9.

[44] *Stern*, Das Staatsrecht der Bundesrepublik Deutschland, Bd. III/1, S. 1560, 1572. *Canaris* (AcP 184 (1984), 201, 228) möchte deshalb den Begriff der Drittwirkung ganz vermeiden.

[45] Mit dieser dogmatischen Konstruktion braucht auf den Streit zwischen mittelbarer und unmittelbarer Drittwirkung der Grundrechte für das Privatrecht nicht näher eingegangen zu werden. S. zu den einzelnen Standpunkten jüngst die umfangreichen Untersuchungen von *Stern*, Das Staatsrecht der Bundesrepublik Deutschland, Bd. III/1, 1988, § 76, S. 1509ff, 1556 und *Canaris*, AcP 184 (1984), 201, 203ff; *Medicus*, AcP 192 (1992), 36, 43ff; *J. Hager*, JZ 1994, 373, 424.

[46] Deutlich *Canaris*, AcP 184 (1984), 201, 213, 227; *derselbe*, JuS 1989, 161, 162; vgl. auch *v. Bar*, RabelsZ 59 (1959), 203, 209ff. S. genauer unten § 9.II.2.

[47] *Lorenz*, HdbStR VI, § 128 Rdnr. 59; v. Mangoldt/Klein/*Starck*, GG, Art. 2 Rdnr. 244; *Kunig* in v.Münch/Kunig, 4.Aufl., 1992, Art. 2 Rdnr. 57; *Canaris*, AcP 184 (1984), 201, 227.

nach § 1004 BGB setzt im Gegensatz zu § 823 BGB kein Verschulden voraus. Er wurde von der Rechtsprechung für alle Rechtsgüter des § 823 I BGB analog weiterentwickelt[48]. Für den hier in Betracht kommenden Schutz von Leben, Körper und Gesundheit wird die Schutzpflicht des Staates vornehmlich im Zivilrecht durch § 823 I BGB[49] und im Strafrecht durch § 223 StGB umgesetzt. Im Öffentlichen Recht wird die körperliche Unversehrtheit durch Art. 2 II 1 GG geschützt[50]. Der Gesetzgeber hat durch die polizeirechtliche Generalklausel die Gefahrabwehr geregelt[51]. Diese ermächtigt die Behörden zum Eingreifen, ohne daß es auf ein Verschulden des Störers ankommt[52]. Vorsorgetatbestände in Spezialgesetzen gebieten es überdies, Gefährdungen bereits vor einer eigentlichen Verletzung des Grundrechtes zu unterbinden. Das gilt insbesondere im Umweltbereich für Lärm, Immissionen und radioaktive Strahlung[53]. Präventiven Schutz bieten daneben die Kontroll- und Genehmigungsverfahren bei gefährlichen Produkten (Arzneimitteln[54]) oder gefährlichen Anlagen[55].

c) Verfassungskonforme Auslegung des Deliktsrechts

Der Rechtsgüterschutz, gerichtet auf die Vermeidung und Abwehr einer Rechtsgüterverletzung, besteht unabhängig von einem Verschulden dessen, der das Rechtsgut bedroht. Deshalb ist der von der Verfassung gebotene Rechtsgüterschutz nicht ohne weiteres gewahrt, wenn ein Schadensausgleich nur bei Verschulden gewährt wird[56]. Sowohl das Selbstbestimmungs-

---

[48] S. bereits oben § 2.IV.1. Daneben sei an die Weiterentwicklung durch die Rechtsprechung erinnert: an das Persönlichkeitsrecht als sonstiges Recht gem. § 823 I BGB, im Arbeitsrecht an den Weiterbeschäftigungsanspruch des Arbeitnehmers als Ausfluß seines Persönlichkeitsrechtes. BGH v.19.9.1961, Z 35, 363, 367ff – Ginseng; BGH v.5.3.1963, Z 39, 124, 131ff – Fernsehansagerin; BVerfG v. 14.2.1973, E 34, 269, 287ff – Schmerzensgeld bei Persönlichkeitsverletzung; BAG v.27.2.1985, DB 1985, 2197 – Weiterbeschäftigungsanspruch; *Canaris*, AcP 184 (1984), 201, 208f; *Steindorff*, Persönlichkeitsschutz im Zivilrecht, 1983, S. 11ff; *Badura* in FS Molitor, 1988, S. 1, 10ff.

[49] *Canaris*, AcP 184 (1984), 201, 229ff; *Isensee*, HdbStR V, § 111 Rdnr. 78, 128, 139; zum Umfang s.o. § 1 und § 2.

[50] Ausführlich oben § 1.I.1.

[51] S. dazu oben § 2.II.

[52] *Isensee*, HdbStR V, § 111 Rdnr. 154, 111.

[53] S. ausführlich oben § 2.I.5. BVerfG v.14.1.1981, E 56, 54, 78 – Flughafen Düsseldorf; BVerfG v.20.12.1979, E 53, 30, 51 – Kernkraftwerk Mülheim-Kärlich; BVerfG v.30.11.1988, E 79, 174, 201 – Verkehrslärm; *Kunig* in v. Münch/Kunig, 4.Aufl., 1992, Art. 2 Rdnr. 68.

[54] S. den Überblick bei *Hermes*, Das Grundrecht auf Schutz von Leben und Gesundheit, S. 13 m.w.Nachw.

[55] Schließlich kann der Staat aufgrund der Genehmigung eigene Mitverantwortung tragen, BVerfG v.20.12.1979, E 53, 30, 58 – Kernkraftwerk Mülheim-Kärlich; kritisch hierzu *Dietlein*, Die Lehre von den grundrechtlichen Schutzpflichten, S. 92; *Isensee*, HdbStR V, § 111 Rdnr. 116.

[56] So bereits *Bullinger* (Verfassungsrechtliche Aspekte der Haftung in FS v. Caemmerer, 1978, S. 297, 300, 311), der überdies von einem verfassungsrechtlichen Gebot der Systemgerechtigkeit spricht. Zu diesem Gebot s. BVerfG v.16.2.1965, E 18, 366, 372f – Arbeitslosenversicherung.

recht als auch die Beweiserleichterungen lassen sich als verfassungskonforme Auslegung des Deliktsrechts verstehen.

aa) Eine ausdrückliche gesetzliche Grundlage für Selbstbestimmungs- oder Eingriffsaufklärung bei Heileingriffen[57] fehlt; die Gesetzgebung nimmt bei einer Verletzung eine Körperverletzung an[58]. Durch die Behandlung erlangt der Arzt über die höchsten Rechtsgüter Gesundheit und Leben eine Machtfülle, wie sie der Staat nicht einmal im Strafvollzug besitzt[59]. In einer solchen existentiellen Situation[60] ist der Arzt dem Patienten in vielfacher Weise zur Treue verpflichtet. Dieser Treuepflicht wird er nur gerecht, wenn er den Patienten in die Modalitäten der Behandlung einbezieht[61]. Das Erfordernis der Einwilligung zu diagnostischen, vorbeugenden und heilenden Eingriffen folgt aus dem im Grundgesetz verankerten Recht auf körperliche Unversehrtheit (Art. 2 II GG) und aus der Freiheit und Würde der menschlichen Persönlichkeit (Art. 1 und 2 I GG)[62]. Das Selbstbestimmungsrecht gewährleistet damit vor allem Freiheitsschutz im Bereich der leiblich-seelischen Integrität[63]. Es gehört zum ureigensten Bereich der Personalität des Menschen; erst dadurch wird der Patient nicht nur Objekt, sondern auch Subjekt der Behandlung[64]. In diesem Bereich ist er aus der Sicht des Grundgesetzes frei, seine Maßstäbe zu wählen und nach ihnen zu leben und zu entscheiden[65].

---

[57] Unter „Heileingriff" versteht man alle Eingriffe und Behandlungen, die nach den Erkenntnissen und Erfahrungen der Heilkunde und nach den Grundsätzen eines gewissenhaften Arztes zu dem Zweck angezeigt sind und vorgenommen werden, um Krankheiten, Leiden, Körperschäden, körperliche Beschwerden oder seelische Störungen zu verhüten, zu erkennen, zu heilen oder zu lindern, *Rieger*, Rdnr. 802.

[58] S. oben § 4.I.2.c), S. 109ff.

[59] *Schlosshauer-Selbach*, Zurechnungszusammenhang und Selbstbestimmung bei ärztlicher Aufklärung, NJW 1985, 660, 662.

[60] *Deutsch*, Arztrecht und Arzneimittelrecht, S. 73 = *derselbe*, AcP 192 (1992), 161, 179.

[61] Erst derart informiert kann der Patient eigenverantwortlich das Für und Wider eines Eingriffes abwägen und freiverantwortlich entscheiden, ob er in einen Eingriff einwilligt. BGH v.19.11.1985, NJW 1986, 780 – Embolierisiko; BGH v.16.1.1959, Z 29, 176, 181 – Strahlenschäden; BGH v.14.2.1989, Z 106, 391, 394 – Selbstbestimmungsaufklärung und Zurechnungszusammenhang; *Giesen*, Arzthaftungsrecht, S. 103; *Deutsch*, Arztrecht und Arzneimittelrecht, S. 59; *Laufs* in Handbuch des Arztrechts, § 63 Rdnr. 11 und oben § 4.I.2.c). Natürlich steht es dem Patienten frei, auf eine Aufklärung zu verzichten, s. unten § 8.I.4.d).

[62] BGH v.9.12.1958, Z 29, 46, 49, 54f – Elektroschock II; ebenso das Minderheitsvotum in BVerfG v.25.7.1979, E 52, 131, 173 – Arzthaftungsprozeß; BGH v.28.11.1957, St 11, 111, 114 – Myom; *Mertens* in MünchKomm, § 823 Rdnr. 421; *Laufs* in Handbuch des Arztrechts, § 61 Rdnr. 14; *Giesen*, Arzthaftungsrecht, S. 100ff.

[63] BVerfG v.25.7.1979, E 52, 131, 174, 176 – Arzthaftungsprozeß; s. auch *Laufs* in Handbuch des Arztrechts, § 61 Rdnr. 15; *Kunig* in v. Münch/Kunig, GG, Art. 2, Rdnr. 72; *Giesen*, Arzthaftungsrecht, S. 112; *Mertens* in MünchKomm § 823 Rdnr. 421; *Nüßgens* in RGRK, § 823 II Rdnr. 62; *Deutsch*, Arztrecht und Arzneimittelrecht, S. 52.

[64] *Steffen*, Arzthaftungsrecht, S. 80.

[65] Mit seiner Einwilligung erklärt der Einwilligende, daß er eine Beeinträchtigung seines Rechtsgutes durch einen anderen hinnehmen wird, *Amelung*, Die Einwilligung in die Beeinträchtigung eines Grundrechtsgutes, 1981, S. 13; *Deutsch*, Haftungsrecht, S. 226ff. BVerfG v.25.7.1979, E 52, 131, 175 – Arzthaftungsprozeß. Selbstbestimmung ist damit untrennbar mit

bb) Es wurde gezeigt, daß in bestimmten Fällen die Beweislast bezüglich des Verschuldens oder der Kausalität dem Gefahrverursacher auferlegt wird. Diese Haftungsverschärfung läßt sich mit einer verfassungskonformen Auslegung des § 823 I BGB begründen, um die Rechtsgüter effektiv zu schützen. Hohe Rechtsgüter verlangen präventive Verkehrspflichten, wie beispielsweise weitgehende Ermittlungspflichten. Gefahren dürfen, soweit vermeidbar, Rechtsgüter nicht bedrohen: Beweiserleichterungen sollen den Ausgleich ermöglichen, wenn ein Schaden an Rechtsgütern durch nicht mehr verständliche Fehler verursacht wurde. Die selbstbestimmende Entscheidung spielt bei der Gefahrabwehr im Produkthaftungsrecht eine Rolle, damit sich der Verbraucher entscheiden kann, ob er sich erheblichen Gefahren für seine Rechtsgüter aussetzen will[66]. Dieses Recht läßt sich jetzt unschwer auch mit den gerade genannten Erläuterungen zum Selbstbestimmungsrecht begründen, nämlich mit einem Recht auf Nichttäuschung und Entscheidungsfreiheit. Die Höherrangigkeit der Rechtsgüter Leben, Körper oder Gesundheit bildet die Basis für eine verfassungskonforme Auslegung des Deliktsrechts bei den Beweiserleichterungen. Das führt dogmatisch dazu, daß die Tatbestandsmerkmale haftungsbegründende Kausalität oder Verschulden *restriktiv ausgelegt* werden oder die Beweislast für diese dem Schädiger auferlegt wird. Kausalität und Verschulden sind im Lichte der Bedeutung der Rechtsgüter auszulegen.

3. Rechtsgüterschutz und Unterprinzipien

Der Rechtsgüterschutz als Rechtsgrund besagt, daß sich die oben genannten präventiven Verkehrspflichten und die Beweiserleichterungen erklären lassen, weil jeweils besonders hohe Rechtsgüter, nämlich das Leben, der Körper oder die Gesundheit, bedroht sind. In § 4 wurde gezeigt, daß die Gefährdungshaftung oft nicht abgrenzbar ist, oft an eine an sich „sichere" Gefahrenquelle anknüpft und daß damit auch ohne Verschulden gehaftet wird, wenn sich die Gefahr nur gelegentlich verwirklicht[67]. Gegen die Lehre vom Gefahrenbereich ließ sich einwenden, daß eine Haftung auch dann eintritt, wenn die Rechtsgutsgefährdung nicht im Herrschaftsbereich des Schädigers ihren Ursprung hatte[68]. Bei der Gefährdungshaftung muß die konkrete Tätigkeit danach untersucht werden, ob sie ein besonderes Gefährdungspotential enthält. Oft läßt sich dies nicht bejahen. Das Prinzip des Rechtsgüterschutzes lenkt dagegen in einem ersten Schritt den Blick nicht auf das gefährliche Tun, sondern auf die mögliche Rechtsgüterverletzung. Wenn

---

dem Persönlichkeitsrecht verbunden, *Nüßgens* in RGRK, § 823 II Rdnr. 49; *Deutsch*, AcP 192 (1992), 161, 166.

[66] S. sogleich § 5.III.3.c)cc), S. 176 ff.

[67] § 4.III.6.b), S. 131.

[68] § 4.III.6.c), S. 133.

besonders hohe Rechtsgüter bedroht sind, können deshalb Verkehrspflichten bestehen, selbst wenn noch keine Kausalität zwischen dem Handeln und einer möglichen Rechtsgutsverletzung nachgewiesen werden kann. Auch kann eine Handlung objektiv relativ ungefährlich sein: Sind die Opfer, wie z.B. Kinder, besonders schutzbedürftig, müssen auch sie durch hohe Verhaltensanforderungen geschützt werden[69]. Die in § 4 genannten Prinzipien können damit Unterprinzipien oder Begründungselemente des *tragenden Rechtsprinzips Rechtsgüterschutz* darstellen. Mit anderen Worten: Die Unterprinzipien Gefahrbeherrschung, Gefahrerhöhung und dergleichen *beziehen* sich auf das Prinzip des Rechtsgüterschutzes und müssen mit ihm in Verhältnis gesetzt werden. Bildlich gesprochen ist der Rechtsgüterschutz die Sonne, um welche die Unterprinzipien als Planeten kreisen.

II. Grenzen des Haftungsrechts

Wenn Verschuldens- und Kausalhaftung modifiziert werden, sind auch die Grundsätze der Gewaltenteilung berührt. Wie weit reicht die Kompetenz der Gerichte und wo beginnt diejenige der Gesetzgebung und Verwaltung (1.)? Wenn das zivilrechtliche Haftungsrecht mangels Rechtsgutsgefährdung nicht mehr einschlägig ist, kann das Recht des unlauteren Wettbewerbs eingreifen. Auch hier gelten zum Schutz von Mensch und Umwelt hohe Anforderungen (2.).

1. Grenzen richterlicher Rechtsfortbildung und Gewaltenteilung

Es fragt sich, ob das Prinzip der Gewaltenteilung verletzt wird, wenn der Richter die Vorgaben des Gesetzgebers, nämlich Kausalität und Verschulden, nicht beachtet, indem er eine Beweislastumkehr zugunsten des Geschädigten vornimmt. Ein Konstruktionsfehler führt z.B. dazu, daß jedes Produkt fehlerhaft ist. Wegen der drohenden Schadensersatzforderungen bleibt dem Hersteller in der Regel nur die Möglichkeit, das fehlerhafte Produkt aus dem Verkehr zu ziehen. Die Bejahung eines Konstruktionsfehlers wirkt im Ergebnis wie ein öffentlich-rechtliches Verbot. Das zeigen anschaulich US-amerikanische Entscheidungen, die Konstruktionsfehler bei Waffen bejahten, anstatt die Frage der Statthaftigkeit solcher Waffen der Entscheidung des parlamentarischen Gesetzgebers zu überlassen[70]. Auch der BGH erkennt die Gefahr, gegen die Gewaltenteilung zu verstoßen, soweit neue gesetzlich nicht geregelte Gefährdungstatbestände[71] oder ständig neue Verhaltenspflich-

---

[69] S. ausführlich unten § 8.I.1.b) und 5.b).

[70] Perkins v. F.I.E. Corp., 762 F.2d 1250 (5th Cir. 1985); *Magotsch*, RIW 1986, 413ff; s. auch unten § 7.II.2.b).

[71] S. allgemein z.B. BGH v.7.6.1988, Z 104, 323, 333 – Mehrwegflasche IIa; BGH v.18.9.1984, Z 92, 143, 151 – Kupolofen. In der Waldsterben-Entscheidung hat der BGH eine

ten zu Lasten des Unternehmens „erfunden" werden[72]. Deshalb kommt der Grenze, jenseits derer eine richterliche Rechtsfortbildung nicht mehr zulässig ist, besondere Bedeutung zu. Bei Beachtung dieser Grenze lassen sich im Idealfall die in der Einleitung genannten Vorteile des Zivilrechts und des Öffentlichen Rechts miteinander vereinen.

a) Anwendungsfelder für die Gerichte

aa) Gefahr

In § 2 wurde bereits festgestellt, daß bei einer Gefahrenlage ein öffentlich-rechtlicher sowie zivilrechtlicher Rechtsschutz besteht. Dann kann entweder mit der quasinegatorischen Unterlassungsklage vorbeugend auf Unterlassung geklagt (§§ 1004, 823 I BGB) oder nach Eintritt eines Schadens gem. § 823 I BGB Schadensersatz verlangt werden. Das gilt vor allem, solange der Gesetzgeber bzw. die zuständigen Behörden Gefahrengrenzwerte geschaffen haben. Aufgrund der widerstreitenden zivilrechtlichen Entscheidungen zur Gesundheitsgefährdung von Formaldehyd[73] sah sich das Bundesgesundheitsamt genötigt, auf die Gültigkeit des 0,1-ppm-Gefahrengrenzwertes für Formaldehyd hinzuweisen: Bei einem Überschreiten dieses Grenzwertes bestehen eindeutig Gesundheitsgefahren[74].

bb) Risikovorsorge

Auch unterhalb der Gefahrenschwelle lassen sich Fälle der Risikovorsorge zivilrechtlich durchsetzen. Das gilt für die Fallgruppe des Gefährlichkeitsverdachts als Bereich der Vermutungshaftung[75]. Das gilt aber auch für die Fallgruppe der Vorsorge als Bereich unterhalb einer Schädlichkeit. Bei Perchlorethylen (PER) wird ein Vorsorgewert von 0,1 mg/m^3 Raumluft und ein Gefahrenwert (ab welchem gesundheitliche Gefahren zu befürchten sind) von 5,0 mg/m^3 Raumluft unterschieden. Hier stellt sich die Frage, inwie-

---

Rechtsfortbildung abgelehnt, als der Geschädigte vom Staat Entschädigung für seine finanziellen Verluste aufgrund des Waldsterbens geltend machte, weil der Staat keinen Entschädigungsfonds für diese Fälle geschaffen habe, BGH v.10.12.1987, Z 102, 350 – Waldsterben. Erst kürzlich hat das LAG Frankfurt das von einer Stewardeß geforderte Rauchverbot in Flugzeugen mit der Begründung abgelehnt, eine solche Entscheidung sei dem Gesetzgeber vorbehalten, LAG Frankfurt, FAZ v.14.6.1994 – Rauchverbot im Flugzeug, s. dazu oben § 1.III.3.b).

[72] Zum Vorwurf, Verkehrspflichten würden überspannt, s. Einl. Fn. 37, § 4.II.2.a).

[73] S. oben § 2.IV.2.

[74] S. die gleichlautende Bekanntmachung vom BGA, Bundesgesundheitsbl 1992, 482f. Damit ist die Entscheidung des OLG Düsseldorf, die bei Überschreitung dieses Grenzwertes Gewährleistungsansprüche ablehnt, unzutreffend. OLG Düsseldorf v.26.10.1990, NJW-RR 1991, 1495 – Formaldehyd-Ausgasung aus Spanplatte.

[75] S. oben § 2.II.4.b), S. 74 ff und unten § 6.III., S. 217ff; § 8.I.4., S. 293ff.

weit zivilrechtlich nur der Gefahren- oder auch der Vorsorgewert rechtlich durchgesetzt werden kann. Wenn im Öffentlichen Recht der Vorsorgewert für krebserregende Stoffe ausnahmsweise individualschützend ist[76], muß das auch für das Zivilrecht gelten. Während eine Gesundheitsgefährdung z.B. nach § 544 BGB erheblich sein muß, um zur Kündigung zu berechtigen, oder der quasinegatorische Unterlassungsanspruch eine erhebliche Gesundheitsgefährdung verlangt, wird man diese Schwelle für das Rechtsgut Leben deutlich niedriger anzusiedeln haben. Hier wird man auch das Lebensrisiko ebenso wie das Krebsrisiko abwehren können. Da die Senatskommission zur Prüfung gesundheitsschädlicher Arbeitsstoffe der Deutschen Forschungsgemeinschaft das Perchlorethylen für begründet krebsverdächtig erachtet, kann bereits die Überschreitung des Vorsorgewerts und nicht erst die Überschreitung des Gefahrenwerts rechtlich abgewehrt werden[77]. Schließlich vermag eine unterschiedliche Behandlung von Risikosituationen durch Vertragsrecht und Deliktsrecht – so wie in § 2 rechtstatsächlich festgestellt[78] – nicht zu überzeugen, weil das Deliktsrecht gerade den Schutz der persönlichen Rechtsgüter bezweckt[79].

b) Bereiche der Gesetzgebung und Verwaltung

Zwei Fallgruppen sind der Gesetzgebung und der Verwaltung vorbehalten. Die eine Gruppe bildet die Festsetzung von Vorsorgegrenzwerten, die deutlich unter der Schädlichkeitsgrenze liegen. Diese hat der Gesetzgeber oder in der Regel die Verwaltung durch sog. normkonkretisierende Verwaltungsvorschriften zu erlassen. Eine nur begrenzte Kontrolldichte dieser Vorschriften durch die Rechtsprechung ist bei Risikoentscheidungen sinnvoll, weil die Verwaltung fachlich und personell dazu besser in der Lage ist als das Gericht[80]. Überzeugend erscheint vor allem das Argument, daß Risikoentscheidungen oft keine ex-ante bzw. ex-post-Beurteilung erlauben, die so fundiert ist, daß ein Rechtmäßigkeits- oder Rechtswidrigkeitsurteil rational begründbar wäre. Die Kontrolldichte des Gerichts muß sich folglich auf eine Willkürkontrolle beschränken. Das Ergebnis erscheint auch deshalb richtig,

---

[76] S. gerade § 2.I.5.

[77] Ebenso *Gaßner/Siederer*, VuR 1988, 337 gegen KG v.6.5.1988, 9 W 1949/88, MM 1988, 27 – Unterlassungsansprüche wegen überhöhter Perchlorethylenkonzentration (PER) durch benachbarte chemische Reinigung. Zu diesem Fall s. oben § 2.IV.2., S. 76. Zu Gesundheitsverletzung und -schaden wegen Ablagerung von PER s. bereits § 1.V.2.

[78] S. oben § 2.II.4.c).

[79] Für das Rechtsgut Gesundheit wurde schon nachgewiesen, daß es zu Wertungswidersprüchen führt, soweit dieses nur mittelbar über das Vertrags- oder über das Nachbarrecht geschützt wird, s. § 1.III.2.b).

[80] Deutlich *Di Fabio*, Risikoentscheidungen im Rechtsstaat, S. 274ff. Dieses Argument wurde vom Bundesverwaltungsgericht verwendet, BVerwG v.19.12.1985, E 72, 300 – Kernkraftwerk Wyhl.

weil nur eine laufende Anpassung der Risikoentscheidung dem Grundsatz bestmöglicher Gefahrabwehr und Risikovorsorge[81] – einer Dynamisierung des Rechtsgüterschutzes – entspricht[82]. Die andere Gruppe, die durch das Öffentliche Recht zu regeln ist, bilden Fälle von Umweltgefahren, bei denen keine Rechtsgüter bedroht sind. Das Haftungsrecht hilft hier nicht[83]. Eine Warnpflicht vor Umweltgefahren, die gefährliche Produkte wie Farben und Lösungsmittel verursachen können, wie sie z.B. in Kalifornien jüngst eingeführt wurde, bedarf einer Entscheidung durch den Gesetzgeber[84].

2. *Werbung und Vertrag*

Wenn das Haftungsrecht mangels Rechtsgutsverletzung nicht eingreift, kann der Schutz von Mensch und Umwelt in einem bestimmten Bereich zivilrechtlich durch das Recht des unlauteren Wettbewerbs[85] oder auch durch vertragliche Pflichten verwirklicht werden.

a) Werbung

An dieser Stelle kann keine umfassende Darstellung des bundesdeutschen Wettbewerbsrechts in bezug auf Gesundheit und Umwelt gegeben werden[86]. Es soll nur angedeutet werden, daß auch im Recht des unlauteren Wettbewerbs, um Mißbräuchen vorzubeugen, strenge Maßstäbe für die gesundheitsbezogene und umweltbezogene Werbung gelten[87]. Werbemaßnahmen, die den Umweltschutz betreffen, sind besonders geeignet, emotionale Bereiche im Menschen anzusprechen, die von einer Besorgnis um die eigene Gesundheit bis zum Verantwortungsgefühl für spätere Generationen rei-

---

[81] BVerwG v.19.12.1985, E 72, 300, 316 – Kernkraftwerk Wyhl.

[82] *Ladeur*, Umweltrecht und technologische Innovation, UTR 5 (1988), 305, 311; *Di Fabio*, Risikoentscheidungen im Rechtsstaat, S. 283ff; zustimmend *Möllers*, JZ 1994, 1110, 1111.

[83] Das Nachbarrecht hilft nur, soweit das Eigentum verletzt ist.

[84] California Health and Safety Code §§ 25915 et. sec.; eingeführt aufgrund des Volksabstimmungsvorschlags, Proposition 105, Toxic Disclosure Initative, s. *Hirte/Otte*, ZG 1990, 373, 376; *dieselben*, ZG 1991, 175, 185. S. auch *Deckert*, ZRP 1995, 64ff.

[85] Zur Umwelt-AuditVO s. unten § 6.II.4.b).

[86] S. ausführlich *Köhler*, Der gerupfte Umweltengel oder Die wettbewerbsrechtlichen Grenzen der umweltbezogenen Produktwerbung, UTR 1990, 343ff; *Lambsdorff/Jäger*, Die individuelle Verantwortlichkeit in der umweltbezogenen Werbung, BB 1992, 2297ff; *Roller*, Der „Blaue Engel" und die „Europäische Blume", EuZW 1992, 499ff; *Strauch*, Zur wettbewerbsrechtlichen Zulässigkeit von sog. „Bio-Werbung" gem. § 3 UWG, WRP 1992, 540ff; *Wiebe*, Zur „ökologischen Relevanz" des Wettbewerbsrechts – Lauterkeitsrechtliche Grenzen der Umweltwerbung, WRP 1993, 798ff; Baumbach/*Hefermehl*, Wettbewerbsrecht, 17. Aufl., 1992, § 1 Rdnr. 178ff.

[87] BGH v.22.2.1967, Z 47, 259 – gesunder Genuß; BGH v.20.10.1988, Z 105, 277, 281 – Umweltengel; Baumbach/*Hefermehl*, Wettbewerbsrecht, § 1 Rdnr. 178f m.w.Nachw.

chen[88]. Auch Produkte, die mit der menschlichen Gesundheit werben, können mit einer gesteigerten Wertschätzung rechnen[89].

Strenge Grundsätze gelten vor allem, wenn das jeweilige Produkt der Gesundheit oder der Umwelt *nicht förderlich* ist. Spirituosen, die als alkoholische Genußmittel angeboten werden, dürfen nicht mit pauschalen Hinweisen auf eine gesundheitsfördernde oder gesundheitlich unbedenkliche Wirkung beworben werden[90]. Auch für Tabakerzeugnisse verbietet § 22 II Nr. 1 lit. a LMBG ausdrücklich, den Eindruck zu erwecken, daß sie gesundheitlich unbedenklich oder geeignet sind, die Funktion, die Leistungsfähigkeit oder das Wohlbefinden des Körpers günstig zu beeinflussen. Umfangreiche Werbebeschränkungen gelten auch für Arzneimittel[91] und für Babynahrung[92]. In einem umweltbezogenen Werbetext ist es deshalb auch verboten, Produkte als „umweltfreundlich" zu bezeichnen, wenn sie nur etwas weniger belastend sind[93]. Auch für *vermeintlich* gesundheitsfördernde oder vermeintlich umweltfreundliche Produkte gilt ein strenger Maßstab. Wettbewerbswidrig ist es, wissenschaftlich nicht hinreichend gesicherte Behauptungen aufzustellen. Das gilt sowohl für die gesundheitsbezogene[94] als auch für die umweltbezogene Werbung[95]. Zur Vermeidung einer Irreführung ist ein aufklärender Hinweis erforderlich, warum das Produkt umweltfreundlich ist[96]. Es findet insoweit eine Umkehr der Beweislast statt; der Hersteller hat zu beweisen, daß seine Aussagen zutreffen[97]. Eine Irreführung besteht,

---

[88] BGH v.20.10.1988, Z 105, 277, 281 – Umweltengel.

[89] BGH v.22.2.1967, Z 47, 261 – gesunder Genuß.

[90] Eine solche Werbung verstößt gegen §§ 1 und 3 UWG; BGH v.27.2.1980, GRUR 1980, 797 – Topfit Bonnekamp; BGH v.22.2.1967, Z 47, 259, 263 – gesunder Genuß; Baumbach/*Hefermehl*, Wettbewerbsrecht, § 1 Rdnr. 178.

[91] S. das Heilmittelwerbegesetz, Gesetz über die Werbung auf dem Gebiete des Heilwesens v.18.10.1978, BGBl I 1677 ff.

[92] § 3 II Nr. 4 des Gesetzes über die Werbung für Säuglingsanfangsnahrung und Folgenahrung (Säuglingsnahrungswerbegesetz – SNWG) v.10.10.1994, BGBl I 2846. Dieses Gesetz verbietet bei Babynahrung Werbeaussagen, die den Eindruck erwecken, daß die Flaschennahrung der Muttermilch gleichwertig oder überlegen ist. Wissenschaftliche Studien haben nämlich gezeigt, daß Kleinkinder, die mit Muttermilch ernährt wurden, intelligenter sind, SZ v.17.3.1994, S. 12.

[93] Eine pauschale Werbung ist irreführend, BGH v.20.10.1988, Z 105, 277, 281 – Umweltengel; BGH v.4.10.1990, GRUR 1991, 550 – Zaunlasur; OLG Hamburg v.13.9.1990, NJW-RR 1991, 939 – O-fluid.

[94] Z.B. die Behauptung, ungesättigte Fettsäuren von Margarine würden vorbeugend vor Herz- und Kreislauferkrankungen schützen, OLG Köln v.4.7.1980, WRP 1980, 504 – becel-Diät-Margarine; Baumbach/*Hefermehl*, § 1 Rdnr. 178.

[95] OLG Stuttgart v.7.10.1988, NJW-RR 1989, 556, 557 – Kfz-Pflegemittel; OLG Köln v.4.3.1988, GRUR 1988, 630 – Motor-Kaltreiniger; BGH v.20.11.1988, Z 105, 277, 280 – Umweltengel; *Lambsdorff/Jäger*, BB 1992, 2297, 2302; *Wiebe*, WRP 1993, 798, 802.

[96] BGH v.20.10.1988, Z 105, 277, 281 – Umweltengel; OLG Düsseldorf v.19.12.1991, NJW-RR 1992, 678 – Bio-Pack. Kritisch aber *Strauch*, WRP 1992, 540, 542. OLG Köln v.21.2.1992, JZ 1993, 100 – Umweltzeichen.

[97] Allgemein *Wiebe*, WRP 1993, 798, 802 m.w.Nachw.

wenn das Produkt keine entscheidende Verbesserung gegenüber anderen Produkten aufweist[98].

Zur Rechtsvereinheitlichung erscheint es sinnvoll, auf Gemeinschaftsebene einheitliche Regelungen für solche Informationen zu schaffen. Für den Produktsicherheitsbereich ist dies auf bundesdeutscher und gemeinschaftsrechtlicher Ebene durch das Gerätesicherheitszeichen (GS-Zeichen) und die CE-Kennzeichnung geschehen[99]. Dasselbe gilt für den Umweltbereich durch den „Blauen Umweltengel“[100], die „Europäische Blume“[101] und die Umwelt-AuditVO. Auf gemeinschaftsrechtlicher Ebene ist hier ein starker Regelungsprozeß im Gange[102]. Einzelne Bestimmungen werden im Rahmen der Ermittlungspflichten im zweiten Teil behandelt[103].

b) Vertrag

Auch bei vertraglichen Ansprüchen kann der Verdacht einer Gesundheitsgefährdung ausreichen, um einen Mangel zu bejahen[104]. Notwendig sind konkrete Anhaltspunkte für eine Gesundheitsgefährdung. Zudem muß der Käufer außerstande sein, den Verdacht mit zumutbaren Mitteln auszuräumen[105]. Daneben hat die Rechtsprechung umfangreiche Aufklärungs- und Beratungspflichten entwickelt: Der Verkäufer muß den Käufer über Gesundheitsgefahren aufklären, die durch behördliche Rundschreiben veröffentlicht wurden[106]. Soweit Vorsorgegrenzwerte überschritten wurden, kön-

[98] OLG Düsseldorf v.5.6.1986, GRUR 1988, 58 – WC-Reiniger (Bio-Fix); s. noch weitergehend OLG Hamburg v.13.9.1990, NJW-RR 1991, 939 – O-fluid.

[99] Zur CE-Kennzeichnung s. genauer sogleich unten § 6.II.3.a).

[100] Seit dem 1.6.1988 heißt die Umschrift des Umweltzeichens „Umweltengel“ nicht mehr „umweltfreundlich“, sondern „Umweltzeichen“ mit einem Zusatz, der auf den Umweltvorzug hinweist, *Wimmer*, Ein blauer Engel mit rechtlichen Macken, BB 1989, 565ff. Zum Verfahren s. *Epiney/Möllers*, Freier Warenverkehr und nationaler Umweltschutz, S. 123f.

[101] UmweltzeichenVO Nr. 880/92, ABl. v.11.4.1992, Nr. L 99, 5. *Roller*, Der „Blaue Engel“ und die „Europäische Blume“ EuZW 1992, 499ff.

[102] RiL 84/450 über irreführende Werbung v.10.9.1984, ABl. Nr. L 250, 17; RiL 79/112 über Etikettierung, Aufmachung und Werbung von Lebensmitteln v.18.12.1978, ABl. Nr. L 33, 1; „Bio“-LebensmittelVO Nr. 2092/91 v.22.7.1991, ABl. Nr. L 198, 1; s. hierzu *Schüler*, „Bio“-Lebensmittel, Der neue EWG-Verordnungsentwurf, EuZW 1990, 279ff; *Lungguth*, Die EG-„Bio“-Verordnung, ZLR 1991, 573ff.

[103] S. genauer unten § 6.II.3. und 4.a).

[104] *J. Schmidt*, Steuerung „neuer Risiken“ mit Hilfe des zivilrechtlichen Vertragsrechts, KritV 74 (1991), 344ff; *Hart*, Sozialschutzbezogene Normbildungsprozesse bei Risikoentscheidungen im Vertragsrecht, KritV 74 (1991), 365ff; *Köck/Meier*, Vertragsrechtliche Sicherheitsgewährleistung und „Neue Risiken“, JZ 1992, 548; *Köck*, Die rechtliche Bewältigung technischer Risiken, KJ 26 (1993), 125ff.

[105] BGH v.23.11.1988, NJW 1989, 218 – Glykolhaltiger Wein; BGH v.16.4.1969, Z 52, 51 – Mängelgewähr bei Hasenfleisch. S. auch OLG München v. 21.4.1994, NJW 1995, 2566 – Verdacht auf Altlast als Grundstücksmangel; *Knoche*, NJW 1995, 1985, 1987f m.w.Nachw.

[106] LG Berlin v.17.10.1988, NJW-RR 1989, 504 – Aufklärungspflicht des Verkäufers über negative Empfehlung; *Wiedemann* in Soergel, vor § 275 Rdnr. 169.

nen gegebenenfalls Gewährleistungsansprüche geltend gemacht werden[107]. Es bestehen allerdings keine Ansprüche, wenn wissenschaftliche Ergebnisse noch zu ungesichert sind, um von einem Gefährlichkeitsverdacht zu sprechen. Das ist der Fall, wenn keine ernstzunehmenden Anhaltspunkte bestehen, um die Kausalität zwischen der Verwendung des Produktes und einer Gesundheitsverletzung zu bejahen[108].

3. Der Rechtsgüterschutz als Begründung eines mehrspurigen Haftungsrechts

Die obige These, die Gefährdungshaftung sei Haftung des idealtypischen, die Verschuldenshaftung sei Haftung des durchschnittlichen Herstellers[109], ist zu relativieren. Der Rechtsgüterschutz kann das Verschuldensprinzip und die Kausalhaftung einschränken. Methodisch hat dies die Rechtsprechung durch zwei Ansätze verwirklicht: Zum einen werden die Verkehrspflichten auf die Rechtsgüter bezogen und wirken präventiv (z.B. wenn Ermittlungs- und Informationspflichten auch im Bereich der Risikovermutung bestehen). Zum anderen wird im Prozeß die Beweislast für Verschulden und Kausalität teilweise umgekehrt, damit der Geschädigte den Schadensersatzanspruch mit größerer Aussicht auf Erfolg durchsetzen kann. Nur auf diese Weise kann erreicht werden, daß die Verhaltenspflichten letztlich befolgt werden und damit das Haftungsrecht präventiv wirkt. Mit dem Prinzip des Rechtsgüterschutzes und des Vorhofs erscheint es nicht mehr sachgerecht, weiterhin von einer strikten Zweispurigkeit des deutschen Haftungssystems zu sprechen[110]. Vielmehr baut das Deliktsrecht auf dem Rechtsgüterschutz auf und führt dann zu verschieden hohen Haftungsanforderungen. Insoweit ist das Haftungssystem mehrspurig[111].

Gegenüber dem Beweglichen System wurde eingewendet, daß es nicht mit dem geltenden Recht vereinbar sei. Wenn z.B. bei größerer Gefahr auf das Verschulden ganz verzichtet werden kann[112], dann würde eine solche Er-

---

[107] S. oben § 2.II.4., S. 74ff.

[108] S. sogleich § 6.III.1.

[109] S. oben § 4.II.1. Larenz/*Canaris*, Schuldrecht II 2, S. 645.

[110] Zur Kritik bereits oben § 4.II.2.

[111] *Deutsch*, Das neue System der Gefährdungshaftungen: Gefährdungshaftung, erweiterte Gefährdungshaftung und Kausal-Vermutungshaftung, NJW 1992, 73, 77 spricht von Vielspurigkeit; ebenso *Kreuzer* in FS Lorenz, 1991, S. 125, 141. Kritisch gegenüber der Zweispurigkeit auch *Marton*, AcP 162 (1963), 1, 37; *Kreuzer* in FS Lorenz, 1991, S. 125, 141; *v. Bar*, Zur Bedeutung des Beweglichen Systems für die Dogmatik der Verkehrspflichten in Bydlinski u.a. (Hrsg.), Das Bewegliche System im geltenden und künftigen Recht, 1986, S. 63, 72; ähnlich auch *Gimpel-Hinteregger*, Grundfragen der Umwelthaftung, S. 110.

[112] *v. Bar*, Verkehrspflichten, S. 128; *Bydlinski* (S. 35), *Koziol* (S. 53) und *v. Bar* (S. 72) in Bydlinski u.a. (Hrsg.), Das Bewegliche System im geltenden und künftigen Recht. S. allgemeiner auch *Wilburg*, Entwicklung eines Beweglichen Systems im Bürgerlichen Recht, S. 13.

folgshaftung gegen § 823 I BGB verstoßen, weil dieser Paragraph Verschulden voraussetzt[113]. Der hier vertretene Standpunkt postuliert keine reine Erfolgshaftung. Vielmehr bleibt es bei einem Pflichtenkanon, also bei bestimmten Verhaltenspflichten, die einzuhalten sind. Der Nichthandelnde muß wenigstens eine Pflicht zum Handeln verletzt haben. Es wird also nicht vom Erfolg unmittelbar auf das Verschulden geschlossen[114 115]. Auch wird mit Beweiserleichterungen bzw. einer Beweislastumkehr nicht auf die Tatbestandsmerkmale der Kausalität und des Verschuldens verzichtet. Dem Schädiger bleibt also die Möglichkeit, sich zu entlasten[116]. Auch dies unterscheidet den hier vorgetragenen Ansatz von dem Beweglichen System von *Wilburg, v.Bar u.a.*, die gegebenenfalls auf das Verschulden verzichten.

III. Der Rechtsgüterschutz als Begründung des Vorhofs

Im folgenden ist nun der Bereich zu präzisieren, in welchem die Rechtsprechung weitgehende Beweiserleichterungen zu Lasten des Gefahrverursachers und zugunsten des Geschädigten vornimmt. Diesen Bereich bildet in der Regel ein Verstoß gegen erfolgsbezogene Pflichten (1.), den sog. Vorhof. Er hat neben dem unmittelbaren Eingriff und dem mittelbaren Eingriff bei einem Verstoß gegen klassische Verhaltenspflichten ein eigenes Anwendungsgebiet (2.). Schließlich sind die einzelnen Fallgruppen des Vorhofs aufzuzeigen (3.).

---

113 *Larenz*, Methodenlehre der Rechtswissenschaft, S. 478f; kritisch auch *Bydlinski* (in Bydlinski u.a. (Hrsg.), Das Bewegliche System im geltenden und künftigen Recht, S. 2, 40), der Wilburg vorwirft, nicht genau zwischen *de lege lata* und *de lege ferenda* zu unterscheiden.

114 Anders wohl der Ansatz von *Picker* (JZ 1987, 1041, 1048ff), der aufgrund des *neminem laedere* schließt: „Die Haftung auf Wiedergutmachung eines Schadens, der durch ein grundsätzlich als ‚widerrechtlich' bewertbares, zurechenbares Verhalten herbeigeführt wurde, entspricht einer zeitlosen Rechtsüberzeugung und einem Elementarsatz auch des geltenden Rechts". Dies läßt sich aber dem Verschuldensgrundsatz, der die Erkennbarkeit eines Schadens berücksichtigt, nicht entnehmen. S. z.B. ausführlich unten § 8.I.2.a). Ablehnend auch Larenz/*Canaris*, Schuldrecht II 2, S. 357, Fn. 19.

115 Damit können auch bestimmte Haftungsprivilegierungen des Schenkers oder des Verleihers Berücksichtigung finden. Die Privilegierung berücksichtigend BGH v.20.11.1984, Z 93, 23 – Kartoffelpülpe; OLG Köln v.4.6.1986, NJW-RR 1988, 157 – Haftungsbeschränkung des Verleihers bei tödlichem Motorradsturz. Zur reinen Kausalhaftung im französischen Recht *v. Caemmerer*, Das Verschuldensprinzip in rechtsvergleichender Sicht, RabelsZ 42 (1978), 5ff = GeS III, S. 261, 279 mit dem instruktiven französischen Fall: „Le diable dans la bouteille".

116 Der Vorwurf, daß Verhaltenspflichten erst ex post definiert werden, also eine solche Verhaltenspflicht ex ante nicht erkennbar erscheint, verliert an Überzeugungskraft, wenn die Verhaltenspflicht bei dem erforderlichen Aufwand doch hätte berücksichtigt werden können, s. genauer unten § 6.III.

1. *Eingriffe in Rechtsgüter*

a) Unmittelbare Eingriffe und Verhaltenspflichten

Ohne Zweifel ist ein *unmittelbarer* Eingriff in ein Rechtsgut immer rechtswidrig, die Rechtswidrigkeit wird indiziert. Unmittelbare Eingriffe sind solche, bei denen der Verletzungserfolg derart im Handlungsablauf liegt, daß die Zurechnung zu der handelnden Person deutlich wird[117]. Das sind Fälle, in denen ein Eingriff schlechthin zu unterlassen ist, mithin den Schädiger eine *Erfolgsvermeidungspflicht* trifft[118]. Daneben existieren *Verkehrspflichten*. Die von der Rechtsprechung aufgestellte Verpflichtung, daß jeder sein Verhalten so einzurichten hat, daß er dadurch die Rechte anderer nicht mehr als im menschlichen Zusammenleben unvermeidlich gefährdet, muß deutlicher präzisiert werden, um nicht als Leerformel abgetan zu werden[119]. Verkehrspflichten halten zur möglichen und zumutbaren Gefahrvermeidung und Gefahrabwehr an[120]. Der Gefahrverursacher will zwar auch den Erfolg (die Rechtsgutsverletzung) vermeiden. Der Gefahrverursacher muß aber nicht gewährleisten, daß der Erfolg ausbleibt. Deshalb werden diese Pflichten oft auch als „verhaltensbezogen"[121] oder als Verhaltenspflichten bezeichnet. Der Hersteller muß z.B. grundsätzlich nicht sicherstellen, daß er den Produktbenutzer vor Rechtsgutsverletzungen bei der Benutzung des Produktes bewahrt. Er ist insoweit nur Überwachungsgarant seiner Gefahrenquelle, nicht aber Beschützergarant gegenüber dem Gefährdeten[122]. Man spricht hier von mittelbaren Eingriffen, weil die Rechtswidrigkeit des Verhaltens nicht offensichtlich ist. Es ist vielmehr ein Verstoß gegen die Verhaltenspflicht positiv festzustellen, damit der Schädiger haftet. Auch muß der Geschädigte jeweils beweisen, daß eine Verkehrspflicht bestand und der Verstoß gegen

---

117 *Larenz*, Rechtswidrigkeit und Handlungsbegriff im Zivilrecht in FS Dölle, Bd. 1, 1963, S. 169, 185; *derselbe*, Schuldrecht II, § 72 Ic; *Medicus*, Schuldrecht II, § 137 II.1; *v. Bar*, Verkehrspflichten, S. 155f; *v. Caemmerer*, Wandlungen des Deliktsrechts, GeS I, S. 452, 485f, 549. Nach *Stoll* (Unrechtstypen bei Verletzung absoluter Rechte, AcP 162 (1963), 203, 227) sind alle Eingriffe unmittelbar, wenn sie ohne Dazwischentreten weiterer, vom Täter nicht beherrschter Umstände den Verletzungserfolg herbeiführen. Ähnlich kann man danach unterscheiden, ob eine Nah- oder Fernwirkung der Handlung gegenüber dem Rechtsgut vorliegt, *Fikentscher*, Schuldrecht, Rdnr. 1052ff.

118 Larenz/*Canaris*, Schuldrecht II 2, S. 366.

119 *Lukes*, Produzentenhaftung und Maschinenschutzgesetz, JuS 1968, 345, 349; *Foerste* in Produkthaftungshandbuch I, § 23 Rdnr. 11.

120 *Canaris* spricht von Gefahrvermeidungspflichten, Larenz/*Canaris*, Schuldrecht II 2, S. 366.

121 *Larenz* in FS Hauß, 1978, S. 225, 237; ihm folgend *Kullmann/Pfister*, Kza. 1526, 13; *Baumgärtel*, Handbuch der Beweislast I, § 823 Anh.C III, Rdnr. 19.

122 Zur Unterscheidung zwischen Überwachungs- und Beschützergarant im Strafrecht s. nur Dreher/*Tröndle*, § 13 Rdnr. 5bf m.w.Nachw.

diese Pflicht den Schaden verursacht hat[123]. Der Rechtsgüterschutz wirkt insoweit nur relativ[124].

b) Erfolgsbezogene Pflichten

Nun fragt sich, ob es noch eine weitere Gattung gibt: neben den unmittelbaren und den mittelbaren Eingriffen eine dritte Eingriffsgattung, die sog. erfolgsbezogenen Pflichten. *Larenz* spricht davon, daß ausnahmsweise Verhaltenspflichten auch erfolgsbezogen gedacht werden könnten[125]. Die verhaltensbezogenen Pflichten würden sich zu erfolgsbezogenen Pflichten verdichten, die Verkehrspflichten sich dann einer „Einstandspflicht" nähern. Die Begriffe „erfolgsbezogene" Pflicht oder „Erfolgseinstandspflicht" sind in der Rechtsliteratur[126] und Rechtsprechung[127] zwar verbreitet; sie sind aber sowohl von den Voraussetzungen, den Rechtsfolgen als auch in ihrer Begründung noch nicht hinreichend geklärt. Weitgehende Einigkeit besteht nur darin, daß diese Fälle zu Beweiserleichterungen bezüglich der Kausalität führen.

2. Versuch einer Umschreibung des Vorhofs

a) Die Rechtsfolgen

Der Begriff „Erfolgseinstandspflicht" kann mißverstanden werden. Erfolgseinstandspflichten könnten solche Pflichten sein, bei denen der Schuldner nicht nur ein bestimmtes Verhalten, sondern auch einen Erfolg, die Schadensvermeidung, schuldet[128]. Das geht aber zu weit. Er bedeutet nicht, daß der Gefahrverursacher den Erfolg überhaupt zu vermeiden hat, und er bedeutet ebenfalls nicht, daß bei Eintritt des Erfolges der Gefahrverursacher

---

[123] Wenn eine Käuferin in einem Kaufhaus ohnmächtig wird und sich nicht mehr feststellen läßt, ob dies durch eine mangelhafte Lüftung verursacht wurde, so zwingt allein dies nicht zu einer Beweislastumkehr, s. zu diesem Beispiel *Larenz* in FS Hauß, 1978, S. 225, 236; s. auch das Beispiel von *Baumgärtel*, Handbuch der Beweislast I, § 282 Anh. Rdnr. 25; a.A. ohne Begründung *Assmann*, Prospekthaftung, S. 258.

[124] *Stoll*, AcP 162 (1963), 203, 227ff gegen *v. Caemmerer*, Die absoluten Rechte in § 823 Abs. 1 BGB, KF 1961, 19ff = GeS I, S. 554ff; *Brüggemeier*, AcP 182 (1982), 385, 429ff; *Bälz*, Zum Strukturwandel des Systems zivilrechtlicher Haftung, S. 21; *Hanau* in MünchKomm, § 276 Rdnr. 36.

[125] *Larenz* in FS Hauß, 1978, S. 225, 237f.

[126] *Larenz* in FS Hauß, 1978, S. 225, 237; *Stoll*, AcP 176 (1976), 145, 162; *v. Bar*, Verkehrspflichten, S. 48, 271, 305; *Kullmann/Pfister*, Kza. 1526, 13; *Kullmann*, PHI 1989, 110, 112; *Baumgärtel*, Handbuch der Beweislast I, § 823 Anh. C III, Rdnr. 19ff, Anh. § 282 Rdnr. 14; *Mertens* in MünchKomm, § 823 Rdnr. 118; *Gimpel-Hinteregger*, Grundfragen der Umwelthaftung, S. 147, 152f; *Stecher*, Die Ursachenvermutungen des Umwelthaftungs- und des Gentechnikgesetzes, S. 72.

[127] BGH v.7.6.1988, Z 104, 323, 333 – Mehrwegflasche IIa.

[128] *Foerste*, JZ 1993, 678, 682.

immer haftet[129]. Der Begriff Erfolgseinstandspflichten bedeutet im folgenden nur, daß der Gefahrverursacher *sicherstellen muß, daß sich aus der Verletzung der garantierten Pflicht der Erfolg nicht realisiert.* Der Arzt hat also nicht dafür einzustehen, daß die Operation glückt, der Schwimmeister nicht dafür, daß überhaupt keine Kinder ertrinken. Es gilt nur: Ein Arzt, der einen groben Behandlungsfehler begeht, hat dafür einzustehen, daß *dieser Fehler* nicht zum Erfolg führt. Ein Schwimmeister, der Kinder nicht ordentlich beaufsichtigt, hat sicherzustellen, daß *durch seine Nichtüberwachung* kein Kind ertrinkt[130]. Der Gefahrverursacher muß die unterlassene Sorgfalt korrigieren. Präventive Verkehrspflichten und erfolgsbezogene Pflichten können korrespondieren. So besteht z.B. bei Produkten nur eine Rückrufpflicht, wenn schwere Verletzungen hoher Rechtsgüter drohen. Wird eine solche erfolgsbezogene Pflicht verletzt, tritt nicht eine Gefährdungs- oder Vermutungshaftung in dem Sinne ein, daß der Schädiger automatisch ohne nachgewiesene Kausalität und Verschulden haftet. Vielmehr findet nur eine *Beweislastumkehr bzw. -erleichterung bezüglich Kausalität oder Verschulden* statt[131]. Der Gefahrverursacher kann sich also durch den Nachweis entlasten, daß selbst im Falle eines optimalen Verhaltens der Schaden eingetreten wäre (also z.B. das Kind trotz Überwachung ertrunken wäre). Die erfolgsbezogene Pflicht führt dazu, daß der Schädiger nach einem Schadenseintritt haftet und insoweit für diesen Erfolg einzustehen hat. Im folgenden soll dieser Bereich der erfolgsbezogenen Pflichten als *Vorhof* bezeichnet werden. Er stellt neben den Erfolgsvermeidungspflichten, deren Verletzung zu einem unmittelbaren Eingriff in das Rechtsgut führt, und den einfachen Verhaltenspflichten (nämlich den Gefahrvermeidungs- oder -abwehrpflichten) einen eigenen Bereich dar.

b) Die Voraussetzungen

Einfache Verhaltenspflichten können sich zu erfolgsbezogenen Pflichten verdichten. Im Vertragsrecht können erfolgsbezogene Pflichten besonders vereinbart werden[132]. Die Kindergärtnerin muß sicherstellen, daß sich die in ihrer Obhut befindlichen Kinder nicht verletzen[133]. Aufklärungs- und Beratungspflichten bezwecken, den Vertragspartner vor drohenden Schäden zu bewahren[134]. Im Deliktsrecht fehlt es jedoch an einem Vertrag, aus welchem sich die Erfolgsbezogenheit einer Pflicht erkennen ließe. Bei den groben Berufsfehlern kehrt die Rechtsprechung die Beweislast für die Kausalität für

---

[129] Zurückhaltend gegenüber dieser Terminologie wohl auch *Foerste*, JZ 1993, 678, 682.

[130] Zu den Fällen s. oben § 4.I.2., S. 106ff.

[131] *Baumgärtel*, Handbuch der Beweislast I, § 823 I Rdnr. 12, § 282 Anh. Rdnr. 14.

[132] *Stoll*, AcP 176 (1976), 145, 149ff; *Grunsky* in MünchKomm, vor § 249 Rdnr. 131.

[133] OLG Koblenz v.30.3.1965, NJW 1965, 2347f – Kinderbeaufsichtigung.

[134] BGH v.1.10.1987, NJW 1988, 200, 203 – Beweislast bei Anwaltshaftung; BGH v.5.7.1973, Z 61, 118 – Beweislast für vertragliche Aufklärungspflicht.

solche Pflichten um, die auf die Bewahrung vor Gefahren für Körper und Gesundheit anderer gerichtet sind[135].

Dritte vor Gefahren für ihre Rechtsgüter zu bewahren, ist aber als Kriterium für eine Abgrenzung zu den einfachen Verhaltenspflichten zu unscharf, weil viele Verhaltenspflichten darauf abzielen, daß Dritte nicht an ihren Rechtsgütern verletzt werden. Mit diesem Kriterium müßten die meisten Verhaltenspflichten der Heilberufe nach Ansicht von *Giesen* erfolgsbezogene Pflichten darstellen. Er möchte grundsätzlich die Beweislast für Kausalität und Verschulden von Behandlungsfehlern dem Arzt auferlegen. Er begründet dies unter Hinweis auf die Lehre vom Gefahrenbereich damit, daß Zwischenfälle im Gefolge einer ärztlichen Behandlung in der Regel auf ärztliches Fehlverhalten hindeuten[136]. Jedoch läßt wegen der Eigentümlichkeit ärztlichen Handelns der Mißerfolg nicht ohne weiteres den Schluß auf die Pflichtwidrigkeit zu[137]. Es besteht die Gefahr, daß eine solche Haftung den Arzt unzumutbar beschwert, weil er dann auch das Krankheitsrisiko zu tragen hätte. Es muß deshalb noch mehr dazukommen: Notwendig ist eine Verletzung *erfolgsbezogener* Pflichten, also Pflichten, die den Erfolg auf jeden Fall verhindern sollen.

c) Begründung einzelner Fallgruppen und Abgrenzung zu einfachen Verhaltenspflichten

aa) Warum solche erfolgsbezogenen Pflichten bestehen, ist in der Judikatur noch weitgehend ungeklärt[138]. Die Befunderhebungspflicht des Arztes begründet der BGH damit, daß erst dadurch eine weitere Behandlung durch denselben Arzt oder seinen Nachfolger ermöglicht würde[139]. Zudem hat der BGH die Befunderhebungspflicht mit der Dokumentationspflicht verglichen und die Grundlage für diese Pflichten in dem Persönlichkeitsrecht des Patienten gesehen, dem Rechenschaft über den Gang der ärztlichen Behand-

---

[135] BGH v.13.3.1962, NJW 1962, 959, 960 – Schwimmlehrer; BGH v.10.11.1970, NJW 1971, 241, 243 – Krankenpflegepersonal; OLG Köln v.18.11.1969, Z 70, 311 – Kirmesveranstalter; OLG Braunschweig v.17.4.1985, VersR 1987, 76 – Hebamme. Zur Fallgruppe der groben Verletzung von Berufspflichten s. oben § 4.I.1.b); *Thomas/Putzo*, § 286 Rdnr. 35.

[136] *Giesen*, Arzthaftungsrecht, S. 204ff, 250ff m. Hinw. auf BGH v.7.6.1988, Z 104, 323 – Mehrwegflasche IIa.

[137] S. bereits oben Einl. Fn. 39 und § 4.I.1.; BGH v.14.3.1978, NJW 1978, 1681 – Dammschnitt bei einer Entbindung; ihm folgend: *Laufs*, Arztrecht, Rdnr. 441; *Mertens* in MünchKomm, § 823 Rdnr. 412. S. auch *Hanau*, Die Kausalität der Pflichtwidrigkeit, S. 133.

[138] Für die groben Verletzungen ärztlicher Berufspflichten: *Stoll*, AcP 176 (1976), 145, 147 f; *Deutsch* in FS Lange, 1992, S. 433, 440. Für grobe Fahrlässigkeit: *Bokelmann*, Grobe Fahrlässigkeit, 1973, S. 1. Zum Streitstand s. *Musielak*, Die Grundlagen der Beweislast im Zivilprozeß, S. 147 Fn. 579–581.

[139] BGH v.27.6.1978, Z 72, 132, 138 – Beweislast bei Verstoß gegen Befunderhebung Ia; zustimmend *Nüßgens* in RGRK, § 823 Anh. II, Rdnr. 260; *Baumgärtel*, Handbuch der Beweislast I, § 823 Anh. C II, Rdnr. 56.

lung abzulegen sei[140]. Im Rahmen der Gefahrermittlung schuldet der Arzt immer die Befunderhebung, um die Krankheit zu erkennen und zu behandeln. Die Pflicht zur Diagnose besteht also unabhängig davon, ob ein weiterer Arzt nachbehandelt[141]. Sie muß auch nicht mit dem Persönlichkeitsrecht begründet werden[142]. Damit reicht ein Verstoß gegen die Pflicht zur Diagnose als Verstoß gegen eine einfache Verhaltenspflicht zur Begründung einer Beweislastumkehr noch nicht aus. Vergleichbares gilt für Produkte. Für diese wird eine Beweislastumkehr dann für gerechtfertigt gehalten, wenn die Untersuchungspflicht sicherstellen soll, daß das schädliche Produkt vom Markt ferngehalten werde[143]. Auch diese Begründung überzeugt nicht, weil jede Untersuchungspflicht den Sinn hat, fehlerhafte Produkte vom Markt fernzuhalten. Der Fallgruppe des groben Behandlungsfehlers wird schließlich vorgeworfen, sie enthalte ein pönales Element[144] und führe die Lehre *versari in re illicita* wieder ein[145].

bb) Nach der hier vertretenen Auffassung können sich die Verkehrspflichten zu erfolgsbezogenen Pflichten verdichten, wenn die Verhaltenspflicht zu garantieren ist, weil ansonsten hohe Rechtsgüter schwer verletzt werden können. Ausgangspunkt ist die Überlegung, daß die *Verletzung der Verhaltenspflicht die Rechtsgüter besonders gefährdet.* Hier läßt sich auf Überlegungen aufbauen, die im Strafrecht zum Begriff „*Leichtfertigkeit*" angestellt werden[146]. Besonders gefährlich ist es, wenn der Täter eine wichtige und damit besonders ernstzunehmende Pflicht verletzt[147]. Der Vorhof hat jeweils in den Bereichen Gefahrermittlung, Gefahrvermeidung und Gefahrabwehr einen eigenen Anwendungsbereich[148], der sich mit Fallgruppen weiter präzisieren läßt.

(1) Für die *Gefahrermittlung* gilt folgendes: Droht eine schwere Verletzung hoher Rechtsgüter, müssen die Ursachen hierfür festgestellt werden. Die Gefahrermittlung bezweckt, die Risiken des in Frage stehenden Verlaufs zu klären, aber nicht um ihrer selbst willen[149], sondern weil höchste Rechtsgü-

---

140 BGH v.3.2.1987, Z 99, 391, 397 – Beweislast bei Verstoß gegen Befundsicherungspflicht II.

141 S. ausführlich unten § 6.III.2.b).

142 Ausdrücklich offengelassen auch bei *Nüßgens* in RGRK, § 823 Anh.II, Rdnr. 260.

143 *Kullmann/Pfister*, Kza. 1602, 10ff; *Steffen* in RGRK, § 823 Rdnr. 558.

144 *Lange*, Schadensersatz, § 3.XIII.2.b), S. 164.

145 *Deutsch*, Der grobe Behandlungsfehler: Dogmatik und Rechtsfolgen, VersR 1988, 1, 3; *derselbe* in FS Lange, 1992, S. 433, 442; *Grunsky* in MünchKomm, vor § 249 Rdnr. 131.

146 Instruktiv *Roxin*, Lehrbuch des Strafrechts, Allgemeiner Teil, Bd.1, § 24 Rdnr. 74ff.

147 S. zur Begriffsbestimmung den Regierungsentwurf 1962 zu § 18 III StGB, der die strafrechtliche Leichtfertigkeit und die grobe Fahrlässigkeit gleichsetzt.

148 Zu dieser Unterscheidung s. oben § 3.II. und unten § 5.IV.1.c), S. 185.

149 Die Unaufklärbarkeit betonen *Steffen* in RGRK, § 823 Rdnr. 524; *Deutsch*, Beweis und Beweiserleichterung des Kausalzusammenhangs im deutschen Recht in FS Lange, 1992, S.433, 439. *Gimpel-Hinteregger* (Grundfragen der Umwelthaftung, S. 152) begründet die Beweislastumkehr mit der Allokationseffizienz, der distributiven Gerechtigkeit und der Gefahrbeherrschung. Damit kann sie aber § 6 I, II UHG nicht erklären, wonach eine Beweislastumkehr nur stattfindet, soweit der bestimmungsgemäße Betrieb nicht eingehalten wurde.

ter bedroht sind. Eine solche Pflicht zur Befunderhebung ist besonders ernst zu nehmen und zu garantieren. Die Unaufklärbarkeit der Ursachen soll dann nicht der Geschädigte tragen. Geht es beispielsweise nur darum, daß verdorbene Milch zu einer Magenverstimmung führt, reichen im Unternehmen Stichproben für eine Kontrolle. Bei lebensrettenden Produkten, wie der Schwimmweste, muß eine Einzelkontrolle garantiert werden[150], weil der Fehler höchste Rechtsgüter gefährdet, also sich unter Umständen tödlich auswirkt. Daneben kann – ohne daß die schwere Verletzung hoher Rechtsgüter droht – die unterlassene Befunderhebung zu einer Beweislastumkehr führen, wenn diese angesichts der Symptome der Krankheit oder der Gefährlichkeit des Produktes zweifelsfrei geboten war.

(2) Im Bereich der *Gefahrvermeidung* bildet der grobe Behandlungs- bzw. grobe Berufsfehler das Hauptanwendungsfeld. Wenn der Arzt bestimmte elementare Pflichten beherrschen muß und Fehler begeht, die nicht mehr verständlich sind[151], könnte man an die Gefahrbeherrschung als Haftungsgrund denken. Aber auch die Gefahrbeherrschung kann nicht ohne das zu schützende Rechtsgut gedacht werden. Rechtsgrund für eine Beweislastumkehr ist die Tatsache, daß die Rechtssphäre des Betroffenen durch den Verhaltensverstoß in erheblichem Maße verletzt wird. Grob fahrlässiges Verhalten wird dem Gefahrverursacher nicht zugestanden, weil der Verhaltensverstoß die Rechtsgüter Gesundheit, Körper und Leben bedroht. Wenn in diesem Bereich Fehler schlechterdings nicht unterlaufen dürfen, hat der Gefahrverursacher dieses Verhalten zu garantieren.

(3) Schließlich bestehen Aufklärungspflichten im Bereich der *Gefahrabwehr*, um das Recht auf selbstbestimmende Entscheidung des Verbrauchers nicht zu verletzen. Das Recht auf selbstbestimmende Entscheidung steht dem Verbraucher nur zu, wenn die Gefahren für die Rechtsgüter so erheblich sind[152], daß er sich für oder gegen die Verwendung des Produktes entscheiden können muß[153].

d) Vorhof und Rechtsgüterschutz

Der Vorhof ist gerechtfertigt, weil der Verstoß gegen die Verhaltenspflicht für die Rechtsgüter besonders gefährlich ist und damit in der Regel eine schwere Verletzung höchster Rechtsgüter zur Folge hat. Die Abgrenzung

---

150 S. genauer unten § 5.III.3.a)aa), S. 168 f.

151 Dazu oben § 4.I.2.a), S. 107ff und § 5.III.3.b), S. 170ff.

152 Auch das Selbstbestimmungsrecht ist regelmäßig nur betroffen, wenn durch den Eingriff das Risiko einer nachhaltigen Beeinträchtigung der Lebensführung nicht auszuschließen ist, s. bereits oben § 4.I.2.c).

153 Zur Abgrenzung selbstbestimmende Entscheidung – Selbstbestimmungsrecht s.u. § 5.III.3.c).

von verhaltensbezogenen und erfolgsbezogenen Pflichten läßt sich auch mit der Pflichtenstellung des Garanten verdeutlichen. Bei den Verhaltenspflichten ist der Gefahrverursacher Überwachungsgarant; er muß Gefahren, die von der Gefahrenquelle ausgehen, abwehren. Die erfolgsbezogenen Pflichten drängen ihn dagegen in die Rolle des Beschützergaranten. Er muß aber nicht – wie oben gezeigt – jede Rechtsgutsverletzung des Bedrohten verhindern. Unbedingt einzuhalten ist die Pflicht deshalb, weil bei einem Unterlassen hohe Rechtsgüter oder die Rechtssphäre des Betroffenen verletzt zu werden drohen.

Neben den unmittelbaren Eingriffen durch Erfolgsvermeidungspflichten und den mittelbaren Eingriffen durch einfache Verkehrspflichten gibt es einen Bereich erfolgsbezogener Pflichten, den Vorhof. Sowohl bei den unmittelbaren Eingriffen als auch bei der Verletzung des Selbstbestimmungsrechtes ist der Eingriff immer rechtswidrig. Bei der Verletzung einfacher Verkehrspflichten (den sog. Verhaltenspflichten), also bei nur mittelbaren Verletzungen, muß die Rechtswidrigkeit des Tuns erst festgestellt werden. Außerdem trägt der Verletzte grundsätzlich die volle Beweislast, um seinen Schaden liquidieren zu können. Die erfolgsbezogenen Pflichten des Vorhofs haben mit den einfachen Verhaltenspflichten gemein, daß bei einem Verstoß, also bei einem mittelbaren Eingriff, die Rechtswidrigkeit erst positiv festzustellen ist; eine Verletzung ist nicht per se rechtswidrig. Der Vorhof ähnelt auch dem unmittelbaren Eingriff. Während der unmittelbare Eingriff unbedingt zu vermeiden ist, ist beim Vorhof eine Pflicht unbedingt einzuhalten.

v. Ihering hatte den Besitz schon früh als einen gegenüber dem Eigentum vorgelagerten Bereich bezeichnet, in welchem bereits Rechtsschutz stattfinde[154]. Dieser Gedanke läßt sich auf die Rechtsgüter übertragen. Der Vorhof bildet einen Bereich, in welchem aufgrund von Beweiserleichterungen zugunsten des Geschädigten der Schadensausgleich bei mittelbaren Rechtsgutsverletzungen besonders erfolgversprechend ist. Ein Verhaltensverstoß führt zwar nicht unmittelbar zur Rechtswidrigkeit, wie bei einem unmittelbaren Eingriff in das Rechtsgut (den Hof). Aufgrund der Beweiserleichterungen ist der Rechtsschutz im Vorhof aber stärker als bei normalen Verhaltenspflichten. In diesem Bereich findet ein besonders effektiver Rechtsgüterschutz statt. Optisch läßt sich der Vorhof mit der Graphik 4 auf S. 188 darstellen.

---

[154] *v. Ihering* (Recht des Besitzes, 7.Aufl., 1865, S. 30ff; *derselbe*, Beiträge zur Dogmatik des Besitzes, Jahrbücher für die Dogmatik des Bürgerlichen Rechts, Bd. 9, 1868, S. 1ff; *derselbe*, Der Zweck im Recht, Bd. 1, 1904, S. 181) hatte die Idee des Vorwerkes für das Eigentum geprägt, nämlich daß der Besitzschutz als rechtsähnliches Verhältnis dem Eigentum vorgelagert ist. S. *Fikentscher*, Methoden des Rechts, Bd. III, § 23, S. 180ff.

3. Einzelne Fallgruppen des Vorhofs

a) Ermittlungspflichten

aa) Erfolgsbezogene Pflichten bei gefährlichen oder lebensrettenden Produkten

Nicht nur bei einer Verletzung gesetzlich bestehender Untersuchungspflichten, sondern auch bei einer Verletzung *durch Richterrecht bejahter* Untersuchungspflichten kann eine Beweislastumkehr zu Lasten des Schädigers stattfinden. In der Mehrwegflaschen-Entscheidung hatte der BGH dem Schädiger die Beweislast dafür auferlegt, daß sein Produkt den Unternehmensbereich fehlerfrei verlassen hatte[155]. Maßgeblich für die Beweislastumkehr war die unzureichende Befunderhebung und -sicherung als materielles Element[156]. Der BGH forderte für eine solche Statussicherungspflicht, daß der „Zustand *jeder* Flasche... auf seine Berstsicherheit hin zu ermitteln" ist[157]. *Kullmann* sprach in diesem Zusammenhang von der Erforderlichkeit einer *hundertprozentigen Fehlerfreiheit*[158].

Jedes Produkt zu kontrollieren, würde jedoch bedeuten, daß z.B. einzeln verpackte Elektrogeräte, nicht aber Chargen von abgepackten Arzneimitteln einer solchen Befunderhebungspflicht unterlägen[159]. Denn Arzneimittel können, nachdem sie abgepackt wurden, nicht mehr einzeln kontrolliert werden, ohne daß die Verpackung zerstört würde; insoweit sind nur Stichproben möglich. Dies erscheint ungereimt, weil Arzneimittel ein viel höheres Gefährdungspotential als Mehrwegflaschen besitzen. Das Kriterium, jedes Produkt zu prüfen, erscheint deshalb nicht sehr hilfreich. Zudem gibt es die hundertprozentige Fehlerfreiheit nicht – das wird jeder Naturwissenschaftler bestätigen. Folglich sollte die Jurisprudenz nicht ein Kriterium erfinden, dessen Realisierung unmöglich ist. Vielmehr verdecken diese beiden Kriterien (Einzelkontrolle und hundertprozentige Fehlerfreiheit) den eigentlichen Sachgrund der erfolgsbezogenen Ermittlungspflicht. Im Vordergrund für eine solche Statussicherung steht – und das kommt in den zwei Entscheidungen des BGH zur Mehrwegflasche nur unzureichend zum Ausdruck –, daß eine Rechtsgutsverletzung verhindert werden muß und

---

[155] Der BGH spricht auch von Befunderhebung und Befundsicherung, s. oben Einl. Beispiel 4; § 3.III.1.d) und § 4.I.2.a).

[156] „Der Hersteller würde sich treuwidrig verhalten, wenn er sich im Prozeß zu seiner Entlastung auf das Fehlen von Daten für den Zeitpunkt der Inverkehrgabe berufen könnte, um die sich zu sorgen ihm zum Schutze des Verbrauchers *materiell-rechtlich* gerade aufgegeben war", BGH v.7.6.1988, Z 104, 323, 333ff – Mehrwegflasche IIa. S. bereits oben § 4.III.2.b) und Fn. 81.

[157] BGH v.7.6.1988, Z 104, 323, 335 – Mehrwegflasche IIa.

[158] *Kullmann*, PHI 1989, 110, 122; *Kullmann/Pfister*, Kza. 1526, 13.

[159] *Foerste*, JZ 1993, 680, 681.

damit eine *erfolgsbezogene Pflicht* besteht. Wenn *Kullmann* davon spricht, daß die hundertprozentige Fehlerfreiheit zu garantieren sei, soll diese eine Verletzung der Rechtsgüter verhindern. Weil schwere Gesundheitsschäden durch die Explosion von mit kohlensäurehaltiger Limonade gefüllten Flaschen drohen konnten, hätte eine solche Explosion vermieden werden müssen[160]. Deshalb bestehen derartig hohe Anforderungen an die Kontrollpflichten, so daß eine Prüfung mit dem Vorspanndruck von 6,0 bar als Kontrollmaßnahme in concreto nicht ausreichend war[161]. Maßgeblich ist das spezifische Risiko, das für den Verbraucher dann entsteht, wenn eine Kontrolle unzureichend ist. Die Kontrollpflicht dient damit der Gefahrermittlung[162]. Solche Pflichten müssen erfolgsbezogen gedacht werden. Mit anderen Worten treffen den Hersteller nur deshalb erfolgsbezogene Pflichten, weil besonders hohe Gefahren drohen. Das ist z.B. auch der Fall bei jeder Art von Produkten, die das Leben retten sollen (z.B. die Schwimmweste) oder deren Versagen tödlich wirken kann (der nicht funktionierende Fallschirm, die fehlerhaften Bremsen, das unzureichende Medikament)[163].

bb) Vermeidung unkontrollierter Geschehensabläufe im Arztrecht

Oben wurde gezeigt, daß im *Arztrecht* die Verletzung der Befunderhebungspflicht Beweiserleichterungen bis hin zur Beweislastumkehr zur Folge haben kann[164]. Wenn Diagnosen und Kontrollen in erheblichem Ausmaß unterblieben sind, so daß keine Daten zur Aufklärung des Behandlungsverlaufs zur Verfügung stehen, kann eine Beweislastumkehr gerechtfertigt sein[165]. Ein grober Behandlungsfehler und damit eine Beweislastumkehr wird bejaht, wenn Kontrollen unterlassen werden und dieses Unterlassen zu einer falschen Diagnose führt[166]. Von einer gravierenden Fehldiagnose ist dann auszugehen, wenn offensichtlich gebotene Kontrollbefunde nicht erhoben werden (wie z.B. Röntgenaufnahmen[167]), eine vorgeburtliche Kontrolluntersuchung trotz vorhandener Anzeichen einer Risikogeburt nicht durchgeführt[168] oder wenn die zunächst gestellte Diagnose im weiteren Behandlungsverlauf nicht überprüft wird[169]. Möglich erscheint eine

---

[160] *Kullmann* (PHI 1989, 110, 122) spricht von Erfolgseinstandspflicht.

[161] Zu den einzelnen Ermittlungspflichten s. unten § 6.III.3.

[162] A.A. *Foerste* (VersR 1988, S. 958, 960) und *Pfeiffer* (zu LM § 823 (Dc) Nr. 186).

[163] *Kullmann/Pfister*, Kza. 1526, 13 Fn. 59; *Kullmann*, NJW 1994, 1698, 1705.

[164] S. oben § 4.I.2., S. 106ff.

[165] *Steffen*, Arzthaftungsrecht, B.V.1., S. 135.

[166] *Steffen*, Arzthaftungsrecht, B.V.1., S. 130f.

[167] BGH v.18.4.1989, NJW 1989, 2332 – unterlassene Röntgenaufnahme; *Giesen*, Arzthaftungsrecht, S. 224.

[168] *Giesen*, Arzthaftungsrecht, S. 224.

[169] OLG Köln v.28.1.1988, VersR 1989, 631 – Morbus Crohn; *Giesen*, Arzthaftungsrecht, S. 58.

Ausdehnung der Grundsätze bei Verletzung von Befunderhebungspflichten, die unkontrollierte Geschehensabläufe gerade vermeiden sollen (z.B. Verträglichkeitstests) oder die gerade deshalb bestehen, weil die Schadensentwicklung noch generell unerforscht ist (z.B. Heilversuche)[170].

cc) Vermeidung unkontrollierter Geschehensabläufe im Umweltrecht

Auch in der Kupolofen-Entscheidung hat der BGH die Beweislast für das Verschulden und die Einhaltung der Emissionswerte dem Emittenten auferlegt, weil er diese kontrollieren müsse. Der Emittent muß darlegen, daß er die Grenzwerte eingehalten hat oder daß er sie nicht hat einhalten können. Wenn besondere Umstände Anlaß zu Zweifeln gäben, daß die Beachtung der Werte der TA-Luft nicht ausreicht, träfen den Emittenten zusätzliche Gefahrvermeidungspflichten[171]. Die Literatur fordert auch eine Beweislastumkehr bezüglich der Kausalität, wenn die Grenzwerte überschritten werden[172]. Der neu geschaffene § 6 I UHG legt eine solche Kausalvermutung fest, soweit die Anlage nach den Gegebenheiten des Einzelfalls geeignet ist, den Schaden zu verursachen. Diese Vermutung wird jedoch gem. § 6 II UHG wieder ausgeschlossen, wenn die Anlage bestimmungsgemäß betrieben wurde, d.h. die Betriebspflichten eingehalten wurden und keine Störung des Betriebes vorlag. Auch hier ist Ziel der Befunderhebung, unkontrollierte Geschehensabläufe zu vermeiden. Welche Pflichten hierunter fallen, wird unter § 6 erörtert[173].

b) Grobe Verletzung von Berufspflichten

aa) Arztrecht und andere Berufszweige

Im *Arzthaftungsrecht* hat der Bundesgerichtshof seit geraumer Zeit eine Beweislastumkehr bezüglich der Kausalität vorgenommen, wenn ein grober Behandlungsfehler vorliegt. Oben wurde schon gezeigt, daß strittig ist, ob die Beweisvereitelung oder die Gefahrbeherrschung der Rechtsgrund für die Beweislastumkehr ist[174]. Tatsächlich ist die Beweisvereitelung nur eine Voraussetzung für die Beweislastumkehr. Inhaltlich geht es aber darum, daß Berufspflichten verletzt wurden, die zum Schutz von Leib und Gesundheit

---

[170] *Steffen*, Arzthaftungsrecht, B.V.1., S. 135f.

[171] BGH v.18.9.1984, Z 92, 143, 152 – Kupolofen I. Zur Frage der Beweislastumkehr bzgl. der Kausalität brauchte der BGH nicht Stellung zu nehmen, weil diese durch die Vorinstanz festgestellt worden war. Zu § 8 TrinkwasserVO s. oben § 4.I.2.a).

[172] *Walter*, Anmerkung zu BGH v.16.12.1977, NJW 1978, 419 – TA Luft, NJW 1978, 1158; *Baumgärtel*, JZ 1984, 1109; *Köndgen*, UPR 1983, 353; *Diederichsen/Scholz*, WiVerw 1984, 36f; Erman/*Hagen*, § 906 Rdnr. 33; *Marburger/Herrmann*, JuS 1986, 354, 358.

[173] S. genauer unten § 6.IV.4., S. 240ff.

[174] S. oben § 4.III.

bestehen[175]. Wenn der Bundesgerichtshof Ärzte besonders stark haften läßt, liegt dies nicht an den besonders häufigen Fehlern der Ärzte, sondern dem hohen Rang der Rechtsgüter (Leib und Leben), die es zu schützen gilt. Deshalb wurde diese Beweislastumkehr auch schon auf andere Berufe ausgedehnt (den Schwimmlehrer, den Kirmesveranstalter), wenn die Berufspflichten auf die Bewahrung anderer vor Gefahren für Körper und Gesundheit gerichtet sind[176].

bb) Übertragung auf Produkte

Allerdings hat der BGH in jüngster Zeit in einigen *Produkthaftungsfällen* ausdrücklich eine Parallele zum groben Behandlungsfehler des Arztes abgelehnt[177]. Ob damit diese Fallgruppe nur in der jeweiligen Entscheidung oder aber generell nicht bei Produkthaftungsfällen anzuwenden ist, bleibt abzuwarten. Im Gegensatz dazu wurde im Schrifttum – allerdings ohne Begründung – schon mehrmals gefordert, diese Fallgruppe auf das Produkthaftungsrecht für grobe Produktfehler anzuwenden[178]. *Deutsch* möchte bei Arzneimitteln eine Beweislastumkehr für die Kausalität (§ 84 S.2 Nr. 1 AMG) dann bejahen, wenn analog zum groben Behandlungsfehler des Arztes im Produkthaftungsrecht ein schwerer Konstruktions- oder Herstellungsfehler vorliegt[179]. Im allgemeinen Deliktsrecht müsse bei Gefahrerhöhung durch das Verhalten der Klinik eine Beweislastumkehr stattfinden[180].

Das Kriterium der Gefahrerhöhung für die Beweislastumkehr bezüglich der Kausalität wurde bereits oben als zu unpräzise abgelehnt[181]. In der Fallgruppe des groben Berufsfehlers ist in einem ersten Schritt die Bedeutung des Rechtsgutes zu gewichten. Dann ist in einem zweiten Schritt festzulegen[182], ob diese Gefahren nicht mehr hingenommen werden dürfen, „beherrscht“ werden müssen, der Schädiger sich also nicht „gefahrerhöhend“

---

175 *Steffen* in RGRK, § 823 Rdnr. 524.

176 § 4.I.2.b). BGH v.13.3.1962, NJW 1962, 959, 960 – Schwimmlehrer; BGH v.10.11.1970, NJW 1971, 241, 243 – Krankenpflegepersonal; OLG Köln v.18.11.1969, VersR 1970, 229 – Kirmesveranstalter; *Steffen* in RGRK, § 823 Rdnr. 524; Palandt/*Thomas*, § 823 Rdnr. 171.

177 BGH v.7.6.1988, Z 104, 323, 332 – Mehrwegflasche IIa; BGH v.12.11.1991, Z 116, 60, 76 – Kindertee (Milupa) I. Es ist auch noch nie zu einer Verurteilung wegen eines groben Produktfehlers gekommen, s. *Kullmann/Pfister*, Kza. 1526, 12.

178 *Weitnauer* in FS für Larenz, 1973, S. 904, 917; *Baumgärtel*, Handbuch der Beweislast I, § 823 Anh. C III, Rdnr. 22, ohne daß diese Autoren allerdings diese Fallgruppe definieren und konkretisieren.

179 So *Deutsch*, VersR 1979, 685, 689.

180 *Deutsch*, Anm. zu BGH v.30.4.1991, Z 114, 284 – AIDS-Infizierung durch Blutkonserve I, NJW 1989, 1554.

181 Oben § 4.III.6.b).

182 Dazu bereits oben § 5.III.1.c), S. 165.

verhalten darf. Betrachtet man die obige Definition des groben Behandlungsfehlers[183], so wird ein solcher Produktfehler dann zu bejahen sein, wenn er deutlich hinter dem Stand der Wissenschaft und Technik zurückbleibt[184] und der Fehler damit aus Sicht eines vernünftigen Herstellers nicht mehr verständlich ist.

Über die Gefährdungshaftung des § 84 S. 2 AMG hinaus reduziert die Rechtsprechung bereits jetzt die Anforderungen an die Substantiierungspflicht für den Fehler[185]. In den achtziger Jahren infizierten sich zahlreiche Opfer an HIV-verseuchten Blutkonserven. Ein Anspruch aus § 84 AMG scheiterte regelmäßig am Nachweis der Kausalität. Denn die freie Beweiswürdigung des Richters verlangt gem. § 286 ZPO für den Nachweis des Kausalzusammenhanges, daß, wie der BGH es formuliert, der Richter in dem zu entscheidenden Fall die Überzeugung mit einer an Sicherheit grenzenden Wahrscheinlichkeit gewinnt, die Zweifeln Schweigen gebietet, ohne sie völlig ausschließen zu können[186]. Die geplante Novellierung des § 84 S. 2 AMG soll künftig einen Schadensausgleich zugunsten des Geschädigten dadurch ermöglichen, daß ihm die Beweislast bezüglich der Kausalität erleichtert wird. Als Kausalitätsnachweis soll dann die „überwiegende Wahrscheinlichkeit" ausreichen[187].

Überdies scheint die Rechtsprechung bei der *Beweiswürdigung* die starre mit-an-Sicherheit-grenzender-Wahrscheinlichkeits-Formel zugunsten des Geschädigten aufzulockern: So soll ein brauchbarer Grad von Gewißheit genügen, und damit letzte theoretische Zweifel durchaus verbleiben können[188]. Im Holzschutzmittel-Strafverfahren hat der BGH betont, daß sich der Tatrichter gegebenenfalls über Methoden und Verfahren unterrichten muß, die noch nicht allgemein anerkannt sind, und er zu Ergebnissen gelangen kann, „die Vertreter der maßgeblichen naturwissenschaftlichen Fachrichtung mit ihren Methoden allein nicht belegen könnten"[189].

---

[183] § 4.I.2.b).

[184] S. hierzu ausführlich unten § 6.III.1.a) und § 8.I.2.

[185] S. unten § 8.III.2.b).

[186] BGH v. 17.2.1970, Z 53, 245 – Anastasia; *Prütting* in MünchKommZPO, § 286 Rdnr. 34 ff; Rosenberg/Schwab/*Gottwald*, § 115.II.2., S. 660; *Thomas/Putzo*, § 285 Anm. 2.a); *Reinelt*, ZRP 1994, 333, 334.

[187] Motivation für diese Novellierung waren die mindestens 2.500 Opfer, die durch Blut und Blutpräparate in den achtziger Jahren mit HIV infiziert wurden, *Stelz*, DIE ZEIT v. 9.12.1994, 29. Der Wortlaut des § 84 S. 3 AMG-E lautet: Soweit der Geschädigte die Beweislast für das Vorliegen der Voraussetzungen nach S. 2 und die Verursachung des Schadens durch das Arzneimittel trägt, muß er dafür den Nachweis überwiegender Wahrscheinlichkeit erbringen, BR-Dr. 565/93; BT-Dr. 12/6480.

[188] *Kullmann*, NJW 1994, 1698, 1707 m.w.Nachw.

[189] BGH v. 2.8.1995, NJW 1995, 2930, 2932 – Holzschutzmittel (Xyladecor)-Strafverfahren (Einl. Beispiel 9); hierzu *Schmidt-Salzer*, NJW 1996, 1 ff.

c) Selbstbestimmungsrecht und selbstbestimmende Entscheidung

Es fragt sich, ob sich die Pflicht zur Einholung der Einwilligung des Patienten, die für die Selbstbestimmungsaufklärung im Arztrecht besteht, auch auf *Produkte* übertragen läßt, also im Verhältnis Verbraucher zum Hersteller gelten soll. Das ist aber aus praktischen (aa) und theoretischen Überlegungen abzulehnen (bb).

aa) Kein Selbstbestimmungsrecht bei Produkten

Im Arztrecht dient die Selbstbestimmungsaufklärung dazu, daß sich der Patient entscheiden kann, ob er in einen Eingriff einwilligt und dabei gleichzeitig bestimmte Risiken in Kauf nimmt. *Schmidt-Salzer* hat geltend gemacht, bei Produkten sei ein Vergleich mit der Einwilligung im Arztrecht nicht statthaft, weil im Unterschied zum Arztrecht der Eingriff durch den Verbraucher selbst erfolge, der Hersteller nur Zusatzinformationen gebe[190] und die Verbrauchererwartung einen generellen Maßstab bilde, während die Einwilligung immer konkret zu erfolgen habe[191]. Schließlich gelte es zu berücksichtigen, daß allein der behandelnde Arzt für die Entscheidung verantwortlich ist, ob der Eingriff im konkreten Einzelfall auch vertretbar ist[192]. Das pharmazeutische Unternehmen kann immer nur eine abstrakte Nutzen-Risiko-Abwägung vornehmen, den Arzt trifft hingegen die konkrete Nutzen-Risiko-Abwägung[193]. Eine Aufklärung habe deshalb immer nur durch den Arzt zu erfolgen.

Gegen eine Übertragung des Selbstbestimmungsrechts sprechen vor allem die folgenden Überlegungen: Bei Produkten werden regelmäßig Gefahren vermieden. Es kommt schon objektiv nicht zu einem solchen *unmittelbaren* Heileingriff, der gerechtfertigt werden muß; nur die möglichen Nebenfolgen führen zu einem Schaden. Eine Aufklärung über unvermeidbare Risiken, die bei der Heilbehandlung bestehen, stellt das Behandlungsrisiko dem Krankheitsrisiko gegenüber. Im Produkthaftungsrecht gibt es aber in der Regel kein Krankheitsrisiko, um dessentwegen der Verbraucher bereit ist, das Nutzungsrisiko einzugehen. Der Verbraucher würde deshalb in der Regel bereits den Kauf des Produktes unterlassen. Auch erscheint es widersprüchlich, das Selbstbestimmungsrecht bei unterlassenen Gefahrvermeidungsmaßnahmen anzuwenden. Denn ein Fehler muß vermieden werden, die Aufklärung über einen solchen Fehler entlastet den Schädiger

---

190 *Schmidt-Salzer*, Produkthaftung, Bd. III.1., 2. Aufl. 1990, Rdnr. 4.1014.

191 Zur Verbrauchererwartung s. genauer unten § 7.II.2. und III.5.

192 So deutlich *Sieger*, VersR 1989, 1014, 1015; unklar *Kullmann/Pfister*, Kza. 3800, 29, 31.

193 S. unten § 8.I.1.a).

nicht[194]. Im Produkthaftungsrecht wird das Rechtsgut nur mittelbar verletzt[195]. Dazu ist zu prüfen, ob eine Verhaltenspflicht verletzt wurde bzw. ein Fehler vorliegt. Im Produkthaftungsrecht muß grundsätzlich der Geschädigte den Fehler des Schädigers beweisen[196]. Eine solche Regel könnte durch das Selbstbestimmungsrecht umgangen werden, denn dann müßte der Geschädigte nicht mehr den Fehler beweisen, sondern der Schädiger müßte beweisen, daß der Eingriff rechtmäßig war, weil das Opfer eingewilligt hat oder aber eine Einwilligung ausnahmsweise nicht notwendig gewesen ist. Damit würde die im Deliktsrecht angelegte Beweislastverteilung umgangen. Dieses Ergebnis wird bestätigt durch die Tatsache, daß im Produkthaftungsrecht Informationen in erster Linie der Gefahrabwehr durch den Verbraucher dienen[197]. Damit sind Informationspflichten im Produktsicherheitsrecht am ehesten mit der therapeutischen Aufklärung vergleichbar. Eine unzureichende therapeutische Aufklärung ist aber vom Geschädigten zu beweisen[198]. Die Grundsätze des Selbstbestimmungsrechts und der Einwilligung können damit nicht vom Arztrecht auf das Produkthaftungsrecht übertragen werden.

bb) Ablehnung anderer Ansätze zum Selbstbestimmungsrecht

Der Kernbereich des Selbstbestimmungsrechts ist dogmatisch wenig geklärt und wird teilweise sehr weit gezogen. So soll die Dispositionsfreiheit zwingend jedem verfügbaren Rechtsgut vorgeordnet sein. Die Dispositionsfreiheit ist als Rechtsgut „transparent", relevant ist das dahinterstehende, zur Disposition zugewiesene Rechtsgut. Zusammen mit der Dispositionsfreiheit wird also gleichzeitig auch das dahinterliegende Rechtsgut verletzt[199]. Nach anderer Auffassung ist das Selbstbestimmungsrecht und nicht der Körper oder die Gesundheit das eigentlich zu schützende Rechtsgut. Dieses Selbstbestimmungsrecht teile sich dann in einen Bereich „kognitiv-voluntativer Autonomie" und in einen „somatisch-psychischer Kontingenz"[200].

Würde man mit *Deutsch* einen Kreis der Selbstbestimmung um die Rechtsgüter ziehen, wäre jeglicher Eingriff in das Rechtsgut gleichzeitig

---

[194] Ansonsten könnte jede unterlassene Gefahrvermeidungs- oder Gefahrabwehrmaßnahme als ein Verstoß gegen das Selbstbestimmungsrecht umgedeutet werden.

[195] § 5.III.1.a); Larenz/*Canaris*, Schuldrecht II 2, S. 366.

[196] S. oben § 4.I.2., S. 175.

[197] S. schon oben § 3.II.2.

[198] § 4.I.2.c).

[199] Die sog. Transparenztheorie nach *Deutsch*, Schutzbereich und Tatbestand des unerlaubten Heileingriffs, NJW 1965, 1985, 1989; *derselbe*, Das Persönlichkeitsrecht des Patienten, AcP 192 (1992), 161, 165; ihm folgend z.B. *Nüßgens* in RGRK, § 823 Anh. II, Rdnr. 65.

[200] Die sog. Lehre vom doppelten Schutzgut nach *Brüggemeier*, Deliktsrecht, Rdnr. 701f; ablehnend *Nüßgens* in RGRK, § 823 Anh. II, Rdnr. 65, allerdings ohne weitergehende Begründung.

auch ein Eingriff in das Selbstbestimmungsrecht. Noch extremer ist die Auffassung von *Brüggemeier*, wonach die Rechtsgüter Körper und Gesundheit sich dem Selbstbestimmungsrecht unterordnen. Diese beiden Auffassungen gehen zu weit. Das Selbstbestimmungsrecht gilt nur bei unmittelbaren Eingriffen. Bildhaft verdeutlicht bildet das Selbstbestimmungsrecht nur einen Ausschnitt des zu schützenden Rechtsgutes[201]. Gegen die Ansichten von *Deutsch* und *Brüggemeier* sprechen vor allem drei Erwägungen: Erstens soll das Selbstbestimmungsrecht als Freiheitsschutz im Bereich der leiblich-seelischen Integrität gewährleisten, daß der Patient nicht zum Objekt gemacht werden soll, daß Machtfülle nicht mißbraucht werden darf. Dabei stehen solche Schäden im Vordergrund, die eine künftige Lebensführung nachhaltig belasten können[202]. Eine unterlassene Aufklärung verletzt häufig nicht das Selbstbestimmungsrecht, weil über Unwichtiges nicht aufgeklärt werden muß. Zweitens schließen sich Selbstbestimmung und Gefahrvermeidung sowie Sicherungsaufklärung gegenseitig aus[203]. Insoweit muß man der Gefahr begegnen, eine unterlassene therapeutische Aufklärung oder einen Behandlungsfehler als Verstoß gegen die Selbstbestimmung zu mißdeuten[204]. Denn oben wurde schon gezeigt, daß sich drittens die therapeutische Aufklärung und die Selbstbestimmungaufklärung bei der Beweislast deutlich voneinander unterscheiden[205]. Zu Recht wurde deshalb der Rechtsprechung, oder allgemeiner, der Rechtsentwicklung der letzten 30 Jahre vorgehalten, das Selbstbestimmungsrecht hätte nur deshalb eine so große Bedeutung erlangt, weil es als „Notanker“ immer dann zur Anwendung komme, wenn ein Behandlungsfehler nicht zu beweisen sei. Mit dem Verschuldensgrundsatz könne man nämlich die Dominanz des Selbstbestimmungsrechtes nicht erklären[206]. Statt das Selbstbestimmungsrecht über den gerechtfertigten Anwendungsbereich hinaus zu erweitern, erscheint vielmehr eine Beschränkung auf seinen eigentlichen Anwendungsbereich sinnvoll. Denn zu Recht wird kritisiert, daß die Grenzen dieses Rechts oft zu weit gezogen wer-

---

[201] S. die Graphik 4 auf S. 188.

[202] S. oben § 4.I.2.c), S. 110.

[203] S. oben § 4.I.2.c).

[204] Umstritten ist auch die Frage, wann über Behandlungsalternativen aufgeklärt werden muß und wann bereits der Arzt die richtige Behandlungsmethode zu wählen hat. BGH v.22.9.1987, Z 102, 17, 22 – bipolarer Hochfrequenzstrom; BGH v.27.9.1983, Z 88, 248 – Anfängeroperation; BGH v.22.12.1987, NJW 1988, 1514 – Arthrose nach Lowman; BGH v.12.2.1974, NJW 1974, 1422 – Periduralanästhesie; BGH v.6.12.1988, Z 106, 153, 158 – normale Entbindung statt Kaiserschnitt; BGH v.24.11.1987, NJW 1988, 765 – Behandlungsalternative bei Chondropathia patellae; *Steffen*, Arzthaftungsrecht, B.II.2., S. 93; *Giesen*, Arzthaftungsrecht, S. 108; *Rieger*, Rdnr. 258; *Francke/Hart*, S. 41ff; *Nüßgens* in RGRK, § 823 Anh. II, Rdnr. 128ff. Zweifelhaft insoweit die Entscheidung des OLG Köln v.16.3.1978, NJW 1978, 1690 – Aufklärungspflicht über schlechte hygienische Verhältnisse.

[205] S. oben § 4.I.2.c).

[206] *Laufs* in FS Gernhuber, 1993, S. 245, 255.

den[207]. Inzwischen wird das Selbstbestimmungsrecht auch durch die Rechtsprechung eingegrenzt. Wenn eine andere Operation ähnlich gefährlich ist[208], wenn es keine Alternative zu der Operation gab und damit eine Ablehnung der Behandlung medizinisch unvernünftig gewesen wäre oder wenn gar bei Nichtbehandlung gleichartige Risiken mit höherer Komplikationsdichte bestanden hätten[209], muß der Patient substantiiert darlegen, daß er bei ordnungsgemäßer Aufklärung vor einem echten Entscheidungskonflikt gestanden hätte. Das Selbstbestimmungsrecht hat insoweit auch einen engen Anwendungsbereich, als nur bei einer nachhaltigen Beeinträchtigung der Lebensführung aufzuklären ist; dann ist aber nicht über jeden Schmerz aufzuklären[210]. Schließlich ist zu überlegen, die Anforderungen an die Beweislast für den Fehler zu senken[211] und damit den Umweg über die Selbstbestimmungsaufklärung zu vermeiden.

cc) Übertragung einzelner Kriterien auf Produkte: Die selbstbestimmende Entscheidung

Andererseits kann es Situationen geben, in denen der Verbraucher ein Produkt nicht verwendet hätte, wenn er dessen besondere Gefährlichkeit gekannt hätte. Durch sich lösende Reifen, eine Vergiftung durch Putzmittel, die falsche Anwendung von Kindertee[212] oder eines Asthmasprays[213] kann die Gesundheit des Verbrauchers erheblich verletzt werden. Wie für den Patienten stellt sich auch für den Verbraucher die Frage, *ob* er sich durch die Benutzung oder Anwendung des Produktes einer bestimmten Gesundheitsgefahr aussetzen soll. Auch in diesen Fällen muß dem Verbraucher das Recht einer *selbstbestimmenden Entscheidung* eingeräumt werden[214]. Dazu müssen ihm die notwendigen Informationen vorliegen, um entscheiden zu können,

---

207 *Laufs* in FS Gernhuber, 1993, S. 245, 251; *derselbe* in Handbuch des Arztrechts, Kap. 17; *Meyer*, Instruktionshaftung, S. 29. Die Problematik kann an dieser Stelle nicht vertieft werden.

208 BGH v.7.4.1992, NJW 1992, 2351 – Stimmbandlähmung.

209 Z.B. ohne die Operation die Wahrscheinlichkeit einer Querschnittslähmung zehnmal höher gewesen wäre, BGH v.7.2.1984, Z 90, 103, 112 – Querschnittslähmungsrisiko durch Bestrahlung.

210 BGH v.22.4.1980, NJW 1980, 1905, 1907 – nervus facialis; a.A. aber BGH v.7.2.1984, Z 90, 96 – Aufklärung über Schmerzen. Kritisch dagegen *Laufs/Kern* (JZ 1984, 631) mit dem Argument, daß Schmerz nur schwer meßbar und damit wenig justiziabel sei und in der Regel für den Patienten auch nicht überraschend ist.

211 Dazu unten § 8.III.2.b). Einen anderen Weg beschreiten diejenigen, die das Selbstbestimmungsrecht als Teil des Persönlichkeitsrechts begreifen, *Laufs*, Arztrecht, Rdnr. 74; Larenz/*Canaris*, Schuldrecht II 2, S. 383f, 514.

212 Zu BGH v.12.11.1991, Z 116, 60 – Kindertee (Milupa) I s. § 6.III.2.b); § 8.I.1.b).

213 Zu BGH v.24.1.1989, Z 106, 273 – Asthmaspray (Alupent Dosier Aerosol) s. unten § 8.I.4.a).

214 Um diese Entscheidung vom Selbstbestimmungsrecht im Arztrecht abzugrenzen, wird der Begriff selbstbestimmende Entscheidung verwendet. Sie ist Teil des Vorhofs.

ob er das Produkt verwenden oder wegen dessen Gefährlichkeit auf den Gebrauch verzichten will.

Daß auch bei Produkten zwischen Behandlungs- und Krankheitsrisiko abzuwägen ist und insoweit die selbstbestimmende Entscheidung verletzt sein kann, zeigt der Bereich der *Arzneimittel*. Der Arzt muß über Gefahren und Nebenwirkungen aufklären, die das Medikament mit sich bringt, sofern diese für einen „verständigen Patienten" bei seinem Entschluß, in die Medikation einzuwilligen, ins Gewicht fallen können; er schuldet die Selbstbestimmungsaufklärung gegenüber dem Patienten[215]. Der Estil-Fall führte seinerzeit zu einer Klage sowohl gegen den Arzt als auch gegen den Hersteller. Aufgrund einer unzureichenden Gebrauchsanweisung ohne entsprechende Warnhinweise spritzte der Arzt das Narkosemittel Estil in die Arterie mit der Folge, daß der Oberarm der Patientin amputiert werden mußte. Der Arzt haftete wegen eines Behandlungsfehlers[216], der Hersteller wegen eines Instruktionsfehlers[217]. Wegen der unzureichenden Information des Herstellers waren Arzt und Patient gutgläubiges Werkzeug[218]. Benutzt der Arzt das Produkt, ohne die Gefährlichkeit zu kennen, kann er gerade nicht selbstbestimmend abwägen[219]. Damit handelt derjenige, der über das Sachwissen verfügt. Deutlich formulierte der BGH: „Nur auf diese Weise (nämlich durch eine Packungsbeilage oder eine Fachinformation gem. §§ 11, 11a AMG, die auf die Risiken hinweist; Anmerkung des Verfassers) wird der Arzt in den Stand gesetzt, zwischen dem Risiko, das in höherem oder geringerem Maße mit der Anwendung jedes Medikamentes verbunden sein mag, und dem im konkreten Fall für den Patienten erhofften Nutzen abzuwägen und gegebenenfalls auch den Patienten bei *seiner Entscheidung* angemessen zu beraten"[220]. Bei nicht verschreibungspflichtigen Arzneimitteln – wenn also

---

[215] Für die Verpflichtung der Aufklärung des Arztes bei Medikamenten BGH v.27.10.1981, NJW 1982, 697 – Myambutol Ia; BGH v.16.10.1962, VersR 1963, 232, 233 – Neomyein. Nach Auffassung des BGH ist die Medikation mit aggressiven Mitteln ein Eingriff im weiteren Sinne. Ob ein aggressives Mittel vorliegt, kann m.E. aber nicht entscheidend sein, denn jede medikamentöse Behandlung wirkt auf den Körper und ist damit ein Eingriff. In der Sache geht es vielmehr um Folgen von gewisser Erheblichkeit. Ähnlich auch BGH v.16.10.1962, NJW 1963, 393, 395 – Neomyein. *Rieger*, Rdnr. 1828; unklar *Laufs* in Handbuch des Arztrechts, § 62 Rdnr. 10; *Nüßgens* in RGRK, § 823 Anh.II, Rdnr. 207; deutlicher aber *Kern/Laufs*, Die ärztliche Aufklärungspflicht, S. 53; *Mertens* in MünchKomm, § 823 Rdnr. 396; *Giesen*, Arzthaftungsrecht, S. 136.

[216] Der Arzt hätte statt dessen das ungefährlichere Lachgas zur Narkose verwenden müssen, BGH v.5.12.1967, VersR 1968, 276, 277 – Arzthaftung/Kurznarkosemittel (Estil).

[217] BGH v.11.7.1972, NJW 1972, 2217, 2220f – Produzentenhaftung/Kurznarkosemittel (Estil).

[218] Zu diesem Begriff s. z.B. Dreher/*Tröndle*, § 25 Rdnr. 3.

[219] Damit wird dem Arzt gegenüber die Aufklärung geschuldet, damit er seinerseits den Patienten aufklären kann.

[220] BGH v.11.7.1972, NJW 1972, 2217, 2220f – Produzentenhaftung/Kurznarkosemittel (Estil).

ein aufklärender Arzt fehlt – kann unmittelbar die selbstbestimmende Entscheidung des Verbrauchers tangiert sein.

Wie beim Selbstbestimmungsrecht ist auch bei der selbstbestimmenden Entscheidung erforderlich, daß eine nachhaltige Belastung der künftigen Lebensführung droht. Es müssen Gefahren von *gewisser Erheblichkeit objektiv* vorliegen. Ausreichende Informationen versetzen den Verbraucher als *subjektive* Voraussetzung in die Lage, sich für oder gegen die Verwendung des Produktes zu entscheiden. Wird eine Chemikalie mit dem Hinweis, daß sie Krebs erzeugen kann, gekennzeichnet[221], mag ihn dieser Hinweis zum Nichtkauf veranlassen. So kann eine selbstbestimmende Entscheidung relevant werden, wenn die Packungsbeilage vor Nebenwirkungen und Wechselwirkungen mit anderen Mitteln warnt (§ 11 I 1 Nr. 6, 7 AMG). Beispiele für solche Warnhinweise sind „Absolute Unverträglichkeit bei Magen- und Zwölffingerdarmgeschwür" oder „Nichteinnahme bei Schwangerschaft". Der Patient wird im Zweifel auf die Einnahme verzichten, wenn er den Kontraindikationen unterliegt[222].

dd) Beweislastumkehr bei Verletzung der selbstbestimmenden Entscheidung

Wenn der Produzent den Kläger nicht ausreichend aufgeklärt hat, muß der Geschädigte beweisen, daß er sich bei einer entsprechenden Aufklärung anders verhalten hätte. Die herrschende Meinung lehnt es ab, die Beweislast für die sog. hypothetische Kausalität dem Schädiger aufzuerlegen. Nach Ansicht des BGH muß der Verbraucher grundsätzlich beweisen, daß die Rechtsgutsverletzung durch eine ausreichende Information ausgeblieben wäre, er also das Arzneimittel nicht oder in anderer Form eingenommen hätte[223]. Auch ein Teil der Literatur lehnt eine Beweislastumkehr bezogen auf diese hypothetische Kausalität ab[224].

Einzelne Richter des BGH scheinen allerdings zu einer Beweislastumkehr zu neigen, wenn der pharmazeutische Unternehmer es unterlassen hat, über

[221] § 5 I S. 1 GefStoffV.

[222] Die selbstbestimmende Entscheidung wird unten am Beispiel des Airbag nochmals aufgenommen, § 8.IV.

[223] BGH v.24.1.1989, Z 106, 273, 284 – Asthmaspray (Alupent Dosier Aerosol); BGH v.12.12.1989, VersR 1990, 631, 633 – Impletol (Procain).

[224] *Foerste* in Produkthaftungshandbuch I, § 30 Rdnr. 94ff m.w.Nachw.; *Meyer*, Instruktionshaftung, S. 29f; einschränkend *Kullmann/Pfister*, Kza. 1526, 11: Beweislastumkehr für den Fall eines erheblichen Risikos. Jüngst hat dagegen der BGH unter ausdrücklicher Aufrechterhaltung seiner Rechtsprechung ausgesprochen, daß ausnahmsweise eine tatsächliche Vermutung dafür bestehen kann, daß dann, wenn auf bestimmte Gefahren deutlich und für den Adressaten plausibel hingewiesen wurde, dies auch beachtet worden wäre. Begründet wurde die Vermutungswirkung allerdings nicht, BGH v.12.11.1991, Z 116, 60, 73 – Kindertee (Milupa) I. Ebenso im US-amerikanischen Recht, § 402 A Restatement (Second), s. *Debusschere/Kretschmar*, Produkthaftungshandbuch II, § 109 Rdnr. 33 m. jeweils w. Hinw.

ein Risiko eines Arzneimittels aufzuklären und diese Aufklärung gleichzeitig dazu gedient hätte, dem Verbraucher die Entscheidungsfreiheit zu gewähren, ob er das Risiko eingehen will[225]. Dagegen soll die Kausalitätsvermutung nicht eingreifen, soweit die Aufklärung nur warnen und vor einer Gefahrenquelle schützen solle[226]. *Deutsch* begründet diese Beweislastumkehr bei Arzneimitteln mit der Nähe zum Arztrecht. Da das Arzneimittel regelmäßig vom Arzt verschrieben werde, wäre der Unterschied zwischen der Aufklärung durch den Arzt und durch die Packungsbeilage nicht entscheidend; in diesem Falle müsse es ausreichen, wenn der Verbraucher einen Entscheidungskonflikt aufzeige[227]. Andere Autoren erklären eine Beweislastumkehr mit der Beweisnot des Geschädigten, seine hypothetische innere Entscheidung begründen zu können[228]. Schließlich wurde in der US-amerikanischen Literatur jüngst der Vergleich zwischen dem aufgeklärten Patienten und dem aufgeklärten Verbraucher gezogen[229]. Auf das Gemeinschaftsrecht wird im zweiten Teil eingegangen[230].

Die Grundsätze der selbstbestimmenden Entscheidung gelten – über die Ansicht von *Kullmann* und *Deutsch* hinausgehend – nicht nur für Arzneimittel: Sobald die beiden Voraussetzungen vorliegen, also das Produkt zu einer *hohen Rechtsgutsverletzung* führen kann und die Aufklärung dazu dient, den Verbraucher *entscheiden* zu lassen, ob er das Risiko eingehen möchte, wird die Beweislast für die hypothetische Kausalität dem Schädiger auferlegt[231].

---

225 „Müßte der Geschädigte einen Sachverhalt ausschließen, der sich im Lichte der geschuldeten Aufklärung als sein Entschluß zur Selbstgefährdung, zur Aufgabe der Integrität darstellte, würde der Schutzzweck der Aufklärung durch eine andere Beweislastverteilung geleugnet", *Steffen* in RGRK, § 823 Rdnr. 527; *Kullmann/Pfister*, Kza. 3800, 47 unter Hinw. auf die Estil-Entscheidung. Zur Selbstbestimmung s. auch LG Aachen v.18.12.1970, JZ 1971, 507, 515 – Contergan.

226 *Steffen* in RGRK, § 823 Rdnr. 528; *Kullmann/Pfister*, Kza. 3800, 47.

227 *Deutsch*, Der Schutzbereich der Produzentenhaftung nach dem BGB und dem PHG, JZ 1989, 855, 856.

228 *Baumgärtel*, Handbuch der Beweislast im Privatrecht, Bd. 1, C III, S 18; *derselbe*, Die Beweislastverteilung bei der Produzentenhaftung, JA 1984, 660, 668; Jauernig/*Teichmann*, BGB, § 823 Anm. VIII.E.3.c)bb); *Stoll*, AcP 176 (1976), 145, 171.

229 „The difference between risk-reduction and informed-choice warnings is closely analogous to the distinction between a medical malpractice case premised on negligent conduct and one based on the theory of informed consent", *Henderson/Twersky*, Doctrinal Collapse in Products Liability: The Empty Shell of Failure to Warn, 65 N.Y.U.L.Rev. 265, 285f (1990); s. auch *Prossner* and *Keeton* on Torts, S. 685, 688: „There are two separate goals to be achieved by adequate warnings. These are risk reduction and indivudal autonomy in decision-making"; Borel v. Fibreboard Paper Products Corp., 493 F.2d 1076, 1089f (5th Cir. 1973), certiorari denied, 419 U.S. 869, 95 S.Ct. 127, 42 L.Ed.2d 107 (1974).

230 S. unten § 7.III.4.

231 Damit ist die Strukturschutz-Entscheidung bzgl. der Beweislast abzulehnen, denn das Gericht meinte, daß der Kläger auch bei Kenntnis der Gefährlichkeit den Strukturputz verwendet hätte. Das war aber gerade nicht ausreichend dargetan, OLG Düsseldorf v.7.11.1989, NJW-RR 1991, 288, 289 m. Nichtannahmebeschluß des BGH – Hautverätzungen durch Strukturputz. Zu weiteren Fallgruppen s. unten § 8.I.4., S. 291ff und § 8.III.2.b), S. 314f.

Exkurs: Beweislastumkehr bezüglich des Verschuldens

Im Arzthaftungs- und Produkthaftungsrecht wurde die Beweislast für das mangelnde *Verschulden* dem Krankenhaus oder Hersteller auferlegt, wenn der Arzt oder Hersteller sein Tun voll hätte beherrschen müssen[232]. Dies sind Fälle aus dem technisch-apparativen Bereich, z.B. die Funktionstüchtigkeit des Narkosegerätes[233]. Damit wird ein präventiver Schutz des Patienten durch eine ausreichende Organisation, insbesondere Qualitätssicherung erreicht[234]. *Steffen* möchte eine Beweislastumkehr auch vornehmen, wenn Koordinations-, Kooperations- und Kommunikationsfehler feststehen[235]. Auch die Rechtsprechung hat teilweise schon eine Beweislastumkehr bejaht, wenn Mängel im Organisationsbereich vorlagen[236]. Fehlt es an einer Kontrolle, haben die verantwortlichen Ärzte zu beweisen, daß die eingetretene Komplikation nicht auf der mangelnden Erfahrung des Assistenzarztes beruhte[237]. Eine Beweislastumkehr wurde auch bejaht, weil wegen besonderer Risiken die dauernde Überwachung durch einen Anästhesisten notwendig war[238]. Nur im Produkthaftungsrecht und – in Teilen – im Arzthaftungsrecht hat eine Beweislastumkehr bezüglich des Verschuldens stattgefunden[239]. Das sind wiederum Bereiche, in welchen die persönlichen Rechtsgüter besonders gefährdet werden können. Zudem geht es um Gefahren für hohe Rechtsgüter, die beherrscht werden müssen. Diese Beweislastumkehr gilt auch für das Eigentum[240]. Ungeachtet dessen gilt das Rechtsgüterprinzip

---

232 § 4.I.3.

233 BGH v.11.10.1977, NJW 1978, 584 – Narkosegerät; BGH v.3.11.1981, NJW 1982, 699 – unsterile Infusionsflüssigkeit; *Mertens* in MünchKomm, § 823 Rdnr. 416; *Giesen*, Arzthaftungsrecht, S. 207, 250ff; *Nüßgens* in RGRK, § 823 Anh. II, Rdnr. 316; *Laufs*, Arztrecht, Rdnr. 443; *Stoll*, AcP 176 (1976), 145, 155; *Baumgärtel*, Handbuch der Beweislast, § 823 Anh.C II, Rdnr. 35f.

234 *Francke/Hart*, S. 53; *Giesen*, Arzthaftungsrecht, S. 81. Der Patient muß allerdings beweisen, daß die Sorgfaltspflichtverletzung im Gefahrenbereich des Arztes liegt, BGH v.20.6.1989, NJW 1989, 2943 – falsche Blutgruppenbestimmung.

235 *Steffen*, Arzthaftungsrecht, B.V.1., S. 128 und B.I.5., S. 72; s. auch *Lippert*, Das Organisationsverschulden in Hochschulkliniken – zivilrechtliche Aspekte, NJW 1984, 2606ff.

236 OLG Düsseldorf v.2.10.1985, VersR 1986, 659 – Nacht- und Sonntagsdienst; BGH v.10.11.1970, NJW 1971, 241 – Mängel der Krankenhauspflege.

237 BGH v.27.9.1983, Z 88, 248, 256f – Anfängeroperation; *Steffen*, Arzthaftungsrecht, S. 53; *Giesen*, Arzthaftungsrecht, S. 78.

238 BGH v.10.3.1974, VersR 1974, 804 806 – Intubationsnarkose. Nicht aber, wenn verständliche Gründe gegen diese Kontrollmessungen sprechen, BGH v.10.5.1983, NJW 1983, 2080 – Unterlassen von Kontrollmessung bei Brutkastenkind. Eine grundlegende Entscheidung zu den Anforderungen an die innere Organisation steht noch aus, *Giesen*, Arzthaftungsrecht, S. 79.

239 *Steffen* in RGRK, § 823 Rdnr. 532.

240 Wenn man auch hier das Rechtsgüterprinzip anwenden möchte, müßte man argumentieren, der Verbraucherschutzgedanke erfordere nicht eine Gefährdungshaftung für Sachschäden. So allgemein für die Produkthaftungs-RiL auch *Lorenz*, ZHR 151 (1987), 1, 16.

aber uneingeschränkt für die Beweislastumkehr bezüglich der Kausalität, also für die Vermutungshaftung.

IV. Einzelne Prinzipien des Rechtsgüterschutzes

Neben dem Vorhof sind zudem die oben beschriebenen präventiven Verkehrspflichten mittels einzelner Prinzipien weiter zu konkretisieren. Dazu ist das Prinzip der Eigenverantwortung zu definieren (1.a). Das Prinzip der Eigenverantwortung des Gefahrverursachers ist dem Bereich der Selbstvorsorge des Gefährdeten gegenüberzustellen (1.b). Zudem läßt sich das Prinzip der Eigenverantwortung unterteilen in die Grundsätze der Gefahrermittlung, der Gefahrvermeidung und der Gefahrabwehr (1.c). Schließlich besteht dieses Prinzip unabhängig von Genehmigungen des Staates, ist also originär (1.d). Es ist zu klären, wer im einzelnen der Pflichtige ist (2.).

1. Das Prinzip der Eigenverantwortung des Gefahrverursachers als Ausdruck des Rechtsgüterschutzes

a) Präventive Verkehrspflicht und Schaffung einer Gefahrenquelle

Der Grundsatz der Eigenverantwortung des Gefahrverursachers, oder konkreter des Herstellers, findet sich zwar gelegentlich in Rechtsprechung[241] und Schrifttum[242]. Er wird jedoch immer nur formelhaft zur Begründung von Verhaltenspflichten herangezogen, ohne daß geklärt ist, was sich denn hinter diesem Grundsatz der Eigenverantwortung verbirgt. Er besagt allgemein, daß den Gefahrverursacher eine unmittelbare Pflicht trifft, einen Gefahrenzustand so zu beherrschen, daß Rechtsgüter Dritter nicht verletzt werden. Die Verantwortung steigt, je höher das Gefahrenpotential des Produktes ist. Es gilt der komparative Satz „je höher das zu schützende Rechtsgut ..., desto höher die Anforderungen an die Verhaltenspflichten"[243]. Ähnlich hat schon die Rechtsprechung den Grundsatz formuliert, daß Inhalt

[241] BGH v.12.11.1964, NJW 1965, 200f – Seilbahn; BGH v.26.11.1974, VersR 1975, 329, 330 – Rennstrecke.

[242] *Versen*, Zivilrechtliche Haftung für Umweltschäden, 1994, S. 188; *Kullmann/Pfister*, Kza. 1520, 7; *Gimpel-Hinteregger*, Grundfragen der Umwelthaftung, S. 2; *Schmidt-Salzer*, NJW 1994, 1305 ff. Vom Prinzip der kontrollierten Eigenverantwortung spricht *Kloepfer*, Umweltrecht, § 3 Rdnr. 54.

[243] Je höher die unmittelbare abstrakte Gefährlichkeit des Produktes für den Menschen ist, desto geringer können die Anforderungen an die konkrete Eintrittswahrscheinlichkeit einer Rechtsgutsverletzung sein, denn die Summe beider Kriterien bestimmt den Handlungsbedarf des Gefahrverursachers, s. dazu § 2.I.2.b).

und Umfang der Verhaltenspflicht wesentlich durch das gefährdete Rechtsgut bestimmt werden und von der Größe der Gefahr abhängen[244]. Leider wird dieser Relation viel zu selten entsprochen, ja sie wird oft sogar übersehen[245].

Präventive Ermittlungspflichten können selbst dann bestehen, wenn nur eine Risikovermutung vorliegt[246]. Damit obliegen dem Gefahrverursacher besondere Verhaltenspflichten zum Schutz der Rechtsgüter; diese Verhaltenspflichten sind an der Wertehierarchie der Rechtsgüter auszurichten. Weil Produkte, wie Arzneimittel, Chemikalien und Lebensmittel, unmittelbar auf den Körper wirken, können bereits Verbote ausgesprochen werden, selbst wenn der Gefahrentatbestand noch nicht erfüllt ist. Genauso kann es in diesen Fällen erforderlich sein, Kennzeichnungen vorzunehmen oder Warnhinweise auszusprechen[247]. Insoweit läßt sich dieses Gefahrenpotential dem Unterprinzip Gefahrenquelle zuordnen[248]. Folglich besteht ein eigenes Gefahrenpotential beispielsweise nicht, wenn eine höhere Gewalt, wie das Wetter, den gefährlichen Zustand hervorruft. In diesen Fällen wird man die Anforderungen an den Gefahrverursacher reduzieren können, also z.B. wirtschaftliche Überlegungen berücksichtigen. Es leuchtet z.B. ein, daß der Straßendienst nachts nicht überall gleichzeitig seiner Streupflicht nachkommen kann [249]. Hier werden die Warnung durch den Verkehrsfunk, aber auch die Selbstvorsorge weitgehend zum Tragen kommen[250]. Die Anforderungen an die Zumutbarkeit können auch reduziert sein, wenn z.B. die Krankheit die gefährliche Ursache bildet[251].

---

[244] LG Aachen v.18.12.1970, JZ 1971, 507 – Contergan; BGH v.11.7.1972, Z 59, 172 – Produzentenhaftung/Kurznarkosemittel (Estil); BGH v.17.3.1981, Z 80, 186, 192 – Apfelschorf I (Derosal); BGH v.8.2.1972, Z 58, 149, 156 – Marinedamm; *Taschner/Frietsch*, Einf. 80; deutlich *Steffen* in RGRK, § 823 Rdnr. 141: „Der Grad der Sicherheitsanforderungen kann nach dem Rang des Schutzgutes abgestuft werden." *Kullmann/Pfister*, Kza. 1520, 35; *Kullmann*, Probleme der Produzentenhaftung unter besonderer Berücksichtigung des Straßenverkehrs in Arbeitsgemeinschaft der Verkehrsanwälte (Hrsg.), Probleme der Produzentenhaftung, 1988, S. 33, 40; *v. Bar*, Verkehrspflichten, S. 114; *Assmann*, Prospekthaftung, S.267.

[245] S. zur Kritik im einzelnen ausführlich unten § 7.II.1. und 2. sowie § 8.I.

[246] S. gerade § 4.I.1.

[247] S. genauer unten § 8.I.4.b).

[248] Allgemein *v. Bar*, Verkehrspflichten, S. 112ff; *Mertens* in MünchKomm, § 823 Rdnr. 187ff; *Paschke* in Damm/Hart (Hrsg.), S. 199, 203.

[249] BGH v.21.11.1963, Z 40, 379 – Streudienst I; BGH v.21.2.1972, NJW 1972, 903 – Streudienst II; s. aber auch BGH v.21.1.1965, NJW 1965, 815 – Straßenbäume.

[250] Larenz/*Canaris*, Schuldrecht II 2, S. 413 unterscheidet danach, im welchem Bereich sich die Gefahr verwirklicht. Mit dem Hinweis auf die Sachherrschaft differenziert er eine Streupflicht danach, ob vor oder auf dem eigenen Grundstück zu streuen ist.

[251] S. unten § 8.I.2.b)aa).

b) Das Verhältnis von Eigenverantwortung des Gefahrverursachers zur Selbstvorsorge des Gefährdeten

Zwingt der Rechtsgüterschutz dazu, daß die Eigenverantwortung des Gefahrverursachers der Selbstvorsorge des Gefährdeten vorgeht und damit die Maßnahmen des Verursachers den Maßnahmen des Gefährdeten vorgehen? Das wird zum Teil abgelehnt. *Larenz* hat eingewendet, eine Rangordnung eines bestimmten Prinzips sei im Schadensrecht nicht erkennbar; vielmehr ließe die gesetzliche Regelung nur ein „Zusammenspiel" verschiedener Prinzipien, wie Selbstbestimmung, Selbstverantwortung und das Verschuldensprinzip, erkennen[252]. Die Ausführungen erinnern an das oben dargestellte Bewegliche System[253]. Nach anderer Auffassung sind Rechtsgüterschutz und Selbstvorsorge gleichrangige Prinzipien[254]; noch weitergehend soll die Möglichkeit des Selbstschutzes des Gefährdeten sogar Vorrang gegenüber einer Verantwortung des Schädigers haben[255].

Larenz ist insoweit zuzustimmen, als die Eigenverantwortung des Gefahrverursachers der Selbstverantwortung des einzelnen gegenübersteht. Doch lassen sich diese zwei Prinzipien weiter konkretisieren und in Verhältnis zueinander setzen. Im zweiten Teil wird ein detailliertes Prüfungsmodell zu Gefahrvermeidung, Gefahrabwehr und Selbstvorsorge mit Hilfe einzelner Kriterien entwickelt[256], um nicht allzufrüh auf eine Güter- und Interessensabwägung abzustellen[257].

In einem ersten Schritt muß dem *Rechtsgüterschutz* Rechnung getragen werden. Der Rechtsgüterschutz greift bereits dann als Prinzip ein, sobald der Gefahrverursacher möglicherweise eine rechtsgutsverletzende Ursache setzt. Dazu muß dem Handeln oder Unterlassen des Verursachers eine bestimmte Gefährdung immanent sein. Das ist z.B. bei Produkten mit einem potentiell hohen Gefährdungspotential für den Menschen der Fall, wie z.B. bei Arznei- oder Lebensmitteln. Oft besteht zudem schon ein Informationsgefälle zwischen dem Unternehmen und dem Verbraucher. Wenn der Unternehmer die Gefahr nicht bereits vermeiden muß, hat er den Gefährdeten zumindest zu informieren[258]. Durch sein Tun schafft der Gefahrverursacher

---

[252] *Larenz*, Methodenlehre der Rechtswissenschaft, S. 476.

[253] S. oben § 4.IV.

[254] *Adams* (Ökonomische Analyse der Gefährdungs- und Verschuldenshaftung, S. 149) für die Verantwortlichkeit von Opfer und Täter.

[255] *Canaris*, JuS 1989, 161, 163; *Jarass/Pieroth*, Grundgesetz, Art. 1 Rdnr. 27.

[256] S. genauer § 7.I. und § 8.I

[257] Zu dieser Forderung bereits *Canaris*, JuS 1989, 161, 167; *Isensee*, HdbStR V, § 111 Rdnr. 171: nicht mehr Abwägung als notwendig. S. z.B. für eine Indizwirkung der Rechtswidrigkeit, wenn der Bewerber um einen Arbeitsplatz allein wegen seines Geschlechts übergangen wird, *Beyer/Möllers*, Die Europäisierung des Arbeitsrechts, JZ 1991, 24, 28f; *Fikentscher*, Schuldrecht, Rdnr. 868; a.A. *Wiese*, JuS 1990, 357, 359; Larenz/*Canaris*, Schuldrecht II 2, S. 502.

[258] S. genauer unten § 8.I.

die Gefährdung, die dann gegebenenfalls zur Rechtsgutsverletzung führt. Er setzt damit eine Ursache für das Opfer. Das muß ausreichen, um in einem ersten Schritt von Verantwortlichkeit zu sprechen. *Damit ist der Rechtsgüterschutz gegenüber anderen Prinzipien, wie z.B. der Selbstvorsorge des Gefährdeten, vorrangig.* Die Größe der Verantwortung wird geprägt durch den von der Wertehierarchie vorgegebenen Rang oder die Höhe der Rechtsgüter. Diese Hierarchie kann dazu führen, daß der Gefahrverursacher zur Risikovorsorge als einem Handeln auf Verdacht und im Bereich der Vermutung verpflichtet ist[259]. Die Höhe des gefährdeten Rechtsgutes ist auch entscheidend für die Anforderungen an den Gefahrverursacher bezüglich der Informationsermittlung und -weitergabe.

Dem *Grundsatz der Selbstvorsorge* des Gefährdeten wird in einem zweiten Schritt Rechnung getragen. Die Selbstvorsorge des Gefährdeten setzt *selbstbestimmtes Handeln* voraus. Gefahrabwehr durch den Gefährdeten ist nur möglich, wenn er die Gefahr voraussehen kann. Der Rechtsgüterschutz verlangt also zum einen Informationen über Gefahren, die der Gefährdete nicht erkennt, und zum anderen Aufklärung, um eine selbstbestimmende Entscheidung[260] zu ermöglichen. Es kann eine kumulative Pflichtenstellung von Gefahrverursacher und Gefährdetem bestehen, die über § 254 I BGB angemessen zu berücksichtigen ist[261]. Das gilt auch im Öffentlichen Recht. Maßgeblich ist die freie Selbstbestimmung des einzelnen im Gegensatz zur Fremdbestimmung über ihn. Die Grundrechtsbindung ist um so schwächer, je mehr die eigene Belastung dem Betroffenen infolge seiner persönlichen Entscheidung real zugerechnet werden kann[262]. Zudem soll der Grundrechtsschutz nur dann eingreifen, wenn sich der Bürger nicht selbst helfen kann[263]. Damit kommt dem Rechtsgüterschutz immer dann entscheidende Bedeutung zu, wenn der Bürger der Gefährdung nicht ausweichen oder sie nicht beeinflussen kann[264].

Entgegen der Auffassung von *Larenz* gibt es im Schadensrecht also nicht nur ein topisches Zusammenspiel verschiedener Prinzipien wie Selbstbestimmung, Selbstverantwortung und Verschulden. Dies ist ein weiterer Grund, warum das Bewegliche System, so wie es von *Canaris* für das Deliktsrecht genutzt wird, als Begründungsmodell für hohe Verhaltensanforderungen bei Informationspflichten und für Beweislasterleichterungen als

[259] Ausführlich oben § 2.III.3.

[260] S. § 5.III.3.c)cc).

[261] S. unten § 8.II., S. 306 ff und *Möllers*, VersR 1996, 153 ff.

[262] *E. Klein*, NJW 1989, 1633, 1640; *Hermes*, NJW 1990, 1764, 1767.

[263] *Isensee* in HdbStR V, § 111 Rdnr. 142.

[264] BVerfG v.20.12.1979, E 53, 30, 57 – Kernkraftwerk Mülheim-Kärlich für die Genehmigung von Kernkraftwerken; zustimmend *E. Klein*, NJW 1989, 1633, 1636.

Ausdruck eines präventiven Zivilrechts zum Schutze von Gesundheit und Umwelt abzulehnen ist[265].

c) Erhebung, Vermeidung und Abwehr von Gefahren

In einem eigenen Umfang ist der Gefahrverursacher, in der Regel der Hersteller, zur *Erhebung von Daten* verpflichtet. Wie im einzelnen gezeigt wird, muß er Gefahren und Gefährdungen ermitteln, um auf sie entsprechend reagieren zu können. Die Anforderungen an die entwickelten Informationsermittlungspflichten sind ausgesprochen hoch. Es lassen sich wiederum drei Grundsätze unterscheiden: der Grundsatz der kontrollierten Gefährdung, das Prinzip der Mehrfachkontrolle sowie der Grundsatz der Unabhängigkeit der Kontrolle; sie werden in § 6 näher dargestellt[266]. Der Grundsatz der *Gefahrvermeidung* steht in einem Spannungsverhältnis zum Grundsatz der Gefahrabwehr durch Informationen vom Gefahrverursacher. Das Verhältnis von Gefahrvermeidung und Gefahrabwehr, insbesondere mögliche Ausnahmen, wird ausführlich unter §§ 7 und 8 erörtert.

d) Originäre Pflichtenstellung

Schließlich beruht die Eigenverantwortung des Verursachers der Gefährdung auf einer *originären* Pflicht. Genehmigungen Dritter, insbesondere durch Behörden, entlasten nicht. Im Zivilrecht ist anerkannt, daß weder Gesetze oder Rechtsverordnungen noch behördliche Genehmigungen den Gefahrverursacher bei der Frage entlasten, ob er alles getan hat, um den Schaden zu vermeiden und damit einen Schadensersatzanspruch gegen ihn auszuschließen. Dem Gefahrverursacher obliegen auch dann eigene Ermittlungspflichten, wenn die Behörde ein bestimmtes Produkt oder den Betrieb einer Anlage genehmigt. Es besteht ein allgemeiner Grundsatz der behördenunabhängigen Gefahrprüfung[267]. Dies hat der BGH ausdrücklich für Produkte[268] und im Umweltbereich[269] festgestellt. Die zivilrechtliche Rechtsprechung übernimmt durch die Schaffung neuer oder gegebenenfalls schärferer Verkehrspflichten eine wichtige Ergänzungsfunktion.

---

[265] Ebenfalls bedarf es nicht einer Unterteilung der Verkehrspflichten in Bereich und Tätigkeit, a.A. Larenz/*Canaris*, Schuldrecht II 2, S. 412ff, 606.

[266] S. bereits oben § 3.II. und § 6.III., S. 217ff.

[267] Allgemeiner Grundsatz des BGH v.12.11.1964, NJW 1965, 200 – Seilbahn; BGH v.26.11.1974, VersR 1975, 329, 330 – Rennstrecke; *Versen*, Zivilrechtliche Haftung für Umweltschäden, S. 187f

[268] BGH v.7.10.1986, NJW 1987, 372 Ls 1 – brennbares Verzinkungsspray (Zinkotom); *v. Bar*, KF 1987, 4, 7.

[269] Umfassend im Umweltrecht: BGH v.18.9.1984, Z 92, 143, 143 – 152 – Kupolofen; *Salje*, Umwelthaftungsgesetz, § 6 Rdnr. 9, 43. Zum Streitstand s. *G. Wagner*, Öffentlich-rechtliche Genehmigung und zivilrechtliche Rechtswidrigkeit, 1989, S. 7ff; *Gimpel-Hinteregger*, Grundfragen der Umwelthaftung, S. 121ff.

2. *Kreis der Pflichtigen*

a) Arzt, Apotheker, Krankenhaus und Händler

Nicht nur den Hersteller treffen bestimmte Pflichten. Die Selbstbestimmungsaufklärung hat der Arzt vorzunehmen, da nur er die konkrete Krankheitssituation beurteilen kann. Der Apotheker hat bei Arzneimitteln zu kontrollieren, ob das Arzneimittel den Qualitätsanforderungen entspricht, § 12 ApBetrO. Enthält eine Verschreibung des Arztes einen für den Apotheker erkennbaren Irrtum oder ergeben sich sonstige Bedenken, so sind die Unklarheiten zu beseitigen, indem der Apotheker Kontakt mit dem Arzt aufnimmt, § 17 V 2 ApBetrO. Besonders hohe Anforderungen an die Informationsermittlungspflichten treffen den Verwender von medizinischen Geräten. Das erscheint im ersten Augenblick verwunderlich, weil sonst Verbraucher solche Pflichten nicht treffen[270]. Verständlich werden die Pflichten aber, wenn man bedenkt, daß sie nur für Geräte gelten, die gewerblich oder wirtschaftlich genutzt werden, § 16 MedGV. Das medizinische Gerät wird damit regelmäßig vom Krankenhaus oder einem selbständigen Arzt betrieben, geschützt werden soll der Patient[271]. Der Krankenhausbetreiber wird daher zum Gefahrverursacher, für ihn gilt der Grundsatz der Eigenverantwortung.

Es fragt sich, ob eine der Eigenverantwortung des Herstellers vergleichbare Verantwortung auch einen Ladenbesitzer oder einen Händler trifft. Grundsätzlich trifft ihn keine Konstruktions- oder Fabrikationsverantwortung[272]. Tatsächlich wäre ein Händler auch meist mit den umfangreichen Pflichten eines Herstellers überfordert. Jedoch wird man einzelne Pflichten bejahen können, wie die Pflicht, relevante Beschwerden der Verbraucher an den Hersteller weiterzugeben und somit sicherzustellen, daß die Informationen des Verbrauchers den Hersteller auch tatsächlich erreichen[273]. Folglich verpflichtet der neu geschaffene Art. 3 III Produktsicherheits-RiL den Händler vor allem zur Überwachung der Sicherheit und Weitergabe von Hinweisen[274].

---

[270] Zur Selbstverantwortung des Verbrauchers s. aber § 5.IV.1.b). und § 8.II.

[271] Notwendig ist eine besondere Schulung des Personals, bestimmte sicherheitstechnische Kontrollen sind regelmäßig durchzuführen, eine besondere Dokumentation wird für das einzelne Gerät in einem Gerätebuch und für alle medizinisch-technischen Geräte vorgeschrieben, §§ 5 IV, 10 – 12 MedGV.

[272] *Kullmann/Pfister*, Kza. 1524, 1; *Kossmann*, Der Handel im System der Produkthaftpflicht, NJW 1984, 1644. Zu den Pflichten des Quasiherstellers vgl. § 4 PHG.

[273] *Kullmann/Pfister*, Kza. 1524, 4; *Foerste* in Produkthaftungshandbuch I, § 26 Rdnr. 13; BGH v. 31.1.1995, NJW 1995, 1286, 1289 – Kindertee III (Milupa/Hipp).

[274] Auch in der Stellungnahme des Wirtschafts- und Sozialausschusses (zum Vorschlag der Kommission v.27.4.1989 für eine RiL des Rates über die Allgemeine Produktsicherheit KOM (89) 162 endg. – SYN 192 v.31.1.1990, ABl. Nr. C 75, 1, 5f zu Art. 3 und Art. 6) wird immer wieder auf die primäre Eigenverantwortung des Herstellers im Verhältnis zum Händler hingewiesen.

b) Kumulative Pflichtenstellungen

Im Verhältnis zweier privater Verantwortlicher zueinander bestehen ihre jeweiligen Pflichten nebeneinander, so daß sie gesamtschuldnerisch haften können. Das bedeutet z.B. für Medikamente, daß die Aufklärung durch den Arzt das pharmazeutische Unternehmen in der Regel nicht entbindet, seinerseits durch eine Packungsbeilage auf die Nebenwirkungen des Medikamentes hinzuweisen. Die Packungsbeilage wendet sich an den Patienten, so daß sie neben der Aufklärung des Arztes eigenständiges Gewicht behält. Auch zeigt die Erfahrung, daß in der ärztlichen Praxis oft gar keine genaue Aufklärung stattfindet. Sachgerecht ist deshalb eine nebeneinander bestehende Pflichtenstellung: Sowohl der Arzt als auch das pharmazeutische Unternehmen schulden dem Patienten Aufklärung. Auch kann bei Hersteller und Händler die Pflichtenstellung nebeneinander bestehen: Beide müssen sicherstellen, daß beispielsweise ein fehlerhaftes Produkt zurückgerufen wird.

Graphik 4

Der Vorhof[275]

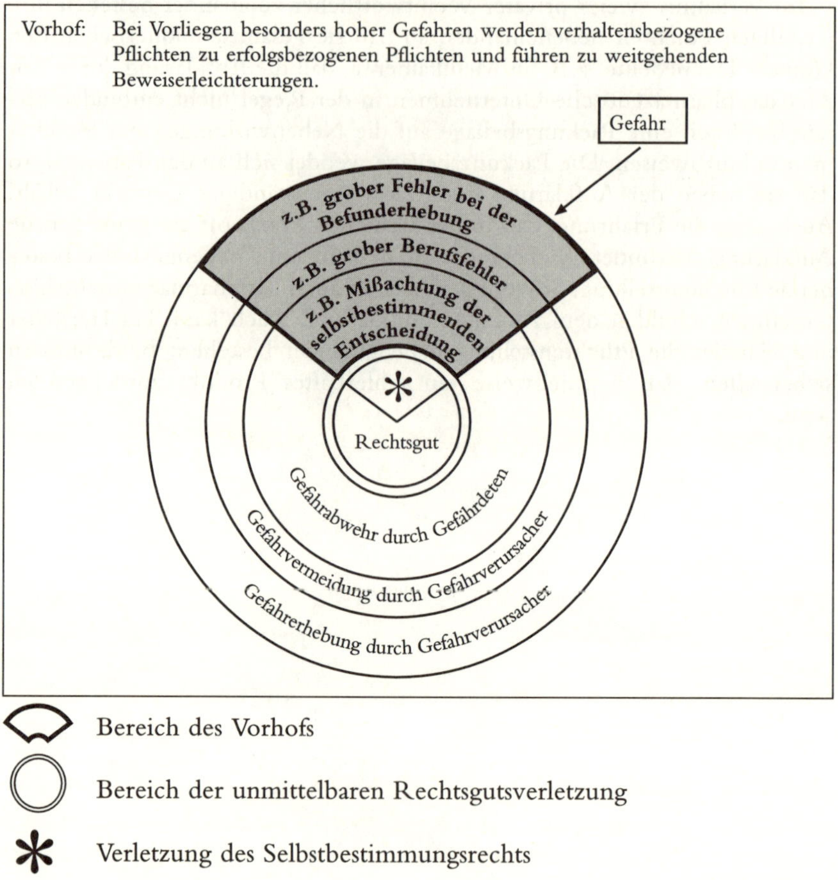

[275] Das Rechtsgut wird durch eine Handlung oder ein Unterlassen einer Person bedroht (der *Gefahr*, symbolisiert durch den Pfeil). Der innerste Kreis symbolisiert das *Rechtsgut*, einen Teilbereich dieses Rechtsgutes bildet das Selbstbestimmungsrecht (*) Eine Verletzung führt zu einer unmittelbaren Rechtsgutsverletzung und ist deshalb immer zu unterlassen (◎).

Damit eine Gefahr nicht zu einer Rechtsgutsverletzung führt, sind verschiedene Pflichtenbereiche einzuhalten: die Pflicht zur Gefahrerhebung und Gefahrvermeidung durch den Gefahrverursacher und die Pflicht zur Information, damit der Gefährdete die Gefahr abwehren kann (dargestellt durch die drei Ringe um das Rechtsgut). Die *Gefahrerhebung durch den Gefahrverursacher* stellt den äußersten Ring dar. Wird nämlich die Erhebung fehlerfrei durchgeführt, ist der Gefahrverursacher in der Lage, die Gefahr zu vermeiden, so daß sie sich nicht realisiert. Sie dringt nicht zum Rechtsgut vor. Auf der Stufe der *Gefahrvermeidung* (als mittlerer Ring dargestellt) ergreift der Gefahrverursacher z.B. konstruktive Maßnahmen, um sein Produkt

Zwischenergebnis zu § 5: Rechtsgüterschutz und Vorhof

1. Das Prinzip des Rechtsgüterschutzes ist das tragende Prinzip, um hohe Verhaltensanforderungen und die Beweislastumkehr zu begründen. Während die Gefährdungshaftung an die gefährliche Tätigkeit anknüpft, hat das Prinzip des Rechtsgüterschutzes die zu schützende Person im Auge. Die Gedanken der Gefahrbeherrschung, Gefahrerhöhung etc. bilden demgegenüber nur Unterprinzipien.

2. Dogmatisch läßt sich das Prinzip des Rechtsgüterschutzes mit der Wertehierarchie und einer verfassungskonformen Auslegung des § 823 I BGB begründen.

3. Die richterliche Rechtsfortbildung erlaubt auch Haftungsregeln im Bereich des Gefährlichkeitsverdachts und zur Durchsetzung von Vorsorgegrenzwerten. Dagegen sind der Gesetzgebung und der Verwaltung die Festlegung von Vorsorgegrenzwerten und solche Bereiche vorbehalten, in denen nur die Umwelt, nicht aber Rechtsgüter betroffen sind. Neben dem Deliktsrecht kann ergänzend das Recht des unlauteren Wettbewerbs eingreifen. Hier gelten strenge Maßstäbe sowohl für die gesundheits- als auch für die umweltbezogene Werbung.

4. Das Prinzip des Rechtsgüterschutzes ist das tragende Prinzip, das die Mehrspurigkeit des Haftungsrechts erklären kann.

5. Der Vorhof bildet einen Bereich erfolgsbezogener Pflichten. Das sind Verhaltenspflichten, die zu garantieren sind, weil ansonsten Rechtsgüter nahezu zwangsläufig verletzt werden können. Unbedingt einzuhalten ist die Pflicht, weil ein Unterlassen besonders leichtfertig ist oder eine schwere Verletzung hoher Rechtsgüter droht.

6. Der Bereich des Vorhofs läßt sich präzisieren. In den Bereichen Gefahrermittlung, Gefahrvermeidung und Gefahrabwehr existieren Beweislasterleichterungen zugunsten des Geschädigten. Eine Verletzung von Ermittlungspflichten kann sowohl im Arztrecht als auch im Produkthaftungs- und Umweltrecht zu einer Beweislastumkehr bezüglich der Kausalität führen. Auch grobe Berufsfehler bei der Gefahrvermeidung führen sowohl im Arztrecht als auch

sicher zu machen. Auch dann dringt die Gefahr nicht zum Rechtsgut vor. Schließlich wird das Rechtsgut durch einen dritten, den innersten Ring durch die *Gefahrabwehr des Gefährdeten* geschützt.

Der schraffierte Bereich stellt den *Vorhof* der erfolgsbezogenen Pflichten dar (). Ein Verhaltensverstoß führt zwar nicht unmittelbar zur Rechtswidrigkeit, wie bei einem unmittelbaren Eingriff in das Rechtsgut. Bei Verletzung dieser Pflichten findet jedoch eine Beweiserleichterung bzw. eine Beweislastumkehr bezogen auf die Kausalität statt. Aufgrund dieser Beweiserleichterung ist der Rechtsschutz im Vorhof stärker als bei normalen Verhaltenspflichten. Im Bereich der Gefahrerhebung sind das grobe Fehler bei der Befunderhebung, im Bereich der Gefahrvermeidung z.B. grobe Berufsfehler und im Bereich der Gefahrabwehr eine Mißachtung der selbstbestimmenden Entscheidung (s. oben § 5.III.2, S. 162ff).

bei Produkten zu Beweiserleichterungen. Schließlich kann das von der Rechtsprechung entwickelte Selbstbestimmungsrecht des Patienten zum Teil auf das Produkthaftungsrecht übertragen werden. Für Produkte kann die selbstbestimmende Entscheidung des Verbrauchers zu berücksichtigen sein, so daß bei einem Verstoß die hypothetische Kausalität vom Schädiger zu beweisen ist.

7. Die hohen Anforderungen an die Verhaltenspflichten lassen sich in weitere Prinzipien untergliedern. Folge davon ist eine primäre Eigenverantwortung des Gefahrverursachers, die der Selbstvorsorge des Gefährdeten vorgeht, weil der Schädiger eine eigenständige, risikoerhöhende Handlung gesetzt hat. Die Gefahr ist grundsätzlich vorrangig zu ermitteln und zu vermeiden und erst nachrangig durch Informationen, die dem Gefährdeten gegeben werden, abzuwehren.

Zweiter Teil: Systematisierung präventiver Verkehrspflichten

Der Erste Teil der Untersuchung diente dazu, die persönlichen Rechtsgüter, die Begriffe Gefahr, Risikovorsorge und allgemeines Lebensrisiko sowie die einzelnen Verhaltenspflichten zu definieren (§§ 1-3). Dabei zeigte sich, daß auch das zivilrechtliche Haftungsrecht durch hohe Anforderungen an die Informationspflichten und Beweiserleichterungen präventiv wirken kann. Als Rechtsgrund für diese Haftungsverschärfungen wurde der Rechtsgüterschutz erarbeitet (§§ 4 und 5). In § 5 wurden dann die einzelnen Beweiserleichterungen als Bereich des Vorhofs systematisiert.

In dem folgenden zweiten Teil der Arbeit sollen die präventiven Verkehrspflichten weiter konkretisiert werden, um damit den bereits in § 5 herausgearbeiteten Grundsatz der Eigenverantwortung des Gefahrverursachers weiter zu untergliedern. Die Pflichten, die bestehen, damit eine Gefahr oder Gefährdung nicht zu Rechtsgutsverletzungen führt, lassen sich in drei Bereiche einteilen. Zuerst sind bestimmte Informationen zu erheben, um Gefährdungslagen zu ermitteln (§ 6). Es ist zweitens zu entscheiden, ob die Gefahr vermieden werden muß oder ob es drittens ausreicht, durch entsprechende Informationen die Gefahrabwehr dem Verwender zu überlassen[1]. Es wird gezeigt, daß auch hier die Gefahrvermeidung ein primäres Ziel ist und der Gefahrabwehr durch Information an den Verbraucher vorgeht. Diese Pflichtenstellung führt dazu, die entwickelten Kriterien zum *Fehlerbegriff* – insbesondere die Verbrauchererwartung – kritisch in Frage zu stellen und statt dessen neue, objektivere Kriterien zu entwickeln und in eine Prüfungsfolge zu bringen (§§ 7 und 8). Mit dieser Pflichtenstellung des Gefahrverursachers ist schließlich auch das Verhältnis der Beteiligten zueinander genauer zu erarbeiten. Dabei wird das Informationsdreieck von Hersteller, Verbraucher und Staat, wie es unter § 3 dargelegt wurde[2], konkretisiert. Abschließend ist zu untersuchen, wann Dritte, gegebenenfalls der Staat, das Handeln des Gefahrverursachers überprüfen bzw. überwachen müssen (§ 9).

---

[1] Diese Unterscheidung läßt sich mit der auf S. 188 dargestellten Graphik 4 verdeutlichen.

[2] S. dazu die Graphik 3 auf S. 103.

§ 6 Informationserhebungspflichten des Gefahrverursachers

Bis heute sind Überwachung und Kontrolle des Staates noch zu lückenhaft, um eine effektive Gefahrvermeidung durchzusetzen (I.1). Ebenso hat das Haftungsrecht, wie es bisher verstanden wurde, Defizite (I.2.). Erforderlich sind bessere unternehmensinterne Kontrollen, damit der Gesundheits- und Umweltschutz direkt beim Verursacher eines Gefahrenzustandes ansetzt.

Hierfür sind präventiv wirkende *unternehmensinterne Strukturen* notwendig. Diese Binnenorganisation zum Schutz von Gesundheit und Umwelt läßt sich im AMG, dem BImSchG und in den neuen gemeinschaftsrechtlichen Produktsicherheitsrichtlinien deutlich nachweisen. Zum einen wird das Unternehmen öffentlich-rechtlich verpflichtet, einen sog. Beauftragten einzustellen (II.1.). Nur eine einzige Person mit solchen Aufgaben zu betrauen, hat aber eine Reihe von Nachteilen. Zum anderen müssen pharmazeutische Unternehmen bei der Zulassung eines Arzneimittels oder von Anlagen nach dem BImSchG eine bestimmte Unternehmensstruktur aufweisen (II.2.). Das Gemeinschaftsrecht verlangt für eine Vielzahl von Produkten die Zertifizierung, die – je nach Gefahrenhöhe – Organisationsstrukturen des Unternehmens unterschiedlich intensiv beeinflußt (II.3.). Dagegen sind drittens die Einführung eines Qualitätssicherungssystems nach ISO 9000ff und die Umsetzung der Vorgaben der Umwelt-AuditVO freiwillig (II.4.).

Mit Hilfe der organisatorischen Strukturen lassen sich die Eigeninformationspflichten des Handelnden *inhaltlich* präzisieren. Dazu werden die einzelnen hohen Anforderungen an die zivilrechtlichen Verkehrspflichten begründet. In einem frühen Stadium hat der Gefahrverursacher bestimmte Risiken und Gefahren präventiv zu erforschen. Es bestehen Pflichten zum Sammeln, Ermitteln, Kontrollieren und Dokumentieren (III.1.-4.).

Nachdem unter II. bestimmte Unternehmensstrukturen dargestellt werden, ist abschließend zu klären, ob diese – weitergehend als bisher angenommen – auch haftungsrechtlich erzwungen werden können (IV).

Konkret ist darzulegen, wie dem für den Qualitäts- und Umweltschutz geforderten ganzheitlichen Ansatz (IV.1.) durch eine persönliche Verantwortung von Organträgern, Führungskräften, Beauftragten und Mitarbeitern Rechnung getragen werden kann (IV.2.). Es ist zu zeigen, daß horizontale, vertikale und vernetzte mehrfache Verantwortungen bestehen (IV.3.). Auch die Beweislast im Prozeß erfordert präventiv wirkende Betriebsstrukturen

(IV.4.). Schließlich soll auch die Frage beantwortet werden, inwieweit Eingriffe in die Betriebsorganisation eines Unternehmens verfassungsgemäß sind (V.).

I. Bisherige Rechtslage und Lücken

1. Überwachung und Kontrolle im bundesdeutschen Öffentlichen Recht

In der Einleitung wurde schon auf systemimmanente Nachteile hingewiesen, die das Öffentliche Recht aufweist, wenn Gefahren im Umweltbereich zu bekämpfen sind. Die Überwachungskapazitäten sind beschränkt, so daß die Überwachung durch Behörden immer lückenhaft bleiben muß. Bevor in § 9 das „Zuviel" an staatlicher Aufsicht beschrieben und die Pflichten des Staates auf ein angemessenes Maß zurückgeführt werden, soll hier das „Zuwenig" an staatlicher Aufsicht aufgezeigt werden.

a) Beschränkung auf bestimmte Rechtsgebiete

Der staatliche Einfluß auf den Gefahrverursacher ist in den einzelnen Rechtsgebieten, in welchen es um den Schutz der persönlichen Rechtsgüter geht, ganz unterschiedlich. Das Arzneimittelrecht zeichnet sich z.B. durch eine hohe Regelungsdichte sowohl bei der Zulassung als auch bei der Überwachung des Marktes aus[3]. Das ist verständlich, denn Arzneimittel besitzen ein hohes Risikopotential. Dagegen muß es erstaunen, daß eine staatliche Überwachung im Arztrecht fast vollständig fehlt[4]. Eine Qualitätskontrolle für Ärzte gab es bis vor kurzem praktisch nicht[5] und wurde erst jüngst durch § 7a BOÄ[6] und durch das Gesundheitsstrukturgesetz eingeführt[7]. Die bisher

---

[3] Zu den Begriffen s. § 3.III.1.; zu den Rechten der Behörde im Arzneimittelrecht s. genauer unten § 9.

[4] Mit der historischen Entwicklung der freien Berufe kann man erklären, daß Ärzte – abgesehen von der Approbation – nicht durch Behörden überwacht werden. Zu der historischen Entwicklung der Heilberufe und den Aufgaben s. *Taupitz*, Die Standesordnung der Berufe, 1991, S. 195ff, 550ff; *Francke/Hart*, Ärztliche Verantwortung und Patienteninformation, 1987, S. 209.

[5] Immerhin bestehen teilweise auf freiwilliger Basis krankenhausinterne Selbstkontrollen. *Francke/Hart*, Ärztliche Verantwortung und Patienteninformation S. 199, 202.

[6] § 7a Berufsordnung für die deutschen Ärzte, DÄBl 1988, 2547; s. auch *Bräutigam*, Mit harten Bandagen in DIE ZEIT v.21.1.1994, 14.

[7] Die gesetzlichen Rahmenbestimmungen der §§ 112, 135–139 SGB V müssen erst durch entsprechende Richtlinien der Bundesausschüsse der Ärzte und Krankenkassen bzw. der Kassenärztlichen Vereinigungen konkretisiert werden. Hierbei ist daran gedacht – entsprechend dem Modell in Nordrhein-Westfalen –, Sachverständigenstellen bei den einzelnen Ärztekammern einzurichten, s. *Francke/Hart*, Ärztliche Verantwortung und Patienteninformation, S. 203. Zu dem vernichtenden Urteil des Gutachtens des Instituts für Medizinische Informationsverarbeitung der Universität Tübingen FAZ v.30.11.1994, N 2.

nur unzureichende Überwachung im Arztrecht mag auch erklären, daß das Arzthaftungsrecht eine so immense Bedeutung gewonnen hat, um bereits entstandene Schäden auszugleichen.

Aber auch bei Produkten sind Überwachung und Kontrolle sehr unterschiedlich geregelt. Während z.B. Chemikalien zumindest angemeldet werden müssen, bevor sie erstmals in den Verkehr gebracht werden können und durch die zuständigen Landesbehörden überwacht werden[8], fehlt bei Kraftfahrzeugen eine solche systematische Überwachung nach dem Inverkehrbringen. Zwar bedürfen Kraftfahrzeuge gem. §§ 19ff, 45 StVZO einer Betriebserlaubnis und die Technischen Überwachungsvereine überwachen den Zustand der einzelnen Kraftfahrzeuge. Es fehlt aber – im Gegensatz zum Rechtszustand in den USA – an einer systematischen Marktkontrolle durch eine unabhängige oder staatliche Instanz, die z.B. einen Rückruf aussprechen könnte[9].

b) Systemimmanente Nachteile von Zulassung und Überwachung

Die staatliche Überwachung hat zudem systemimmanente Nachteile. Oft kann nur das Unternehmen den Schaden rechtzeitig bekämpfen. Maßnahmen der Behörde werden, wie der Hoechst-Fall zeigt[10], zu spät ergriffen, weil die Behörde nicht rechtzeitig vom Schaden erfährt. Diese Überlegungen des Umweltbereichs gelten auch für das technische Sicherheitsrecht. Technische Arbeitsmittel, die dem Gerätesicherheitsgesetz (GSG) unterliegen, werden von den Gewerbeaufsichtsämtern überwacht. Diese können aber nur einen Bruchteil ihrer Arbeitszeit für die Überwachung einsetzen[11]. Das Verbot, ein bestimmtes Produkt auf den Markt zu bringen, die sog. Untersagungsverfügung, welche die Gewerbeaufsichtsämter gem. §§ 6 I 1 iVm 5 I GSG aussprechen können, ist schließlich nur ultima ratio; vorab wird der Hersteller zu konstruktiven Änderungen aufgefordert[12]. Bis das Unternehmen aber eine solche Änderung des Produkts vornimmt, besteht die Gefährdungslage fort[13]. Aufgrund dieser Argumente scheint die Frage berechtigt, ob das Instrument der Überwachung von Produkten und Anlagen nicht auf einem überholten umweltpolitischen *end-of-the-pipe*-Denken

---

[8] §§ 4ff und 21ff Chemikaliengesetz (ChemG) in der Fassung v.25.7.1994, BGBl I 1703.

[9] Zur Rechtslage in den USA s. § 9.II.3.b), S. 344f.

[10] S. Einl. Beispiel 1.

[11] Genannt werden 2,2 % der Arbeitszeit, um die Sicherheit von technischen Arbeitsmitteln nach dem GSG zu überwachen, s. *Joerges/Falke/Micklitz/Brüggemeier*, Die Sicherheit von Konsumgütern und die Entwicklung in der Europäischen Gemeinschaft, 1988, S. 161; *Falke*, Untersagungsverfügungen über sicherheitstechnisch mangelhafte Geräte, VuR 1987, 1, 6.

[12] *Joerges/Falke/Micklitz/Brüggemeier*, S. 167; *Falke*, VuR 1987, 1, 6.

[13] *Falke* (VuR 1987, 1ff) berichtet z.B. von Kinderbetten, in denen sich Kleinkinder strangulierten, oder von elektrischen Insektenvernichtern, deren Stromleitungen freilagen.

beruht. Gesundheits- und Umweltschutz müssen zeitlich früher einsetzen, nämlich durch ein Konzept des integrierten betrieblichen Umwelt-[14] bzw. Gesundheitsschutzes.

2. *Haftung im bundesdeutschen Zivilrecht*

a) *Organisationshaftung*

Das bundesdeutsche Zivilrecht scheint auf den ersten Blick dem Vorwurf zu entgehen, daß Behörden nur statisch die Einhaltung von Grenzwerten oder genau vorgeschriebenen Betriebspflichten überwachen. Denn das Unternehmen hat bei bestimmten Gefahrenlagen grundsätzlich Verhaltenspflichten eigenverantwortlich nachzukommen[15] und haftet, wenn es gegen diese verstößt und dadurch schuldhaft einen Schaden verursacht. Zwar sah ursprünglich § 831 I 2 BGB vor, daß sich der Geschäftsherr exkulpieren kann, also nicht haftet, wenn ihm bei der Auswahl und Überwachung seiner Angestellten keine Sorgfaltspflichtverletzung vorzuwerfen ist. Diese Exkulpation wird aber durch hohe Anforderungen an die Auswahl und Überwachung deutlich erschwert[16]. Auch ist die Rechtsprechung vom dezentralen Entlastungsbeweis abgerückt, der ursprünglich dem Geschäftsherrn die Entlastung dadurch ermöglichte, daß ein von ihm sorgfältig ausgewählter höherer Angestellter die Personalaufsicht statt seiner übernahm[17]. Zudem haftet der Geschäftsherr gem. § 823 I BGB, wenn er seine ihm obliegende Organisationspflicht verletzt hat. Diese Organisationspflicht verpflichtet den Unternehmensträger, den Betrieb in personeller, sachlicher und technischer Hinsicht so zu organisieren, daß Fehler verhindert und damit keine vermeidbaren Drittschäden verursacht werden[18]. Hinzu kommt, daß in der schon genannten Hühnerpest-Entscheidung eine Beweislast-

---

[14] *Jost*, Betriebliche Umweltschutzmaßnahmen als Antwort auf den Entwurf zum neuen Umwelthaftungsgesetz, DB 1990, 2381; *Feldhaus*, Umwelthaftungsgesetz und Bundes-Immissionsschutzgesetz, UPR 1992, 161, 165; *Brüggemeier*, Unternehmenshaftung für „Umweltschäden" im deutschen und nach EG-Recht in FS Jahr, 1993, S. 223, 247; *Kloepfer*, Betrieblicher Umweltschutz als Rechtsproblem, DB 1993, 1125.

[15] S. oben § 5.III.3.a, S. 168ff. und BGH v.18.9.1984, Z 92, 143, 152 – Kupolofen.

[16] So bestehen hohe Anforderungen an die Eignung, wenn mit der Tätigkeit gravierende Risiken für Leben, Gesundheit oder die Eigentum Dritter verbunden sind, OLG Koblenz v.5.6.1981, VersR 1983, 886 – Auswahlverschulden für Schweißarbeiten; Erman/*Schiemann*, § 831 Rdnr. 17; *Mertens* in MünchKomm, § 831 Rdnr. 9ff.

[17] BGH v.17.10.1967, NJW 1968, 247, 248 – Schubstrebe; BGH v.19.6.1973, NJW 1973, 1602, 1603 – Feuerwerkskörper. Kritsch gegenüber der früheren BGH-Rechtsprechung auch Erman/*Schiemann*, § 831 Rdnr. 21; Larenz/*Canaris*, Schuldrecht II 2, § 79.III.3.b), S. 480ff; Palandt/*Thomas*, § 831 Rdnr. 15; *K. Schmidt*, UTR 1993, 69, 75.

[18] *Medicus*, Zur deliktischen Eigenhaftung von Organpersonen in FS Lorenz, 1991, S. 155, 166; *Fikentscher*, Schuldrecht, Rdnr. 1239; *Brüggemeier*, Organisationshaftung, AcP 191 (1991), 33, 59; *derselbe* in FS Jahr, 1993, S. 223, 244. Zu den inhaltlichen Voraussetzungen, s. unten § 6.III. und z.B. Erman/*Schiemann*, § 831 Rdnr. 19, 25.

umkehr für das Organisationsverschulden vorgenommen wurde[19]. Der Entlastungsbeweis ist bisher nur in wenigen Fällen gelungen[20]. Schließlich wird eine Haftung des Unternehmens dadurch erreicht, daß die Rechtsprechung dem Unternehmen nicht nur das Handeln von Organen gem. §§ 31, 89 BGB zurechnet, sondern darüber hinaus das Handeln von solchen Mitarbeitern, die ohne satzungsmäßige Verankerung wichtige Aufgabenbereiche selbständig und eigenverantwortlich übernehmen und damit das Unternehmen „repräsentieren"[21].

b) Verbleibende Lücken

Trotz dieser Haftungsverschärfungen zu Lasten des Unternehmens verbleiben Haftungslücken. Wenn der BGH nur davon spricht, daß eine „Organisation zu schaffen ist"[22], bleiben die Organisationspflichten recht allgemein. So fehlen bisher im Produkthaftungsrecht spezielle Entscheidungen, die z.B. einen detaillierten Organisationsplan fordern[23]. Damit besteht die Gefahr, daß das Haftungsrecht keine Vorgaben für die kritischen Operationen[24] im Unternehmen vorschreibt. Schließlich erzeugt das Haftungsrecht keine systematische Kontrolle von Produkten, die sich bereits auf dem Markt befinden (sog. Marktkontrolle)[25]. Es steht im Ermessen des Unternehmens, ob und wann es reagiert oder der kurzfristigen Gewinnmaximierung zuliebe auf teuere Rückrufaktionen verzichtet[26]. Umstritten ist vor allem, ob Mitarbeiter, leitende Mitarbeiter oder Organpersonen persönlich haften. Selbst bei Bejahung einer solchen persönlichen Haftung umfaßt diese grundsätzlich immer nur den konkreten Arbeitsbereich des Mitarbeiters[27]. Zudem ist der Umfang der Mitwirkung des einzelnen Mitarbeiters und damit seine Verantwortung an dem Produkt oft nur schwer oder gar nicht

---

[19] BGH v. 26.11.1968, Z 51, 91 – Hühnerpest. S. oben § 4.I.3.

[20] *Foerste* in Produkthaftungshandbuch I, § 30 Rdnr. 44ff; *Mertens* in MünchKomm, § 823 Rdnr. 196.

[21] RG v. 9.3.1938, Z 157, 228, 236, – Preußische Staatsbank; BGH v. 12.7.1977, NJW 1977, 2259 – Haftung für Zweigstellenleiter; Erman/*Westermann*, § 31 Rdnr. 1; Erman/*Schiemann*, § 831 Rdnr. 3. Zur Haftung im Konzern s. *Westermann*, Umwelthaftung im Konzern, ZHR 155 (1991), 223ff; *Hadding* in Soergel, § 31 Rdnr. 15ff.

[22] BGH v.11.12.1972, MDR 1973, 297 – Beweislast für Eisglätte.

[23] So *Kullmann/Pfister*, Kza. 1520, Fn. 379. Im Arztrecht bestehen zwar einige Entscheidungen zur Aufstellung von Organisationsplänen, eine grundsätzliche Entscheidung steht aber noch aus, *Giesen*, Arzthaftungsrecht, S. 79. S. bereits oben § 5. Exkurs und genauer unten § 6.IV.3.c).

[24] S. hierzu genauer § 6.III.2.

[25] Zum Begriff s. § 3.III.2.

[26] Zur Illustration s. wieder die Lederspray-Entscheidung (Beispiel 2) in der Einleitung.

[27] So ist z.B. der Labor- und Herstellungsleiter i.d.R. nicht für die Instruktionspflichten verantwortlich, BGH v.7.10.1986, NJW 1987, 372, 374 – brennbares Verzinkungsspray (Zinkotom).

mehr zu ermitteln[28]. Auch kann der einzelne Mitarbeiter von den Haftungsfolgen durch das Unternehmen freigestellt werden[29]. Es besteht die Gefahr, daß sich Manager und Mitarbeiter gegen die Sanktionswirkung des Deliktsrechts „immunisieren" und als ultima ratio nur noch das Strafrecht greift[30]. Auf diesen Fragenkreis ist noch zurückzukommen[31].

II. Verrechtlichung der Unternehmensstrukturen durch öffentlich-rechtliche Beauftragte, Zulassungskontrolle und freiwillige Managementsysteme

Weil die Überwachung durch Behörden das Risikowissen des Unternehmens nicht erzeugen kann, muß das Unternehmen selbst vorbeugende Gefahrerhebung betreiben. Auch das Haftungsrecht hat bisher bestimmte Unternehmensstrukturen nur bedingt erzeugen können. Deshalb erscheint es sinnvoll, Unternehmensstrukturen auf anderem Wege durchzusetzen. Dieser Weg wird im bundesdeutschen Recht durch die Bestellung von sog. Beauftragten (1.) und durch die Erzwingung bestimmter Unternehmensstrukturen bei der Zulassung von Medikamenten beschritten. Im Arzneimittelrecht sind die Beauftragten persönlich verantwortlich und die Anforderungen an die Betriebsstruktur außerordentlich hoch (1.a und 2.a). Im Gegensatz dazu tragen die Beauftragten des Immissionsschutzrechts keine öffentlich-rechtliche Verantwortung; auch soll nach herrschender Literaturauffassung durch § 52a BImSchG keine bestimmte Betriebsorganisation vorgegeben sein (1.b und 2.b). Für Produkte zeichnet sich ein differenziertes Bild nach gemeinschaftsrechtlichen Vorgaben ab. Einerseits führen die vertikalen Produktsicherheitsrichtlinien für bestimmte gefährliche Produkte ein Zertifizierungsverfahren ein; die Intensität der erforderlichen Zulassungsprüfung ist dabei abhängig vom Gefährdungspotential. Für besonders gefährliche Produkte sind Qualitätssicherungssysteme erforderlich (3.a und b). Andererseits verpflichtet die allgemeine horizontale Produktsicherheits-RiL, die ergänzend gilt, nicht zu einem systematischen Qualitätssicherungsverfahren (3.c). Schließlich werden jetzt schon bestimmte Betriebsstrukturen auf freiwilliger Basis eingehalten: die Qualitätssicherungssysteme DIN (EN) ISO 9000ff und im Umweltbereich Umweltmanagementsysteme durch die gemeinschaftsrechtliche Umwelt-AuditVO (4.). Gefördert wird dies durch Marktmacht und Werbung (4.c).

---

[28] *Kullmann/Pfister*, Kza. 3210, 2.

[29] *v. Westphalen*, Produkthaftungshandbuch I, § 16; *Brüggemeier*, AcP 191 (1991), 33, 55; *Schmidt-Salzer*, Produkthaftungsrecht, Bd. III/1: Deliktsrecht, Rdnr. 4.189, S. 212 bezeichnet eine solche Freistellung sogar als Regelfall.

[30] Deutlich *Brüggemeier* in FS Jahr, 1993, S. 223, 243. S. dazu die Lederspray-Entscheidung in der Einl. (Beispiel 2).

[31] S. ausführlich unten § 6.IV.

1. *Das Beauftragtenwesen und ein Umweltschutzdirektor*

a) Die gesetzgeberische Intention

Eine Form, in die Betriebsorganisation des Unternehmens einzugreifen, ist es, das Unternehmen öffentlich-rechtlich zu verpflichten, sog. Beauftragte für solche Bereiche zu bestellen[32], die ein besonders hohes Gefahrenpotential aufweisen, wie z.B. Aufgaben des Gesundheits- oder Umweltschutzes[33]. Der Beauftragte soll das „Gewissen" des Unternehmens[34] darstellen und einen innerbetrieblichen Vollzug des Gesetzes sicherstellen[35]. Mit der Einsetzung von Beauftragten sollen vor allem ursprünglich unternehmensfremde Interessen in das Unternehmen integriert werden[36]. Im Idealfall werden die ursprünglich als unternehmensextern angesehenen Gesundheits- und Umweltinteressen zu unternehmerischen Interessen. Der Gesetzgeber hat versucht, die Stellung des Immissionsschutzbeauftragten insoweit zu stärken, als der Beauftragte eine Reihe von Rechten gegenüber dem Betreiber der Anlage hat. Der Immissionsschutzbeauftragte hat den Betreiber gem. § 54 I 1 BImSchG zu beraten, auf die Entwicklung umweltfreundlicher Verfahren und Erzeugnisse hinzuwirken und die Betriebsangehörigen über die Umwelteinwirkungen aufzuklären. § 57 1 BImSchG verlangt zudem nicht nur einen Dialog zwischen Umweltschutzbeauftragtem und Betriebsleiter, sondern gibt darüber hinaus dem Beauftragten das Recht, Vorschläge und Bedenken unmittelbar der Geschäftsleitung vorzutragen, wenn eine Einigung mit dem Betriebsleiter nicht möglich ist. Er hat gem. § 54 I 2 Nr. 3 BImSchG die Betriebsstätten zu kontrollieren und die Einhaltung der Auflagen zu überwachen.

---

[32] Inzwischen gibt es eine Fülle von Beauftragten. An dieser Stelle seien nur die wichtigsten genannt: 1974 wurde der Betriebsbeauftragte gem. §§ 53ff BImSchG aufgenommen, es folgten der Beauftragte im Wasserhaushaltsgesetz 1976 (§ 21a, b WHG) und im Abfallbeseitigungsgesetz 1977 (§ 11 a, b AbfG). Durch die 3. Novelle wurde gem. §§ 58aff BImSchG 1990 der Störfallbeauftragte eingeführt. Im Arzneimittelrecht gibt es den Stufenplanbeauftragten (§ 63a AMG i.V.m. § 14 I 2 PharmBetrV) und seit 1994 den Informationsbeauftragten, § 74a AMG wurde durch die 5. Novelle des AMG neu eingeführt, v.9.8.1994, BGBl I 2071. S. im übrigen die Übersicht bei *Rehbinder*, Andere Organe der Unternehmensverfassung, ZGR 1989, 305, 312; *Schmidt-Glaeser/Mackeprang*, Zur Institution des öffentlich-rechtlichen Beauftragten, Verw 1991, 15f; überholt dagegen die Übersicht bei *Steinmark*, BB 1983, 867ff.

[33] *Rehbinder*, Ein Betriebsbeauftragter für Umweltschutz?, 1972; *derselbe* in Kloepfer/Schmidt-Aßmann/Rehbinder, UGB-AT, S. 377ff.

[34] *Hansmann* in Landmann/Rohmer, Umweltrecht, Bd. I, vor § 53 Rdnr. 19; *Knopp/Striegl*, Umweltschutzorientierte Betriebsorganisation zur Risikominimierung, BB 1992, 2009, 2015.

[35] *Steinmark*, „Betriebsbeauftragte" im Umwelt- und Sozialbereich, BB 1983, 867.

[36] *Rehbinder*, ZGR 1989, 305; *derselbe*, Ein Umweltschutzdirektor in der Geschäftsführung der Großunternehmen? in FS Steindorff, 1990, S. 215. S. allgemein *Teubner*, Der Beirat zwischen Verbandssouveränität und Mitbestimmung – Zu den Schranken der Beiratsverfassung in der GmbH –, ZGR 1985, 565ff.

b) Nachteile: mangelnde öffentlich-rechtliche Verantwortung und Isolierung innerhalb des Unternehmens

aa) Im Arzneimittelrecht tragen viele Personen des pharmazeutischen Unternehmens eine öffentlich-rechtliche Verantwortung. Unterläßt es z.B. der Stufenplanbeauftragte[37], gem. § 29 AMG Verdachtsfälle der Behörde (vollständig) anzuzeigen, ist dieses Nichthandeln bußgeldbewehrt[38]. Dagegen muß im Immissionsschutzrecht gem. § 16 BImSchG oder § 11 Störfall-VO nur der Betreiber bestimmte Angaben der Behörde mitteilen, nicht dagegen der Beauftragte[39]. Der Beauftragte darf damit grundsätzlich nur dem Betreiber der Anlage berichten; auch stehen ihm keine eigenen Entscheidungs- und Eingriffsbefugnisse zu[40]. Mangels ausdrücklicher gesetzlicher Grundlage trägt der Betriebsbeauftragte *keine öffentlich-rechtliche Verantwortung*[41]. Ohne Weisungs- und Entscheidungsbefugnisse ist der Beauftragte aber nur bedingt in der Lage, die Entwicklung neuer Umweltschutzverfahren voranzutreiben[42]. Es besteht die Gefahr, daß der Beauftragte im Unternehmen isoliert ist und sowohl im Unternehmen als auch gegenüber Öffentlichkeit und Presse nur eine Alibifunktion übernimmt[43].

bb) Um nicht nur eine Beratungsfunktion, sondern auch Entscheidungsbefugnis zu erreichen, hat *Rehbinder* vorgeschlagen, den Umweltschutz durch einen Umweltschutzdirektor direkt auf Geschäftsführungsebene anzusiedeln[44]. In Anlehnung an den Arbeitsdirektor[45] hat er einen solchen Umweltschutzdirektor *de lege ferenda* in § 94 UGB-E vorgeschlagen. Jedoch muß sich auch ein Verantwortlicher auf Geschäftsführungsebene fragen lassen, inwieweit er ohne Machtbasis Umweltschutz als Querschnittsaufgabe im Un-

---

[37] § 63a I 2 i.V.m. 29 I 2 AMG und § 14 PharmBetrV; s. *Sander*, Arzneimittelrecht, § 63a, 9.

[38] § 97 II Nr. 7 AMG. Das Nichthandeln des Informationsbeauftragten ist gem. § 97 II Nr. 27a AMG bußgeldbewehrt.

[39] *Hansmann* in Landmann/Rohmer, Umweltrecht, Bd. I, vor § 53 Rdnr. 16, § 54 Rdnr. 9; *Brandt*, in GK-BImSchG, vor §§ 53–58 d, Rdnr. 23,26.

[40] *Steiner*, Technische Kontrolle im privaten Bereich – insbesondere Eigenüberwachung und Betriebsbeauftragte, DVBl 1987, 1133, 1138 = UTR 1988, 19ff; *Rehbinder*, ZGR 1989, 305, 331. S. aber unten § 6.IV.3.b).

[41] *Steiner*, DVBl 1987, 1133, 1140; *Hansmann* in Landmann/Rohmer, Umweltrecht, Bd. I, vor § 53 Rdnr. 17; *Jarass*, BImSchG, vor § 53 Rdnr. 4; *Rehbinder*, ZGR 1989, 305, 318 m.w.Nachw. Die §§ 95 – 102 UGB-E haben weitgehend die bestehenden gesetzlichen Regelungen übernommen.

[42] *Steiner*, DVBl 1987, 1133, 1137; *Rehbinder* in Kloepfer/Schmidt-Aßmann/Rehbinder, S. 379; *Kloepfer*, DB 1993, 1125, 1127.

[43] *Rehbinder*, ZGR 1989, 305, 350; *Adams* (in Adams (Hrsg.), Sicherheitsmanagement, 1990, S. 39ff) spricht von „Beauftragten(un)wesen“. Noch stärker *Koenig* (NVwZ 1994, 937, 941), der den Störfallbeauftragten vorwirft, zuviele Anstrengungen darauf zu verwenden, nach einem Störfall den Vertrauensverlust in der Öffentlichkeit möglichst gering zu halten.

[44] *Rehbinder*, ZGR 1989, 305ff; *derselbe* in FS Steindorff, 1990, S. 215ff. Im Produktrecht wird der Produkthaftungs-Manager als Stabsposition gefordert, *v. Werder*, Produkthaftungs-Management US-amerikanischer Großunternehmen, ZfB 1988, 1010, 1014.

[45] §§ 33 MitbestG, 13 MontanMitbestG, §§ 2, 13 MitbestEgG.

ternehmen durchsetzen kann[46] [47]. Schließlich besteht die Gefahr, daß der Umweltschutz von anderen Aufgaben zurückgedrängt wird und damit Umweltschutzaufgaben nur ungenügend umgesetzt werden[48].

2. *Prüfung von Betriebsstrukturen bei der Zulassung*

In einigen Rechtsgebieten ist das Unternehmen nicht nur zur Bestellung eines Beauftragten verpflichtet, sondern weitergehend zu einer bestimmten Unternehmensstruktur. So werden Arzneimittel nur zugelassen, wenn die erforderliche Betriebsstruktur vorliegt (a). Im Immissionsschutzrecht ist die Rechtslage dagegen weniger eindeutig (b).

a) Im Arzneimittelrecht

Bevor ein Arzneimittel zugelassen werden darf, muß es analytisch, pharmakologisch-toxikologisch und klinisch geprüft werden, § 22 II Nr.1-3 AMG. Ohne diese Arzneimittelprüfungen wird das Medikament nicht zugelassen, § 25 II Nr. 2 AMG [49]. Der Inhalt der Prüfungen wird durch die Prüfrichtlinien für Arzneimittel[50] geregelt. Diese Richtlinien sollen jeweils den gesetzlichen Stand der wissenschaftlichen Erkenntnisse definieren[51] und regeln, was für die Entwicklung eines Arzneimittels geprüft werden soll. Sie gelten unmittelbar nur für die Zulassungsbehörden[52]. Der Regelungsinhalt wendet sich aber *mittelbar* an die Unternehmen. Diese müssen den Anforderungen entsprechen, damit sie als Hersteller bzw. ihre Arzneimittel zugelassen werden. Die Unterlagen sind durch eine Bekanntmachung über die Zulassung von Arzneimitteln weitgehend standardisiert und präzisiert[53]. Wei-

[46] Hier unterscheidet sich der Umweltschutzdirektor vom Arbeitsdirektor. Diese Kritik erkennt auch *Rehbinder* (ZGR 1989, 305) an; *derselbe* in FS Steindorff, 1990, S. 215, 227; zweifelnd auch *Breuer*, Empfiehlt es sich, ein Umweltgesetzbuch zu schaffen, gegebenenfalls mit welchen Regelungsbereichen?, Gutachten B zum 59. DJT, 1992, S. 108.

[47] Damit besteht auch beim Umweltschutzdirektor die Gefahr, daß er im Unternehmen isoliert ist und nur Alibifunktion bei der Wahrnehmung unternehmensfremder Interessen übernimmt, *U. Schneider*, DB 1993, 1909, 1913; *Köck*, DVBl 1994, 27, 31 m.w.Nachw.

[48] *Adams* in Adams (Hrsg.), Sicherheitsmanagement, 1990, S. 39ff.

[49] *Kloesel/Cyran*, § 25 Anm. 21 AMG; *Deutsch*, Arztrecht und Arzneimittelrecht, S. 367.

[50] Allgemeine Verwaltungvorschrift zur Anwendung der Arzneimittelprüfrichtlinien, BAnz. Nr. 243a v.29.12.1989, welche die RiL 75/318/EWG über die analytischen, toxikologisch-pharmakologischen und ärztlichen oder klinischen Vorschriften mit Arzneimitteln v.20.5.1975, ABl. Nr. L 147, umsetzt; s. im einzelnen Anh. A.II.3., 5. und III.1., 2. und 3.

[51] § 26 I 3 AMG; Arzneimittelprüf-RiL Anh. 1.Abs.A.Abs.2; s. auch RiL 91/507/EWG, Erwägungsgrund 2.

[52] Arzneimittelprüf-RiL Anh. 1.Abs.A.Abs.1 S.2; *Deutsch*, Arztrecht und Arzneimittelrecht, S. 371f; einen Überblick gibt *Feiden*, Arzneimittelprüfrichtlinien, PharmInd 1990, 175; *derselbe*, Grundsätze für die klinische Prüfung von Arzneimitteln, PharmInd 1988, 188ff.

[53] Bekanntmachung über die Zulassung, Verlängerung der Zulassung und Registrierung von Arzneimitteln v. 2.1.1990, BAnz. Nr. 77a v. 24.4.1990.

tere Regeln bestimmen, wie im einzelnen ein Arzneimittel zu entwickeln ist. Für die analytische Prüfung ist eine Qualitätsprüfung nach den Regelungen der Pharmaceutial Inspections-Convention (PIC)[54], der Good Manufacturing Practice (GMP)[55] oder des Deutschen und Europäischen Arzneibuchs[56] vorgeschrieben. Für die pharmakologisch-toxikologische Prüfung gilt die Good Labour Practice (GLP)[57], die im Anhang 1 des ChemG[58] umgesetzt wurde. Schließlich werden die Anforderungen, die für die klinische Prüfung gelten, durch die Deklaration von Helsinki[59] und die Good Clinical Practice (GCP)[60] festgelegt.

Inhaltlich gehen die Anforderungen deutlich über die Regelungen des Beauftragten hinaus, wobei an dieser Stelle nur die wichtigsten Punkte zu nennen sind. Der Hersteller muß ein Qualitätssicherungssystem einführen[61]. Neben dem Stufenplan- und Informationsbeauftragten gibt es für die analytische Prüfung zur Sicherung der Qualität einen Herstellungsleiter (§§ 14, 15, 19 I AMG) und einen Kontrolleiter (§§ 14, 15, 19 II AMG)[62]. Der Hersteller muß ein Organisationsschema besitzen, aus dem die hierarchische Struktur ersichtlich wird. Außerdem dürfen zwischen den Organisationsbereichen weder Lücken noch Überlappungen bestehen[63]. Unterstützt wird

---

[54] Bekanntmachung des Leitfadens einer Guten Herstellungspraxis für pharmazeutische Produkte der Pharmaceutial Inspections-Convention vom August 1990, BAnz. Nr. 214a, beruhend auf der internationalen Konvention: Pharmaceutial Inspections-Convention (PIC), umgesetzt durch Gesetz v. 10.3.1982, BGBl II 158.

[55] RiL 91/356 über die Gute Herstellungspraxis von Arzneimitteln v.17.7.1991, ABl. Nr. L 193, 30, umgesetzt weitgehend in der Betriebsverordnung für pharmazeutische Unternehmer – PharmBetrV v.8.3.1985, BGBl I 546, zuletzt geändert durch Einigungsvertrag v.31.8.1990, BGBl II 889, 1025; s. *J. Krämer*, Europäisches Recht erfordert Umdenken bei der Qualitätssicherung, PZ 1993, 9ff.

[56] Deutsches Arzneibuch, 3 Bde., Stuttgart und Frankfurt sowie Europäisches Arzneibuch, 3 Bde., Stuttgart und Frankfurt. Die Rechtgrundlage dafür ist § 55 AMG. S. den Hinweis in der RiL 91/507/EWG Anh. Teil 2.A.2. Sp. 1.

[57] RiL 88/320 über die Inspektion und Überprüfung der Guten Laborpraxis (GLP) v.9.6.1988, ABl. Nr. L 2145, 35, geändert durch RiL 90/18/EWG v.18.12.1989, ABl. Nr. L 11, 37. S. den Hinweis in der RiL 91/507/EWG Anh. Teil 3.I.1.

[58] ChemG in der Fassung v.14.3.1990, Anh. 1 geändert durch VO v.5.6.1991, BGBl I 1218.

[59] Deklaration von Helsinki geändert durch 41. Generalversammlung in Hongkong im September 1989, abgedruckt in PharmInd 1990, 1474, 1497ff; alte Fassung in BAnz. v.26.5.1987, 7109; v.29.12.1989, Nr. 243a.

[60] Empfehlung über die Gute Klinische Praxis von Arzneimitteln (GCP) v.11.7.1990, auch abgedruckt in PharmInd 1990, 1474, 1485ff; alte Fassung als Bekanntmachung von Grundsätzen für die ordnungsgemäße Durchführung der klinischen Prüfung von Arzneimitteln v. 9.12.1987, BAnz. Nr. 243 v.30.12.1987, 16667, abgedruckt auch in Arzneimittelrecht, D 2 (13). S. den Hinweis in RiL 91/507/EWG Anh. Teil 4.B.1. und 2.

[61] PIC Kap. 1. Grundsätze und 1.2.; GMP Art. 6.

[62] Schließlich bei der klinischen Prüfung den Sponsor, den Prüfer und den Monitor, GCP Kap. 2.

[63] PIC Kap. 1.2.III; 2.2. S.1 und 5: s. auch GMP Art. 7 II.

diese Abgrenzung der Verantwortungsbereiche auch dadurch, daß Produktionsleiter und Leiter der Qualitätskontrolle (= Kontrolleiter) voneinander unabhängig sein müssen[64]. Zudem ist die Geschäftsleitung für die Erreichung dieser Ziele verantwortlich[65]. Durch Selbstinspektion und durch Kontrolle von dritter Seite wird die Einhaltung der Qualitätsanforderungen regelmäßig überwacht[66]. Schließlich muß ein umfangreiches Dokumentationssystem aufgebaut werden[67].

b) Keine Vorgabe der Betriebsorganisation im Immissionsschutzrecht: §§ 5, 52a BImSchG

Viel weniger deutlich ist die Betriebsorganisation von Anlagen geregelt, die dem BImSchG unterliegen. Die überwiegende Meinung vertritt zwar die Auffassung, zu den Grundpflichten des § 5 BImSchG gehöre auch eine Betriebsorganisation, die sicherstellen muß, daß der Schutz vor schädlichen Umwelteinwirkungen und vor sonstigen Gefahren beim Betrieb der Anlage gewährleistet wird[68]. Im gleichen Atemzug wird aber festgestellt, daß die Anforderungen an die Betriebsorganisation gesetzlich *zu unbestimmt seien, um eine konkrete* Betriebsorganisation bzw. Organisationspflichten durchzusetzen[69]. Daraus folge auch, daß die Einrichtung einer konkreten Betriebsorganisation keine Genehmigungsvoraussetzung sei[70]. Der Betreiber müsse die Möglichkeit haben, eine solche Betriebsorganisation erst zu schaffen[71]. § 52a BImSchG zwinge nur dazu, daß das Unternehmen sein Organisationsermessen ausübe[72]. Zudem verbiete es die durch Art. 12 I GG geschützte unternehmerische Freiheit dem Gesetzgeber, eine bestimmte Betriebsorga-

---

[64] PIC Kap. 2.3. S.3; GMP Art. 11 I; zur Kontrolle s. sogleich § 6.III.3., S. 225.

[65] PIC Kap. 1, Grundsätze S. 2, 17; §§ 5 IV 2 und 6 III 3 PharmBetrV; GMP Art. 6.

[66] S. genauer unten § 9.II.1.b).

[67] S. genauer § 6.III.4.

[68] BR-Dr. 11/6633, S. 47f; *Hansmann* in Landmann/Rohmer, Umweltrecht, Bd. I, § 52a Rdnr. 19; *Feldhaus*, NVwZ 1991, 927, 929; *Jarass*, BImSchG, § 52a Rdnr. 5; *Reuter*, DB 1993, 1605; *Führ*, EuZW 1992, 468; *Kloepfer*, DB 1993, 1125, 1127.

[69] *Feldhaus*, NVwZ 1991, 927, 928; *Jarass*, BImSchG, § 52a Rdnr. 5; *Kloepfer*, DB 1993, 1125, 1127; *Versen*, Zivilrechtliche Haftung für Umweltschäden, S. 225; *Köck*, ZUR 1995, 1, 2. Deshalb wird auch bezweifelt, ob z.B. eine Trennung von Produktion und Überwachung durch diese Vorschriften verlangt werden kann, so *U. Schneider*, DB 1993, 1909, 1913.

[70] *Kloepfer*, DB 1993, 1125, 1127.

[71] Deshalb sei ausreichend, wenn der Betreiber bei Aufnahme des Betriebs der Behörde die Betriebsorganisation mitteile, *Feldhaus*, NVwZ 1991, 927, 929, 934; *Fluck* in Ule/Laubinger, Bundesimmissionsschutzgesetz, § 52a Rdnr. D 9; *Hansmann* in Landmann/Rohmer, Umweltrecht, Bd. I, § 52a Rdnr. 14.

[72] *Feldhaus*, NVwZ 1991, 927, 928; *Knopp/Striegl*, BB 1992, 2009, 2010; *Reuter*, DB 1993, 1605.

nisation vorzugeben[73]. Ob diese Aussagen nicht doch präzisiert werden können, wird weiter unten erörtert[74].

3. Der Ansatz der Europäischen Union

a) Die Zertifizierung nach den verschiedenen Modulen der gemeinschaftsrechtlichen vertikalen Produktsicherheitsrichtlinien

Wie im Arzneimittelrecht werden die bundesdeutschen Regeln auch im Produktsicherheitsrecht und – wie später zu zeigen sein wird – im Produkthaftungsrecht in immer stärkerem Maße durch europäische Normen beeinflußt. Im europäischen Produktsicherheitsrecht ist hierfür die „Neue Konzeption auf dem Gebiet der technischen Harmonisierung und der Normierung" maßgeblich[75]. Nach den gemeinschaftsrechtlichen vertikalen Produktsicherheitsrichtlinien, die inzwischen für eine Reihe von Produkten ergangen sind, *müssen* die Produkte, die durch die vertikalen Produktsicherheitsrichtlinien betroffen sind, mit der CE-Kennzeichnung ausgestattet sein[76]. Das sind regelmäßig Produkte mit einem bestimmten Gefährdungspotential[77].

Erst dann dürfen sie in den Verkehr gebracht werden[78]. Durch die Kennzeichnung wird erklärt, daß das Produkt den Gemeinschaftsnormen entspricht. Die Festschreibung der Sicherheitsanforderungen an ein Produkt er-

---

[73] *Hansmann* in Landmann/Rohmer, Umweltrecht, Bd. I, § 52a Rdnr. 19; *Jarass*, BImSchG, § 52a Rdnr. 5.

[74] Supra §§ 6.IV.4.a).

[75] Entschließung des Rates v.7.5.1985 über eine Neue Konzeption auf dem Gebiet der technischen Harmonisierung und der Normierung, sog. „Modell-RiL" , ABl. Nr. C 136, 1. S. hierzu *Joerges/Falke/Micklitz/Brüggemeier*, S. 305ff; *Brüggemeier*, Produkthaftung und Produktsicherheit, ZHR 152 (1988), 511, 526ff; *Breuer*, Die internationale Orientierung von Umwelt- und Technikstandards im deutschen und europäischen Recht, UTR 1989, 44, 109ff.

[76] Zum Begriff s. Beschluß des Rates v.23.7.1993 über die in den technischen Harmonisierungsrichtlinien zu verwendenden Module für die verschiedenen Phasen der Konformitätsbewertung, („Module-Beschluß"), ABl. Nr. L 220, 23ff. Der Begriff EG-Zeichen ist durch CE-Kennzeichnung zu ersetzen. Nach § 3 IV Gerätesicherheitsgesetz (GSG) steht es dem Hersteller dagegen offen, ob er das Zeichen „geprüfte Sicherheit" (GS) bei einer zugelassenen Stelle beantragt und dann auf seinem technischen Gerät anbringt; zum Verhältnis von GS-Zeichen und CE-Kennzeichnung s. *Jeiter*, Das neue Gerätesicherheitsgesetz, § 3 Rdnr. 80; *Sattler*, Die Novelle zum Gerätesicherheitsgesetz, EuZW 1992, 764, 768.

[77] Einfache Druckbehälter-RiL 87/404/EWG v.25.7.1987, ABl. Nr. L 220, 48; Spielzeug-RiL 88/378/EWG v.3.5.1988, ABl. Nr. L 187, 1; Elektromagnetische VerträglichkeitsRiL 89/336/EWG v.3.5.1989, ABl. Nr. L 139, 19; Maschinen-RiL 89/392/EWG des Rates v.14.6.1989, ABl. Nr. L 183, 9; Persönliche Schutzausrüstungen-RiL 89/686/EWG des Rates v.21.12.1989, ABl. Nr. L 399, 18; Medizinische Implantate-RiL 90/385/EWG v.20.6.1990, ABl. Nr. L 189, 17; Medizinprodukte-RiL 93/42/EWG v.14.6.1993, ABl. v.12.7.1993, Nr. L 169, 1; s. sogleich § 6.II.3.b).

[78] Module-Beschluß, ABl. Nr. L 220, 23, Anh. I.B.lit. e (27) und Erwägung 8.

folgt in den vertikalen Produktsicherheitsrichtlinien in drei Stufen. Zunächst muß das Produkt den Anforderungen an die Sicherheit und Gesundheit entsprechen, die in einer Generalklausel der Richtlinie formuliert sind. Diese Anforderungen werden dann im Anhang der Richtlinie so konkretisiert, daß der Hersteller bzw. eine geprüfte Stelle feststellen können, ob das Produkt der geforderten Sicherheit entspricht[79]. Schließlich werden diese Regelungen im Anhang durch Europäische Normen präzisiert. Da die Europäischen Normen (EN) durch die CEN[80] bzw. CENELEC[81] als jeweils privatrechtliche Institutionen erarbeitet werden[82], sind diese nicht verbindlich[83]. Dem Hersteller bleibt deshalb auch die Möglichkeit, auf anderem Wege die Einhaltung der Sicherheitsbestimmungen des Anhanges der Richtlinie nachzuweisen. Jedoch gilt die widerlegbare Vermutung, daß das Produkt des Herstellers den Anforderungen an die Sicherheit nur entspricht, wenn der Hersteller die Europäischen Normen beachtet[84].

Bei dem Einfluß der Module[85] auf die Betriebsstruktur sind drei Dinge bemerkenswert. Erstens erfolgt die Zulassung und Zertifizierung eines Produkts nur dann, wenn die Betriebsstrukturen geeignet sind, die Einhaltung der durch das Modul vorgegebenen Anforderungen zu erfüllen. Die verschiedenen Module unterscheiden sich nach der Intensität der Zulassungskontrolle, die von dem abstrakten Gefährdungspotential des einzelnen Indu-

---

[79] Anh. II B.III.1 und 2 der Modell-RiL, ABl. Nr. C 136, 1, 4. Kritisch zu den Anforderungen des Anhangs *Vieweg*, Technische Normen im EG-Binnenmarkt in Müller-Graff (Hrsg.), Technische Regeln im Binnenmarkt, 1991, S. 57, 75.

[80] Comité Européen de Normalisation = Das Europäische Komitee für Normierung.

[81] Comité Européen de Normalisation Electrotechnique = Das Europäische Komitee für elektrische Normierung.

[82] Inzwischen sind von der Europäischen Normenorganisation ca. 130 harmonisierte europäische Normen erlassen worden, s. *Anselmann*, Die Bezugnahme auf harmonisierte technische Regeln im Rahmen der Rechtsangleichung in Müller-Graff (Hrsg.), Technische Regeln im Binnenmarkt, 1991, S. 101, 103.

[83] Anh. II, Grundprinzip 3 der Modell-RiL, ABl. Nr. C 136, 1, 3; *Mohr*, Technische Normen und freier Warenverkehr in der EWG, 1990, S. 21 m.w.Nachw. Zu den rechtlichen Schwierigkeiten dieser privatrechtlichen Institutionen s. *Joerges/Falke*, Die Normung von Konsumgütern in der Europäischen Gemeinschaft und der Richtlinienentwurf über die allgemeine Produktsicherheit in Müller-Graff (Hrsg.), Technische Regeln im Binnenmarkt, S. 159, 185ff; *Joerges*, Die Verwirklichung des Binnenmarktes und die Europäisierung des Produktsicherheitsrechts in FS Steindorff, 1990, S. 1247, 1258; *Niebling*, WiB 1995, 200.

[84] Art. 5 Einfache Druckbehälter-RiL 87/404/EWG; Art. 5 Spielzeug-RiL 88/378/EWG; Art. 7 EMV-RiL 89/336/EWG; Art. 5 Maschinen-RiL 89/392/EWG; Art. 5 Persönliche Schutzausrüstungen-RiL 89/686/EWG; Art. 5 Medizinische Implantate-RiL 90/385/EWG; Art. 5 Medizinprodukte-RiL 93/42/EWG; Art. 4 I ProduktsicherheitsRiL; § 5 III 1 GSG. Will er dagegen die Sicherheit des Produktes auf anderem Wege beweisen, trifft ihn die Beweislast, daß das Produkt den grundlegenden Anforderungen der Richtlinie entspricht, Anh. II, Grundprinzip 4 der Modell-RiL, ABl. Nr. C 136, 1, 3.

[85] Modul ist dabei ein Verfahren, das die Konformität eines Industrieerzeugnisses mit den technischen Harmonisierungsrichtlinien bewerten und sicherstellen soll.
S. Art. 1 I Module-Beschluß 93/465/EWG, ABl. Nr. L 220, 23.

strieprodukts abhängt. Die Anforderungen an die Betriebsorganisation sind um so umfangreicher, je höher das Gefährdungspotential des Produkts ist[86]. Die Richtlinie der jeweiligen Produktgattung unterscheidet dann noch einmal nach dem Gefährdungspotential[87]. Zweitens bleiben dem Unternehmen aber durch die Möglichkeit der Kombination von Modulen Gestaltungsmöglichkeiten bei der Organisation der Betriebsstrukturen. Dadurch soll dem Unternehmer größtmögliche Wahlfreiheit belassen[88] und Belastungen durch diese Modulverfahren so gering wie möglich gehalten werden[89]. Drittens wird die Einführung von Qualitätssicherungssystemen dadurch gefördert, daß während der Produktionsphase nur das Qualitätssystem anerkannt und überwacht wird, dafür aber eine Einzelprüfung der Endprodukte entfällt[90].

Grundsätzlich bestehen acht verschiedene Konformitätsbewertungsverfahren (Module A bis H). Es sind ein bzw. zwei Konformitätsbewertungsverfahren anzuwenden, bevor der Hersteller die CE-Kennzeichnung an einem bestimmten Produkt anbringen darf. Durch die Tatsache, daß dem Unternehmen größtmögliche Freiheit belassen wird, entstehen in den einzelnen Richtlinien eine Vielzahl von Kombinationsmöglichkeiten und Abwandlungen, so daß realiter mindestens doppelt so viele Konformitätsbewertungsverfahren existieren als in der Norm genannt sind[91].

Zum besseren Verständnis wird die Graphik des Module-Beschlusses wiedergegeben und an dieser Stelle erläutert.

---

[86] Ebenso *Anselmann* in Müller-Graff (Hrsg.), Technische Regeln im Binnenmarkt, S. 101, 110.

[87] Z.B. einfache Druckbehälter unter 50 bar.l, zwischen 50 und 3.000 bar.l und größer 3.000 bar.l, Art. 3 II, 8 II a, 11 Einfache Druckbehälter-RiL; Art. 9 I i.V.m. Anh. IX der Medizinprodukte-RiL 93/42/EWG unterscheidet vier verschiedene Klassen nach ihrer abstrakten Gefährlichkeit (s. jetzt § 13 MPG); Art. 8 II, III und IV PSA-RiL 89/686/EWG, je nachdem, vor welchen Gefahren die persönliche Schutzausrüstung schützen soll.

[88] Anh. I.A.lit. e, f, j Module-Beschluß 93/465/EWG.

[89] Anh. I.A.lit. g Module-Beschluß 93/465/EWG.

[90] S. sogleich § 6.II.3.a), S. 209 f; *Köck*, DVBl 1994, 27, 33.

[91] So unterscheidet z.B. das Modul A noch ein Modul Aa; das Modul F sieht die Möglichkeit von Einzelkontrollen oder aber von statistischen Kontrollen vor; das Modul B wird nicht immer mit den Modulen C, D oder E verbunden, s. Anh. II Erläuterungen Abs. VI Module-Beschluß 93/465/EWG, ABl. Nr. L 220, 23, 28.

Graphik 5:
Konformitätsbewertungsverfahren im Rahmen des Gemeinschaftsrechts: Module-Beschluß 93/465/EWG, ABl. Nr. L 220, 23, 39 mit den Modulen A bis H.

Konformitätsbewertungsverfahren im Rahmen des Gemeinschaftsrechts

	A. (Interne Fertigungskontrolle	B. (Baumusterprüfung)				G. (Einzelprüfung)	H. (umfassende QS)
ENTWURF	Hersteller – hält technische Unterlagen zur Verfügung der einzelstaatlichen Behörden A. a Einschaltung der benannten Stelle	Hersteller unterbreitet der benannten Stelle – technische Unterlagen – Baumuster Benannte Stelle – prüft Konformität mit grundlegenden Anforderungen – führt gegebenenfalls Prüfungen durch – stellt Baumusterprüfbescheinigungen aus				Hersteller – legt technische Unterlagen vor	EN 29001 Hersteller – unterhält zugelassenes QS-System für Produktentwürfe Benannte Stelle – kontrolliert QS-System – prüft Konformität der Entwürfe[1] – stellt Entwurfsprüfbescheinigungen aus[1]
		C. (Konformität mit Bauart	D. (QS-Produktion)	E. (QS-Produkte)	F. (Prüfung bei Produkten)		
PRODUKTION	A. Hersteller – erklärt Konformität mit grundlegenden Anforderungen – bringt CE-Kennzeichnung an A. a Benannte Stelle – prüft bestimmte Aspekte des Produkts(1) – führt Stichproben durch(1)	Hersteller – erklärt Konformität mit zugelassener Bauart – bringt CE-Kennzeichnung an Benannte Stelle – prüft bestimmte Aspekte des Produkts[1] – führt Stichproben durch[1]	EN 29002 Hersteller – unterhält zugelassenes QS-System für Produktion und Prüfung – erklärt Konformität mit zugelassener Bauart – bringt CE-Kennzeichnung an Benannte Stelle – erkennt QS-System an – überwacht QS-System	EN 29003 Hersteller – unterhält zugelassenes QS-System für Überwachung und Prüfung – erklärt Konformität mit zugelassener Bauart bzw. grundlegende Anforderungen – bringt CE-Kennzeichnung an Benannte Stelle – erkennt QS-System an – überwacht QS-System	Hersteller – erklärt Konformität mit zugelassener Bauart bzw. grundlegenden Anforderungen – bringt CE-Kennzeichnung an Benannte Stelle – prüft Konformität – stellt Konformitätsbescheinigung aus	Hersteller – führt Produkt vor – erklärt Konformität – bringt CE-Kennzeichnung an Benannte Stelle – prüft Konformität mit grundlegenden Anforderungen – stellt Konformitätsbescheinigung aus	Hersteller – unterhält zugelassenes QS-System für Produktion und Prüfung – erklärt Konformität – bringt CE-Kennzeichnung an Benannte Stelle – überwacht QS-System

(1) Weitere Bestimmungen können in Einzelrichtlinien festgelegt werden. QS=Qualitätssicherheit QS-System = Qualitätssystem

Im folgenden werden die Module A bis H in fünf Gruppen (1) - (5) jeweils nach dem Umfang der Überprüfung zusammengefaßt, der wiederum von dem Gefahrenpotential des Produkts abhängig ist. Die Module unterscheiden zwischen der Entwurfsstufe und der Produktfertigungsstufe.

(1) Erstmals bildete die Richtlinie über einfache Druckbehälter einen Anwendungsfall der neuen Konzeption. Dabei *verzichtet* die Richtlinie auf eine *CE-Kennzeichnung* für einfache Druckbehälter unter 50 bar·l[92], da diese als ungefährlich eingestuft werden. Es wird also bei ungefährlichen Produkten sowohl auf der Stufe des Entwurfs als auch der Produktion darauf verzichtet, daß eine benannte Stelle die Sicherheit dieses Druckbehälters prüft. Eine CE-Kennzeichnung gibt es auch nicht für Produkte, die der allgemeinen horizontalen Produktsicherheits-RiL unterliegen.

(2) Auch beim Modul A findet keine Prüfung des Entwurfs oder der Produktion durch eine benannte Stelle statt. Für die Entwurfsphase reicht es aus, daß der Hersteller technische Unterlagen zur Verfügung hält. Bei der Produktionsphase findet die Zertifizierung, also die CE-Kennzeichnung, durch den Hersteller selbst als sog. EG-Konformitätserklärung oder *„Herstellerselbstbescheinigung"* statt. Er erklärt, daß er die geltenden Anforderungen der Richtlinie erfüllt[93]. So reicht grundsätzlich das Modul A für Geräte, die elektromagnetische Störungen verursachen können[94], für Maschinen[95] und für Spielzeug[96]. Das Modul A ist als Sonderfall auch ausreichend, wenn ein Produkt einer gefährlichen Produktgattung ausnahmsweise ungefährlich ist, so bei solchen Medizinprodukten, die nicht im Körper wirken (Klasse I)[97] oder bei solchen persönlichen Schutzausrüstungen, die nur vor Risiken schützen sollen, die geringfügig sind, erst allmählich eintreten und vom Benutzer erkannt werden können[98].

(3) Sowohl beim Modul Aa als auch beim Modul B *prüft die zuständige Stelle* das Produkt. Beim Modul Aa gibt es eine Prüfung oder stichprobenartige Prüfung des Serienprodukts; gegebenenfalls müssen statt dessen auch nur Unterlagen an die zuständige Stelle übermittelt werden. Das Modul Aa

---

[92] Art. 3 II Einfache Druckbehälter-RiL.

[93] Anh.II. Modul A Module-Beschluß 93/465/EWG.

[94] Gesetz über elektromagnetische Verträglichkeit von Geräten (EMVG) v.9.11.1992, BGBl I 1864, beruhend auf Art. 10 I Elektromagnetische VerträglichkeitsRiL (EMV) 89/336/EWG.

[95] Maschinenverordnung – 9.GSGV v.12.5.1993, BGBl I 704, beruhend auf der Maschinen-RiL 89/392/EWG, Art. 8 II lit. a i.V.m. Anh.V. S. *Reuter*, Die neue Maschinenrichtlinie: Ein europäischer Binnenmarkt im Maschinen- und Anlagenbau, BB 1990, 1213ff.

[96] Verordnung über die Sicherheit von Spielzeug v.21.12.1989, BGBl I 2541, beruhend auf der Spielzeug-RiL 88/378/EWG, Art. 8 I 3 bzw. Art. 10.

[97] Art. 11 V i.V.m. Anh.VII Medizinprodukte-RiL 93/42/EWG. Zu der Klassifizierung s. genauer Anh.IX der RiL.

[98] Das sind z.B. Schutzausrüstungen gegen oberflächliche Verletzungen, schwach aggressive Reinigungsmittel, Handschuhe für Temperaturen unter 50°C, Art. 8 III PSA-RiL.

ist z.B. erforderlich, wenn von Normen abgewichen werden soll[99]. Beim Modul B wird weitergehend ein repräsentatives Muster des Produkts („Baumuster") und dessen Unterlagen durch die zugelassene Stelle geprüft und mit einer sog. EG-Baumusterprüfbescheinigung zugelassen[100]. Die Baumusterprüfung will damit bereits in der Entwurfsphase Konstruktionsfehler vermeiden. Das Modul B stellt deshalb gegenüber dem Modul Aa die strengere Prüfung dar. Persönliche Schutzausrüstungen sind zwar nicht gefährlich; sie sollen aber Gefahren effektiv abwehren. Deshalb müssen sie grundsätzlich funktionieren und unterliegen der Baumusterprüfung des Moduls B[101]. Ebenfalls ist das Modul B erforderlich, wenn das Produkt ausnahmsweise (also in Abweichung von der Produktgattung) besonders gefährlich ist, beispielsweise Sägemaschinen oder Handkettensägen für die Holzbearbeitung[102]. Wendet der Hersteller Europäische Normen an, so hat er in bestimmten Fällen ein Wahlrecht zwischen dem Modul Aa und dem Modul B[103]. Die Baumusterprüfung wird mit dem Modul C verbunden. Für die Produktion erklärt der Hersteller die Konformität mit der Baumusterprüfbescheinigung[104].

(4) Eine intensivere Zulassungskontrolle findet statt, wenn neben der Baumusterprüfung nicht nur stichprobenhaft die Produktion geprüft wird wie im Modul C, sondern entweder die Einführung eines *Qualitätssicherungssystems* erforderlich ist wie bei den Modulen D und E (a) oder die Produkte *ununterbrochen zu kontrollieren* sind wie bei Modul F (b). Bei den Modulen D und E ist erforderlich, daß die benannte Stelle das Qualitätssicherungssystem anerkennt und überwacht.

(a) Beim Modul D bezieht sich das Qualitätssicherungssystem auf die Produktion und umfaßt die Herstellung, Endabnahme und Prüfung. Von seiner Erfüllung wird ausgegangen, wenn der Hersteller das Qualitätssicherungssystem EN 29002 einhält[105]. Dieses umfaßt organisatorischen Aufbau und Befugnisse des Managements in bezug auf Produktqualität, Fertigungsverfahren, Qualitätskontrolle und Qualitätssicherungstechniken sowie Untersuchungen, Prüfungen und Kontrollberichte.

Beim Modul E beschränkt sich das Qualitätssicherungssystem auf das Produkt, also auf die Endabnahme und Prüfung und verzichtet auf den Bereich

---

[99] Art. 10 I, II EMV-RiL 89/336/EWG.

[100] Module-Beschluß 93/465/EWG, Anh.II. Modul B.

[101] Art. 8 I, II i.V.m. 10 PSA-RiL 89/686/EWG.

[102] Art. 8 II lit. b, c Maschinen-RiL 89/392/EWG i.V.m. Anh.IV; s. auch Art. 10 IV EMV-RiL 89/336/EWG. Einer Prüfung des Baumusters bedarf es auch dann, wenn der Hersteller von EN-Normen abweichen will oder noch keine harmonisierten Regelungen vorhanden sind, Art. 8 II lit. b Maschinen-RiL 89/392/EWG; Art. 10 Spielzeug-RiL 88/378/EWG.

[103] Art. 8 II lit. c Maschinen-RiL 89/392/EWG.

[104] Zusätzlich kann die benannte Stelle Stichproben durchführen. Module-Beschluß 93/465/EWG, Anh.II. Modul C; s. z.B. Art. 8 II, 10, 12 PSA-RiL 89/686/EWG.

[105] Module-Beschluß 93/465/EWG, Anh.II. Modul D.

der Herstellung und Fertigung[106]. Von der Erfüllung wird ausgegangen, wenn das Qualitätssicherungssystem EN 9003 eingehalten wird. Es umfaßt wiederum den organisatorischen Aufbau und Befugnisse des Managements in bezug auf Produktqualität, Untersuchungen, Prüfungen und Kontrollberichte. Beispielsweise ist eine Qualitätssicherung für Produkte nach Modul E bei komplexen persönlichen Schutzausrüstungen erforderlich, die vor tödlichen Gefahren oder ernsten und irreversiblen Gesundheitsschäden schützen sollen und bei denen der Konstrukteur davon ausgeht, daß der Benutzer die Gefährlichkeit nicht rechtzeitig erkennen kann[107].

(b) Beim Modul F wird regelmäßig und in einer dichten Abfolge die Produktion kontrolliert, während bei den Modulen D und E nur eine Anerkennung und Überwachung des Qualitätssicherungssystems stattfinden. Der Hersteller hat bei diesem Modul die Wahl, ob er jedes einzelne Produkt kontrollieren lassen will oder sich auf eine statistische Kontrolle beschränkt[108]. Beispielsweise erfolgt für die in den menschlichen Körper implantierten Produkte bereits während der Entwurfsphase eine Baumusterprüfung (Modul B), die mit den Modulen D, E oder F zu verbinden ist[109]. Alternativ dazu kann sich der Hersteller für eine umfassende Qualitätssicherung, das Modul H, entscheiden. Auch bei diesem Modul wird der Entwurf geprüft (EG-Auslegungsprüfbescheinigung)[110].

(5) Eine noch stärkere Kontrollintensität wird schließlich dadurch erreicht, daß die *Anforderungen an die Konstruktionsphase weiter erhöht* werden. Damit ist, anders als beim Modul B, die Prüfung eines Baumusters nicht mehr ausreichend. Erforderlich ist vielmehr, daß entweder jedes Produkt bereits in der Entwurfsphase der Einzelprüfung unterliegt (Modul G) oder aber auch für die Konstruktionsphase ein Qualitätssicherungssystem eingeführt wird (Modul H). Dieses umfassende Qualitätssicherungssystem muß in bezug auf Entwurf, Herstellung, Endabnahme und Prüfung von einer benannten Stelle anerkannt werden. Dabei ist folgendes zu überwachen: erstens die technische Konstruktionsspezifikation, Fertigungs-, Qualitätskontroll- und Qualitätssicherungstechniken, zweitens die vor, während und nach der Herstellung durchgeführten Untersuchungen und Prüfungen unter Angabe ihrer Häufigkeit und drittens die Qualitätssicherungsunterlagen sowie Kontrollberichte, mit denen die geforderte Entwurfs- und Produktqualität sowie die wirksame Arbeitsweise des Qualitätssicherungs-

---

[106] Module-Beschluß 93/465/EWG, Anh.II. Modul E Nr. 2. und 3.2.

[107] Dazu gehören z.B. Atemschutzgeräte gegen Aerosole oder gegen gefährliche Gase, Ausrüstungen zum Schutz gegen Temperaturen über 100°C, aber auch Motorradhelme, Art. 8 IV lit. a, 11, 12 PSA-RiL 89/686/EWG.

[108] Module-Beschluß 93/465/EWG, Anh.II. Modul F Nr. 4 und 5. Dabei arbeitet die statistische Kontrolle mit einem Stichprobenplan, ist also nicht lückenlos. Hierzu Art. 8 II lit. a, 11 Einfache Druckbehälter-RiL 87/404/EWG für Druckbehälter über 3000 bar·l.

[109] Art. 11 III i.V.m. Anh.III, IV-VI Medizinprodukte-RiL 93/42/EWG.

[110] Art. 11 III i.V.m. Anh.II Medizinprodukte-RiL 93/42/EWG.

systems nachgewiesen werden. Von der Erfüllung wird ausgegangen, wenn das Qualitätssicherungssystem EN 9001 eingehalten wird. Die strengsten Verfahren sind bei Medizinprodukten vorgesehen, die mit Arzneimitteln zusammenwirken (Klasse III). Hier erfolgt entweder eine Baumusterprüfung, die mit den Modulen D oder F kombiniert wird, oder eine vollständige Qualitätssicherung nach dem Modul H[111].

b) Ergänzende Anwendbarkeit der allgemeinen horizontalen Produktsicherheits-RiL

Für die meisten Produktgruppen existieren keine vertikalen Produktsicherheitsrichtlinien der EU[112]. Auch hatten die vertikalen Produktsicherheitsrichtlinien die Marktüberwachung nicht geregelt. Diese Lücken soll die allgemeine horizontale Produktsicherheitsrichtlinie schließen, die insoweit gem. Art. 1 Produktsicherheits-RiL gegenüber den vertikalen Produktsicherheitsrichtlinien subsidiär angewendet wird[113]. Solche Produkte bedürfen nicht der CE-Kennzeichnung, müssen jedoch sicher sein. Was das bedeutet, wird in § 7 und § 8 genauer dargestellt. Art. 3 II Sp. 1 Produktsicherheits-RiL verpflichtet den Hersteller zu bestimmten Maßnahmen, wie beispielsweise zur Kennzeichnung der Produkte im Hinblick auf Identifizierung oder zur Untersuchung von Beschwerden. Jedoch hat die endgültige Fassung der Produktsicherheits-RiL – im Gegensatz zu den vorherigen Entwürfen – auf eine Verpflichtung des Unternehmens zu einer Qualitätssicherung[114], eine laufende Überwachung[115] oder ein systematisches Verfahren für die Prüfung und Untersuchung von Beschwerden[116] verzichtet. Das läßt sich nur so erklären, daß für viele ungefährliche Produkte personalintensive Überwachungssysteme nicht erforderlich und damit unverhältnismäßig wären[117].

---

[111] Nicht ausreichend ist damit das Modul E, da dieses Modul die Produktions- und Fertigungsphase nicht umfaßt. Art. 11 I i.V.m. Anh.II, III–V Medizinprodukte-RiL. Dieses Verfahren gilt auch für implantierte Produkte am Herzen, s. Art. 9 i.V.m. Anh.II–V Medizinische Implantate-RiL 90/385/EWG v.20.6.1990, ABl. Nr. L 189, 17.

[112] Stellungnahme des Wirtschafts- und Sozialausschusses v.31.1.1990 zum Vorschlag der Kommission v.27.4.1989 für eine RiL des Rates über die allgemeine Produktsicherheit KOM (89) 162 endg. – SYN 192, ABl. Nr. C 75, 1, 2 zu 7.

[113] Zum Verhältnis der Richtlinien untereinander s. *Micklitz*, Die Richtlinie über die allgemeine Produktsicherheit vom 29.6.1992, VuR 1992, 261, 264.

[114] S. zu den Maßnahmen Art. 3 II Sp. 1 Produktsicherheits-RiL; dagegen Stellungnahme des Europäischen Parlamentes v.15.3.1990 zum Vorschlag der Kommission v.27.4.1989 für eine RiL des Rates über die allgemeine Produktsicherheit KOM (89) 162 endg. – SYN 192, ABl. Nr. C 96, 283, 286 zu Art. 4.

[115] Art. 6 S. 1 des Vorschlages und Erwägung 6 der Kommission v.27.4.1989 für eine RiL des Rates über die allgemeine Produktsicherheit KOM (89) 162 endg. – SYN 192, ABl. Nr. C 193, 1.

[116] Art. 3 II 2 des geänderten Vorschlags für eine RiL des Rates über die allgemeine Produktsicherheit KOM (90) 259 endg. –, ABl. Nr. C 156, 8.

[117] Zur Überwachung durch den Staat s. unten § 9.II.3.b).

4. Freiwillige Managementsysteme

Umfangreiche Qualitätssicherungssysteme bestehen zum einen nur bei Arzneimitteln, zum anderen bei besonders gefährlichen Produkten, also als schärfste Form im Zertifizierungsverfahren[118]. Eine weitere Möglichkeit, Qualitätssicherungssysteme einzuführen, wird dadurch beschritten, daß man dem Hersteller diese freiwillig anbietet. Das sind die Qualitätssicherungssysteme nach DIN (EN) ISO 9000ff[119] (a) und das Umweltmanagementsystem nach der Umwelt-AuditVO (b)[120].

a) Qualitätssicherungssysteme DIN (EN) ISO 9000ff

In der Bundesrepublik Deutschland haben die internationalen Qualitätssicherungsnormen ISO 9000–9004 in den letzten Jahren besondere Bedeutung erlangt und sind in Deutschland inhaltlich unverändert als nationale DIN ISO 9000–9004 übernommen worden[121]. Die Europäische Union hat diese Qualitätsnormen als DIN EN 9000–9004 übernommen. Die ISO 9000ff dienen jeweils nur als Leitfaden für das Qualitätssicherungssystem, das für den konkreten Betrieb zu erarbeiten ist. An dieser Stelle soll nur auf die wichtigste dieser Normen, die ISO 9001, eingegangen werden[122]. Ein Qualitätssicherungssystem nach ISO 9001 hat für alle Mitarbeiter erkennbare klare und eindeutige Zuständigkeiten und Verantwortlichkeiten sowie detaillierte und unmißverständliche Verfahrens- und Arbeitsanweisungen festzuschreiben[123]. Zum einen besteht eine eigene Verantwortung der obersten Leitung für die Qualitätspolitik[124]. Das Qualitätssicherungssystem bezweckt,

---

[118] Bei Milch zwingt die Milchhygiene-RiL 92/46/EWG v.16.6.1992, ABl. Nr. L 268, 1ff und Art. 3 Lebensmittelhygiene-RiL 93/43/EWG v.14.6.1993, ABl. v.19.7.1993 Nr.L 175, 5 zu der Einführung von Eigenkontrollen nach dem HACCP-System, s. hierzu Deutsche Milchwirtschaft v.3.11.1993, 22ff; *Hoffmann*, LZ v.18.11.194, 20.

[119] Diese sind, wie gerade gezeigt, teilweise schon bei den Zertifizierungsverfahren verpflichtend.

[120] Auf die Durchsetzung dieser Qualitätssicherungssysteme wird dann weiter unten eingegangen, § 6.V.

[121] S. DIN EN ISO 9000ff des Deutschen Instituts für Normung e.V., August 1994. *Jahn*, Zertifizierung von Qualitätssicherungssystemen in Masing (Hrsg.), Handbuch der Qualitätssicherung, 2. Aufl. 1988, Rdnr. 48.1ff, S. 923ff. Zur Geschichte s. *Kassebohm/ Malorny*, Auditierung und Zertifizierung im Brennpunkt wirtschaftlicher und rechtlicher Interessen, ZfB 1994, 693f. Inzwischen gibt es etwa 10.000 Unternehmen, die das Zertifikat erhalten haben, s. *Huger*, SZ v.14.2.1996, 26.

[122] ISO 9000 enthält allgemeine Zielsetzungen und dient als Leitlinie für die anderen Vorschriften. ISO 9001 regelt die Qualitätssicherung für Entwicklung, Konstruktion, Produktion, Montage und Kundendienst, ISO 9002 beschränkt sich auf Produktion und Montage, ISO 9003 auf die Endprüfungen. ISO 9004 gibt Verbesserungen für Arbeitsabläufe und Organisation.

[123] *Jahn* in Masing (Hrsg.), Handbuch der Qualitätssicherung, Rdnr. 48.2, S. 924.

[124] S. jeweils Abschnitt 4.1. der ISO 9001, 9002, 9003 und 9004; *Merdian*, Qualitätsmanagement und Arbeitssicherheitsmanagement, Deutsche Milchwirtschaft 1994, 74, 75; *Seeberger*,

den gesamten Produktionsablauf unter Qualitätsgesichtspunkten zu organisieren und zu kontrollieren. Deshalb ist eine Kontrolle nur des Endprodukts nicht ausreichend: Qualität kann nicht erprüft, sondern muß produziert werden[125]. Dies wird insbesondere durch eine ständige Rückkoppelung der Führung mit den Mitarbeitern und durch sog. Qualitätszirkel[126] erreicht. Das Qualitätssicherungssystem ist in einem Qualitätssicherungs-Handbuch zu dokumentieren. Es enthält ein Organigramm mit Verantwortungen, Befugnissen und organisatorischen Beziehungen der Mitarbeiter, die qualitätsrelevante Tätigkeiten ausüben, Qualitätssicherungsverfahren und -anweisungen und die Festlegungen zur Überprüfung, Aktualisierung und Überwachung des Handbuchs[127]. Mit Hilfe dieses Handbuchs kann das Qualitätssicherungssystem durch das Unternehmen selbst oder durch Dritte regelmäßig überprüft werden[128]. Das Qualitätssicherungssystem kann zertifiziert werden, wenn es eine Auditierung durch eine unabhängige Stelle erfolgreich besteht. Ein Qualitätsaudit beurteilt die Wirksamkeit des Qualitätssicherungssystems bzw. einzelner Elemente durch eine unabhängige Untersuchung[129]. Die Zertifizierung wird regelmäßig überwacht und gilt in der Regel drei Jahre lang.

b) Umwelt-AuditVO

Wie die Qualitätssicherungssysteme verzichtet auch die Umwelt-AuditVO auf eine zwingende Selbstregulierung: Die Teilnahme an einem Umwelt-Audit (der Umweltbetriebsprüfung) ist freiwillig[130]. Da die Umwelt-AuditVO schon oft beschrieben wurde[131], soll nur auf die Besonderheiten

---

Einführung und Akzeptanz eines Qualitätsmanagementsystems in der Produktion, Deutsche Milchwirtschaft, 1994, 874.

125 *Konermann*, Sicherung der Produktions- und Produktqualität als Voraussetzung für Markt- und Absatzsicherheit, Deutsche Milchwirtschaft, 1994, 78.

126 Dazu unten § 6.IV.3.b).

127 *Bautz*, ISO-Norm in der Praxis, Lebensmittelindustrie und Milchwirtschaft, 1994, 178, 179.

128 *Jahn* in Masing (Hrsg.), Handbuch der Qualitätssicherung, Rdnr. 48.3, S. 924. Durch die dadurch gewonnene Transparenz lassen sich Kunden gewinnen, *Konermann*, Deutsche Milchwirtschaft, 1994, 78. Zu diesem Aspekt s. auch sogleich § 6.V.

129 DIN 55350 Teil 11 (1987), *Gaster*, Qualitätsaudit in Masing (Hrsg.), Handbuch der Qualitätssicherung, Rdnr. 47.1., S. 901 ff; *Kriftel*, Zertifizierung eines QS-Systems, Deutsche Milchwirtschaft, 1994, 6. Zu den unabhängigen Stellen s. unten § 9.II.1.

130 Art. 3 S. 1 Umwelt-AuditVO.

131 *Führ*, EuZW 1992, 468ff; *Scherer*, NVwZ 1993, 11 ff; *Führ*, NVwZ 1993, 858ff; *Sellner/Schnutenhaus*, NVwZ 1993, 928 ff; *Knopp*, EWS 1994, 80 ff; *Wiebe*, NJW 1994, 289ff; *Lübbe-Wolff*, DVBl 1994, 361ff; *Waskow*, Betriebliches Umweltmanagement, 1994; *Förschle/Hermann/Mandler*, DB 1994, 1093 ff; *Pohl* in Himmelmann/Pohl/Tünnessen-Harmes, Handbuch des Umweltrechts, 1995, A.3. Rdnr. 83ff; *Köck*, ZUR 1995, 1; *Falke*, ZUR 1995, 4 ff; *Schnutenhaus*, ZUR 1995, 9 ff; *Peglau*, ZUR 1995, 19 ff; *v. Werder/Nestler*, RIW 1995, 296ff

eingegangen werden, die sie von den oben dargestellten Regelungen über den Beauftragten unterscheidet. Wie bei den Qualitätssicherungssystemen ist es bei der Umwelt-AuditVO Ziel, eine externe Betriebsprüfung (ein Audit) durch eine zugelassene Stelle zu bestehen und mittels einer Teilnahmeerklärung dann mit der Validierung werben zu können. Bis zu dieser Teilnahmeerklärung muß das Unternehmen folgende Voraussetzungen erfüllen: Es muß für einen Betriebsstandort seine Umweltpolitik beschreiben und diese durch ein Umweltprogramm konkretisieren. Die Umweltpolitik muß auf angemessene kontinuierliche Verbesserung des Umweltschutzes zielen[132]. Ein Umweltmanagementsystem muß Verantwortung, Befugnisse und Beziehungen zwischen den Beschäftigten in Schlüsselfunktionen beschreiben, ein Managementvertreter muß dieses System überwachen. Schließlich ist sicherzustellen, daß sich die Beschäftigten auf allen Ebenen über die Verantwortung und die Auswirkungen ihres Handelns in bezug auf die Umwelt bewußt sind[133]. Daneben enthält das Umweltmanagementsystem gegenstandsbezogene Anforderungen, inwieweit Auswirkungen auf die Umwelt zu ermitteln sind[134]. Nachdem das Umweltschutzprogramm aufgestellt und das Umweltmanagement institutionalisiert ist, findet gem. Art. 4 I Umwelt-AuditVO eine interne Umweltbetriebsprüfung durch Betriebsprüfer des Unternehmens oder externe Personen statt. Diese dient in erster Linie dazu, die Abweichung des Ist- vom Sollzustand festzustellen[135]. Nach einer erfolgten Anpassung ist dann gem. Art. 5 Umwelt-AuditVO eine Umwelterklärung abzugeben, welche die gerade genannten Punkte in knapper, verständlicher Form für die Öffentlichkeit zusammenfaßt. Diese Umwelterklärung wird dann von einem zugelassenen Prüfer durch das externe Audit überprüft und für gültig erklärt[136]. Die Betriebsprüfung wird spätestens nach drei Jahren erneut vorgenommen[137].

Die Auffassung von *Scherer*, mit diesen Vorgaben würde weitgehend auf eine Verrechtlichung der Binnenorganisation des Unternehmens verzichtet[138], überzeugt nicht. Zwar wird auf die Einsetzung eines Beauftragten ver-

---

J. Schneider, Verw 1995, 361ff; *Antes/Clausen/Fichter*, Die guten Managementpraktiken in der EU-Audit-Verordnung, DB 1995, 685ff. *Rhein*, Das Gemeinschaftssystem für das Umweltmanagement und die Umweltbetriebsprüfung, Diss. Würzburg, 1996.

132 So der Wortlaut von Art. 3 lit. a Umwelt-AuditVO; hierzu *Lübbe-Wolff*, DVBl 1994, 361, 369.

133 Anh.I B.2 Umwelt-AuditVO.

134 Anh.I B.3 Umwelt-AuditVO. Plastisch läßt sich von Ressourcenschonung, Risikominimierung, Emissionsminimierung bzw. -begrenzung sprechen, *Gassert*, Umweltschutzorientiertes Management in Zahn/Gassert (Hrsg.), Umweltschutzorientiertes Management, 1991, S. 1, 4ff.

135 Anh.II A.S. 2 Umwelt-AuditVO; s. auch *Lübbe-Wolff*, DVBl 1994, 361, 365.

136 Art. 4 VI i.V.m. Anh.III Umwelt-AuditVO.

137 Anh.II H Umwelt-AuditVO.

138 *Scherer*, NVwZ 1993, 11, 14, 16.

zichtet. Die Umwelt-AuditVO greift aber, wie schon die Qualitätssicherungssysteme, in die Organisationsstrukturen eines Unternehmens weitergehend ein als das Beauftragtenwesen[139]. Dies wird dadurch erreicht, daß sowohl auf der Geschäftsführungsebene als auch beim einzelnen Mitarbeiter persönliche Verantwortung übernommen werden muß[140]. Interne Kontrollen finden durch Prüfer statt, die unabhängig sein müssen[141]. Schließlich bestehen auf allen Ebenen umfangreiche Dokumentationspflichten, die eine bestimmte Organisation verlangen[142]. Somit werden – auf mittelbarem Wege – Unternehmensstrukturen durch die Umwelt-AuditVO durchgesetzt, wie sie vergleichbar durch die Qualitätssicherungsverfahren des Arzneimittelrechts und denen der DIN ISO 9000ff eingeführt werden[143].

c) Durchsetzung mittels Marktmacht und Werbung

Die „freiwillige" Durchsetzung der Betriebsstrukturen erfolgt oft durch den Markt in der Weise, daß der Hersteller nur dann Käufer für sein Produkt findet, wenn er bereit ist, Qualitätsvereinbarungen mit dem Käufer zu treffen[144]. Diese Marktmacht[145] wird gegenwärtig in der Kraftfahrzeug- und Maschinenbaubranche vom jeweiligen Abnehmer (Assembler) auf den Zulieferer ausgeübt. Qualitätssicherungsvereinbarungen finden sich aber auch

---

139 Ebenso *Antes/Clausen/Fichter*, DB 1995, 685. oben § 6.I.1.a).

140 Art. 3 lit. c i.V.m. Anh. I A.2., Anh. I A.5.lit. a, B.2. Umwelt-AuditVO.

141 Art. 4 I i.V.m. Anh. II C Umwelt-AuditVO.

142 Anh. I.B.4 Umwelt-AuditVO; zum Inhalt s. unten § 6.III.4. Zur Marktkontrolle der Unternehmen durch die geprüften Stellen s. unten § 9.II.1.a).

143 *Sellner/Schnutenhaus* (NVwZ 1993, 928, 929), *Führ* (NVwZ 1993, 858, 860), *Knopp* (EWS 1994, 80, 86) und *Wiebe* (NJW 1994, 289, 290) stellen dagegen die Verwandtschaft mit der Umweltinformations-RiL 90/313, ABl. Nr. L 158, 56 in den Vordergrund. S. dazu unten § 9.IV.

144 Die Literatur zu solchen Qualitätssicherungsvereinbarungen ist inzwischen umfangreich, s. nur *Kullmann/Pfister*, Kza. 3250; *Quittnat*, Qualitätssicherungsvereinbarung und Produkthaftung, BB 1989, 571, 573f; *Hollmann*, Bundesrepublik Deutschland: Zur rechtlichen und technischen Bedeutung von Qualitätssicherungsvereinbarungen, PHI 1989, 146ff; *Zirkel*, Der Vertrag zwischen Zulieferer und Assembler – eine Vertragsart sui generis?, NJW 1990, 345, 346; *Kreifels*, Qualitätssicherungsvereinbarungen – Einfluß und Auswirkungen auf die Gewährleistung und Produkthaftung von Hersteller und Zulieferer, ZIP 1990, 489; *Schmidt*, Qualitätssicherungsveinbarungen und ihr rechtlicher Rahmen, NJW 1991, 144ff; *Teichler*, Qualitätssicherung und -vereinbarung, BB 1991, 428ff; *Nagel*, Schuldrechtliche Probleme bei Just-in-Time-Lieferbeziehungen, DB 1991, 319, 323f; *Migge*, Qualitätssicherungsverträge: Versuch einer Zwischenbilanz aus der Sicht der betrieblichen Praxis, VersR 1992, 665ff; *v. Westphalen*, Qualitätssicherungsvereinbarungen, CuR 1993, 65ff; *Nagel*, Die Produkt- und Umwelthaftung im Verhältnis von Hersteller und Zulieferer, DB 1993, 2469ff; *Winkelmann*, Beschränkung der Haftung durch Unternehmenskooperation? Haftungsverlagerungen durch Qualitätsvereinbarungen in Jahrbuch Junger Zivilrechtswissenschaftler 1993, S. 211ff; *Ensthaler*, Haftungsrechtliche Bedeutung von Qualitätssicherungsvereinbarungen, NJW 1994, 817ff.

145 Zur wirtschaftlichen Abhängigkeit s. *Winkelmann* in Jahrbuch Junger Zivilrechtswissenschaftler, S. 211, 215, 219.

bei anderen komplexen Produkten. Die Qualitätsvereinbarung bezweckt, die Qualität der Leistung umfassend zu regeln. Solche Vereinbarungen sehen z.B. Qualitätssicherungssysteme beim Zulieferer vor, Benennung von Verantwortlichen für die Einhaltung der Spezifikationen (der zu liefernden Produktqualität), Verpflichtung zur lückenlosen Überwachung und zur Dokumentation, aber auch Betretungsrechte des Herstellers und Mitteilungspflichten des Zulieferers[146]. Sie sollen es dem Hersteller ermöglichen, in einem Haftungsprozeß Regreß vom Zulieferer zu erhalten[147]. Vom Abnehmer durchgeführte Audits dienen oft nicht nur der Qualitätssicherung, sondern auch der Rationalisierung[148]. Viele Autoren erachten die Umwelt-AuditVO für wenig effektiv, weil die Teilnahme nur freiwillig ist[149]. Dabei wird jedoch übersehen, daß diese künftig, wie bei den Qualitätssicherungssystemen, in vielen Bereichen über die Marktmacht durchgesetzt werden wird[150]. Neben der Marktmacht stellt die Werbung eine weitere Möglichkeit dar, Qualitätssicherungssysteme durchzusetzen[151]. Mit den Qualitätssicherungssystemen wird inzwischen recht zahlreich geworben. Ebenso dient die CE-Kennzeichnung[152] der vertrauensbildenden Information des Verbrauchers. Auch die Umwelt-AuditVO zielt auf die Möglichkeit der Werbung durch die Teilnahme- und die Umwelterklärung[153]. Gerade wenn Ressourcenschonung, Risiko- und Emissionsminimierung nicht durch das Haftungsrecht durchgesetzt werden können, bleibt hierfür ein eigener Bereich durch Marktmacht und Werbung[154].

[146] *Schmidt*, NJW 1991, 144, 147, 151; *Kreifels*, ZIP 1990, 489, 493f; *Winkelmann* in Jahrbuch Junger Zivilrechtswissenschaftler, S. 211, 216.

[147] *Kreifels*, ZIP 1990, 489, 495; *Schmidt*, NJW 1991, 144; *Nagel*, DB 1993, 2469. § 14 PHG verbietet es, die Haftung des Herstellers im Außenverhältnis auf den Zulieferer abzuwälzen; *Ensthaler*, NJW 1994, 817, 818, 822.

[148] *Winkelmann* in Jahrbuch Junger Zivilrechtswissenschaftler, S. 211, 217.

[149] *Führ*, EuZW 1992, 468, 471; *derselbe*, NVwZ 1993, 858, 860; *Sellner/Schnutenhaus*, NVwZ 1993, 934; *Knopp*, EWS 1994, 80, 82f, 85; *Scheuing* in Hoffmann-Riem/Schmidt-Aßmann (Hrsg.), Innovation und Flexibilität des Verwaltungshandelns, 1994, S. 289, 350; positiver dagegen *Wiebe*, NJW 1994, 289, 294.

[150] Das wäre z.B. der Fall, wenn Lebensmittelketten Produkte nur von Herstellern erwerben, die ein Umwelt-Audit durchgeführt haben.

[151] Zu den Anforderungen an gesundheits- und umweltbezogene Werbung s.o. § 5.II.2.a), S. 156ff.

[152] S. Art. 16 Einfache Druckbehälter-RiL 87/404/EWG; Art. 11 Spielzeug-RiL 88/378/EWG; Art. 10 EMV 89/336/EWG; Art. 10 Maschinen-RiL 89/392/EWG; Art. 13 PSA-RiL 89/686/EWG; Art. 12 Medizinische Implantate-RiL 90/385/EWG; Art. 17 Medizinische Produkte-RiL 93/42/EWG; jeweils geändert durch RiL des Rates vom 22.7.1993, ABl. Nr. L 220, 1. Dazu gerade § 6.II.3.

[153] *Wiebe*, NJW 1994, 289, 292.

[154] Zur Rolle der Werbung s. bereits oben § 5.II.2.a) und unten § 8.II.3.

III. Die einzelnen Informationserhebungspflichten des Deliktsrechts

Nachdem gerade die Möglichkeiten aufgezeigt wurden, wie auf organisatorischer Ebene Unternehmensstrukturen zum Schutze von Gesundheit und Umwelt verrechtlicht werden, sollen nun die inhaltlichen, präventiven Verkehrspflichten weiter präzisiert werden.

In § 3 wurde definiert, daß Informationen vor und nach dem Inverkehrbringen eines Produkts zu erheben sind[155]. Dies umfaßt die Sammlung, Ermittlung, Kontrolle und Dokumentation. Die Auswertung und Bewertung wird unter § 7 und § 8 dargestellt. Grundlage dieser präventiv wirkenden Erhebungspflichten ist das Prinzip der Eigenverantwortung, so wie es in § 5 näher dargestellt wurde[156]. Für die inhaltlichen Pflichten gilt das Rechtsgüterprinzip: Die Verhaltenspflichten sind um so höher, je höher die Gefahren für Leib und Leben des Menschen sind[157]. Eine besondere Bedeutung kommt der Einhaltung des Stands der Wissenschaft und Technik für den Fehlerbegriff zu, weil grundsätzlich dieser Stand einzuhalten ist. Der Hersteller kann sich entlasten, wenn er diesen Standard eingehalten hat, weil dann der Fehler für ihn in der Regel nicht erkennbar war[158].

1. Sammlung

a) Der Stand von Wissenschaft und Technik

Grundsätzlich sind die *allgemeinen* Erfahrungen und Regeln der Technik, also die praktisch erprobten und bewährten technischen Sicherheitsvorkehrungen, wie z.B. die einschlägigen DIN-Normen oder die VDE-Vorschriften, einzuhalten[159]. Darüber hinaus kann das Unternehmen verpflichtet sein, den Stand der Wissenschaft und Technik im chemischen und pharmazeutischen Bereich in einem solchen Umfang einzuhalten, daß nicht nur die praktisch erprobten, sondern darüber hinaus die *neuesten* Erkenntnisse der Technik und Wissenschaft berücksichtigt werden[160]. Das ist z.B. der Fall,

---

[155] Zu dem Begriff s. schon oben § 3.III.

[156] S. oben § 5.IV.1.b), S. 183 f.

[157] *Foerste* in Produkthaftungshandbuch I, § 24 Rdnr. 258; *Kullmann/Pfister*, Kza. 1515, 8f; *Birkmann*, Produktbeobachtungspflicht bei Kraftfahrzeugen – Entwicklung und Weiterentwicklung der Produktbeobachtungspflicht durch die Rechtsprechung des Bundesgerichtshofs, DAR 1990, 124, 128. In einer neuen Entscheidung des Bundesgerichtshofs hatte dieser bei einer Verletzung von Eigentum nur eine passive Produktbeobachtungspflicht (m.E. konkrete Erhebungspflicht) bejaht, BGH v.24.11.1993, NJW 1994, 517 – Synthetik-Gewindeschneidemittel.

[158] S. unten § 8.I.2.a), S. 282 ff.

[159] *Marburger*, Die Regeln der Technik im Recht, S. 157, 439; *Foerste* in Produkthaftungshandbuch I, § 24 Rdnr. 16.

[160] *Marburger*, Die Regeln der Technik im Recht, S. 165, 439; *Foerste* in Produkthaftungshandbuch I, § 24 Rdnr. 16, 22.

wenn der Stand der Technik über die oben genannten Normen hinausgegangen ist[161].

Nach herrschender Auffassung sollen Forschungsergebnisse allerdings nur dann verwertet werden müssen, wenn diese in gewisser Weise abgesichert und gefestigt sind oder anders formuliert, wenn die Eignung zur Gefahrsteuerung aufgrund experimenteller Erprobung gesichert erscheint[162]. Dieser Stand der Wissenschaft und Technik soll die Obergrenze bilden, die für Verhaltenspflichten zu berücksichtigen ist. *Einzelmeinungen oder Einzeluntersuchungen seien dagegen auszuscheiden*, weil die voreilige Übernahme einer Neuentwicklung zusätzliche Haftungsrisiken in sich berge[163]. Dieser für das allgemeine Deliktsrecht entwickelte Maßstab soll auch für den Stand von Wissenschaft und Technik des § 1 II Nr. 5 PHG (Art. 7 lit. e Produkthaftungs-RiL) gelten, also Maßstab der Gefährdungshaftung sein[164]. Nach einer zweiten Ansicht sollen bei der Gefährdungshaftung dagegen auch Mindermeinungen berücksichtigt werden, weil die Gefährdungshaftung nicht nur den ordentlichen, sondern auch den idealtypischen Hersteller erfordere[165].

b) Eigene Auffassung: Berücksichtigung von Mindermeinungen

Gegen die Auffassung, daß für das PHG derselbe Maßstab gelten soll wie bei § 823 I BGB, spricht, daß damit das Rechtsgüterprinzip relativiert werden könnte[166]. Die Auffassung der zweiten Ansicht, die bei der Verschuldenshaftung den ordentlichen, bei der Gefährdungshaftung den idealtypischen Hersteller zum Maßstab nimmt, scheint auf den ersten Blick überzeugend. Jedoch gilt das PHG nicht für Arzneimittel und auch nur, wenn das Produkt für den privaten Gebrauch bestimmt ist. Das PHG verlangt einen Selbstbehalt und gibt keinen Anspruch auf Schmerzensgeld. Nach der zweiten Ansicht verbliebe eine deutliche Haftungslücke für Produkte mit hohem Gefährdungspotential, bei denen nur der Maßstab des ordentlichen Kaufmanns angewendet würde.

Die Anforderungen an die Verhaltenspflichten sind vielmehr nach dem Rechtsgüterschutz auszurichten[167]; eine Unterscheidung der Anforderungen

---

[161] *Kullmann/Pfister*, Kza. 1515, 7; 1520, 3, 5, 11; *Kort*, VersR 1989, 1113, 1115.

[162] *Marburger*, Die Regeln der Technik im Recht, S. 439f, 162f, 164f; *Kullmann/Pfister*, Kza. 1520, 12; *Foerste* in Produkthaftungshandbuch I, § 24 Rdnr. 18.

[163] Mindermeinungen sollen allerdings dann Berücksichtigung finden, wenn die Wissenschaft noch nicht die Möglichkeit hatte, sich mit der neuen Meinung auseinanderzusetzen; *Foerste* in Produkthaftungshandbuch I, § 24 Rdnr. 24f; *Kullmann/Pfister*, Kza. 1520, 12 m.w.Hinw.

[164] *Taschner/Frietsch*, Art. 7 Rdnr. 43f; *Kort*, VersR 1989, 1113, 1114.

[165] *Kullmann/Pfister*, Kza. 3602, 22; Larenz/*Canaris*, Schuldrecht II 2, S. 645f; ohne Begründung *Brüggemeier/Reich*, Die EG-Produkthaftungs-Richtlinie 1985 und ihr Verhältnis zur Produzentenhaftung nach § 823 I BGB, WM 1986, 149, 153.

[166] So auch *Kort*, VersR 1989, 1113, 1116.

[167] S. gerade § 6 Fn. 157.

an den Hersteller nach Gefährdungs- und Verschuldenshaftung ist deshalb abzulehnen. Notwendig ist allerdings, daß ernstzunehmende Anhaltspunkte für einen solchen Gefährlichkeitsverdacht oder ein gewisses Gefährdungspotential vorliegen[168]. Dieses Gefährdungspotential ist bei Lebensmitteln und Arzneimitteln durch die direkte Aufnahme in bzw. die direkte Einwirkung auf den Körper oder bei technisch aufwendigen Maschinen, wie Kraftfahrzeugen, durch ihre Größe, Bauart und Energie gegeben[169]. Wenn die überwiegende Meinung in der juristischen Literatur verlangt, daß auch bei *Arzneimitteln* nur der allgemeine, also der praktizierte, und nicht der neueste Stand der Wissenschaft ausreichen soll[170], wird übersehen, daß bei Arzneimitteln unzweifelhaft ein hohes Gefahrenpotential vorliegt und deshalb grundsätzlich alle Erkenntnisquellen gesammelt und ausgewertet werden müssen, um effektive Gefahren- und Risikoabwehr zu betreiben. Die vereinzelten wissenschaftlichen Stimmen werden gegebenenfalls einen Gefährlichkeitsverdacht aufgrund bestimmter Experimente bejahen, den die herrschende Auffassung noch ablehnt. Dieser Verdacht einer Gefährlichkeit muß berücksichtigt werden, auch wenn er nur von einer Mindermeinung geäußert wird. Das gilt beispielsweise für die in der Einleitung genannten, heftig umstrittenen gentechnisch veränderten Lebensmittel (Beispiel 5). Bei der Erhebung von Gefahreninformationen geht es nur um die Frage, welche Erkenntnisse zu sammeln sind. Damit ist noch nicht entschieden, wie diese Erkenntnisquelle bewertet wird, also welche Gefahrvermeidungs- und Gefahrabwehrmaßnahmen sich daran anschließen[171]. Nur eine entsprechende Sammlungspflicht versetzt den Hersteller aber in den Kenntnisstand zu beschließen, ob er selbst das Produkt auf dessen Gefährdungspotential hin untersucht oder gegebenenfalls andere Maßnahmen beschließt.

Diese Ansicht wird bestätigt durch die hohen Anforderungen an den Wissensstand des Arztes. Der Arzt muß sich gem. § 7 BOÄ ständig fortbilden, sich mittels Fachzeitschriften über den jeweiligen Stand der medizinischen Wissenschaft, über die zur Zeit besten Heilmittel und therapeutischen Verfahren unterrichten. Im Bereich der Humanmedizin ist der Arzt gehalten, sich bis an die Grenze des Zumutbaren über Erkenntnisse und Erfahrungen zu unterrichten[172]. Mit einer solchen umfassenden Verpflichtung zur

---

[168] S. oben § 2.II.4, S. 74 ff.

[169] S. *Kort* (VersR 1989, 1113, 1115) und *Kullmann/Pfister* (Kza. 1520, 12) zur Frage, ob weltweit oder sprachgrenzenweit die Informationen gesammelt werden müssen.

[170] *Kloesel/Cyran*, AMG, § 5 Anm. 4; a.A. *Kullmann/Pfister*, Kza. 3800, 29, 1520, 11; *Zipfel*, Lebensmittelrecht, D 520 Rdnr. 14

[171] Dazu § 8.I.1. und 4, S. 293 f. Für das Öffentliche Recht s. BVerwG v.13.7.1989, NVwZ 1989, 1168 – THTR.

[172] S. Berufsordnung für die deutschen Ärzte, abgedruckt in DÄBl 1988, 2547. Auch wird ihm eine längere Karenzzeit bis zur Aufnahme der wissenschaftlichen Diskussion durch die Praxis nicht zugebilligt. BGH v.15.3.1977, VersR 1977, 546 – Fortbildung eines Tierarztes; OLG Düsseldorf v.19.12.1985 m.Nichtannahmebeschluß des BGH, VersR 1987, 414; *Steffen*,

Auswertung und Berücksichtigung von *Mindermeinungen* wird noch nicht entschieden, ob der einzelne Patient dann auch einen Anspruch auf eine solche Methode hat bzw. eine entsprechende Überweisungspflicht besteht[173].

Sehr anschaulich lassen sich die Informationsquellen im Kraftfahrzeugbereich zusammentragen, die der Hersteller systematisch sammeln muß, nachdem das Kraftfahrzeug in den Verkehr gebracht wurde. Er kann verpflichtet sein, ein effizientes Informationssystem aufzubauen[174]. Es umfaßt Kundenberichte und -beschwerden, Händlerberichte, Berichte des herstellereigenen Kundendienstes, Erkenntnisse aus der Gewährleistungsabteilung, Beobachtung des Ersatzteilumsatzes, Erkenntnisse aus der Produktentwicklung und der Produktion, Informationen von dritter Seite (z.B. Kraftfahrzeugbundesamt und ADAC), Informationen von Zulieferern, Erkenntnisse aus der Auswertung von Fachliteratur sowie die Beobachtung der Konkurrenz[175].

2. *Ermittlung*

a) Prinzip der kontrollierten Gefährdung im Arzneimittelrecht

Arzneimittel sind umfangreichen Ermittlungen und Prüfungen zu unterziehen, bevor sie zugelassen werden; es müssen weitreichende Qualitätssicherungssysteme eingehalten werden[176]. Die Entwicklung eines Arzneimittels dauert viele Jahre. Die analytische, die pharmakologisch-toxikologische und die klinische Prüfung verdeutlichen klar das Prinzip der kontrollierten Gefährdung, das sich für die zivilrechtlichen Verkehrspflichten nutzen läßt. Die jeweils nächste Stufe setzt das erfolgreiche Durchlaufen der vorhergehenden, ungefährlicheren voraus. Die analytischen Verfahren dienen der Sicherstellung der Qualität, insbesondere der Feststellung des Gehalts an Wirkstoff und an Verunreinigungen. Bei der pharmakologisch-toxikologischen Prüfung werden Versuche an zwei Arten von Säugetieren durchgeführt. Durch wiederholte Verabreichung und Höchstdosen, die so zu wählen sind, daß schädliche Wirkungen auftreten, soll die Toxizität des Arzneimittels festgestellt werden[177]. Die sog. Pharmakodynamik ist die

---

Arzthaftungsrecht, B.I.3., S. 49; *Mertens* in MünchKomm, § 823 Rdnr. 382; *Giesen*, Arzthaftungsrecht, S. 34; *Nüßgens* in RGRK, § 823 Anh.II, Rdnr. 180; *Rieger*, Rdnr. 629ff; *Laufs*, Arztrecht, Rdnr. 347.

173 S. unten § 8.I.2.b)aa). Überweisen kann der behandelnde Arzt aber nur dann, wenn er weiß, daß es eine bessere Behandlungsmethode in der Spezialklinik gibt.

174 *Sack*, Produzentenhaftung und Produktbeobachtungspflicht, BB 1985, 813, 816; BGH v.28.9.1970, VersR 1971, 80 – Beweislast für Versagen von Bremsen: Es muß sichergestellt sein, daß die Händlerebene Mängel an den Hersteller meldet.

175 *Hollmann*, PHI 1990, 38, 39f; s. auch *Foerste* in Produkthaftungshandbuch I, § 24 Rdnr. 257f. Zu Beschwerdebriefen als Informationsquelle s. *v. Werder*, ZfB 1988, 1010, 1020.

176 S. oben § 6.II.2.a), S. 201f.

177 RiL 507/91/EWG Anh. Teil 3.II.A.1., 2; s. auch schon § 2.I.5.b).

Lehre vom Einfluß der Arzneimittel auf den Organismus[178]. Bei der klinischen Prüfung wird das Arzneimittel erstmals Probanden verabreicht. In der Phase I wird das Medikament an einem gesunden Probanden angewendet, sofern er nach einer Selbstbestimmungsaufklärung nach Maßgabe des § 40 I Nr. 2, II AMG einwilligt[179]. In der Phase II wird dann das Medikament bei Kranken erprobt. Die klinische Prüfung muß nicht nur Schlußfolgerungen über die Unbedenklichkeit, Verträglichkeit und Wirksamkeit erlauben, sondern auch erkannte Wechselwirkungen mit anderen Arzneimitteln oder Substanzen wie Alkohol, Coffein, Tabak oder Nikotin wiedergeben[180]. Zudem ist die Überprüfung von Wechselwirkungen auf alle Arzneimittel zu erstrecken, bei denen nach den medizinischen Erkenntnissen der Wissenschaft der Verdacht einer Unverträglichkeit besteht[181].

b) Abstrakte und konkrete Ermittlungspflichten im Arzt-, Umwelt- und Produkthaftungsrecht

aa) Der *Arzt* soll Krankheiten erkennen und heilen. Er hat den Krankheitszustand des Patienten anhand der Vorgeschichte (Anamnese) und von Diagnoseuntersuchungen zu ermitteln. Diese Untersuchungen sollen den Arzt über die Krankheit oder das Leiden des Patienten in Kenntnis setzen. Erst durch diesen Kenntnisstand ist es ihm möglich, die Krankheit zu erkennen und zu benennen (Diagnose). Die Diagnose ist eine Elementarpflicht des Arztes; ohne vorherige Diagnose darf der Arzt den Patienten nicht behandeln. Dabei kann der Patient verlangen, daß der Arzt alle ihm zur Verfügung stehenden Erkenntnisquellen nutzt und nicht von den anerkannten Regeln der Diagnostik abweicht[182]. Der Arzt ist verpflichtet, sich selbst ein Bild von der Schwere der Krankheit zu machen; mit einer Ferndiagnose (Blinddiagnose) oder einer Behandlung per Telefon darf er sich nicht begnügen[183]. Fehlen dem behandelnden Arzt die erforderlichen Spezialkenntnisse, so muß er den Patienten an einen Spezialisten, gegebenenfalls an eine

[178] Die Untersuchungen müssen Wirkungen und Nebenwirkungen hinreichend beschreiben und um so gründlicher durchgeführt werden, je näher die Dosis, die eine Nebenwirkung hervorrufen kann, bei der Dosis liegt, die eine therapeutische Wirkung verursacht, RiL 507/91/EWG Anh. Teil 3.II.F.Abs.2–4.

[179] Zur Unterscheidung der verschiedenen Phasen I–IV, GCP Anh. 3. lit. a-d. Weitere Rechtsgrundlagen hierfür bilden die Deklaration von Helsinki, I.9. und die GCP Kap.1.8. - 1.15. Der Versuchsperson sind durch den Arzt die heilkundliche Bedeutung des Arzneimittels und seine voraussichtlichen Risiken für die Prüfperson deutlich zu machen.

[180] RiL 507/91/EWG Anh. Teil 4.C.4.,7., D.3.

[181] *G. Hager*, Schäden infolge Unvereinbarkeit mehrerer Medikamente, VersR 1987, 1053, 1054.

[182] *Giesen*, Arzthaftungsrecht, S. 55ff; *Nüßgens* in RGRK, § 823 Anh.II, Rdnr. 187ff.

[183] *Giesen*, Arzthaftungsrecht, S. 47 m.w.Nachw., 70. Nach Einlieferung eines bei einem Verkehrsunfall verletzten Patienten muß sich der Krankenhausarzt Gewißheit über die Art des Unfalls verschaffen, *Giesen*, Arzthaftungsrecht, S. 56.

Spezialklinik überweisen[184]. Hat der Arzt am Patienten einen Heileingriff z.B. in der Form einer Operation oder einer Verschreibung von Arzneimitteln vorgenommen, kann die Verpflichtung des Arztes zur Verlaufsbeobachtung und Erfolgsbeurteilung folgen[185]. Im ersten Teil der Untersuchung wurden bereits Fälle im Arztrecht als Bereich des *Vorhofs* genannt, bei denen zusätzlich die Beweislast für die Kausalität umgekehrt wird, wenn der Arzt nicht ausreichend ermittelt hat[186].

bb) Im *Umweltrecht* kann man zwischen allgemeinen und konkreten Ermittlungspflichten unterscheiden. Diese Differenzierungen zeigen sich im Immissionsschutzrecht für die Ermittlung von Emissionen. Gem. § 25 I, III 13.BImSchV müssen die Emissionen von Feuerungsanlagen für feste und flüssige Brennstoffe oder Feuerungswärmeleistungen von mehr als 400 Megawatt kontinuierlich gemessen werden[187]. Es handelt sich um *allgemeine* oder abstrakte Ermittlungspflichten. Allgemeine Ermittlungspflichten bestehen auch gem. §§ 6, 7 ChemG und §§ 12, 13 PflSchG, weil es sich hier um Stoffe mit einem besonderen Gefahrenpotential handelt. Vorzulegen sind deshalb z.B. gem. § 7 ChemG Prüfnachweise über physikalische und chemische Eigenschaften, akute Toxizität und dergleichen. Für genehmigungsfreie Anlagen bestehen Ermittlungspflichten dagegen nur bei *konkreten* Gefahren[188]. Zusätzlichen Gefahrabwendungspflichten ist nachzukommen, wenn Anhaltspunkte dafür bestehen, daß Emissionen trotz Einhaltung der Grenzwerte Schäden anrichten können[189].

---

[184] Diese verfügen regelmäßig über weit bessere Möglichkeiten der Diagnoseuntersuchungen und Therapiemöglichkeiten. BGH v.25.9.1952, Z 7, 198, 203 – Schwangerschaftsunterbrechung; BGH v.28.2.1984, NJW 1984, 1810 – Keine Aufklärungspflicht über Computertomographen; *Steffen*, Arzthaftungsrecht, B.I.3., S. 45; *Giesen*, Arzthaftungsrecht, S. 33; *Laufs*, Arztrecht, Rdnr. 342; *Nüßgens* in RGRK, § 823 Anh.II, Rdnr. 190.

[185] *Hart*, Arzneimitteltherapie und ärztliche Verantwortung, S. 110f m. Hinweis auf BGH v.27.10.1981, NJW 1982, 697 – Myambutol Ia; OLG Oldenburg v.20.1.1984, VersR 1986, 69 – Myambutol Ib.

[186] § 4.I.2.a) und § 5.III.3.a)bb), S. 169f.

[187] Kontinuierliche Messungen der Massenkonzentration sieht auch § 11 I der 17.BImSchV, die AbfallverbrennungsVO, für Anlagen gem. § 5 Nr. 1 und 2 17.BImSchV vor; wöchentliche Messungen gem. § 15 I der 17.BImSchV für Anlagen gem. § 5 I Nr. 3 17.BImSchV, wenn zu erwarten ist, daß die Emissionskonzentration 60% der Emissionsgrenzwerte überschreitet. Diese strengen Ermittlungspflichten werden verständlich, wenn man sich verdeutlicht, welche Art von Emissionen, trotz der strengen Grenzwerte des § 5 der 17.BImSchV, bei der Verbrennung freigesetzt werden können: Cadmium, Quecksilber, Chrom, Cobalt sind Stoffe, die krebserregend sind.

[188] Deshalb kann die Behörde nach § 26 I 1 BImSchG den Anlagenbetreiber nur dann zu einer Ermittlung verpflichten, wenn zu befürchten ist, daß durch die Anlage schädliche Umwelteinwirkungen hervorgerufen werden. Weitergehend erlaubt aber § 29 II BImSchG kontinuierliche Messungen, wenn dies für die Feststellung erforderlich ist, ob durch die Anlage schädliche Umwelteinwirkungen hervorgerufen werden.

[189] BGH v.18.9.1984, Z 92, 143, 152 – Kupolofen; LG Münster v.6.2.1986, NJW-RR 1986, 947, 950 – Thallium. Auch § 11 I 1 UGB-E des Professorenentwurfs beabsichtigt nur für umweltgefährliche Anlagen eine Verpflichtung zur laufenden Ermittlung für Art, Dauer

cc) Fraglich ist nun, welche Ermittlungspflichten für *Produkte* gelten. Unzweifelhaft sind z.B. die Entwicklungs- und Ermittlungspflichten sehr aufwendig, die sich Hersteller gefährlicher Produkte auferlegen, z.B. die Kraftfahrzeughersteller. Rechtsprechung zu solchen Pflichten fehlt aber nahezu vollständig[190]. Erst jüngst hat der BGH den Hersteller von Kindertee zu einer Ermittlung verpflichtet, ohne dies aber im einzelnen zu begründen[191].

Gegen haftungsrechtliche Ermittlungspflichten könnte man anführen, daß Produkte im Gegensatz zu den Arzneimitteln in der Regel kein solches Schadenspotential aufweisen. Auch die Ermittlungspflicht des Arztes wird vorrangig deshalb geschuldet, weil er in der Regel einen konkreten Krankheitszustand behandeln und heilen soll. Weil viele Produkte nicht gefährlich sind, würden generelle Ermittlungspflichten den Hersteller zu weitgehend belasten. Es bietet sich an, die Zweiteilung des Immissionsschutzrechtes zu übernehmen. Produkte haben oft kein oder ein geringes Schadenspotential für Rechtsgüter; Ermittlungspflichten werden hier nur bei einem konkreten Gefahrverdacht bestehen[192]. Bei Produkten mit einem offensichtlichen Risiko- und Gefahrenpotential, wie technisch aufwendigen Maschinen, Kraftfahrzeugen, Chemikalien oder bei Schutzausrüstungen, also Produkten, die vor Gefahren schützen sollen[193], existieren dagegen weitergehende allgemeine Ermittlungspflichten, die unabhängig von einem solchen Gefahrverdacht sind. Damit wäre nach der hier vertretenen Auffassung der Hersteller des Ledersprays, das eine Reihe verschiedener Chemikalien mit noch ungeklärten toxikologischen Eigenschaften enthielt, zur Ermittlung des Gefahrenpotentials verpflichtet[194]. Die Kindertee-Entscheidung bildet dagegen einen Grenzfall, weil die Rechtsgutsverletzung (hier Kariesbildung) erst allmählich eintritt[195].

---

und Ausmaß der Emissionen, für die Zuverlässigkeit der betrieblichen Einrichtung oder für die Verwendung von Produkten.

[190] S. aber kurz *Kullmann/Pfister*, Kza. 1520, 14; zur Verpflichtung im US-amerikanischen Recht *Kort*, VersR 1989, 1113, 1118, Fn. 60ff. Unzutreffend geht *Rehbinder* (in Kloepfer/Schmidt-Aßmann/Rehbinder, UGB-AT, zu §§ 10ff, S. 177) davon aus, daß die Rechtsprechung *Ermittlungspflichten* als allgemeine Grundpflicht des Warenherstellers ansieht. Nur Sammlungspflichten (der BGH spricht von Produktbeobachtungspflichten) bestehen im Sinne einer allgemeinen Grundpflicht. Zu dem Begriff s. oben § 3.III.1.a). Zur Informationspflicht s. § 8.I.5.

[191] BGH v.12.11.1992, Z 116, 60, 71 – Kindertee (Milupa) I.

[192] Ausreichend sind also wiederum entweder theoretische wissenschaftliche Hinweise oder Erfahrungen aus der Praxis, selbst wenn man sich diese noch nicht erklären kann, s. oben § 2.I.5.b).

[193] S. dazu oben die Fallgruppe des Vorhofs, s. § 5.III.3. Das gilt z.B. auch für die Durchführung von Crashtests, s. unten § 8.IV.2.

[194] BGH v.6.7.1990, St 37, 106 – Lederspray (Erdal). Der Strafsenat ließ es dagegen ausdrücklich offen, inwieweit zivilrechtliche Verkehrspflichten bestanden und stützte sich auf die Ingerenz, s. dazu bereits oben § 4.III.6.a).

[195] Folglich sind in der Literatur dazu generelle Ermittlungspflichten umstritten: bejahend bei Gefahren für Leib, Leben und Gesundheit Dritter BGH v.12.11.1991, Z 116, 60, 71 –

c) Erstreckung auf andere Produkte oder mögliche Schädigungsfolgen

In § 3 wurde bereits festgestellt, daß für den Hersteller eine Verpflichtung bestehen kann, verwandte *Produkte* mit ähnlichen Bestandteilen zu beobachten[196] oder auch die Wechselwirkungen mit anderen Produkten zu ermitteln[197]. Das gilt selbst dann, wenn die eigenen Produkte fehlerfrei sind. Daß jedenfalls der Hersteller auch Gefahren aus dem Zusammenwirken mehrerer Produkte ermitteln muß (sog. „Kombinationsgefahren"), läßt sich für besonders gefährliche Produkte bereits aus den gesetzlichen Pflichten für Arzneimittel und für medizinisch-technische Geräte[198] erschließen. Danach sind Wechselwirkungen mit anderen Produkten oder Lebensmitteln zu erforschen und dem Verbraucher anzuzeigen[199]. Die Gegenauffassung wirft dem BGH vor, der Hersteller des fehlerfreien Produktes hätte gar keine Möglichkeit, auf die Konstruktion des fehlerhaften Produkts Einfluß zu nehmen. Der Hersteller des fehlerfreien Produkts würde damit zum Versicherer des Herstellers des fehlerhaften Produkts[200]. Dem ist jedoch entgegenzuhalten, daß der Hersteller eines fehlerfreien Produktes auch für die Kombinationsgefahren verantwortlich ist und insoweit Gesamttäterschaft vorliegt[201].

Bereits in der Industrieabfälle-Entscheidung hat der BGH für das *Umweltrecht* festgestellt, daß es dem Hersteller als allgemeine Verkehrspflicht obliegt, dafür zu sorgen, daß sich die mit der Lagerung und Vernichtung von Industrieabfällen verbundenen Umweltgefahren nicht zum Schaden Dritter auswirken können. Als negative Seite der Produktion von Mineralöl müsse der Hersteller für die gefahrlose Vernichtung der Abfälle sorgen[202]. Deshalb sind Ermittlungspflichten immer dann auch auf mögliche Schädigungsfolgen zu erstrecken, wenn ein begründeter Verdacht besteht, daß Umwelteinwirkun-

---

Kindertee (Milupa) I und ihm folgend *v. Westphalen*, ZIP 1992, 18, 23; verneinend, weil Karies erst nach längerem Gebrauch entsteht und eine Ermittlungspflicht dann Karies durch Dauernuckeln gar nicht hätte feststellen können, *Fahrenhorst*, JuS 1994, 288, 292.

[196] BGH v.17.3.1981, Z 80, 186, 194f – Apfelschorf I (Derosal): für die Erkenntnis, daß bereits bei anderen Pilzen Resistenzbildungserscheinungen erkannt wurden und BGH v.24.1.1989, Z 106, 273, 282f – Asthmaspray (Alupent Dosier Aerosol): für das Verhältnis von Isoprenalinsulfat und Orciprenalinsulfat. S. oben § 3.II.2.a), S. 97.

[197] BGH v.9.12.1986, Z 99, 167, 172ff – Motorrad-Lenker-Verkleidung (Honda); BGH v.27.9.1994, NJW 1994, 3349, 3350 – Elektrodenkabel; BGH v.31.1.1995, NJW 1995, 1286 – Kindertee III (Milupa, Hipp); *Kullmann*, BB 1987, 1957ff.

[198] §§ 22 I Nr. 8, 11 I Nr. 7, 11a I Nr. 7 AMG. § 4 I MedGV; *Paschke*, Warnungen vor Gesundheitsrisiken im Privatrecht in Damm/Hart (Hrsg.), Rechtliche Regulierung von Gesundheitsrisiken, 1993, S. 199, 204.

[199] Zustimmend *Ulmer*, ZHR 152 (1988), 564, 576, 580.

[200] *Ulmer*, ZHR 152 (1988), 564, 577ff; *Hollmann*, PHI 1990, 38, 42.

[201] *Brüggemeier*, JZ 1995, 605, 606; *Kullmann*, NJW 1996, 18, 24.

[202] BGH v.7.10.1975, NJW 1976, 46 Ls 1- Entsorgung von Industrieabfällen.

gen Rechtsgüter Dritter schädigen können[203]. Damit bestehen im Umweltbereich Ermittlungspflichten, soweit ein Gefahrverdacht bejaht werden kann.

3. Kontrolle

a) Prinzip der mehrfachen Selbstkontrolle

Doppelte Kontrollen dienen dazu, die Gefahr menschlichen und technischen Versagens noch weiter zu verringern. Innerbetriebliche Kontrollsysteme sollen schon in einem möglichst frühen Stadium des Herstellungsprozesses Fehler vermeiden und damit die Ausschußkosten senken und den Informationsfluß innerhalb des Unternehmens stärken. Bereits die Herstellung soll Fehler vermeiden. Beispielhaft können wiederum die intensiven Kontrollpflichten im *Arzneimittelrecht* herangezogen werden. Mehrere interne Kontrollen finden bereits während der Produktherstellung statt. In einer Eingangskontrolle müssen die für die Arzneimittel notwendigen Ausgangsstoffe[204], danach die Halbfertigwaren[205] kontrolliert und schließlich jede einzelne Charge eines Arzneimittels als Teil der Endkontrolle untersucht und für den Verkehr freigegeben werden[206]. Zudem ist bei der Herstellung eine sog. Insichprozeßkontrolle durchzuführen[207]. Dagegen gibt es im *Arztrecht* eine Mehrfachkontrolle nur ausnahmsweise. So sind Anfängeroperationen zu überwachen[208]. Der neue eingeführte § 137 S. 2 SGB V verlangt künftig eine Regelung, daß vor erheblichen chirurgischen Eingriffen eine Zweitmeinung einzuholen ist[209].

---

[203] Dies entspricht § 11 I 2 UGB-E. *Rehbinder* in Kloepfer/Schmidt-Aßmann/Rehbinder, UGB-AT, zu §§ 10ff, S. 178; zum Begriff der umweltgefährlichen Anlage s. §§ 2 II, VII 3, 111 II UGB-E. Die Literatur ist zum Teil deutlich zurückhaltender: *Knebel*, Überlegungen zur Fortentwicklung des Umwelthaftungsrechts, UTR 5 (1988), 261, 272; ebenso *Versen*, Zivilrechtliche Haftung für Umweltschäden, S. 222.

[204] RiL 91/507/EWG Anh. Teil 2.C.; ArzneimittelprüfRiL 2.Abs. C.

[205] RiL 91/507/EWG Anh. Teil 2.D.; ArzneimittelprüfRiL 2.Abs. D.

[206] RiL 91/507/EWG Anh. Teil 2.E.; ArzneimittelprüfRiL 2.Abs. E.; PIC Kap.1.2.VII. und 1.4.VII.; GMP Art. 9 I.

[207] Insichprozeßkontrollen werden definiert als Kontrollen im Verlauf der Produktion eines pharmazeutischen Produkts zur Überwachung und gegebenenfalls Steuerung des Prozesses, um zu gewährleisten, daß das Produkt seiner Spezifikation entspricht, PIC Begriffsbestimmungen; s. auch Art. 10 I GMP; § 5 III 5 1. Hs. PharmBetrV; ArzneimittelprüfRiL, 2.Abs.B. zu § 22 I Nr.11 AMG.

[208] BGH v.27.9.1983, Z 88, 248, 256f – Anfängeroperation; BGH v.18.3.1974, VersR 1974, 804, 806 – Intubationsnarkose. *Steffen*, Arzthaftungsrecht, S. 53; *Giesen*, Arzthaftungsrecht, S. 78.

[209] Zu den einzelnen Pflichten bei horizontaler und vertikaler Arbeitsteilung s. unten §6.IV.2 und 3. Mit dieser Regelung wird versucht, die noch unzureichende Überwachung im Arztrecht in einem wichtigen Bereich zu harmonisieren, s. oben § 6.I.1.a).

Während die Frage der Ermittlungspflicht im *Produkthaftungsrecht* in der Literatur bisher noch gar nicht erörtert wurde, werden Fragen zur Kontrolle recht umfangreich behandelt. Hier läßt sich die Gültigkeit des Rechtsgüterprinzips nachweisen. Je wichtiger die Prüfung für Leben und Gesundheit des Menschen ist, desto umfangreichere Prüfmaßnahmen müssen vorgenommen werden[210]. Sind nur geringe Gefahren, z.B. Eigentumsverletzungen geringer Art (Fehlbelichtung eines Filmes), zu befürchten, reichen Sichtkontrollen und eine Endprüfung[211]. Bei Gefahren für den Menschen steigen sowohl die Anforderungen an den Prüfungsumfang (Stichproben, Einzelkontrolle, Vollkontrolle, gegebenenfalls auch zerstörende Prüfung) als auch an die Häufigkeit[212]. Eine Pflicht zur doppelten Kontrolle hatte der BGH für ein Narkosegerät bejaht[213], dagegen für einen Kondenstopf verneint[214].

b) Unabhängigkeit der Kontrolle

Kontrolle ist objektiver und damit effektiver, wenn der Kontrollierende vom Produzierenden unabhängig ist. Das Arzneimittelrecht unterscheidet deutlich zwischen produktionsinternen und -externen Kontrolleuren[215]. Das ist zum einen die Qualitätskontrolle durch eine von der Produktion unabhängige Abteilung[216]. Zum anderen soll regelmäßig eine Selbstinspektion als Teil des Qualitätssicherungssystems stattfinden[217]. Schließlich wird jeder Bereich nochmals abgesichert. Der Herstellungs- bzw. Kontrolleiter ist verantwortlich für die Erstellung einer entsprechenden Herstellungs- bzw. Kontrollanweisung, nach welcher das Arzneimittel herzustellen bzw. zu kontrollieren ist. Für die Herstellung und die Kontrolle des einzelnen Arzneimittels muß dann die beteiligte Person in einem eigenen Herstellungs- bzw. Prüfprotokoll durch eigenhändige Unterschrift und Datum bestätigen, daß sie das Arzneimittel nach der Herstellungs- bzw. Prüfanweisung hergestellt bzw. kontrolliert hat[218]. Eingangs wurde festgestellt, daß sowohl die Qualitätssicherungssysteme der Module und damit sowohl die Zertifizierungen nach

[210] *Borer*, Produktehaftung, S. 41; *Kullmann/Pfister*, Kza. 1520, 32.

[211] *Steindorff*, AcP 170 (1970), 93, 97.

[212] *Kullmann/Pfister*, Kza. 1520, 30; *Veltins* in Kullmann/Pfister, Kza. 4310, 13f.

[213] BGH v.11.10.1977, NJW 1987, 584 – Narkosegerät.

[214] BGH v.5.7.1960, VersR 1960, 855, 856 – Kondenstopf.

[215] Produktionsexterne Kontrolleure sind Beschäftigte des Unternehmens im Gegensatz zu unternehmensexternen Kontrolleuren wie z.B. den geprüften Stellen nach der Umwelt-AuditVO oder den privaten Prüfern wie dem TÜV. Davon zu unterscheiden sind Kontrollen durch unternehmensfremde Dritte, also externe Private (Kontrolleure), die gänzlich vom Unternehmen unabhängig sind und die unter § 9.II. dargestellt werden.

[216] Arzneimittelprüfrichtlinien, 2.Abs.C. zu § 22 I Nr.15 AMG; PIC Kap.3.2.6.; GMP Art. 11; § 6 PharmBetrV.

[217] PIC Kap.9.3. S.1, GMP, Art. 14.

[218] PIC Kap. 4.17; §§ 5 IV 2 und 6 III 3 PharmBetrV. Bei der klinischen Prüfung wird unterschieden zwischen Prüfplan und Prüfbogen, GCP Anh. 6 und 7.

ISO 9000ff als auch nach der Umwelt-AuditVO nur dann möglich sind, wenn im Unternehmen unabhängige Kontrollen eingerichtet werden[219]. Diese Forderungen findet man auch im Produkthaftungsrecht[220].

4. Dokumentation: Anforderungen im Qualitätssicherungssystem

Nach dem Arzneimittelrecht sind die einzelnen Entwicklungs- und Herstellungsstufen vollständig zu dokumentieren. Der Hersteller muß über ein Dokumentationssystem mit den jeweiligen Spezifikationen[221], Anweisungen und Protokollen verfügen[222]. Chargenproben sind für solche Arzneimittel zu lagern, die schnell verfallen[223]. Die Frist zum Aufbewahren von Dokumenten ist unterschiedlich lang: Es bestehen Zeiten zwischen 15[224] und 30 Jahren[225]. Nach den Modulen für Produkte besteht eine umfangreiche Pflicht zur Dokumentation des Entwurfs, der Prüfungen und Prüfberichte, die zur Einsichtnahme der Behörde mindestens 10 Jahre bereitzuhalten sind[226]. Diese Frist entspricht § 13 I PHG (Art. 11 Produkthaftungs-RiL), wonach nach dieser Frist der Anspruch aus § 1 PHG (Art. 1 Produkthaftungs-RiL) erlischt. Neben der haftungsrechtlichen Seite[227] dient die Dokumentation primär aber der Eigenkontrolle und Qualitätssicherung, weil nur eine ausführliche Dokumentation eine Validierung[228] und ständige Verbesserung der Qualitätssicherung ermöglicht[229]. Sie umfaßt deshalb auch ungünstige, negative Umstände, z.B. die unerwünschten Ereignisse der klinischen Prüfung[230] oder Berichte über Arzneimittel, die nicht in den Verkehr gebracht werden dürfen[231]. Damit unterscheidet sich die Dokumentation nach bundesdeutschem Recht von der US-amerikanischen Praxis, die wegen des Zugangs zu

---

[219] § 6.II.4.a) und b).

[220] *Steindorff*, AcP 170 (1970), 93, 98, 114; *Kullmann/Pfister*, Kza. 1520, 55. Für eine Trennung von Produktions- und Sicherheitsbereich nach den Hoechst-Unfällen *Toepfer*, SZ v.5.4.1993, 2.

[221] Spezifikation wird definiert als Anforderungen, denen jedes Produkt oder Material, das bei der Herstellung eingesetzt oder erzielt wird, entsprechen muß, PIC Kap. 4.1.

[222] GMP Art. 9 I. Für die Anweisung s. § 5 III 5 2.Hs.; § 6 II 4 2.Hs. PharmBetrV.

[223] §§ 8 III, 13 V PharmBetrV.

[224] RiL 91/507/EWG Anh. Teil 4.B.2.lit. a; GCP Kap.3.17.

[225] GLP, ChemG Anh.1 10.2. (1).

[226] Module-Beschluß 93/465/EWG, ABl. Nr. L 220, 23, Anh.II. Modul A.

[227] Im Haftungsrecht wird dagegen immer wieder die Beweisfunktion der Dokumentation genannt. S. dazu unten § 6.IV.4.b).

[228] Definiert als Beweisführung in Übereinstimmung mit den Grundsätzen der Guten Herstellungspraxis, daß Verfahren, Prozesse, Ausrüstungsgegenstände, Materialien, Arbeitsgänge oder Systeme zu den erwarteten Ergebnissen führen, PIC Begriffsbestimmungen; s. auch PIC Kap. 5.21 - 5.24.

[229] PIC Kap.4 Grundsätze.

[230] GCP Kap.3.19. Zur Definition von unerwünschten Ereignissen s. GCP Glossar.

[231] § 7 II 1 BetriebsVO für Arzneimittelgroßhandelsbetriebe.

dieser Dokumentation im *pre-trial-discovery*-Verfahren dazu führt, daß nur günstige, nie aber für das Unternehmen ungünstige Umstände aufgezeichnet werden, um so in einem Prozeß nicht in einen Argumentationsnotstand zu geraten[232]. Damit die Dokumentation nicht verfälscht wird, besteht zu ihr nur ein begrenzter Zugang[233].

IV. Deliktsrechtliche Durchsetzung moderner Unternehmensstrukturen

1. Organisatorische Anforderungen an die Unternehmensstruktur

Im Immissionsschutzrecht obliegt dem Immissionsschutzbeauftragten keine öffentlich-rechtliche Verantwortung, und öffentlich-rechtliche Normen geben keine bestimmte Betriebsorganisation vor[234]. Auch nach verschiedenen Tatbeständen der Gefährdungshaftung haftet der einzelne Mitarbeiter nicht[235]. Ohne persönliche Verantwortung besteht jedoch die Neigung, daß sich niemand bei einer Gefahr für die Rechtsgüter Dritter oder für die Umwelt[236] verantwortlich fühlt.

Die materiellen Anforderungen an die Sicherungs- und Managementsysteme zur Erzielung von Qualität und eines hohen Gesundheits- bzw. Umweltschutzes wurden gerade dargestellt[237]. Im folgenden sollen die *organisatorischen* Anforderungen solcher Managementsysteme kurz beschrieben werden[238]. Modernes Management spricht vom sog. ganzheitlichen Ansatz. Das ist mehr als ein Modewort. Es bedeutet, daß Qualitätssicherung und Umweltschutz Bestandteile des Unternehmensziels sind. Erforderlich ist, daß alle Beschäftigten umwelt- und qualitätsbewußt handeln und für die Auswirkungen ihres Handelns *verantwortlich* sind[239]. Dieser ganzheitliche Ansatz ist nur durch persönliche Verantwortung umzusetzen. Dafür ist zwingend erforderlich, daß die oberste Leitung des Unternehmens für Qualität

---

232 S. *Hare/Kretschmar*, Produkthaftungshandbuch II, § 119 Rdnr. 30f; *v. Werder*, ZfB 1988, 1010, 1027, *Paulus*, ZZP 104 (1991), 397ff. Zu den daraus sich ergebenden haftungsrechtlichen Fragen *Nolte*, 26 (1995), St. Mary's L.J., 351ff.

233 GLP, ChemG Anh.1 10.1. (3).

234 S. bereits oben § 6.II.1.b) und 2.b) und Fn. 41, 69.

235 Gem. §§ 1, 4 PHG (Art. 1, 3 Produkthaftungs-RiL) haftet nur der Hersteller, nach § 1 UHG nur der Inhaber bzw. Betreiber einer Anlage, *Kullmann/Pfister*, Kza. 3605, 1; *Rehbinder* in Landmann/Rohmer, Umweltrecht, Bd. II, § 1 UHG Rdnr. 48ff; *Salje*, Umwelthaftungsgesetz, § 1-3 Rdnr. 17ff; *Reuter*, Umwelthaftung, strikte Organisation und kreative Unordnung, DB 1993, 1605. *Schmidt-Salzer* (Kommentar zum Umwelthaftungsrecht, Einl. Rdnr. 104) spricht von einer Entpersönlichung der Haftung.

236 *Schmidt-Salzer*, Kommentar zum Umwelthaftungsrecht, Einl. Rdnr. 125.

237 S. oben § 6.III.

238 S. bereits oben § 6.II.4.a)b), S. 212ff.

239 Anh. I B.2 Umwelt-AuditVO. Ziel ist es, den Mitarbeitern nicht nur das Wissen um ökologische Zusammenhänge zu vermitteln, sondern bei ihnen persönliche Betroffenheit zu erzeugen, *Meuser*, Umweltschutz und Unternehmensführung, 1993, S. 170ff.

oder Umweltschutz[240] zuständig ist. Damit ist nicht nur ein einzelnes Mitglied des Vorstands oder ein einzelner Umweltschutzbeauftragter[241] verantwortlich, sondern gleichzeitig mehrere Personen. Da mehrere Personen verantwortlich sind, müssen die Zuständigkeiten geklärt[242] und muß die Kommunikation sichergestellt werden. Der Informationsfluß ist durch Qualitätszirkel[243] bzw. einen Umweltausschuß aus Vertretern verschiedener Unternehmensbereiche[244] zu gewährleisten. Eine weitere Elementarpflicht bildet die schriftliche Dokumentation sensibler Tätigkeiten[245].

Vergleichbare Regeln wurden jedoch bei den Professorenentwürfen zum UGB-AT und UGB-BT ausgespart[246]. Im Bereich der Produkthaftung wird schon seit längerem die Einführung von Qualitätssicherungssystemen gefordert[247], jüngst wird auch verstärkt der Einbau spezifischer Regeln für Umweltmanagementsysteme angeregt[248]. Unklar bleibt jedoch, ob solche Unternehmensstrukturen nur freiwillig eingeführt werden oder aber das Haftungsrecht bereits heute zu einigen Elementen dieser Managementsysteme zwingt[249]. Zu prüfen ist nun, in welchem Umfang das Deliktsrecht schon heute zu einer persönlichen Verantwortung (mehrerer) und einer Dokumentation verpflichtet.

2. Prinzip der persönlichen Verantwortung: Organträger, Beauftragte und Mitarbeiter

Wie die konkrete Pflichtenstellung des einzelnen aussieht und in welchen Fällen er zivilrechtlich haftet, ist äußerst umstritten. Unstreitig ist zunächst, daß derjenige persönlich verantwortlich ist, der den vollständigen Tatbestand

---

[240] S. oben § 6.II.4.a)b), Fn. 124, 140.

[241] Neben der gerade genannten Literatur noch *Gassert* in Zahn/Gassert (Hrsg.), Umweltschutzorientiertes Management, S. 1, 5.

[242] *Jahn* in Masing (Hrsg.), Handbuch der Qualitätssicherung, Rdnr. 48.2, S. 924.

[243] Auch sie dienen der Verbesserung der Leistungsfähigkeit des Unternehmens, *Schubert*, Qualitätszirkel in Masing (Hrsg.), Handbuch der Qualitätssicherung, Rdnr. 44.1.ff, S. 829ff; *Veltins* in Kullmann/Pfister, Kza. 4310, 26.

[244] Dieser legt einen Umweltaktionsplan fest. Ein Vorschlagswesen nimmt Anregungen der Mitarbeiterschaft auf, *Gege*, Chancen und Voraussetzung einer umweltbewußten Unternehmensführung, in: Zahn/Gassert (Hrsg.), Umweltschutzorientiertes Management, S. 121, 123f.

[245] S. oben § 6 II.4.a)b), Fn. 127, 135.

[246] Kritisch deshalb *Köck*, DVBl 1994, 27, 31; *Koenig*, NVwZ 1994, 937, 942.

[247] *Schmidt-Salzer*, BB 1972, 1430ff; *Hollmann*, Industrielles Risiko-Management in einem geänderten haftungsrechtlichen Umfeld, EWS 1992, 259ff; *Veltins* in Kullmann/Pfister, Kza. 4310, 26. Vorgeschlagen wird auch ein Dokumentationsbeauftragter und ein Produktsicherheitsbeauftragter, *Frese/v. Werder/Klinkenberg*, Produkthaftungs-Management deutscher Großunternehmungen nach altem und neuem Recht, DB 1988, 2369, 2374f; *v. Werder*, ZfB 1988, 1010, 1028.

[248] *Jost*, DB 1990, 2381ff.

[249] *Veltins* in Kullmann/Pfister, Kza. 4310, 27ff beschreibt die Organisationspflichten nur als Sollpflichten. Sehr knapp zum Qualitätssicherungssystem *Foerste* in Produkthaftungshandbuch I, § 24 Rdnr. 221. Zur Freiwilligkeit ausführlich oben § 6.II.4.

des § 823 I BGB in eigener Person unmittelbar erfüllt. Das ist beispielsweise der Geschäftsführer, der auf einer Geschäftsreise einen Autounfall verursacht[250]. Daneben haftet eine Person auch, wenn sie Täter, Anstifter oder Gehilfe i.S.v. § 830 I oder II BGB ist, also in den Fällen der Kenntnis oder Duldung einer Verletzung[251]. Umstritten sind dagegen die Fälle, in denen der einzelne nicht unmittelbar den Dritten schädigt, sondern nur einzelne *unternehmensinterne* Organisationspflichten verletzt, wie die unzureichende Kontrolle eines Mitarbeiters oder auch die unzureichende Kontrolle eines Produkts. Daneben steht die Frage im Raum, ob auch die fahrlässige Unkenntnis schadet, also der Vorwurf berechtigt ist, daß der einzelne die Pflichtverletzung hätte erkennen können. Während diese Frage im Gesellschafts- und im Produkthaftungsrecht stark umstritten ist (a), wird diese Problematik im Umweltrecht fast gar nicht diskutiert. In diesem Bereich stellt sich die Frage, ob die Beauftragten für den Umweltschutz zivilrechtlich haften (b).

a) Produkthaftungsrecht

aa) Zu einer stärkeren Kontroverse hat die Baustoff-Entscheidung des BGH geführt, in welcher er einen Geschäftsführer als Organträger einer GmbH persönlich für eine Eigentumsverletzung haftbar machte, als die GmbH einen verlängerten Eigentumsvorbehalt mißachtete. Ihm obliege eine Garantenstellung zur Einhaltung dieser Pflicht[252]. Diese Entscheidung ist überwiegend mit der Begründung abgelehnt worden, daß nach der Trennungstheorie dem Organmitglied eine allgemeine Verkehrspflicht nur gegenüber der juristischen Person, nicht aber gegenüber dem geschädigten Dritten obliege[253]. Auch habe der BGH zwar eine Garantenstellung behauptet, sie jedoch nicht begründet[254]. Nach *Lutter* und *Medicus* soll deshalb nur

[250] RG v.14.4.1930, Z 128, 229, 233 – Verzichtsvertrag; *H.J. Mertens/G. Mertens*, JZ 1990, 488; *Medicus* in FS Lorenz, 1991, S. 155, 156; *derselbe*, GmbHR 1993, 533, 539; Scholz/*U. Schneider*, GmbHG, 8.Aufl., 1993, § 43 Rdnr. 228; *Lutter*, DB 1994, 129, 131; *Keßler*, GmbHR 1994, 429, 431f, 434; *v. Bar* in FS Kitagawa, 1992, S. 279, 284.

[251] So das OLG Zweibrücken als Berufungsgericht in der Baustoff-Entscheidung, BGH v.5.12.1989, Z 109, 297, 301 unter II.3. und *Medicus* in FS Lorenz, 1991, S. 155, 169; *derselbe*, GmbHR 1993, 533, 539f; *Lutter*, ZHR 157 (1993), 464, 468f, 478ff; *derselbe*, DB 1994, 129, 131; *Keßler*, GmbHR 1994, 429, 434.

[252] BGH v.5.12.1989, Z 109, 297 – Baustoff; vertiefend *Möllers*, Qualitätsmanagement, Umweltmanagement und Haftung, DB 1996, im Erscheinen.

[253] *Medicus* in FS Lorenz, 1991, S. 155, 166f; *Lutter*, Zur persönlichen Haftung des Geschäftsführers aus deliktischen Schäden im Unternehmen, ZHR 157 (1993), 464, 470 m.w.Nachw.; *K. Schmidt*, UTR 1993, 69, 70f.

[254] *H.J. Mertens/G. Mertens*, Anm. zu BGH v. 5.12.1989, Z 109, 297 – Eigenhaftung des GmbH-Geschäftsführers, JZ 1990, 488, 489; *Kort*, Zur Eigenhaftung des GmbH-Geschäftsführers gegenüber privatrechtlichen Dritten, DB 1990, 921, 923; *Krebs/Dylla-Krebs*, Deliktische Eigenhaftung von Organen für Organisationsverschulden, DB 1990, 1271; *Medicus*

bei Kenntnis persönlich gehaftet werden, also nur, wenn die Organperson Täter, Anstifter oder Gehilfe i.S.v. § 830 I 1, II BGB ist[255]. Im Produkthaftungsrecht wird eine persönliche Haftung des leitenden sowie des einfachen Mitarbeiters von einer starken Literaturmeinung mit der Begründung abgelehnt, die Produktverantwortung oder Produkthaftung des Unternehmens sei das Gegenstück zu seiner Gewinnerzielungsmöglichkeit. An diesem Unternehmensgewinn würde aber der Mitarbeiter nicht teilhaben. Nur das Unternehmen könne sich gegen das Haftungsrisiko versichern und diese Kosten über den Preis des Produkts wieder decken[256].

bb) Dagegen hat der BGH in ständiger Rechtsprechung im Produkthaftungsrecht sowohl eine Haftung des leitenden als auch des einfachen Mitarbeiters bejaht[257]. Dieser Rechtsprechung ist zuzustimmen[258]. Das Argument des BGH, der Angestellte sei „näher dran", den Sachverhalt aufzuklären[259], ist nicht stichhaltig – oben wurde schon der Gefahrenbereich als allgemeingültiger Rechtsgrund für intensive Verhaltenspflichten abgelehnt[260]. Der BGH verlangt zur Bejahung einer Garantenpflicht, daß der Geschäftsführer gerade in seinem Aufgabenbereich zur Abwehr einer „aktualisierenden Gefahrenlage" gefordert ist[261]. Dieser Topos ist mit zwei Kriterien zu präzisieren: Erstens ist ein persönliches Einstehenmüssen erforderlich, weil der Mitarbeiter die Gefahr konkret hätte beherrschen und deshalb den Schaden hätte vermeiden müssen[262]. Indizien für ein solches persönliches Handeln sind das bestehende Risiko einer Schädigung Dritter, die Schwere des potentiellen Schadens und die Notwendigkeit, gefahrträchtige Vorgänge

---

in FS Lorenz, 1991, S. 155, 169; *Dreher*, Die persönliche Verantwortung von Geschäftsleitern nach außen und die innergesellschaftliche Aufgabenteilung, ZGR 1992, 22, 34; *Kötz*, Deliktsrecht, Rdnr. 293.

255 *Medicus* in FS Lorenz, 1991, S. 155, 169; *Lutter*, ZHR 157 (1993), 464, 468f, 478ff.

256 *Diederichsen*, NJW 1978, 1281, 1287; *Stoll*, AcP 176 (1976), 145, 170; *Marschall v. Bieberstein*, Zur Verantwortlichkeit leitender Mitarbeiter im Produkthaftpflichtrecht, VersR 1976, 411, 414; *Lieb*, Anm. zu BGH v.3.6.1975 – Spannkupplung, JZ 1976, 526, 528; *Mertens*, AcP 178 (1978), 227, 236; *derselbe* in MünchKomm § 823 Rdnr. 311; *Hopt*, AcP 183 (1983), 608, 709; *Schlechtriem*, Schuldrecht, BT, 3. Aufl. 1993, Rdnr. 731ff.; Erman/*Schiemann*, § 823 Rdnr. 123; *Hirte*, Anm. zu BGH v.6.7.1990, St 37, 106 – Lederspray (Erdal), JZ 1992, 257, 258.

257 BGH v.3.6.1975, NJW 1975, 1827 – Spannkupplung – Geschäftsleiter; BGH v.7.10.1986, NJW 1987, 372, 373 – brennbares Verzinkungsspray (Zinkotom) – Laborleiter; s. im einzelnen die zusammengetragene Rechtsprechung in *Kullmann/Pfister*, Kza. 8092.

258 *Weitnauer*, Aktuelle Fragen des Haftungsrechts, VersR 1970, 585, 597; *Kullmann/Pfister*, Kza. 3210, 3; *Foerste* in Produkthaftungshandbuch I, § 25 Rdnr. 201, 204; *Schmidt-Salzer*, Produkthaftungsrecht, Bd. III/1: Deliktsrecht, Rdnr. 4.187ff, S. 210f; *Lutter*, ZHR 157 (1993), 464, 468 für den Handelnden als Täter.

259 BGH v.3.6.1975, NJW 1975, 1827, 1828 – Spannkupplung.

260 Zu dem Rechtsgrund von Beweiserleichterungen s. oben § 4.III.6.c).

261 BGH v.5.12.1989, Z 109, 297, 304 – Baustoff.

262 Ähnlich *Steffen*, KF 1993, 27: soweit er die Gefahr als seine persönliche Aufgabe erst eigentlich schafft, verwaltet, beherrscht.

persönlich zu überwachen[263]. Solche Gefahrenlagen existieren zweitens vorrangig dann, wenn Dritte besonders schutzbedürftig sind, weil ihre hohen Rechtsgüter, wie Gesundheit, Leib und Leben, bedroht sind[264]. In diesen Fällen steigen die Verhaltensanforderungen des Organträgers deutlich[265]. Je höher die Gefahr ist, desto stärker muß die Überwachung sein[266]. Bei besonderen Gefahren ist eine Delegation an Abteilungsleiter und dergleichen überhaupt nicht mehr möglich, sondern die Organträger auf der Führungsebene sind persönlich zur Abwehr der Gefahr gefordert. So muß beispielsweise bei einem Produktrückruf oder dem Entweichen von Emissionen[267] der Organträger selbst die erforderlichen Maßnahmen treffen. In diesem Umfang werden interne Organisationspflichten zu externen deliktsrechtlichen Pflichten. Der Organträger hat es in der Hand, durch die Wahrnehmung seines Direktionsrechtes sicherzustellen, daß eine Verletzung der Umwelt und der Rechtsgüter verhindert wird[268]. Er kann also ganz entscheidend auf die Gefahrbeherrschung Einfluß nehmen. Bei gefährlichen Tätigkeiten darf auch der einfache Arbeitnehmer nicht blind auf Anweisungen des Vorgesetzten vertrauen, sondern hat verantwortungsbewußt zu handeln und kritisch mitzudenken. Muß der Arbeitnehmer erkennen, daß sich aus der den Weisungen entsprechenden Tätigkeit Gefahren für Dritte ergeben, muß er den Vorgesetzten informieren und gegebenenfalls sogar die Arbeit verweigern[269]. Genau diese Pflichtenstellung – nämlich das qualitäts- und umweltbewußte Handeln jedes Mitarbeiters – ist aber ein wichtiger Bestandteil des eingangs beschriebenen ganzheitlichen Ansatzes.

Diese Anforderungen führen noch nicht zu einer ausufernden persönlichen Haftung des einzelnen Mitarbeiters oder einer „Überspannung“ seiner Pflichten. Zu einer unzumutbaren Haftungserweiterung wird es in den allermeisten Fällen schon gar nicht kommen. Denn zum einem haftet der einzelne in der Regel nur, wenn das Unternehmen als Haftungsschuldner ausfällt, weil es z.B. in Konkurs fällt. Zum anderen ist eine immense Haftungserweiterung nicht zu befürchten, weil die Rechtsprechung – das wird in einigen

---

263 *Lutter/Hommelhoff*, GmbHG § 43 Rdnr. 41

264 *Mertens*, in MünchKomm, § 831 Rdnr. 9ff, 39; *Lutter/Hommelhoff*, GmbHG, § 43 Rdnr. 41. S. auch den AIDS-Fall bei Larenz/*Canaris*, Schuldrecht II 2, § 76.III.5.d), S. 422; *Keßler*, GmbHR 1994, 429, 436. A.A. ausdrücklich *Dreher*, ZGR 1992, 22, 39f.

265 Wesentliche Entscheidungen müssen auf Geschäftsführerebene getroffen werden, *Weimar*, Umweltrechtliche Verantwortung des GmbH-Geschäftsführers, GmbHR 1994, 82, 87.

266 Für § 831 BGB schon *Mertens* in MünchKomm, § 831 Rdn. 16f; zur Pflicht des Arztes bei einer entsprechenden Komplikationsdichte die erforderliche Maßnahme selbst vorzunehmen, s. *Brandes*, Die Haftung für Organisationsverschulden, 1994, S. 113.

267 Zum Hoechst-Fall s. Einl. Beispiel 1.

268 *Ransiek*, ZGR 1992, 203, 213ff. Dagegen stellte der BGH in der Lederspray-Entscheidung zu sehr auf die Gefahrenschaffung zur Bejahung einer Garantenstellung ab, BGH v.6.7.1990, St 37, 106, 115 – Lederspray (Erdal).

269 *Kullmann/Pfister*, Kza. 3210, 4. Für das Arztrecht BGH v.27.9.1983, Z 88, 248, 258 – Anfängeroperation; zustimmend auch *Kötz*, Deliktsrecht, Rdnr. 115.

Entscheidungsbesprechungen übersehen – die Trennungstheorie grundsätzlich anerkennt, d.h. nur ganz ausnahmsweise schuldet der Organträger die Pflicht auch gegenüber Dritten. Vornehmlich nur bei einer Bedrohung der Rechtsgüter Dritter oder der Umwelt können unternehmensinterne Pflichten zu externen Verkehrspflichten werden. Die Verpflichtung, Gefahren gegenüber Dritten zu vermeiden, besteht dann nicht nur gegenüber der GmbH oder dem Arbeitgeber, sondern auch gegenüber der Allgemeinheit[270]. Der einzelne Arbeitnehmer haftet dann persönlich. Das Unternehmen stellt zwar regelmäßig den einzelnen Arbeitnehmer von seiner Haftung frei[271]. Trotz dieser Freistellung bleibt aber eine gewisse Präventionswirkung der zivilrechtlichen Haftung bestehen[272]: zum einen der moralische Makel persönlichen Fehlverhaltens, zum anderen auch arbeitsrechtliche Sanktionsmöglichkeiten[273]. Auch erfordert der Sorgfaltspflichtverstoß des einzelnen Mitarbeiters immer ein Verschulden. Der unterschiedlichen Pflichtenstellung von Organträgern, leitenden und einfachen Arbeitnehmern wird der BGH in zweierlei Hinsicht gerecht. Zum einen wird der Fahrlässigkeitsmaßstab typisiert[274] und – haftungseinschränkend – z.B. auf den Wissensstand des einfachen Mitarbeiters abgestellt. Zum anderen findet eine Beweislastumkehr bezüglich des Verschuldens bei einem leitenden Mitarbeiter nur dann statt, wenn er im Betrieb als Repräsentant des Unternehmens betrachtet werden kann[275].

Die Bejahung einer Garantenpflicht hat eine wichtige Konsequenz zur Folge: Der Organträger kann auch für unerlaubte Handlungen haften, an denen er nicht beteiligt ist. Bereits die fahrlässige Verletzung der ordnungsgemäßen Überwachung, also die fahrlässige Unkenntnis[276], kann für eine persönliche Haftung ausreichen[277]. Eine solche Haftung geht deutlich über den § 830 BGB hinaus[278].

---

270 *Weitnauer*, VersR 1970, 585, 597; *Kullmann/Pfister*, Kza. 3210, 3.

271 *v. Westphalen*, Produkthaftungshandbuch I, § 16; *Brüggemeier*, AcP 191 (1991), 33, 55; *Hirte*, JZ 1992, 257, 258; *Schmidt-Salzer*, Produkthaftungsrecht, Bd. III/1: Deliktsrecht, 1990, Rdn. 4.189, S. 212 bezeichnet eine solche Freistellung sogar als Regelfall. Zur Betriebs-Haftpflichtversicherung s. *Nickel* in Kullmann/Pfister, Kza. 6810, 2ff.

272 Zum Präventionsgedanken im Deliktsrecht s. § 4 Fn. 88.

273 Wie z.B. Abmahnung, gegebenenfalls Kündigung, s. *Schaub*, Arbeitsrechts-Handbuch, 7. Aufl., 1992, § 52.III., S. 254; *Blomeyer*, in Münchener Handbuch zum Arbeitsrecht, Bd. 1, 1992, § 56 Rdn. 21f.

274 Hierzu instruktiv *Kötz*, Deliktsrecht, Rdnr. 112ff.

275 BGH v.19.11.1991, Z 116, 104 – Beweislastumkehr bei Kleinbetrieben; *Baumgärtel*, Handbuch der Beweislast im Privatrecht, § 823 Anh. C III Rdnr. 11; Esser/*Weyers*, Schuldrecht II, § 55 V 3.d. Damit haftet der Arbeitnehmer i.d.R. nur persönlich, soweit er seinen Sorgfaltspflichtverstoß verschuldet hat, *Kullmann/Pfister*, Kza. 3210, 3f.

276 BGH v.25.4.1989, NJW-RR 1989, 918, 919 – Bauleiter; ebenso *Grunewald* (ZHR 157 (1993), 451, 459) mit dem Hinweis, daß für § 823 I BGB und § 230 StGB bloße Fahrlässigkeit ausreicht.

277 Im Ergebnis ebenso Scholz/*U. Schneider*, GmbHG, § 43 Rdnr. 230. Für § 831 BGB s. 1981, VersR 1983, 886 – Auswahlverschulden für Schweißarbeiten; Erman/*Schiemann*, § 831 Rdn. 17; *Mertens* in MünchKomm, § 831 Rdnr. 9ff.

278 Zur gegenteiligen Auffassung der herrschenden Literatur s. oben § 6 Fn. 256.

b) Umwelthaftungsrecht

Zu fragen ist, ob auch der Immissionsschutz- oder Störfallbeauftragte einer zivilrechtlichen Haftung unterliegt. Dies wird von der überwiegenden Auffassung dann immer abgelehnt, wenn dem Beauftragten nach dem gesetzlichen Leitbild des BImSchG nur eine Beratungsfunktion, nicht aber eine Leitungs- und Entscheidungsfunktion zukomme. Ohne Weisungsrecht fehle dem Beauftragten die Möglichkeit, bestimmte Verstöße gegen Umweltschutzgesetze zu unterbinden. Er sei deshalb strafrechtlich kein Garant und zivilrechtlich kein Täter einer unerlaubten Handlung durch Unterlassen[279]. Dies sei vielmehr derjenige, der nach der innerbetrieblichen Verantwortungszuweisung operativ für den betreffenden Bereich zuständig ist[280].

Andererseits hat der Beauftragte den laufenden Betrieb der Anlage auf die Einhaltung der Rechtsvorschriften zu kontrollieren. Er hat dabei nicht nur die Anlage zu prüfen, sondern auch Emissionen zu messen[281]. Der Beauftragte schuldet als Garant Beratung und Kontrolle. Kommt er seinen Kontroll-, Informations- und Initiativpflichten nicht nach, und wäre bei deren Einhaltung die umweltschädigende Handlung zumindest verzögert worden, kann der Beauftragte auch ohne Entscheidungsbefugnis Gehilfe sein[282]. Damit kann sowohl eine unterlassene Beratung als auch eine unterlassene Kontrolle zivilrechtliche Haftungsansprüche auslösen[283].

3. Folgerungen für die Unternehmensstruktur

a) Der Grundsatz der Allzuständigkeit der Geschäftsführung im Straf- und Zivilrecht

Die Lederspray-Entscheidung[284] ist auch deshalb von besonderer Bedeutung, weil der BGH erstmals strafrechtlich den Grundsatz der Allzuständigkeit der Geschäftsführung konkretisierte. Danach ist gegebenenfalls ein straf-

---

279 *Sander*, NuR 1985, 47, 54; *Dahs*, Zur strafrechtlichen Haftung des Gewässerschutzbeauftragten nach § 324 StGB, NStZ 1986, 97, 99; *Rehbinder*, ZGR 1989, 305, 331f; *derselbe* in Kloepfer/Schmidt-Aßmann/Rehbinder, UGB-AT, S. 380; *Brandt* in GK-BImSchG, § 54 Rdnr. 44.

280 *Schmidt-Salzer*, Kommentar zum Umwelthaftungsrecht, Einl. Rdnr. 117.

281 § 54 I 2 Nr. 3 BImSchG, s. *Hansmann* in Landmann/Rohmer, Umweltrecht, Bd. I, § 54 Rdnr. 9ff; *Jarass*, § 54 Rdnr. 9f.

282 OLG Frankfurt v.22.5.1987, NJW 1987, 2753, 2756 – Gewässerverunreinigung durch Abwassereinleitung; zustimmend *Thamm*, DB 1994, 1021, 1023. Bei Fehlinformation kann er zudem mittelbarer Täter sein, Dreher/*Tröndle*, StGB, § 324 Rdnr. 9. Für Produkte s. BGH v.6.7.1990, NJW 1990, 2560, 2569 = St 37, 106 (nicht abgedruckt in der amtl. Slg.) – Lederspray (Erdal); *Schmidt-Salzer*, Kommentar zum Umwelthaftungsrecht, Einl. Rdnr. 167.

283 *Hansmann* (in Landmann/Rohmer, Umweltrecht, Bd. I, § 54 Rdnr. 24) hält eine zivilrechtliche Verantwortlichkeit zumindest für denkbar.

284 Zum Sachverhalt s. Einl. Beispiel 2.

rechtlicher Täter nicht nur der mit der Aufgabenwahrnehmung beauftragte Mitarbeiter. Es besteht zudem eine primäre Garantenpflicht der Geschäftsleitung für die Vermeidung von Organisationsfehlern, also von Fehlern, die voraussehbar waren und durch zumutbare organisatorische Maßnahmen hätten vermieden werden können[285]. Dieser Grundsatz der Gesamtverantwortung der Geschäftsführung gilt, wie § 77 AktG zeigt, auch zivilrechtlich[286]. Besondere Bedeutung erlangt er im Umweltschutz[287].

b) Mehrfache Verantwortung: horizontale, vertikale und vernetzte Strukturen

Nach Ansicht von *Reuter* steht die Rechtsprechung zur Organisationshaftung im Widerspruch zu den Anforderungen einer modernen Betriebsorganisation[288]. Die Rechtsprechung verlange eine „formale", hierarchische Organisation, weil sie auf Überwachung und abgegrenzte Aufgabenverteilung angelegt sei. Eine abgegrenzte Aufgabenverteilung führt zu einer begrenzten Verantwortung und damit begrenzten Haftung. Unternehmen, die sich flexibel dem ständig verändernden Umfeld anpassen, arbeiteten aber mit einer „informalen" Betriebsorganisation, die u.a. informale Kommunikation in kreativer Unordnung und mehrfache Anweisungsmöglichkeiten verlange[289]. Der Beauftragte oder Verantwortliche setzt sich mit den anderen Abteilungen der Verantwortungsebene auseinander und diese geben wieder Instruktionen an den Beauftragten zurück. Im Idealfall findet somit ein Informationsaustausch im Kreislaufverkehr statt.

Betrachtet man hingegen die bisherige Rechtsprechung und insbesondere die Lederspray-Entscheidung, so wird man feststellen, daß diese zu einem guten Teil die Forderung von *Reuter* nach *mehrfacher Verantwortung* schon berücksichtigt. Dazu muß man sich verdeutlichen, daß sich Hierarchie und Kreislauf, horizontale und vertikale Arbeitsteilung nicht gegenseitig ausschließen müssen. Konkret besteht die Möglichkeit, daß jeweils mehrere

---

[285] *Schmidt-Salzer*, Kommentar zum Umwelthaftungsrecht, Einl. 171ff; *derselbe*, Verbraucherschutz, Produkthaftung, Umwelthaftung, Unternehmensverantwortung, NJW 1994, 1305, 1310.

[286] *Martens*, Der Grundsatz gemeinsamer Vorstandsverantwortung in FS Fleck, 1988, S. 191ff; *Wiesner* in Münchener Handbuch des Gesellschaftsrechts, Bd. 4, Aktiengesellschaft, 1988, §22; *Dreher*, ZGR 1992, 22ff; *Mertens* in Kölner Kommentar, Bd. 2, 2. Aufl., 1989, § 77 Rdnr. 18; *Hüffer*, AktG, 1993, § 77 Rdnr. 1ff; *U. Schneider* in FS 100 Jahre GmbHG, 1992, S. 473, 478ff; *Steffen*, Verschuldenshaftung und Gefährdungshaftung für Umweltschäden, UTR 1990, 71ff = NJW 1990, 1817, 1819; *Schmidt-Salzer*, Kommentar zum Umwelthaftungsrecht, Einl. Rdnr. 61.

[287] Auch § 52a I 2 BImSchG weist darauf hin, daß die Gesamtverantwortung aller Organmitglieder bestehen bleibt.

[288] S. dazu gerade schon § 6.IV.1. m.w.Nachw.

[289] *Reuter*, DB 1993, 1605, 1606ff unter Hinweis auf das Mehrliniensystem. S. hierzu *Wöhe*, Einführung in die allgemeine Betriebswirtschaftslehre, 18. Aufl., 1993, S. 194.

Personen für das Handeln des Ausführenden persönlich verantwortlich sein können. Das gilt sowohl für horizontale (aa), vertikale (bb) als auch für vernetzte Organisationsstrukturen (cc).

aa) In der *horizontalen Arbeitsteilung* besteht für größere Unternehmen, wie Aktiengesellschaften oder GmbHs, der gerade genannte Grundsatz der Gesamtverantwortung des Vorstands bzw. der Geschäftsleitung. Der Ressortzuständige ist primär verantwortlich. Nach Auffassung von *Hüffer* und *Schneider* werden die anderen Vorstandsmitglieder ihrer Verantwortung durch eine kontinuierliche Verfolgung der Aktivitäten und Vorkommnisse in den Sitzungen gerecht[290]. Ausreichend sei, wenn sich die Überwachung auf eine Erkundigungspflicht beschränke[291].

Dies kann aber bei gefährlichen Tätigkeiten nicht genügen. In diesen Fällen bleibt es bei einer *Mitverantwortung der anderen Ressortzuständigen* auf der Geschäftsführungsebene für die ordnungsgemäße Ressortdurchführung des Primärverantwortlichen. Für wichtige Geschäftsvorfälle müssen eine laufende Überwachung und Kontrolle der Ressorttätigkeit durch die anderen Vorstandsmitglieder gewährleistet sein[292]. Das ist beispielsweise durch die Einrichtung eines bestimmten Kontrollressorts möglich[293]. Schließlich ist in Krisen- und Ausnahmesituationen das Unternehmen als Ganzes betroffen und damit die Geschäftsführung insgesamt zum Handeln aufgerufen[294].

bb) Zum anderen kann sich auch in der *vertikalen Arbeitsteilung* die Verantwortung und Haftung fortsetzen, d.h. *vervielfältigen*.

Der verantwortungsbewußte Arbeitnehmer muß mitdenken und der Organträger besonders intensiv kontrollieren und überwachen, wenn es um hohe Rechtsgüter geht[295]. Die Rechtsprechung ist vom dezentralen Entlastungsbeweis deutlich abgerückt[296]. Folge davon ist, daß gleichzeitig mehrere Personen haften können. Eine mehrfache Verantwortung bedeutet zusätzlich, daß bei unzureichender Überwachung oder Duldung eines rechtswidrigen Verhaltens nicht nur der unmittelbar Vorgesetzte haftet. Es

---

[290] Die Pflichten dürften nicht überspannt werden, *Hüffer*, AktG, § 77 Rdnr. 15. Gegen strafrechtliche Kontrollpflichten *Schünemann*, UTR 26 (1994), 137, 161.

[291] *U. Schneider* in FS 100 Jahre GmbHG, 1992, S. 473, 482. Ähnlich betont einen Anspruch jedes Mitglieds auf Berichterstattung aus anderen Ressorts *Wiesner* in Münchener Handbuch des Gesellschaftsrechts, Bd. 4, Aktiengesellschaft, 1988, § 22 Rdnr. 14.

[292] Allgemein zu dieser Pflicht *Schmidt-Salzer*, Kommentar zum Umwelthaftungsrecht, Einl. Rdnr. 161.

[293] Als generell bestehende Pflicht *Martens* in FS Fleck, 1988, S. 191, 200; ähnlich auch *Wiesner* in Münchener Handbuch des Gesellschaftsrechts, Aktiengesellschaft, § 22 Rdnr. 14.

[294] IvF Häufung von Verbraucherbeschwerden, BGH v.6.7.1990, St 37, 106, 124 – Lederspray (Erdal) S. bereits *Martens* in FS Fleck, 1988, S. 191, 197

[295] S. gerade § 6.IV.2.a).

[296] BGH v.17.10.1967, NJW 1968, 247, 248 – Schubstrebe; BGH v.19.6.1973, NJW 1973, 1602, 1603 – Feuerwerkskörper. Kritisch gegenüber der früheren BGH-Rechtsprechung auch *Mertens* in MünchKomm, § 831 Rdnr. 3, 61ff; Erman/*Schiemann*, § 831 Rdnr. 21; Larenz/*Canaris*, Schuldrecht II.2, § 79.III.3.b), S. 480ff; Palandt/*Thomas*, § 831 Rdnr. 15. Noch deutlicher *Diederichsen*, NJW 1978, 1281, 1287: „Der Exkulpationsbeweis ist ‚praktisch tot'".

können darüber hinaus auch die übergeordneten Vorgesetzten zur Verantwortung gezogen werden[297]. Ein plastisches Beispiel bildet das Salzsäure-Strafverfahren: Die Staatsanwaltschaft hatte wegen des Verdachts der unbefugten Gewässerverunreinigung nicht nur den Leiter der Abteilung „Reinhaltung für Wasser und Luft" und die Bereichsleiter der Produktion und des betreffenden Geschäftsbereichs angeklagt, sondern auch das zuständige Vorstandsmitglied und den Vorstandsvorsitzenden[298].

cc) Mit dieser gleichzeitigen Verantwortung mehrerer Mitarbeiter in horizontalen und vertikalen Strukturen lassen sich schließlich auch *vernetzte* Organisationsstrukturen bilden. Betrachtet man sich die Informations- und Initiativrechte des Immissionsschutzbeauftragten gem. §§ 54 I Nr. 4, II, 56 I, 57 S.1 BImSchG, so hat er umfangreiche Möglichkeiten, Verantwortliche mit Entscheidungsbefugnis „bösgläubig" zu machen[299]. Um der Haftung zu entgehen, muß regelmäßig eine Kommunikation des primär verantwortlichen Ressortleiters mit den übrigen Entscheidungsträgern des Unternehmens stattfinden. Das ließe sich bewerkstelligen, indem ein *Rat oder Ausschuß* eingerichtet wird, der es ermöglicht, daß sich die Entscheidungsträger von Forschung, Herstellung (Produktion), Kontrolle und die für Gesundheits- und Umweltschutz Beauftragten regelmäßig austauschen. Genau diese Anforderung entspricht dem modernen Management.

Damit bleibt festzuhalten, daß auch haftungsrechtlich in der Regel mehrere Personen zur Überwachung und zum Austausch von Informationen verpflichtet sind.

c) Einschränkung des Vertrauensgrundsatzes im Arztrecht

Diese Überlegungen wirken auch auf das Arztrecht zurück. Wie festgestellt, besteht jetzt schon eine Reihe organisatorischer Pflichten des Krankenhauses[300]. Bei der Organisation wird zwischen vertikaler und horizontaler Arbeitsteilung unterschieden. Bei der *vertikalen* Arbeitsteilung müssen klare Zuständigkeitsregeln in der Behandlungs- und Kontrollführung und für die Patientenaufklärung herrschen. Einsatzpläne und Vertreterregeln müssen klare Zuständigkeitsabgrenzungen für die fachärztliche Bereitschaft im Bedarfsfalle, auch nachts und sonntags, sichern[301]. Um den Stand der

---

[297] Für die strafrechtliche Verantwortung s. *Schünemann*, UTR 26 (1994), 137, 152.

[298] Einstellungsverfügung der Staatsanwaltschaft beim LG Frankfurt v.9.2.1981, NuR 1982, 114; s. instruktiv das Organigramm bei *Schmidt-Salzer*, Kommentar zum Umwelthaftungsrecht, Einl. Rdnr. 144.

[299] *Rehbinder*, ZGR 1989, 305, 323; *Reinhardt*, Die Überwachung durch Private im Umwelt- und Technikrecht, AöR 118 (1993), 617, 636. Parallel dazu bestehen die Rechte des Störfallbeauftragten, §§ 58b I Nr. 2–4, 58c II II BImSchG. Zumindest für mehrere Beauftragte ist auch eine Koordination erforderlich, § 55 III 1, 2 BImSchG.

[300] Oben § 5.III.3.Exkurs.

[301] *Steffen*, Arzthaftungsrecht, S. 55; OLG Düsseldorf v.2.10.1985, VersR 1986, 659 – Nacht- und Sonntagsdienst.

Wissenschaft einzuhalten, müssen Assistenzärzte, die diesen Standard noch nicht erlernt haben, gezielt kontrolliert werden[302].

Bei der *horizontalen* Arbeitsteilung sind die Ärzte grundsätzlich gleichgeordnet. Die Verantwortungsbereiche müssen deutlich abgegrenzt sein. Für jede Behandlungsphase ist ein behandlungsführender Arzt zu bestellen, der den Kommunikationsfluß und die Entscheidung in Kompetenzkonflikten sicherstellt[303]. Nach Auffassung der Rechtsprechung soll die Haftung allerdings durch den Vertrauensgrundsatz eingeschränkt werden. Grundsätzlich dürfen die beteiligten Ärzte auf die fehlerfreie Mitwirkung der Kollegen vertrauen. Der Vertrauensgrundsatz gilt nicht nur für Ärzte untereinander im Krankenhaus, sondern auch im Verhältnis der niedergelassenen Ärzte zueinander[304].

Die Praxis zeigt jedoch, daß die Verantwortungsbereiche und Kompetenzen zwischen niedergelassenen Ärzten untereinander, zwischen niedergelassenen und Krankhausärzten sowie zwischen den einzelnen Fachabteilungen eines Krankenhauses oft nicht klar abgegrenzt sind[305]. Aufgrund der obigen Überlegungen zur Gesamtverantwortung ist der Vertrauensgrundsatz bei horizontaler Arbeitsteilung stärker als bisher einzuschränken. Statt zu betonen, daß Weisungsrecht und Überwachung bei einer horizontalen Arbeitsteilung ausscheiden und der überweisende Arzt sich auf die Ergebnisse des Kollegen verlassen dürfe[306], ist vielmehr umgekehrt zu formulieren, daß der Hausarzt bereits dann nicht von der Haftung freigestellt ist, wenn er ohne weiteres erkennen muß, daß gewichtige Bedenken gegen das diagnostische oder therapeutische Vorgehen desjenigen (Fach-)Arztes bestehen, an den der Hausarzt den Patienten überwiesen hatte[307]. Der nachfolgende Arzt hat Diagnose und Therapiewahl eigenverantwortlich zu überprüfen[308].

---

[302] BGH v.27.9.1983, Z 88, 248 – Anfängeroperation; *Steffen*, Arzthaftungsrecht, S. 53. S. auch Einl. Beispiel 3. Behandlungsfehler aufgrund solcher Versäumnisse führen zu einer gesamtschuldnerischen Haftung, *Giesen*, Arzthaftungsrecht, S. 73; *Steffen*, Arzthaftungsrecht, B.I.5., S. 72.

[303] *Steffen*, Arzthaftungsrecht, B.I.5., S. 72; BGH v.24.1.1984, NJW 1984, 1403 – Häschenstellung; BGH v.16.10.1979, NJW 1980, 650, 651 – Abgrenzung Chirurg – Anästhesist II; *Mertens* in MünchKomm, § 823 Rdnr. 408b,c; *Giesen*, Arzthaftungsrecht, S. 73.

[304] *Nüßgens* in RGRK, § 823 Anh.II, Rdnr. 217 m.w.Nachw.; *Wilhelm*, Verantwortung und Vertrauen bei der Arbeitsteilung in der Medizin, 1983; *Lippert*, Das Organisationsverschulden in Hochschulklinika – zivilrechtliche Aspekte, NJW 1984, 2606, 2610. Zum Vertrauensgrundsatz im Strafrecht, BGH v.2.10.1979, NJW 1980, 649 – Abgrenzung Chirurg – Anästhesist I; BGH v.16.10.1979, NJW 1980, 650, 651 – Abgrenzung Chirurg – Anästhesist II.

[305] Auch *Giesen* (Arzthaftungsrecht, S. 72) betont, daß Organisations- und Koordinationsmängel oft dazu führen, daß der medizinische Standard nicht eingehalten wird.

[306] *Nüßgens* in RGRK, § 823 Anh.II, Rdnr. 219.

[307] So auch *Steffen*, Arzthaftungsrecht, B.I.5., S. 73; BGH v.8.11.1989, NJW 1989, 1535 – Fruchtwasserpunktion.

[308] Diese Grundsätze gelten auch im Verhältnis des Arztes zum pharmazeutischen Unternehmen. Je unerprobter, risikoreicher und je umstrittener ein Medikament ist, um so höher

d) Vermeidung einer persönlichen Haftung

Die Aufgaben des Beauftragten, wie sie in den §§ 53ff BImSchG für den Immissionsschutz- und Störfallbeauftragten beschrieben sind, sind öffentlich-rechtlicher Natur. Damit werden die Rechte und Pflichten des Beauftragten nicht schon per Gesetz, sondern erst dann zwischen Arbeitgeber und Arbeitnehmer verpflichtend, wenn sie durch den Bestellungsvertrag vereinbart werden[309]. Da der Beauftragte sowohl straf- als auch zivilrechtlich verantwortlich gemacht werden kann, muß es ihm möglich sein, *arbeitsrechtlich* seinen Aufgabenbereich klären zu lassen[310]. Denn solange keine klare Kompetenzabgrenzung besteht, kann sich die Haftung vervielfältigen[311] und – wie gerade gezeigt – auch auf ihn erstrecken.

Fraglich ist, ob der Beauftragte überdies das Recht hat, *Behörden* über Mißstände, die den Umweltschutz betreffen, zu *informieren*. Dagegen ließe sich einwenden, daß nach § 16 BImSchG und nach § 11 StörfallVO (12. BImSchV) nur der Betreiber, nicht jedoch der Beauftragte verpflichtet ist, der Behörde Abweichungen vom Genehmigungsbescheid bzw. einen Störfall[312] zu melden. Daraus wird gefolgert, daß der Betreiber den Immissionsschutzbeauftragten nach arbeitsrechtlichen Grundsätzen zur Verschwiegenheit verpflichten kann, der Immissionsschutzbeauftragte somit von sich aus nicht berechtigt sei, Informationen an die Behörde weiterzugeben[313]. Auch hat der Gesetzgeber auf bußgeldbewehrte Mitteilungspflichten des Beauftragten verzichtet, um zu vermeiden, daß das Vertrauensverhältnis zwischen Betreiber und Beauftragtem gestört würde, wenn der Beauftragte die Behörde informierte[314].

---

sind die Anforderungen an die Pflicht des Arztes, sich *unabhängig* von den Instruktionen des pharmazeutischen Unternehmens zu informieren, BGH v.5.12.1967, NJW 1968, 1181, 1182 – Arzthaftung/Kurznarkosemittel (Estil). Im Zweifel muß sich der Arzt beim Hersteller informieren, OLG Oldenburg v.20.1.1984, VersR 1986, 69, 71 – Myambutol Ib; *Giesen*, Arzthaftungsrecht, S. 35.

[309] *Hansmann* (in Landmann/Rohmer, Umweltrecht, Bd. I, § 54 Rdnr. 2 und § 55 Rdnr. 55) unter Hinweis auf die systematische Stellung der Aufgaben in § 54 nach der Bestellung in § 53 BImSchG; *Jarass*, BImSchG, § 55 Rdnr. 24.

[310] Ebenso allerdings ohne Begründung *Fluck* in Ule/Laubinger, BImSchG, § 55 Rdnr. 5. Dagegen gibt *Szelinski* (Der Umweltschutzbeauftragte, WiVerw 1980, 266, 282) dem Beauftragten nur dann ein Klagerecht, wenn seine Tätigkeit insgesamt ausgehöhlt würde. Unklar *Hansmann* in Landmann/Rohmer, Umweltrecht, Bd. I, § 55 Rdnr. 67.

[311] *Schmidt-Salzer*, Produkthaftung, Bd. III/1: Deliktsrecht, Rdnr. 4.268, 4.282.; *Reuter*, DB 1993, 1605, 1606; zur daraus folgenden gesamtschuldnerischen Haftung im Arztrecht s. gerade § 6.IV.3.c).

[312] Also eine größere Explosion, Emission oder einen Brand, bei denen eine ernste Gefahr für das Leben oder die Gesundheit von Menschen oder für die Natur besteht, zur Definition s. § 2 StörfallVO (12.BImSchV).

[313] *Hansmann* in Landmann/Rohmer, Umweltrecht, Bd. I, § 52 Rdnr. 41; § 53 Rdnr. 17; a.A. ohne Begründung *Jarass*, BImschG, § 52 Rdnr. 5, § 54 Rdnr. 14.

[314] BT-Dr. 11/4909, S. 37f.

Jedoch wird man dem Beauftragten in bestimmten Fällen ein Mitteilungsrecht zubilligen. Bereits im Arzneimittelrecht bestehen entsprechende Mitteilungspflichten des Beauftragten, ohne daß das Vertrauensverhältnis zwischen Hersteller und Beauftragtem tangiert würde[315]. Da dem Beauftragten Kontroll- und Beratungspflichten obliegen, wird eine Verschwiegenheitspflicht zumindest immer dann eingeschränkt, wenn ein Schweigen für ihn strafrechtliche oder zivilrechtliche Folgen mit sich brächte. Unabhängig von diesen Rechten des Beauftragten wird in der arbeitsrechtlichen Literatur zu Recht betont, daß auch Gefahren für die Öffentlichkeit, wie der Verstoß gegen Umweltschutzgesetze, ausreichen, um eine Anzeige bei staatlichen Stellen zu rechtfertigen. Der einzelne Arbeitnehmer und die Betriebsbeauftragten für Immissionsschutz oder Gewässerschutz sind dann zur Information der staatlichen Stellen berechtigt, wenn sie vorab den Arbeitgeber informiert haben und dieser nicht in angemessener Zeit Abhilfe geschaffen hat[316]. Eine Unterrichtung des Unternehmers kann unterbleiben, wenn gesetzliche Pflichten zur Unterrichtung der Behörde bestehen[317] oder ein erheblicher Schaden droht[318].

4. Beweislastumkehr bei Einhaltung moderner Unternehmensstrukturen

Elemente einer Betriebsorganisation lassen sich mit Hilfe der persönlichen Haftung durchsetzen. Zu fragen ist, ob daneben auch Beweiserleichterungen für den Geschädigten die bereits erörterten Elemente einer Betriebsstruktur (a) sowie die Pflicht zur Dokumentation (b) durchsetzen können.

a) Inhaltliche Ausgestaltung der Betriebsorganisation: öffentlich-rechtliche und zivilrechtliche Pflichten gem. § 6 I, II UHG

Grundsätzlich hat der Geschädigte die Kausalität zwischen Rechtsgutsverletzung, Handlung und Schaden zu beweisen. Im Umweltbereich wird erstmals mit § 6 I UHG die gesetzliche Kausalitätsvermutung aufgestellt, daß der Schaden durch die Anlage verursacht wurde, wenn diese dazu geeignet war. Diese Vermutungswirkung wird gem. § 6 II UHG aufgehoben, soweit die

---

[315] S. unten § 9.II.3.a).

[316] Gem. § 21 VI GefStoffV kann sich der Arbeitnehmer nach Ausschöpfung der innerbetrieblichen Möglichkeiten unmittelbar an die zuständige Behörde wenden. Durch die vorherige Information verliert der Arbeitgeber sein schutzwürdiges Vertrauen in die Verschwiegenheit des Arbeitnehmers, *Blomeyer* in Münchener Handbuch zum Arbeitsrecht, § 51 Rdnr. 51f.

[317] S. unten § 9.I.1.b).

[318] *Schaub*, Arbeitsrechts-Handbuch, § 54 Anm. 3. BAG v.14.12.1972, AP § 1 KSchG Nr. 8 – verhaltensbedingte Kündigung; zustimmend *Rehbinder*, ZGR 1989, 305, 323; *Blomeyer* in Münchener Handbuch zum Arbeitsrecht, § 51 Rdnr. 51f; Erman/*Hanau*, § 611 Rdnr. 150 betrachtet dies sogar als einen allgemeinen Rechtsgedanken. Der Beauftragte wird durch das Kündigungsverbot des § 58 BlmSchG geschützt.

Anlage bestimmungsgemäß betrieben wurde. Die Anlage wird bestimmungsgemäß betrieben, wenn gem. § 6 II 2, III UHG besondere Betriebspflichten eingehalten wurden, die sich aus der verwaltungsrechtlichen Zulassung, den Auflagen, vollziehbaren Anordnungen und Rechtsvorschriften ergeben[319]. Der Betreiber muß also nachweisen, daß er diese Betriebspflichten eingehalten hat.

Zu prüfen ist, ob diese Vermutungswirkung zu Lasten des Betreibers auch dann gilt, wenn er keine moderne Betriebsstruktur im oben dargestellten Sinne eingerichtet hat. Diese Konsequenz läßt sich auf den ersten Blick aus § 6 I UHG nicht ableiten, weil sich Betriebspflichten nach dem ausdrücklichen Wortlaut des § 6 III UHG nur aus verwaltungsrechtlichen Instrumentarien und Rechtsvorschriften ergeben. Zivilrechtliche Verkehrspflichten, also die gerade genannten deliktischen Organisationspflichten, werden durch die Rechtsprechung entwickelt und sind ganz unstrittig weder verwaltungsrechtliche Instrumentarien noch Rechtsvorschriften[320]. Hinter der Regelung des Absatzes 3 steht der gesetzgeberische Wille, solche Betriebspflichten nicht durch den Zivilrichter überprüfen zu lassen, um damit nicht den Anlagenbetreiber einem nicht akzeptablen Risiko auszusetzen[321]. Eine Betriebspflicht kann sich dagegen aus der verwaltungsrechtlichen Zulassung der Anlage ergeben. Diese erfolgt wiederum nur, wenn der Betreiber eine Betriebsorganisation gem. §§ 5, 52a II BImSchG eingerichtet hat. Wie festgestellt, können nach herrschender Auffassung die Anforderungen an eine solche Betriebsorganisation durch die Behörde nicht näher bestimmt werden[322]. Mit einer solchen Auffassung würde die Macht- und Wirkungslosigkeit des Verwaltungsrechts in das Zivilrecht hinein verlängert[323].

Ein Leerlaufen der Vermutungswirkung des § 6 I UHG kann jedoch verhindert werden, soweit die Anforderungen an die Schaffung einer Betriebsorganisation gem. §§ 5, 52a II BImSchG konkretisiert werden können. Wenn § 52a II BImSchG den Betreiber verpflichtet, „mitzuteilen, auf welche Weise sichergestellt ist, daß die dem Schutz vor schädlichen Umwelteinwirkungen ... dienenden Vorschriften ... beachtet werden[324]", verlangt die Vorschrift von ihrem Gesetzeszweck her eine umfassende Mitteilung über alle verhaltenssteuernden Maßnahmen zur Einhaltung der immissions-

---

[319] Zum Wortlaut des § 6 UHG, s. Anh.A.III.1. Zudem führt die Einhaltung von Betriebspflichten dazu, daß gem. § 5 UHG nur beschränkt für Sachschäden gehaftet wird.

[320] *Landsberg/Lülling*, Umwelthaftungsrecht, § 6 Rdnr. 109; *G. Hager* in Landmann/Rohmer, Umweltrecht, Bd. II, § 6 Rdnr. 54; *Salje*, § 6 Rdnr. 44.

[321] BR-Dr 129/90, S. 7. S. hierzu *G. Hager* in Landmann/Rohmer, Umweltrecht, Bd. 2, § 6 Rdnr. 57; *Salje*, § 6 Rdnr. 44.

[322] S. die Nachw. § 6.II.2.b) und Fn. 69.

[323] *Salje*, § 6 Rdnr. 34; allgemein gegen den Gleichlauf öffentlich-rechtlicher und zivilrechtlicher Normen *Diederichsen*, 56. DJT, L 48, 57ff; ebenso *Stecher*, Die Ursachenvermutung des Umwelthaftungs- und des Gentechnikgesetzes, 1995, S. 332.

[324] Zum genauen Wortlaut s. Anh. A.III.1.

schutzrechtlichen Pflichten[325]. Notwendig sind die Vorlage von Organisationsplänen, innerbetrieblichen Handbüchern, internen Kontrollberichten und die Darlegung der Entscheidungsbefugnisse bei Störfällen[326]. Eine weitere Konkretisierung der erforderlichen Betriebsstruktur ist möglich, wenn man die einzelnen Rechte und Pflichten des Immissionsschutz- und Störfallbeauftragten heranzieht, die in den §§ 54–58d BImSchG i.V.m. 5. und 12. BImSchV genannt sind[327]. Darüber hinaus lassen sich die erarbeiteten *zivilrechtlichen Verkehrspflichten* (abstrakte und konkrete Ermittlungspflichten, Mehrfachkontrolle, Unabhängigkeit der Kontrolle, Dokumentation)[328] *und Betriebsstrukturen* (persönliche bzw. gleichzeitige Verantwortung mehrerer Personen)[329] *heranziehen, um die Anforderungen an die nach § 52a BImSchG erforderliche Betriebsorganisation zu konkretisieren.* Denn diese Pflichten sind einer effektiven Betriebsorganisation immanent und erlangen damit Geltung sowohl für das Zivilrecht als auch für das Öffentliche Recht. Nur wenn die Behörde die Möglichkeit hat, die Anforderungen an die Betriebsorganisation zu präzisieren, ist sie in der Lage, die Organisationsmaßnahmen zu überprüfen und nachträgliche Anordnungen zu erlassen, falls die mitgeteilten Maßnahmen nicht ausreichen, um die Einhaltung der immissionsschutzrechtlichen Vorschriften zu gewährleisten[330]. Schließt man sich der gerade dargelegten Auffassung an, daß auch die genannten Elemente einer Betriebsorganisation besondere Betriebspflichten im Sinne von § 6 II UHG darstellen, die der Verhinderung von Umwelteinwirkungen dienen[331], würde die Vermutungswirkung zu Lasten des Anlagenbetreibers bestehen bleiben, soweit diese Anforderungen an die Betriebsorganisation nicht eingehalten werden. Die im Zivilrecht erforderlichen Anforderungen erlangen damit auch im Öffentlichen Recht Geltung. Öffentlich-rechtliche Betriebspflichten (nämlich die Schaffung einer Betriebsorganisation gem. §§ 5, 52a II BImSchG) und zivilrechtliche Verkehrspflichten laufen inhaltlich paral-

---

[325] *Manssen*, GewArch 1993, 280, 282f.

[326] *Hansmann* in Landmann/Rohmer, Umweltrecht, Bd. I, § 52a Rdnr. 11; *Jarass*, BImSchG, § 52a Rdnr. 8f; *Feldhaus*, NVwZ 1991, 927, 934; *Manssen*, GewArch 1993, 280, 283.

[327] *Jarass*, BImSchG, § 52a Rdnr. 5.

[328] S. § 6.III.

[329] S. § 6.IV.2. und 3.

[330] *Hansmann* in Landmann/Rohmer, Umweltrecht, Bd. I, § 52a Rdnr. 19; *Jarass*, BImSchG, § 52a Rdnr. 5. Umstritten ist, ob ein solcher Verwaltungsakt auf § 17 I BImSchG (*Hansmann* in Landmann/Rohmer, Umweltrecht, Bd. I, § 52a Rdnr. 19) oder auf § 52 II BImSchG (*Manssen*, GewArch 1993, 280, 284) beruht.

[331] Zudem sind die Betriebspflichten, die sich aus den §§ 55ff BImSchG ergeben, Betriebspflichten nach Rechtsvorschriften i.S.v. § 6 III UHG. Schließlich müssen gem. § 6 III UHG Betriebspflichten solche sein, die die Verhinderung von Umwelteinwirkungen bezwecken, die für die Verursachung des Schadens in Betracht kommen. Dies wird man bei den Anforderungen an die Betriebsorganisation grundsätzlich bejahen können.

lel[332]. Diese öffentlich-rechtlichen Betriebspflichten werden dann mit dem Mittel des Privatrechts, nämlich des Haftungsrechts, durchgesetzt[333]. Folglich muß auch nicht auf zivilrechtliche Verkehrspflichten zurückgegriffen werden, da sich bereits aus den öffentlich-rechtlichen Betriebspflichten die Elemente einer Betriebsorganisation ergeben[334]. Zudem wird der gerade erwähnte historische Wille des Gesetzgebers nicht außer acht gelassen, weil die entscheidenden Anforderungen an die Betriebspflicht durch die Genehmigungsbehörde gesetzt werden und der Zivilrichter keine eigenen zivilrechtlichen Verkehrspflichten aufstellt. Im Ergebnis wird damit der Betreiber die Vermutung nach § 6 I UHG entkräften können, wenn eine ausreichende betriebliche Eigenüberwachung vorlag[335].

b) Entlastungsbeweis durch Dokumentation

aa) Produkthaftung und Arzthaftung

Durch die Beweislastumkehr bezüglich des Verschuldens, die der BGH in der Hühnerpest-Entscheidung vorgenommen hat, sind im *Produkthaftungsrecht* die Anforderungen an die Betriebsorganisation sehr hoch. Um überhaupt ein fehlendes Verschulden darzutun, muß der Unternehmer dem Gericht einen nachvollziehbaren Einblick in die betriebswirtschaftliche Situation seines Unternehmens und in den dort geleisteten Sicherheitsaufwand geben[336]. Ihm wird der Entlastungsbeweis nur gelingen, wenn er mittels einer ausführlichen Dokumentation nachweisen kann, alles Erforderliche getan zu haben[337]. Im *Arztrecht* sind die Dokumentationspflichten von der Pflicht zur Befunderhebung[338] zu unterscheiden. Das Unterlassen der Dokumentation bildet in aller Regel keinen Anknüpfungspunkt für eine eigenständige Haftung, kann aber die beweisrechtliche Folge haben, daß die aufzeichnungspflichtige Maßnahme als unterblieben angesehen wird[339]. Damit

---

[332] So man will, kann man auch sagen, ehemals zivilrechtliche Pflichten konkretisieren die öffentlich-rechtlichen Pflichten.

[333] *Salje*, Umwelthaftungsgesetz, § 6 Rdnr. 54; zustimmend *Möllers*, NJW 1994, 844.

[334] Ebenso de lege ferenda *Rehbinder* (Begründung zu § 121 UGB-E, S. 429) mit Hinweis auf die von ihm postulierten allgemeinen öffentlich-rechtlichen Betriebspflichten nach §§ 7, 8, 10, 11, 13 UGB-E. A.A. *Salje*, Umwelthaftungsgesetz, § 6 Rdnr. 43; *derselbe*, ZRP 1989, 408.

[335] So im Ergebnis auch *Feldhaus*, UPR 1992, 161, 167.

[336] *Foerste* in Produkthaftungshandbuch I, § 30 Rdnr. 44, 48.

[337] *Veltins* in Kullmann/Pfister, Kza. 4310, 27. Zum Inhalt einer Dienstanweisung s. bereits BGH v.21.1.1965, NJW 1965, 815 – Straßenbäume.

[338] S. dazu oben § 3.III.1.d).

[339] BGH v.21.9.1982, Z 85, 212, 220 – Beweislast bei Verstoß gegen Befunderhebung Ib; BGH v.3.2.1987, Z 99, 391, 397 – Beweislast bei Verstoß gegen Befundsicherungspflicht II.

wird dem Patienten der Nachweis eines Behandlungsfehlers erleichtert[340]. Dokumentationsmängel können zudem zu einer Kausalitätsvermutung führen, sofern ein grober Behandlungsfehler vorliegt oder ein Verstoß gegen eine Befundsicherungspflicht in Betracht kommt[341].

Oben wurde schon gesagt, daß der Schädiger beweisen muß, alle zumutbaren Sicherheitsvorkehrungen getroffen zu haben, und daß dieser Nachweis bisher nur in den wenigsten Fällen gelungen ist[342]. Hier wäre zu überlegen, ob nicht der Schädiger seiner Beweislast nachkommt, wenn er nachweist, ein bestimmtes Betriebssystem eingehalten zu haben[343]. In den USA wurde vorgeschlagen, daß ein Produkt dann als nicht fehlerhaft gelten soll, wenn ein optimales Betriebssystem eingehalten wurde[344]. Diesen Weg gehen auch die verschiedenen gemeinschaftsrechtlichen Produktsicherheitsrichtlinien. Danach gilt ein Produkt dann als sicher, wenn es zertifiziert worden ist[345]. Ein Kläger kann aber eine solche Vermutungswirkung mit einem Gegenbeweis wieder entkräften[346].

bb) Umwelthaftung

Die Beweisvermutung des gerade genannten § 6 I UHG kann für den Betreiber nur zum Tragen kommen, wenn er nachweist, daß die Anlage bestimmungsgemäß betrieben wurde und er insbesondere die ihm obliegenden Betriebspflichten eingehalten hat[347]. Damit zwingt auch § 6 I UHG den

---

340 BGH v.24.1.1989, NJW 1989, 2330 – Beweiserleichterungen bei Dokumentationsmängeln (Osteosynthese); *Giesen*, Arzthaftungsrecht, S. 231. Voraussetzung ist allerdings, daß das Unterlassen der Maßnahme als Ursache für eine Schädigung ernstlich in Betracht kommt, was der Patient zu beweisen hat, BGH v.9.11.1982, NJW 1983, 332 – Beweislast bei Verletzung der ärztlichen Dokumentationspflicht; *Steffen*, Arzthaftungsrecht, B.III., S. 116; *Thomas/Putzo*, ZPO, v. § 284 Rdnr. 31, § 286 Rdnr. 19. Zu dem darüber hinaus bestehenden Einsichtsrecht s. unten § 9.IV.3.c), S. 374.

341 BGH v.24.1.1989, NJW 1989, 2330, 2331 – Beweiserleichterungen bei Dokumentationsmängeln.

342 S. § 6 Fn. 20.

343 *Ensthaler*, NJW 1994, 817, 818. A.A. *Kassebohm/Malorny*, ZfB 1994, 693, 705; zur Haftung von Unternehmen, Managern und Mitarbeitern als flexibles System s. *Möllers*, DB 1996, im Erscheinen.

344 Für die USA wurde der Begriff „process defense" geprägt, weil der Hersteller dann nicht haften soll, wenn er nachweist, einen bestimmten sicheren und gut dokumentierten Produktionsprozeß eingehalten zu haben, s. *Twerski/Weinstein/Donaher/Piehler*, Shifting Perspectives in Products Liability: From Quality to Process Standards, N.Y.U.L.Rev. 55(1980), 347, 358, 375ff.

345 Sog. Beweisvermutung s. z.B. Art. 5 Maschinen-RiL 89/392/EWG; Art. 5 Persönliche Schutzausrüstungen-RiL 89/686/EWG; Art. 4 I, III Produktsicherheit-RiL. Bei Streitigkeiten zwischen der Kommission und einem Mitgliedstaat muß der Mitgliedstaat dartun, daß das Produkt unsicher ist, um bestimmte Maßnahmen zu ergreifen.

346 Ähnlich ist die Vermutungswirkung bei Einhaltung öffentlich-rechtlicher Grenzwerte und § 6 I UHG, s. BGH v.18.9.1984, Z 92, 143, 152 – Kupolofen.

347 *Manssen*, GewArch 1993, 280, 284.

Unternehmer zur Dokumentation[348]. Nur mit dem Nachweis ausreichender Betriebskontrollen und der Erfüllung anderer Betriebspflichten wird sich der Anlageninhaber haftungsrechtlich entlasten können[349]. Auch der noch zu erörternde Auskunftsanspruch[350] erstreckt sich auf die Erfüllung der Betriebspflichten. Ist der Inhaber nicht in der Lage, die erforderliche Auskunft zu geben, so greifen die Grundsätze der Beweisvereitelung ein[351].

V. Verfassungsmäßigkeit und Verhältnismäßigkeit

Abschließend ist noch zu klären, inwieweit die gerade dargestellte Verrechtlichung der Betriebsstrukturen verfassungsgemäß ist. Das wird in der Literatur zum Teil bezweifelt. Es widerspräche dem rechtsstaatlichen Grundverständnis, eine CE-Kennzeichnung anzubringen[352]. Zudem greife die Schaffung eines öffentlich-rechtlichen Beauftragten bzw. die Vorgabe einer Betriebsorganisation in die durch Art. 12 GG geschützte unternehmerische Freiheit[353] oder in das durch Art. 14 I GG geschützte Eigentumsrecht ein[354]. Ein solcher Eingriff kann jedoch durch vernünftige Erwägungen des Gemeinwohls gerechtfertigt werden, also sowohl durch den Rechtsgüterschutz als auch durch den inzwischen in den Art. 20a GG aufgenommenen Umweltschutz[355]. Dem entspricht es, daß das Bundesverfassungsgericht die gesetzliche Schaffung und Installierung des Arbeitsdirektors in einem Unternehmen zur Absicherung der Mitbestimmung mit der Verfassung für vereinbar erklärt hat[356]. Wenn aber bereits für die Mitbestimmung ein solcher Eingriff in die Betriebsorganisation eines Unternehmens rechtmäßig ist, muß dies erst recht gelten, wenn die persönlichen Rechtsgüter Dritter oder die Umwelt zu schützen ist. Dies läßt sich wiederum mit der Werte-

---

348 *Salje*, Umwelthaftungsgesetz, § 6 Rdnr. 53.

349 *Feldhaus*, UPR 1992, 161, 165.

350 S. unten § 9.IV.1., S. 363ff.

351 S. oben § 4.III.2.; BGH v.11.6.1952, Z 6, 224, 226 – Beweismittel für Kaufsache; *Landsberg/Lülling*, Umwelthaftungsrecht, § 6 Rdnr. 58; *Feldhaus*, UPR 1992, 161, 164.

352 „Es widerspricht dem Grundverständnis eines Rechtsstaates, von den Bürgern zu verlangen, daß sie die Gesetzeskonformität in jedem Einzelfall durch ein Zeichen zum Ausdruck bringen", *Winckler*, Verfahren und Organisation der Harmonisierung technischer Normen – weltweit und im europäischen Rahmen in Müller-Graff (Hrsg.), Technische Regeln im Binnenmarkt, 1991, S. 79, 90.

353 S. oben § 6.II.2.b) und Fn. 73.

354 *Reinhardt*, AöR 118 (1993), 617, 649ff.

355 Zum Wortlaut s. Anh. A.III.1.

356 Das Bundesverfassungsgericht sah z.B. in dem Mitbestimmungsgesetz keinen Verstoß gegen die Berufsfreiheit (Art. 12 I GG) bzw. allgemeine Handlungsfreiheit (Art. 2 I GG), weil es dazu diene, den „Betriebsegoismus" durch Kooperation und Integration abzubauen, BVerfG v.1.3.1979, E 50, 290, 361, 366 – Mitbestimmungsgesetz.

hierarchie begründen, wonach Leben und Gesundheit eher zu schützen sind als Interessen der Mitbestimmung[357].

Der Eingriff steht aber unter dem rechtsstaatlichen Verhältnismäßigkeitsgebot. Qualitätssicherungssysteme und die Umwelt-AuditVO sind insoweit rechtlich unproblematisch, weil die Teilnahme an diesen Normenwerken freiwillig ist. Die jetzige Rechtslage erzwingt auf öffentlich-rechtlichem und zivilrechtlichem Wege nur bestimmte Elemente einer Betriebsorganisation. Damit bleibt dem Unternehmen die größtmögliche Wahlfreiheit der Betriebsorganisation erhalten[358]. Im übrigen werden die Anforderungen an das Betriebssystem mit dem Umfang der Gefährlichkeit der Produktion bzw. des Betriebs für Mensch und Umwelt steigen[359]. Deshalb ist zu überlegen, ob nicht auch die Umwelt-AuditVO *de lege ferenda* für größere Anlagen obligatorisch sein sollte[360]. Andererseits können die Anforderungen reduziert werden, wenn sichergestellt ist, daß keine Gefährdung für Mensch und Umwelt auftritt[361]. Die vertikalen Produktsicherheitsrichtlinien weisen auch hier den zutreffenden Weg[362]. Entsprechendes gilt für die Umweltschutzbeauftragten[363].

Zwischenergebnis zu § 6: Informationserhebungspflichten des Gefahrverursachers

1. Sowohl das Öffentliche Recht als auch das Zivilrecht haben immanente Nachteile, wenn es sicherzustellen gilt, daß Gefahren verhindert werden. Die Überwachung durch staatliche Behörden bleibt lückenhaft; auch im Haftungsrecht bleiben die Anforderungen an die Organisationspflichten recht allgemein.

2. Durch neu geschaffene Regelungen werden Unternehmen verpflichtet, Beauftragte zum Schutz von Mensch und Umwelt einzustellen oder bestimmte Unternehmensstrukturen zu schaffen. Im Arzneimittelrecht sind

---

[357] S. oben § 5.I.1. Auch *Steiner* (DVBl 1987, 1133, 1135) betont, daß eine bestimmte Form der Überwachung verfassungsrechtlich nicht geboten ist.

[358] Zu diesem Grundsatz für die Module s. oben § 6.II.3.b); allgemein *Reuter*, DB 1993, 1605, 1608.

[359] *Schmidt-Leithoff* (Das Risk-Management industrieller Produktions- und Produktrisiken, insbesondere in der Automobilindustrie in Arbeitsgemeinschaft der Verkehrsanwälte (Hrsg.), Probleme der Produzentenhaftung, 1988, S. 74, 80) fordert ein Qualitätssicherungssystem immer dann, wenn die Sicherheit von Leib und Leben betroffen ist.

[360] Ohne Begründung ebenso *Führ*, EuZW 1992, 468, 471.

[361] Gem. § 3 der 5. BImSchV (Immissionsschutz- und StörfallbeauftragterVO) kann z.B. ein Beauftragter für beide Aufgabenbereiche bestellt werden, soweit hierdurch die sachgemäße Erfüllung der Aufgaben nicht gefährdet ist.

[362] S. oben § 6.II.3.a).

[363] §§ 6 der 5.BImSchV (StörfallV), 6 AbfBetrBV.

die Beauftragten persönlich verantwortlich; die Anforderungen an die Betriebsstruktur sind außerordentlich hoch. Im Gegensatz dazu tragen die Beauftragten des Immissionsschutzrechts keine öffentlich-rechtliche Verantwortung. Auch soll nach herrschender Literaturauffassung durch § 52a BImSchG keine bestimmte Betriebsorganisation vorgegeben sein.

3. Für Produkte zeichnet sich ein differenziertes Bild nach gemeinschaftsrechtlichen Vorgaben ab. Einerseits führen die vertikalen Produktsicherheitsrichtlinien für bestimmte gefährliche Produkte ein Zertifizierungsverfahren ein; die Intensität der erforderlichen Zulassungsprüfung ist dabei abhängig vom Gefährdungspotential. Für besonders gefährliche Produkte sind Qualitätssicherungssysteme erforderlich. Andererseits verpflichtet die allgemeine horizontale Produktsicherheits-RiL, die ergänzend gilt, nicht zu einem systematischen Qualitätssicherungsverfahren.

4. Bereits jetzt schon werden moderne Unternehmensstrukturen auf freiwilliger Basis eingeführt: die Qualitätssicherungssysteme ISO 9000ff und im Umweltbereich Umweltmanagementsysteme durch die Umwelt-AuditVO. Marktmacht und Werbung fördern die Durchsetzung.

5. Weitergehend als bisher angenommen kann das Haftungsrecht bestimmte Elemente einer Betriebsorganisation durchsetzen. Bei der Sammlung von Informationen sind auch Mindermeinungen einzubeziehen, soweit Anhaltspunkte einer Gefährdung vorliegen. Bei Produkten mit einem hohen Gefährdungspotential, wie z.B. Arzneimitteln, muß das Produkt, bevor es auf den Markt kommt, intensiv getestet werden – es gilt das Prinzip der kontrollierten Gefährdung. Damit bestehen generelle abstrakte Ermittlungspflichten. Bei einem geringeren Gefährdungspotential sind dem Hersteller nur konkrete Ermittlungspflichten auferlegt. Zudem gilt das Prinzip der Mehrfachkontrolle. Die Kontrolle muß von der Produktion unabhängig sein. Die Dokumentation dient der Eigenkontrolle.

6. Ein effektiver Gesundheits- und Umweltschutz muß ganzheitlich im Unternehmen umgesetzt werden, d.h. diese Aufgaben werden nicht nur von einer Person ausgeführt, sondern gelten möglichst für alle Mitarbeiter des Unternehmens. Ständige Rückkoppelungen und schriftliche Dokumentationen führen zu einer fortwährenden Verbesserung dieses Systems.

7. Im Gegensatz zur herrschenden Auffassung im Gesellschaftsrecht können sowohl einzelne Mitarbeiter als auch Organmitglieder persönlich haften, wenn sie eine unternehmensinterne Verhaltens- oder Organisationspflicht verletzen, die gleichzeitig den Schutz von Rechtsgütern Dritter oder der Umwelt bezweckt. Voraussetzung ist, daß der Mitarbeiter auf die Gefahrenquelle einwirken kann und der Dritte wegen der Bedrohung hochrangiger Rechtsgüter besonders schutzbedürftig ist.

8. In stärkerem Maße als bisher angenommen zwingt das Haftungsrecht nicht zu einer „formalen" Organisation. Bei der horizontalen Arbeitsteilung bestehen mehrfache Verantwortungen der Ressortzuständigen nach dem Grundsatz der Gesamtverantwortung. Auch die vertikale Arbeitsteilung

kann Verantwortungen nach oben bestehen lassen, wenn ein bestimmtes Verhalten geduldet oder unzureichend überwacht wird. Schließlich lassen sich vernetzte Strukturen bilden. Der Vertrauensgrundsatz im Arztrecht ist bei konkreten Verdachtsmomenten einzuschränken.

9. Einer persönlichen Verantwortung kann der Beauftragte entgehen, indem er eine unklare Kompetenzverteilung arbeitsrechtlich feststellen läßt oder bei Mißständen die zuständige Behörde informiert, soweit der Arbeitgeber keine Abhilfe geschaffen hat.

10. Eine moderne Unternehmensstruktur kann auch mit Hilfe von Beweiserleichterungen durchgesetzt werden. Nach § 6 I UHG besteht unter bestimmten Voraussetzungen die Vermutung, daß eine Anlage einen Schaden verursacht hat. Diese Vermutung gilt nicht, soweit Betriebspflichten gem. § 6 II, III UHG eingehalten wurden. Zu diesen Betriebspflichten zählt die Einhaltung einer konkreten Betriebsorganisation i.S.v. §§ 5, 52a BImSchG. In Ablehnung der im Zwischenergebnis unter 2. dargestellten herrschenden Literaturauffassung kann nach der hier vertretenen Ansicht die Betriebsorganisation gem. §§ 5, 52a BImSchG konkretisiert werden mittels der (ehemals) zivilrechtlichen, im Zwischenergebnis unter 5. bis 8. beschriebenen inhaltlichen wie organisatorischen Verkehrspflichten.

11. Schließlich ermöglicht die Dokumentation eine Entlastung für den Gefahrverursacher, weil er nur so darlegen kann, daß er seine Informationspflichten eingehalten hat.

12. Die Einführung von Beauftragten und Betriebsorganisationen ist verfassungsgemäß und unterliegt dem Verhältnismäßigkeitsprinzip.

§ 7 Gefahrvermeidung – Gefahrabwehr – Selbstvorsorge des Gefährdeten

Nachdem Informationen gesammelt, ermittelt und ausgewählt sind, muß sich der Hersteller entscheiden, welche Gefahr er vermeidet und welches Gefährdungspotential er zuläßt. Im folgenden Abschnitt geht es um das Verhältnis von Gefahrvermeidung zu Gefahrabwehr durch Information. Für das Produkt oder Arzneimittel ist das Verhältnis von Konstruktion bzw. Wirkstoffzusammensetzung zu Instruktion betroffen. Die Frage, wann Konstruktionsfehler (*design defects*) oder Instruktionsfehler (*failure to warn*) vorliegen, gehört zu den umstrittensten Fragen im US-amerikanischen, bundesdeutschen[1] und – nach Erlaß der Produkthaftungs-RiL – auch im Gemeinschaftsrecht der Europäischen Union. In § 5 wurden mit dem Prinzip des Rechtsgüterschutzes die hohen Anforderungen an die Verhaltenspflichten konkretisiert, indem der Vorrang der Gefahrvermeidung durch den Gefahrverursacher vor der Selbstvorsorge des Gefährdeten begründet wurde[2]. Die Eigenverantwortung des Gefahrverursachers kann zu einer Pflicht zur Gefahrvermeidung und zu einer Pflicht zur Gefahrabwehr durch Informationstransfer führen. Diese Pflichten sind zu begründen und in Verhältnis zu setzen (I.1.). Die Grundsätze, die in § 5 mit dem Rechtsgüterprinzip begründet wurden, finden sich auch im Gemeinschaftsrecht (I.2.). Im Gegensatz zu der gerade genannten Prüfungsfolge steht die bundesdeutsche Rechtsprechung. Sie ist unbefriedigend, weil sowohl die Prüfungsfolge des BGH oft widersprüchlich ist als auch einzelne Kriterien, wie z.B. das der Verbrauchererwartung, nicht überzeugen (II.). Sie ist abzulehnen, vielmehr ist nach objektiven Kriterien zu suchen (III.). Als Folge davon werden die Kriterien „Erforderlichkeit" und „Zumutbarkeit" neu definiert und zusätzliche Kriterien eingeführt; auf das Kriterium „Verbrauchererwartung" wird verzichtet.

In § 8 werden die genannten Kriterien in eine klare Prüfungsfolge gebracht, um damit – deutlicher als bisher – eine eindeutige Entscheidung zugunsten einer der Maßnahmen Gefahrvermeidung bzw. Gefahrabwehr zu ermöglichen. Es ist jeweils auf die Beweislast einzugehen.

---

[1] Zum US-amerikanischen Recht s. *Prosser and Keeton* on Torts, 5. Aufl. 1984, Chapter 17, S. 677ff; *Pfeifer*, Produktfehler oder Fehlverhalten des Produzenten, S. 118ff; zum bundesdeutschen Recht s. die sechzehn zusammengestellten Urteile in *Kullmann/Pfister*, Kza. 7502, 1–24.

[2] § 5.IV.1.b), S. 183f.

I. Die Grundsätze im Gemeinschaftsrecht

1. Die Grundsätze der Gefahrvermeidung, der Gefahrabwehr durch Informationstransfer und der Selbstvorsorge

In § 5 wurde gezeigt, daß der Rechtsgüterschutz das maßgebliche Rechtsprinzip zur Begründung des Vorhofs und von präventiven Verkehrspflichten darstellt. Es wurde gezeigt, daß dem Gefahrverursacher eine primäre Eigenverantwortung zukommt, weil er eine eigene Ursache für die Gefahr setzt bzw. eine Gefahrenquelle unterhält. Diese Eigenverantwortung des Gefahrverursachers war der Selbstvorsorge des Gefährdeten vorrangig. Der Grundsatz der Gefahrvermeidung verpflichtet dazu, daß eine Gefahr nicht entsteht. Die Gefahrenquelle wird behoben, das Produkt wird daher sicher. Dieser Vorrang der Eigenverantwortung des Gefahrverursachers vor der Selbstvorsorge des Gefährdeten läßt sich weiter präzisieren. Zum einen geht die Gefahrvermeidung der Gefahrabwehr durch Information an den Gefährdeten vor (a); zum anderen ist auch die Gefahrabwehr durch Information der Selbstvorsorge des Gefährdeten vorrangig (b).

a) Der Vorrang von Gefahrvermeidung vor Gefahrabwehr

Gefahrvermeidung kann in der Regel nicht dadurch ersetzt werden, daß der Benutzer oder Verbraucher über die Gefahr informiert wird. Denn es ist augenscheinlich, daß bestimmten Gefahren durch Informationstransfer nicht begegnet werden kann und daß Informationen gegenüber Gefahrvermeidungsmaßnahmen weniger effektiv sind. So ist z.B. eine Information an den Verbraucher als reine Maßnahme der Gefahrabwehr dann nicht ausreichend, wenn die Information den Schaden nicht verhindern kann, weil der Verbraucher trotz ausreichender Information der Gefahr nicht ausweichen kann. Das Explodieren einer Mehrwegflasche, die mit einem kohlensäurehaltigen Getränk befüllt ist, kann der Verbraucher in der Regel auch nicht durch einen besonders sorgfältigen Umgang mit der Flasche verhindern. Eine Warnung, daß solche Flaschen explodieren können, wäre damit weitgehend sinnlos. Es bedarf folglich weiterer, der Gefahrvermeidung dienender Maßnahmen, damit ein Explodieren der Flasche verhindert wird[3]. Zudem werden Informationen, welche die Gefahr abwehren sollen, möglicherweise vom Adressaten nicht beachtet[4]. Das kann beispielsweise eintreten, weil der Verwender mit Informationen überlastet wird[5]. Und schließlich können unter Umständen die Informationen in den Beipackzetteln von Arzneimit-

---

[3] BGH v.7.6.1988, Z 104, 323, 328 – Mehrwegflasche IIa.
[4] *Ladeur*, BB 1993, 1303, 1310.
[5] S. § 7.II.2.c), S. 261; Art. 3 i.V.m. Anh I Nr.1.7.0. Maschinen-RiL 89/392/EWG.

teln den Patienten von der erforderlichen Therapie abhalten[6]. Ein Schadenseintritt ist bei der Gefahrabwehr also jederzeit möglich, während die Gefahrvermeidung eine Gefahr (und einen Schadenseintritt) erst gar nicht entstehen läßt. Folglich nehmen auch Literatur und Rechtsprechung einen solchen Vorrang der Gefahrvermeidung vor der Gefahrabwehr durch Informationstransfer an, ohne ihn jedoch genauer zu begründen[7].

b) Gefahrabwehr durch Informationstransfer und Selbstvorsorge

Es gibt Fälle, in denen vom Grundsatz der Gefahrvermeidung abgewichen werden kann, also ein bestimmtes Risikopotential in Kauf genommen wird. Das ist beispielsweise bei Arzneimitteln der Fall, wenn eine abstrakte Risiko-Nutzen-Bewertung das Arzneimittel für zulässig erklärt. Auch Chemikalien und gewissen technischen Geräten ist ein bestimmtes Gefährdungspotential immanent. Eine Beschränkung auf die Gefahrabwehr ist zudem immer dann möglich, wenn die Gefahr entweder nur bei fernliegendem oder seltenem Fehlgebrauch besteht oder wenn nur bestimmte Risikogruppen betroffen sind, wie z.B. Allergiker. In all diesen Fällen kommt der Information des Betroffenen, in dessen Rechtsgütersphäre eingegriffen wird, eine besondere Bedeutung zu. Der Hersteller wird allerdings seiner Eigenverantwortung nur gerecht, wenn er zur Gefahrabwehr Informationen über das Gefahrenpotential an den Verbraucher weitergibt. Das läßt sich zum einen schon rein ökonomisch begründen. Der Hersteller besitzt aufgrund seines Fachwissens und seiner Informationserhebungspflichten[8] gegenüber dem Verbraucher regelmäßig einen Informationsvorsprung. Dem Hersteller die Informationspflicht aufzuerlegen, erscheint recht und billig, weil er an den entsprechenden Informationen „näher dran" ist, sie unschwer liefern und mit dieser Information die Gefahr deutlich verringert werden kann. Der Hersteller ist der *cheapest cost avoider*; der Verbraucher müßte sich diese Informationen mit ungleich höherem Aufwand an Zeit und Geld besorgen. Dieses Informationsgefälle (oder dieser Informationsvorsprung) verpflichtet den Gefahrverursacher, seine Informationen zur Gefahrabwehr weiterzugeben[9].

---

[6] S. oben § 4.III.3.b) und Fn. 107.

[7] *Taschner/Frietsch*, Produkthaftungsgesetz und EG-Produkthaftungsrichtlinie, § 3 Rdnr. 36; *Steffen* in RGRK, § 823 Rdnr. 281; *Borer*, Produktehaftung, S. 287; *Schmidt-Salzer*, Art. 6 Rdnr. 167; *G. Hager*, PHI 1991, 2, 4; *Meyer*, Instruktionshaftung, S. 6, 112; *Foerste* in Produkthaftungshandbuch I, § 24 Rdnr. 98; *Kullmann/Pfister*, Kza. 1520, 34; s. auch BGH v.17.2.1959, RdE 1959, 47 – Zwischenstecker.

[8] S. ausführlich § 6.III.

[9] Zu Umfang und Grenzen der ökonomischen Analyse s. oben § 4.III.3. Zur Frage der Informationsasymmetrie s. bereits *Hopt*, AcP 183 (1983), 608, 652ff; *Assmann*, Prospekthaftung, S. 290ff; für die Produkthaftung *Wickhorst*, Recht und Ökonomie des Produkthaftungsgesetzes, S. 174f und 182f.

Auch wenn ein Informationsvorsprung zunächst nicht gegeben ist, ist der Hersteller aufgrund seiner Fähigkeit, Gefahren zu beherrschen, zur Sammlung von Risikowissen verpflichtet[10]. Das gilt in den Fällen, in denen nur eine wissenschaftliche Mindermeinung eine Risikovermutung ausspricht. Zudem können in einem beschränkten Rahmen auch Informationspflichten unterhalb der Gefahrenschwelle bestehen[11]. Hier kann und sollte der Hersteller auch seine Möglichkeit nutzen, durch entsprechende Warnhinweise die bestimmungswidrigen Gebrauchsmöglichkeiten seines Produktes deutlich einzuschränken[12].

2. Die Grundsätze der Gefahrvermeidung, Gefahrabwehr durch Informationstransfer und der Selbstvorsorge im Gemeinschaftsrecht

a) Der Vorrang der Gefahrvermeidung im Gemeinschaftsrecht

Ein solcher Grundsatz der Gefahrvermeidung läßt sich auch im Gemeinschaftsrecht feststellen. Nach Art. 3 I der horizontalen Produktsicherheits-RiL dürfen nur sichere Produkte auf den Markt gebracht werden[13]. Der Grundsatz der Gefahrvermeidung geht auch dem Grundsatz der Gefahrabwehr durch Informationen vor, wie Art. 3 II Sp. 1 Ua. 2 Produktsicherheits-RiL zeigt. Danach entbindet die Anbringung von Warnhinweisen nicht von der Verpflichtung, die übrigen Sicherheitsanforderungen der Richtlinie zu beachten. Auch die vertikalen Produktsicherheitsrichtlinien gehen von einem Grundsatz der Gefahrvermeidung aus[14]; dieser Grundsatz wird in Anh. I der Maschinen-RiL formuliert: „Bei der Wahl der angemessensten Lösung muß der Hersteller folgende Grundsätze anwenden, und zwar in folgender Reihenfolge: – Beseitigung oder Minimierung der Gefahren (Integration des Sicherheitskonzepts in die Entwicklung und den Bau der Maschine); – Ergreifen der notwendigen Schutzmaßnahmen gegen nicht zu beseitigende Gefahren; – Unterrichtung der Benutzer über Restgefahren aufgrund der nicht vollständigen Wirksamkeit der getroffenen Schutzmaßnahmen; – Hinweis auf eine eventuell erforderliche Spezialausbildung und persönliche Schutzausrüstung“[15]. Der Hersteller ist damit in erster Linie zur

---

[10] S. bereits oben § 6.III.1., S. 217ff. Zum *cheapest cost avoider, Buhk*, JA 1995, 706, 709f.

[11] S. § 8.I.4.b).

[12] Art. 6 I lit. a Produkthaftungs-RiL (§ 3 I lit. a PHG) und Art. 2 lit. b S. 1 Sp. 3 Produktsicherheits-RiL.

[13] Zum Wortlaut s. Anh.A.II.3.

[14] Art. 2 I Einfache Druckbehälter-RiL 87/404/EWG; Art. 2 I Spielzeug-RiL 88/378/EWG; Art. 2 I Maschinen-RiL 89/392/EWG; Art. 2 I PSA-RiL 89/686/EWG; Art. 2 I Medizinische Implantate-RiL 90/385/EWG; Art. 2 Medizinische Produkte-RiL 93/42/EWG; §§ 4 I Nr. 1, 22 I 2 MPG.

[15] Art. 3 i.V.m. Anh. I Nr. 1.1.2.lit. b Maschinen-RiL 89/392/EWG.

Gefahrvermeidung verpflichtet, indem er Risiken beseitigt oder minimiert. Bei nicht zu beseitigenden Risiken muß der Hersteller angemessene Schutzmaßnahmen ergreifen[16]. Gefahren sind grundsätzlich nicht zuzulassen. Nur vor sog. *Restgefahren* ist zu warnen, d.h. vor Gefahren, die durch gefahrvermeidende Maßnahmen nicht verhindert werden können und nicht offensichtlich sind[17].

b) Der mündige Verbraucher im Gemeinschaftsrecht

Bereits aufgrund des neu eingeführten Art. 129a I lit. b EGV leistet die Gemeinschaft einen Beitrag für „Aktionen zur Sicherstellung einer angemessenen Information der Verbraucher"[18]. Durch eine Vielzahl von Maßnahmen hat sie dies in der Zwischenzeit verwirklicht. Genannt seien nur die Umwelt-AuditVO[19], die Umweltinformations-RiL[20] und einzelne Kennzeichnungsrichtlinien[21]. Zudem betont der Europäische Gerichtshof immer wieder, daß „das Gemeinschaftsrecht in der Unterrichtung der Verbraucher eines der grundlegenden Erfordernisse des Verbraucherschutzes sieht", da nur so dem Leitbild des mündigen Bürgers und Verbrauchers Rechnung getragen werden kann[22]. Nach Art. 3 II Sp. 1 der Produktsicherheits-RiL hat der Hersteller dem Verbraucher die einschlägigen Informationen zu erteilen, damit dieser die Gefahren, die ohne entsprechende Warnhinweise nicht unmittelbar erkennbar sind, beurteilen und sich dagegen schützen kann.

---

[16] S. sogleich § 8.I.1.b).

[17] Art. 3 i.V.m. Anh. I Nr.1.7.2. Maschinen-RiL 89/392/EWG; Art. 2 II Spielzeug-RiL 88/378/EWG.

[18] Zum Wortlaut s. Anhang A.II.1. Zu den Verbraucherprogrammen der EG als Vorläufer des Art. 129a EGV s. ABl. Nr. C 92 v.25.4.1975, 1 (Erstes Programm), ABl. Nr. C 133 v.3.6.191, 1 (Zweites Programm) und *Leible*, EuZW 1992, 599, 600. S. bereits Einl. Fn. 59.

[19] Umweltmanagement und UmweltbetriebsprüfungsVO („Umwelt-AuditVO") v.29.6.1993, Nr. 1836/93, ABl. Nr.L 168, 1. Dazu ausführlich oben § 6.II.4.b).

[20] RiL 90/313 EWG v.7.6.1990 über den freien Zugang zu Informationen über die Umwelt, ABl. Nr. L 158, 56; umgesetzt durch Umweltinformationsgesetz (UIG) v.8.7.1994, BGBl I 1490. S. dazu unten § 9.IV.

[21] RiL 84/450 über irreführende Werbung v.10.9.1984, ABl. Nr. L 250, 17; Kennzeichnungs-RiL 79/112 über Etikettierung, Aufmachung und Werbung von Lebensmitteln v.18.12.1978, ABl. Nr. L 33, 1, zuletzt geändert durch RiL 89/395 v.14.6.1989, L 186, 17; RiL 92/27/EWG über die Etikettierung und die Packungsbeilage von Humanarzneimitteln v.31.3.1992, ABl. Nr. L 113, 8; RiL 92/28/EWG über die Werbung für Humanarzneimittel v.31.3.1992, ABl. EG Nr. L 113, 13. S. auch Einleitung. S. auch *van der Haegen* in Röttinger/Weyringer (Hrsg.), Handbuch der europäischen Integration, 1991, S. 935.

[22] EuGH v.7.3.1990, Slg. 1990, 667 (18) GB-INNO-BM; EuGH v.12.3.1987, Slg. 1987, 1227 (32, 35) – Reinheitsgebot für Bier.

II. Die unbefriedigende Rechtslage: Widersprüchliche Prüfungsfolge und unzureichende Kriterien

Vergleicht man diese Prinzipien sowie die gemeinschaftsrechtlichen Vorgaben mit der bundesdeutschen Rechtslage, so fallen vor allem zwei Punkte auf. Zum einen werden die gerade genannten Prinzipien grundsätzlich zwar bejaht, dann jedoch oft mit einer entgegengesetzten, ja oft widersprüchlichen Prüfungsreihenfolge konterkariert. Zum anderen erschweren einzelne Kriterien, wie das der Verbrauchererwartung, ein klares Ergebnis und führen damit zur Rechtsunsicherheit.

1. Widersprüchliche Prüfungsfolge der Rechtsprechung

a) Verhältnis der Eigenverantwortung des Herstellers zur Selbstvorsorge des Geschädigten

Der BGH verpflichtet den Hersteller, in den Grenzen des technisch Möglichen und wirtschaftlich Zumutbaren dafür zu sorgen, daß der Verbraucher durch das Produkt keine Gesundheitsschäden erleidet[23]. Er spricht von der Eigenverantwortung[24] des Gefahrverursachers. Ohne aber diesen Grundsatz der Eigenverantwortung heranzuziehen, hat der BGH in der Mehrwegflaschen-Entscheidung statt dessen in einem ersten Prüfungsschritt untersucht, inwieweit der Umgang mit dem Produkt grundsätzlich dem allgemeinen Lebensrisiko und damit der Selbstvorsorge des Benutzers zuzuordnen sei[25]. Diese Prüfungsfolge wird auch bei allgemeinen Verkehrssicherungspflichten herangezogen, wie die Abenteuerspielplatz-Entscheidung zeigt. Ein 14 Jahre altes Kind wurde von einer 50 cm hohen Hängebrücke, deren seitliche Sicherungsseile von dem Betreiber des Spielplatzes nachträglich entfernt worden waren, in ein 50 cm tiefes Becken gestoßen, brach sich mehrere Halswirbel und zog sich eine Querschnittslähmung zu. Der BGH prüfte zuerst, ob dieses Verletzungsrisiko als allgemeines Lebensrisiko hinzunehmen sei, bevor dann die Verantwortlichkeit des Betreibers wegen unterlassener Sorgfaltspflichten untersucht wurde[26]. Mit dieser *Prüfungsreihenfolge* stellt der BGH den in § 5 entwickelten Vorrang der Eigenverantwortung des Gefahr-

---

[23] BGH v.7.6.1988, Z 104, 323, 326 – Mehrwegflasche IIa; BGH v.17.10.1989, NJW 1990, 906, 907 – Pferdebox.

[24] BGH v.12.11.1964, NJW 1965, 200f – Seilbahn; BGH v.26.11.1974, VersR 1975, 329, 330 – Rennstrecke. In der Literatur wird die Rezeptverantwortung des Herstellers betont, *Kullmann/Pfister*, Kza. 1520, 7.

[25] BGH v.7.6.1988, Z 104, 323, 328f – Mehrwegflasche IIa, Einl. Beispiel 4.

[26] BGH v.25.4.1978, NJW 1978, 1626, 1627 – Abenteuerspielplatz, zu dieser Entscheidung auch unten § 8.I.1.c). S. auch BGH v.18.10.1988, NJW-RR 1989, 219, 220 – Baggersee; OLG Düsseldorf v.1.10.1992, NJW-RR 1993, 597 – Verkehrssicherungspflicht für auf einem Wirtschaftsweg abgelagertes Straßenbaumaterial.

verursachers vor der Selbstvorsorge des Gefährdeten *auf den Kopf*. Regel und Ausnahme werden vertauscht, wenn die Rechtsprechung das allgemeine Lebensrisiko in den Vordergrund stellt und den Grundsatz der Gefahrvermeidung nachrangig prüft[27].

b) Das Verhältnis von Gefahrvermeidung zu Gefahrabwehr durch Information

Nach herrschender Auffassung geht die Gefahrvermeidung der Gefahrabwehr vor[28]. Jedoch finden sich zahlreiche Entscheidungen, in denen zuerst eine Verletzung von Instruktions- oder Fabrikationspflichten geprüft wird, ohne zuvor die Möglichkeit einer Gefahrvermeidungsmaßnahme zu untersuchen. Dies zeigen die drei folgenden Entscheidungen: In der Mehrwegflaschen-Entscheidung bejahte der BGH einen Fabrikationsfehler (eine unzureichende Kontrolle)[29] und lehnte einen Konstruktionsfehler im Gegensatz zur Vorinstanz ausdrücklich ab[30]. Als sich in einem zweiten Fall Kinder an einer unter Hochspannung stehenden Oberleitung verletzten, bejahte das OLG Karlsruhe nur eine Verletzung von Warnpflichten, ließ aber die Verpflichtung zur Anbringung weiterer Sicherheitsvorkehrungen ausdrücklich offen[31]. Der dritte Fall betrifft die Baggersee-Entscheidung: In einem Baggersee befand sich ein 5 x 5 m^2 großes Plateau. An dieser Stelle war das Wasser nur 20 cm tief, während der angrenzende Grund bis zu 18 m steil abfiel. Durch Schilder war das Baden verboten. Beim wilden Baden ertrank ein achtjähriges Kind. Der BGH bejahte nur eine Verletzung von Warnpflichten. Der Betreiber hätte durch klare, auch für kleine Kinder verständliche Schilder auf die tückischen Untiefen klar und wirksam hinweisen müssen. Weitere Pflichten, deren Beachtung die Gefahr vermieden hätte, wurden nicht erörtert[32].

2. Das Kriterium „Verbrauchererwartung"

Statt dem Vorrang der Gefahrvermeidung vor der Gefahrabwehr Rechnung zu tragen, wird dieser Grundsatz in sein Gegenteil verkehrt, wenn der BGH das allgemeine Lebensrisiko und die Warnpflichten vor den Pflichten

---

[27] S. hierzu oben § 5.IV.1.b), S. 183.

[28] S. oben § 7.I.1.a) und Fn. 7.

[29] S. oben § 3.III.1.d) und § 5.III.3.a), S. 168f.

[30] BGH v.16.3.1993, NJW-RR 1993, 988 – Mehrwegflasche Ib. Ebenso bereits BGH v.7.6.1988, Z 104, 323, 328 – Mehrwegflasche IIa (Einl. Beispiel 4). Inwieweit dies zutrifft, wird sogleich erörtert, § 8.I.1.b).

[31] OLG Karlsruhe v.7.11.1991, VersR 1992, 1490 – Oberleitung III; bestätigt durch BGH v.14.3.1995, NJW 1995, 2631 – Oberleitung IV. Zu diesen Entscheidungen ausführlich *Möllers*, Versicherungspflichten gegenüber Kindern, VersR 1996, 153ff.

[32] BGH v.18.10.1988, NJW-RR 1989, 219, 220 – Baggersee.

zur Gefahrvermeidung prüft. Diese Widersprüchlichkeit wird durch das Kriterium der Verbrauchererwartung noch gesteigert.

a) Die Verbrauchererwartung als Kriterium der bundesdeutschen Rechtsprechung

Die Verbrauchererwartung ist sowohl für die Beurteilung von Gefahrvermeidungsmaßnahmen als auch für die Festlegung von Gefahrabwehrmaßnahmen ein entscheidendes Kriterium in der bundesdeutschen Rechtsprechung. Der Träger einer Verkehrspflicht hat zunächst alles zu tun, was zur *Vermeidung bzw. Beseitigung der Gefahr* erforderlich und zumutbar ist[33]. Die Erforderlichkeit einer Maßnahme ist dabei nicht nur abhängig vom Stand der Erfahrungen und Technik[34], sondern soll ganz maßgeblich von der Verbrauchererwartung abhängen. Diese bestimme sich nach dem, was der durchschnittliche bzw. vernünftige Verbraucher des entsprechenden Produkts objektiv an Sicherheit erwartet oder erwarten kann[35], und sie soll durch die Art des Produktes, die Erkennbarkeit der Produktgefährlichkeit und vor allem durch den Preis gebildet werden. Nur einen bestimmten Mindeststandard oder eine sog. Basissicherheit könne der Verbraucher nach Auffassung der herrschenden Meinung verlangen[36], nicht aber eine höchstmögliche Sicherheit[37]. Wie hoch diese Basissicherheit ist, bleibt dabei unklar[38].

Auch für die Frage, inwieweit der Hersteller den Verbraucher zu informieren hat, also Maßnahmen zur *Gefahrabwehr* ergriffen werden müssen, stellen die bundesdeutsche Rechtsprechung[39] und das Schrifttum[40] auf die

---

[33] BGH v.21.11.1963, Z 40, 379 – Streudienst I; BGH v.21.2.1972, NJW 1972, 903 – Streudienst II; BGH v.21.1.1965, NJW 1965, 815 – Straßenbäume. BGH v.7.10.1987, NJW 1987, 372, 373 – Verzinkungsspray (zu Instruktionspflichten); *Kullmann/Pfister*, Kza. 1515, 6f, 1520, 2, 19; *Meyer*, Instruktionshaftung, S. 103ff.

[34] BGH v.23.6.1952, VersR 1952, 357 – Rungenverschluß; BGH v.14.4.1959, VersR 1959, 523 – Fensterkran/Seilhexe; BGH v.7.6.1988, Z 104, 323 und Leitsatz 1 – Mehrwegflasche IIa; BGH v.17.10.1989, NJW 1990, 906, 907 und Leitsatz 1 – Pferdebox; BGH v.2.5.1978, NJW 1978, 1628 – Tarzanspiel.

[35] *Kullmann/Pfister*, Kza. 1515, 7f m.w.Nachw., 1520, 2ff, 3604, 4; *Foerste* in Produkthaftungshandbuch I, § 24 Rdnr. 1ff; *Veltins* in Kullmann/Pfister, Kza. 4310, 17.

[36] *Taschner/Frietsch*, Produkthaftungsgesetz und EG-Produkthaftungsrichtlinie, § 3 Rdnr. 51,56; *Kort*, VersR 1989, 1113, 1115; *Kullmann/Pfister*, Kza. 1520, 4; *Foerste* in Produkthaftungshandbuch I, § 24 Rdnr. 3ff, 7; jetzt auch BGH v.21.11.1989, NJW 1990, 908, 909 – Weinkorken.

[37] *Kullmann/Pfister*, Kza. 1520, 4; *Lorenz*, ZHR 151 (1987), 1, 24.

[38] S. unten das Beispiel der Kraftfahrzeuge, § 8.IV.

[39] BGH v.4.2.1986, NJW 1986, 1863, 1864 – Überrollbügel; BGH v.7.10.1986, NJW 1987, 372, 373 – brennbares Verzinkungsspray (Zinkotom); OLG Düsseldorf v.7.11.1989, NJW-RR 1991, 288, 289 m. Nichtannahmebeschluß des BGH – Hautverätzungen durch Strukturputz.

[40] *Foerste* in Produkthaftungshandbuch I, § 23 Rdnr. 3 und § 24 Rdnr. 3, 166; *Meyer*, Instruktionshaftung, S. 105, 117ff.

Verbrauchererwartung ab. Das führt dazu, daß Informationspflichten nur in einem sehr engen Umfang bejaht werden. So ist beispielsweise nach § 3 I 2 GSG für den nichtharmonisierten Bereich[41] nur erforderlich, daß technische Arbeitsmittel bei bestimmungsgemäßem Gebrauch die Gesundheit des Anwenders nicht gefährden; eine Aufklärung ist damit über den bestimmungswidrigen Gebrauch des Produkts nicht notwendig[42]. Auch für das allgemeine Deliktsrecht entspricht es der herrschenden Auffassung, daß es grundsätzlich Sache des Verwenders sei, sich das Wissen zur gefahrlosen Handhabung des Gerätes bzw. des Produktes zu erwerben. So formuliert der BGH: „Wer sich eine Maschine, ein Werkzeug oder ein sonstiges Gerät anschafft, um sich seiner zu bedienen, muß sich selbst darum kümmern, daß er mit ihm umzugehen lernt; es ist seine Sache, sich darüber zu unterrichten, wie es in rechter Weise einzusetzen und zu handhaben ist."[43] Die Gefahren eines bestimmungswidrigen Gebrauchs seien deshalb in erster Linie dem Verantwortungsbereich des Produktbenutzers zuzurechnen[44]. In seinem Nichtannahmebeschluß zur Strukturputz-Entscheidung hatte der BGH eine Verpflichtung, den Hobbyhandwerker zu instruieren, unter Hinweis auf die Verbrauchererwartung verneint, weil grundsätzlich bereits in Do-it-yourself-Büchern vor Hautschäden gewarnt würde[45]. Eine Haftung wurde auch in der Sattelauflieger-Entscheidung abgelehnt. Der Fahrer hatte beim Beladen eines Sattelaufliegers mit Silobehältern, die mit Kunststoffgranulat gefüllt waren, die Hydraulikpresse auf die vierte Zylinderstufe ausgefahren. Dabei brach die Zylinderstufe; der Silobehälter und die Sattelzugmaschine wurden beschädigt. Ein Klebeschild auf dem Silokipper enthielt u.a. folgende Hinweise zum Entladen: „Ankippen des Behälters auf 2 Stempel und Entleerungsvorgang pneumatisch beginnen. Stufenweise Behälter nachkippen, um kontinuierlichen Entladevorgang zu sichern." Der BGH hielt dies für ausreichend und verneinte weitergehende Instruktionspflichten, weil ein „vernünftiger" Fahrer eines Sattelzuges mit einem solchen Auflieger den Hinweisen entnehmen konnte, daß beim Ankippen in der beschriebenen Weise hätte vorsichtig verfahren werden müssen[46]. Ein wichtiges Indiz für

---

[41] Dies ist der Bereich, in welchem nur nationale und keine gemeinschaftrechtlichen Vorschriften zur Produktsicherheit bestehen.

[42] *Jeiter*, Das neue Gerätesicherheitsgesetz – GSG, 2. Aufl., 1993, S. 33.

[43] BGH v.14.4.1959, VersR 1959, 523 – Fensterkran/Seilhexe (zu dieser Entscheidung unten § 8.I.1.b)aa), S. 278); BGH v.3.6.1975, NJW 1975, 1827, 1829 – Spannkupplung; BGH v.25.11.1986, NJW-RR 1987, 664, 665 – Bleischmelzanlage; OLG Köln v.24.10.1985, VersR 1987, 573f – Schreckschußpistole; den BGH zitierend und ihm zustimmend *Foerste* in Produkthaftungshandbuch I, § 24 Rdnr. 209; *Kullmann/Pfister*, Kza. 1520, 39; *Meyer*, Instruktionshaftung, S. 129. S. dazu jedoch unten § 8.I.5.

[44] *Foerste* in Produkthaftungshandbuch I, § 24 Rdnr. 211, 206; s. auch *Kullmann/Pfister*, Kza. 1520, 9.

[45] Zum Sachverhalt s. Einl. Beispiel 7.

[46] BGH v.5.5.1992, NJW 1992, 2016, 2018 – Sattelauflieger.

die Verneinung einer Instruktions- bzw. Warnpflicht soll sein, daß bestimmte Kenntnisse in der Ausbildung hätten erworben werden müssen[47]. Zu diesen beiden Entscheidungen wird im folgenden ausführlich Stellung genommen.

Andererseits hat der BGH jüngst in der Kindertee-Entscheidung betont, daß die Instruktion an der gefährdetsten Benutzergruppe ausgerichtet[48], gegebenenfalls vor den schädlichen Folgen eines Mißbrauchs gewarnt und sogar der Funktionszusammenhang erklärt werden muß[49]. Diese Aussagen erscheinen *widersprüchlich*, werden doch das eine Mal ausgesprochen wenig, das andere Mal erheblich mehr Informationen des Gefahrverursachers verlangt. Der für den Gefährdeten erforderliche Schutzumfang unterscheidet sich damit ganz erheblich.

b) US-amerikanische Erfahrungen

Das Kriterium Verbrauchererwartung wurde im US-amerikanischen Recht entwickelt. Nach § 402 A comment i der Restatement (Second) of Torts[50] dürfen Produkte nicht unangemessen gefährlich sein (*unreasonably dangerous*). Unangemessen gefährlich ist ein Produkt dann, wenn es gefährlicher ist als der durchschnittliche Verbraucher erwartet (*consumer-expectations-test*)[51]. Dieser Test wurde in der Vergangenheit von vielen US-amerikanischen Gerichten angewendet[52].

In den USA nehmen Klagen, in denen Instruktionsfehler (*failure to warn*) geltend gemacht werden, immer mehr zu. Es scheint für den Geschädigten leichter zu sein, die unzureichende Warnung als die unzureichende Konstruktion zu beweisen[53]. Zwar sind die einzelnen Kriterien für einen Instruktionsfehler durchaus vergleichbar mit den Anforderungen, welche die bundesdeutsche Rechtsprechung stellt[54]. Jedoch neigen einige US-amerika-

---

[47] BGH v.7.10.1986, NJW 1987, 372, 374 – Brennbares Verzinkungsspray (Zinkotom).

[48] BGH v.11.1.1994, NJW 1994, 932 – Kindertee (Milupa) II; *Kullmann/Pfister*, Kza. 1520, 4, 9, 41.

[49] BGH v.11.1.1994, NJW 1994, 932 – Kindertee (Milupa) II. Gegebenenfalls soll sogar vor Produkten des Mitbewerbers zu warnen sein, s. oben § 6.III.2.c). S. auch BGH v.11.7.1972, NJW 1972, 2217 – Produzentenhaftung/Kurznarkosemittel (Estil). Zu w. Nachw. s. oben § 3.IV.1. und sogleich § 8.I.5.b).

[50] Die Restatements werden vom American Law Institute konzipiert und geben den Stand der Rechtsprechung und Rechtswissenschaft auf einem bestimmten Rechtsgebiet wieder.

[51] Der Wortlaut ist abgedruckt bei *Schwartz* in Kullmann/Pfister, Kza. 4522, 5ff; s. *Prosser* and *Keeton* on Torts, S. 698; *Pfeifer*, Produktfehler oder Fehlverhalten des Produzenten, S. 126ff m.w.Nachw.; *Borer*, Produktehaftung, S. 164ff.

[52] S. die Nachw. bei *Prosser* and *Keeton* on Torts, S. 698 Fn. 24.

[53] *Borer*, Produktehaftung, S. 182; *Hülsen/Brüning-Brinkmann*, RIW 1985, 187, 191; *Schwartz* in Kullmann/Pfister, Kza. 4523, 21f; Interagency Task Force on Product Liability (Final Report), Chap. II, 13; *Ladeur*, BB 1993, 1303, 1309.

[54] S. z.B. *Prosser* and *Keeton* on Torts, S. 686ff; *Schwartz* in Kullmann/Pfister, Kza. 4523, 1ff; *Debusschere/Kretschmar*, Produkthaftungshandbuch II, § 109 Rdnr. 19ff m. jeweils w.Hinw.

nische Gerichte dazu, Warnpflichten besonders weit zu definieren und damit den Bereich der Selbstvorsorge des Verbrauchers besonders eng zu ziehen[55]. In der Kelley-Entscheidung verurteilte das Oberste Gericht des Bundesstaates Maryland die Hersteller und Vertreiber von billigen Handfeuerwaffen, sog. „Saturday night Specials", für Verletzungen und Todesfälle, die bei Gewalttaten mit diesen Waffen verursacht wurden, weil nicht davor gewarnt wurde, daß der Besitz von Feuerwaffen die Gesundheit gefährdet[56].

c) Kritik

Daß solche Entscheidungen nicht unbedingt als „gerecht" empfunden werden und daß die Rechtssicherheit gefährdet ist, verwundert nicht. Denn der *consumer-expectations-test* wird überwiegend deshalb kritisiert, weil das Abstellen auf die Verbrauchererwartung regelmäßig zur reinen Fiktion gerate[57]. Der Verbraucher habe oft gar keine konkreten Sicherheitserwartungen bezüglich des Produkts, denn er kenne die für dieses Produkt erforderlichen Produktionsvorgänge nicht und könne folglich auch nicht die dem Produkt innewohnenden Sicherheitsrisiken beurteilen. Nach der Milchhygiene-RiL wird beispielsweise Milch ab dem 1.1.1998 nur noch verkehrsfähig sein, wenn sie bei 30°C weniger als 100.000 Keime/ml und weniger als 400.000 somatische Zellen/ml enthält[58]. Die Bundesregierung argumentierte, daß die Milch, die jetzt noch 300.000 Keime/ml und 500.000 Zellen/ml enthalten darf, dann nicht mehr der Erwartung des Verbrauchers entspräche, da dieser ein Interesse an hochwertiger und möglichst gering belasteter Milch habe[59]. Dieses Interesse hat keinen direkten Bezug zu den Keimzahlen, die der

---

[55] Diesen extrem weiten Ansatz zur Instruktionspflicht verdeutlicht die Mikrowellen-Entscheidung: Eine ältere Dame hatte ihre Katze zum Trocknen in den Mikrowellenherd gesetzt; nach kurzer Zeit war die Katze gar. Der Hersteller des Mikrowellenherdes wurde verurteilt, weil er nicht darauf hinwies, daß lebendige Katzen zum Trocknen nicht in den Mikrowellenherd gesetzt werden dürfen, *Huff*, FAZ v.10.11.1992, 1; *Posny*, Die Welt v.3.10.1985, 3. Weitere Beispiele für die extensiven Warnpflichten in einzelnen US-amerikanischen Bundesstaaten lassen sich unschwer finden. So ist davor zu warnen, daß der Inhalt von Schneekugeln nicht eßbar ist, daß Schraubenzieher nicht ins Ohr zu stecken sind, s. SZ v. 8./9.10.1994, 1.

[56] Olen J. Kelley et al. v. R.G. Industries, Inc. et al., CCH PRODUCTS LIABILITY REPORTS No. 10.669, Md. A.2d (1985); hierzu *Magotsch*, Exzessive Entwicklung der Produkthaftung in den USA, RIW 1986, 413, 415ff. Der Verfasser fand in einem kalifornischen Einkaufszentrum Schilder mit dem Hinweis, daß das Gebäude mit Materialien aus Asbest hergestellt wurde.

[57] *Prosser* and *Keeton* on Torts, S. 699; *Borer*, Produktehaftung, S. 266ff; *Meyer*, Instruktionshaftung, S. 82.

[58] Art. 3 I lit. b i.V.m. Anh.A.Kap.IV.Abs.A. und Art. 4 Nr. 1 i.V.m. Anh.C. Kap. II. Abs.B. der Milchhygiene-RiL 92/46/EWG v.16.6.1992, ABl. Nr. L 268, S. 1, 4, 17, 28.

[59] Kleine Anfrage bzgl. der Folgen der EG-Milchhygiene-RiL, BT-Dr. 12/4552 v.11.3.1993, S. 1, 4; *Werner*, Deutsche Milchwirtschaft, 44 (1993), 98, 100.

Verbraucher gar nicht kennt, so daß sie nicht den Maßstab der Verbrauchererwartung bilden können. Auch ist fraglich, ob der Verbraucher eine Verringerung der Keimzahlen wünscht, wenn dies nur dadurch erreicht werden kann, daß aggressivere Melkanlagenreinigungsmittel und Antibiotika zur Herdenprophylaxe und zur Therapie von Euterentzündungen eingesetzt werden[60].

Bestehen tatsächlich aber einmal bestimmte Sicherheitserwartungen des Verbrauchers, so sind diese teilweise unrealistisch hoch, teilweise auch zu niedrig und stimmen in den seltensten Fällen mit dem tatsächlich vernünftigen, technisch möglichen Aufwand überein[61]. Wäre das Kriterium der Verbrauchererwartung alleine maßgeblich, müßten keine Gefahrvermeidungsmaßnahmen ergriffen werden, wenn die Gefahr offenkundig ist oder vor ihr gewarnt würde, obwohl die Gefahr zu vergleichsweise geringen Kosten hätte vermieden werden können. Zu Recht wird deshalb in den USA diese sog. *patent danger rule* inzwischen abgelehnt[62]. Schließlich kann die Verbrauchererwartung ein Produkt für gefährlich erachten, obwohl es eindeutig ungefährlich ist[63].

Diese Bedenken gelten auch dann, wenn man nur auf die Verbrauchererwartung des jeweiligen Benutzerkreises abstellt. Denn auch der Fachbenutzer besitzt oft nicht den notwendigen Informationsstand, um das spezielle Gefahrenpotential des Produktes zu erkennen[64]. Im Idealfall kann er nur das Wissen haben, das der Konstrukteur oder Entwicklungschef des Herstellers besitzt[65]. Auch geht die herrschende Meinung davon aus, daß der Preis ein Kriterium der Verbrauchererwartung ist[66]. Der Verbraucher verbindet mit dem Preis zwar einen höheren oder geringeren Qualitätsstandard (z.B.

---

[60] S. die Bedenken in der Kleinen Anfrage, BT-Dr. 12/4552 v.11.3.1993, S. 1, 7ff, welche die Bundesregierung allerdings nicht teilt. Beachte auch VO (EWG) Nr. 2377/90 über Tierarzneimittelrückstände bei Nahrungsmitteln v.26.6.1990, ABl. Nr. L 224, S. 1ff zuletzt geändert durch VO (EWG) Nr. 675/92, ABl. Nr. L 73, S. 8.

[61] Im obigen Beispiel glaubt der Verbraucher häufig, Milch vom Bauernhof sei „gesünder", obwohl diese mit deutlich höheren Keimzahlen und damit einer größeren Anzahl Krankheitserregern belastet sein kann als die pasteurisierte oder ultrahocherhitzte Milch aus der Molkerei.

[62] *Prosser* and *Keeton* on Torts, S. 698; *Schwartz* in Kullmann/Pfister, Kza. 4522, 11; *Pfeifer*, Produktfehler oder Fehlverhalten des Produzenten, S. 126ff; *Borer*, Produktehaftung, S. 166ff m. jeweils w.Nachw.; *Kötz* in FS Lorenz, 1991, S. 109, 117; *Meyer*, Instruktionshaftung, S. 83. Dem scheint auch der BGH zu folgen, BGH v.19.12.1989, NJW 1990, 1236, 1237 – Lichtschacht.

[63] *Prosser* and *Keeton* on Torts, S. 698.

[64] S. zur Strukturputz-Entscheidung des OLG Düsseldorf v.7.11.1989, NJW-RR 1991, 288 m. Nichtannahmebeschluß des BGH – Hautverätzungen durch Strukturputz, Einl. Beispiel 7 und unten § 8.I.5.b)cc).

[65] *Prosser* and *Keeton* on Torts, S. 699.

[66] *Kullmann/Pfister*, Kza. 1520, 4; Jauernig/*Teichmann*, § 823 Anm. VIII.E.3.b); BGH v.17.10.1989, NJW 1990, 906, 907 – Pferdebox; BGH v.21.11.1989, NJW 1990, 908 – Weinkorken.

bezogen auf die Haltbarkeit), jedoch nur selten ein höheres oder geringeres Maß an Gefährlichkeit. Er geht grundsätzlich davon aus, nicht mit überraschenden, versteckten Gefahren[67] konfrontiert zu werden. Hinzu kommt, daß die Verbrauchererwartung oft durch die Werbung geprägt wird. Nur zu oft setzt die Werbung aber nicht den entscheidenden Maßstab für das notwendige Maß an Sicherheit[68]. Schließlich scheint auch der Weg wenig erfolgversprechend, das Kriterium „Verbrauchererwartung" normativ auszulegen[69]. Denn *dies* führt dazu, daß oft nur der *überholte* Sicherheitsmaßstab als fehlerhaft betrachtet wird[70]. Auch der Markt reagiert zu langsam, um den erforderlichen Standard durchzusetzen. Diese Kritik wird z.T. auch gegenüber Art. 6 I der Produkthaftungs-RiL geäußert[71] und auch für die Gefahrabwehr geteilt. Daß sich mit dem bloßen Abstellen auf die Verbrauchererwartung „alles oder nichts" begründen läßt, zeigen die gerade genannten US-amerikanischen Entscheidungen. Würde man Teile der US-amerikanischen Rechtsprechung übernehmen, bestünde die naheliegende Gefahr, daß der Verbraucher mit einer Informationsflut überfordert wird und deshalb die Informationen überhaupt nicht mehr berücksichtigt; Informationen dürfen deshalb nicht zu umfangreich sein[72]. Der obige Satz des *casum sentit dominus*[73] würde nahezu aufgegeben, wenn jede noch so naheliegende Selbstvorsorge ausgeschaltet wird und der durchschnittliche Verbraucher einem unmündigen Kleinkind gleichgestellt würde. Die Sozialisierung privater Schäden liegt nahe. Wenn in der US-amerikanischen Rechtsliteratur teilweise der Vergleich mit dem Selbstbestimmungsrecht des Patienten gezogen wird[74], so bestätigt auch dies die Tendenzen, daß es zu einer ausufernden Ausdehnung von Informationspflichten kommt. In den USA wird der *consumer-expectations-test* deshalb heute kaum noch angewendet[75].

---

[67] Zum Begriff der versteckten spezifischen Gefahr s. unten § 8.I.5.a).

[68] Z.B. wenn für die besondere Sicherheit von Reifen bei Regen geworben wird und der Eindruck erweckt wird, damit physikalische Gesetze (Aquaplaning) außer Kraft setzen zu können.

[69] *Meyer*, Instruktionshaftung, S. 117, 82ff m.w.Nachw.; *Wickhorst*, Recht und Ökonomie des Produkthaftungsgesetzes, S. 93f.

[70] Zutreffend *Lüderitz* in FS Rebmann, 1989, S. 755, 763f. Zum Airbag-Beispiel s. unten § 8.IV.1.b)bb).

[71] *Pfeifer*, Produktfehler oder Fehlverhalten des Produzenten, S. 236; *Borer*, Produktehaftung, S. 296, 300f; *Hollmann*, DB 1985, 2389, 2392; *Lorenz*, ZHR 151 (1987), 1, 28, 30; *Kötz*, Ist Produkthaftung eine vom Verschulden unabhängige Haftung? in FS Lorenz, 1991, S. 109, 117.

[72] *Schwartz* in Kullmann/Pfister, Kza. 4523, 19; s. hierzu die instruktiven Ausführungen zur Verbraucherforschung bei *Meyer*, Instruktionshaftung, S. 235ff.

[73] S. oben § 4.II.1.

[74] S. dazu bereits oben § 5 Fn. 229.

[75] *Prosser* and *Keeton* on Torts, S. 699; *Pfeifer*, Produktfehler oder Fehlverhalten des Produzenten, S. 125; *Schubert*, BR Deutschland/EG: Verschuldenselemente im Fehlerbegriff des

3. Die Risiko-Nutzen-Bewertung und das vernünftige Herstellerverhalten als Kriterien des US-amerikanischen Rechts

a) Bereits in den siebziger Jahren haben *Wade* und *Keeton* in den USA auf die Unzulänglichkeit des *consumer-expectations-test* hingewiesen und statt dessen einen Risiko-Nutzen-Ansatz (*risk-utility-* oder *danger-utility-test*) entwickelt. Er geht von der Überlegung aus, daß praktisch alle Produkte nicht nur Vorteile und Nutzen haben, sondern auch Gefahren und Risiken besitzen, die einander gegenübergestellt werden müssen[76]. Dabei wird erstens das Risiko des Produktes seiner Nützlichkeit gegenübergestellt, zweitens danach gefragt, welche sichereren, sonst aber gleichwertigen Produkte zur Verfügung stehen und drittens, inwieweit das Produkt sicherer gemacht werden könnte, ohne nennenswert teurer zu werden. Auch ist zu berücksichtigen, ob der Verbraucher die Gefahr abwehren kann[77]. Daneben werden noch eine Reihe anderer Kriterien genannt[78].

b) Als weiterer Maßstab wird in den USA das vernünftige Herstellerverhalten (*reasonably prudent manufacturer test*) genannt. Dabei ist zu fragen, ob ein vernünftiger Hersteller bei Kenntnis der Gefahr das Produkt in den Verkehr gebracht hätte[79]. Die Beurteilung wird also nicht wie bei der Verbrauchererwartung aus der Perspektive des Verwenders, sondern aus der Perspektive des Herstellers durchgeführt. Der vernünftige Hersteller erinnert an den idealtypischen Hersteller, den Maßstab im Arzneimittelrecht, denn der Hersteller haftet auch für nicht erkennbare Fehler, sog. Erkenntnisfehler[80]. Auch bei der Beurteilung von Instruktionsfehlern wird in den USA teilweise auf den vernünftigen Hersteller abgestellt und gefragt, ob das Schädigungspotential vom Hersteller hätte erkannt werden können und deshalb zu warnen war[81].

---

[76] *Prosser* and *Keeton* on Torts, S. 699.

[77] *Keeton*, Manufacturer's Liability: The Meaning of „Defect" in the Manufacture and Design of Products, 20 Syracuse L.Rev. 559, 569f (1969), *derselbe*, Products Liability – Inadequancy of Information, 48 Tex.L.Rev. 398, 403 (1970); *Prosser* and *Keeton* on Torts, S. 699; *Wade*, On the Nature of Strict Tort Liability for Products, 44 Miss.L.J. 825, 837f (1973).

[78] Zu diesen und den weiteren Ansätzen von Shapo, Fischer und Twerski s. die Übersichten bei *Schwartz* in Kullmann/Pfister, Kza. 4522, 13ff; *Pfeifer*, Produktfehler oder Fehlverhalten des Produzenten, S. 129ff und *Borer*, Produktehaftung, S. 169ff; *Lorenz*, ZHR 151 (1987), 1, 29; *Dielmann*, Produkthaftung in den Vereinigten Staaten von Amerika, AG 1987, 108, 112.

[79] Cepeda v. Cumberland Engineering Co., Inc., 76 N.Y. 152, 386 A.2d 816 (1978), overruled Suter v. San Angelo Foundry and Machine Co., 81 N.J. 150, 406 A.2d 140, 152 (1979); Phillips v. Kimwood Machine Co., 269 Or. 485, 525 P.2d 1033, 1036 (1974); *Prosser* and *Keeton* on Torts, S. 701; *derselbe*, 20 Syracuse L.Rev. 559, 568 (1969); *Wade*, 44 Miss.L.J. 825, 839 (1973); *Pfeifer*, Produktfehler oder Fehlverhalten des Produzenten, S. 134f; *Borer*, Produktehaftung, S. 175ff.

[80] S. ausführlich hierzu sogleich § 8.I.2.a).

[81] Model Uniform Product Liability Act, § 104 (C) (2) (a), (b) für die Instruktion nach dem Inverkehrbringen eines Produktes, abgedruckt bei *Schwartz* in Kullmann/Pfister, Kza. 4523, 16f.

4. Kombinierte Ansätze in den USA und der Bundesrepublik Deutschland

In dem berühmten *Barker-test* des Supreme Court of California wurden die Kriterien des *consumer-expectations-test* und des *risk-utility-test* vereinigt[82]. Auch das Abstellen auf das vernünftige Herstellerverhalten wird oft mit dem *risk-utility-test* kombiniert oder sogar als Teil dieses Tests angesehen. Solche Kombinationen verschiedener Tests sind in der US-amerikanischen Judikatur und Rechtsliteratur herrschend[83].

Auch die bundesdeutsche Rechtsprechung hat jüngst verschiedene Ansätze – wie die US-amerikanische Rechtsprechung – in der Pferdebox-Entscheidung kombiniert. Ein sich aufbäumendes Turnierpferd verletzte sich an der nach oben mit U-Eisen abschließenden Trennwand einer Pferdebox. Der BGH bejahte einen Konstruktionsfehler. Zum einen argumentierte der Bundesgerichtshof wieder mit der Verbrauchererwartung – maßgeblich sei der „Erwartungshorizont der gefährdeten Benutzerkreise“[84]. Zum anderen machte sich der BGH aber das dritte Kriterium des *risk-utility-tests* mit der Feststellung zu eigen, daß andere Pferdeboxen mit gefahrloser Oberseite der Trennwände nicht teuerer seien, so daß es erforderlich war, die konstruktionsbedingten Gefahrenmomente zu beseitigen[85]. In der Literatur wurde deshalb sogar die Schlußfolgerung gezogen, daß der BGH in dieser Entscheidung gänzlich auf eine Risiko-Nutzen-Bewertung abstelle und nur noch formal mit der Verbrauchererwartung argumentiere[86].

5. Kritik

Die *Widersprüchlichkeit* und damit Rechtsunsicherheit wird besonders bei den Anforderungen an die Instruktion durch den Gefahrverursacher deutlich. Einerseits soll die Verbrauchererwartung maßgeblich sein, andererseits ist auf Risikogruppen oder den gefährdetsten Benutzerkreis abzustellen, so daß gerade nicht die Verbrauchererwartung des typischen Benutzerkreises maßgeblich ist[87]. Wenn der Grundsatz der Gefahrvermeidung gilt und dies

---

[82] Barker v. Lull Engineering Co., 20 Cal.3d. 413, 573 P.2d 443, 143 Cal.Rptr. 225 (1978). S. *Prosser* and *Keeton* on Torts, S.702; *Pfeifer*, Produktfehler oder Fehlverhalten des Produzenten, S. 132ff; *Borer*, Produktehaftung, S. 172ff; *Debusschere/Kretschmar*, Produkthaftungshandbuch II, § 109 Rdnr. 14 m. jeweils w.Hinw.

[83] *Schwartz* in Kullmann/Pfister, Kza. 4522, 13 m.w.Nachw.

[84] BGH v.17.10.1989, NJW 1990, 906, 907 – Pferdebox unter Hinw. auf *Foerste* in Produkthaftungshandbuch I, § 24 Rdnr. 3; § 23 Rdnr. 13.

[85] BGH v.17.10.1989, NJW 1990, 906, 907 – Pferdebox.

[86] *Kötz* in FS Lorenz, 1991, S. 109, 118; allgemein *derselbe*, Deliktsrecht, Rdnr. 449.

[87] Das erkennt auch *Meyer*, Instruktionshaftung, S. 82ff, 106, ohne allerdings diesen Widerspruch aufzuheben.

leicht und unproblematisch zu realisieren ist[88], erscheint es widersprüchlich, die Gefahr zuzulassen sowie Informationspflichten als Gefahrabwehr mit der Begründung zu verneinen, daß jeder Verbraucher sich selbst über die Benutzung eines Gerätes bzw. eines Produktes informieren muß. Daß in solchen Fällen nicht gewarnt werden müsse, steht auch im Gegensatz zu dem Grundsatz, daß bereits immer dann zu warnen ist, wenn die Gefahren nicht offensichtlich sind[89]. Die von der Rechtsprechung aufgestellten Grundsätze werden in den konkreten Fällen nicht entsprechend subsumiert.

Die genannten Kriterien und die kombinierten Ansätze der US-amerikanischen und bundesdeutschen Rechtsprechung müssen sich zudem vorhalten lassen, daß *unklar bleibt, welche Kriterien in welcher Reihenfolge und mit welcher Gewichtung* zu prüfen sind, um bestimmte Gefahrvermeidungsmaßnahmen zu begründen. Ohne eine solche Reihenfolge und Gewichtung läßt sich aber oft nicht vorhersagen, wie das Gericht entscheidet. Rechtssicherheit und Gerechtigkeit sind beeinträchtigt, wenn widersprüchliche Verhaltenspflichten von der Rechtsprechung aufgestellt werden und der Eindruck entsteht, es würden bestimmte Kriterien nach Belieben des Gerichts berücksichtigt[90]. Diese Bedenken gelten auch für die kombinierten Ansätze der verschiedenen US-amerikanischen *risk-utility-tests*. In den USA wird folglich die Auffassung vertreten, die Gerichte (vor allem die jury) wären mit der Anwendung dieser Tests überfordert[91].

Die Rechtsprechung stellt formal für die Bejahung eines Fehlers auf die Kriterien Erforderlichkeit und Zumutbarkeit ab[92]. Diese Kriterien werden von der Rechtsprechung aber gegensätzlich definiert. Einerseits ist eine Gefahrvermeidungsmaßnahme erforderlich, um sicherzustellen, daß der durchschnittliche Verbraucher das Produkt „gefahrlos" verwenden kann[93]. Andererseits wird eine „gefahrlose" Verwendung ohne jegliches Risiko gar nicht sichergestellt, weil nur eine bestimmte Basissicherheit gewährleistet sein soll, die noch ein gewisses Restrisiko zuläßt[94]. Das Ergebnis wird noch unüberschaubarer, wenn die Rechtsprechung zuerst mangels Verbrauchererwartung die Erforderlichkeit einer Maßnahme verneint, sie dann aber auf-

---

[88] Zu diesem Grundsatz und der US-amerikanischen *patent-danger-rule* s. gerade § 7.II.1.c).

[89] Dazu sogleich § 8.I.5.a).

[90] Deutlich jüngst *Littbarski*, NJW 1995, 217, 221.

[91] *Henderson*, Judical Review of Manufacturers' Conscious Design Choices: The Limits of Adjudication, 63 Colum.L.Rev. 1531 (1973); *derselbe*, Renewed Judicial Controversy Over Defective Produkt Design: Toward the Preservation of an Emerging Consensus, 63 Minn.L.Rev. 773, 779f (1979).

[92] S. oben § 7 Fn. 33.

[93] *Kullmann/Pfister*, Kza. 1520, 7. Z.B. § 3 I 1 GSG.

[94] S. dazu bereits oben § 7.II.2.a). Das Kriterium der Basissicherheit wird unten am Kraftfahrzeug exemplarisch erörtert, § 8.IV.

grund der Zumutbarkeit doch bejaht, indem die Anforderungen an die Basissicherheit *erhöht* werden[95].

Der hier vertretene Vorrang der Eigenverantwortung des Gefahrverursachers vor der Selbstvorsorge des Verbrauchers und der Vorrang der Gefahrvermeidung vor der Gefahrabwehr und vor der Selbstvorsorge des Verbrauchers unterscheiden sich schließlich von dem genannten Ansatz der Rechtsprechung, der die Grundsätze oft in entgegengesetzter Reihenfolge prüft, d.h. bei der Selbstvorsorge des Verbrauchers beginnt[96]. Die Eigenverantwortung des Gefahrverursachers und der Grundsatz der Gefahrvermeidung werden zu reinen Leerformeln, wenn durch einen Informationstransfer der Gefährdete in deutlich geringerem Maß geschützt wird als durch eine Vermeidung der Gefahr.

III. Eigene Kriterien für einen Fehlerbegriff und deren Vereinbarkeit mit dem Gemeinschaftsrecht

Die Kriterien Erforderlichkeit und Zumutbarkeit, welche die Rechtsprechung verwendet, sind neu zu definieren. Das Kriterium „Erforderlichkeit" ist objektiv zu begründen, um einen höheren Schutzumfang als bisher für den Gefährdeten zu erreichen (1). Das Kriterium Zumutbarkeit wird neben der Voraussehbarkeit Teil des Kriteriums „vernünftiges Herstellerverhalten" (2.). Zudem ist der Verhältnismäßigkeit (3.) und der selbstbestimmenden Entscheidung (4.) mittels eigener Kriterien Rechnung zu tragen. Auf das Kriterium der Verbrauchererwartung kann weitgehend verzichtet werden (5.).

1. Erforderlichkeit

a) Die Erforderlichkeit und die Risiko-Nutzen-Bewertung

Auf einer *ersten* Prüfungsstufe wird nur gefragt, was erforderlich ist, um das Rechtsgut zu schützen. Die Produktsicherheit muß grundsätzlich höchsten Ansprüchen genügen. Maßgeblich sind nicht nur der Stand der Technik oder der Stand der Wissenschaft und Technik, sondern weitergehend der ideale Schutz, der dann allerdings in den Prüfungsschritten zwei und drei eingeschränkt werden kann. Dabei ist sowohl auf den bestimmungsgemäßen als auch auf den voraussehbaren Fehlgebrauch abzustellen. Maßgeblich ist

---

[95] So schreiben z.B. *Kullmann/Pfister* (Kza. 1520, 8) über die Verpflichtung, über die Basissicherheit hinausgehend noch weitere Sicherungsmaßnahmen zu treffen. Dies hänge von der Verbrauchererwartung ab, und diese bestimme sich wieder danach, was dem Hersteller unter Berücksichtigung aller Umstände zumutbar sei.

[96] Oben § 7.I.1., S. 254f.

das Erforderliche, so wie dies die Rechtsprechung auch in einigen Urteilen in den Obersätzen fordert, dann aber oft nicht entsprechend subsumiert. Nachdem das Risiko bestimmt ist, ist eine *Risiko-Nutzen-Abwägung* vorzunehmen[97]. Das führt zu einer wichtigen Folgerung: Bei Produkten mit hohem Risikopotential, wie Arzneimitteln, ist nur das jeweils sicherste Produkt zuzulassen. Eine Risiko-Nutzen-Bewertung für eine Neuzulassung wird negativ ausfallen, wenn bereits alternative Behandlungsmethoden (Arzneimittel) mit geringerem Risiko bei gleichem Nutzen existieren[98]. Allerdings kann ein Arzneimittel trotz hohen Risikos erlaubt sein, wenn es keine Alternativen zu diesem Arzneimittel gibt. Das gilt besonders dann, wenn das Arzneimittel eine lebensbedrohende Krankheit oder drohende irreparable Schäden bekämpfen soll[99]. Auch der Arzt darf nur die sicherste Behandlungsmethode wählen und hat nur die Wahl, wenn mehrere gleichermaßen gefährliche Behandlungsmethoden zur Verfügung stehen[100].

b) Bundesdeutsche und gemeinschaftsrechtliche Vorgaben

Daß grundsätzlich die Sicherheit objektiv zu definieren ist, zeigen auch einzelne Gesetze. Bereits nach § 3 I 1 GSG dürfen nur technische Arbeitsmittel in den Verkehr gebracht werden, die Leben oder Gesundheit bei bestimmungsgemäßer Anwendung nicht gefährden. Auch nach Art 3 I Produktsicherheits-RiL muß ein Produkt sicher sein. Dies ist es nach der Legaldefinition des Art. 2 lit. b Produktsicherheits-RiL dann, wenn es „bei normaler oder vernünftigerweise vorhersehbarer Verwendung, was auch die Gebrauchsdauer einschließt, keine oder nur geringe, mit seiner Verwendung zu vereinbarende und unter Wahrung eines hohen Schutzniveaus für die Gemeinschaft und Sicherheit von Personen vertretbare Gefahren birgt“[101]. Aus dieser Definition lassen sich die Kriterien: „keine oder geringe Gefahr für die Sicherheit von Personen“ sowie „hohes Schutzniveau für die Gemeinschaft“ herausschälen. Gefahren sind damit grundsätzlich zu vermeiden. Das gilt in einem bestimmten Umfang auch für den vorhersehbaren Fehlgebrauch. Das Kriterium „Erforderlichkeit“ läßt sich auch für die Gefahrabwehr heranziehen. Die Erforderlichkeit einer Information läßt sich bereits damit begründen, daß sowohl die allgemeinen als auch die vertikalen Pro-

---

[97] S. dazu gerade oben § 7.III.1.a).

[98] Ausführlich sogleich unten § 8.I.1.a).

[99] Blutkonserven oder Blutersatzstoffe sind zugelassen, obwohl ihre Verwendung mit dem Risiko der Hepatitis- oder AIDS-Infizierung verbunden ist, *Kullmann/Pfister*, Kza. 3800, 26, Fn. 79, 84a. Auch die schweren Nebenwirkungen der Chemotherapie sind bei der Behandlung von Karzinomen erlaubt, *Deutsch*, Arztrecht und Arzneimittelrecht, S. 422f. Zur Dringlichkeit eines Heileingriffs s. oben § 4.I.2.c).

[100] S. unten § 8.I.1.a), S. 276.

[101] Allgemeine Produktsicherheits-RiL 92/59/EWG v.29.6.1992, ABl. Nr. L 228, 26. Zum gesamten Gesetzestext s. Anh. A.II.3.

duktsicherheitsrichtlinien grundsätzlich die Verpflichtung zur einschlägigen Information aussprechen, soweit die Gefahr ohne entsprechende Warnhinweise nicht unmittelbar erkennbar ist, Art. 3 II Sp. 1 Produktsicherheits-RiL[102].

Daß in einem ersten Schritt die Anforderungen an die Sicherheit möglichst hoch anzusetzen sind, zeigen auch die Gesetze, die eine Gefährdungshaftung normieren. § 84 S. 2 Nr. 1 AMG läßt eine Haftung bei Erkenntnisfehlern zu. Nach § 3 I PHG (Art. 6 I Produkthaftungs-RiL) kann ein Fehler auch dann bejaht werden, wenn es im Zeitpunkt des Inverkehrbringens technisch noch nicht möglich ist oder war, das Produkt sicher herzustellen. Der Hersteller haftet nur dann nicht, wenn er nachweist, daß für ihn die Unsicherheit des Produktes nicht erkennbar war[103], § 1 II Nr. 5 PHG (Art. 7 lit. e Produkthaftungs-RiL). Es ist deshalb deutlich zwischen dem Erforderlichen und dem technisch Möglichen zu unterscheiden.

2. *Vernünftiges Herstellerverhalten, Art. 3 Produktsicherheits-RiL*

a) Voraussehbarkeit

Wenn nach US-amerikanischem Recht gefragt wird, ob der Hersteller das Schadenspotential hätte erkennen können und er deshalb hätte warnen müssen, wird die Perspektive auf den Hersteller, genauer auf den maßgeblichen, vom Hersteller einzuhaltenden Sorgfaltsmaßstab gelenkt. Es wird auf den vernünftigen Hersteller abgestellt[104]. Es ist als zweites Kriterium zu fragen, was ein vernünftiger Hersteller in einer bestimmten Situation getan hätte[105]. Dieses Kriterium findet sich auch im Gemeinschaftsrecht. Die Produktsicherheits-RiL bestimmt den Maßstab der erforderlichen Sicherheit nicht aus der Perspektive des Verbrauchers, sondern aus der Blickrichtung des vernünftigen Herstellerverhaltens. Das gilt bereits für die Gefahrvermeidung. Für die Sicherheit eines Produktes ist die „Einwirkung auf andere Produkte (zu berücksichtigen), wenn eine gemeinsame Verwendung mit anderen Produkten *vernünftigerweise* vorhersehbar ist", Art. 2 lit. b Sp. 2 Produktsicherheits-RiL. Auch bei der Gefahrabwehr ist das vernünftige Herstellerverhalten maßgeblich. Informationen müssen auch Gefahren berücksichtigen, die von dem Produkt während der üblichen oder nach *vernünftigem*

---

[102] Dagegen verlangte Art. 3 II 1 Sp. 1 des Geänderten Vorschlags (der Kommission v.11.6.1990 für eine RiL des Rates über die allgemeine Produktsicherheit KOM (90) 259 endg. – SYN 192, ABl. Nr. C 156, 8) noch zusätzlich eine Gefährdung von nicht unerheblicher Natur.

[103] Ähnlich *Lorenz* (ZHR 151 (1987), 1, 13) und *Kort* (VersR 1989, 1113, 1114), die aber auf die berechtigten Sicherheitserwartungen beim Fehlerbegriff abstellen.

[104] S. oben § 7.II.3.

[105] Model Uniform Product Liability Act, § 104 (C) (6) für die Instruktion *nach* dem Inverkehrbringen eines Produktes, abgedruckt bei *Schwartz* in Kullmann/Pfister, Kza. 4523, 17.

Ermessen voraussehbaren Gebrauchsdauer ausgehen, Art. 3 II Sp. 1 Produktsicherheits-RiL. Schließlich muß der Hersteller auch bestimmte Gruppen von Verbrauchern, die bei der Verwendung des Produktes einem erhöhten Risiko ausgesetzt sind, wie Kinder, berücksichtigen, wenn er die angemessenen Sicherheitsmerkmale eines Produktes festlegt[106].

b) Zumutbarkeit

Das von der Rechtsprechung benutzte Kriterium der Zumutbarkeit ist nur eines von zwei Kriterien des vernünftigen Herstellerverhaltens. Während die Anforderungen an Erforderlichkeit besonders streng definiert werden und das vernünftige Herstellerverhalten nach der hier vertretenen Auffassung mitumfassen, kann in einem zweiten Schritt die Erforderlichkeit durch das Kriterium des vernünftigen Herstellerverhaltens eingeschränkt werden. Hier werden wettbewerbsrechtliche und wirtschaftliche Überlegungen anzustellen sein[107].

3. Das Kriterium „Verhältnismäßigkeit" im Gemeinschaftsrecht

Das Kriterium „Verhältnismäßigkeit" wurde schon zur Begründung des Dreistufenmodells Gefahr – Risiko – Restrisiko herangezogen[108]. Später wird es gebraucht für die Frage, wann der Staat in die Rechte des Gefahrverursachers eingreifen darf[109]. Nun ist zu fragen, ob es für das Verhältnis Gefahrvermeidung zu Gefahrabwehr berücksichtigt werden muß. Dagegen wird eingewendet, es sei für das Zivilrecht untauglich, weil es im Öffentlichen Recht die Belastung des Individuums durch den Staat regele, während im Zivilrecht die Interessen von zwei Privatpersonen zum Ausgleich gebracht werden müßten[110]. Jedoch ist zu bedenken, daß der Konstruktionsfehler, wenn er vom Gericht bejaht wird, sich künftig wie ein Verbot des Produkts auswirkt[111]. Im Verhältnis von nationalem Recht zum Gemeinschaftsrecht ist das Verhältnismäßigkeitsprinzip zu wahren, damit eine Maßnahme nicht gegen den Grundsatz des freien Warenverkehrs verstößt[112].

---

[106] Art. 2 lit. b Sp. 4 Produktsicherheits-RiL.

[107] S. ausführlich unten § 8.I.2.b), S. 286ff.

[108] S. oben § 2.VI.

[109] S. unten § 9.III.3.d).

[110] *Steffen*, Verkehrspflichten im Spannungsfeld von Bestandsschutz und Handlungsfreiheit, VersR 1980, 409, 410f. A.A. *Wieacker*, Geschichtliche Wurzeln des Prinzips der verhältnismäßigen Rechtsanwendung in FS Fischer, 1979, S. 867, 868.

[111] S. bereits oben § 5.II.1.

[112] S. ausführlich *Epiney/Möllers*, Freier Warenverkehr und nationaler Umweltschutz, S. 81–130; s. auch zur Frage von Tat- und Herkunftsort *Basedow*, Der kollisionsrechtliche Gehalt der Produktfreiheiten im europäischen Binnenmarkt: favor offerentis, RabelsZ 59 (1995), 1, 38.

Auch im Unlauterkeitsrecht betont der EuGH immer wieder, daß die Verpflichtung zur Information gegenüber dem Verbraucher im Vergleich zum Verbot des Produkts die mildere Form des Eingriffs darstellt[113]. Möchte z.B. der BGH in einem Fall, der die Produkthaftungs- oder die Produktsicherheits-RiL betrifft, die Haftung eines französischen Herstellers für sein fehlerhaftes, nach Deutschland exportiertes Produkt bejahen, so müßte er prüfen, ob nicht eine Warnung als Gefahrabwehrmaßnahme ausgereicht hätte. Damit kommt dem Kriterium „Verhältnismäßigkeit" ein eigener Anwendungsbereich zu[114]. Als drittes Kriterium ist deshalb die Verhältnismäßigkeit zu berücksichtigen. Das können Fälle sein, in denen nur der bestimmungswidrige Gebrauch gefährlich ist. Auch kann eine Gefahrvermeidungsmaßnahme ausnahmsweise dann nachrangig subsidiär gegenüber der Gefahrabwehr durch Information sein, wenn die Information an den Verbraucher genauso effektiv ist wie die Gefahrvermeidungsmaßnahme. Die Information muß sicherstellen, daß sich eine Gefahr und damit ein Schaden nicht verwirklicht[115]. Ob dies zutrifft, hat der Gefahrverursacher zu beweisen[116].

An dieser Stelle ist bereits festzustellen, daß dieses Kriterium nicht überbetont werden darf, denn die oben genannte Erforderlichkeit einer Gefahrvermeidungsmaßnahme, also beispielsweise die sichere Konstruktion des Produkts, beruht ja ihrerseits auf Gemeinschaftsrecht. Damit besteht auch der Grundsatz des Vorrangs der Gefahrvermeidung vor der Gefahrabwehr fort: Die Gefahrabwehr kann grundsätzlich die Gefahrvermeidung nicht ersetzen[117].

4. *Die selbstbestimmende Entscheidung*

In § 5 wurden die Voraussetzungen der Selbstbestimmung entwickelt und aufgezeigt, daß dem Verbraucher bei der Verwendung von Produkten ein Recht auf selbstbestimmende Entscheidung zustehen kann[118]. Geschützt werden sollen das Selbstbestimmungsrecht des Patienten bzw. die selbstbestimmende Entscheidung des Verbrauchers. Aus diesem Grunde bestehen sowohl die Pflicht zur Selbstbestimmungsaufklärung als auch die Verpflichtung, eine selbstbestimmende Entscheidung zu ermöglichen, regelmäßig nur bei erheblichen Gefahren, bei Risiken existentieller Natur[119]. Auch ist eine

---

[113] EuGH v.7.3.1990, Slg. 1990, 667 (17) GB-INNO-BM; EuGH v.12.3.1987, Slg. 1987, 1227, Leitsatz 3 – Reinheitsgebot für Bier; *Keßler*, Wettbewerbsrechtliches Irreführungsverbot und Freiheit des Warenverkehrs, EuZW 1991, 107ff; *Leisner*, Der mündige Verbraucher in der Rechtsprechung des EuGH, EuZW 1991, 498, 502.

[114] *Hollmann*, PHI 1990, 38, 40.

[115] § 8. I.3. und § 8.I.6.c).

[116] S. unten § 8.III.2.

[117] Zu diesem Grundsatz gerade § 7.I.1.

[118] § 5.III.3.c)cc).

[119] § 5.III.3.c)cc).

Aufklärung nur „im großen und ganzen" geschuldet. Aufgeklärt werden muß nicht über allgemein bekannte Gefahren, mit denen ein vernünftiger Patient üblicherweise rechnet[120]. Diese existentielle Aufklärung kann deshalb inhaltlich weniger umfangreich sein als die Aufklärungen für eine Gefahrabwehr. Das läßt sich damit erklären, daß sich die Selbstbestimmungsaufklärung auf Risiken bezieht, die weder vom Arzt noch vom Patienten durch entsprechende Verhaltensmaßnahmen vermieden bzw. abgewehrt werden können. Die Information zur Gefahrabwehr geht darüber hinaus, weil sie gerade eine entsprechende Verhaltensmaßnahme durch den Verwender bezweckt – effektive Gefahrabwehr soll ermöglicht werden, so daß die Warnung auch den bestimmungswidrigen Gebrauch umfassen kann. Daß dem Verbraucher ein eigenes Recht auf selbstbestimmende Entscheidung zukommen kann, läßt sich auch im Gemeinschaftsrecht nachweisen. Gem. Art. 3 II Sp. 1 Produktsicherheits-RiL ist eine Information erforderlich, damit der Verbraucher die Gefahren „*beurteilen* und sich dagegen schützen kann"[121]. Maßgeblich ist, daß die Gefahr nach den Prüfungen zur Gefahrvermeidungspflicht zwar zulässig, aber doch noch so hoch ist, daß sie für den Käufer kaufentscheidend ist[122].

5. *Ablehnung des Kriteriums „Verbrauchererwartung"*

Eingangs wurde bereits das Kriterium „Verbrauchererwartung" als zu unbestimmt, ja als reine Fiktion kritisiert[123]. Fraglich ist, ob auf dieses Kriterium gänzlich verzichtet werden kann. Dagegen scheint zu sprechen, daß die gerade genannte Produktsicherheits-RiL in Art. 4 II von der Sicherheit spricht, welche die Verbraucher „billigerweise erwarten dürfen", die dann maßgeblich ist, wenn bestimmte gemeinschaftsrechtliche oder nationale Normen und Verhaltenskodizes fehlen und der Sicherheitsstandard nach dem Stand der Technik bestimmt werden muß[124]. Nach dem Wortlaut des § 3 I PHG (Art. 6 I Produkthaftungs-RiL) bestimmt sich der Fehler auch danach, welche „Sicherheit berechtigterweise erwartet werden kann". Wie im bundesdeutschen Recht sollen auch hierfür die durchschnittlichen Sicherheitserwartungen des jeweiligen Benutzerkreises ausschlaggebend

---

[120] S. sogleich § 8.I.4.a).

[121] Noch deutlicher wurde dies in einem Vorschlag zur Produktsicherheits-RiL formuliert: „Hinweise auf Gefahren müssen in der Weise erfolgen, daß jeder voraussichtliche oder potentielle Verbraucher die Restgefahr selbst prüfen kann, bevor er ein Produkt erwirbt oder sonstwie zu seiner Benutzung veranlaßt wird, wenn diese Angaben bei seiner Entscheidung, das Produkt zu kaufen oder zu benutzen, eine wesentliche Rolle spielen". Art. 4 II des Vorschlages für die Produktsicherheits-RiL, Kom (89) 162 endg., ABl. Nr. C 193, 1, 3.

[122] In dem Sinne, daß der Verbraucher sich gegen den Erwerb des Produktes entscheidet. Dazu genauer § 8.I.4.

[123] § 7.II.2.c).

[124] Zum Wortlaut s. Anh. A.II.3.

sein[125]. Wenn sich der Fehlerbegriff schließlich durch seine „Darbietung" bestimmt, könnte dadurch der Sicherheitsstandard relativiert werden[126].

In der Produkthaftungs-RiL wurde die „berechtigte Verbrauchererwartung" aus dem US-amerikanischen Recht übernommen, ohne die damals schon kritischen Stimmen zu beachten[127]. Auf dieses Kriterium läßt sich weitgehend deshalb verzichten, weil sich bereits die obigen Kriterien „Erforderlichkeit" und „vernünftiges Herstellerverhalten" in den gemeinschaftsrechtlichen Produktsicherheits- und -haftungsrichtlinien finden. Damit kann der Fehlerbegriff ganz entscheidend *verobjektiviert* werden[128], die Verbrauchererwartung kann nicht den Sicherheitsstandard relativieren. Denn Art. 4 II Produktsicherheits-RiL beläßt den Mitgliedstaaten das Recht, die Rücknahme gefährlicher Produkte vom Markt zu verlangen, auch wenn die einschlägigen Normen, der Stand der Technik und die Verbrauchererwartung beachtet wurden[129]. Diese Überlegungen gelten auch für die Produkthaftungs-RiL. Für sie ist anerkannt, daß eine bestimmte „Darbietung" es nicht erlaubt, auf den erforderlichen Sicherheitsstandard zu verzichten[130]. Zudem würde ein solcher Verzicht die Anwendung der Produkthaftungs-RiL umgehen, was Art. 12 Produkthaftungs-RiL verbietet[131]. Das Ergebnis – nämlich daß die Verbrauchererwartung das Sicherheitsniveau nicht beschränken kann – wird bestätigt, wenn man sowohl die Produkthaftungs- als auch die Produktsicherheits-RiL im Sinne des durch den Maastrichter Vertrag eingefügten Art. 129a I lit. b EGV auslegt. Dieser verpflichtet die Gemeinschaft zu einem hohen Schutzniveau, um Gesundheit und Sicherheit der Verbraucher zu gewährleisten[132]. Damit muß bei den Kriterien Erforderlichkeit und Zumutbarkeit nicht auf die Verbrauchererwartung abgestellt werden[133].

---

[125] *Hollmann*, DB 1985, 2389, 2392; *Lorenz*, ZHR 151 (1987), 1, 23f; *Schlechtriem*, VersR 1986, 1033, 1036; *Kort*, VersR 1989, 1113, 1120; *Reich*, WM 1986, 149, 150; *Kullmann/Pfister*, Kza. 3604, 3.

[126] Gem. § 3 I lit. a, b PHG (Art. 6 I lit. a, b Produkthaftungs-RiL); zum Wortlaut s. Anh.A.III.1.

[127] S. oben § 7.II.2.c).

[128] Die Risiko-Nutzen-Bewertung und den idealtypischen Hersteller fordert auch *Pfeifer*, Produktfehler oder Fehlverhalten des Produzenten, S. 251 und *Kötz* in FS Lorenz, 1991, S. 109, 115ff.

[129] Auch gilt der Maßstab der Verbrauchererwartung nach der Produktsicherheits-RiL nur subsidiär, nämlich immer nur dann, wenn noch keine Normen oder Standards bereits bestimmte Regeln festlegen.

[130] *Kullmann/Pfister*, Kza. 3604, 9; *Borer*, Produktehaftung, S. 274.

[131] Danach ist eine Freizeichnung vom Gebot der Einhaltung bestimmter Standards verboten, *Schlechtriem*, VersR 1986, 1033, 1036.

[132] Art. 129a I lit. b EGV; auch Art. 100a III EGV verpflichtet zu einem hohen Verbraucherschutz. Zum Wortlaut s. Anh. A.II.1.

[133] A.A. die obige bundesdeutsche Rechtsprechung und Literatur, die das Kriterium Erforderlichkeit mit der Verbrauchererwartung vermengen. So beispielsweise *Meyer*, Instruktionshaftung, S. 117.

Zwischenergebnis zu § 7: Gefahrvermeidung – Gefahrabwehr – Selbstvorsorge des Gefährdeten

1. Der Grundsatz der Eigenverantwortung des Gefahrverursachers läßt sich weiter präzisieren. Die Vorrangigkeit der verschiedenen Maßnahmen läßt sich durch die Reihenfolge Gefahrvermeidung, Gefahrabwehr und Selbstvorsorge des Verbrauchers kennzeichnen. Ist eine Gefahr vermeidbar, entlastet eine Warnung vor der Gefahr grundsätzlich nicht.

2. Diese Grundsätze finden sich in den allgemeinen und in den vertikalen Produktsicherheitsrichtlinien wieder.

3. Die Rechtsprechung prüft oft in entgegengesetzter Reihenfolge, beginnt also bei der Selbstvorsorge des Gefährdeten. Zusätzlich herrscht bei den einzelnen Kriterien Unsicherheit. Weil jedes der Kriterien: „Verbrauchererwartung", „Kosten-Nutzen-Bewertung" und „vernünftiges Herstellerverhalten" für sich unzureichend ist, werden zum Teil die verschiedenen Kriterien kombiniert. Auch wird in der bundesdeutschen Literatur und Rechtsprechung nicht unterschieden, ob Informationen zur Ermöglichung einer selbstbestimmenden Entscheidung des Verbrauchers oder zur Gefahrabwehr zu geben sind.

4. Notwendig sind objektive Kriterien, die in einer festen Reihenfolge geprüft werden. Das Kriterium „Erforderlichkeit" einer Gefahrvermeidungsmaßnahme kann mit einer Risiko-Nutzen-Bewertung konkretisiert werden. Diese hat zur Folge, daß bei Produkten mit hohem Risikopotential, wie Arzneimitteln, nur das jeweils sicherste Produkt zugelassen wird. Das Kriterium „vernünftiges Herstellerverhalten" konkretisiert die Zumutbarkeit einer Maßnahme, indem die Perspektive auf den Hersteller und nicht auf den Verbraucher gelenkt wird. Beide Kriterien finden sich in Art. 3 Produktsicherheits-RiL.

5. Das Kriterium der Verhältnismäßigkeit findet Anwendung: Danach ist eine Gefahrvermeidungsmaßnahme möglicherweise dann nachrangig, d.h. subsidiär gegenüber der Gefahrabwehr durch Informationstransfer, wenn das Produkt nur bei bestimmungswidrigem Gebrauch gefährlich ist oder die Information an den Verbraucher genauso effektiv ist wie die Gefahrvermeidungsmaßnahme.

6. Bei der Information an den Verbraucher ist der selbstbestimmenden Entscheidung Rechnung zu tragen.

7. Auf das Kriterium „Verbrauchererwartung" kann weitgehend verzichtet werden.

§ 8 Sechs Prüfungsschritte für Gefahrvermeidung und Gefahrabwehr

In § 5 wurde der *Rechtsgüterschutz* als tragendes Prinzip der Arzt-, Arzneimittelhaftung, ja allgemein der Produkthaftung und, weniger dezidiert, der Verkehrspflichten herausgearbeitet. Er kann auch für den Umweltschutz fruchtbar gemacht werden. In § 6 wurden die Eigeninformationspflichten des Gefahrverursachers bestimmt. In § 7 wurde der Grundsatz der Gefahrvermeidung konkretisiert, der dem Prinzip der Gefahrabwehr durch Informationen des Gefahrverursachers an den Verbraucher vorgeht. Dieser Informationstransfer geht seinerseits der Selbstvorsorge durch den Gefährdeten vor. Beide Grundsätze ließen sich durch das Gemeinschaftsrecht belegen. Zudem wurde die Verbrauchererwartung als Kriterium abgelehnt und statt dessen neue Kriterien, wie die selbstbestimmende Entscheidung und Verhältnismäßigkeit, entwickelt. In § 8 soll ein Prüfungssystem entwickelt werden, das in sechs Prüfungsschritten festzustellen erlaubt, ob der Gefahrverursacher eine Gefahr vermeiden (Prüfungsschritte 1–3) bzw. ob er durch Informationsweitergabe dem Verbraucher ermöglichen muß, die Gefahr abzuwehren (Prüfungsschritte 4–6). Diese Gefahrvermeidung und -abwehr durch den Gefahrverursacher (I.) ist dann von der Selbstvorsorge des Gefährdeten abzugrenzen (II.). Mittels dieser Prüfungsschritte wird sich dann auch die Frage klären lassen, wer bestimmte Kriterien im Prozeß zu beweisen hat (III.). Die Prüfungsschritte und damit die Anforderungen an Gefahrvermeidung und Gefahrabwehr werden schließlich am Sicherheitsstandard von Kraftfahrzeugen verdeutlicht (IV.).

I. Die einzelnen Schritte der Prüfungsfolge

Um ein möglichst hohes Maß an Gerechtigkeit und Rechtssicherheit zu gewährleisten, kann der Rechtsprechung mit ihrer gegenwärtigen, teils sehr widersprüchlichen Prüfungsfolge nicht gefolgt werden[1]. Es ist vielmehr notwendig, die verschiedenen Prüfungskriterien zu systematisieren und sie in eine logisch zwingende Prüfungsfolge zu bringen. Die Klärung der Frage, ob und inwieweit Gefahrvermeidungs- oder Gefahrabwehrmaßnahmen vorzunehmen sind, ist in einer *Sechs-Schritte-Prüfungsfolge* durchzuführen, die in

---

[1] Zur Kritik ausführlich gerade unter § 7.II., S. 254 ff.

Graphik 6 auf Seite 317 schematisch dargestellt ist. Dabei ist strikt zwischen Gefahrvermeidung durch entsprechende Konstruktion und Gefahrabwehr durch Informationen an den Benutzer zu trennen. Die ersten drei Prüfungsschritte dienen der Feststellung, ob eine Gefahr vermieden werden muß. Um ein hohes Maß an Rechtssicherheit zu gewährleisten, ist zwischen den drei Kriterien „Erforderlichkeit", „vernünftiges Herstellerverhalten", das durch mögliche und zumutbare Maßnahmen begrenzt wird, und „Verhältnismäßigkeit" zu unterscheiden. Zudem besteht zwischen den Kriterien ein Rangverhältnis: Während der Gefahrverursacher bei Bejahung des Kriteriums „Erforderlichkeit" den höchsten Anforderungen für die Gefahrvermeidung genügen muß, können durch die Kriterien „vernünftiges Herstellerverhalten" (Möglichkeit, Zumutbarkeit) und „Verhältnismäßigkeit" die Anforderungen an die Gefahrvermeidungsmaßnahmen *eingeschränkt* werden.

In einem ersten Prüfungsschritt ist eine Risiko-Nutzen-Bewertung (Erforderlichkeit), nicht etwa eine Risiko-Kosten-Bewertung, vorzunehmen[2] (1.). Sie bemißt sich allein danach, was erforderlich ist, um ein Rechtsgut effektiv zu schützen. Eine Gefahrvermeidungsmaßnahme ist dann erforderlich, wenn eine Risiko-Nutzen-Analyse ergibt, daß das Risiko höher als der Nutzen ist. In einem solchen Fall darf das unsichere Produkt nicht auf den Markt gebracht werden oder hätte, ex post betrachtet, nicht auf den Markt gebracht werden dürfen. Dies ist aber noch nicht das Endergebnis der Prüfung. Vielmehr ist dann in einem zweiten Prüfungsschritt auf das vernünftige Herstellerverhalten abzustellen. Hier wird nach dem für den Hersteller Möglichen gefragt (2.a), so daß z.B. Erkenntnisfehler nicht zu einer Haftung führen. Daneben ist das Zumutbare zu berücksichtigen (2.b). Hier können Risiko-Kosten-Kriterien einfließen, um eine Verdrängung vom Markt zu vermeiden. Erst in einem dritten Prüfungsschritt wird das Augenmerk auf das Verhältnis zwischen Gefahrvermeidung und Gefahrabwehr gerichtet. Die Verhältnismäßigkeit kann dazu führen, daß statt einer Gefahrvermeidungsmaßnahme auch eine Information an den Verbraucher ausreicht, wenn diese ein ebenso geeignetes Mittel ist, damit sich die Gefahr und damit der Schaden nicht realisiert (3.).

Nur wenn sich also aufgrund der ersten drei Prüfungsschritte Maßnahmen zur Gefahrvermeidung als nicht zwingend erforderlich erweisen, kommen die Prüfungsschritte vier, fünf und sechs in Betracht. Sie dienen dem Recht auf selbstbestimmende Entscheidung und/oder der Gefahrabwehr durch den Verbraucher. Im Zuge einer möglichen selbstbestimmenden Entscheidung muß aber dem Benutzer die Entscheidung bleiben, ob er sich dem Risiko aussetzen will (4.). Die Gefahrabwehr kommt in Betracht, wenn dies dem

---

[2] A.A. *Kötz* in FS Lorenz, 1991, S. 109, 115ff; *Pfeifer*, Produktfehler oder Fehlverhalten des Produzenten, S. 251.

Benutzer zugemutet werden kann (5.). Das vernünftige Herstellerverhalten kann wiederum zu Einschränkungen der Maßnahme führen (6.).

1. *Erster Prüfungsschritt: Erforderlichkeit der Gefahrvermeidung*

a) Risiko-Nutzen-Bewertung im bundesdeutschen Arzneimittel- und Arztrecht

Daß die Erforderlichkeit der Gefahrvermeidung durch eine Risiko-Nutzen-Bewertung konkretisiert werden kann, zeigen die jeweiligen Prüfungen im Arzeimittel[3] – und Arztrecht. Da praktisch jedes Arzneimittel unerwünschte Nebenwirkungen haben kann[4], sind Arzneimittel nur zu verbieten, wenn schädliche Wirkungen über ein vertretbares Maß hinausgehen[5]. Das sind „bedenkliche Arzneimittel" i.S.v. § 5 II AMG. Die Bedenklichkeit eines Arzneimittels ist abhängig von schädlicher bzw. vorteilhafter Wirkung und deren Eintrittswahrscheinlichkeiten. Diese vier Größen sind zunächst zu analysieren[6]. Bei der Prüfung muß deshalb nach der Analyse in einem zweiten Schritt die Bewertung folgen, müssen also Umfang, Schwere, Häufigkeit und Reversibilität der Nebenwirkungen (die Risiken) gegenüber dem therapeutischen Zweck und Wert des Medikaments (seinem Nutzen) abgewogen werden, sog. *Risiko-Nutzen-Abwägung oder -Bewertung*[7]. Nur das jeweils sicherste Produkt ist zulässig. Denn eine Risiko-Nutzen-Bewertung fällt negativ aus, *wenn alternative Behandlungsmethoden (Arzneimittel) mit geringerem Risiko bei gleichem Nutzen* existieren[8] oder wenn die Risiken einer Behandlung mit einem Arzneimittel höher als dessen Nutzen sind. Dies ist

---

[3] *G. Hager*, PHI 1991, 2, 3.

[4] So schon die Sachverständigen im Contergan-Prozeß vor dem LG Aachen v.18.12.1970, JZ 1971, 507, 515.

[5] Gem. § 25 II Nr. 4 und 5 AMG darf nämlich die Zulassung für ein Arzneimittel dann versagt werden, wenn diesem die angegebene therapeutische Wirksamkeit fehlt oder der begründete Verdacht besteht, daß selbst bei bestimmungsgemäßem Gebrauch die schädlichen Wirkungen des Mittels über ein nach den Erkenntnissen der medizinischen Wissenschaft vertretbares Maß hinausgehen.

[6] Schadensgröße, Schadenswahrscheinlichkeit, Nutzengröße und Nutzenwahrscheinlichkeit, s. *Samson/Wolz*, Bedenklichkeit von Arzneimitteln und Gebrauchsinformation, MedR 1988, 71. Schädliche Wirkungen sind dabei rein deskriptiv festzustellen. Dazu gehören akute Wirkungen wie allergische und toxische Reaktionen, aber auch Spätschäden und Langzeitfolgen wie Haarausfall, Sterilität oder ein erhöhtes Krebsrisiko. Die schädlichen Wirkungen können sich auch als Kopfschmerzen, Schwindelanfälle, Hypertonie, Obstipation, als reversible oder nicht reversible Sehstörungen äußern. *Sander*, Arzneimittelrecht, § 5 Anm. 10; *Zipfel*, Lebensmittelrecht, D 520 Rdnr. 11; s. zum Gesundheitsbegriff bereits oben § 1.II. und III.

[7] Ähnlich *Kloesel/Cyran*, Arzneimittelrecht, § 5 Anm. 7; *Deutsch*, Arztrecht und Arzneimittelrecht, S. 346; *Kullmann/Pfister*, Kza. 3800, 29; *Sieger*, VersR 1989, 1014.

[8] Unter verschiedenen Arzneimitteln gleicher Indikation und gleicher Wirksamkeit sind bei denjenigen, die hinsichtlich der Schadensgröße und/oder der Schadenswahrscheinlichkeit riskanter sind als die Vergleichspräparate, die Risiken nicht vertretbar. H.M., s. *Deutsch*, Das

beispielsweise der Fall bei Arzneimitteln, die bei Wechseljahrbeschwerden eingenommen werden und gleichzeitig das Gehirn schrumpfen lassen[9] oder die gegen Kopfschmerzen genommen werden und gleichzeitig Sehstörungen verursachen[10]. Bei der Risiko-Nutzen-Abwägung ist zu beachten, daß das Arzneimittelrisiko immer indikationsspezifisch bestimmt werden muß, d.h. die Vertretbarkeit schädlicher Wirkungen eines Arzneimittels muß für bestimmte Krankheiten (z.B. Cholinesterasemangel[11]) oder für bestimmte Patientengruppen (z.B. schwangere Frauen) bewertet werden. Nur für diesen Anwendungsbereich ist dann die Inverkehrgabe des Arzneimittels einzuschränken[12]. Die Risiko-Nutzen-Bewertung ist folglich immer abstrakt-generell durchzuführen[13]. Jüngst wurde auch für Medizinprodukte eine solche Risiko-Nutzen-Bewertung gem. § 4 I Nr. 1 MPG eingeführt[14].

Ähnliche Überlegungen gelten für das *Arztrecht*. Soweit anerkannte Regeln der medizinischen Wissenschaft bestehen, hat der Arzt grundsätzlich nach ihnen zu handeln; nur wenn mehrere gleich wirksame und anerkannte Behandlungsmethoden bestehen, hat er die nach den Umständen des Einzelfalls *ungefährlichste* zu wählen[15]. Es ist dabei zu berücksichtigen, daß sich das richtige ärztliche Vorgehen sehr häufig nicht aus einem abgeschlossenen Regelkodex bestimmen läßt, sondern erst für den konkreten Behandlungsfall gefunden werden muß. Dem Arzt ist grundsätzlich die Freiheit bei der Therapiewahl zuzubilligen[16]. Dabei steht ihm auch ein gewisser Beurteilungs- und Entscheidungsspielraum zu, um Überdiagnose und Defensivmedizin zu vermeiden[17]. Nur der Arzt kann für den konkreten Fall beurteilen, ob z.B. der schwere Krankheitszustand den Einsatz eines Medikaments mit

---

Arzneimittelrecht im Haftungssystem, VersR 1979, 685, 687; *Kullmann/Pfister*, Kza. 3800, 27, 30; *Sieger*, VersR 1989, 1014; a.A. *Glaese/Hart/Merkel*, Regulierung des europäischen Arzneimittelmarktes durch nationales und europäisches Zulassungsrecht in Reich, Die Europäisierung des Arzneimittelmarktes – Chancen und Risiken, 1988, S. 13, 19. S. oben § 7.III.1.a).

[9] BGH v.19.3.1991, NJW 1991, 2351 – Alival. S. hierzu auch *Stelz*, „Todbringende Muntermacher" in DIE ZEIT v.6.3.1992, 31.

[10] *Sander*, Arzneimittelgesetz, § 84 Anm. 14.

[11] OLG Stuttgart v.23.9.1989, VersR 1990, 631 m.Nichtannahmebeschluß des BGH – Impletol (Procain) m.Anm. *Kullmann*, NJW 1991, 675, 681.

[12] *Samson/Wolz*, MedR 1988, 71, 72; *Sieger*, VersR 1989, 1014, 1015.

[13] Damit bleibt ein Arzneimittel auch vertretbar, selbst wenn sich im konkreten Einzelfall das Risiko realisiert.

[14] Gesetz über Medizinprodukte v.2.8.1994, BGBl I 1963.

[15] *Rieger*, Rdnr. 307ff; *Mertens* in MünchKomm, § 823 Rdnr. 395. Deshalb wurde in der Estil-Entscheidung ein Behandlungsfehler bejaht, weil der Arzt das gefährlichere Estil und nicht das ungefährlichere Lachgas für die Narkose verwendete, BGH v.5.12.1967, NJW 1968, 1181, 1182 – Arzthaftung/Kurznarkosemittel (Estil); BGH v.11.7.1972, Z 59, 172 – Produzentenhaftung/Kurznarkosemittel (Estil). Zu diesen beiden Entscheidungen s. bereits oben § 5.III.3.c)cc).

[16] BGH v.11.5.1982, NJW 1982, 2121 – keine Aufklärung über mehrere Behandlungsmethoden; *Mertens* in MünchKomm, § 823 Rdnr. 391; *Nüßgens* in RGRK, § 823 Anh.II, Rdnr. 193.

[17] *Laufs*, Arztrecht, Rdnr. 339; *Steffen*, Arzthaftungsrecht, B.I.3., S. 41. Weil in erster Linie der Patient von seiner Krankheit befreit werden will, ist der Arzt auch nicht zwingend auf den

schweren Nebenwirkungen rechtfertigt. Im Unterschied zum Arzneimittelrecht findet eine konkret-individuelle Risiko-Nutzen-Bewertung statt[18].

b) Übertragung auf die Sicherheit von Produkten für Kinder und Fachleute

An zwei Beispielen läßt sich zeigen, daß im bundesdeutschen Recht der Grundsatz der Gefahrvermeidung für Produkte noch deutlich weiterentwickelt werden muß. Das gilt zum einen für die besonders schutzbedürftige Gruppe der Kinder und zum anderen für die nach bisheriger bundesdeutscher Rechtsauffassung kaum schutzbedürftige Gruppe der Fachleute (aa). Das Gemeinschaftsrecht erhöht den Sicherheitsstandard für beide Gruppen deutlich (bb).

aa) Bundesdeutsche Rechtsprechung

Nur zu oft fehlen Kindersicherungen an Behältnissen für gefährliche Chemikalien und Arzneimittel. Jährlich verlaufen 3.000 Vergiftungen tödlich. *Kinder* vergiften sich überwiegend mit Arzneimitteln sowie Geschirrspülreinigern, Bade- und Duschmitteln[19]. In der Praxis ist damit der Hinweis an die Eltern, das Produkt in sicherer Entfernung von Kindern aufzubewahren (§ 10 I Nr. 12 AMG), nicht ausreichend. Nur für einen Teil der Produkte existieren Kindersicherungen aufgrund öffentlich-rechtlicher Auflagen oder freiwilliger Industrievereinbarungen[20]. Die Rechtsprechung richtet den erforderlichen Aufwand an Gefahrvermeidung und Gefahrabwehr, also an Konstruktion und Instruktion, ganz maßgeblich am Adressatenkreis aus[21]. Dieser Aufwand wird für den *Fachmann* deutlich herabgesetzt. So betonte der BGH, daß jeder, der eine Maschine, ein Werkzeug oder ein sonstiges Gerät erwirbt, selbst den richtigen Umgang mit dem Gerät erlernen muß[22]. Gefahrvermeidungsmaßnahmen sind danach nicht erforderlich, wie die Fensterkran-Entscheidung zeigt: Die Standsäule des

---

sichersten therapeutischen Weg festgelegt, so daß eine günstigere Heilungsprognose auch ein höheres Risiko rechtfertigen kann; BGH v.7.7.1987, NJW 1987, 2927 – Torsionsbruch; *Steffen*, Arzthaftungsrecht, B.I.3., S. 45.

[18] *Hart*, Arzthaftung und Arzneimitteltherapie, MedR 1991, 300, 301; *Samson/Wolz*, MedR 1988, 71; *Sieger*, VersR 1989, 1014, 1015.

[19] *Heinemeyer/Hahn*, Vergiftungen in der Bundesrepublik Deutschland – eine erste Bilanz, BundesgesundheitsBl. 1993, 181 ff.

[20] S. die Auflagen gem. § 28 AMG des Bundesgesundheitsamtes, BAnz. Nr. 81 v.28.4.1979, BAnz. Nr. 26 v.23.2.1982 und BAnz. Nr. 57 v. 22.3.1985, abgedruckt bei *Kullmann/Pfister*, Kza. 0194–0196.

[21] BGH v.7.7.1981, NJW 1981, 2514 – Kältemittel/sniffing; BGH v.7.10.1986, NJW 1987, 372 – brennbares Verzinkungsspray (Zinkotom); *Foerste*, Produkthaftungshandbuch I, § 24 Rdnr. 4.

[22] Zu diesem Grundsatz bereits oben § 7.II.2.a) und die Nachw. in § 7 Fn. 43.

Fensterkranes, an der sich ein schwenkbarer Arm mit Rollvorrichtung (Seilhexe) befand, war nur durch zwei Bretter im Fenster befestigt worden. Die Standsäule löste sich nach einiger Zeit unter ca. 40 kg Last. Durch herunterfallende Bretter wurde ein Hilfsarbeiter getötet. Nach diesem Unfall wies der Hersteller die Kunden auf die Gefahrenmomente hin und lieferte in der Folgezeit Klemmschellen zur Verankerung des Kranes an einem Mast mit. Der BGH wies die Klage ab[23].

bb) Gemeinschaftsrechtlicher Maßstab

Die bisherige Praxis, eine Reihe von Gefahren gegenüber Kindern zuzulassen, entspricht nicht mehr dem Gemeinschaftsrecht. Gefahrvermeidung ist bei Kleinkindern vor allem deshalb dringlich, weil *Kleinkinder* altersbedingt die Warnhinweise selbst nicht lesen können oder diese nicht beachten[24]. Die vertikale Spielzeug-RiL verlangt folglich eine Reihe von Sicherheitsanforderungen für Spielzeuge, um Kinder vor Gefährdungen der Gesundheit und der Gefahr von Körperschäden zu schützen[25]. Auch Art. 2 S. 2 lit. b Sp. 4 der allgemeinen Produktsicherheits-RiL erwähnt die besonders schutzbedürftige Gruppe der Kinder als Maßstab für die Sicherheit eines Produkts. Warnungen an die Mutter, daß gefährliche Arzneimittel von Kindern fernzuhalten seien, sind nicht ausreichend. Unabhängig von öffentlich-rechtlichen Auflagen oder Industrievereinbarungen ist darüber hinaus ein Kinderverschluß bei den für Kinder gefährlichen Produkten anzubringen[26].

In den einzelnen Mitgliedstaaten der Europäischen Union waren bisher die Sicherheitsanforderungen zum Arbeitsschutz für *Fachpersonal* an Maschinen unterschiedlich hoch, was die Holzmaschinen-Entscheidung des EuGH verdeutlicht. In Frankreich wurde ein hohes Maß an Arbeitssicherheit bei Maschinen bereits dadurch erreicht, daß diese mit umfangreichen Schutzvorrichtungen bzw. einer Automatisierung auszustatten waren, um menschliches Versagen auszuschließen. In Deutschland ließ man dagegen einen geringeren Sicherheitsstandard zu, bildete aber das Bedienungspersonal besser aus. Im Ergebnis lagen die Unfallzahlen in Deutschland und in Frankreich ähnlich hoch[27]. Inzwischen ist der französische Maßstab weitgehend zum

---

[23] BGH v.14.4.1959, VersR 1959, 523, 524 – Fensterkran/Seilhexe.

[24] S. dazu bereits oben die Baggersee- und die Abenteuerspielplatz-Entscheidung, § 7.II.1.b).

[25] S. Art. 2 i.V.m. Anh. II Spielzeug-RiL 88/378/EWG v.3.5.1988, ABl. Nr. L 187, 1 und Verordnung über die Sicherheit von Spielzeug v.21.12.1989, BGBl I 2541. Ähnlich bereits *Kullmann/Pfister*, Kza. 1520, 16 und *Foerste* in Produkthaftungshandbuch I, § 24 Rdnr. 12.

[26] Das gilt vor allem, wenn ein Fehlgebrauch durch Kinder naheliegend ist.

[27] Bereits 1986 hatte der EuGH keinen Verstoß gegen Art. 30, 36 EWGV feststellen können, als Frankreich nur Holzbearbeitungsmaschinen mit dem höheren (französischen) Schutzniveau in Frankreich zuließ und damit bundesdeutsche Maschinen vom französischen Markt ausschloß, denn ein Import deutscher Maschinen hätte zu einer Gefährdung der fran-

gemeinschaftlichen Maßstab geworden. Sowohl eine Reihe von vertikalen Sicherheitsrichtlinien als auch die horizontale Produktsicherheits-RiL unterscheiden grundsätzlich nicht mehr zwischen Fachmann und Laie[28]. Hintergrund dieser hohen Sicherheitsanforderung ist die Überlegung, daß *Sicherheit unteilbar* ist[29]. Oft ist es unmöglich, zwischen beruflich und privat genutzten Produkten zu differenzieren. Die Produktsicherheits-RiL unterscheidet daher nicht zwischen beruflichem und privatem Gebrauch und verzichtet auf eine Definition des Verbrauchers. Sobald *Fachleute und Laien* dasselbe Produkt verwenden können ist der höhere für den Laien maßgebliche Sicherheitsstandard einzuhalten. Aber auch bei rein beruflicher Nutzung der Maschine geht der Grundsatz der Gefahrvermeidung dem der Gefahrabwehr durch Information vor. Die niedrigeren bundesdeutschen Sicherheitsanforderungen[30] sind damit nach der heutigen Konzeption der europäischen Produktsicherheitsrichtlinien nur noch eingeschränkt zulässig[31]. Das gilt auch für die gerade genannte Fensterkran-Entscheidung des BGH aus den fünfziger Jahren. Heute ist eindeutig ein Konstruktionsfehler zu bejahen, wenn eine Seilhexe ohne sicherndes Zubehör und ohne eine fachgerechte Anleitung verkauft wird[32].

Schließlich ist auch bei der oben genannten Kindertee- und der Mehrwegflaschen-Entscheidung zu prüfen, inwieweit erforderliche Gefahrvermeidungsmaßnahmen hätten ergriffen werden können: In der Kindertee-Entscheidung hatte der BGH nicht geprüft, ob zulässig ist, Flaschen mit zuckerhaltigem Tee in den Verkehr zu bringen, der zu schweren Kariesschäden durch Dauernuckeln führen kann[33]. Wären solche Flaschen, die zum Dauernuckeln zu benutzen sind, gar nicht auf den Markt gekommen, wäre

---

zösischen Arbeitnehmer führen können, die nicht über die bessere deutsche Ausbildung verfügen, EuGH v.28.1.1986, Rs.188/84, Kommission v. Frankreich, Slg. 1986, 431, 436 Ziff. 17 – Holzbearbeitungsmaschinen; zustimmend *Immenga*, Freier Warenverkehr und technische Handelshemmnisse – Bemerkung aus Anlaß des Urteils des EuGH vom 28.1.1986 in FS Lukes, 1989, S. 393, 398; *Mohr*, Technische Normen und freier Warenverkehr in der EWG, 1990, S. 138ff.

[28] Art. 2 lit. b Produktsicherheits-RiL; s. den umfangreichen Anh.1 über Grundlegende Sicherheits- und Gesundheitsanforderungen bei Konzipierung und Bau von Maschinen, Maschinen-RiL 89/392/EWG.

[29] Stellungnahme des Wirtschafts- und Sozialausschusses v.31.1.1990 zum Vorschlag der Kommission v.27.4.1989 für eine RiL des Rates über die allgemeine Produktsicherheit KOM (89) 162 endg. – SYN 192, ABl. Nr. C 75, 1, 2 Nr. 8. In diesem Zusammenhang sind auch die Richtlinien der Gemeinschaft zum Schutz des Arbeitnehmers zu sehen, s. Einl. Fn. 83.

[30] Nämlich auch gefährlichere Produkte bei einer höheren Ausbildung des Verwenders zuzulassen.

[31] Zur Maschinen-RiL s. oben § 7.I.2.a), S. 252.

[32] In der Fensterkran-Entscheidung waren die Verwender Hilfsarbeiter; s. zur Strukturputz-Entscheidung § 8.I.5.b)cc).

[33] BGH v.12.11.1991, Z 116, 60 – Kindertee (Milupa) I. Statt dessen wurde vom BGH ein Instruktionsfehler bejaht, s. oben § 3.IV. Zu weiteren Beispielen aus dem Kraftfahrzeugbereich s. sogleich unten § 8.IV.

letztlich ein höherer Sicherheitsstandard verwirklicht worden[34], und es hätten zudem die weitreichenden Instruktionspflichten vermieden werden können[35]. Wenn man auf das Kriterium Erforderlichkeit abstellt, hätte auch in der Mehrwegflaschen-Entscheidung gefragt werden müssen, ob die verwendeten Glasflaschen deshalb falsch konstruiert waren, weil sie nicht mit einem Datum versehen sind[36], und inwieweit Plastikflaschen weniger gefährlich sind. Der BGH hat die Notwendigkeit eines Prägedatums abgelehnt, die Ermittlungspflichten gesteigert und eine Beweislastumkehr vorgenommen, weil eine hundertprozentige Sicherheit hätte gewährleistet werden müssen. Wie bei den Instruktionspflichten besteht jedoch auch bei den Ermittlungs- und Kontrollpflichten die Gefahr, sie zu „überspannen"[37]. Zudem belassen Kontrollpflichten im Vergleich zu Konstruktionspflichten als Gefahrvermeidungsmaßnahmen ein höheres Risiko für den Verwender. Sowohl nach § 823 I BGB als auch nach dem PHG haftet der Hersteller nur, wenn die Flasche fehlerhaft in den Verkehr gebracht wurde. Weist der Hersteller nach, daß bei einer Mineralwasserflasche, die ausreichend kontrolliert wurde, eine Rißbildung erst entstand, nachdem die Flasche in den Verkehr gebracht wurde, und explodiert die Flasche in den Händen des Verbrauchers, haftet der Hersteller nicht. Eine Plastikflasche wäre erst gar nicht explodiert.

Ein hinreichender Rechtsschutz besteht nur, wenn die Frage einer Gefahrvermeidungsmaßnahme (wie eines Konstruktionsfehlers) und danach die Frage der Gefahrabwehr durch Information (also eines Instruktionsfehlers) ausreichend erörtert wurde, bevor auf das allgemeine Lebensrisiko abgestellt wird[38].

cc) Bestimmungswidriger Gebrauch

Grundsätzlich kann der Hersteller den Benutzungsumfang definieren. Gleichwohl muß er in einem bestimmten Rahmen auch Gefahrvermeidungsmaßnahmen treffen, um Gefahren bei einem bestimmungswidrigen Gebrauch auszuschließen. Nach Art. 2 lit. b allgemeine Produktsicherheits-RiL ist der voraussehbare Gebrauch und nach § 3 I lit. b PHG (Art. 6 I lit. b Produkthaftungs-RiL) ist der Gebrauch, mit dem billigerweise gerechnet werden kann, vom Hersteller zu berücksichtigen. Wegen der grundsätzlichen Nachteile von Warnungen[39] reichen diese vor allem dann nicht aus,

---

[34] Oben § 7.I.1. Deutlich *Brüggemeier*, JZ 1995, 905: „Die Saugerflasche ist das gefährliche Produkt".

[35] Oben § 6.III.2.c), S. 224.

[36] So die Forderung des Berufungsgerichts, weil es mit einem Prägedatum möglich gewesen wäre, Glasflaschen älteren Datums auszusortieren.

[37] Solche umfangreichen Ermittlungspflichten können als Teil des Vorhofs nur bei besonders gefährlichen Produkten gefordert werden, s. bereits oben § 5.III.3.a)aa), S. 168 f.

[38] Zu Fragen der Beweislast s. unten § 8.III.

[39] S. gerade § 7.I.1.

wenn Gefahrvermeidungsmaßnahmen relativ leicht vorzunehmen sind. Der Kraftfahrzeughersteller muß den Unfall mitberücksichtigen und der Hersteller von elektrischen Geräten die Gefahren, die mit Strom verbunden sind.

c) Allgemeine Verkehrssicherungspflichten

Wie gezeigt, gilt die Risiko-Nutzen-Bewertung nicht nur für Arzneimittel oder im Arztrecht, sondern läßt sich allgemein im Deliktsrecht auf Produkte übertragen; schließlich kann man eine solche Bewertung auch bei allgemeinen Verkehrspflichten anwenden. In einem ersten Schritt ist die Erforderlichkeit der Maßnahme zur Gefahrvermeidung zu bestimmen, indem Risiko und Nutzen des Gefahrenzustandes ermittelt werden[40]. Das läßt sich anhand der obigen Abenteuerspielplatz-Entscheidung verdeutlichen. Die verantwortliche Stadt hatte die seitlichen Sicherungsseile der Brücke entfernt, die über ein Becken mit 50 cm tiefem Wasser führte. Nach Auffassung des BGH war das Abmontieren der Seile unschädlich, da auch ohne Seile 14jährige Kinder davor zurückgeschreckt wären, mit einem Kopfsprung in das nur 50 cm tiefe Becken zu springen. Diesen Fall hatte der BGH aber gar nicht zu entscheiden, denn das geschädigte Kind war von der Brücke gestoßen worden[41]. Die Seile waren aber gerade vom Hersteller angebracht worden, um den (unbeabsichtigten oder beabsichtigten) Sturz von der Brücke zu verhindern. Die Gefahr wäre deutlich gemindert worden, wenn die Seile nicht abmontiert worden wären. Das Abmontieren der Seile hatte damit die Sturzgefahr erhöht[42]. Daß die Prüfungsfolge des BGH zu Wertungswidersprüchen führt, zeigen auch zwei weitere Überlegungen. Zum einen stellt der BGH in einem obiter dictum fest, daß bei kleineren Kindern möglicherweise anders zu entscheiden gewesen wäre[43]. Die Durchführung einer unschweren Gefahrvermeidungsmaßnahme (hier das Unterlassen gefahrerhöhender Momente – das Abmontieren der Seile) kann aber nicht davon abhängen, ob jüngere Kinder betroffen gewesen wären. Zum anderen lehnt der BGH Warnpflichten unter Hinweis auf den pädagogischen Wert von Abenteuerspielplätzen ab[44]. Das Unterlassen von Warnhinweisen unter Hin-

---

[40] Der BGH stellt dagegen zuerst auf das allgemeine Lebensrisiko ab, s. oben § 7.II.1.a) und Fn. 25.

[41] Zum Sachverhalt s. bereits gerade § 7.II.1.a), S. 254.

[42] Auch ist der vom BGH aufgestellte Erfahrungssatz fraglich, daß das Kind, welches den Jungen ins Wasser stieß, die Gefahr einer Querschnittslähmung für den fallenden Jungen erkannte. Wahrscheinlicher ist, daß Kinder die Gefährlichkeit von Gewässern unterschätzen und ihre spezifische Gefahrenlage nicht erkennen; damit ist die Selbstvorsorge bei Kindern deutlich eingeschränkt. Zur Selbstvorsorge s. bereits § 5.IV.1.b) und unten § 8.II. Zur spezifischen Gefahr s. unten § 8.I.5.a) und Larenz/*Canaris*, Schuldrecht II 2, S. 415.

[43] BGH v.25.4.1978, NJW 1978, 1626, 1627 – Abenteuerspielplatz.

[44] BGH v.25.4.1978, NJW 1978, 1626, 1627 – Abenteuerspielplatz; ausdrücklich dem BGH zustimmend *Steffen*, VersR 1980, 409, 411; *derselbe* in RGRK, § 823 Rdnr. 228; *Schäfer* in Staudinger, § 823 Rdnr. 432.

weis auf den pädagogischen Wert ist dann nicht zu verantworten, wenn für den Gefährdeten nicht offensichtliche und erhebliche Gefahren für die Gesundheit drohen. Selbst wenn eine Warnung für erforderlich gehalten wird – wie in der Baggersee-Entscheidung – ist diese oft nicht ausreichend, weil die Wahrscheinlichkeit bei Kindern viel zu groß ist, daß sie die spezifische Gefahr trotz Warnung falsch einordnen und mißachten. Die Warnung ist dann kein geeignetes Mittel zur Gefahrabwehr[45]. In der Baggersee- und in der Abenteuerspielplatz-Entscheidung waren deshalb bereits Gefahrvermeidungsmaßnahmen erforderlich, also ganz einfach die Seile an der Brücke zu belassen, oder die Gefahr von Untiefen im Baggersee durch das Anbringen von Bojen oder Schwimmleinen zu entschärfen. Jüngst hat auch der BGH zutreffend betont, daß Kinder und Eltern grundsätzlich darauf vertrauen dürfen, Spielgeräte gefahrlos benutzen zu können und als Gefahrvermeidungsmaßnahme zu Recht verlangt, daß bei Spielgeräten mit einer Fallhöhe von 1–2 m als Bodenbelag nicht Asphaltbeton, sondern statt dessen Rasen, Sand oder dergleichen verwendet werden muß[46].

2. Zweiter Prüfungsschritt: Vernünftiges Herstellerverhalten bei der Gefahrvermeidung

a) Möglichkeit der Gefahrvermeidung

Deutlich ist – im Unterschied zum US-amerikanischen Recht[47]- zwischen der ersten Stufe, der Risiko-Nutzen-Bewertung (dem Erforderlichen), und der *zweiten* Stufe, dem Möglichen, zu unterscheiden, weil die erste Stufe den Rechtsgüterschutz in den Vordergrund stellt, die *zweite* Stufe dagegen die Möglichkeiten des Herstellers berücksichtigt, bestimmte Gefahren zu vermeiden. Die zu ergreifenden Maßnahmen nach der ersten Prüfungsstufe können umfangreicher sein als nach der zweiten Stufe[48]. Auf dieser Stufe ist auf das vernünftige Herstellerverhalten abzustellen, wie es in § 7 definiert wurde[49]. Entwicklungs- und Erkenntnisfehler begrenzen bereits die Sorgfaltspflicht und nicht erst das Verschulden[50]. Damit ist auf dieser Stufe der Stand der Wissenschaft und Technik zu berücksichtigen.

---

[45] So das Argument der Kläger und *Meyer*, Instruktionshaftung, S. 111. S. oben § 7.I.1.a).

[46] BGH v.1.3.1988, Z 103, 338, 340 – Kinderspielplatz, vertiefend *Möllers*, VersR 1996, 153ff.

[47] S. oben § 7.II.3. Auch *Kötz* (in FS Lorenz, 1991, S. 109, 115) trennt nicht zwischen diesen beiden Kriterien (s. oben § 7.II.4).

[48] Im Ergebnis ebenso *Kullmann/Pfister*, Kza. 1520, 2, die allerdings davon ausgehen, daß die Verbrauchererwartung den Maßstab erhöhen könnte.

[49] § 7.III.2.

[50] *Kullmann/Pfister*, Kza. 1520, 8; 1525, 17ff.

aa) Entwicklungsfehler

Wenn im Zeitpunkt des Inverkehrbringens keine sichereren Produkte hätten entwickelt werden können, kann sich der Hersteller entlasten, da für ihn die Gefahrvermeidung nicht möglich gewesen ist. Der Begriff Entwicklungsfehler wird im Schrifttum zum Teil in doppelter Hinsicht verwendet. Zum einen ist von einem Entwicklungsfehler dann auszugehen, wenn die Gefahr *erkannt oder erkennbar* ist, aber nach dem Stand von Wissenschaft und Technik keine Möglichkeit besteht, sie zu vermeiden. In den Fällen der *wissenschaftlichen oder technischen Weiterentwicklung* soll von Entwicklungsfehlern gesprochen werden[51]. Bei solchen Entwicklungsfehlern wird weder nach allgemeinem Deliktsrecht noch nach § 3 II PHG (Art. 6 II lit. c Produkthaftungs-RiL) oder nach § 84 S. 2 Nr. 1 AMG gehaftet. In diesem Fall wird ein Inverkehrbringen und eine mögliche Rechtsgutsverletzung in Kauf genommen, weil die Gefahr im Zeitpunkt des Inverkehrbringens nicht reduziert werden kann und erst durch die Weiterentwicklung der Wissenschaft und Technik die Möglichkeit besteht, das Produkt sicherer zu machen[52].

bb) Erkenntnisfehler

Zum anderen wird auch dann von einem Entwicklungsfehler gesprochen, wenn dieser bei der Entwicklung des Produkts *nicht erkennbar* war und erst aufgrund fortschreitender wissenschaftlicher Erkenntnis in Erscheinung tritt[53]. Zur Abgrenzung von dem unter aa) beschriebenen Entwicklungsfehler soll von *Erkenntnisfehler* gesprochen werden. Ein solcher Erkenntnisfehler führt bei Schäden, die Arzneimittel verursachen, gem. § 84 S. 2 Nr. 1 AMG zu einer Haftung. Fraglich ist, von welchem Zeitpunkt aus die Schädlichkeit des Medikaments bestimmt werden soll. Früher wurde die Ansicht vertreten, daß sich die Schädlichkeit nach dem Kenntnisstand zum damaligen Zeitpunkt des Inverkehrbringens bestimmt (ex-tunc-Betrachtung)[54]. Dem ist aber entgegenzuhalten, daß dann eine Haftung in der Regel mangels Erkennbarkeit entfiele. Das neu geschaffene AMG bezweckte nach dem Contergan-Fall aber gerade eine Haftung für die Fälle, in denen die Schädlich-

---

[51] Der Begriff „Entwicklungslücke", der für einen solchen Sachverhalt zum Teil benutzt wird, wird vermieden, da er zu blaß ist. So *Schmidt-Salzer/Hollmann*, Kommentar EG Produkthaftung, Bd. 1, 1986, Art. 6 Rdnr. 239ff. Gegen diesen Begriff auch *Foerste* in Produkthaftungshandbuch I, § 24 Rdnr. 85.

[52] Ansonsten würden Innovationen verhindert, *G. Hager*, PHI 1991, 2, 6; *Foerste* in Produkthaftungshandbuch I, § 24 Rdnr. 85; *Hollmann*, DB 1985, 2389, 2395. Für das US-amerikanische Recht Boatland of Houston Inc. v. Baily, 609 S.W. 2d 743 (Tex. 1980).

[53] *Foerste* in Produkthaftungshandbuch I, § 24 Rdnr. 84; *Sander*, Arzneimittelrecht, § 84 Anm. 14.

[54] *Weitnauer*, PharmInd 40 (1979), 425, 427.

keit beim Inverkehrbringen des Medikaments nicht erkennbar war. Die Gegenauffassung, die danach fragt, ob heute (im Zeitpunkt der letzten mündlichen Verhandlung) die Schädlichkeit des Medikaments erkennbar ist (ex-nunc-Betrachtung)[55], übersieht, daß dann der Arzneimittelhersteller einer Garantiehaftung für die Fälle unterliegt, in denen später ein verbessertes oder neues Produkt mit geringeren Nebenwirkungen auf den Markt kommt. Die Gefährdungshaftung des § 84 AMG wurde aber nicht deshalb geschaffen, um das Risiko zeitlich späterer Entwicklungen rückwirkend auf den Hersteller zu verlagern[56]. Herrschend ist deshalb die Ansicht, die den heutigen Kenntnisstand auf den damaligen Zeitpunkt des Inverkehrbringens zurückprojiziert. Es ist zu fragen, ob das Arzneimittel zum damaligen Zeitpunkt zugelassen worden wäre, wenn die schädlichen Eigenschaften bekannt gewesen wären. Gab es bereits damals ein anderes Arzneimittel mit gleicher oder ähnlicher Wirkung ohne die schädlichen Nebenwirkungen, dann war das betreffende Arzneimittel fehlerhaft. Der Hersteller haftet allerdings nicht, wenn man zum damaligen Zeitpunkt das Risiko erkannt und als vertretbar akzeptiert hätte und erst später ein noch risikoärmeres Arzneimittel entwickelt wurde. Der Hersteller haftet im Ergebnis also für Erkenntnisfehler, nicht aber für Entwicklungsrisiken, also eine Fortentwicklung aufgrund späterer wissenschaftlicher oder technischer Neuerungen[57].

Im Gegensatz zum Arzneimittelrecht entfällt nach h. M. im allgemeinen Deliktsrecht und nach § 1 II Nr. 5 PHG (Art. 7 lit. e Produkthaftungs-RiL) eine Haftung für Schäden aufgrund fehlerhafter Produkte, wenn der Fehler im Zeitpunkt des Inverkehrbringens nicht entdeckt werden konnte[58]. *G. Hager* hat dagegen eingewendet, daß Chemikalien und Lebensmittel oft genauso gefährlich sind wie Arzneimittel, so daß zumindest *de lege ferenda* eine Haftung angemessen sei. Deshalb solle auch der Produzent haften, wenn sich ex post herausstellt, daß das Produkt unvertretbare Schäden verursacht. Allerdings solle für Instruktionsfehler – wie im AMG – keine

---

[55] *Wolter*, Die Haftungsregelung des neuen Arzneimittelgesetzes, DB 1976, 2001ff; *Taschner*, Die künftige Produzentenhaftung in Deutschland, NJW 1986, 611, 615; *Schmidt-Salzer/Hollmann*, Art. 13 Rdnr. 9.

[56] *Kullmann/Pfister*, Kza. 3800, 33; *Sieger*, VersR 1989, 1014, 1018; *G. Hager*, Schäden infolge Unvereinbarkeit mehrerer Medikamente, VersR 1987, 1053, 1057; *Deutsch*, Arztrecht und Arzneimittelrecht, S. 423; *Reinelt*, Zur Haftung des Arzneimittelherstellers für die Übertragung von Viren bei Blutkonserven, VersR 1990, 565, 569.

[57] *Sander*, Arzneimittelrecht, § 84 Anm. 14.c); *G. Hager*, VersR 1987, 1053, 1057; *Kullmann/Pfister*, Kza. 3800, 33; Larenz/*Canaris*, Schuldrecht II 2, S. 649.

[58] BGH v.17.3.1981, Z 80, 186 – Apfelschorf I (Derosal); BGH v.17.3.1981, Z 80, 199 – Apfelschorf II (Benomyl); *Sack*, Produzentenhaftung und Produktbeobachtungspflicht, BB 1985, 813, 817 m.w.Nachw.; *Hollmann*, DB 1985, 2389, 2395; *Lorenz*, ZHR 151 (1987), 1, 15; *Pfeifer*, Produktfehler oder Fehlverhalten des Produzenten, S. 90; *Kullmann/Pfister*, Kza. 3602, 20; *Kort*, VersR 1989, 1113, 1114; *Foerste* in Produkthaftungshandbuch I, § 24 Rdnr. 83ff.

Haftung eintreten, da Instruktionen nur die vertretbaren und damit harmloseren Gefahren beträfen[59]. Auch in der US-amerikanischen Rechtsprechung finden sich einige – wenn auch wenige – Entscheidungen, nach denen der Produzent für Erkenntnisfehler haftet[60]. Der Erkenntnisfehler rechnet dem Hersteller die Kenntnis der Gefahr rückwirkend zu. Der Hersteller wird so gestellt, als hätte er schon damals die Gefahr gekannt[61].

Entscheidend gegen eine Haftung für Erkenntnisfehler spricht jedoch, daß damit eine reine Gefährdungshaftung begründet wird, die selbst über höchste Verhaltensanforderungen hinausgeht. Selbst der vernünftige Hersteller hätte die Gefahr zum Zeitpunkt des Inverkehrbringens nicht erkennen können. Die Haftung für Erkenntnisfehler begründet eine Erfolgshaftung, über die nur der Gesetzgeber entscheiden kann[62]. Die Grenzen der Rechtsfortbildung sind damit erreicht, weil eine Haftung für nicht erkennbare Gefahren das Verschuldensprinzip des Deliktsrechts gänzlich negieren würde[63].

---

[59] *G. Hager*, PHI 1991, 2, 9; ihm folgend *Böhmeke-Tillmann*, Konstruktions- und Instruktionsfehler – Haftung für Entwicklungsrisiken?, Diss. Marburg, 1992, S. 101f: Für eine Haftung für Erkenntnisfehler bereits *Ficker* in FS v.Caemmerer, 1978, S. 343, 356; *derselbe*, Grundprobleme der Produktenhaftung in FS Duden, 1988, S. 93, 104f.

[60] Bailey v. Boatland of Houston, Inc., 585 S.W. 2d 805 (Tex. Civ. App., Houston 1st. Distr., 1979); Beshada v. Johns-Manville Products Corp., 90 N.J. 191, 447 A. 2d 539 (1982). S. hierzu kritisch *Henderson/Twerski*, N.Y.U.L.Rev. 65 (1990), 265, 273ff; *Borer*, Produktehaftung, S. 190ff; *Debusschere/Kretschmar*, Produkthaftungshandbuch II, § 115 Rdnr. 11. Vor allem bei pharmazeutischen Produkten wurde des öfteren eine Haftung für unentdeckbare Erkenntnisfehler bejaht. Basko v. Sterling Drug, Inc., 416 F. 2d 417 (1969); Hines v. St. Joseph Hospital, 86 N.M. 763, 527 P. 2d 1075 (1974); Borel v. Fibreboard Paper Products Corp., 493 F. 2d 1076 (1973).

[61] Zudem habe der Hersteller zumindest bei abstrakt gefährlichen Produkten, wie Chemikalien, ein potentielles Gefahrenbewußtsein, wenn er seine Produkte in den Verkehr bringt, *G. Hager*, PHI 1991, 2, 10.

[62] Zu den Grenzen s. bereits oben § 5.II.1.b) und 3. Zu den zurückhaltenden Tendenzen im US-amerikanischen Recht s. Brown v. Superior Court (Abbott Laboratories), Et.al., 245 Cal.Rptr. 412, 182 Cal.App.3d 1125 (1986); *Lüderitz*, Wende der amerikanischen Arzneimittelhaftung, RIW 1988, 782ff; *Hoffmann*, „Unvermeidbar unsichere" Produkte, PHI 1993, 64ff. Der Auffassung von *G. Hager* ist schließlich formal entgegenzuhalten, daß – wie der Todesfall in der Asthmaspray-Entscheidung verdeutlicht – nicht nur Konstruktionsfehler, sondern auch Instruktionsmängel zu schweren Schäden wie dem Tod des Benutzers führen können, BGH v.24.1.1989, Z 106, 273 – Asthmaspray (Alupent Dosier Aerosol); zum Sachverhalt s. unten § 8.I.4.a).

[63] Die Vorgaben des Gesetzgebers nach allgemeinem Deliktsrecht und der Produkthaftungs-RiL sind insoweit eindeutig. Die Schwierigkeit, seine Ansicht mit der jetzigen Rechtslage zu vereinen, erkennt auch *G. Hager*, PHI 1991, 2, 12. *Böhmeke-Tillmann* (Konstruktions- und Instruktionsfehler – Haftung für Entwicklungsrisiken?, S. 102f) schlägt deshalb die Streichung des Art. 7 lit. e Produkthaftungs-RiL vor sowie eine Haftungsregelung, die § 84 S. 2 Nr. 1 AMG entspricht. Ebenso *Wickhorst*, Recht und Ökonomie des Produkthaftungsgesetzes, S. 234.

cc) Die Rolle der Ermittlungspflichten

Oben wurde eine Reihe von Ermittlungspflichten entwickelt[64]. Mit Informationserhebungspflichten des Gefahrverursachers kann das Risiko des Geschädigten, wegen Erkenntnisfehlern nicht entschädigt zu werden, deutlich reduziert werden. Denn bei einem abstrakten Gefahrenpotential oder konkreten Verdachtsmomenten steigen deutlich die Anforderungen an *Sammlungs-, Ermittlungs- und Auswertungspflichten*. Das führt dazu, daß ein Produkt gegebenenfalls nicht entwickelt und in den Verkehr gebracht werden darf, wenn ein bestimmtes Gefahrenpotential ungeklärt bleibt. Ein Verstoß gegen diese Ermittlungspflicht kann dann als Teil des *Vorhofs* sogar zur Beweislastumkehr führen. Daneben kann die Pflicht bestehen, den Verbraucher über einen Gefährlichkeitsverdacht zu informieren[65]. Damit läßt sich zusammenfassend festhalten, daß für Erkenntnisfehler nur nach dem AMG gehaftet wird. Ansonsten können aber hohe Anforderungen an die Ermittlungs- und Instruktionspflichten die fehlende Haftung bei Erkenntnisfehlern teilweise begrenzen.

b) Zumutbarkeit der Gefahrvermeidung

Auch die Frage, was ein vernünftiger Hersteller zur Gefahrvermeidung alles getan hätte und was für ihn zumutbar war, läßt sich weiter aufgliedern. Bei der wirtschaftlichen Zumutbarkeit wird meistens untersucht, mit welchen technischen Schwierigkeiten die Gefahrsteuerung verbunden ist und wie sie sich finanziell auswirkt[66]. Bei Gefahren für Leib und Leben soll sich jede Rücksichtnahme auf Absatzinteressen verbieten[67]. Diese These ist zutreffend für Produkte mit hohem Gefährdungspotential[68]. Ansonsten erscheint die These jedoch in zweierlei Hinsicht zu pauschal: Zum einen können trotz hoher Leib- oder Lebensgefahren die Verhaltensanforderungen reduziert sein, wenn der Handelnde keine eigene Gefahr gesetzt hat (aa)[69]. Zum anderen gelten wettbewerbsrechtliche Überlegungen, wenn das Produkt kein besonders hohes Gefährdungspotential aufweist (bb). Bei diesen Fallgruppen muß es für den Hersteller wirtschaftlich zumutbar sein, ein sichereres Produkt herzustellen[70].

---

[64] S. § 5.III.3.a), S. 168 ff und § 6 III, S. 217 ff.

[65] S. genauer unten § 8.I.4.b).

[66] *Kullmann/Pfister*, Kza. 1520, 20; *Meyer*, Instruktionshaftung, S. 123.

[67] BGH v.11.7.1972, NJW 1972, 2217, 2220 – Produzentenhaftung/Kurznarkosemittel (Estil); LG Aachen v.18.12.1970, JZ 1971, 507, 515 – Contergan. S. schon oben § 4.III.3.b).

[68] S. sogleich unter § 8.I.2.b)bb) (1).

[69] Vgl. die obigen Ausführungen über die Verkehrspflichten bei Glättebildung § 5.IV.1.a).

[70] Boatland of Houston Inc. v. Baily, 609 S.W 2.d. 743 (Supreme Court of Texas 1980).

aa) Wirtschaftliche Überlegungen abhängig von der Gefahrensetzung

Die Grenzen der wirtschaftlich zumutbaren Gefahrvermeidungsmaßnahmen werden für den Handelnden eher erreicht, wenn die Gefahr nicht durch den potentiellen Schädiger selbst verursacht wurde. Im Arztrecht bildet die Krankheit in erster Linie den gefährlichen Zustand. Erst durch weitere zusätzliche Umstände (Behandlungsfehler, unterlassene Therapie etc.) setzt dann der Arzt einen eigenen, gegebenenfalls gefahrerhöhenden Umstand[71]. Das hat zur Folge, daß grundsätzlich zwar der Arzt alle bekannten und medizinisch vertretbaren Sicherheitsmaßnahmen anzuwenden hat, die eine erfolgreiche und komplikationsfreie Behandlung gewährleisten[72]. Jedoch kann er weiterhin nach einem älteren Verfahren behandeln, ohne einen Behandlungsfehler zu begehen, wenn sich eine neuere Behandlungsmethode noch nicht durchgesetzt hat[73]. Eine herkömmliche, bewährte Methode ist grundsätzlich ausreichend, selbst wenn eine modernere Methode existiert[74]. Der Patient muß in der Regel zwar mit einer auf den neuesten Stand gebrachten apparativen Ausstattung versorgt werden[75]. Jedoch dürfen wirtschaftliche Erwägungen berücksichtigt werden, so daß es für eine gewisse Übergangszeit keinen Behandlungsfehler darstellt, wenn die Behandlung noch nicht mit der neuesten Apparatur durchgeführt wird[76]. Der rasche Fortschritt in der medizinischen Technik führt zwangsläufig zu Qualitätsunterschieden in der Behandlung von Patienten; es bestehen neben den Universitätskliniken besonders gut ausgestattete Spezialkliniken sowie Krankenhäuser der Allgemeinversorgung. Der Standard eines Kreiskrankenhauses genügt grundsätzlich den Anforderungen an die medizinische Sorgfalt für die personellen, räumlichen und apparativen Behandlungsbedingungen; es wird nicht der Standard einer Universitätsklinik verlangt[77]. Auch für Medikamente gilt, daß ein kleineres Krankenhaus das bessere und ungefährlichere Produkt nicht zur Verfügung haben muß[78].

---

[71] So steigt z.B. mit dem Grad der Gefährlichkeit einer Behandlung das Maß der erforderlichen Sorgfalt, BGH v.18.3.1974, NJW 1974, 1424, 1425 – Intubationsnarkose; *Laufs*, Arztrecht, Rdnr. 349; *Nüßgens* in RGRK, § 823 Anh.II Rdnr. 183. S. zu den Grundsätzen bereits oben § 4.I.2. und § 5.IV.1.a).

[72] Der Arzt muß sich aufgeschlossen gegenüber neuen Entwicklungen zeigen, BGH v.9.7.1985, VersR 1985, 969, 970 – Adduktions-Osteotomie; *Steffen*, Arzthaftungsrecht, B.I.3., S. 46.

[73] *Giesen*, Arzthaftungsrecht, S. 36. Zum Begriff des Behandlungsfehlers oben § 4.I.2.b).

[74] BGH v.22.9.1987, Z 102, 17 – bipolarer Hochfrequenzstrom; *Steffen*, Arzthaftungsrecht, B.I.3., S. 37f.

[75] BGH v.22.9.1987, Z 102, 17, 24 – bipolarer Hochfrequenzstrom; *Nüßgens* in RGRK, §823 Anh.II Rdnr. 195.

[76] BGH v.22.9.1987, Z 102, 17, 24 – bipolarer Hochfrequenzstrom.

[77] BGH v.8.3.1988, NJW 1988, 1511 – Kreiskrankenhaus; BGH v.30.5.1989, NJW 1989, 2321 – Dosisleistungsmeßgerät für Strahlentherapie.

[78] Der BGH wies bzgl. dieses Gesichtspunktes zur weiteren Sachaufklärung an das Berufungsgericht zurück, BGH v.11.12.1990, NJW 1991, 1543, 1544 – Hepatitis C-Infektion durch PPSB-Präparat.

Damit läßt sich festhalten, daß grundsätzlich rechtlich nicht der höchstmögliche Standard zu fordern ist. Eine Haftung besteht nur, wenn ein bestimmter medizinischer Standard – wie im Fall der Überweisungspflicht[79] – unterschritten ist. Wie beim Erkenntnis- und Entwicklungsfehler[80] können solche Haftungsfreiräume nur durch vorrangige Ermittlungs- und Organisationspflichten gefüllt werden[81]. Der Unterschied zwischen den Pflichten eines Produzenten und denen eines Arztes besteht augenscheinlich darin, daß der Produzent eine Gefahr setzt, der Arzt dagegen versucht, in den Grenzen, die ihm gesetzt sind, die Krankheit zu heilen.

bb) Wettbewerbsrechtliche Überlegungen: Verdrängung vom Markt

Das vernünftige Herstellerverhalten läßt sich zudem auch *wettbewerbsrechtlich* interpretieren. Würde eine bestimmte Gefahrvermeidungsmaßnahme das Produkt eines Herstellers z.B. deutlich verteuern, würde er seine Produkte nicht mehr preisgünstig anbieten können. Wenn er aber mit den Produkten der höheren Preisgruppe konkurrieren muß, kann er gegebenenfalls nicht mehr am Markt bestehen. Deshalb kann eine Sicherheitsmaßnahme möglicherweise nicht zumutbar sein. Es findet eine *Risiko-Kosten-Bewertung* statt[82]. Es lassen sich vier Fallgruppen unterscheiden: In den ersten beiden wird der Hersteller mit seinen Einwänden nicht gehört, muß also die Gefahrvermeidungsmaßnahme ergreifen (1 und 2). In der dritten und vierten Fallgruppe muß er die Maßnahmen nicht sofort (3) oder überhaupt nicht durchführen (4).

(1) Bei Produkten mit *hohem Risikopotential* darf nur das jeweils sicherste Produkt auf den Markt kommen[83]. Im Arzneimittelgesetz wird bei der Prüfung, ob ein Arzneimittel vertretbar ist, nur auf den Stand der Wissenschaft verwiesen. Mit dieser Verweisung ist die wirtschaftliche Interessenlage der Beteiligten unerheblich[84]. Das wirtschaftliche Risiko des pharmazeutischen Unternehmens infolge eines möglichen Nichtverkaufs des Arzneimittels hat gegenüber dem Schutz höherrangiger Rechtsgüter, wie Gesundheit, Körper

---

[79] Ein Behandlungsfehler liegt aber vor, wenn der Patient wegen eines speziellen Leidens in eine Spezialklinik hätte überwiesen werden müssen, s. oben § 6.III.2.b) und Fn. 184.

[80] § 6.III.2.a).

[81] Nach *Steffen* (Arzthaftungsrecht, B.I.3., S. 38) lassen sich solche der Rasanz des medizinischen Fortschritts immanente Vollzugsdefizite neutralisieren durch vorausdenkende Organisation und Koordination, wachere Selbstkritik bei der Übernahme des Patienten oder durch frühere Abgabe an die Spezialklinik. Inwieweit dies verbindliche Verhaltenspflichten darstellt, läßt er allerdings offen, s. dazu oben § 5.III.Exkurs und Fn. 235. Zur mangelhaften Qualitätskontrolle im Arztrecht s. § 6.I.1.a); zu den Folgerungen s. § 6.IV.3.

[82] Ähnlich *Wade*, Miss.L.J. 44 (1973), 825, 837f: Kriterium (3); abgedruckt bei *Schwartz* in *Kullmann/Pfister*, Kza. 4522, 14; *Pfeifer*, Produktfehler oder Fehlverhalten des Produzenten, S. 129; *Borer*, Produktehaftung, S. 169.

[83] S. oben § 7.III.1.a) und § 8.I.1.a).

[84] *Kullmann/Pfister*, Kza. 3800, 30.

und Leben, zurückzutreten[85]. Eine Risiko-Kosten-Bewertung führt zu dem Ergebnis, daß das Produkt nicht hergestellt werden darf.

(2) Wenn das Produkt durch die erforderliche Sicherheitsmaßnahme *unwesentlich teurer* würde, kommt man zu demselben Ergebnis: Die Pflicht zu einer sicheren Konstruktion bleibt bestehen[86]. Diese Pflicht besteht auch dann, wenn der Verbraucher weiß, daß das Produkt unsicher ist, oder mit anderen Worten: Wenn die Maßnahmen einfach zu bewerkstelligen sind, kann sich der Hersteller nicht damit entschuldigen, der Verbraucher kenne die Gefahr und deshalb könne auf die konstruktive Verbesserung verzichtet werden[87]. Das gilt z.B für die Bremsanlage von Fahrrädern. Die Cantileverbremsen, die seit einigen Jahren auf dem Markt sind, bremsen bei Regen deutlich besser als die bisherigen Zangen-Felgenbremsen. Gleichwohl werden immer noch Fahrräder mit den alten Bremsen hergestellt. Das ist ein Konstruktionsfehler[88], weil die Cantileverbremsen das Fahrrad nicht wesentlich teurer machen[89].

(3) Ist die Gefahr dagegen weniger hoch und durch die Maßnahme ein stärkerer Preisanstieg gegeben, kann diesem Kostenargument durch eine angemessene Übergangsfrist Rechnung getragen werden. Diese angemessene Zeitspanne bestimmt sich aber nicht nach der Verbrauchererwartung[90], weil dann nur der *überholte* Maßstab als fehlerhaft betrachtet wird[91]. Entscheidend ist vielmehr, ob der Mitbewerber das Know-how zur Produktion dieser Sicherheitsmaßnahmen in einer angemessenen Zeit erwerben wird[92]. Ihm ist ein gewisser Zeitraum zuzugestehen, um das entsprechende Know-how an Sicherheit zu erwerben und in eine Sicherheitsmaßnahme umzusetzen. Diese Übergangsfrist ist im Öffentlichen Recht durchaus bekannt, aber auch im Zivilrecht möglich[93]. Oben wurde gezeigt, daß ein Konstruktions-

---

[85] LG Aachen v.18.12.1970, JZ 1971, 507, 516 – Contergan; BGH v.17.3.1981, Z 80, 186, 192 – Apfelschorf I (Derosal); *Kullmann/Pfister*, Kza. 3800, 29.

[86] *Prosser* and *Keeton* on Torts, S. 699ff; *Lorenz*, ZHR 151 (1987), 1, 28f; *G. Hager*, VersR 1987, 1053, 1056.

[87] Zu der Ablehnung der patent-danger-rule s. bereits oben § 7.II.2.c).

[88] *von der Osten-Sacken* spricht in diesem Zusammenhang von Sperrmüll-Herstellern; er fordert eine Änderung der StVZO, ADAC-Motorwelt 7/94, 40f; s. auch SZ v.7.8.1995, 18.

[89] Die h. M. verfährt dagegen umgekehrt: Sie verneint aufgrund der Verbrauchererwartung eine entsprechende, erforderliche Pflicht, um sie dann in einem zweiten Schritt gegebenenfalls wieder zu bejahen, weil die Maßnahme wirtschaftlich zumutbar ist, § 7.III.2.b); *Kullmann/Pfister*, Kza. 1520, 8.

[90] So aber gerade die Literatur in § 7.II.2., S. 255ff und § 8. Fn. 249ff. Allgemein zur Kritik schon oben § 7.II.2.c).

[91] Zutreffend *Lüderitz* in FS Rebmann, 1989, S. 755, 763f.

[92] Oft kann dieser Wissensstand in relativ kurzer Zeit (in ein bis zwei Jahren) erworben sein.

[93] S. zur Angemessenheit eines Verbotes mit Übergangsfrist im Umweltbereich für den Katalysator bereits *Epiney/Möllers*, Freier Warenverkehr und nationaler Umweltschutz, S. 113ff; im Zivilrecht muß der Richter z.B. entscheiden, ob zu einem bestimmten Zeitpunkt die Gefährlichkeit bekannt war, s. OLG München v.30.6.1986, VersR 1988, 194

fehler wie ein Verbot wirken kann[94]. Mit einer Übergangsfrist wird vermieden, daß alle Konkurrenten vom Markt verdrängt werden, weil jeweils nur das sicherste Produkt auf dem Markt erlaubt ist. Je gefährlicher das Produkt ist, desto kürzer muß die Schonfrist bis zur Einführung der zusätzlichen gefahrvermeidenden Maßnahme sein[95].

(4) Sind Produkte dagegen relativ ungefährlich oder Gefahren durch den Verbraucher abwendbar, wird man unterschiedliche Sicherheitsstandards auch längerfristig tolerieren können[96].

Diesen Überlegungen widerspricht auch nicht Art. 2 lit. b Sp. 4 Produktsicherheits-RiL. Danach sind weder die Realisierbarkeit eines höheren Sicherheitsgrades noch die Verfügbarkeit anderer Produkte mit einem geringeren Gefährdungspotential ausreichende Gründe, um ein Produkt als nicht sicher oder als gefährlich anzusehen. Denn nach der hier vorgetragenen Prüfungsfolge dienen die wettbewerbsrechtlichen Überlegungen dazu, eine Haftung des Herstellers zu verneinen, *nicht aber dazu, sie zu begründen.* Nur das Kriterium „Erforderlichkeit" einer Gefahrvermeidungsmaßnahme kann die Haftung begründen.

3. Dritter Prüfungsschritt: Verhältnismäßigkeit der Gefahrvermeidung

Erst die *dritte* Prüfungsstufe betrifft die Verhältnismäßigkeit der Gefahrvermeidung. Hier ist zu fragen, ob eine Gefahrvermeidung unverhältnismäßig ist, weil die Gefahrabwehr durch eine Information an den Verbraucher ausreicht. Dieser Prüfungsschritt wird relevant sowohl beim Inverkehrbringen als auch bei der Frage, ob nach dem Inverkehrbringen eine Warnung genügt oder aber das Produkt zurückgerufen werden muß[97].

Damit verbleibt ein Anwendungsbereich für die Gefahrabwehr, nämlich für Instruktion und Warnung. Das sind Fälle, die sogleich in den Prüfungsschritten 4–6 ausführlich behandelt werden, wenn die Gefahr nur bei fernliegendem oder seltenem Fehlgebrauch besteht oder nur bestimmte Risikogruppen betroffen sind, wie z.B. Allergiker[98]. Bestimmte Produkte sind von Natur aus gefährlich, z.B. manche Chemikalien[99], und trotzdem

---

m.Nichtannahmebeschluß des BGH – Aufklärung über Mongolismus I; OLG München v.25.9.1986, VersR 1988, 523 m.Nichtannahmebeschluß des BGH – Aufklärung über Mongolismus II; LG Siegen v.25.6.1987, VuR 1988, 162 – keine Verletzung der Instruktionspflicht bei Xyladecor 200 (Lindan); LG Traunstein v.1.12.1987, VuR 1988, 168 – keine Verletzung der Instruktionspflicht bei Xyladecor 200 (Lindan).

[94] § 5.II.1.

[95] Das kann dann u.U. zur Einordnung in die Fallgruppe (1) führen.

[96] Zu den Fallgruppen 3) und 4) für die Sicherheitsanforderungen bei Kraftfahrzeugen s. sogleich unten § 8.IV.

[97] Zum stillen Rückruf s. § 8.I.6.c).

[98] *Foerste* in Produkthaftungshandbuch I, § 24 Rdnr. 99; *Kullmann/Pfister*, Kza. 1520, 33; zu Beispielen aus dem Kraftfahrzeugbereich s. unten § 8.IV.

[99] *Kullmann/Pfister*, Kza. 1520, 16.

sind sie nach einer Risiko-Nutzen-Bewertung zuzulassen. Erforderlich ist dann, daß man durch entsprechende Instruktion oder ein bestimmtes Fachwissen sorgsam mit den Produkten umgehen kann, so daß sich die potentielle Gefahr nicht realisiert. Die Prüfungsschritte 4–6 könnte man deshalb auch als Unterpunkte von Prüfungsschritt 3 prüfen. Das soll aber vermieden werden, um die Übersichtlichkeit nicht zu beeinträchtigen. Zudem ist die Beweislast bei den Prüfungsstufen drei und vier zu unterscheiden[100].

Schließlich können, das wird unter II. genauer erörtert, Instruktion und Warnung sogar ganz entfallen, wenn die Gefahr allgemein bekannt ist, z.B. daß das Lutschen von Bonbons Karies fördert[101]. Zudem ist der Adressatenkreis für den Umfang der Information maßgeblich. Dem Arzt oder dem Krankenhaus wird man bei technischen Geräten weniger (oder gar keine) Informationen mitgeben, den Laien dagegen umfangreich aufklären müssen. Das widerspricht nicht etwa dem oben für die Gefahrvermeidung Gesagten zum Sicherheitsstandard bei Fachleuten und Laien[102]. Gemeinschaftsrechtliche Vorgaben erlauben nämlich dann eine Unterscheidung zwischen Fachmann und Laien, wenn *ausgeschlossen* werden kann, daß Laien das Produkt verwenden[103].

4. Vierter Prüfungsschritt: Information zur selbstbestimmenden Entscheidung

Informationen sind notwendig, um dem Verbraucher eine selbstbestimmende Entscheidung in einzelnen Fällen zu ermöglichen (a). Das Recht auf selbstbestimmende Entscheidung besteht jedoch dann nicht, wenn Informationen nicht möglich oder nicht zumutbar sind oder die Gefahr bereits bekannt ist (b-c).

a) Nicht unerhebliche Gefahr

Im ersten Teil der Untersuchung wurde gezeigt, daß ein Recht auf eine selbstbestimmende Entscheidung immer dann vorliegen kann, wenn der Verbraucher wegen der Gefährlichkeit des Produkts entscheiden soll, ob er das Produkt verwenden oder statt dessen auf dessen Gebrauch verzichten will[104]. Erforderlich für dieses Recht war, daß hohe Rechtsgüter nachhaltig

---

[100] S. unten § 8.III.

[101] S. aber BGH v.12.11.1991, Z 116, 60 – Kindertee (Milupa) I und genauer unten § 8.II.

[102] S. gerade § 8.I.2.b).

[103] Das ist z.B. der Fall bei medizinisch-technischen Geräten, die nur für das Krankenhaus bestimmt sind, Art. 3 i.V.m. Anh. I Nr.13.1. Medizinische Produkte-RiL 93/42/EWG; Art.3 i.V.m. Anh. I Nr.14 Medizinische Implantate-RiL 90/385; s. allgemein auch *Kort*, VersR 1989, 1113, 1114.

[104] Analoges gilt für den Erwerb des Produktes.

bedroht sind bzw. die künftige Lebensführung nachhaltig beeinträchtigt werden kann[105]. Das verdeutlicht die Asthmaspray-Entscheidung: Aufgrund der unzureichenden Gebrauchsanweisung hatte sich der Verbraucher eine tödliche Überdosis von Aerosolstößen des Asthmasprays Alupent verabreicht[106]. Wäre vor diesem spezifischen Risiko des Todes durch eine Überdosis von Alupent gewarnt worden, hätte der Patient möglicherweise das Medikament gar nicht genommen. Damit erlangt die Fallgruppe der selbstbestimmenden Entscheidung bei Produkten in solchen Fällen Gewicht, in denen der Gefahr nicht ausgewichen werden oder in denen ein bestimmungswidriger Gebrauch lebensbedrohende Wirkung haben kann. Es muß deshalb über Risiken und Komplikationen von einiger Erheblichkeit aufgeklärt werden, die bei bestimmungsgemäßem und sogar bei vorhersehbarem, naheliegendem Fehlgebrauch des Produkts entstehen können.

Die Selbstbestimmungsaufklärung umfaßt auch die sog. typischen Risiken, also solche Risiken, die – unabhängig von einer abstrakten Komplikationsrate – mit der Eigenart eines Eingriffs spezifisch verbunden sind[107]. Geschuldet wird allerdings nur eine Aufklärung „im großen und ganzen"[108]. Keiner Aufklärung bedarf es über solche Gefahren, die schlechthin mit jedem, auch dem harmlosesten Eingriff verbunden sind und mit denen ein vernünftiger Patient im allgemeinen schon von sich aus rechnet, also mit allgemein bekannten Gefahren wie Wundinfektionen, Narbenbrüchen und Embolien[109]. Dieser Umfang kann für die selbstbestimmende Entscheidung übernommen werden. Einen bereits instruierten oder sonst informierten Patienten, der die Gefahr oder die generelle Risikobehaftetheit einer bestimmten Therapie *kennt*, braucht der Arzt nicht mehr aufzuklären[110], weil jener das für die Ausübung seines Selbstbestimmungsrechts notwendige Wissen besitzt. Ebenfalls kann der Patient auf eine Aufklärung verzichten: Ein darauf gerichteter Wille des Patienten muß eindeutig und ernsthaft zum Ausdruck gebracht worden sein[111]. Diese Überlegungen gelten auch für die selbstbestimmende Entscheidung.

---

[105] § 5.III.3.c)cc).

[106] BGH v.24.1.1989, Z 106, 273 – Asthmaspray (Alupent Dosier Aerosol).

[107] Daneben ist der Patient auch über atypische seltene Risiken aufzuklären, wenn sie im Falle ihrer Verwirklichung das Leben des Patienten schwer belasten (z.B. Querschnittslähmungen) und für den Patienten überraschend sind, BGH v.7.4.1984, Z 90, 103 – Querschnittslähmungsrisiko durch Bestrahlung; s. die instruktiven Rechtsprechungsfälle bei *Laufs* in Laufs/Uhlenbruck, Handbuch des Arztrechts, § 64 Rdnr. 3 Fn. 6; *Steffen*, Arzthaftungsrecht, B.II.2. S. 86ff.

[108] BGH v.19.11.1985, NJW 1986, 780 – Embolierisiko; BGH v.22.9.1987, Z 102, 17, 23 – bipolarer Hochfrequenzstrom; *Giesen*, Arzthaftungsrecht, S. 114; *Rieger*, Lexikon des Arztrechts, 1984, Rdnr. 254; *Nüßgens* in RGRK, § 823 Anh.II Rdnr. 63.

[109] BGH v.16.1.1959, Z 29, 176, 181 – Strahlenschäden; *Tempel*, NJW 1980, 609, 611.

[110] BGH v.26.9.1961, NJW 1961, 2302 – Kropfoperation; *Laufs* in Laufs/Uhlenbruck, Handbuch des Arztrechts, § 64 Rdnr. 15.

[111] *Roßner*, Verzicht des Patienten auf eine Aufklärung durch den Arzt, NJW 1990, 2291, 2294.

b) Voraussehbarkeit

Bei den Gefahrvermeidungsmaßnahmen wurde ausgeführt, daß der Hersteller von Produkten grundsätzlich nicht für Schäden infolge von Erkenntnis- und Entwicklungsfehlern haftet[112]. Der Hersteller haftet nicht, wenn für ihn die Gefahr nicht erkennbar war, so daß er nicht warnen konnte. Um diese Rechtsschutzlücke zu verringern, wurde die Produktbeobachtungspflicht als Pflicht zur Erhebung von Marktinformationen entwickelt, die dem Hersteller auferlegt, die Sicherheitsrisiken des Produkts nach der Markteinführung im Auge zu behalten[113].

aa) Informationspflichten beim Gefährlichkeitsverdacht

Fraglich ist nun, ob dies ausreicht oder ob es Fälle gibt, bei denen an eine weitergehende Pflicht zu denken ist. Bereits in § 2 wurde festgestellt, daß ein Gefährlichkeitsverdacht dann bestehen kann, wenn entweder konkrete Anhaltspunkte oder wissenschaftliche Ergebnisse auf die Gefährlichkeit eines Produkts oder Stoffes hinweisen, ohne daß im einzelnen die Kausalität einer möglichen Rechtsgutsverletzung nachgewiesen werden kann[114]. Unzweifelhaft kann eine Warnpflicht bereits dann bestehen, wenn Anhaltspunkte in der Praxis und damit *konkrete* Anhaltspunkte darauf hinweisen, daß ein Produkt gefährlich ist. Das hat die Rechtsprechung auch in etlichen Entscheidungen anerkannt[115].

Zweifelhaft ist allerdings, ob auch Informationspflichten bestehen können, wenn keine konkreten Anhaltspunkte vorliegen und nur die *wissenschaftlichen Ergebnisse* einer Mindermeinung einen solchen Gefährlichkeitsverdacht bejahen. Der Gefährlichkeitsverdacht verpflichtet zur Sammlung von Informationen, insbesondere sind wissenschaftliche Mindermeinungen zu berücksichtigen[116]. Allerdings kann sich der Hersteller auf einen Entwicklungs- bzw. Erkenntnisfehler berufen, wenn sich im nachhinein herausstellt, daß ein Produkt doch gefährlicher ist als dies nach dem Stand der Wissenschaft und Technik im Zeitpunkt des Inverkehrbringens bekannt war – er haftet dann nicht für Schäden, die das Produkt verursachte und war zu Gefahrvermeidungsmaßnahmen nicht verpflichtet[117]. Die überwiegende

---

112 S. § 8.I.2.a).

113 *Kullmann/Pfister*, Kza. 1520, 42f; zum Begriff s. oben § 3.III.; zum Inhalt § 6.III.1.-3.

114 Cf. oben § 2.I.5.b), S. 64ff.

115 S. oben § 2.II.2.; BGH v.17.3.1981, Z 80, 186, 192 – Apfelschorf I (Derosal); *Meyer*, Instruktionshaftung, S. 110; *Kullmann/Pfister*, Kza. 1520, 49 für den Bereich der Produktbeobachtung.

116 § 6.III.1.b), S. 218ff.

117 S. § 8.I.2.a).

Meinung lehnt auch in diesen Fällen eine Warnpflicht ab, weil sie nur bestehe, wenn die Gefahr nach dem jeweiligen (herrschenden) Stand der Wissenschaft und Technik bekannt ist[118].

Diese Problematik taucht bei vielen Produkten auf, deren schädliche Nebenwirkungen noch nicht ausreichend feststehen, z.B. die Wirkungen des Elektrosmogs bei Mobiltelefonen: Das Bundesamt für Strahlenschutz warnt vor der Benutzung der Handgeräte für die Mobilfunknetze D-1 und D-2. Die üblicherweise mit zwei bis vier Watt Sendeleistung arbeitenden Telefone könnten zu einer Erwärmung des Körpergewebes führen, wenn die Antenne nur wenige Zentimeter vom Kopf entfernt gehalten werde. Gesundheitsgefährdungen seien damit nicht auszuschließen[119]. Auch gentechnisch veränderte Lebensmittel besitzen ein gewisses Risikopotential. Ob sie tatsächlich gefährlich sind, läßt sich nach dem jetzigen Stand der Wissenschaft und Technik nicht abschließend beurteilen; teilweise wird die Gefährlichkeit bejaht[120]. Die klassischen Ansätze müssen deshalb eine Gefährdung verneinen, weil solche möglichen Schäden dem Hersteller nicht bekannt sind.

Der herrschenden Auffassung ist nicht zu folgen. Nach der hier vertretenen Ansicht besteht eine potentielle Rechtsgutsgefährdung, weil Mobiltelefone oder Lebensmittel auf den menschlichen Körper wirken. Den Hersteller trifft die Pflicht, bereits jetzt auf Risiken hinzuweisen, selbst wenn sie erst noch erforscht werden müssen[121]. Es ist zwar angemessen, Gefahrvermeidungsmaßnahmen bei noch ungewissen Sachverhalten nicht zu fordern. Jedoch ist bei einem hohen Gefährlichkeitspotential eine Informationspflicht an den Verbraucher zu bejahen. Denn selbst wenn man hohe Anforderungen an die Erhebungspflichten stellt, können vor dem Inverkehrbringen eines Produkts nicht alle Gefahren erkannt werden. Für viele Produkte bestehen auch keine langen Erprobungszeiten. In einem gewissen Maße werden Risiken und Gefahren in Kauf genommen. Die Produkte werden durch den Verbraucher quasi getestet; der Hersteller lernt vom Produktbenutzer[122]. Damit der Verbraucher nicht über das notwendige Maß hinaus als „Testperson" mißbraucht wird, ist ein solcher Zustand nur zu rechtfertigen,

---

[118] *Kullmann/Pfister*, Kza. 1520, 35; *Schmidt-Salzer*, Entscheidungssammlung, Bd. II, Anm. zu Entscheidung Nr. II.68, 2.

[119] SZ v.31.3.1993, 14; SZ v.29.12.1995, 10.; *Lütge* in DIE ZEIT v. 10.4.1992, S. 23.

[120] Einl. Beispiel 5 und oben § 6.III.1.b).

[121] Im Ergebnis ebenso für gentechnisch hergestellte Lebensmittel: *Leible*, Kennzeichnung gentechnisch hergestellter Lebensmittel, EuZW 1992, 599ff; *Streinz* in Damm/Hart (Hrsg.), Rechtliche Regulierung von Gesundheitsrisiken, S. 151, 184. A.A. *Pfleger*, „Novel Food-Verordnung" – Zur Kennzeichnung gentechnisch hergestellter oder veränderter Lebensmittel, ZLR 1993, 367, 376ff; *Horst*, Entwicklungen des gemeinschaftlichen Kennzeichnungsrechts, ZLR 1993, 133,135ff. Für Mobiltelefone werden Gefahrvermeidungsmaßnahmen des Arbeitgebers gegenüber dem Arbeitnehmer verlangt von *Wedde*, CuR 1995, 41, 45. Das EMVG als Schutzgesetz i.S.v. § 823 II BGB bejaht *Schünemann*, NJW 1996, 81, 84.

[122] *Brüggemeier*, AcP 193 (1993), 606, 609.

wenn der Verbraucher mündiger Bürger bleibt. Ihm muß deshalb sein Recht auf *selbstbestimmende Entscheidung* erhalten bleiben, ob er diese Risiken eingeht, mögen diese auch wissenschaftlich noch nicht nachgewiesen sein[123]. Dies erscheint auch deshalb angemessen, weil nach dem PHG Entwicklungsfehler von der Haftung ausgenommen sind[124]. Der Unternehmer würde nicht haften, wenn nach 10 Jahren Schadensfälle auftreten, § 13 I PHG. Ohne eine entsprechende Hinweispflicht träfe das Risiko von Langzeitschäden den Verbraucher. Den berechtigten Belangen des Herstellers kann insoweit Rechnung getragen werden, als er nur Informationen aussprechen muß, soweit diese für ihn zumutbar und verhältnismäßig sind (dazu sogleich). Mit diesem Ergebnis wird die Entwicklung von Produkten nicht blockiert, insbesondere wird nicht die weitergehende Haftung des § 84 AMG für Erkenntnisfehler übernommen. Es wird jedoch die Nichthaftung wegen Erkenntnisfehler eingeschränkt, weil Ermittlungspflichten und Informationspflichten bei Risikolagen bestehen.

bb) Informationspflichten im Bereich der Vorsorge

Es fragt sich zudem, ob ein Hersteller den *Verbraucher über unbekannte Risiken informieren* muß, ohne daß überhaupt ein Gefährlichkeitsverdacht besteht. Eine solche Verhaltenspflicht erscheint vordergründig paradox, weil der Hersteller unbekannte Risiken nicht kennen kann. Eine solche Pflicht besteht allerdings gem. § 11 I 6 AMG für Arzneimittel. So ist die Formulierung üblich, „ein Arzneimittel während der ersten drei Monate einer Schwangerschaft nicht einzunehmen, obwohl Anhaltspunkte für eine fruchtschädigende Wirkung nicht bekannt sind“[125]. Auch verpflichtet z.B. § 13 I 3 ChemG den Hersteller gegebenenfalls zu dem Hinweis: „Achtung – noch nicht vollständig geprüfter Stoff“. Mit diesem Hinweis wird der Verbraucher veranlaßt, besonders vorsichtig mit der Chemikalie umzugehen. Auch einige US-amerikanische Gerichte haben inzwischen Hersteller verpflichtet, vor unbekannten Risiken zu warnen[126]. Nach dem hier vertretenen Verständnis von Rechtsfortbildung und Gewaltenteilung betreffen solche Pflichten jedoch grundsätzlich den Bereich der Vorsorge und sind deshalb dem Gesetzgeber vorbehalten[127]. Deshalb wird sich eine Infor-

---

[123] Wenn *Streinz* (in Damm/Hart (Hrsg.), Rechtliche Regulierung von Gesundheitsrisiken, 1993, S. 151, 184) dem Verbraucher ein Recht auf Information bei divergierender Risikofolgenabschätzung einräumt, so gilt das nach der hier vertretenen Auffassung nur für den Fall, daß ein Gefahrenpotential von gewisser Erheblichkeit besteht.

[124] S. § 8.I.2.a)aa), S. 283.

[125] S. auch *Foerste* in Produkthaftungshandbuch I, § 24 Rdnr. 178, allerdings unter der Thematik, daß der Hersteller dadurch die Verbrauchererwartung beschränken könne.

[126] Green v. American Tobacco Company 304 F.2d 70 (5th Cir. 1962); 154 So. 2d 169 (Fla. 1963); *Debusschere/Kretschmar* in Produkthaftungshandbuch II, § 115 Rdnr. 11.

[127] § 5.II.1., S. 153 ff.

mationspflicht nur *ausnahmsweise* bejahen lassen, nämlich nur bei Produkten mit einem hohen abstrakten Gefährdungspotential. In diesen Fällen kann es erforderlich sein, Kennzeichnungen anzubringen oder Warnhinweise auszusprechen[128].

c) Zumutbarkeit

Des weiteren ist zu prüfen, inwieweit Informationspflichten über Risikolagen entfallen können, weil sie für den Unternehmer nicht zumutbar sind. In diesem Zusammenhang wird vorgetragen, es bestünde die Gefahr reeller Absatzeinbußen[129]. Allerdings sollte man dieses Argument nicht überbewerten. Ein Vergleich mit den Gefahrverdachtslagen zeigt, daß Unternehmen auch Vertrauen gewinnen können, wenn sie „rein vorsorglich" einen Rückruf durchführen[130]. Schließlich wird der Zumutbarkeit zugunsten des Herstellers insoweit Rechnung getragen, als er nur in dem Umfang informieren muß, in welchem ihm das Risikopotential bekannt ist. Er wird in diesem Rahmen nicht in seiner Eigentumsgarantie eingeschränkt, denn er muß nicht mehr behaupten als er weiß. Deshalb genügt für die Fallgruppe der Risikovermutungen der Hinweis, „daß bestimmte Risiken noch nicht erforscht sind und es nicht auszuschließen ist, daß ein Schaden eintreten kann"[131].

5. Fünfter Prüfungsschritt: Information zur Gefahrabwehr

a) Erforderlichkeit: spezifische versteckte Gefahr

Wie auch die Prüfungsfolge bei der Gefahrvermeidung dienen die folgenden Prüfungsschritte bei der Gefahrabwehr dazu, das Kriterium Verbrauchererwartung aufzugeben und mittels einer klareren Prüfungsstruktur ein objektiveres Ergebnis zu erzielen und damit die Rechtssicherheit zu stärken. Die Gefahrvermeidung wurde nicht mit dem Kriterium der Verbrauchererwartung, sondern mit dem der Erforderlichkeit und diese mittels eines

---

[128] Eine solche Verpflichtung kann gegebenenfalls für Inhaltsstoffe bei Kosmetika gelten, obwohl noch ungewiß ist, ob sie eine Allergie erzeugen können.

[129] *Meyer*, Instruktionshaftung, S. 337; dieses Argument wird auch immer wieder bei der Diskussion um gentechnisch veränderte Lebensmittel eingebracht, so auch *Pfleger*, ZLR 1993, 367, 376ff; *Horst*, ZLR 1993, 133, 135.

[130] Z.B. rief Nestlé Alete-Säfte zurück, nachdem neue Analysemethoden „geringste" Spuren von Pflanzenschutzmitteln nachgewiesen hatten, diese erhöhten Werte aber noch unterhalb der Grenzwerte lagen, s. LZ v.9.9.1994, 12. Im Ergebnis ebenso für die Problematik gentechnisch veränderter Lebensmittel *Leible*, EuZW 1992, 599, 601; *Streinz* in Damm/Hart (Hrsg.), Rechtliche Regulierung von Gesundheitsrisiken, S. 151, 185.

[131] *Ossenbühl*, Umweltpflege durch behördliche Warnung und Empfehlungen, 1986, S. 75f; *Kloepfer*, Produkthinweispflichten bei Tabakwaren als Verfassungsfrage, 1991, S. 39.

Risiko-Nutzen-Tests konkretisiert. Ein solcher Test erscheint jedoch bei unzureichenden Informationen nicht sinnvoll[132], weil zwar das Risiko zum Nutzen einer Gefahrvermeidungsmaßnahme in Verhältnis gesetzt werden kann, nicht aber das Risiko zum Nutzen einer unterlassenen Information. Denn Informationen, die der Gefahrabwehr dienen, enthalten in der Regel keine Risiken; zusätzliche Informationen würden fast immer das Risiko mindern, wären also aufgrund dieses Testes immer nützlich und erforderlich. Nur ausnahmsweise kann eine Informationsflut dazu führen, daß Warnungen auf Produkten unbeachtet bleiben[133]. Statt auf einen Risiko-Nutzen-Test wird nur auf das Element „Risiko" und damit auf den möglichen Schaden abgestellt werden, der für den Verwender entstünde, wenn er nicht gewarnt würde.

In § 3 wurde der Begriff der Warnung so definiert, daß sie es im Unterschied zu allgemeinen Gefahrhinweisen dem Verbraucher ermöglicht, die *spezifischen Folgen der Gefahr* zu erkennen, die mit einem bestimmten Gebrauch oder Zustand verbunden sein können[134]. Die Folgen einer Gefahr sind dann spezifisch, wenn der durchschnittliche konkrete Verwender vielleicht ein allgemeines Gefahrenbewußtsein hat[135], aber die konkrete Gefahr, die eine bestimmte Anwendung verursacht, nicht erkennt: Die Gefahr ist *nicht offensichtlich, nicht allgemein erkennbar*[136], *sondern versteckt und überraschend*[137]. Damit ist eine Gefahr dann offensichtlich, wenn sie für den durchschnittlichen konkreten Verwenderkreis leicht erkennbar ist; es muß dann nicht gewarnt werden[138]. Die Begriffe offensichtliche und spezifische versteckte Gefahr schließen sich gegenseitig aus. Informationen sind erforderlich, wenn eine Gefahr für den Benutzer versteckt, also nicht offensichtlich ist. Auch lassen sich Gefahrenhöhe und Umfang der Information in Verhältnis setzen: Je höher die Gefahr für Gesundheit und Leben ist, desto umfangreichere Informationspflichten bestehen für den Hersteller[139].

[132] S. die Erläuterungen zum Model Uniform Product Liability Act, abgedruckt bei *Schwartz* in Kullmann/Pfister, Kza. 4523, 18; *Henderson/Twerski*, N.Y.U.L.Rev. 65 (1990), 265, 298 m.w.Nachw.; *Pfeifer*, Produktfehler und Produzentenhaftung, S. 159.

[133] Zu dieser Problematik im US-amerikanischen Recht s. *Schwartz* in Kullmann/Pfister, Kza. 4523, 15. Ausnahmsweise können Informationen auch abschrecken, zur Non-Compliance-Rate s. oben § 4.III.3.b) und § 7.I.1.

[134] S. bereits oben § 3.IV.

[135] Zu diesem Argument s. sogleich § 8.I.5.a) und bereits oben § 3.IV.

[136] So die Formulierung des § 3 II Sp. 1 Produktsicherheits-RiL.

[137] Den Begriff „überraschende Gefahrengröße" benutzt *Meyer*, Instruktionshaftung, S. 128.

[138] Für das US-amerikanische Recht *Henderson/Twerski*, N.Y.U.L.Rev. 65 (1990), 265, 280 m.w.Nachw.

[139] *Kullmann/Pfister*, Kza. 1520, 35; *Meyer*, Instruktionshaftung, S. 105 m.w.Nachw.

b) Fallgruppen

aa) Besondere Gefährlichkeit

Die speziellen Folgen des Gebrauchs von besonders gefährlichen Produkten sind oft nicht unmittelbar erkennbar. Bei Arzneimitteln, Chemikalien und bestimmten Lebensmitteln bestehen umfangreiche Kennzeichnungspflichten unabhängig davon, welcher Personenkreis betroffen ist. Damit lassen sich beispielsweise zivilrechtlich die Kennzeichnungs-[140] bzw. Warnhinweise auf Zigarettenverpackungen begründen[141]. Der Grundsatz des effektiven Rechtsgüterschutzes verpflichtet auch zur „erklärenden Warnung": Während die Warnung nur auf die mögliche Rechtsgutsverletzung hinweist, stellt die erklärende Warnung zusätzlich den Funktionszusammenhang zwischen der Verwendung und der möglichen Rechtsgutsverletzung dar, damit der Verbraucher erkennt, *warum* das Produkt gefährlich ist. Denn durch die Herausstellung des Ursache-Wirkungszusammenhangs wird der Benutzer die Gefahr ernster nehmen, während er möglicherweise eine allgemeine Warnung ohne Darstellung des Funktionszusammenhangs nicht beachtet[142].

bb) Bestimmungswidriger Gebrauch

Oben wurde gesagt, daß nach bundesdeutschem Recht die Gefahren eines bestimmungswidrigen Gebrauchs in erster Linie dem Verantwortungsbereich des Produktbenutzers zuzurechnen sein sollen[143]. Deutlich weiter geht dagegen das gemeinschaftsrechtliche, also das harmonisierte Produktsicherheitsrecht: Nach der horizontalen allgemeinen Produktsicherheits-RiL[144] und nach verschiedenen vertikalen Produktsicherheitsrichtlinien[145] bestimmt sich ein sicheres Produkt sowohl nach dem normalen (also bestimmungsgemäßen) als auch nach dem *vernünftigerweise vorhersehbaren* Fehlgebrauch. Soweit nicht bereits Gefahrvermeidungsmaßnahmen auch beim Fehlgebrauch vorzunehmen sind[146], ist zumindest eine Information erfor-

---

[140] S. §§ 13, 14 ChemG; 10, 11 AMG.

[141] Ob aufgrund allgemeinen Erfahrungswissens die Informationspflicht entfällt, wird sogleich zu prüfen sein, § 8.II.

[142] S. oben § 3.IV.1. zu den Begriffen Instruktion, Folgewarnung, erklärende Warnung. BGH v.12.11.1991, Z 116, 60, 66 – Kindertee (Milupa) I.

[143] S. oben § 7.II.2.a).

[144] S. die Legaldefinition in Art. 2 lit. b allgemeine Produktsicherheits-RiL 92/59/EWG v.29.7.1992, ABl. Nr. L 228, 24.

[145] Art. 3 i.V.m. Anh. I Nr. 1.1.2. lit. c Maschinen-RiL 89/392/EWG; umgesetzt durch Maschinenverordnung (9. GSGV) v.12.5.1993, BGBl I 704; Art. 2 II Spielzeug-RIL 88/378/EWG; umgesetzt durch Verordnung über die Sicherheit von Spielzeug v.21.12.1989, BGBl I 2541, zuletzt geändert durch VO v.12.5.1993, BGBl I 704.

[146] S. oben § 8.I.1.b)cc).

derlich. Skateboards müssen z.B. mit einem Hinweis ausgestattet werden, daß diese nur mit persönlicher Schutzausrüstung zu benutzen sind und große Geschicklichkeit verlangen, damit Stürze oder Zusammenstöße vermieden werden können[147]. Wenn das Gefahrenpotential besonders hoch ist, ist darauf hinzuweisen, daß Spielzeug nur unter Aufsicht und Anleitung benutzt werden soll[148] oder daß es regelmäßig zu warten ist, um erhöhte Unfallgefahren zu verhindern[149]. Schließlich umfaßt auch der Fehlerbegriff des § 3 I lit. b PHG (Art. 6 I lit. b Produkthaftungs-RiL) den Gebrauch, mit dem billigerweise gerechnet werden kann[150].

Instruktionen erscheinen in einem ersten Augenblick nicht erforderlich, wenn diese Produkte *mißbräuchlich* verwendet werden. Das verdeutlicht die Kältemittel/sniffing-Entscheidung: Der 15-jährige Sohn eines Kältemechanikermeisters inhalierte die betäubenden Gase eines Kältemittels als Rauschgift und verstarb daran. Der BGH lehnte eine Verpflichtung zur Warnung ab[151]. Durch die Warnung würde der Verwender erst darüber informiert, wie er das Produkt mißbrauchen kann[152]. Die überwiegende Auffassung verlangt dagegen Warnhinweise auch bei einem Mißbrauch, wenn dieser naheliegend und lebensgefährlich ist[153]. Damit gewinnt die Unterscheidung von naheliegendem/vorhersehbarem und fernliegendem/nicht vorhersehbarem Fehlgebrauch Bedeutung[154].

---

[147] Art. 11 V i.V.m. Anh. IV Nr. 5 Spielzeug-RiL 88/378/EWG.

[148] Für funktionelles oder chemisches Spielzeug u.a. die Hinweise: Benutzung nur unter Aufsicht, Wiedergabe der erforderlichen Erste-Hilfe-Maßnahmen, außer Reichweite von Kleinkindern aufbewahren, Art. 11 V i.V.m. Anh. IV Nr. 3, 4 Spielzeug-RiL 88/378/EWG.

[149] Z.B. Rutschbahnen, Hängeschaukeln etc.: u.a. Hinweis auf die Notwendigkeit regelmäßiger Überprüfung und Wartung und Hinweis, daß bei Unterlassen solcher Kontrollen Kipp- oder Sturzgefahr bestehen kann, Art. 11 V i.V.m. Anh. IV Nr. 2 Spielzeug-RiL 88/378/EWG.

[150] In etlichen Entscheidungen ist der BGH aber bereit, auch eine Informationspflicht bei naheliegendem bestimmungswidrigem Gebrauch zu bejahen, s. BGH v.12.11.1991, Z 116, 60 – Kindertee (Milupa) I; BGH v.24.1.1989, Z 106, 273, 283 – Asthmaspray (Alupent Dosier Aerosol); BGH v.11.7.1972, NJW 1972, 2217 – Produzentenhaftung/Kurznarkosemittel (Estil); *Kullmann/Pfister*, Kza. 1520, 11.

[151] Für den BGH war die Überlegung entscheidend, daß zum damaligen Beurteilungszeitraum noch nicht damit zu rechnen war, daß das allein für Fachleute bestimmte Kältemittel auch durch Jugendliche zum „sniffing" mißbraucht werden konnte, BGH v.7.7.1981, NJW 1981, 2514 – Kältemittel/sniffing.

[152] Dieses von der Vorinstanz vorgetragene Argument hielt der BGH für möglich, nicht aber zwingend.

[153] *Taschner/Frietsch*, Einf. Rdnr. 76; so wohl auch BGH v.7.7.1981, NJW 1981, 2514 – Kältemittel/sniffing in seinem obiter dictum; a.A. *Foerste* in Produkthaftungshandbuch I, § 24 Rdnr. 215.

[154] BGH v.11.7.1972, NJW 1972, 2217 – Produzentenhaftung/Kurznarkosemittel (Estil); BGH v.24.1.1989, Z 106, 273 – Asthmaspray (Alupent Dosier Aerosol); *Foerste* in Produkthaftungshandbuch I, § 24 Rdnr. 211f, 77; a.A. noch *Taschner/Frietsch*, Einf. Rdnr. 76; *Taschner*, NJW 1986, 611, 614.

Gegen die Auffassung der h. M. sprechen die oben genannten US-amerikanischen Entscheidungen[155]. Bei konsequenter Anwendung der beiden Kriterien müßte auch davor gewarnt werden, daß die Feuerwaffe oder das Messer die Gesundheit gefährden, nämlich zur Mordwaffe werden können. Eine solche Warnung widerspricht aber den Grundsätzen des mündigen Verbrauchers, so wie sie oben skizziert wurden[156]. Eine dritte Voraussetzung muß deshalb noch hinzukommen, um die gerade genannten Waffen von einer Warnpflicht auszuschließen: Die spezifische Lebensgefahr darf nicht offensichtlich, sondern muß *versteckt* sein[157]. Daß Waffen gefährlich sind, ist allgemein bekannt, nicht dagegen, daß der inhalierte Dampf eines Kältemittels tödlich wirken kann.

cc) Gefährdetste Verbrauchergruppe

Nimmt man den Grundsatz der Gefahrabwehr ernst, muß die Information am Bedürfnis der gefährdetsten Verbrauchergruppe ausgerichtet werden. Das wird zum Teil auch von Literatur und Rechtsprechung vertreten[158]. Eine besonders gefährdete Verbrauchergruppe bilden Kinder, die noch kein Gefahrbewußtsein entwickelt haben, aber auch vereinzelte Risikogruppen, die durch das Produkt gefährdet werden. Auch für solche Minderheiten bestehen grundsätzlich Warnpflichten, selbst wenn für die Mehrheit der Benutzergruppe der Umgang mit dem Produkt ungefährlich ist. Hier kann auf die umfangreichen Informationspflichten bei Arzneimitteln hingewiesen werden. Für diese sind Nebenwirkungen auch dann anzugeben, wenn sie vergleichsweise selten auftreten. Bedeutung gewinnt diese Fallgruppe für Zusatzstoffe in Lebensmitteln oder Kosmetika, die nur für eine Minderheit der Verbraucher gefährlich sind[159]. Fehlen öffentlich-rechtliche Kennzeich-

---

[155] S. § 7.II.2.b).

[156] Cf. § 7.II.2.c) und unten § 8.II.

[157] Mit diesen drei Kriterien läßt sich der Einwand von *Littbarski* (NJW 1995, 217, 219) entkräften, eine Abgrenzung von naheliegendem Fehlgebrauch, Mißbrauch etc. sei nicht überzeugend.

[158] So jüngst BGH v.11.1.1994, Z 116, 60, NJW 1994, 932, 933 – Kindertee (Milupa) II; *Kullmann/Pfister*, Kza. 1520, 4, 9, 41; *Foerste* in Produkthaftungshandbuch I, § 24 Rdnr. 172 im Widerspruch zu § 23 Rdnr. 13. Vor allem gilt dieser Verhaltensgrundsatz wiederum aufgrund gemeinschaftsrechtlicher Vorgaben, Art. 2 lit. b Sp. 4 allgemeine Produktsicherheits-RiL.

[159] Ein Beispiel bildet der Süßstoff Aspartam; er besteht aus zwei Bestandteilen, einer davon ist ein Derivat der Aminosäure Phenylalanin. Personen mit angeborener Phenylalaninunverträglichkeit (Phenylketonurie) sind bei der Zufuhr von Phenylalanin in Mengen, die für nicht erkrankte Menschen unschädlich sind, vom Schwachsinn bedroht. Auf Lebensmitteln, die diesen Süßstoff enthalten, ist deshalb nach § 8 (1) Nr. 9 Zusatzstoff-Zulassungs-VO ein entsprechender Hinweis anzubringen; s. *Zipfel*, Lebensmittelrecht, C 120, § 8 Zusatzstoff-Zulassungs-VO, Rdnr. 1cff.

nungspflichten, informieren in der Regel nur einige Hersteller freiwillig über ihre Inhaltsstoffe[160]. Die Suche nach dem Allergen ist oft eine mühevolle, langwierige Aufgabe des Allergologen, welcher die Inhaltsstoffe des entsprechenden Produkts und ihre Wirkungen erforscht[161]. Deshalb ist es ökonomisch nicht effizient, wenn der Arzt die Risikoinformation mühsam beschaffen muß, über welche der Hersteller schon verfügt[162]. Bereits haftungsrechtlich müssen deshalb die Inhaltsstoffe bei Kosmetika angegeben werden, da nur so der Allergiker das Produkt meiden kann[163]. Weitere Beispiele lassen sich finden: Kleidungsstücke enthalten eine Vielzahl von Chemikalien, wie z.B. das Rattengift Cumarin, Formaldehyd, Pestizide, Aufheller und Schwermetalle. Hautärzte beobachten am häufigsten allergische Reaktionen auf Strumpffarben und Formaldehyd. Schwerwiegende Allergien werden durch Nickel hervorgerufen[164]. Weil jeweils eine Gefahr für Rechtsgüter bejaht werden kann, bestehen zivilrechtliche Informationspflichten unabhängig von öffentlich-rechtlichen Verpflichtungen[165].

Der Grundsatz, daß immer die gefährdetste Verbrauchergruppe Maßstab für die Entscheidung ist, ob Informationen an den Verbraucher zu geben sind, gilt auch dann, wenn *verschiedene Verbrauchergruppen* mit einem Produkt in Berührung kommen können[166]. Die vom BGH aufgestellte Forderung, daß es Sache des Benutzers sei, sich darüber zu unterrichten, wie ein Gerät in rechter Weise einzusetzen und zu handhaben ist[167], ist abzulehnen. Vielmehr besteht die Pflicht, ein Gerät mit einem bestimmten Gefährdungspo-

---

[160] Für den Kosmetikbereich analog der US-amerikanischen CTFA (Cosmetic Toiletry and Fragance Association) bzw. der INCI (International Nomenclature for Cosmetic Ingredience).

[161] *Rakoski*, Allergien durch Nahrungsmittel, in Allergien, Jahrestagung der Landeszentrale für Gesundheitsbildung in Bayern, 1988, S. 12, 13.

[162] Allgemein zu diesem Argument bei Informationen zur Gefahrabwehr, § 7.I.b), S. 251.

[163] BGH v.19.2.1975, Z 64, 46 – Hinweispflicht auf allergische Reaktionen (Haartonicum). Dieses Ergebnis entspricht auch einer Forderung führender Allergologen, s. *Bögl/Viets*, BundesgesundheitsBl 1994, 49 ff; FAZ v.16.3.1994, 63; *Vollmer*, Allergische Erkrankungen – nehmen sie zu?, Ärztliche Kosmetologie 1990, 11. Zu den Erhebungspflichten des Herstellers s. oben § 6.III.1.

[164] So enthält z.B. preiswerter Modeschmuck einen geringen Silber- und einen hohen Nickelanteil.

[165] S. Anlage 7 zu § 9 BedarfsgegenständeVO; beachte aber Nr. 6 der Anlage 1 zu § 3 BedarfsgegenständeVO. Bei nickelhaltigem Modeschmuck ist überdies zu fragen, ob bereits ein konstruktiver Fehler vorliegt, da eine Risiko-Nutzen-Bewertung bei der Schwere der Nickelallergien wohl negativ ausfiele, s. dazu § 8.I.1. Zu der Problematik der Allergien s. bereits die Einl. Fn. 9 und 22.

[166] Diesem Ergebnis entspricht auch Art. 2 lit. b Sp. 4 Produktsicherheits-RiL, wonach bei der Sicherheit eines Produktes zu berücksichtigen sind „die Gruppen von Verbrauchern, die bei der Verwendung des Produktes einem erhöhten Risiko ausgesetzt sind, vor allem Kinder". Für das deutsche Recht auch *Kullmann/Pfister*, Kza. 1520, 9, 41 und bereits BGH v.8.2.1966, VersR 1966, 542, 542 – Kabelmerkringe.

[167] § 7.II.2.a) und Fn. 43.

tential auch mit einer (verständlichen) Gebrauchsanweisung auszustatten[168]. Für den Verbraucher ist es unzumutbar, erst durch ein intensives Literaturstudium herauszufinden, welche Gefahren mit dem Produkt drohen. Für die meisten Produkte werden weder von staatlicher noch von privater Seite Anwendungs- oder Ausbildungsmöglichkeiten angeboten. Wenn eine Ausbildung aber nicht gesichert ist, besteht die Eigenverantwortung des Herstellers fort, soweit er Produkte mit Gefährdungspotential, wie technische Geräte, auch Laien anbietet. Damit ist der obigen Strukturputz-Entscheidung sowohl in der Begründung als auch im Ergebnis zu widersprechen[169]. Die Warnung war erforderlich, weil der Strukturputz besonders gefährlich (die schweren Hautverätzungen erzwangen Hauttransplantationen) und diese Gefährlichkeit nicht offensichtlich war[170]. Weil inzwischen kalkhaltiger und kalkfreier Strukturputz auf dem Markt ist, konnten zudem gefährlicher und ungefährlicher Strukturputz verwechselt werden[171]. Vor allem steht diese Entscheidung in Widerspruch zu der gerade genannten Rechtsprechung: Wenn erstens die Warnpflicht von der gefährdetsten Benutzergruppe abhängig ist[172], mußte dies auch gelten, wenn nicht nur Fachleute, sondern auch Laien, eben Hobbyheimwerker, den Strukturputz verarbeiten. Zweitens gibt es keine feste Ausbildung des Hobbyheimwerkers. In vielen Do-it-yourself-Büchern wird nicht auf die gefährliche Ätzwirkung des Strukturputzes hingewiesen. Trotz eines allgemeinen Gefahrenbewußtseins kannte der Hobbyheimwerker die spezifischen Folgen des Gebrauchs nicht. Wenn der BGH schließlich drittens postuliert, daß Instruktionen und Warnungen auch vor einem naheliegenden Fehlgebrauch schützen sollen, so ist eine Bearbeitung des Strukturputzes ohne Handschuhe ein solcher naheliegender Fehlgebrauch. Das entspricht auch den gemeinschaftsrechtlichen Vorgaben, die den Hersteller bei einem vorhersehbaren Fehlgebrauch des Benutzers zur Warnung verpflichten[173].

Damit durfte diese Gefahr auch nicht der Selbstvorsorge des Verwenders zugerechnet werden[174]. Wenn davon gesprochen wird, daß bestimmte Ge-

---

[168] Die Crux verständlicher Informationen zeigen die oft für einen Laien nicht verständlichen Gebrauchsanweisungen technischer Geräte, s. dazu das Resümee des Arbeitskreises Technische Dokumentation der TU Berlin 1984: „Zu kapieren sind sie kaum, denn entweder sind sie so „wissenschaftlich" geschrieben, daß man sie nur mit abgeschlossenem Ingenieurstudium verstehen kann, oder so inhaltsarm, daß man nichts damit anfangen kann".

[169] Zum Sachverhalt s. Einl. Beispiel 7 und § 7.II.2.a).

[170] Hinzu kommt, daß der Hersteller Personen in der Anleitung abgebildet hat, die den hautätzenden Strukturputz ohne Handschuhe verarbeiteten. Damit hatte er zusätzlich Vertrauen geschaffen. Zur Relevanz des Vertrauens bei vorvertraglichen Ansprüchen s. oben § 4.III.4.

[171] Daher kann man auch an einen Konstruktionsfehler denken. S. oben § 8.I.1.

[172] BGH v.11.1.1994, NJW 1994, 932, 933 – Kindertee (Milupa) II; *Kullmann/Pfister*, Kza. 1520, 9; *Foerste* in Produkthaftungshandbuch I, § 24 Rdnr. 172.

[173] S. oben § 7.I.2.b) und III.2.

[174] Bedenklich erscheint deshalb auch die Entscheidung des BGH v.5.5.1992, NJW 1992, 2016, 2018 – Sattelauflieger. Der BGH lehnte eine Pflicht zur erklärenden Warnung, nämlich

fahren „in Kauf genommen" werden[175], so kann dies nur für die offensichtliche Gefahr, nicht aber für die spezifische versteckte, besondere Gefahr gelten: Oft hat der Verwender zwar ein allgemeines Gefahrenbewußtsein, erkennt aber nicht die spezielle Gefahr, z.B. das besonders scharfe Messer oder die Gefahr des Kariesbefalles der Zähne durch das Dauernuckeln[176]. Die Offensichtlichkeit einer Gefahr kann nur bejaht werden, wenn sie eindeutig vorliegt[177]. Wenn Gerichte auf das Wissen eines Abiturienten über die Gefährlichkeit von Chemikalien abstellen, ist dieser Maßstab zu hoch[178]. Es muß jeweils gefragt werden, ob die konkrete Benutzergruppe das Wissen und die Fähigkeiten zum gefahrlosen Umgang mit dem Produkt besitzt. Dieses Ergebnis entspricht dem obigen Resultat, daß schon durch Konstruktionspflichten die Gefahr – auch bei Fachpersonal – zu vermeiden ist[179].

6. Sechster Prüfungsschritt: Vernünftiges Herstellerverhalten bei der Gefahrabwehr

Im sechsten Prüfungsschritt ist zu fragen, wie sich ein vernünftiger Hersteller verhalten hätte. Der vernünftige Hersteller gibt alle erforderlichen Informationen. Ihm ist aber kein Vorwurf zu machen, wenn die Gefahr nicht voraussehbar war (a). Zudem gibt es Fälle, in denen der Informationstransfer nicht zumutbar (b) oder nicht verhältnismäßig (c) ist.

a) Voraussehbarkeit

Eine Informationsweitergabe ist auch für den vernünftigen Hersteller nicht möglich, wenn er die Gefahr nicht voraussehen konnte, z.B. für Fälle des nicht erkennbaren, bestimmungswidrigen Gebrauchs[180]. Insoweit kann

---

der plausiblen Darlegung des Gefahrenzusammenhanges, ab, weil es sich um einen Fachmann und nicht um einen Laien handelte. Hier sollten die intellektuellen Fähigkeiten eines LKW-Fahrers nicht überspannt werden. Zudem wird nach aller Erfahrung der LKW-Fahrer keine umfangreiche Schulung, sondern eher eine kurze Einweisung in die Bedienung und Funktionsweise des LKW erhalten haben. Zu den Konstruktionspflichten s. dazu schon BGH v.14.4.1959, VersR 1959, 523, 524 – Fensterkran/Seilhexe und § 8.I.1.b).

175 BGH v.30.11.976, VersR 1977, 334, 335 – Autoscooter als Leitsatz, zustimmend *Kullmann/Pfister*, Kza. 4330, 7.

176 BGH v.12.11.1991, Z 116, 60, 63 – Kindertee (Milupa) I: mehrere Zähne mußten gezogen werden. Dieses Argument benutzen auch *Meyer*, Instruktionshaftung, S. 128; *Kullmann/Pfister*, Kza. 1520, 37. S. aber sogleich § 8.II.

177 Dies ist auch die Tendenz im US-amerikanischen Recht, s. *Schwartz* in Kullmann/Pfister, Kza. 4523, 8.

178 OLG Celle v.10.7.1985, VersR 1985, 949 – Ätzschäden an Edelstahl durch Zementreinigungsmittel.

179 S. oben § 8.I.1.b).

180 BGH v.7.7.1981, NJW 1981, 2514, 2515 – Kältemittel/sniffing. S. gerade § 8.I.5.b)bb).

auf die obigen Ausführungen zum Entwicklungsfehler bei der Gefahrvermeidung verwiesen werden[181].

b) Zumutbarkeit

Von vielen Autoren wird vorgetragen, eine Risiko-Kosten-Bewertung laufe bei der Instruktionshaftung ins Leere, weil die einem Produkt beigegebene Warnung regelmäßig nur minimale Kosten verursache und das Risiko der fehlerhaften Verwendung des Produkts reduziere[182]. Jedoch können bei der Informationserhebung z.T. beträchtliche Kosten entstehen, wenn das Gefahrenpotential ermittelt werden muß[183]. Auch können bei Informationen über Produkte, die sich bereits auf dem Markt befinden, wie bei einem Rückruf, sehr hohe Kosten für Benachrichtigung und Folgenbeseitigung aufzuwenden sein[184]. Im Grundsatz gilt die bereits bei der Gefahrvermeidung aufgestellte Regel, daß sich bei Gefahren für Leib und Leben jede Rücksichtnahme auf Absatzinteressen verbietet[185]. Diese Regel kann, wie bei der Gefahrvermeidung, auch für die Gefahrabwehr modifiziert werden: Wo die Pflicht des Verwenders zur Selbstvorsorge steigt, also vor allem im Bereich des Mißbrauchs, des fernliegenden Gebrauchs, aber auch in Bereichen, in denen die Gefahr offensichtlich ist[186], wird dieser Maßstab nicht uneingeschränkt gelten[187], denn der Hersteller kann nicht alle Fälle des bestimmungswidrigen Gebrauchs ermitteln.

Bei der Gefahrvermeidung wurde gezeigt, daß in bestimmten Situationen dem Hersteller eine Frist gewährt wird, um das sicherere Produkt zu entwickeln, das bereits die Konkurrenz herstellt[188]. Hier stellt sich die Frage, ob während dieser Übergangszeit der Hersteller darauf hinweisen muß, daß der Konkurrent das weniger gefährliche Produkt anbietet. Weniger weitgehend wäre der Hinweis an den Verbraucher, daß der Hersteller künftig (in einem Jahr, in sechs Monaten) ebenfalls das sicherere Produkt anbieten wird. Be-

---

[181] S. oben § 8.I.2.a). Auch nach US-amerikanischem Recht besteht nach überwiegender Auffassung keine Haftung, s. *Prosser* and *Keeton* on Torts, S. 697.

[182] *Henderson/Twerski,* N.Y.U.L.Rev. 65 (1990), 265, 298; *Pfeifer*, Produktfehler oder Fehlverhalten des Produzenten, S. 159; Moran v. Fabergé, Inc., 332 A.2d 11, 15 (Appellate Court of Maryland 1975).

[183] Darauf deuten auch die langen Entwicklungszeiten bei Arzneimitteln und Kraftfahrzeugen hin, s. oben § 6.III. und VI. und *Meyer*, Instruktionshaftung, S. 334f.

[184] Einen mindestens zweistelligen Millionenbetrag kostete der Rückruf von Opel, um nachträglich Metallschellen am Tank-Einfüllstutzen anzubringen, s. SZ v.25./26.2.1995, 34 und SZ v.8.3.1995, 21.

[185] BGH v.11.7.1972, NJW 1972, 2217, 2220 – Produzentenhaftung/Kurznarkosemittel (Estil); LG Aachen v.18.12.1970, JZ 1971, 507, 515 – Contergan. S. bereits oben § 8.II.2.b).bb).

[186] S. sogleich § 8.I.6.c).

[187] Das wurde oben (§ 7.III.2.b)) schon für die Gefahrvermeidung gezeigt. Ähnlich im Ergebnis *Meyer*, Instruktionshaftung, S. 338.

[188] S. oben § 8.I.2.b)aa) und unten § 8.IV.

sitzt er bereits das sicherere Produkt mit einem Aufpreis, so wäre zu überlegen, ob er darauf hinweisen muß.

Grundsätzlich gehört es jedoch zum Aufgabenbereich des Verbrauchers (und der Verbraucherverbände), sich einen Überblick über die Produkte verschiedener Anbieter zu verschaffen. Ein solcher Marktüberblick ist Teil der Selbstvorsorge des Verbrauchers. Eine Hinweispflicht mit dem Inhalt, daß die Konkurrenz das sicherere Produkt besitzt, ist deshalb abzulehnen. Auch der Hinweis, man werde demnächst selbst ein sichereres Produkt anbieten können, wird die Absatzchancen des jetzigen Produkts schmälern. Solche Pflichten sind abzulehnen, weil ansonsten die bei der Gefahrvermeidung verneinte Haftung des Konkurrenten, der über das sicherere Produkt noch nicht verfügt, über die Hintertür der Gefahrabwehr doch bejaht würde. Etwas anderes gilt dagegen, wenn der Hersteller das sicherere Produkt bereits anbietet[189]. Dann bestehen vorvertragliche Aufklärungspflichten.

c) Verhältnismäßigkeit

Der Verhältnismäßigkeit wurde ein eigener Bereich zugestanden, um das Verhältnis Gefahrvermeidung zu Gefahrabwehr näher zu bestimmen[190]. Dessen bedarf es an dieser Stelle für das Verhältnis Gefahrabwehr zum allgemeinen Lebensrisiko nicht, weil das allgemeine Lebensrisiko der Selbstvorsorge und damit einem haftungsfreien Raum angehört.

Ein eigener Bereich für die Verhältnismäßigkeit bleibt aber bestehen. Informationspflichten können immer dann eingeschränkt werden, wenn nur Eigentums- und Besitzrechte, nicht aber Körper und Gesundheit des Menschen gefährdet sind[191]. Das entspricht auch dem Grundsatz des effektiven Rechtsgüterschutzes. Ein „stiller" Rückruf, der nur gegenüber den Händlern erfolgt, um das Produkt aus dem Verkehr zu ziehen, kann verhältnismäßiger sein als der „öffentliche" Rückruf, der sich an die Allgemeinheit der Verbraucher wendet. Denn der Hersteller kann ein Interesse daran haben, die Allgemeinheit nicht zu informieren, um mögliche Absatzeinbußen zu vermeiden. Voraussetzung ist allerdings, daß der stille Rückruf mindestens *genauso effektiv* ist wie der öffentliche[192]. Dagegen ist eine öffentliche Warnung zur Gefahrabwehr erforderlich, wenn der stille Rückruf nicht

---

[189] Zum Kraftfahrzeug mit Airbag s. unten § 8.IV.2.

[190] § 8.I.3.

[191] *Schwenzer* (JZ 1987, 1059, 1062) nennt als Gegenbeispiel den abfärbenden Ledergürtel, der nur das Eigentum beschädigt; zur Begrenzung der Erhebungspflicht schon oben § 6.III.1.-3. und *Kullmann/Pfister*, Kza. 1520, 46. Damit läßt sich auch die eingeschränkte Informationspflicht in der Sattelauflieger-Entscheidung (BGH v.5.5.1992, NJW 1992, 2016, 2018 – Sattelauflieger) im Ergebnis rechtfertigen, weil nur Eigentumsrechte gefährdet waren.

[192] OLG Frankfurt v.13.12.1990, DB 1991, 1451, 1452 – Keine Rückrufpflicht, wenn Möglichkeit der Warnung. Zur Verhältnismäßigkeit bei der behördlichen Warnung s. unten § 9.III.3.d). Damit läßt sich der obige Satz (§ 8.I.3.): „Eine Gefahrvermeidungsmaßnahme ist

geeignet ist, die Gefahr zu bannen. Das ist beispielsweise dann der Fall, wenn das Produkt bereits verkauft und der einzelne Benutzer nicht bekannt ist oder nicht mehr erreicht werden kann, wie im Lebensmittelsektor.

II. Selbstvorsorge und allgemeines Lebensrisiko

In § 2 wurde das allgemeine Lebensrisiko als ein Risiko definiert, das nicht einem Schädiger, sondern dem Geschädigten zuzurechnen ist. Damit ist die Gefahr oder der zum Ersatz verpflichtende Zustand nicht nur dem Zufall gegenüberzustellen, sondern vor allem dem Risikobereich des Geschädigten. Die Selbstvorsorge bildet damit einen Ausschnitt aus dem Bereich des allgemeinen Lebensrisikos[193]. Zu prüfen ist nun, wo genau die Grenze zwischen der Eigenverantwortung des Verbrauchers, Informationen selbst zu ermitteln, und der Verpflichtung des Herstellers, Informationen zu erteilen, verläuft. Die Selbstvorsorge des Geschädigten greift dann ein, wenn die Gefahr nicht spezifisch ist, sie dem Geschädigten bekannt ist und er sie auch ohne Information des Gefahrverursachers abwehren kann[194].

Nach herrschender Auffassung besteht keine Warnpflicht vor allgemein bekannten Gefahren, wenn die Gefahr leicht erkennbar ist[195] oder sich die Gefährlichkeit für den Verbraucher aufdrängen muß[196]. In solchen Fällen ist eine Gefahrabwehr durch den Gefahrverursacher nicht erforderlich (1.). Zudem wird eine Gefahr oft erst durch ein Zusammenspiel der Informationspflicht des Gefahrverursachers und einer Informationsobliegenheit des Gefährdeten richtig einzuordnen sein (2.).

1. Das allgemeine Erfahrungswissen und Verbraucherverbände

Einen maßgeblichen Teil allgemeinen Erfahrungswissens lernt der Mensch durch die Gesellschaft, das Elternhaus, die Schule und in der Berufsausbildung. Das Kleinkind lernt schon durch die Eltern oder im Kindergarten, „...Messer, Gabel, Schere, Licht, sind für kleine Kinder nicht“[197]. Hier han-

---

dann subsidiär gegenüber der Gefahrabwehr, wenn sie ausnahmsweise genauso effektiv ist, damit sich eine Gefahr und damit ein Schaden nicht verwirklicht“, umkehren.

[193] § 2.V.2.

[194] Das allgemeine Lebensrisiko wurde gerade schon in bestimmten Fallgruppen eingeschränkt. So ist es nicht Aufgabe des Verwenders, sich das Wissen zur Handhabung technischer Haushaltsgeräte anzueignen, s. gerade § 8.I.5. und 6.

[195] BGH v.20.11.976, VersR 1977, 334, 335 – Autoscooter; BGH v.3.6.1975, NJW 1975, 1827 – Spannkupplung; *Kullmann/Pfister*, Kza. 1520, 4.

[196] *Foerste* in Produkthaftungshandbuch I, § 24 Rdnr. 10 unter Hinw. auf BGH v.5.11.1955, BB 1955, 1109 – Insektenvertilgungsmittel. Maßgeblich sei wiederum das Kriterium „Verbrauchererwartung“; das gelte vor allem für die Natur des Produktes, *Kullmann/Pfister*, Kza. 1520, 2f; zustimmend *Lorenz*, ZHR 151 (1987), 1, 23f; *Steffen* in RGRK, § 823 Rdnr. 275, 281; *Kullmann*, VersR 1988, 656.

delt es sich um ein Gefährdungspotential, das seit Jahrzehnten bekannt ist und als Wissensgut von Generation zu Generation weitergegeben wird. Das gilt auch für die Gefährlichkeit von Alkoholika, Tabakwaren, Medikamenten, Pflanzenschutzmitteln, Chemikalien, Drogen etc. Der durchschnittliche Verbraucher verfügt über ein *allgemeines* Gefahrenbewußtsein bezüglich dieser Gefahrenpotentiale[198]. Folglich übernimmt zu einem guten Teil die Gesellschaft die Aufklärung oder Ausbildung über bestimmte Gefahrenquellen. Ohne Zweifel gibt es zudem eine ganze Reihe Ausbildungsmöglichkeiten für bestimmte Produkte, z.B. für Kraftfahrzeuge, aber auch für Freizeitgeräte, wie Skateboards oder Surfbretter. Aufgrund des allgemeinen Erfahrungswissens sind viele Gefahren offensichtlich, erkennbar und sogar bekannt.

Einige wichtige Informationsquellen bilden private Verbraucherverbände, wie die Stiftung Warentest oder der ADAC. Ob der Verbraucher allerdings verpflichtet ist, die Informationen der Verbraucherverbände zu verfolgen, ist fraglich. Noch bedenklicher erscheint es, mit dieser Überlegung eine Haftung des Herstellers zu verneinen. Denn auch hier ist der Hersteller der am besten Informierte. Der Informationstransfer über den Verbraucherverband zum Verwender kann immer nur der schlechtere, weil mittelbare Weg sein[199].

2. *Zusammenspiel von Informationspflicht und Informationsobliegenheit*

Der Verwender besitzt oft ein allgemeines Gefahrenbewußtsein bezüglich bestimmter Produkte[200]. Es erscheint aber zu pauschal, deswegen eine Informationspflicht des Gefahrverursachers vollständig entfallen zu lassen. Der Benutzer kennt nämlich oft die *konkrete spezifische Gefahr* nicht, also z.B. die konkreten Inhaltsstoffe von Lebensmitteln oder Kosmetika. In diesen Fällen besteht folglich die Verpflichtung des Herstellers fort, den Verbraucher über diese Inhaltsstoffe zu unterrichten[201]. Allerdings kann in einem gewissen Umfang auch die Selbstvorsorge des Verbrauchers zum Tragen kommen. Angemessen erscheint ein *Zusammenspiel der Informationspflicht des Herstellers und einer Informationsobliegenheit des Benutzers*. Dies läßt sich an den folgenden drei Beispielen verdeutlichen: (1) Da durch Lebensmittel und Kosmeti-

[197] Vgl. auch „Die gar traurige Geschichte mit dem Feuerzeug" mit Paulinchen im Struwwelpeter.

[198] *Foerste* in Produkthaftungshandbuch I, § 24 Rdnr. 6; *Ladeur*, BB 1993, 1303, 1310. Für das US-amerikanische Recht s. § 402 (A) Restatement of Torts, commentary J; *Debusschere/Kretschmar* in Produkthaftungshandbuch II, § 109 Rdnr. 17

[199] S. sogleich Beispiele im Kraftfahrzeugbereich, § 8.IV.

[200] S. gerade § 8.II.1.

[201] S. gerade § 8.I.5.a), S. 296ff.

ka verursachte Allergien zuzunehmen scheinen[202], müßte jedes Produkt mit umfangreichen Warnhinweisen über potentielle Allergiegefahren versehen werden. Warnhinweise sind grundsätzlich nicht notwendig; erforderlich ist aber eine *Kennzeichnung* der Inhaltsstoffe. Dem Benutzer obliegt es dann zu prüfen, ob er gegen den Zusatzstoff allergisch ist. (2) Nur teuerere Sonnencremes enthalten UV-Filtersubstanzen zum Ausfiltern von UV-A- und UV-B-Strahlen, während viele Sonnenschutzmittel nur die UV-B-Strahlen abhalten[203] und nicht darauf hinweisen, daß sie nicht gegen die UV-A-Strahlen schützen. Die UV-A-Strahlen verursachen ein Altern der Haut; neuere wissenschaftliche Ergebnisse vermuten, daß sie auch bei der Entstehung von Krebs mitwirken. Deshalb ist bei Sonnencremes anzugeben, ob sie auch vor UV-A-Strahlen schützen. Überdies sollte die Verpackung einer Creme eine Tabelle enthalten, die unter Berücksichtigung des Hauttyps (z.B. hell, normal, dunkel) und der lokalen Intensität der Sonneneinstrahlung (z.B. Berge, Meer) angibt, mit welcher Menge an Sonnencreme bzw. mit welchem Schutzfaktor sich der Benutzer wie lange der Sonne aussetzen kann. Über die Inhaltsstoffe, den Sonnenschutzfaktor und dessen Zusammenhang mit dem Hauttyp und der Sonneneinstrahlungsintensität muß der Hersteller informieren. Der Benutzer hat sich dagegen über seinen Hauttyp und die akute lokale Sonneneinstrahlung zu informieren. Hier läßt sich erkennen, daß erst die Kombination von verschiedenen Informationen eine effektive Gefahrabwehr ermöglicht. (3) Ein Drittel aller Krankheitskosten in der Bundesrepublik Deutschland beruhen auf fehlerhafter Ernährung[204]. Die Auffasssung, dies gehöre zum Lebensrisiko, weil der Bürger wisse, was ungesund sei, oder es Aufgabe des Gesundheitsministers sei, die Bevölkerung über gesunde oder weniger gesunde Lebensmittel aufzuklären, erscheint zu wenig differenziert. Vielmehr ist es Sache des Herstellers, die speziellen Inhalts- und Zusatzstoffe des Produkts anzugeben und damit das allgemeine Gefahrenbewußtsein des Verbrauchers zu schärfen[205]. Das erfolgt durch Nährwerttabellen, welche den Gehalt von Zucker, Fett, Kohlenhydraten etc. auflisten[206].

---

[202] S. dazu bereits die Angaben in der Einl. Fn. 22.

[203] Inzwischen warnen Hautärzte, daß infolge der Abnahme der Ozonschicht eine erhöhte Dosis UV-B-Strahlung auf die Erde trifft und damit eine deutliche Zunahme von Hautkrebs verbunden ist. *Bundesminister für Forschung und Technologie* (Hrsg.), Unsere Erde im Wandel, 1992, S. 29; *Krahn*, Sonne kann den Tod bringen, SZ v.19.7.1994, 34; SZ v.2.3.1994, 14.

[204] Die Deutschen essen zu viel (Ungesundes). Nach einer Studie des BMG aus dem Jahre 1994 werden die direkten und indirekten Kosten aller ernährungsabhängigen Krankheiten bei knapp 1 Mrd. DM für das Jahr 1990 angegeben. Dies entspricht ca. 30% der Kosten aller Krankheitsursachen.

[205] Er weiß nämlich häufig nicht, was er ißt.

[206] Solche Nährwerttabellen werden bisher nur freiwillig vom Hersteller angegeben. Verwendet aber ein Hersteller bestimmte nährwertbezogene Angaben, unterliegt er den Anforderungen der Verordnung zur Neuordnung der Nährwertkennzeichnungsvorschriften für Lebensmittel v.25.12.1994, BGBl I 3526. Ein weiteres Beispiel bildet der Alkoholgenuß

Diese Kennzeichnungspflichten können sich zugunsten oder zu Lasten des Herstellers verschieben. Das läßt sich am Beispiel der Allergien verdeutlichen. Sind die Inhaltsstoffe bekannt, z.B. daß Milch Milchproteine[207] enthält, auf die inzwischen manche Kleinkinder allergisch reagieren, kann eine Kennzeichnung unterbleiben, weil es Sache der Eltern ist, den Zusammenhang von Allergie und Inhaltsstoff herzustellen. Reicht die Kennzeichnung nicht aus, um die Gefahr zu erkennen, bedarf es einer Warnung vor der *spezifischen Gefahr*[208].

In diesen Fällen, wie auch bei der Kindertee-Entscheidung[209], kann gleichzeitig eine (kumulative) Pflichtenstellung von Hersteller und Verbraucher bestehen, die angemessen gem. § 254 I BGB berücksichtigt werden kann[210].

3. *Verbleibender rechtlich nicht geschützter Bereich*

Zum allgemeinen Lebensrisiko gehören damit Gefahren und Risiken, die von einem vernünftigen Hersteller nicht vorausgesehen werden können, wie der Erkenntnisfehler[211] oder der nicht erkennbare Fehlgebrauch. Das Haftungsrecht greift auch nicht ein, wenn die persönlichen Rechtsgüter des Klägers nicht betroffen sind. Das ist der Fall, wenn nicht der Benutzer durch das Produkt verletzt wird[212] oder nur die Umwelt, nicht aber die persönli-

von Schwangeren: Er ist für das Ungeborene außerordentlich gefährlich, weil es den Alkohol nicht abbauen kann. In den USA und Kanada steht folgender Warnhinweis auf Spirituosen: „Der Inhalt dieser Flasche gefährdet die Gesundheit ihres Kindes!", s. *Kruse* in DIE ZEIT v.19.8.1994, 58.

207 Wegen seiner hervorragenden technologischen Eigenschaften wird Milchprotein auch verbreitet in Fleischprodukten und Wurstwaren eingesetzt; in bestimmten Fällen ist dann eine Kennzeichnung erforderlich s. Leitsätze für Fleisch und Fleischerzeugnisse in der Fassung vom 6.2.1992, I 1.75; § 4 II FleischVO i.V.m. Anlage 2 und § 5 I FleischO i.V.m. Anlage 3.

208 S. oben § 3.IV.1., S. 98ff.

209 Man wird *Littbarski* (NJW 1995, 271, 219f) ohne weiteres recht geben, daß die Eltern die Gefahr kennen, daß Zucker Karies verursacht, so daß sie für das Zähneputzen sorgen müssen. Allerdings ist auch das Argument des BGH nicht von der Hand zu weisen, die spezifische Gefahr des Baby-bottle-Syndroms (besonders intensives Unterspülen der Schneidezähne durch die Form des Schnullers) sei für die Eltern nicht erkennbar gewesen; ebenso *Kullmann*, NJW 1996, 18, 19.

210 Zur kumulativen Pflichtenstellung, s. oben § 5.IV1.b), S. 183 f. und *Möllers*, VersR 1996, 153ff.

211 S. oben § 8.I.2.a)bb).

212 Durch den Einsatz von Pestiziden erkranken in Kolumbien jährlich viele Blumenpflükker, *Froese*, Blumen, die töten in DIE ZEIT v. 12.3.1993, 79. Auch bei der Herstellung von Baumwolle werden Pestizide eingesetzt. Die Folge unsachgemäßer Anwendung sind jährlich weltweit 30.000 Tote und zwei Millionen chronisch Kranke, SZ v.6.5.1993, 2; DIE WOCHE v.7.4.1993, 33.

chen Rechtsgüter betroffen sind. Insoweit kommt der Werbung[213] sowie der oben dargestellten Umwelt-AuditVO und einzelnen Umweltzeichen[214], die auf die Umweltfreundlichkeit hinweisen, eine bedeutende Ergänzungsfunktion zu.

III. Beweislast

Oben wurden die allgemeinen Grundsätze der Beweislastverteilung im Arzt- und Produkthaftungsrecht erörtert[215]. Zudem wurde auf den Vorhof hingewiesen, also auf die Fallgruppen, in denen eine Beweislastumkehr bezogen auf die Kausalität zugunsten des Geschädigten eintritt[216].

1. Beweislast für den Fehler und die Sorgfaltspflichtverletzung

a) Meinungsstand: Differenzierung zwischen Konstruktion und Produktbeobachtung

Nach der h. M. muß der Geschädigte den *Produktfehler* nachweisen, sei es einen Konstruktions- oder Fabrikationsfehler bei der Gefahrvermeidung, sei es einen Instruktionsfehler bei der Gefahrabwehr[217]. Auch § 1 IV 1 PHG (Art. 4 Produkthaftungs-RiL) schreibt vor, daß der Geschädigte den Fehler zu beweisen hat. Falls ein Fabrikationsfehler vorlag, muß der Geschädigte nachweisen, daß eine bestimmte Fertigung möglich und zumutbar war[218]. Dagegen soll nach der Hühnerpest-Entscheidung der Schädiger beweisen müssen, daß ihn keine *Sorgfaltspflichtverletzung* trifft, welche zu dem Fehler geführt hat[219]. Zu diesem Bereich zählt auch die Frage, wen die Beweislast trifft, daß der Stand der Wissenschaft und Technik eingehalten wurde, und

---

[213] Zur Rolle der Werbung s. oben § 5.II.2, S. 156 ff. Z.B. darf ein Matratzenhersteller damit werben, daß Federkernmatratzen das natürliche Magnetfeld stören.

[214] S. oben § 5.II.2. und § 6.II.4.c). Dringend gefordert wird z.B. ein Textilgesetz, das mit zulässigen Höchstmengen und einer umfangreichen Kennzeichnungspflicht den gleichen Schutz bietet wie das LMBG. Zudem sollen zwei Öko-Siegel (M.U.T. und M.S.T.) eingeführt werden, um den umwelt- und gesundheitsbewußten Einkauf zu erleichtern, SZ v. 23.4.1993, 5; SZ v.6.5.1993, 2; DIE WOCHE v.7.4.1993, 33; die SPD-Bundestagsfraktion hat sich dieser Forderung angeschlossen, FAZ v.6.5.1993, 4.

[215] S. oben § 4.I.2.

[216] Cf. § 5.III.

[217] *Foerste* in Produkthaftungshandbuch I, § 30 Rdnr. 21 m.w.Nachw.; *Baumgärtel*, Handbuch der Beweislast I, § 823 Anh. C III, Rdnr. 13.

[218] BGH v.7.6.1988, Z 104, 323, 330 – Mehrwegflasche IIa; zustimmend *Baumgärtel*, Handbuch der Beweislast I, § 823 Anh. C III, Rdnr. 19; *Schubert*, PHI 1989, 74, 87.

[219] BGH v.26.11.1968, Z 51, 91 – Hühnerpest; *Larenz*, Schuldrecht I, § 24.I.b); *Foerste*, Produkthaftungshandbuch I, § 30 Rdnr. 44; *Baumgärtel*, Handbuch der Beweislast I, § 823 Anh. C III, Rdnr. 25. S. oben § 4.I.3.

ob gegebenenfalls ein Erkenntnisfehler vorliegt, für den der Hersteller nicht haften muß. Hier ist zwischen den Fabrikations- und Konstruktionsfehlern und den Instruktionsfehlern zu unterscheiden.

Bei *Konstruktions- und Fabrikationsfehlern* sind der BGH und die h.M. der Auffassung, die Beweislast treffe den Schädiger, weil er „näher dran" sei[220]. Sobald der Geschädigte bewiesen hat, daß eine Konstruktion ohne den Fehler zum damaligen Zeitpunkt des Inverkehrbringens möglich war, muß sich der Hersteller entlasten. Dazu muß er den Nachweis führen, alle erforderlichen und ihm zumutbaren Maßnahmen getroffen zu haben; er hat in diesen Fällen den gesamten objektiven Geschehensablauf in seinen Einzelheiten aufzuklären[221]. Ein solcher Nachweis ist bisher nur in wenigen Fällen gelungen[222]. Auch muß der Hersteller beweisen, daß bestimmte Maßnahmen unzumutbar seien. Er hat dem Gericht einen nachvollziehbaren Einblick in die betriebswirtschaftliche und technische Situation seines Unternehmens und den dort geleisteten Sicherheitsaufwand zu geben[223]. Den Hersteller trifft die Beweislast, daß der Fehler für ihn nicht erkennbar war.

Beim *Instruktionsfehler* muß der Kläger beweisen, daß die Information zur Gefahrabwehr erforderlich und die Gefahr dem Hersteller, nicht aber dem Verwender bekannt war. Dazu gehört z.B. der Beweis, daß die Gefahr nicht offensichtlich war[224]. Für die Frage, ob der Hersteller bei der Instruktion eine Sorgfaltspflicht verletzt hat, d.h. die Erforderlichkeit einer Instruktion für ihn erkennbar war, hat der BGH in der Kindertee-Entscheidung jüngst zwei Fälle unterschieden: Eine Beweislastumkehr zu Lasten des Herstellers findet nicht statt, wenn feststeht, daß dem Hersteller im Zeitpunkt des Inverkehrbringens seines Produkts keine unzureichende Instruktion anzulasten ist, er damals also ausreichend informiert hatte und es (lediglich) versäumt hat, neuere Erkenntnisse an den Verbraucher weiterzugeben, nachdem das Produkt schon auf dem Markt war. Er verstieß gegen seine *Produktbeobachtungspflicht*. Ist dagegen aber offen, ob der Hersteller bei Inverkehrgabe des Produkts nach dem damaligen Erkenntnisstand Anlaß zu Warnungen oder Verwendungshinweisen hatte, muß der Schädiger beweisen, daß die Gefahr für ihn nicht erkennbar war[225].

---

220 BGH v.26.11.1968, Z 51, 91 – Hühnerpest; *Kullmann/Pfister*, Produzentenhaftung, Kza. 1526, 16; *Steffen* in RGRK, § 823 Rdnr. 534; *Baumgärtel*, Handbuch der Beweislast I, §823 Anh. C III, Rdnr. 26.

221 *Musielak*, Die Grundlagen der Beweislast im Zivilprozeß, S. 182f; *Kullmann/Pfister*, Kza. 1526, 16.

222 *Foerste* in Produkthaftungshandbuch I, § 30 Rdnr. 44ff.

223 *Foerste* in Produkthaftungshandbuch I, § 30 Rdnr. 48.

224 *Henderson/Twerski*, N.Y.U.L.Rev. 65 (1990), 265, 285.

225 BGH v.12.11.1991, Z 116, 60, 72 – Kindertee (Milupa) I; s. bereits BGH v.17.3.1981, Z 80, 186, 195 – Apfelschorf I (Derosal).

b) US-amerikanische Erfahrungen: Schädiger trägt Beweislast für die Fehlerfreiheit

US-amerikanische Erfahrungen zeigen, daß auch bei der Gefährdungshaftung Verschuldenselemente einfließen und sich damit Sorgfaltspflichtverletzung und Fehler nicht immer deutlich trennen lassen[226]. Wenn der Geschädigte den Fehler, der Schädiger aber die Nichtverletzung der erforderlichen Sorgfaltspflicht beweisen soll, so sei dies nicht durchführbar[227]. Das gilt vor allem für den Konstruktions- und den Instruktionsfehler, bei dem auf den üblichen Sorgfaltsmaßstab abgestellt werden muß[228]. Daraus wird teilweise die Folgerung gezogen, der Geschädigte müsse nur beweisen, daß ein Produkt einen Schaden verursacht habe. Der Schädiger müsse dann beweisen, daß der Nutzen des Produkts höher war als dessen Gefährlichkeit, insbesondere daß er kein sichereres Produkt hätte produzieren können[229]. Der *Hersteller* müsse beweisen, daß sein Produkt nicht fehlerhaft ist. Diese Ansicht wird damit begründet, daß der Hersteller über die verschiedenen Konstruktionsmöglichkeiten besser Bescheid wisse als der Geschädigte, weil er kaum ein besserer Konstrukteur als der Hersteller sein könne [230].

Gegen eine solche Ansicht spricht jedoch, daß dann eine Vielzahl von Unfällen als Produkthaftungsfälle deklariert würden[231]. Der Geschädigte müßte nur seinen Schaden vortragen, damit den Hersteller dic Beweislast träfe, daß sein Produkt doch sicher genug und damit fehlerfrei sei. Auch ist der Gesetzeswortlaut des § 1 IV PHG (Art. 4 Produkthaftungs-RiL) eindeutig. Er läßt eine solche Beweislastumkehr nicht zu. Eine Beweislastumkehr ist vor allem nicht notwendig, wenn bestimmte Techniken schon auf dem Markt sind und nur vom Gefahrverursacher noch nicht benutzt werden[232]. Dieses Wissen ist frei verfügbar. Der Geschädigte hat die Möglichkeit, die Erforderlichkeit einer Maßnahme mittels eines Sachverständigen zu beweisen. Der Nachweis, fehlerhaft konstruiert zu haben, kann geführt werden,

---

226 S. dazu § 4.II.2.b).

227 So ausdrücklich *Pfeifer*, Produktfehler oder Fehlverhalten des Produzenten, S. 200; s. auch *Foerste*, Produkthaftungshandbuch I, § 30 Rdnr. 18.

228 *Pfeifer*, Produktfehler oder Fehlverhalten des Produzenten, S. 195 ff; *Schlechtriem* in FS Rittner, 1991, S. 545, 548.

229 Barker v. Lull Engineering Co., 20 Cal.3d. 413, 573 P.2d 443, 143 Cal.Rptr. 225 (1978); Caterpillar Tractor Co. v. Beck, Alaska, 593 P.2d 871 (1979). Die h. M. lehnt aber eine Beweislastumkehr ab, da die Möglichkeit des *pre-trial-discovery*-Verfahrens ausreiche; s. *Pfeifer*, Produktfehler oder Fehlverhalten des Produzenten, S. 204 ff m.w.Nachw.

230 Zur Kritik in den USA für das Verhältnis des Gerichts gegenüber dem Hersteller s. *Lorenz*, ZHR 151 (1987), S. 1, 29.

231 Dieses Argument verwendet *Taschner* (NJW 1986, 611, 614) für den Fall, daß die Beweislast für die haftungsbegründende Kausalität umgedreht würde.

232 S. z.B. BGH v.17.10.1989, NJW 1990, 906, 907 – Pferdebox.

wenn der Hersteller eine sichere Konstruktion unschwer und verhältnismäßig billig hätte wählen können[233].

2. Eigene Auffassung

a) Geschädigter trägt Beweislast für die Erforderlichkeit der Maßnahme

Die US-amerikanische Auffassung geht darin zu weit, daß der Hersteller die Fehlerfreiheit seines Produkts beweisen muß. Dagegen führt die bundesdeutsche Rechtsprechung zu Schwierigkeiten, wenn sich Fehler und Sorgfaltspflichtverletzung nicht deutlich trennen lassen. Denn es ist nicht einsichtig, warum der Schädiger das Nichtbestehen einer Sorgfaltspflichtverletzung beim erstmaligen Inverkehrbringen des Produkts zu beweisen hat, jedoch nicht, wenn es schon in den Verkehr gebracht wurde[234]. Auch bleibt unklar, in welchem Umfang die Einhaltung des Stands der Wissenschaft und Technik vom Schädiger zu beweisen ist[235].

Angemessene Ergebnisse lassen sich dadurch erreichen, daß die Beweislast in den sechs Prüfungsschritten eindeutig verteilt wird. Danach muß der Geschädigte die *Erforderlichkeit* der Gefahrvermeidung (1. Prüfungsschritt), also z.B. den Konstruktionsfehler oder den Fabrikationsfehler, beweisen. Das gleiche gilt für die Erforderlichkeit der Gefahrabwehrmaßnahme, also einer Information an den Verbraucher, sei es, weil eine erhebliche Gefahr eine selbstbestimmende Entscheidung erforderlich macht (4. Prüfungsschritt) oder weil die Gefahrabwehr die Information erfordert (5. Prüfungsschritt). Der Geschädigte muß also vortragen, daß das Risiko besonders hoch war und den Nutzen übertraf oder daß eine spezifische Gefahr vorlag, die für ihn nicht zu erkennen war. Dagegen hat der Hersteller immer sein *vernünftiges Herstellerverhalten* zu beweisen, also Tatsachen, die belegen, daß eine bestimmte Maßnahme für ihn nicht *möglich* (insbesondere nicht erkennbar) oder nicht zumutbar war (2. und 6. Prüfungsschritt). Schließlich muß der Hersteller auch darlegen, daß gegebenenfalls die Information zur Gefahrabwehr ausreichend, also *verhältnismäßig* gewesen ist (3. Prüfungsschritt bzw. 6.c).

---

[233] S. dazu die texanische Entscheidung gegen Ford Motor Company: Der Kläger machte geltend, daß der nach einem Heckaufprall in Flammen aufgegangene Tank für 4 – 20 Dollar pro Fahrzeug deutlich sicherer hätte konstruiert werden können, wiedergegeben bei *Hülsen/Brüning-Brinkmann*, RIW 1985, 187. S. auch Robinson v. Audi NSU Autounion Aktiengesellschaft 739 F.2d 1481 (10th Cir. 1984).

[234] So auch *Pfeifer*, Produktfehler oder Fehlverhalten des Produzenten, S. 204; *Foerste*, Produkthaftungshandbuch I, § 30 Rdnr. 80.

[235] S. einerseits BGH v.26.11.1968, Z 51, 91 – Hühnerpest, wonach der Schädiger hierfür beweispflichtig ist; zustimmend: *Kullmann/Pfister*, Kza. 1528, 16; *Steffen* in RGRK, § 823 Rdnr. 534; andererseits BGH v.7.6.1988, Z 104, 323, 330 – Mehrwegflasche IIa, wonach der Geschädigte die Möglichkeit und Zumutbarkeit einer bestimmten Fertigung zu beweisen hat. Auch *Foerste* (Produkthaftungshandbuch I, § 30 Rdnr. 53) weist auf diesen Widerspruch hin.

Diese Beweislast entspricht insoweit der Auffassung des BGH, als der Geschädigte die Fehlerhaftigkeit des Produkts dartun und der Hersteller dann sein vernünftiges Herstellerverhalten beweisen muß, also vor allem die Tatsache, daß der Fehler für ihn bei Berücksichtigung des Stands der Wissenschaft und Technik nicht erkennbar war[236]. Die hier vorgetragene Auffassung unterscheidet sich von der des BGH aber in zweierlei Hinsicht: Wenn auf das Kriterium „Erforderlichkeit" abgestellt wird, so umfaßt dieser Begriff sowohl den Fehler als auch die Sorgfaltspflichtverletzung. Eine Differenzierung zwischen der Beweislast für den Fehler einerseits und für die Sorgfaltspflichtverletzung andererseits entfällt damit, weil dies beim Konstruktions- und Instruktionsfehler in der Regel nicht möglich ist[237]. Für die Erforderlichkeit muß der Geschädigte dartun, daß das Produkt unzureichend konstruiert oder mit unzureichenden Informationen versehen war und dies Auslöser für den Schaden war. Zudem muß der Geschädigte aufzeigen, welche Maßnahme erforderlich gewesen wäre, um den Schaden zu vermeiden. Der Geschädigte muß also auch Alternativen zum jetzigen fehlerhaften Produkt nachweisen. Zudem entfällt die unterschiedliche Beweislastverteilung zwischen Instruktionspflicht vor und nach dem Inverkehrbringen des Produkts.

b) Reduzierung der Substantiierungslast

Jedoch können die Anforderungen an die Substantiierungslast für das Kriterium „Erforderlichkeit" immer dann reduziert werden, *wenn ein besonderer betriebsinterner Kenntnisstand des Unternehmens erforderlich ist, um die Fehlerhaftigkeit des Produkts nachzuweisen.* Dies entspricht einer vordringenden Auffassung in der Literatur, welche die Beweislastumkehr nicht mehr an den unterschiedlichen Fehlerarten ausrichtet, sondern an der Frage, inwieweit der Geschädigte zumutbar die Fehlerhaftigkeit eines Produkts beweisen kann. So wurde vorgetragen, daß die Beweislast für die Sorgfaltspflichtverletzung bei Konstruktionsfehlern dann den Hersteller treffen soll, wenn es um betriebsinterne Erkenntnisse geht[238]. Auch soll den Hersteller dann die Beweislast bei Instruktionsfehlern treffen, wenn die Information auf Forschungsergebnissen beruht, die im eigenen Unternehmen gewonnen wurden, da auf sie nur das Unternehmen einen leichten Zugriff hat[239].

---

[236] Hier wird teilweise von „innerer Sorgfalt" gesprochen, s. *Kullmann/Pfister*, Kza. 1526, 17.

[237] S. dazu bereits oben § 4.II.2.b).

[238] *Foerste* in Produkthaftungshandbuch I, § 30 Rdnr. 52.

[239] *G. Hager*, VersR 1987, 1053, 1055; *Foerste*, Produkthaftungshandbuch I, § 30 Rdnr. 80; *Kötz*, Deliktsrecht, Rdnr. 458; *Tiedtke*, Die Haftung des Produzenten für die Verletzung von Warnpflichten in FS Gernhuber, 1993, S. 471, 484 gegen BGH v.12.11.1991, Z 116, 60, 72 – Kindertee (Milupa) I.

Betrachtet man die unter § 6.III. genannten Erhebungspflichten, so läßt sich feststellen, daß die Anforderungen an diese Pflichten bei besonders gefährlichen Produkten steigen. Gerade bei Arzneimitteln, Kraftfahrzeugen etc. verfügen die Hersteller aufgrund der langen Entwicklungszeiten und der intensiven Erprobung des Produkts über ein Know-how, das dem Geschädigten – auch mittels Sachverständigem – nicht verfügbar ist. Hier sind die *Anforderungen an die Substantiierungslast* für die „Erforderlichkeit" (und damit für den Fehler) zugunsten des Geschädigten zu *senken*. Auch der BGH hat die Substantiierungslast in der Alival-Entscheidung reduziert. Die Klägerin hatte vorgetragen, daß sie das Medikament zur Linderung ihrer Wechseljahrbeschwerden bestimmungsgemäß eingenommen hatte und Nebenwirkungen des Medikaments zu schweren Schädigungen, wie der Schrumpfung des Gehirns, geführt haben. Dieser Vortrag war für den BGH ausreichend, um darzutun, daß ein deutliches Mißverhältnis von Nutzen zu Schaden vorlag. Die Anforderungen an die Darlegungslast für die Risiko-Nutzen-Bewertung wurden zugunsten der Klägerin bewußt nicht hoch gesetzt, um ein „Leerlaufen der Vorschriften über die Haftung für Arzneimittelschäden" zu verhindern[240]. Es ist jedoch nicht ausreichend, nur aufgrund von Billigkeitsüberlegungen die Beweislast zugunsten des Geschädigten zu reduzieren. Rechtsgrund für eine solche Reduzierung der Substantiierungspflichten ist vielmehr zum einen, daß bei Arzneimitteln typischerweise besonders hochrangige Rechtsgüter bedroht sind und verletzt werden können, zum anderen, daß der Geschädigte oft mangels Kenntnis analoger Schadensfälle und vergleichbarer Produkte Schwierigkeiten hat, die Schädlichkeit des Produkts zu beweisen. Es liegen häufig unternehmensinterne Forschungsergebnisse vor, auf die der Geschädigte keinen Zugriff hat. Wenn nur durch den Zugriff auf diese Informationen der Nachweis des Fehlers möglich ist, trifft den Schädiger die Beweislast für diese Kenntnisse.

3. *Beweislast für die Kausalität – Anscheinsbeweis und Vorhof*

Grundsätzlich muß der Geschädigte beweisen, daß eine Kausalität zwischen Pflichtverletzung und Rechtsgutsverletzung besteht. Grundsätzlich muß er auch beweisen, daß der Fehler schon im Zeitpunkt des Inverkehrbringens vorhanden war[241]. Bisweilen kann hierfür der Anscheinsbeweis aus-

---

[240] BGH v.19.3.1991, NJW 1991, 2351, 2352 – Alival zu § 84 S. 2 Nr. 1 AMG, zustimmend *Kullmann*, NJW 1992, 2669, 2676. S. zu diesem Fall anschaulich *Stelz*, Todbringender Muntermacher in DIE ZEIT v. 6.3.1992, 31. Für einen Anscheinsbeweis ist hier kein Raum, s. dazu *Kullmann/Pfister*, Kza. 1526, 5f. Das Behaupten vermuteter Tatsachen reicht auch für den Sachvortrag gem. § 253 II Nr. 2 ZPO aus, BGH v.10.1.1995, NJW 1995, 1160, 1161 – Holzschutzmittel (Xyladecor). Für eine Beweiserleichterung aufgrund der 6. Novellierung des AMG als Teil des Vorhofs s. oben § 5.III.3.b)bb), S. 171 f.

[241] BGH v.22.11.1960, VersR 1961, 153 – Flaschenbier.

reichen, z.B. bei neuen Geräten, wenn keinerlei Anhaltspunkte für eine zwischenzeitliche Veränderung bestehen[242]. In der Mehrwegflaschen-Entscheidung hat der BGH für die Frage, ob das Produkt den Herstellerbereich fehlerfrei verlassen hat, die Beweislast zugunsten des Geschädigten umgekehrt, weil der Schädiger seine Befunderhebungspflicht verletzt hatte[243]. Der Schädiger muß sich dann entlasten[244]. Diese Entscheidung steht in Einklang mit § 1 IV 2, II Nr. 2 PHG (Art. 7 lit. b Produkthaftungs-RiL), der ausdrücklich vorsieht, daß der Schädiger beweisen muß, sein Produkt habe den Betrieb fehlerfrei verlassen. Ausnahmsweise besteht für andere Fälle des Vorhofs, der unter § 5.III. ausführlich beschrieben wurde, eine Beweislastumkehr.

[242] OLG Köln v.10.3.1976, abgedruckt bei *Schmidt-Salzer*, Entscheidungssammlung, Produkthaftung, Bd. II, Nr. II.44 – Fonduegerät; zustimmend *Kullmann/Pfister*, Kza. 1526, 6.

[243] S. oben § 5.III.3.a) S. 168 f; deutlich auch *Baumgärtel*, Handbuch der Beweislast I, § 823 Anh. C IV, Rdnr. 21.

[244] „Vorliegend war das Berufungsgericht aber nicht gehindert, das Vorbringen des Klägers, die von der Beklagten geschilderten Überprüfungsmaßnahmen gewährleisteten keinen hinreichenden, zuverlässigen Ausschluß ungeeigneter Flaschen von Wiederbefüllung, als rechtserhebliche und durch Sachverständigengutachten zulässig unter Beweis gestellte Tatsachenbehauptung zu erachten. Von einem auf unzulässige Ausforschung gerichteten Beweisantrag kann nicht die Rede sein, weil die Beklagte hier aus den dargelegten Gründen gerade gehalten war, betriebsinterne Vorgänge, über die nur sie Kenntnis hatte, zu offenbaren". BGH v.8.12.1992, NJW 1993, 528, 530 – Mehrwegflasche III; ablehnend aber *Foerste* in Produkthaftungshandbuch I, § 30 Rdnr. 86.

Graphik 6:
Sechs Prüfungsschritte für Gefahrvermeidung und Gefahrabwehr[245]

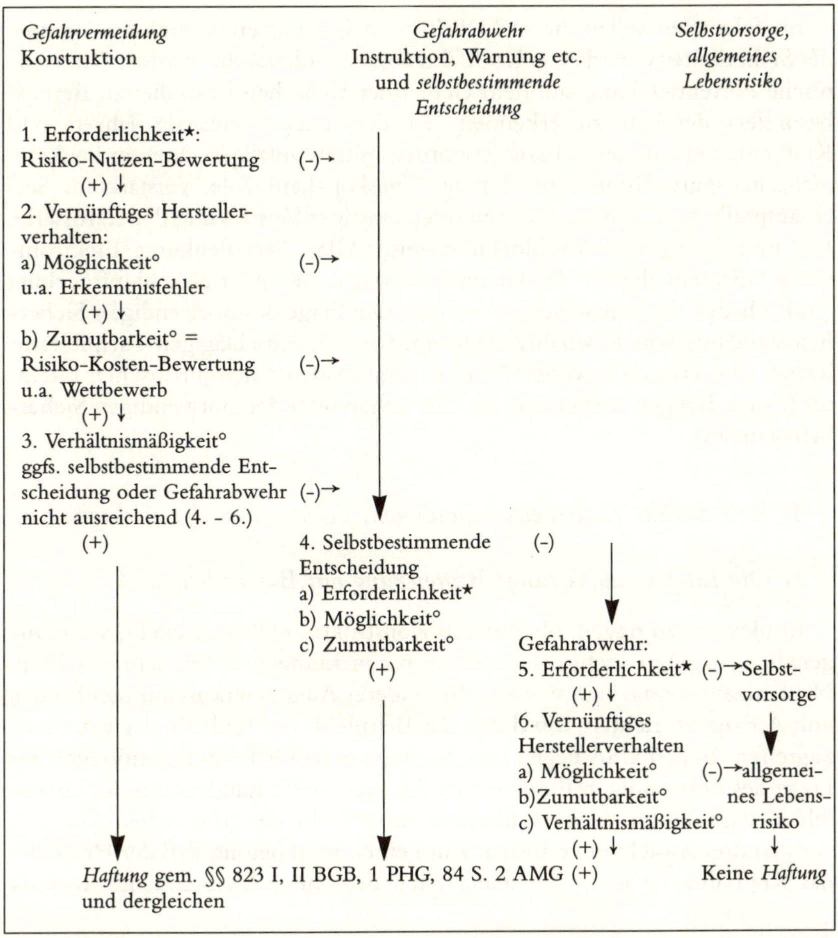

* Beweislast des Geschädigten ° Beweislast des Schädigers, s. ausführlich § 8.III., S. 310 ff

---

245 Die *Gefahrvermeidung* wird in einem ersten Schritt durch das Kriterium „Erforderlichkeit" umfassend definiert. Ein Produkt muß grundsätzlich sicher sein. Die Erforderlichkeit bestimmt sich nach einer Risiko-Nutzen-Bewertung (1.). Die Anforderungen an die Gefahrvermeidung können dann gegebenenfalls durch das vernünftige Herstellerverhalten eingeschränkt werden, wenn dem Hersteller eine bestimmte Gefahr nicht bekannt oder eine Vermeidung ihm unzumutbar ist (2.). Die Verhältnismäßigkeit schränkt die Gefahrvermeidung ein, wenn auch eine Gefahrabwehr ausreichend ist (3.). Der selbstbestimmenden Entscheidung kommt ein eigener Bereich zu (4.). Die Frage, ob dem Verbraucher die notwendigen Informationen für eine effektive *Gefahrabwehr* zu geben sind, ist wiederum durch das Kriterium „Erforderlichkeit" zu bestimmen: Eine Information ist erforderlich, wenn die Gefahr

IV. Anwendung der Prüfungsfolge am Beispiel des Sicherheitsstandards von Kraftfahrzeugen

Im folgenden sollen die sechs Prüfungsschritte exemplarisch am Beispiel des Sicherheitsstandards von Kraftfahrzeugen verdeutlicht werden. Die technische Fortentwicklung auf dem Gebiet der Sicherheit ist in diesem Bereich besonders deutlich zu erkennen. In den letzten zwanzig Jahren sind Kraftfahrzeuge immer sicherer geworden mittels unfallgerechterem Lenkrad, Sicherheitsgurt, Kopfstütze, Airbag, Teleskop-Lenksäule, verstärktem Seitenaufprallschutz, Knautschzonen oder sonstiger Verstärkung der Karosserie. Die Einführung von Antiblockiersystem (ABS), Servolenkung, Elektronischer Differentialsperre (EDS) und automatischer Antriebsschlupfregelung (ASR) haben die Fahrsicherheit erhöht. Die Frage des notwendigen Sicherheitsstandards von Kraftfahrzeugen wird in der einschlägigen Fachliteratur lebhaft und kritisch diskutiert[246]; in der bundesdeutschen juristischen Literatur fehlen dagegen vertiefende Ausführungen über den notwendigen Sicherheitsstandard.

1. Erforderliche Sicherheitsmaßnahmen, insbesondere der Airbageinbau

a) Die Literaturauffassung: Begrenzung auf Basissicherheit

Konkret ist zu fragen, ob es einen Konstruktionsfehler darstellt, wenn die gerade genannten technischen Weiterentwicklungen serienmäßig nicht in Neufahrzeuge eingebaut werden. Besonderes Augenmerk ist auf den Einbau von Airbags zu richten, um damit das Beispiel 6 der Einleitung wieder aufzugreifen. In den USA liegen bereits einige gerichtliche Entscheidungen zur Frage des notwendigen Einbaus von Airbags vor[247]; bundesdeutsche Urteile fehlen dagegen zu dieser Fallkonstellation[248]. In der juristischen Literatur werden drei Ansichten vertreten: Zum einen wird betont, daß der Hersteller das Kraftfahrzeug nicht mit allen, nach dem neuesten Stand der Technik

---

nicht bekannt und nicht offensichtlich ist. Dieser Bereich ist von der Selbstvorsorge abzugrenzen (5.). Schließlich ist wiederum dem vernünftigen Herstellerverhalten mit den Kriterien „Möglichkeit“, „Zumutbarkeit“ und „Verhältnismäßigkeit“ Rechnung zu tragen (6.). Die Gliederungspunkte 1. – 6. entsprechen dem obigen Text.

Die erforderlichen Gefahrvermeidungs- oder Gefahrabwehrmaßnahmen beruhen auf einer ex-post-Betrachtung. In einem Prozeß ist also zu fragen, was der Gefahrverursacher hätte tun müssen, damit der Schaden nicht eingetreten wäre. Eine Haftung besteht, wenn er das einzelne Kriterium hätte berücksichtigen (+), jedoch nicht, wenn er es nicht hätte erfüllen müssen (-).

[246] S. z.B. ADAC-motorwelt 7/94, 6 zum Airbag; zu Crashtests s. auch unten § 8.IV.2.

[247] Dargestellt bei *Hülsen/Brüning-Brinkmann*, Produkthaftung USA 1983/84, RIW 1985, 187, 188f.

[248] So *Kullmann/Pfister*, Kza. 1530, 20.

möglichen konstruktiven Maßnahmen zur Erhöhung der Sicherheit ausstatten muß[249]. So müsse ein Kraftfahrzeug nicht mit einem Airbag ausgestattet werden, weil die Verbrauchererwartungen derart unterschiedlich seien, daß nicht von einem einheitlichen Standard ausgegangen werden könne[250]. Nach anderer Auffassung könne zumindest der Käufer eines kleineren Fahrzeugs keinen Airbag erwarten[251], denn ansonsten würde jedes Auto ohne Rücksicht auf Angebot und Nachfrage „panzerähnlich" ausgestattet[252]. Ein Maximum an Sicherheit hätte zur Folge, daß Kraftfahrzeuge so teuer würden, daß die Mehrheit der Bevölkerung diese nicht mehr kaufen könne und deshalb auf noch unsicherere Fahrzeuge, wie z.B. Motorräder, umsteige[253]. Am weitesten geht eine dritte Ansicht, die den Hersteller verpflichtet, Neuerungen gegen Aufpreis anzubieten[254].

b) Die Prüfungsfolge

aa) Erforderlichkeit

Der h. M., welche die Notwendigkeit des Einbaus des Airbags ablehnt, sind die gerade aufgezeigten sechs Prüfungsschritte gegenüberzustellen. Bei Gefahren für Leib und Leben ist in einem ersten Schritt grundsätzlich die *Erforderlichkeit* des Einbaus eines Airbags, Seitenaufprallschutzes oder ABS in Kraftfahrzeugen zu prüfen. In Deutschland werden bei 2 Millionen Verkehrsunfällen jährlich etwa 457.000 Menschen verletzt und etwa 8.000 getötet[255]. Allein in Bayern erleiden jährlich 3.500 Personen bei Straßenverkehrsunfällen schwere Schädel-Hirn-Verletzungen[256]. Der Airbag jedoch verhindert mittlere bis schwere Kopfverletzungen, da ein Aufschlagen des Kopfes auf das Lenkrad vermieden wird[257]. Das Ergebnis der Auswertung zeigt, daß das Risiko von mittelschweren bis schwersten Kopf-/Halsverlet-

---

[249] *Kullmann/Pfister*, Kza. 1520, 19.

[250] *Foerste* in Produkthaftungshandbuch I, § 24 Rdnr. 92f.; *Schmidt-Salzer/Hollmann*, Art. 6 Rdnr. 83. Hier verdeutlicht sich die Schwäche des Kriteriums „Verbrauchererwartung". Zur Kritik s. oben § 7.II.2.c).

[251] *Hollmann*, DB 1985, 2389, 2392; *Schlechtriem*, VersR 1986, 1033, 1036; *Kort*, VersR 1989, 1113, 1115; *Kötz*, Deliktsrecht, Rdnr. 449.

[252] *Hollmann*, DB 1985, 2389, 2392.

[253] *Marburger*, Die Regeln der Technik im Recht, S. 140.

[254] Diese Neuerungen müßten dann nach einem weiteren Zeitablauf serienmäßig angeboten werden, *Kullmann/Pfister*, Kza. 1520, 20.

[255] In der EU werden etwa 50.000 Menschen durch Verkehrsunfälle jährlich getötet, s. *Rompe*, Gesellschaftliche Risiken im Verkehr und Möglichkeiten ihrer Minimierung, in Bundesvereinigung für Gesundheitserziehung (Hrsg.), Risiken für unsere Gesundheit, 1991, S. 86.

[256] SZ v.19.9.1994, 40.

[257] Dieses Aufschlagen kann regelmäßig nicht durch den Gurt verhindert werden.

zungen mit dem kombinierten Haltesystem Gurt und Airbag im Vergleich zu ähnlichen Unfällen bei Fahrzeugen ohne Airbag um etwa 80% zurückgegangen ist[258]. Damit können die gerade genannten Sicherheitsmaßnahmen diese Verletzungsgefahren und Todesrisiken von hohen Rechtsgütern deutlich senken[259]. Einem solchen *Nutzen* stehen keine nennenswerten *Risiken* durch den Einbau des Airbags gegenüber[260]. Als Ergebnis des ersten Prüfungsschritts ist die Erforderlichkeit solcher Maßnahmen zu bejahen.

bb) Zumutbarkeit: wettbewerbsrechtliche Überlegungen

Der *vernünftige Hersteller* schließt die Möglichkeit von Unfällen bei der Konstruktion des Kraftfahrzeuges mit ein, denn Kraftfahrzeugunfälle gehören zu einer nicht auszuschließenden, „voraussehbaren, fehlerhaften Benutzung"[261]. Der Aufwand an Sicherheitsmaßnahmen kann dann aber durch das vernünftige Herstellerverhalten gegebenenfalls gesenkt werden, wenn sog. Erkenntnisfehler, also Fälle der wissenschaftlichen oder technischen Weiterentwicklung, nicht zu einer Haftung führen[262]. Der Einbau des Airbags war auch für einen vernünftigen Hersteller 1970 noch nicht *möglich*; etwas anderes gilt für die neunziger Jahre.

Die technischen Neuerungen lassen sich den vier oben genannten Fallgruppen zur *Zumutbarkeit* zuordnen[263]. Dabei sind Kosten- und Nutzengesichtspunkte gegeneinander abzuwägen. In den ersten beiden wird der Hersteller mit seinen Einwänden nicht gehört, muß also die Gefahrvermeidungsmaßnahme ergreifen (1) und (2), in der dritten und vierten Fallgruppe muß er die Maßnahme nicht sofort (3) oder überhaupt nicht durchführen (4).

(1) Ein besonders *hohes Verletzungs- und damit Risikopotential* ist dem Frontalaufprall immanent. Oft wird ein solcher Aufprall nur von einem einzigen Fahrer verschuldet. Für das Unfallopfer war dann der Frontalaufprall nicht zu vermeiden. Hier liegen die Risiko- und Nutzengesichtspunkte auf der Hand. In deer ersten Fallgruppe ist das Risiko so gewichtig, daß *Kostenbelange nicht* berücksichtigt werden dürfen. Würde z.B. Volkswagen den VW-Käfer aus Brasilien mit dem Sicherheitsstandard der siebziger Jahre

---

[258] S. die Literaturhinweise zu Beispiel 6 der Einleitung.

[259] Auch *Rompe* (in Bundesvereinigung für Gesundheitserziehung (Hrsg.), Risiken für unsere Gesundheit, S. 86, 92) betont die deutliche Verringerung der Zahl der Unfalltoten durch den Airbag.

[260] Das gilt auch für Brillenträger, *Brieter*, ADAC-motorwelt 2/95, 42, 44.

[261] *Taschner/Frietsch*, § 3 Rdnr. 44; *Kullmann/Pfister*, Kza. 3604, 10.

[262] Damit ist ein Kraftfahrzeug ohne Airbag aus dem Jahre 1970 nicht fehlerhaft, ganz h. M., s. z.B. *Kort*, VersR 1989, 1113.

[263] S. oben § 8.I.2.b)bb).

erneut importieren[264], so wäre dieses Auto ohne ausreichende Knautschzonen, Seitenaufprallschutz und Kopfstützen in Deutschland fehlerhaft[265].

(2) In einer zweiten Fallgruppe können die *Nutzenkriterien gegenüber den Kosten abgewogen* werden; die Kostenseite bleibt aber letztlich unberücksichtigt. Die Argumentation, daß das Produkt durch Ausstattung mit einer zusätzlichen Sicherheitsmaßnahme zu teuer würde, ist dann nämlich nicht überzeugend, wenn die *Preissteigerung geringfügig* ist, also nur etwa 5 oder 10% des Kaufpreises ausmacht und das Schadensrisiko deutlich reduziert wird. Das ist heutzutage beim Fahrer-Airbag der Fall, der verhindert, daß bei einem Unfall das Gesicht auf das Lenkrad aufschlägt, was der Sicherheitsgurt nicht verhindern kann[266]. Ähnlichen Schutz bietet die Teleskop-Lenksäule, die bei einem starken Aufprall zusammenknickt.

(3) Dem Anbieter war vor einigen Jahren aber noch Zeit zu geben, das Know-how für diese Sicherheitsmaßnahme zu erwerben. Eine ausschließliche Zulassung hoher oder des jeweils höchsten Sicherheitsstandards würde den billigeren Wettbewerber mit dem geringeren Sicherheitsstandard vom Markt drängen[267]. Entscheidend ist, ob der Mitbewerber das Know-how zur Produktion dieser Sicherheitsmaßnahmen in angemessener Zeit (ein bis zwei Jahre) erwerben kann. Nach dieser Zeit ist der Einbau für den Konkurrenten aus wettbewerbsrechtlicher Sicht zumutbar[268]. Betrachtet man die Entwicklung des Fahrer-Airbags, die in den sechziger Jahren begann, in den achtziger Jahren zur Serienreife führte und für dessen Konstruktion und Einbau die wichtigsten Hersteller seit 1990 über das notwendige Know-how verfügen, so kann sich der Hersteller jetzt nicht mehr darauf berufen, ihm sei es nicht zumutbar, ein Kraftfahrzeug mit Fahrer-Airbag herzustellen. Neufahrzeuge, die serienmäßig weder mit Fahrer-Airbag noch mit einer Teleskop-Lenksäule ausgestattet sind, sind damit grundsätzlich fehlerhaft konstruiert[269].

---

[264] Jüngst offerierte der Rewe Handelskonzern den alten VW-Käfer mit Kat, Scheibenbremsen und Halogenscheinwerfern, den es vom mexikanischen VW-Werk Puebla importierte. Die bundesdeutsche Volkswagen AG versucht, dies wegen der Sicherheitsbedenken künftig zu verhindern, s. DIE ZEIT v.10.11.1995, 24.

[265] Ähnliches gilt für das Holzsteuerrad, welches in Zubehörläden zu kaufen ist und das Verletzungsrisiko im Falle eines Unfalls deutlich erhöht. Zu den zum Teil skandalösen Ergebnissen bei Kindersitzen s. SZ v.31.3.1995, 10.

[266] S. „Nur noch mit Airbag", ADAC-motorwelt 7/94, 6ff.

[267] S. § 8.I.2.b).bb).

[268] Da technische Entwicklungen nach der Erprobungsphase in der Serienproduktion deutlich preiswerter werden, kann eine technische Neuentwicklung von Fallgruppe (3) dann der Fallgruppe (2) angehören.

[269] Anderer Auffassung dagegen die herrschende Rechtsliteratur und die tatsächliche Praxis. Es wird geschätzt, daß 1996 in Europa 40% aller Neuwagen mit Fahrer-Airbag ausgerüstet sein werden, während in den USA nahezu alle PKWs mit Airbag ausgerüstet sind, s. „Nur noch mit Airbag", ADAC-motorwelt 7/94, 6, 11.

(4) Nur bei Sicherheitsmaßnahmen, welche das Risikopotential *nicht so deutlich reduzieren und fühlbar teurer* sind, wird man auch über einen längeren Zeitraum den sichersten Standard nicht verlangen, sondern muß die Marktchancen für den Hersteller berücksichtigen. Das gilt z.B. für Sicherheitsmaßnahmen, die „nur" das eigene Fahrverhalten unterstützen. Auf das eigene Fahrverhalten und damit auf die Fahrsicherheit kann man Einfluß nehmen[270]. Auch hier kommt wieder der Gedanke der Selbstvorsorge zum Tragen. Solche zusätzlichen Sicherheitsmaßnahmen wird man nicht deliktsrechtlich fordern können. Hier ist tatsächlich das Wort von der Basissicherheit angebracht. Damit sind z.B. Servolenkung, Elektronische Differentialsperre (EDS) und automatische Antriebsschlupfregelung (ASR), durch die jeweils die Fahrsicherheit erhöht wird, freiwillige Ausstattungen der Kraftfahrzeughersteller. Verzichtet der Hersteller auf solche Techniken, führt dies nicht zu einem Konstruktionsfehler[271].

cc) Verhältnismäßigkeit

Dem Hersteller steht grundsätzlich als dritter Prüfungsschritt die Möglichkeit offen zu beweisen, daß eine konstruktive Gefahrvermeidungsmaßnahme deshalb unverhältnismäßig ist, weil auch eine Information an den Verbraucher ausgereicht hätte oder gar nicht notwendig war. Eine Gefahrabwehr durch Information ist aber nur dann zulässig, wenn sie genauso effektiv ist wie die Gefahrvermeidungsmaßnahme. Ist der Unfall vom Unfallgegner verursacht, sind Informationen zur Gefahrabwehr nutzlos. Der Unfall ist unvermeidbar[272].

Es bleibt festzuhalten, daß Neufahrzeuge ohne Airbag entgegen der Ansicht der h. M. fehlerhaft konstruiert sind[273]. Würde man nur den *überholten* Maßstab als fehlerhaft betrachten, würden hochrangige Rechtsgüter nicht geschützt, weil dann erst in zehn oder zwanzig Jahren – wenn jeder Hersteller den Airbag eingebaut hat – der Konstruktionsfehler theoretisch bejaht werden könnte.

---

[270] Z.B. dadurch, daß man vorsichtig und „passiv" fährt und sich an die Geschwindigkeitsbeschränkungen hält.

[271] Für das ABS ebenso *Mertens* in MünchKomm, § 831 Rdnr. 7.

[272] Selbst wenn man dieser Auffassung nicht folgt, wäre jedoch dann zu prüfen, ob der Hersteller der selbstbestimmenden Entscheidung des Verwenders dadurch Rechnung tragen muß, daß er ihn über die Gefahren aufklärt, die entstehen, falls der Verwender auf die Nutzung der zusätzlichen Sicherheitsmaßnahmen verzichtet.

[273] Dieses Ergebnis wird durch die Tatsache bestätigt, daß inzwischen schon der Autohersteller Fiat seine Kleinwagen mit Airbag und Seitenaufprallschutz ausrüstet und damit die Gefahrvermeidung der Gefahrabwehr vorzieht, nachdem der ADAC (motorwelt 8/93) von einer Lebensgefahr beim Kopfaufprall für Fahrzeuge dieses Typs ohne Fahrer-Airbag gesprochen hatte, ADAC-motorwelt 1/94.

2. *Die selbstbestimmende Entscheidung: Veröffentlichung von Crashtests*

Die Problematik der selbstbestimmenden Entscheidung kann bei der Frage auftauchen, ob der Automobilhersteller selbst verpflichtet ist, Sicherheitstests, sog. Crashtests, durchzuführen und die Ergebnisse zu veröffentlichen. Denn, wie gerade in den Fallgruppen (3) und (4) gezeigt, kann bei gewissen Sicherheitseinrichtungen, wie z.B. dem ABS, vorübergehend oder auf Dauer der Einbau als Gefahrvermeidungsmaßnahme nicht erzwungen werden[274]. Für den Verwender ist dann die Frage wichtig, welche Überlebenschancen der Insasse ohne diese Maßnahme hat. Zur Zeit testet der ADAC als großer Verbraucherverband regelmäßig Neufahrzeuge und veröffentlicht die Ergebnisse in seiner Mitgliederzeitung[275]. Solche Tests werden aber bisher nicht von den Kraftfahrzeugherstellern veröffentlicht[276].

Für eine künftige Verpflichtung zur Veröffentlichung spricht, daß der Verkehrsunfall zum voraussehbaren Fehlgebrauch eines Kraftfahrzeuges gehört. Objektiv besteht bei jedem Unfall ein Verletzungsrisiko, das maßgeblich vom Sicherheitsstandard der Karosserie des Kraftfahrzeugs abhängt. Fraglich ist, inwieweit diese Gefahr offensichtlich und bekannt ist, so daß auf eine Information des Verbrauchers verzichtet werden kann. Der Verbraucher weiß zwar, daß er in einem Wagen der gehobenen Klasse sicherer fährt als in einem preiswerteren Kleinwagen, nicht aber, welche erhöhte spezifische Gefahr er eingeht, wenn zusätzliche Sicherheitsmomente, wie eine sichere Fahrzeugzelle mit Knautschzone, Airbag oder Seitenaufprallschutz, fehlen. Viele Kraftfahrer fühlen sich auch im Kleinwagen sicher und bedauern erst nach dem Unfall, daß Airbag oder Knautschzonen nicht vorhanden waren. Für verantwortungsbewußte Käufer stellt Sicherheit ein entscheidendes Kriterium dar, weil die Angebote der verschiedenen Kfz-Hersteller beim Sicherheitsstandard heute noch deutlich voneinander abweichen[277] und er dadurch ein deutlich sichereres Fahrzeug zu einem vergleichbaren Preis erwerben kann[278]. Schließlich kann der Verkehrsteilnehmer dem Unfall oft nicht ausweichen. Die Voraussetzungen einer selbstbestimmenden Entscheidung liegen vor, weil bei einem Unfall Gefahren von *gewisser Erheblichkeit* objektiv vorliegen, also eine nachhaltige Belastung der künftigen Lebensführung droht. Erst die Daten über einen Crashtest verset-

---

274 S. oben § 8.I.2.b)bb).

275 ADAC - Die Crashtests 1992–1993, Sonderdruck aus der ADAC-motorwelt. Crashtests werden auch vom TÜV-Bayern/Sachsen und vom TÜV-Rheinland durchgeführt.

276 Die Hersteller haben Crashtests selbst durchzuführen, s. oben § 6.III.2.b).

277 Der ADAC scheut sich nicht, auch die Note „ausreichend“ oder „mangelhaft“ zu verteilen oder bestimmte Kraftfahrzeuge den Test nicht bestehen zu lassen, s. z.B. Crashtest für Mittelklasse-Fahrzeuge, ADAC-motorwelt 9/91.

278 S. die Leserbriefe in „Mit dem Dummy auf Nummer sicher“ in ADAC-motorwelt, 3/94, 134.

zen den Verbraucher in die Lage, sich für oder gegen den Kauf bzw. die Verwendung des konkreten Kraftfahrzeuges zu entscheiden. Die Veröffentlichung müßte dann dergestalt erfolgen, daß der Verbraucher vor einem Kauf ohne gesonderte Aufforderung über die Ergebnisse des Crashtests informiert wird, wie dies typisch ist für die deliktischen Informationspflichten[279].

3. Gefahrabwehr und Selbstvorsorge

Auch für die Gefahrabwehr des Benutzers durch sachgerechte Informationen des Herstellers als fünften Prüfungsschritt finden sich Beispiele im Kraftfahrzeugbereich. *Erforderlich* sind spezifische Hilfestellungen für das konkrete Kraftfahrzeug, die in der Fahrschule nicht erlernt werden. Sie ermöglichen dem Autofahrer, spezifische Gefahren abzuwehren. Als Beispiele lassen sich Betriebsstörungen und Pannen nennen. Über Betriebsstörungen des Fahrzeuges findet man einige Hinweise in den verschiedenen Betriebsanleitungen, so z.B. was zu tun ist, wenn der Öldruckmesser abfällt[280] oder daß die Bremsflüssigkeit regelmäßig kontrolliert werden muß[281]. Zudem erstaunt, daß Warnhinweise über das richtige Verhalten bei Unfällen fast vollständig fehlen[282]. 60% aller PKW-Fahrer haben ihre Kopfstützen falsch eingestellt; bei Unfällen kann dies zum Halswirbelsäulen-Syndrom (HWS) führen[283]. Überdies besteht bei schweren Unfällen auch die naheliegende Gefahr, daß der Fahrer unbesonnen und panikartig[284] reagiert und sich ein solches Verhalten durch entsprechende Warnhinweise zumindest reduzieren ließe[285]. Autoabgase können zu Rauchvergiftungen führen; hier ist

---

[279] Auch *Rompe* (in Bundesvereinigung für Gesundheitserziehung (Hrsg.), Risiken für unsere Gesundheit, S. 86, 92) fordert eine stärkere Transparenz dieser Sicherheitsfaktoren.

[280] So z.B. die Hinweise in der Betriebsanleitung von BMW der 3er-Reihe, 1993, 100.

[281] In unzureichendem Maße wird bisher darauf hingewiesen, welche Folgen es haben kann, wenn Inspektionen nicht regelmäßig durchgeführt werden. Das gilt vor allem dann, wenn durch das Unterlassen einer Inspektion das Unfallrisiko erhöht wird, weil verschleißanfällige und unfallträchtige Teile nicht ausgewechselt werden, wie Lenkung, Reifen, Achsen, Bremsen etc. Zwar ist auch hier dem Fahrer bekannt, daß Inspektionen durchzuführen sind. Oft rechnet der Fahrer aber nur damit, durch Inspektionen die Lebensdauer des Fahrzeuges zu erhöhen oder einer Autopanne vorzubeugen.

[282] In den Betriebsanleitungen der Marken Volvo (1987), BMW der 3er-Baureihe (1993), Volkswagen Golf (1987) und Mercedes fehlen solche Hinweise für das korrekte Verhalten im Falle eines Unfalls nahezu vollständig.

[283] Überdies ist bei 35% aller Neufahrzeuge der Verstellbereich zu knapp dimensioniert, so daß größere Personen nicht optimal geschützt sind, *Brieter*, Nackenschläge, Wo Autofahrer und Industrie noch viel lernen müssen, ADAC-motorwelt 12/94, 4ff.

[284] Zur instruktiven Entscheidung des BGH v.24.1.1989, Z 106, 273 – Asthmaspray (Alupent Dosier Aerosol), s. bereits oben § 8.I.4.a).

[285] An diese Stelle gehört der Hinweis auf den Einbau eines Feuerlöschers und auf den sachgerechten feuervermeidenden Umgang mit dem Reservekanister. Benzin ist brennbar

der Hinweis erforderlich und ausreichend, den Motor nicht in der Garage laufen zu lassen[286].

Zwar sind zahlreiche Autofahrer Mitglied des ADAC. Es wurde aber bereits begründet, warum es Aufgabe des Herstellers und nicht des Verbraucherverbandes ist, bestimmte Warnhinweise zu geben[287]. Die *Selbstvorsorge* umfaßt die Ausbildung durch die Fahrschule mit dem Erwerb des Kfz-Führerscheins und das Fahrkönnen auffrischende Sicherheitskurse. Auch gehören beispielsweise die Fahrweise, das Überschreiten der Höchstgeschwindigkeit in Kurven, Bremsvorgänge mit zu geringem Sicherheitsabstand und die Gefahren des Aquaplaning zum Verantwortungsbereich des Fahrers[288]. Zum allgemeinen Lebensrisiko gehören die Entwicklungsrisiken und damit die fortlaufende, ständige Weiterentwicklung der Kraftfahrzeuge, die diese immer sicherer macht[289]. Schließlich erfolgen in den Betriebsanleitungen regelmäßig Hinweise über energiebewußtes Autofahren. Haftungsrechtlich geboten ist dies nicht. Ebenfalls nicht notwendig sind die ausführlichen Hinweise über die Beeinträchtigung der Fahrtüchtigkeit nach Alkoholgenuß, denn die Kenntnis über die dadurch verursachte Fahruntüchtigkeit wird durch die Fahrschule und durch staatliche Öffentlichkeitsaufklärung vermittelt und ist damit hinreichend bekannt[290].

---

und kann im Falle eines Unfalles explodieren. Mangels sicherer Ersatztreibstoffe ist es ausreichend, wenn der Hersteller darauf hinweist, das Fahrzeug bei einem größeren Unfall unverzüglich zu verlassen.

286 So der Hinweis in der Betriebsanleitung von Volvo (1987).

287 S. gerade § 8.II.1.

288 Das wird ausdrücklich in der Betriebsanleitung von BMW (der 3er-Reihe, 1993, 123) über das Antiblockiersystem (ABS) betont mit dem Hinweis, auch dieses könne die physikalischen Gesetze nicht außer Kraft setzen.

289 Wer ältere Autos ohne diese Sicherheitsmerkmale noch fährt, handelt auf eigene Gefahr. Zur Pflicht, die Reifen eines 12 Jahren alten Kfzs zu prüfen, BGH v.9.5.1995, NJW-RR 1995, 1047.

290 S. z.B. Betriebsanleitung von BMW (der 3er-Reihe, 1993, 43).

Zwischenergebnis zu § 8: Sechs Prüfungsschritte für Gefahrvermeidung und Gefahrabwehr

1. a) Eine systematische Prüfungsfolge der in § 7 entwickelten Kriterien ergibt sich aus einem hier vorgestellten Sechs-Schritte-Schema, wobei mit den ersten drei Schritten Maßnahmen zur Gefahrvermeidung geprüft werden. In einem ersten Schritt ist eine Risiko-Nutzen-Bewertung (Erforderlichkeit) vorzunehmen. Diese bemißt sich allein danach, was erforderlich ist, um ein Rechtsgut effektiv zu schützen. Wenn eine Risiko-Nutzen-Bewertung des Produkts ergibt, daß das Risiko höher ist als der Nutzen, darf es nicht auf den Markt kommen bzw. ist – ex post betrachtet – fehlerhaft.

b) Diese Risiko-Nutzen-Bewertung ist bisher schon im Arznei- und Arztrecht verwirklicht und läßt sich auch auf Produkte und allgemeine Verkehrspflichten übertragen. Aufgrund von gemeinschaftsrechtlichen Vorgaben ist ein deutlich höherer Schutzmaßstab bei Kindern und Fachleuten anzusetzen als dies bisher in der bundesdeutschen Rechtsprechung üblich war.

2. Obwohl eine Maßnahme erforderlich gewesen wäre, haftet ein Hersteller nicht, wenn die Prüfungsschritte 2 oder 3 eingreifen. Der zweite Schritt berücksichtigt das vernünftige Herstellerverhalten.

a) Hier wird zum einen nach dem objektiv Möglichen gefragt, so daß ein nicht erkennbarer Fehler (sog. Erkenntnisfehler) grundsätzlich nicht zu einer Haftung für fehlerhafte Produkte führt.

b) Daneben kann eine Haftung entfallen, wenn eine Maßnahme zur Verbesserung der Sicherheit nicht zumutbar ist. Es ist eine Risiko-Nutzen-Bewertung vorzunehmen. Im Arztrecht können wirtschaftliche Überlegungen berücksichtigt werden, weil der gefährliche Zustand in der Regel durch die Krankheit verursacht wird. Weitergehend sind für Produkte auch wettbewerbsrechtliche Überlegungen zu berücksichtigen. Würde nämlich ein Konstruktionsfehler bejaht, ist das Produkt vom Markt zu nehmen. In bestimmten Fällen ist dem Hersteller eine Übergangsfrist einzuräumen, in welcher er das Know-how zur Gefahrvermeidung erlangen und umsetzen kann.

3. Erst in einem dritten Schritt wird das Augenmerk auf die erforderliche Information des Herstellers an den Verbraucher zur Gefahrabwehr gerichtet. Informationen als Gefahrabwehr können ausreichen bei seltenem Fehlgebrauch oder soweit die Information genauso effektiv ist wie die Gefahrvermeidung. Dann können Maßnahmen zur Gefahrvermeidung wegen Unverhältnismäßigkeit entfallen.

4. Der selbstbestimmenden Entscheidung kommt ein eigener Bereich zu, damit der Gefährdete entscheiden kann, ob er das Produkt verwenden will. Fallgruppen bilden Arzneimittel und gefährliche Produkte. Hinweispflichten bestehen auch bei einem Gefährlichkeitsverdacht, dagegen nicht im Bereich der Vorsorge.

5. Der Gefahrverursacher muß den Verbraucher über spezifische nicht offensichtliche Gefahren informieren, damit dieser die Gefahren abwehren kann. Warnpflichten bestehen bei besonders gefährlichen Produkten, aber auch bei bestimmungswidrigem Gebrauch. Art und Umfang der Information richtet sich nach der gefährdetsten Verwendergruppe.

6. Die erforderliche Informationsweitergabe kann durch das vernünftige Herstellerverhalten eingeschränkt werden. Sie kann entfallen, wenn sie für den Gefahrverursacher nicht möglich, zumutbar oder verhältnismäßig ist.

7. Oft kann es zu einem Zusammenspiel von Informationspflicht des Herstellers und Informationsobliegenheit des Verbrauchers kommen. Dann kann sich die Pflichtenstellung kumulieren. Es findet § 254 I BGB Anwendung. Das allgemeine Lebensrisiko greift ein, wenn dem Hersteller Fehler nicht bekannt sind und die Selbstvorsorge, wenn Gefahren für den Gefährdeten offensichtlich sind.

8. Die Leistungsfähigkeit der Sechs-Schritte Prüfungsfolge wird beispielhaft anhand einzelner Sicherheitsmaßnahmen für Kraftfahrzeuge (wie Airbag, Seitenaufprallschutz, ABS oder der Veröffentlichung von Crashtests) verdeutlicht.

§ 9 Fremdkontrolle und staatliche Information

In § 3 wurde ein Informationssystem mit dem Dreiecksverhältnis Gefahrverursacher, Gefährdetem und Staat dargestellt. Nachdem in den §§ 6 bis 8 die Gefahrvermeidungs- und Informationspflichten des Gefahrverursachers und des Gefährdeten näher erörtert wurden, ist nun zu untersuchen, welche Rolle dem Staat bei der Erfüllung von Pflichten zur Vermeidung und Abwehr von Gefahren zukommt. Die Arbeit steht unter der Ausgangsthese, daß private Personen (und allgemeiner: das Zivilrecht) Aufgaben des Gesundheits- und Umweltschutzes in weit stärkerem Maße als bisher übernehmen können[1]. Das kann dadurch geschehen, daß unternehmensinterne Kontrollsysteme statt der externen Überwachung bereits verstärkt werden, wie dies in § 6 erörtert wurde. Ein gewisses Maß an unternehmensunabhängiger Fremdkontrolle ist aber unabdingbar. Bis heute geschieht dies regelmäßig durch Mitteilungspflichten des Unternehmens und Auskunftsansprüche der Behörden. Oft sind Behörden jedoch personell überlastet, ihre rechtsstaatlichen Pflichten ordnungsgemäß wahrzunehmen (I.). In wichtigen Rechtsgebieten übernehmen in immer stärkerem Maße private Sachverständige eine wichtige Rolle bei der Genehmigung und der Kontrolle. Diese unternehmensexternen Privaten müssen aber grundsätzlich weiterhin vom Staat überwacht werden, ebenso die besonders gefährlichen Produkte und Bereiche der Vorsorge. Das Stufenplanverfahren des AMG stellt ein effizientes Informationsverfahren zwischen Behörden und Unternehmen dar, das auch auf andere Bereiche übertragen werden sollte (II.). Die Rechtmäßigkeit staatlicher Information ist außerordentlich umstritten. Hier ist ihre Ergänzungsaufgabe gegenüber Informationen des Unternehmens aufzuzeigen (III.). Schließlich sind neue Informationsansprüche durch das UIG und das UHG geschaffen worden. Diese haben gegenüber Informationspflichten eine Reihe von Nachteilen (IV.).

---

[1] S. Einl.II., S. 8ff.

I. Staatliche Überwachung

1. Informationsbeschaffung der Behörde nach bisherigem Recht

a) Vor Gefahreröffnung: Anmeldepflichten

Im Öffentlichen Recht ist häufig das Inverkehrbringen bestimmter gefährlicher Produkte oder die Inbetriebnahme gefährlicher Anlagen verboten bzw. bei der Behörde anzumelden, zuzulassen oder von ihr zu genehmigen. Die dafür erforderlichen Informationen muß der Anlagenbetreiber ohne weitere Aufforderungen der Behörde mitteilen. Solche Mitteilungspflichten bestehen z.B. beim Einreichen der umfangreichen Zulassungsunterlagen nach dem Arzneimittel- und der Anmeldungsunterlagen nach dem Chemikalienrecht[2]. Für Anlagen, die der StörfallVO unterliegen, ist eine Sicherheitsanalyse anzufertigen[3]. Nicht nur die gesammelten, sondern auch die bewerteten Informationen sind mitzuteilen. Gem. §§ 6, 7 ChemG müssen die Informationen Aussagen über Wirkungen des Stoffes auf Mensch und Umwelt umfassen[4]. Zudem kann eine Pflicht zur Zusatzprüfung gem. §§ 9, 9a ChemG existieren, wenn der Verdacht besteht, daß der Stoff gefährlich ist, § 11 I 1 ChemG.

b) Nach Gefahreröffnung: Mitteilungs- und Auskunftspflichten

Zusätzlich bestehen gegenüber Behörden nach Gefahreröffnung in bestimmten Fällen generelle und konkrete Mitteilungspflichten[5]. Die Pflichten sind wiederum abhängig von der Gefahrenhöhe. Bei genehmigungsfreien Kleinfeuerungsanlagen meldet der Bezirksschornsteinfegermeister die Meßergebnisse an die Innung. Nur wenn die Messung und eine Wiederholungsmessung den gesetzlichen Anforderungen nicht genügen, meldet er dies an die zuständige Behörde[6] – es handelt sich um eine konkrete Mitteilungspflicht[7]. Für genehmigungspflichtige Anlagen muß alle zwei Jahre eine Emissionserklärung abgegeben werden, die Angaben über Art, Menge und

---

[2] § 22 AMG, § 6 ChemG, § 10 I BImSchG i.V.m. 9. BImSchV (GenehmigungsverfahrensVO).

[3] § 7 der 12.BImSchV (StörfallVO); Zulassungsvoraussetzungen gem. § 4b II der 9. BImSchV (GenehmigungsverfahrensVO).

[4] Deutlich jetzt § 452 UGB-E.

[5] Zu der Unterscheidung der Ermittlungspflichten s. bereits oben § 3.III. und § 6.II.

[6] §§ 16 S 1. und 14 IV 2 der 1.BImSchV (KleinfeuerungsanlagenVO).

[7] Konkrete Mitteilungspflichten bestehen zum Teil auch für Produkte, so für Chemikalien ab einer bestimmten Mengenschwelle oder einem Gefährlichkeitsverdacht (§§ 16, 16c II Nr. 1 ChemG), bei Medizinprodukten, wenn ein Produktfehler zum Tod oder zu einer schwerwiegenden Gesundheitsverschlechterung führt oder einen systematischen Rückruf erforderlich macht (Anh. II - VII Nr. 4 Medizinprodukte-RiL 93/42).

räumliche und zeitliche Verteilung der Luftverunreinigungen enthält[8]. Für Großfeuerungsanlagen müssen darüber hinaus Luftverunreinigungen ermittelt und die Meßergebnisse regelmäßig vorgelegt werden[9]. Ähnliche Mitteilungspflichten bestehen für Abfallverbrennungsanlagen[10]. Unverzügliche Mitteilungspflichten bestehen für Abfallverbrennungsanlagen, wenn Anforderungen zur Begrenzung von Emissionen nicht erfüllt werden oder bei einem Störfall bzw. Beinahestörfall[11]. Von diesen Mitteilungspflichten lassen sich inhaltlich die sonstigen Auskunftspflichten des Unternehmens und die Überwachungsrechte der Behörden unterscheiden. Während die *Mitteilungspflicht den Unternehmer originär verpflichtet*, besteht eine Auskunftspflicht nur, soweit die Behörde eine bestimmte Information gezielt erfragt, also wenn ein Auskunftsverlangen zu beantworten ist[12]. Das Auskunftsverlangen stellt damit innerhalb der Überwachung eine eigene Informationserhebung der Behörde dar.

Mitteilungs- und Auskunftspflichten haben eine Reihe von Nachteilen. Beide Pflichten werden durch Auskunftsverweigerungsrechte des Pflichtigen begrenzt[13], soweit dieser sich aufgrund seiner Aussage der Gefahr einer strafrechtlichen Verfolgung aussetzt[14]. Das Aussageverweigerungsrecht muß allerdings ausdrücklich geltend gemacht werden; eine bloße Nichterklärung zu den relevanten Fragen ist nicht zulässig[15]. Zudem bestehen die Pflichten

---

[8] § 27 BImSchG i.V.m. § 4 der 11.BImSchV (EmissionserklärungsVO).

[9] § 24 I 13.BImSchV und § 27 I 1 der 3.BImSchV (GroßfeuerungsanlagenVO).

[10] § 14 I der 17.BImSchV und § 12 II der 17.BImSchV (VO für Verbrennungsanlagen für Abfälle und ähnliche brennbare Stoffe).

[11] § 16 I der 17.BImSchV und § 11 I Nr.1 bzw. Nr.2 der 12.BImSchV (StörfallVO); *Hahn*, S. 55f. Gem. § 29 IV 2 BImSchG müssen Meßergebnisse vorgelegt werden, soweit dies zur Abwehr einer gegenwärtigen Gefahr erforderlich ist.

[12] S. §§ 31, 52 II 1 BImSchG, 21 I 3 WHG. Auch *Fluck* (in Ule/Laubinger, BImSchG § 52a Rdnr. B 2) betont, daß Mitteilungspflichten auf eigene Initiative, also ohne Anfrage der Behörde, bestehen. Ohne eine solche Differenzierung *Reinhard*, AöR 118 (1993), 617, 654.

[13] § 27 I 2 i.V.m. 52 V BImSchG; *Jarass*, BImSchG, § 16 Rdnr. 7. Strittig ist, ob sich der Betreiber auch auf sein Auskunftsverweigerungsrecht bei einem Störfall berufen kann, *Hansmann* in Landmann/Rohmer, Umweltrecht, Bd. I, § 11 12.BImSchV Rdnr. 11.

[14] §§ 52 V BImSchG, 21 IIa WHG, 11 V AbfG, 21 V ChemG, 41 IV LMBG jeweils i.V.m.§ 383 I Nr. 1–3 ZPO; *Jarass*, BImSchG, § 52 Rndr. 31; *Kloepfer*, Umweltrecht, § 4 Rdnr. 136f. Die Frage, inwieweit Verwaltungsbehörden auf die durch strafrechtliche Ermittlungsverfahren erlangten Informationen zurückgreifen können, kann hier nicht weiter vertieft werden, s. hierzu *Heine/Meinberg*, Empfehlen sich Änderungen im strafrechtlichen Umweltschutz, insbesondere in Verbindung mit dem Verwaltungsrecht?, Gutachten D für den 57. DJT, 1988, D 71; *Breuer*, Verwaltungsrechtlicher und strafrechtlicher Umweltschutz – Vom Ersten zum Zweiten Umweltkriminalitätsgesetz, JZ 1994, 1077ff.

[15] *Hansmann* in Landmann/Rohmer, Umweltrecht, Bd. I, § 52 Rdnr. 58; *Jarass*, BImSchG, § 52 Rdnr. 31. Auch wird die Auffassung vertreten, bei unmittelbar drohenden Gefahren nach der StörfallVO könne sich der Betreiber nicht auf sein Auskunftsverweigerungsrecht berufen, *Hansmann* in Landmann/Rohmer, Umweltrecht, Bd. I, § 11 der 12.BImSchV (StörfallVO) Rdnr. 11.

nur, soweit sie gesetzlich angeordnet sind[16]. Die Behörde ist deshalb gezwungen, sich durch stichprobenhafte Überwachung bestimmte Informationen selbst zu besorgen, z.B. durch die Wahrnehmung ihres Zutrittsrechts. Die Behörde ist befugt, Objekte zu betreten und zu besichtigen, Unterlagen einzusehen und abzulichten, Auskünfte zu verlangen und vorläufige Anordnungen zu treffen[17]. Im Arzneimittelrecht soll die administrative Überwachung mit einer gewissen Regelmäßigkeit erfolgen. Betriebsüberwachungen sind alle zwei Jahre vorzunehmen[18]. Die Überwachung hat sich auf die Qualitätskontrolle, das betriebseigene Sicherheitssystem, Arzneimittelrisiken und die Dokumentation zu erstrecken[19]. Die Behörde kann dadurch theoretisch auf den gesamten Informationsstand des pharmazeutischen Unternehmens zurückgreifen[20].

c) Vollzugsdefizit durch Überregulierung

Eine Überregulierung hat gravierende Nachteile. Denn je mehr Gesetze zum Schutz der Umwelt erlassen werden, desto eher besteht die Wahrscheinlichkeit, daß diese Gesetze nicht mehr vollzogen und überwacht werden können, weil regelmäßig die Verwaltung nicht entsprechend personell erweitert wird[21]. Technische Geräte, die sich auf dem Markt befinden, können nicht in ausreichendem Maße überwacht werden[22]. Das Vollzugsdefizit besteht auch für die Überwachung genehmigungsbedürftiger Anlagen nach dem BImSchG[23] [24]. Ein zweites Problem kommt bei der Überwachung durch die Behörden hinzu: Oft verfügen die Behörden gar nicht über den Wissensstand, um zu entscheiden, inwieweit ein gefährliches Produkt oder eine gefährliche Anlage dem Stand der Wissenschaft und Technik entspre-

---

[16] *Reinhard*, AöR 118 (1993), 617, 655; BVerwG v.25.2.1991, NVwZ 1991, 996 – Auskunftspflicht des Direkteinleiters.

[17] § 52 II BImSchG; 21 I 2 WHG; 21 IV ChemG, 64 IV Nr. 1–4 AMG.

[18] § 64 III 2 AMG. Die Produktüberwachung erfolgt durch Probenahmen routinemäßig nach einem Probenplan, § 65 AMG, § 4 AMG VwV.

[19] § 3 IV Ua.2 AMG VwV. Zu den Dokumentationspflichten s. oben § 6.III.4.

[20] Bei medizinisch-technischen Geräten kann die Behörde u.a. die Dokumentation einsehen (§ 14 II MedGV). S. zu den vergleichbaren Regelungen der §§ 341–348 UGB-E.

[21] Zur Problematik s. bereits die Einl.I. und Fn. 29 m.w.Nachw.

[22] S. oben § 6.I.1.b).

[23] S. *Pohle* in SZ v.18.3.1993, 28.

[24] Die begrenzte Kapazität von Zulassungsbehörden verdeutlicht auch der Zulassungsstau bei Arzneimitteln. Noch Ende der achtziger Jahre waren mehr als 8.000 Verfahren auf Zulassung eines Arzneimittels beim Bundesgesundheitsamt anhängig, *Denninger*, „Der Rechtsstaat“ im (Antrags-)Stau, Fristenregelungen (§ 27 I AMG, § 75 VwGO) und Grundrechtsschutz, PharmInd 1989, 249ff; Positionspapier des Bundesverbandes der Pharmazeutischen Industrie e.V., PharmInd 1989, 386; *Tomuschat*, Rechtsgutachten zur Frage der Bearbeitungsfristen für die Zulassung von Arzneimitteln, PharmInd 1993, 217ff.

chen und ob Risiken unvertretbar sind[25]; sie müssen dann auf das Wissen Privater zurückgreifen. Dieses Problem existiert sowohl im Arzneimittel- als auch im Produktsicherheits- und Umweltrecht.

2. Der neue Weg: Der schlanke Staat

Die Notwendigkeit des „schlanken Staates" ist in aller Munde[26]. Im Zuge leerer Kassen können nicht ohne weiteres noch mehr Aufgaben durch den Staat übernommen werden. Auf landesrechtlicher Ebene ist bereits der Freistaat Bayern mit der Neufassung der Bayerischen Bauordnung (BayBO) diesen Weg gegangen: Private Sachverständige und nicht mehr die Behörde prüfen jetzt die Vereinbarkeit eines Bauvorhabens mit dem Bauordnungsrecht[27]. Mit Hilfe Privater werden staatliche Stellen entlastet[28]. Zu nennen sind schließlich die Privatisierungsmöglichkeiten in der Abfallentsorgung und die Möglichkeiten, welche die Verpackungsverordnung bietet[29].

II. Staatliche Verantwortung und Fremdkontrolle Privater

Im folgenden ist deshalb zu fragen, ob und in welchem Umfang Kompetenzen der Unternehmenskontrolle auf externe Sachverständige übertragen werden können[30] (1. und 2.). Es ist zu prüfen, welche Anwendungsfelder noch für den Staat bleiben (3.). Daneben muß die Pflichtenstellung des Gefahrverursachers gegenüber der externen Kontrolle gesteigert werden (4.)

In der Literatur wird von einer Seite die Auffassung vertreten, daß die Wahrnehmung staatlicher Aufgaben durch Private immer nur Ausnahmecharakter besitze: Eine Übertragung bedürfe als Ausnahme der inneren Rechtfertigung[31] und sei letztlich nur statthaft, wenn ansonsten die Vollzugs-

---

[25] Durch neue Verfahren ist ein Unternehmen inzwischen in der Lage, gentechnisch veränderte Lebensmittel aufzuspüren, s. DIE ZEIT v.18.11.1994, 48.

[26] S. dazu die Staatsrechtslehrertagung 1994; *Schoch*, DVBl 1994, 962; zu vereinfachten Genehmigungsverfahren im Umweltrecht, *Bullinger*, JZ 1994, 1129 ff; *H. Wagner*, NVwZ 1995, 1046ff; *Möllers*, EuR 1995, 279ff.

[27] Die Vereinfachung des Baugenehmigungsverfahrens wurde inzwischen übernommen von Rheinland-Pfalz, Bremen, Nordrhein-Westfalen und Baden-Württemberg, s. NJW 1995, 2610.

[28] Vgl. Art. 80 Bayerische Bauordnung (BayBO). Zudem werden die Anforderungen der Bauprodukte-RiL 89/106 EWG umgesetzt, s. Art. 20–28 BayBO.

[29] § 3 II 2 AbfG; § 6 I VerpackungsVO. S. hierzu *Papier*, UTR 1994, 105, 124ff; *Di Fabio*, NVwZ 1995, 1ff.

[30] Zu dieser Forderung s. *Rehbinder* in Kloepfer et al., UGB-AT zu §§ 10ff, S. 169.

[31] *Kirchhof*, Mittel staatlichen Handelns in Isensee/Kirchhof, Handbuch des Staatsrechts, Bd. III, 1988, § 59 Rdnr. 99f, S. 121, 165f; *Ossenbühl*, Die Erfüllung von Verwaltungsauf-

aufgabe durch die zuständige Behörde nur stark eingeschränkt durchgeführt werde[32]. Von anderer Seite wird dagegen betont, daß der Gesetzgeber eine substituierbare Eigenüberwachung durch das Unternehmen selbst bereits dann erlaube, wenn diese gegenüber der staatlichen Überwachung personell und organisatorisch gleichwertig wäre[33]. Die erste Aussage ist zu eng, die zweite zu weit.

1. Übertragung staatlicher Überwachung auf unternehmensexterne Private

a) Hinzuziehung privater Sachverständiger im Arzneimittel-, Umwelt- und Produktsicherheitsrecht

Durch die 4. Novellierung des AMG wurde das Zulassungsverfahren für die Behörden vereinfacht und drastisch verkürzt mit der Folge, daß die einzelnen *Arzneimittelprüfungen*[34] durch Sachverständigengutachten zu belegen sind, § 24 I AMG. Diese Gutachten müssen u.a. die Prüfungsergebnisse bewerten. Nach § 25a AMG sollen unabhängige Sachverständige den Zulassungsantrag auf Vollständigkeit und den neuesten gesicherten Stand der wissenschaftlichen Erkenntnis prüfen. Gem. § 25 V 3 AMG kann die Bundesoberbehörde ihrerseits Gegensachverständige zur Prüfung des Zulassungsantrages hinzuziehen. Schließlich ist für Arzneimittel, die Stoffe mit nicht allgemein bekannter Wirkung enthalten, nach §§ 49, 25 VI AMG eine Zulassungskommission zu hören. Auch bei der Überwachung kann die Behörde unabhängigen Sachverstand hinzuziehen[35][36].

Im *Umweltrecht* werden Sachverständige bei immissionsschutzrechtlichen Anlagen, die der StörfallVO unterliegen, hinzugezogen. Nach dem Wortlaut des § 13 I 2 der 9. BImSchV (GenehmigungsverfahrensVO) sind für die zu einer Genehmigung erforderliche Beurteilung der Sicherheitsanalyse sogar „in der Regel Sachverständigengutachten notwendig". Auch bei der Überwachung ermöglicht es der 1990 eingeführte § 29a I BImSchG, Sachverständige mit der Durchführung bestimmter sicherheitstechnischer Prüfungen zu betrauen. Prüfungen können gem. § 29a III BImSchG vor, während und

gaben durch Private, VVDStRL 29 (1971), 137, 163; *Reinhardt*, AöR 118 (1993), 617, 621; s. auch *E. Klein*, Die verfassungsrechtliche Problematik des ministerialfreien Raumes, 1974.

32 *Reinhardt*, AöR 118 (1993), 617, 623f.

33 *Hermes*, Das Grundrecht auf Schutz von Leben und Gesundheit, 1987, S. 261f; *Rehbinder* in Kloepfer/Schmidt-Aßmann/Rehbinder, UGB-AT, zu §§ 10ff UGB-E, S. 177f.

34 § 22 II Nr. 1–3 AMG; zu den einzelnen Unterlagen s. oben § 6.II.2.a).

35 § 64 II 2, § 65 IV AMG, § 9 AMG VwV. Zum Stufenplanverfahren s. sogleich unten § 9.II.3.a).

36 Mit diesen Regelungen wurden Art. 1 und 26 der 2. Arzneimittel-RiL umgesetzt, RiL 75/319/EWG zur Angleichung der Rechts- und Verwaltungsvorschriften über Arzneimittelspezialitäten v.20.5.1975 (2. Arzneimittel-RiL), ABl. Nr. L 147, 13, zuletzt geändert durch RiL 92/277/EWG v.31.3.1992, ABl. Nr. L 113, 8.

nach der Inbetriebnahme einer Anlage und auch in regelmäßigen Abständen vorgenommen werden[37]. Daneben regelt § 52 II BImSchG die Überwachung durch Behörden; diese können Dritte, also wiederum Sachverständige, mit der Überwachung beauftragen[38]. Wie im Arzneimittelrecht ist auch im Atomrecht die Hinzuziehung von Sachverständigen fakultativ[39]. Die Hinzuziehung ist im Genehmigungs- und Aufsichtsverfahren möglich und regelmäßig auch erforderlich, weil das zur Beurteilung erforderliche Spezialwissen die Kapazität der zuständigen staatlichen Behörden übersteigt[40]. Im Chemikalienrecht beschränkt § 21 VI 1 ChemG das Recht der Behörde, die Anfertigung von Sachverständigengutachen zu verlangen, auf gefährliche Stoffe, mit denen Beschäftigte im Herstellerbereich umgehen[41]. Gutachten sind damit für solche Gefahrstoffe nicht vorgesehen, mit denen nur der Verbraucher in Berührung kommt. Zudem sind Gutachten erst möglich, wenn die Behörde selbst nicht beurteilen kann, ob drohende oder schädliche Einwirkungen von dem Gefahrstoff ausgehen. Die Kosten für Sachverständige trägt jeweils der Betreiber[42]. Wie im Umweltrecht überwachen grundsätzlich Behörden technische Arbeitsmittel (§§ 5, 6 GSG) und überwachungsbedürftige Anlagen (§ 12 GSG). Bei der Überwachung können sie wiederum den Sachverstand Dritter hinzuziehen[43].

b) Kontrolle durch unternehmensexterne Private

Über den bisherigen Rahmen hinaus können im *Produktsicherheitsrecht* private Sachverständige technische Arbeitsmittel zulassen[44] oder überwachungsbedürftige Anlagen prüfen[45]. Die Zertifizierung nach den vertikalen Produktsicherheitsrichtlinien wurde in § 6 ausführlich beschrieben[46]. Auf diese Richtlinien, die durch Verordnungen umgesetzt werden, verweist § 4 GSG. Dieser gemeinschaftsrechtliche Ansatz wird damit in das bundesdeutsche Recht übernommen. Danach hat die benannte Stelle die Rechte, die – wie gerade dargestellt – ansonsten die Behörde wahrnimmt. Weitergehend

---

[37] Von der Verordnungsermächtigung des § 7 I Nr. 4 BImSchG hat der Gesetzgeber noch keinen Gebrauch gemacht.

[38] § 52 II 1, VI 1 BImSchG, *Hansmann* in Landmann/Rohmer, Umweltrecht, Bd. I, vor § 26 Rdnr. 16; § 52 Rdnr. 75, 80. Zu § 52 II BImSchG s. *Mösbauer*, Der verwaltungsrechtliche Überwachungsauftrag im Immissionsschutzrecht, NVwZ 1985, 457, 459ff.

[39] § 20 AtomG: „kann zuziehen".

[40] Die Gutachten beziehen sich auf die sicherheitstechnischen Anforderungen der Anlage, *Ronellenfitsch*, Das atomrechtliche Genehmigungsverfahren, 1983, S. 300.

[41] Indem § 21 VI auf § 19 II ChemG verweist, s. auch *Mahlmann*, Chemikalienrecht, S. 302.

[42] § 30 S. 1 BImSchG für genehmigungsbedürftige Anlagen; § 21 II AtG; s. zum weiteren die differenzierenden Regelungen in § 52 IV BImSchG.

[43] § 7 I 3 GSG.

[44] §§ 4 i.V.m. 9 II GSG.

[45] § 14 GSG, vormals § 24c GewO, s. hierzu *Reinhardt*, AöR 118 (1993), 617, 627f.

[46] S. oben § 6.II.3.a).

prüft die benannte Stelle intensiv die Tauglichkeit der Qualitätssicherungssysteme[47]. Aber auch nach Gemeinschaftsrecht bestehen weiterhin Behörden, welche die Sicherheit von Produkten, die sich auf dem Markt befinden, überprüfen müssen[48]. Die Prüfung der überwachungsbedürftigen Anlagen durch die Technischen Überwachungsvereine ist dagegen historisch bedingt[49].

Schließlich sieht auch die gemeinschaftsrechtliche Umwelt-AuditVO[50] vor, daß unabhängige Umweltgutachter die Unternehmen prüfen[51]. Bereits nach jetziger Rechtslage muß der Betreiber einer Anlage gem. § 7 und § 8 der 12. BImSchV (StörfallVO) eine Sicherheitsanalyse anfertigen und ständig fortschreiben. Diese dient primär der Verbesserung des Kenntnisstandes des Betreibers[52]. Die Behörde kann sich diese vorlegen lassen, und die Sicherheitsanalyse kann durch Sachverständige während einer sicherheitstechnischen Prüfung begutachtet werden[53]. Eine solche Prüfung muß jedoch von der Behörde besonders angeordnet werden; sie verlangt einen besonderen Anlaß[54]. Die Behörde muß zudem den Inhalt der Sicherheitsprüfung genau beschreiben, da ansonsten der Bestimmtheitsgrundsatz verletzt würde[55]. Die Hoechst-Unfälle haben gezeigt, daß ein Defizit an Sicherheitsüberprüfungen besteht[56]. Der Staat ist mit der Prüfung dieser Sicherheitsanalysen überfordert; er muß auf externe Gutachter zurückgreifen[57]. Noch Anfang der neunziger Jahre hatte das Unternehmen Hoechst eine Sicherheitsüberprüfung seiner Anlagen verweigert[58]. Dieses Verfahren muß *de lege ferenda* deutlich ver-

---

[47] Überwachung des zugelassenen Qualitätssicherungssystems durch Zugang, Zurverfügungstellung von Unterlagen, regelmäßige Nachprüfungen, unangemeldete Besuche und Audits, die sicherstellen, daß die Qualitätssicherung eingehalten wird, Module-Beschluß 93/465/EWG, ABl. Nr. L 220, 23, Anh.II. Modul D, E, F, H, jeweils Nr. 4.

[48] Art. 5 II, 6 Produktsicherheits-RiL. Die allgemeine Produktsicherheits-RiL findet subsidiär auch für die Produkte der vertikalen Produktsicherheitsrichtlinien Anwendung, Art. 1 II Ua. 2 Produktsicherheits-RiL.

[49] S. zu den DÜV (Dampfkessel-Überwachungs-Vereine), die Ende des 19. Jahrhunderts als Folge einer Reihe von Kesselexplosionen gegründet wurden, *Hauck*, Recht der überwachungsbedürftigen Anlagen, GewArch 1987, 145ff; *Meyer* in Landmann/Rohmer, Gewerbeordnung, Bd. II, § 14 GSG Rdnr. 3ff.

[50] Zur Umwelt-AuditVO s. bereits oben § 6.II.4.b).

[51] Art. 2 lit. m, 4 III Umwelt-AuditVO.

[52] *Hansmann* in Landmann/Rohmer, Umweltrecht, Bd. I, § 7 der 12.BImSchV, Rdnr. 2.

[53] § 9 der 12.BImSchV (StörfallVO); *Hansmann* in Landmann/Rohmer, Umweltrecht, Bd. I, vor § 26 Rdnr. 15 und § 29a Rdnr. 14.

[54] § 29a I BImSchG; *Hansmann* in Landmann/Rohmer, Umweltrecht, Bd. I, § 29a Rdnr. 5f; *Jarass*, BImSchG, § 29a Rdnr. 4f.

[55] S. zu den Bedenken der Bundesländer, daß ansonsten staatliche Aufgaben auf private Stellen übertragen werden könnten, *Hansmann* in Landmann/Rohmer, Umweltrecht, Bd. I, § 29a Rdnr. 13; *Jarass*, BImSchG, § 29 Rdnr. 6.

[56] *Leinen* in SZ v.18.3.1993, 2.

[57] *Pohle* in SZ v.18.3.1993, 28.

[58] Auskunft des hessischen Sozialministeriums, SZ v.3.3.1993, 6.

einfacht werden, um effektiv zu sein (oder zu werden). Wie bereits jetzt unternehmensexterne Dritte[59] Produkte und Unternehmen nach den vertikalen Produktsicherheitsrichtlinien überwachen, sollten auch Sachverständige als unmittelbare externe Kontrolleure für den Umweltschutz *de lege ferenda* eingeschaltet werden, um die Anlagen *regelmäßig* auf ihren Sicherheitsstandard hin zu überprüfen und damit sicherheitstechnische Lücken des Unternehmens zu entdecken. Damit wäre die Vollzugsblockade durchbrochen, die dadurch entsteht, daß die Behörde oft nicht den Wissensstand besitzt, um eine sicherheitstechnische Prüfung nach § 29a BImSchG anzuordnen, die den Anforderungen des Bestimmtheitsgrundsatzes entspricht.

c) Beschränkung auf eine Überwachung der unternehmensexternen Privaten

Das Grundgesetz regelt nicht, in welchem Umfang staatliche Aufgaben an Private übertragen werden können[60]. Die gerade aufgeführten Bereiche haben gezeigt, daß bereits heute Private (Sachverständige) vielfach entweder faktisch, wie im Arzneimittel- und Atomrecht, oder auch rechtlich, wie im Produktsicherheitsrecht, staatliche Überwachungsaufgaben wahrnehmen. Das gilt selbst dann, wenn ein außerordentlich hohes Gefährdungspotential, wie bei Atomkraftwerken, besteht[61]. Folglich kann man auch im Hinblick auf die Vorgaben des Gemeinschaftsrechts nicht mehr von einer Ausnahme sprechen. Im Arzneimittelrecht werden Arzneimittel aufgrund der eingereichten Unterlagen und der Sachverständigengutachten zugelassen[62]. *Di Fabio* hat daran kritisiert, daß die praktische Entscheidung und die Verantwortung von der Zulassungsbehörde auf Sachverständige, die vom Antragsteller ausgewählt werden, verschoben würden. Dadurch würde die Gefahrabwehr als exklusive Staatsaufgabe in unzulässiger Weise privatisiert[63]. Dem ist jedoch für das Arzneimittelrecht entgegenzuhalten, daß die Behörde Herrin des Verfahrens bleibt: Sie entscheidet letztendlich, weil sie eigene Gegensachverständige zur Prüfung des Zulassungsantrages hinzuziehen kann[64]. Dagegen können bei Produkten mit geringerem Gefährdungspotential unternehmensexterne Sachverständige allein entscheiden und

[59] Zu den unterschiedlichen Begriffen: zugelassene Stelle, Zertifizierungsstelle, benannte Stelle, notifizierte Stelle s. *Jeiter*, Das neue Gerätesicherheitsgesetz, § 9 Rdnr. 1; *Meyer* in Landmann/Rohmer, Gewerbeordnung, Bd. II; § 9 Rdnr. 3 i.V.m.Nr. 55.6.

[60] *Reinhardt*, AöR 118 (1993), 617, 620.

[61] Zum Begriff der Gefahr s. § 2.I.1.

[62] § 9.II.1.a).

[63] *Di Fabio*, VerwArch 81 (1990), 193, 206, 222, 226f.

[64] § 25 V 3 AMG. Zudem sind die Sachverständigen in mehrfacher Hinsicht zur Objektivität verpflichtet und damit ähnlich unabhängig wie die Behörde, s. hierzu genauer sogleich § 9.II.1.d.).

überwachen. Es reicht aus, wenn die Behörde in regelmäßigen Abständen die unternehmensexternen Privaten kontrolliert[65]. Im Ergebnis können Überwachungsaufgaben weitgehend auf Private übertragen werden, soweit diese Personen über bestimmte Voraussetzungen wie Sachverstand, Unabhängigkeit und Zuverlässigkeit verfügen. Für eine solche Übertragung der Aufgabe ist nicht erforderlich, daß die Fülle anstehender Vollzugsaufgaben bei den zuständigen Behörden ansonsten zu erheblichen Vollzugsdefiziten führt[66].

d) Inhaltliche Anforderungen an die Kontrolle durch externe Private

Damit die Zulassungsbehörde ein objektives Bild von den Zulassungsunterlagen im Arzneimittelrecht bekommt, sind die Anforderungen an die Sachverständigen und ihre Gutachten durch die Arzneimittelprüfrichtlinien (§ 24 II AMG) und die Bekanntmachung über die Zulassung von Arzneimitteln weiter präzisiert. Die Sachverständigen müssen besonders qualifiziert sein. Dem Bericht sind knappe Angaben über die Ausbildung sowie die berufliche Erfahrung des Sachverständigen beizufügen[67]. Zudem ist die berufliche Beziehung des Sachverständigen zum Antragsteller anzugeben[68]. Der Wert einer Aussage über die Wirksamkeit und die Unbedenklichkeit eines Arzneimittels wird stark erhöht, wenn die Angaben von verschiedenen unabhängigen Wissenschaftlern stammen[69]. Die besondere Verantwortung des Sachverständigen wird durch Unterschrift und Datierung der Gutachten unterstrichen[70]. Die Unabhängigkeit kann noch dadurch gesteigert werden, daß die Behörde die Gutachter bestellt[71]. Es muß sichergestellt sein, daß Zulassung und Aufsicht „auf unabhängige und unparteiische Weise erfolgen, damit die Glaubwürdigkeit des Systems gewährleistet ist“[72]. Schließlich muß der Sachverständige zuverlässig sein.

Überprüfung und Kontrolle verlangen Objektivität. Diese erfordert neben der gerade genannten Unabhängigkeit vom Kontrollierten die Vollständigkeit und Reproduzierbarkeit der Prüfungen. Diese Voraussetzungen gel-

---

[65] Für das Gemeinschaftsrecht s. Module-Beschluß, ABl. Nr. L 220, 23, 25 Anh. I.A. lit. k; Anh.III. Nr. 5 der Umwelt-AuditVO, ABl. Nr. L 168, 1, 14.

[66] Auch praktisch wird sich ein solches Vollzugsdefizit nur schwer nachweisen lassen.

[67] RiL 91/507/EWG Anh. Teil 1 C. Abs.3 S.2. Nicht ausreichend ist z.B. die Angabe, Fachtierarzt für Pharmakologie und Toxikologie zu sein, Bekanntmachung über die Zulassung von Arzneimitteln, Nr. C 224 Abs.3 S.2.

[68] RiL 91/507/EWG Anh. Teil 1.C. Abs.4 S.1; Bekanntmachung über die Zulassung von Arzneimitteln C 224 Abs.1 S.4; noch weitergehend § 6 UAG.

[69] RiL 91/507/EWG Anh. Teil 4.F.4.

[70] § 24 III AMG; Bekanntmachung über die Zulassung von Arzneimitteln C 224 Abs.1 S.5.

[71] S. z.B. § 29a I BImSchG.

[72] So der Wortlaut des Erwägungsgrundes 12 der Umwelt-AuditVO. Für das Atomrecht *Ronellenfitsch*, Das atomrechtliche Genehmigungsverfahren, S. 300.

[73] Zu den Verfahren s. oben § 9.I.1.und § 9.II.1.a).

ten für beide Parteien, nämlich sowohl für den Gefahrverursacher, der bestimmte Unterlagen dem Sachverständigen überreicht, als auch für den Sachverständigen, damit dieser wiederum durch die Behörde überprüft werden kann[73]. Im Arzneimittelrecht verlangt Vollständigkeit die Wiedergabe aller Qualitätsmerkmale bei der analytischen Prüfung[74] bzw. aller gewonnenen Ergebnisse bei der klinischen Prüfung[75]. Notwendigerweise gehören dazu nicht nur günstige, sondern auch ungünstige Angaben über das Arzneimittel[76]. Die Befunde sind unter Berücksichtigung der einschlägigen Literatur zu diskutieren. Die Reproduzierbarkeit ermöglicht Dritten, die Kontrolle zu wiederholen oder aber zumindest zu prüfen, ob die Daten des Ausgangsberichtes mit den Originalbeobachtungen übereinstimmen[77]. Zur Vereinheitlichung solcher Prüfverfahren wurden das Deutsche und Europäische Arzneibuch entwickelt, in denen Monographien der Ausgangsstoffe aufgeführt sind[78]. Wird vom pharmazeutischen Unternehmen nicht auf diese Bücher verwiesen, müssen bei der analytischen[79], der pharmakologisch-toxikologischen[80] und der klinischen[81] Prüfung die angewandten Verfahren so beschrieben werden, daß eine Reproduzierbarkeit möglich ist. Der Reproduzierbarkeit dienen schließlich auch die formellen Anforderungen an die Dokumentation. Protokolle dürfen nicht im Text verändert werden, sondern es ist ein Nachtrag vorzunehmen[82]. Wenn aber gleichzeitig die Aufzeichnung auf Bild- oder Datenträger für zulässig erachtet wird, ist problematisch, wie deren nachträgliche Veränderung ausgeschlossen werden kann[83]. Im Produkt-[84] und Umweltrecht[85] bestehen vergleichbare Anforderungen.

Kontrollen durch externe Private sind nur gestattet, wenn diese Personen den Anforderungen an die Arbeit einer Behörde entsprechen. Voraussetzungen sind Sachverstand, Unabhängigkeit und Zuverlässigkeit, um objektiv gutachten zu können. Diese drei Kriterien sind conditio sine qua non: Sie gelten für alle Rechtsgebiete.

---

[74] Bekanntmachung über die Zulassung von Arzneimitteln C 1. 231.

[75] Bekanntmachung über die Zulassung von Arzneimitteln C 3. 281.

[76] RiL 91/507/EWG Anh. Einl. Abs.3, Teil 4.F.8; GCP Kap.3.19.

[77] Zum Begriff s. GCP Glossar; Arzneimittelprüf-RiL 2. Abschnitt B. Sp. 7; C.2. lit. b.

[78] S. bereits oben § 6.II.2.a).

[79] RiL 91/507/EWG Anh. Teil 2. Abs.2.

[80] RiL 91/507/EWG Anh. Teil 3.II.F. Abs.5.

[81] GCP 4.9.

[82] GLP, ChemG Anh.1 9.1. (5); § 15 I 2, 3 PharmBetrV; § 22 I 3 ApBetrO. Korrekturen an anderen Dokumenten, etwa den Anweisungen, sollten abgezeichnet und datiert sein, PIC Kap.4.7.

[83] *Pfeil/Pieck/Blume*, Apothekerbetriebsordnung, Kommentare, 5. Aufl. 1987, § 22 Anm. 11.

[84] § 9 II GSG.

[85] S. Anh. III der Umwelt-AuditVO, ABl. Nr. L 168, 1, 14 und der Entwurf eines Umweltgutachterzulassungs- und Standortregistergesetzes (UZSG), ZRP 1995, 274.

2. *Erforderlichkeit der Fremdkontrolle*

a) Hohes Gefährdungspotential

Die Aussage, eine substituierbare Eigenüberwachung sei bereits bei personeller oder organisatorischer Gleichwertigkeit zulässig[86], geht zu weit. Der bereits oben dargestellte Grundsatz der Eigenverantwortung des Gefahrverursachers[87] läßt sich an dieser Stelle dahingehend präzisieren, daß der Gefahrverursacher die Hauptverantwortung für vorbeugende Produktsicherheitsmaßnahmen[88] und für Überwachung der Emissionen und Immissionen[89] gegenüber der Behörde trägt.

Daneben steht das *Prinzip der Fremdkontrolle.* Dieses verlangt, daß unabhängige Dritte berechtigt sein müssen, ein bestimmtes Gefährdungspotential objektiv zu begutachten. Bei einem hohen Gefährdungspotential verpflichtet die oben genannte verfassungsrechtliche Schutzpflicht[90] den Staat, Regelungen zu schaffen, die eine Bewertung durch unabhängige Dritte ermöglicht[91]. Darüber hinaus kann eine Pflicht bestehen, daß sich der Staat die letztentscheidende Kontrolle vorbehält. Wegen der offenkundig schweren Gefahren, die durch fehlerhafte Medikamente verursacht werden können, hat der Staat ein legitimes Interesse daran, dem Arzneimittelhersteller den Marktzugang erst nach einer sorgfältigen Kontrolle zu eröffnen[92]. Diese Zulassungsverfahren gelten grundsätzlich überall in der Europäischen Union[93]. Für Arzneimittel gibt es einen Anspruch des Bürgers auf eine neu-

[86] *Rehbinder* in Kloepfer/Schmidt-Aßmann/Rehbinder, UGB-AT zu §§ 10ff, S. 177f.

[87] Zum Grundsatz der Eigenverantwortung s. § 5.IV.1. und § 6.III. sowie § 7.I.; zur Verpflichtung zur Selbstkontrolle § 6.III.; zur Verpflichtung zur Gefahrvermeidung § 7.I.1.a) und Gefahrabwehr § 7.I.1.b).

[88] Stellungnahme des Wirtschafts- und Sozialausschusses v.31.1.1990, ABl. Nr. C 75, 1, 6 zu Art. 6 zum Vorschlag der Kommission v.27.4.1989 für eine RiL des Rates über die allgemeine Produktsicherheit KOM (89) 162 endg. – SYN 192, ABl. Nr. C 193, 1. Allgemeiner *Papier* (UTR 1994, 105, 108), der den Vorrang eigenverantwortlicher Entscheidungen vor Verboten ausspricht.

[89] BVerwG v.27.5.1983, UPR 1983, 340 – Meßanordnung gem. § 26 BImSchG; *Hansmann* in Landmann/Rohmer, Umweltrecht, Bd. I, vor § 26 Rdnr. 3.

[90] S. oben § 5.I.2.a), S. 148f.

[91] Einzelne Bereiche wurden gerade aufgezeigt.

[92] Um ein Arzneimittel auf den Markt zu bringen, bedarf es eines doppelten Zulassungsverfahrens. Der Hersteller bedarf einer Erlaubnis gem. § 13 AMG, das Arzneimittel muß gem. §§ 21ff AMG zugelassen werden.

[93] Art. 3 der RiL 65/65/EWG über Arzneimittel v.26.1.1965, ABl. Nr. L 22, 369, zuletzt geändert durch RiL 92/27/EWG v.31.3.1992, ABl. Nr. L 113, 8 sowie Art. 4 der RiL 75/319/EWG über Arzneimittel v.20.5.1975, ABl. Nr. L 147, 13, zuletzt geändert durch RiL 92/27/EWG v.31.3.1992, ABl. Nr. L 1131, 8. Zu den Ausnahmen von der Zulassungspflicht s. § 21 II AMG. Über die unterschiedliche Handhabung der Kriterien der Wirksamkeit und

trale Entscheidung des Staates[94], weil das Unternehmen regelmäßig in einem Interessenkonflikt zwischen Sicherheit, Preis und Konkurrenzfähigkeit steht[95] und gegebenenfalls berechtigte Schutzinteressen preisgibt.

Deshalb wurde jüngst zu Recht vorgetragen, daß eine externe Kontrolle ausnahmsweise nur dann verzichtbar ist, wenn das Abweichen von bestimmten Schutzzielen hingenommen werden oder aber der Staat privates Ausweichverhalten durch hoheitliche Mittel ordnungsrechtlich wieder auffangen kann[96]. Ein Beispiel für die erste Fallgruppe bildet die Möglichkeit, nach §§ 11, 14 GSG die Kontrolle überwachungsbedürftiger Anlagen auch Sachverständigen des Unternehmens zu überlassen. Hier kann ausnahmsweise ein nicht störungsfreier Betrieb der Anlage hingenommen werden, weil eine solche Eigenüberwachung nur für die weniger gefährlichen Anlagen nach dem GSG gilt. Die für die Umwelt gefährlicheren, dem Immissionsschutz unterliegenden Anlagen werden weiterhin zusätzlich unternehmensextern überwacht[97]. Ein Beispiel für die zweite Fallgruppe bildet der sog. „Babybrei-Skandal“: Nachdem die zuständige Behörde eine den Vorsorgegrenzwert überschreitende, aber ungefährliche Konzentration von Lindan in der Babynahrung eines Herstellers festgestellt hatte, gab sie dem Hersteller auf, das Produkt zurückzurufen. Erst als das Unternehmen einen solchen privaten Rückruf nicht durchführte, erfolgte eine öffentliche Warnung durch die Behörde[98]. Diese Subsidiarität der öffentlichen Maßnahmen im Verhältnis zu einem privaten Einschreiten entspricht § 6 I 3 GSG. Das ist dann hinzunehmen, wenn eine Verzögerung eines Einschreitens nicht zu Gefahren für Mensch und Umwelt führt, wie bei der grenzwertüberschreitenden Konzentration von Lindan in der Babynahrung.

b) Vorsorge und Monitoring

Das Babybrei-Beispiel verdeutlicht, daß eine unternehmensexterne Kontrolle auch erforderlich ist, wenn „nur“ Langzeitschäden zu befürchten sind.

Unbedenklichkeit s. *Glaese/Hart/Merkel*, Regulierung des europäischen Arzneimittelmarktes durch nationales und europäisches Zulassungsrecht in N. Reich, Die Europäisierung des Arzneimittelmarktes – Chancen und Risiken, 1988, S. 13, 18.

[94] So *Di Fabio*, VerwArch 81 (1990), 193, 224f, 226; s. auch *Murswiek*, Die staatliche Verantwortung für die Risiken der Technik, S. 117.

[95] *Borer*, Produktehaftung, S. 162.

[96] *Koenig*, NVwZ 1994, 937, 940, ohne dies zu präzisieren.

[97] Bis jetzt wurde in der Bundesrepublik Deutschland nur sechs Unternehmen die Möglichkeit der Eigenüberwachung zuerkannt, *Meyer* in Landmann/Rohmer, Gewerbeordnung, Bd. II, § 14 GSG Rdnr. 33, 38.

[98] S. *Schuh*, Viel Geschrei um Babybrei, DIE ZEIT v.15.4.1994, 48; *Möllers*, JZ 1994, 1110, 1112 Fn. 21. Zu den Voraussetzungen s. unten § 9.III.3).

Bei Lebensmitteln und Immissionen führen häufig nicht die Schadstoffkonzentrationen eines Lebensmittels oder die Emissionen einer einzelnen Anlage zu einer Gesundheitsverletzung, sondern Schäden treten erst durch Summation auf[99]. Externe Kontrollen haben einen Hauptanwendungsbereich bei der Vorsorge, weil der primär Verantwortliche oft selbst keine ausreichenden Gefahrvermeidungsmaßnahmen ergreift. Hier versagt das zivile Haftungsrecht mangels Gesundheitsverletzung oder eines Kausalitätsnachweises[100]. Eine solche systematische Dauerüberwachung als sog. Monitoring zeichnet sich aber weitergehend dadurch aus, daß es nicht nur Informationen der Literatur und des Unternehmens auswertet, sondern praktisch alle erreichbaren Schadensfälle. Dazu gehören z.B. auch Informationen der Konkurrenzunternehmen und im Arzneimittelrecht Informationen der Ärzte, Patienten und der einzelnen Berufskammern. Staatlichen Stellen kommt eine Aufgabe zu, bei der einzelne Gefahrverursacher oder Sachverständige überfordert wären[101]. Denn erst die Summe von Erkenntnissen aus vielen Schadensfällen ermöglicht es, die Kausalität zu einem gefahrverursachenden Zustand nachzuweisen. In diesen Bereichen ist neben der Dauerüberwachung eine systematische Auswertung erforderlich. Das gibt es bereits für Arzneimittel und für Chemikalien[102]. Aber auch in den Bereichen der Lebensmittel und der Umweltvorsorge müssen künftig noch viel häufiger als bisher Statistiken erstellt und ausgewertet werden[103]. Das Robert-Koch-Institut hat beispielsweise Krebsdaten zusammenfassend auszuwerten, Entwicklungtrends und regionale Unterschiede festzustellen und diese regelmäßig zu veröffentlichen[104].

---

99 Deutlich *Mösbauer*, NVwZ 1985, 457: Ein solcher konkreter Verursacher ist aber selten, in den Fällen additiver, synergistischer und potenzierender Immission regelmäßig überhaupt nicht feststellbar.

100 Zu den Grenzen des Haftungsrechts s. oben § 5.II.

101 Nach Auflösung des Bundesgesundheitsamtes ist jetzt hierfür das Bundesinstitut für Arzneimittel und Medizinprodukte (BfArM) zuständig, s. § 1 Gesundheitseinrichtungen-Neuordnungsgesetz v.24.6.1994, (GNG), BGBl 1416.

102 Für Chemikalien wurden die Informations- und Behandlungszentren für Vergiftungen neu eingerichtet, welche Vergiftungen an das Bundesinstitut für gesundheitlichen Verbraucherschutz und Veterinärmedizin weitermelden, § 16e III ChemG; zu den Zuständigkeiten des Bundesinstituts s. § 3 GNG. Mit § 16e ChemG wird Art. 10ff der Zubereitungs-RiL 88/379/EWG v.7.6.1988, ABl. Nr. L 187, 14, 25 umgesetzt.

103 S. Gesetz über Umweltstatistiken (Umweltstatistikgesetz – UStatG) v.21.9.1994, BGBl I 2530; s. zur vorherigen Fassung des Gesetzes *Kloepfer*, Umweltrecht, § 4 Rdnr. 16, S. 106. Zum Monitoring bei Lebensmitteln s. die neu eingeführten §§ 46 c–e LMBG.

104 § 10 des Gesetzes über Krebsregister (Krebsregistergesetz – KRG) v.4.11.1994, BGBl I 3351; zur Verpflichtung des BVV (Bundesinstitut für gesundheitlichen Verbraucherschutz und Veterinärmedizin) zur Veröffentlichung der Ergebnisse des Lebensmittel-Monitoring s. § 46d V 5 LMBG. Allgemein zur Risikobegleitforschung *Scherzberg*, VerwArch 84 (1993), 484, 509.

3. *Informationsaustausch von Behörden und Unternehmen*

a) *Stufenplanverfahren des Arzneimittelgesetzes*

Die zuständige Bundesoberbehörde hat zur Verhütung einer unmittelbaren oder mittelbaren Gefährdung der Gesundheit von Mensch oder Tier die bei der Anwendung von Arzneimitteln auftretenden Risiken zentral zu erfassen, auszuwerten und die zu ergreifenden Maßnahmen zu koordinieren, § 62 S.1 AMG. Diese Dauerüberwachung von Arzneimitteln („drug monitoring") soll ein hohes Maß an Arzneimittelsicherheit garantieren. Zur Ermittlung der Gefahren erhält die Behörde Informationen durch die pharmazeutischen Unternehmen, durch Dritte und durch Eigenermittlung (aa). Daran schließt sich das eigentliche Stufenplanverfahren an (bb).

aa) Die Bundesoberbehörden bekommen 75% der Meldungen über Arzneimittelrisiken durch pharmazeutische Unternehmen[105]. Der Stufenplanbeauftragte hat der zuständigen Bundesoberbehörde unverzüglich jeden ihm bekannt gewordenen Verdachtsfall einer Nebenwirkung oder einer Wechselwirkung mit anderen Mitteln anzuzeigen, welche die Gesundheit schädigen können, sowie einen im Einzelfall erheblichen Mißbrauch des Arzneimittels[106]. Daneben ist die Behörde über einen Rückruf zu benachrichtigen, § 14 I 4 PharmBetrV. Diese Anzeige muß unverzüglich erfolgen und wissenschaftlich bewertet werden. Wegen der Eilbedürftigkeit ist es nicht erforderlich, noch den Sachverstand Dritter hinzuzuziehen, wie dies im Stufenplanverfahren erfolgt. Arzt und Apotheker werden oft direkt vom Patienten über Arzneimittelunverträglichkeiten informiert. Der Arzt ist nach den Ständerichtlinien verpflichtet, vermutete oder nachgewiesene Arzneimittelrisiken der Arzneimittelkommission der deutschen Ärzteschaft anzuzeigen. Dieser Verpflichtung wird in der Praxis jedoch nur ungenügend nachgekommen[107]. Daneben ist der Apotheker gem. § 21 Nr. 3 und 4 ApBetrO verpflichtet, die zuständige Behörde über Qualitätsmängel und Rückrufe zu informieren. Damit werden vor allem die offensichtlichen Risiken erfaßt. Zusätzlich ist der Apotheker aufgrund der Berufsordnung verpflichtet, Arzneimittelrisiken der Arzneimittelkommission der Deutschen Apotheker zu melden, die ihrerseits Verdachtsfälle nach experimenteller Überprüfung an

---

105 *Di Fabio*, VerwArch 81 (1990), 193, 207, Fn. 58.

106 Gem. §§ 29 I 2, 63a I 3 AMG i.V.m.§ 14 I 1 PharmBetrV. Die Anzeigepflicht umfaßt also nicht alle oben dargestellten Arzneimittelrisiken, insbesondere nicht Gewöhnung und Abhängigkeit, Mängel der Qualität, Kennzeichnung etc. Hier geht der Gesetzgeber wohl davon aus, daß solche Mängel nicht die Nutzen-Risiko-Bewertung beeinträchtigen. Zudem ist das Unternehmen verpflichtet, den Verdachtsfall an die Arzneimittelkommission des Bundesverbandes der Pharmazeutischen Industrie zu melden, vgl. *Sander*, AMG, Anh.I, Stufenplan, Anm. zu Nr. 2.

107 In Großbritannien funktioniert die Anzeige durch Ärzte besser, weil diese nicht verpflichtet sind, die Kausalität zwischen unerwünschter Arzneimittelwirkung und Medikament zu beschreiben; zum Yellow Cards-System s. *Glaese/Hart/Merkel* in N. Reich, S. 13, 23.

die Behörden weiterleitet. Ihr kommt damit die Aufgabe einer Clearing-Stelle zu[108]. Daneben fragt die zuständige Behörde in der Regel monatlich die Arzneimittelkommission der deutschen Ärzteschaft und den Bundesverband der pharmazeutischen Industrie nach dort vorliegenden Meldungen über Arzneimittelrisiken ab[109]. Diese Auskunftsansprüche sind unabhängig von einer konkreten Gefahrensituation[110].

bb) Der Stufenplan zur Erfassung der Arzneimittelrisiken regelt die Zusammenarbeit der beteiligten Behörden und Stellen, die Einschaltung der pharmazeutischen Unternehmen und die Informationswege[111]. Um die eingegangenen Meldungen über Arzneimittelrisiken auszuwerten und über Maßnahmen zur Beschaffung weiterer Informationen zu beraten, lädt das BfArM mindestens zweimal jährlich zu sog. Routinesitzungen ein[112]. Zu diesen Routinesitzungen werden auch Vertreter oberster Landesbehörden, Vertreter der Arzneimittelkommission der Ärztekammer und Vertreter der Bundesverbände der pharmazeutischen Industrie eingeladen[113]. Weisen Meldungen oder sonstige Informationen auf die Möglichkeit von Arzneimittelrisiken hin, so tritt das BfArM zunächst mit dem betroffenen pharmazeutischen Unternehmer unter gleichzeitiger Benachrichtigung der für diesen zuständigen obersten Landesgesundheitsbehörde in einen Informationsaustausch ein (Gefahrenstufe I). Dazu werden auch die jeweils zuständigen Zulassungs- und Aufbereitungskommissionen einbezogen. Der Informationsaustausch erstreckt sich insbesondere auf die Häufigkeit der vermuteten Arzneimittelrisiken, ihre möglichen Ursachen und den Grad der Gefährdung[114]. Ergibt der Informationsaustausch der Gefahrenstufe I oder ergeben die Meldungen und sonstige Informationen einen begründeten Verdacht[115] auf ein gesundheitliches Risiko, so ruft das BfArM eine Sondersitzung ein, zu der außer dem oben genannten Personenkreis noch Sachverständige des BfArM und des pharmazeutischen Unternehmens hinzukommen können (Gefahrenstufe II). Diese Sondersitzung ähnelt vom Verfahren her einem Gerichtsverfahren mit Sachdarstellung, Stellungnahmen der Beteiligten und Sitzungsunterbrechung zur Abstimmung der Beteiligten untereinander[116]. Die Maßnahmen, welche die Behörde treffen kann, sind

---

[108] S. die instruktive Übersicht 1 bei *Pfeil/Pieck/Blume*, Apothekerbetriebsordnung, § 21 zu Anm. 5.

[109] Bekanntmachung Stufenplan 4.3. Der Bundesverband der Pharmazeutischen Industrie hat seine Mitgliedsfirmen verpflichtet, Arzneimittelrisiken unmittelbar der zuständigen Bundesoberbehörde und der Arzneimittelkommission der Bundesärztekammer zu melden, s. *Sander*, Arzneimittelrecht, Stufenplan, Anh. 63/I Erl.2 zu 2.

[110] *Hart*, MedR 1993, 207, 213.

[111] Bekanntmachung Stufenplan 1.

[112] Zuständig gem. § 1 III Nr. 3 GNG.

[113] Bekanntmachung Stufenplan 5.

[114] Bekanntmachung Stufenplan 6.1.

[115] Zum Begriff s. bereits oben § 2.II.1.

[116] Bekanntmachung Stufenplan 7.

detailliert aufgeführt, u.a. auch die Anordnung eines Rückrufes[117] oder das Ruhen der Zulassung[118]. Die Maßnahmen werden mittels der Arzneimittel-Schnellinformationen (ASI) des BfArM in den Fachzeitschriften veröffentlicht[119].

b) Unzureichende Verfahren bei Produkten

Dieses ausgeklügelte Stufenplanverfahren des AMG, das sowohl Risiken und Gefahren sammelt und bewertet als auch Maßnahmen zwischen Behörde und Unternehmen abstimmt, ist bis jetzt einzigartig[120]. Soweit ersichtlich, sehen zwar das ChemG und das GSG die Möglichkeit vor, Ausschüsse einzurichten und damit unabhängigen Sachverstand hinzuzuziehen[121]. Dieser Sachverstand wird aber nicht in einem formalisierten Verfahren vor einer Entscheidung hinzugezogen, so daß man weder bei der Zulassung von Produkten noch bei der Marktkontrolle von einem solchen „Risikoverfahren" sprechen kann[122].

In den USA besteht seit 1972 der Consumer Product Safety Act (CPSA)[123]. Er schuf eine unabhängige Behörde, die über die Sicherheit von Konsumprodukten wacht. Daneben werden Kraftfahrzeuge, Boote und Medikamente durch eigene Behörden überwacht[124]. Der CPSA erlaubt es, Produktstandards zu erzwingen, Produktverbote auszusprechen und Produkte zurückzurufen[125]. Während der Erlaß von Produktstandards und Produktverboten nur schleppend vor sich geht (zwischen 1973 und 1980 fanden nur 32 Verfahren statt), wird der Rückruf gem. § 15 (b) CPSA außer-

---

[117] § 69 I AMG; Bekanntmachung Stufenplan 8.2.3.

[118] Zur Beweislast s. VG Berlin v.19.3.1992, PharmInd 54 (1992), 603 – L-Tryptophan.

[119] Z.B. im Bundesgesundheitsblatt, in der Pharmazeutischen Industrie oder in der Deutschen Apothekerzeitung.

[120] Erst jüngst wurde allerdings gem. § 30 MPG eine Ermächtigungsnorm für eine Rechtsverordnung geschaffen, um auch für Medizinprodukte in einem Sicherheitsplan Gefahrenstufen sowie die Einschaltung von Herstellern, Informationsmitteln und -wegen festzulegen, Medizinproduktegesetz v.2.8.1994, BGBl I 1963; hierzu *Deutsch*, NJW 1995, 752, 755. Es bleibt abzuwarten, inwieweit sich die Verordnung an das Stufenplanverfahren des AMG anlehnt. § 30 MPG setzt Art. 10 Medizinprodukte-RiL 93/42/EWG und Art. 8 Medizinische Implantate-RiL 90/385/EWG um.

[121] § 29b ChemG und § 4 GefahrStoffV; §§ 6 II 1, 8 I GSG. Dasselbe gilt für §§ 31a, 51a BImSchG

[122] § 6 II 1 GSG verlangt zwar eine Hinzuziehung der Träger der gesetzlichen Unfallversicherung. Davon kann aber abgesehen werden.

[123] Public Law 92-573, Stat. 1207, Oct. 27, 1972; 15 U.S.C., §§ 2051-2083, 1976.

[124] National Traffic & Motor Vehicle Safety Act von 1966, 15 U.S.C., § 1411-1420, 1976; Federal Boat Safety Act von 1971, 46 U.S.C., § 1464, 1976; Food and Drug Administration, 42 U.S.C. § 263 (b) - 263 (n), bes. § 263 (g).

[125] Für einen Überblick des CPSA s. *Löwe*, Rückrufpflicht des Warenherstellers, DAR 1972, 288ff; *Joerges*, Nachmarktkontrollen im amerikanischen Recht in Micklitz (Hrsg.), Post Market Control of Consumer Goods, 1990, S. 155, 173ff; *Joerges/Falke/Micklitz/Brüggemeier*, S. 201ff.

ordentlich häufig durchgeführt: Zwischen 1973 und 1980 fanden 2.500 Rückrufaktionen statt, die etwa 100 Mio. Produkteinheiten erfaßten[126]. Im Gegensatz zu der Rechtslage in den USA und in Frankreich[127] wird in der Bundesrepublik Deutschland die Sicherheit von Produkten nicht zentral erfaßt und bewertet[128]. Die Gewerbeaufsichtsämter prüfen nicht systematisch[129]. Durch den neu geschaffenen Art. 5 Ua. 2 Produktsicherheits-RiL sind die Mitgliedstaaten allerdings verpflichtet, eine allgemeine Marktkontrolle oder gleichbedeutend eine Marktaufsicht einzuführen. Damit soll es den Mitgliedstaaten ermöglicht werden, die Maßnahmen gem. Art. 6 Produktsicherheits-RiL zu treffen, nämlich das Inverkehrbringen des Produktes von Vorbedingungen abhängig zu machen, Information vom Hersteller zu verlangen und gegebenenfalls zu warnen. Bereits jetzt verlangt Art. 14 I Ua. 1 und 2 Produktsicherheits-RiL, daß die Entscheidung der Maßnahme gegenüber dem Hersteller zu begründen und ihm Gelegenheit zur Äußerung zu geben ist. Hier wäre zu überlegen, ob *de lege ferenda* nicht ein Informationsaustauschverfahren geschaffen werden sollte, das auch die Mitgliedstaaten verpflichtet, die Gefahren durch Produkte zentral auszuwerten[130].

c) Gemeinschaftsrechtlicher Informationsaustausch

Im Gemeinschaftsrecht gibt es Informationsverfahren für Arzneimittel und Medizinprodukte[131], Lebensmittel[132], Chemikalien[133] und für Störfälle[134]. Diese Verfahren sind so geregelt, daß Behörden der Mitgliedstaaten bestimmte Gefahren an die Kommission weitermelden. Ein Informationsverfahren besteht auch für den Fall, daß ein Mitgliedstaat eine technische Norm erlassen oder verändern möchte[135]. Durch die allgemeine Produkthaftungs-RiL wurde das Schnellinformationsverfahren für Produkte geregelt,

---

[126] S. die Angaben bei *Joerges/Falke/Micklitz/Brüggemeier*, S. 217, 233f.

[127] *Joerges/Falke/Micklitz/Brüggemeier*, S. 72ff.

[128] Bis jetzt ist die Bundesanstalt für Arbeitsschutz gem. § 6 III GSG nur verpflichtet, die Untersagungsverfügungen auszuwerten, ohne daß sie zur eigenen Erfassung und Bewertung verpflichtet ist.

[129] *Jeiter*, Das neue Gerätesicherheitsgesetz, § 5 Rdnr. 13 und oben § 6.I.1.b).

[130] So lautete noch Art. 7 I lit. d des Vorschlages der Kommission v.27.4.1989 für eine RiL des Rates über die allgemeine Produktsicherheit KOM (89) 162 endg. – SYN 192, ABl. Nr. C 193, 1.

[131] § 29 III MPG. Beruhend auf den Richtlinien 75/319/EWG, ABl. Nr. L 147, 13 und 81/851/EWG, ABl. Nr. L 317, 1.

[132] Richtlinien 64/432/EWG und 82/894/EWG, ABl. Nr. L 378, 58 und 89/622/EWG, ABl. Nr. L 395, 13.

[133] Umgesetzt durch §§ 19c und 22 I Nr. 5 ChemG.

[134] Umgesetzt durch § 11 III der 12. BImSchV (StörfallVO).

[135] RiL 83/189/EWG über ein Informationsverfahren auf dem Gebiet der Normen und technischen Vorschriften v.28.3.1983, ABl. Nr. L 109, 8, geändert durch RiL 88/182/EWG v. 22.3.1988, ABl. Nr. L 81, 75 und Entscheidung v.18.5.1990, ABl. Nr. L 128, 15.

das eine unverzügliche Unterrichtung der Kommission verlangt, sobald ein Mitgliedstaat eine Maßnahme gegenüber einem Hersteller erlassen hat[136]. Das Verfahren beläßt den Mitgliedstaaten die Entscheidung, Maßnahmen gegenüber dem Hersteller zu ergreifen[137]. Die Kommission kann dann ihrerseits gem. Art. 9 Produktsicherheits-RiL unter engen Voraussetzungen bestimmte Maßnahmen nach Konsultation eines Ausschusses für Produktsicherheit beschließen. Es wird sich zeigen, ob das Verfahren wirklich effektiv ist[138]. Zudem sollte *de lege ferenda* ein Informationsverfahren für Unfalldaten geschaffen werden[139].

4. *Effektiverer Informationsfluß zwischen Unternehmen und externer Kontrolle de lege ferenda*

Anhand des Stufenplanverfahrens des AMG ist im folgenden zu prüfen, ob Produktsicherheits- und Umweltrecht ähnlich wirkungsvolle Verfahren bereithalten, um Gefahren abzuwehren. Die Untersuchung wird zeigen, daß die bestehenden Mitteilungspflichten unzureichend sind und deshalb ein effektives Verfahren verhindern.

a) Ausbau der Mitteilungspflichten im Produktsicherheitsrecht

Eine Überwachung durch externe Private, die auch zu unangemeldeten Kontrollen berechtigt sind, wurde durch die vertikalen Produktsicherheitsrichtlinien für eine Reihe von Produkten eingeführt[140]. Im Gegensatz zum Arzneimittel- und Umweltrecht bestehen im Produktsicherheitsrecht jedoch keine Pflichten, bestimmte Gefahrensituationen der Behörde unaufgefordert mitzuteilen. So existieren nach dem jetzigen Gerätesicherheitsgesetz nur Auskunftspflichten, aber keine Mitteilungspflichten, § 7 I GSG. Auch

[136] Jetzt geregelt durch Art. 8 I Produktsicherheits-RiL i.V.m. Anh. Nr. 4. Aufgehoben wurde damit die Entscheidung 89/45/EWG v.21.12.1988 über ein gemeinschaftliches System zum raschen Austausch von Informationen über die Gefahren bei der Verwendung von Konsumgütern, ABl. Nr. L 17, 51, s. Erwägungsgrund 16 der Produktsicherheits-RiL. Zur Ratsentscheidung v.2.3.1984, ABl Nr. L 70, 16, s. *Milas*, La signification juridique de l'institution d'un système communautaire d'échange rapide d'informations sur les dangers dècoulant de l'utilisation de produits de consommation, RMC 1984, 71ff. Bereits nach bisherigem Recht mußten die Mitgliedstaaten Maßnahmen weitermelden, § 6 III GSG.

[137] So steht es dem Mitgliedstaat frei, im Vorfeld die Kommission zu informieren, Art. 8 Ua. 3; nur bei außergewöhnlichen Umständen kann die Kommission eigene Untersuchungen einleiten, Art. 8 Produktsicherheits-RiL i.V.m. Anh. Nr. 8.

[138] Kritisch *Micklitz*, VuR 1992, 261, 265; Art. 9 Produktsicherheits-RiL verstößt nicht gegen den EG-Vertrag, EuGH v.9.8.1994, Rs C-359/92, EuZW 1994, 627, insbesondere Ziff. 34, 50 – Rechtmäßigkeit der allgemeinen Produktsicherheits-RiL.

[139] Zu den negativen Erfahrungen einer freiwilligen Teilnahme s. *Joerges/Falke/Micklitz/Brüggemeier*, S. 290.

[140] S. Module Beschluß, ABl. Nr. L 220, 23 Anh. Modul C Nr. 3, Modul D Nr. 4, Modul E Nr. 4, Modul H Nr. 4. Zu den vertikalen Produktsicherheitsrichtlinien s. oben § 6.II.3.a).

die neue allgemeine Produktsicherheits-RiL gibt der Behörde nur das Recht, Auskunft vom Hersteller bzw. dem Händler zu verlangen, Art. 6 I lit. b, II Produktsicherheits-RiL. Eine Mitteilungspflicht des Herstellers an die Behörde wurde nicht in die endgültige Fassung übernommen, obwohl dies der Wirtschafts- und Sozialausschuß vorgeschlagen hatte[141]. Wenn die Regelungen durch den Rat am 29.6.1998 überprüft werden[142], wäre *de lege ferenda* erwägenswert, Mitteilungspflichten des Herstellers und Händlers zu normieren. Zwar besteht jetzt schon für den Hersteller die Pflicht, den Verbraucher zu warnen, Art. 6 I lit. e Produktsicherheits-RiL. Eine weitere Mitteilungspflicht gegenüber der Behörde würde aber die Möglichkeit schaffen, zusätzliche Kompetenz und Objektivität bei der Beurteilung einer Gefahr hinzuzuziehen[143]. Die Konsequenzen einer solchen Mitteilungspflicht, wie der Rückruf des Produkts durch die Behörde, könnten dadurch abgemildert werden, daß die Behörde – wie in § 6 I 3 GSG[144] – dann von eigenen Maßnahmen absieht, wenn sichergestellt ist, daß die Gefahr durch Maßnahmen des Verantwortlichen abgewehrt wird[145]. Schließlich könnte eine weitergehende Subsidiarität dadurch erreicht werden, daß der Gefahrenzustand nicht der Behörde, sondern zuerst den externen Sachverständigen mitzuteilen wäre, die das Produkt überwachen.

b) Schaffung bußgeldbewehrter Mitteilungspflichten im Umweltrecht

Schließlich fehlen auch im Umweltrecht Mitteilungspflichten oder sind zumindest unvollständig. Mitteilungspflichten fehlen für Lebensmittel und Chemikalien, im Immissionsschutzrecht bestehen sie nur für Anlagen mit entsprechend hohen Emissionen[146]. Zudem sind eine Reihe von Meldepflichten nicht mit Bußgeld bewehrt. Damit wird auf ein Sanktionsmittel zur Einhaltung dieser für den Kenntnisstand der Behörde so wichtigen

---

[141] Stellungnahme des Wirtschafts- und Sozialausschusses v.31.1.1990 S. 5 zu Art. 6, ABl. Nr. C 75, 1, 6 zum Vorschlag der Kommission v.27.4.1989 für eine RiL des Rates über die allgemeine Produktsicherheit KOM (89) 162 endg. – SYN 192, ABl. Nr. C 193, 1. Zwar ist der Händler zur Weitergabe von Hinweisen auf eine von dem Produkt ausgehende Gefährdung gem. Art. 3 III 2 Produktsicherheits-RiL verpflichtet; diese Infomationen sind aber nur an den Hersteller und nicht an die Behörde weiterzuleiten.

[142] Gem. Art. 16 Produktsicherheits-RiL.

[143] So wird gem. § 10 Produktsicherheits-RiL ein Ausschuß für Produktsicherheitsfälle eingerichtet.

[144] S. dazu gerade § 9.III.

[145] Zumindest wäre zu prüfen, ob für besonders gefährliche Produkte, wie sie in den vertikalen Produktsicherheitsrichtlinien geregelt sind, solche Mitteilungspflichten eingeführt werden sollten. § 464 UGB-E sieht die Möglichkeit vor, das Unternehmen zu verpflichten, Umweltbelastungsanalysen durchzuführen und diese der Anmeldestelle mitzuteilen, s. *Rehbinder* in Jarass/Kloepfer/Kunig/Peine/Rehbinder/Salzwedel/Schmidt-Aßmann, UGB-BT, S. 909f.

[146] Großfeuerungsanlagen, Abfallverbrennungsanlagen, Anlagen, die der StörfallVO unterliegen, s. gerade oben § 9.I.1.b).

Informationspflicht ohne Not verzichtet[147]. Besonders deutlich werden diese Mängel bei Eintritt eines Störfalls, also einer ernsten Gefahr für das Leben von Menschen[148]. Zwar ist der Betreiber bei Eintritt eines Störfalls gem. § 5 III der 12.BImSchV (StörfallVO) verpflichtet, „die zuständige Behörde und die Einsatzkräfte unverzüglich, umfassend und sachkundig zu beraten". Diese für eine effektive Gefahrabwehr so essentielle Vorschrift ist aber nicht mit Bußgeld bewehrt[149]; bei den Störfällen des Unternehmens Hoechst fand eine solche umfassende Information dann auch nicht statt[150]. Wenn öffentlich-rechtliche Vorschriften aber erst mühsam mittels Anordnungen und Verwaltungszwang durchgesetzt werden müssen, laufen sie – in Eilfällen – leer und versagen. Es bleiben dann nur die Sanktionen des Zivil-[151] und des Strafrechts[152]. Über die Anforderungen der StörfallVO hinaus verlangt § 12 S.1 Nr. 2 UGB-E *de lege ferenda*, daß neue Erkenntnisse über Umweltbeeinträchtigungen durch eine umweltgefährliche Anlage oder einen umweltgefährlichen Stoff unverzüglich mitzuteilen sind[153].

Festzuhalten ist, daß das derzeitige Überwachungsrecht im Immissionsschutzbereich mangels ausreichender Kompetenz bei der Überwachung der Betriebsorganisation und aufgrund unzureichender (sanktionierter) Mitteilungspflichten noch sehr lückenhaft ist[154]

III. *Informationsweitergabe an den Verbraucher*

Die Frage, wann der Staat und seine Behörden durch sog. informelles Handeln[155] Informationen an den Verbraucher weitergeben dürfen, gehört zu den umstrittensten Problemen des Verwaltungs- und Verfassungsrechts.

---

[147] So fehlen Bußgeldvorschriften für die Mitteilungspflichten nach §§ 14 I und 16 I der 17.BImSchV (VO für Verbrennungsanlagen für Abfälle und ähnliche brennbare Stoffe).

[148] Zur Definition s. § 2 der 12.BImSchV (StörfallVO).

[149] Nur die Verletzung der Informationspflicht gegenüber der Behörde ist mit Bußgeld bewehrt, § 13 III der 12.BImSchV (StörfallVO), s. auch *Hansmann* in Landmann/Rohmer, Umweltrecht, Bd. I, § 11a der 12.BImSchV Rdnr. 9.

[150] S. Einl. Beispiel 1.

[151] Zu den Pflichen im einzelnen s. oben § 8.

[152] Im Hoechst-Fall ermittelt die Frankfurter Staatsanwaltschaft wegen Verdachts der fahrlässigen Körperverletzung, s. Der Spiegel 9/1993, 18, 22.

[153] Zum Begriff der umweltgefährlichen Anlage s. § 2 VII 3 UGB-E; *Rehbinder* in Kloepfer/Schmidt-Aßmann/Rehbinder, UGB-AT, S. 179.

[154] Trotz dieser Defizite wird § 29a BImSchG nahezu wortgleich als § 346 UGB-E übernommen und diese Rechtslage für ausreichend erachtet, *Jarass* in Jarass/Kloepfer/Kunig/Peine/Rehbinder/Salzwedel/Schmidt-Aßmann, UGB-BT, S. 690.

[155] Zum Begriff s. Wolff/Bachof/*Stober*, Verwaltungsrecht I, 10. Aufl., 1994, § 57 Rdnr. 4ff, S. 847 m.w.Nachw.; *Di Fabio* (Risikoentscheidungen im Rechtsstaat, S. 397ff) möchte statt dessen den Begriff „Informationsakt" verwenden, um zu verdeutlichen, daß auch dieses Handeln, einem Verwaltungsakt vergleichbar, rechtsstaatlichen Grundsätzen folgen muß. Jedoch gibt auch er zu, daß es Informationen gibt, die keinen Eingriff darstellen und damit gerade nicht mit einem Verwaltungsakt vergleichbar sind.

Alle Einzelprobleme, die sich in diesem Zusammenhang stellen, können an dieser Stelle nicht erörtert werden. Es sollen nur die wichtigsten Fragen aufgezeigt und ein Lösungsansatz durch geeignete materielle und verfahrensrechtliche Anforderungen vorgeschlagen werden. Dabei erscheint es sinnvoll, vorab zu fragen, in welchem Umfang Private, wie Verbraucherverbände oder die Medien, Risiko- und Gefahreninformationen an den Verbraucher geben dürfen, ohne deshalb in Rechte des Unternehmens einzugreifen oder sich trotz eines Eingriffs nicht deliktischen Ansprüchen auszusetzen (1.). Dann ist zu fragen, wann im Öffentlichen Recht von einem Eingriff gesprochen werden kann, welche Ermächtigungsgrundlagen bestehen (2.) und welche inhaltlichen Anforderungen an die staatliche Information zu stellen sind (3.), damit sich die Behörde nicht Ansprüchen aus Staatshaftung aussetzt.

1. Haftung Privater für Verbraucheraufklärung nach Delikt und UWG

a) Erforderlichkeit eines Eingriffs

Ein haftungsrechtlicher Anspruch aus § 823 I BGB gegenüber dem Informanten besteht nur dann, wenn der Eingriff in den eingerichteten und ausgeübten Gewerbebetrieb rechtswidrig ist[156]. Die zur Feststellung der Rechtswidrigkeit erforderliche Güter- und Interessenabwägung verlangt einen *betriebsbezogenen (unmittelbaren) Eingriff.* Dazu muß sich der Eingriff gegen den Betrieb als solchen richten und darf nicht die vom Gewerbebetrieb ohne weiteres ablösbaren Rechte oder Rechtsgüter betreffen[157]. Ein Eingriff wird verneint, wenn sich die angegriffene Äußerung weder direkt mit einem Unternehmen noch mit einem Produkt befaßt[158]. Auch die Kreditschädigung gem. § 824 BGB verlangt, daß „ein anderer" betroffen ist, daß sich also die verbreitete Äußerung mit dem Kläger befaßt oder zu dessen Verhältnissen in enger Beziehung steht[159]. Dies ist der Fall, wenn der Produktname genannt wird. Das OLG Hamburg hatte den Begriff „anderer" bei Unternehmen der Zuckerindustrie abgelehnt, als ein Verbraucherverband Zucker als Schadstoff bezeichnete. Denn hier würde nur die Produktgattung genannt, so daß es an

---

[156] BGH v.21.6.1966, Z 45, 296, 307 – Höllenfeuer; BGH v.15.11.1982, Z 86, 152 – Elbe-Seitenkanal.

[157] BGH v.9.12.1958, Z 29, 65, 74 – Stromkabel; *Fikentscher*, Schuldrecht, Rdnr. 1222; Palandt/*Thomas*, § 823 Rdnr. 21; kritisch gegen dieses Kriterium *Kötz*, Deliktsrecht, Rdnr. 82 f.

[158] *Brinkmann*, Der äußerungsrechtliche Unternehmensschutz in der Rechtsprechung des Bundesgerichtshofs, GRUR 1988, 516, 519; zustimmend *Paschke*, Warnungen vor Gesundheitsrisiken im Privatrecht in Damm/Hart (Hrsg.), Rechtliche Regulierung von Gesundheitsrisiken, 1993, S. 199, 210.

[159] BGH v.2.7.1963, NJW 1963, 1871 – Orgel; OLG Köln v. 19.4.1983, NJW 1985, 1643, 1644 – Reinigungsfirma; *Steffen* in RGRK, § 824 Rdnr. 29.

einer engen Beziehung zum Unternehmen fehle[160]. Die Unternehmenseinbußen sind dann nur mittelbar; die bloße Reflexwirkung[161] der Information greift nicht in Rechte des Unternehmens ein.

b) Voraussetzungen der Verbraucheraufklärung durch Private

Werden konkrete Produktnamen genannt, wie dies bei den vergleichenden Warentests der Stiftung Warentest geschieht, so liegt regelmäßig ein Eingriff vor[162]. Die zur Begründung der Rechtswidrigkeit erforderliche Güter- und Interessenabwägung greift dann zugunsten des Informanten ein, wenn das schutzbedürftige Interesse der Allgemeinheit an objektiven Informationen höher zu werten ist als die wirtschaftlichen Belange des Unternehmens[163]. Dazu muß die Untersuchung neutral und sachkundig vorgenommen werden und um Gewinnung eines objektiv richtigen Testergebnisses bemüht sein[164]. Neutralität verlangt eine ausreichende Unabhängigkeit des Prüfers vom Geprüften[165]. Folge davon ist, daß der Warentest dann nicht zu Wettbewerbszwecken im Sinne des UWG stattfindet und damit Ansprüche aus dem Gesetz gegen unlauteren Wettbewerb ausscheiden[166] [167]. Prüfer und Sachverständige müssen die notwendige Sachkunde besitzen. Ausreichend ist ein Bemühen um Richtigkeit. Liegen diese Voraussetzungen vor, hat das Testunternehmen in bezug auf die Angemessenheit der Prüfungsmethode, die Auswahl der Objekte und die anschließende Darstellung der Prüfungsergebnisse einen Ermessensspielraum[168]. Als weitere Voraussetzung bedarf

---

[160] OLG Hamburg v.29.10.1987, NJW 1988, 3211 – Warnung vor Zucker. Ebenso fehlte es an den Voraussetzungen der §§ 823 und 824, als die Sendung „Monitor" auf die Mißstände der Fischwirtschaft hinwies, AG Köln v.11.4.1988, AfP 1988, 390, 391 – Kritik an Fischwirtschaft. Auch der Bezeichnung von Buchenholzstaub als krebserregend in der MAK-Liste wurde die Eingriffsqualität abgesprochen, LG Bonn v.21.2.1989, NJW 1989, 2263, 2264 – Bezeichnung von Buchenholzstaub als krebserregend in MAK-Liste.

[161] AG Köln v.11.4.1988, AfP 1988, 390, 391 – Kritik an Fischwirtschaft; LG Bonn v.21.2.1989, NJW 1989, 2263 – Bezeichnung von Buchenholzstaub als krebserregend in MAK-Liste.

[162] S. auch OLG Stuttgart v.21.3.1990, NJW 1990, 2690, 2694 – Birkel.

[163] BGH v.3.12.1985, NJW 1986, 981 – Warentest III.

[164] BGH v.9.12.1975, Z 65, 324, 334 – Warentest II; BGH v.10.3.1987, NJW 1987, 2222, 2223 – Warentest IV; s. auch *Assmann/Kübler*, Testhaftung und Testwerbung, ZHR 142 (1978), 413ff = *diesselben*, Staatliche Verbraucherinformation im Ordnungsgefüge des Privatrechts, 1981, S. 61ff.

[165] Baumbach/*Hefermehl*, § 1 Rdnr. 408f.

[166] Ebenso *Paschke* in Damm/Hart (Hrsg.), S. 199, 208; die Rechtsprechung verneint dagegen die Wettbewerbsförderungsabsicht und schließt damit die Anwendung des UWG aus, OLG Karlsruhe v.14.6.1989, GRUR 1989, 681 – Wasserenthärter.

[167] Die Neutralität hat damit den Vorteil, daß der Geschädigte nach Deliktsrecht die unwahre Aussage beweisen muß, während nach dem UWG diese Beweislast den Aussagenden träfe, Baumbach/*Hefermehl*, vor §§ 14, 15 Rdnr. 29; Larenz/*Canaris*, Schuldrecht II 2, § 79 I 3, S. 469.

[168] BGH v.9.12.1975, Z 65, 324, 334 – Warentest II; BGH v.10.3.1987, NJW 1987, 2222, 2223 – Warentest IV; *Fikentscher*, Schuldrecht, Rdnr. 1218 unter (4); Palandt/*Thomas*, § 823

die Information eines sachlichen Anlasses. Dieser Anlaß ist weit zu verstehen; in der Entscheidung des BGH durfte die „Tagesschau", die über die Schließung von Kindergärten wegen zu hoher Raumluftkonzentration von Formaldehyd berichtete, ein Produkt zeigen, das Formaldehyd enthielt[169]. Zwar betonte der BGH, daß die Fernsehanstalt dem nachhaltigen Eindruck der Ausstrahlung Rechnung tragen muß und prüfte, ob das Einblenden des Produktes verhältnismäßig war. Aber er bejahte dies und stellte gleichzeitig auch fest, daß das Fernsehen nicht verpflichtet ist, in einer „den betreffenden Hersteller möglichst schonenden Weise zu verfahren"[170].

Bei der Frage, in welchem Umfang private Verbraucherverbände informieren dürfen, ist für den BGH das Argument von entscheidender Bedeutung, daß eine der Wahrheit entsprechende Kritik vom Gewerbetreibenden grundsätzlich hinzunehmen sei[171]. Dies ließe sich bereits aus § 824 BGB und § 14 UWG entnehmen. Der Unternehmer müsse sich deshalb gefallen lassen, daß über Güte und Preiswürdigkeit seiner Waren im Vergleich mit anderen kritisch berichtet würde. Das Interesse, den Markt für den Verbraucher übersichtlicher und transparenter zu machen, verdiene Vorrang vor dem Interesse des Gewerbetreibenden, unbehelligt zu bleiben[172]. Damit liegen kritische Äußerungen im Rahmen der Meinungs- und Pressefreiheit des Art. 5 I GG vor, und diese Freiheit gehe den Interessen des Unternehmens vor[173]. Vor diesem Hintergrund betont der BGH das Ermessen bei der Berichterstattung[174]. Damit korrespondiert die eingeschränkte Kontrolldichte der Gerichte.

Rdnr. 22. Auch ist die Stiftung Warentest nicht ohne weiteres an die DIN-Normen gebunden, BGH v.10.3.1987, NJW 1987, 2222, 2223 und Ls 1 – Warentest IV.

[169] BGH v.25.11.1986, NJW 1987, 2746 – Berichterstattung über formaldehydhaltige Desinfektionsmittel (Antiseptica).

[170] Im Ergebnis war damit die Ausstrahlung des Berichts rechtmäßig, BGH v.25.11.1986, NJW 1987, 2746 – Berichterstattung über formaldehydhaltige Desinfektionsmittel (Antiseptica). Nach *Brüggemeier* (Anm. zu BGH v.25.11.1986 – Berichterstattung über formaldehydhaltige Desinfektionsmittel, JZ 1987, 415, 416) liegen die Grenzen der unzulässigen Anprangerung bei der vorsätzlichen sittenwidrigen Schädigung des § 826 BGB.

[171] BGH v.25.11.1986, NJW 1987, 2746 – Berichterstattung über formaldehydhaltige Desinfektionsmittel (Antiseptica); *Paschke*, AfP 1991, 89, 90 = *derselbe* in Damm/Hart (Hrsg.), S. 199, 205; *Köck*, Produktinformationen im Umwelt- und Gesundheitsbereich durch Verbraucherorganisationen, VuR 1991, 181, 184.

[172] LG Köln v. 15.5.1963, BB 1963, 832 – Warentest; Baumbach/*Hefermehl*, § 1 UWG Rdnr. 407.

[173] BGH v.25.11.1986, NJW 1987, 2746 – Berichterstattung über formaldehydhaltige Desinfektionsmittel (Antiseptica); zustimmend *Brüggemeier*, JZ 1987, 415, 416; *Paschke* in Damm/Hart (Hrsg.), S. 199, 209.

[174] BGH v.25.11.1986, NJW 1987, 2746 – Berichterstattung über formaldehydhaltige Desinfektionsmittel (Antiseptica); BGH v.21.6.1966, Z 45, 296, 308 – Höllenfeuer. Zu den Voraussetzungen des Boykotts s. *Möllers*, Zur Zulässigkeit des Boykottaufrufes – Brent Spar und Mururoa, NJW 1996, im Erscheinen.

2. Informationsrecht des Staates

Das Recht des Staates zu informieren folgt eigenen Regeln. Beim Handeln des Staates sind grundsätzlich Kompetenz, Eingriff und, daraus folgend, die für den Eingriff erforderliche Ermächtigungsgrundlage zu prüfen. Die Frage, wer im einzelnen für die Information zuständig ist (also der Kompetenz) soll an dieser Stelle nicht weiter erörtert werden[175]. Im folgenden sollen aber die Problematik des Eingriffs und der Ermächtigungsgrundlage kurz (a, b), die Frage nach den inhaltlichen Anforderungen (3.) etwas ausführlicher beleuchtet werden.

a) Information als Eingriff in Rechte des Unternehmens

Heftig umstritten ist, in welchen Fällen ein Eingriff in die Grundrechte des Unternehmens vorliegt, wenn sich staatliche Stellen mit Gefahr- oder Risikoinformationen an die Öffentlichkeit wenden. Diese Frage ist deshalb besonders bedeutsam, weil nur ein Eingriff in ein Grundrecht eine Ermächtigungsgrundlage erfordert.

Als betroffenes Grundrecht kommt neben dem Recht am eingerichteten und ausgeübten Gewerbebetrieb, der gem. Art. 14 I GG geschützt wird[176], und der Wettbewerbsfreiheit nach Art. 2 I GG[177] vor allem die Berufsfreiheit gem. Art. 12 I GG in Betracht, wenn die beruflichen Entfaltungsmöglichkeiten eines Unternehmens durch öffentliche negative Äußerungen staatlicher Stellen über seine konkret angesprochenen Erzeugnisse oder Leistungen nachhaltig eingeschränkt werden[178].

Für die Frage, wann ein Eingriff in Rechte des Unternehmens vorliegt, sobald staatliche Behörden die Öffentlichkeit informieren, wird eine Reihe von unterschiedlichen Kriterien genannt. Nach Auffassung des BGH muß eine Maßnahme unmittelbar in die Rechte des Unternehmens eingreifen[179].

---

[175] S. z.B. *Heidel*, Keine Bundeskompetenz zur Warnung vor Lebensmitteln, ZLR 1989, 447ff; *Philipp*, Staatliche Verbraucherinformation, S. 55ff.

[176] BVerwG v.7.6.1990, NJW 1990, 3260 – KakaoVO; S. *Papier* in Maunz/Dürig/Herzog/Scholz, Grundgesetz, Art. 14 Rdnr. 96; *Ossenbühl*, ZHR 155 (1991), 333, 346; a.A. *Philipp*, Staatliche Verbraucherinformation, S. 175; *Lübbe-Wolff*, Anmerkung zu LG Bielefeld v.1.9.1987 – Warnung vor strahlenbelastetem Island-Moos, NWVBl 1988, 279, 280.

[177] Bis jetzt ist von der Rechtsprechung noch nicht abschließend entschieden, ob die Wettbewerbsfreiheit nur über Art. 2 I GG oder daneben über Art. 12 I GG geschützt wird, s. BVerwG v.18.4.1985, E 71, 183, 189f – Transparenzliste.

[178] Zu Art. 12 I GG: BVerwG v.18.10.1990, E 87, 37, 44 und Ls 1 – Veröffentlichung einer Liste diethylenglykolhaltiger Weine; *Schoch*, Staatliche Informationspolitik und Berufsfreiheit, DVBl 1991, 667, 669; *Schürmann*, Öffentlichkeitsarbeit der Bundesregierung, 1991, S. 262ff; *Papier*, UTR 1994, 105, 121.

[179] BGH v.15.3.1962, Z 37, 44, 46f – Truppenübungsplatz; OLG Stuttgart v.21.3.1990, NJW 1990, 2690, 2693 – Birkel; LG Stuttgart v.23.5.1989, NJW 1989, 2257 – Birkel: bei Benennung des Herstellers.

Nach einer zweiten Auffassung muß der Eingriff final sein, was bereits dann zu bejahen ist, wenn mit der Äußerung zielgerichtet bestimmte Rahmenbedingungen verändert werden, um zu Lasten bestimmter Unternehmen einen im öffentlichen Interesse liegenden Erfolg herbeizuführen[180]. Nach einer dritten Auffassung ist die Schwere oder die Intensität der Maßnahme für die Bejahung eines Eingriffes maßgeblich. Die Schwere des Eingriffs wird dabei zunehmend subjektiv definiert: Der Eingriff ist schwer, wenn die Behörde die Folgen der gewarnten Öffentlichkeit beabsichtigt oder zumindest gesehen und in Kauf genommen hat"[181]. Von anderer Seite werden diese drei klassischen Merkmale eines Eingriffs (Unmittelbarkeit, Finalität und Intensität) als zu unbestimmt kritisiert[182]. Statt dessen wird für die Frage, ob ein Eingriff vorliegt, als weiteres Kriterium die Relation zwischen ursächlichem Verhalten und beeinträchtigender Wirkung (die sog. Dichte der Erfolgsbeziehung) genannt[183]. Nach anderer Ansicht soll die Dichte des Regelungswerkes einen Ausschlag für die Frage des Eingriffs geben[184]. Schließlich soll die Eingriffsqualität von dem „tatbestandlichen Bestandsschutz des einzelnen Grundrechts" abhängen[185]. Als weiteres Kriterium wird endlich die Inanspruchnahme staatlicher Autorität genannt, um die Schwere des Eingriffs zu bejahen[186]. Schließlich ist problematisch, ob

[180] BVerwG v.18.4.1985, E 71, 183, 193f – Transparenzliste; *Pinger*, Die Aufrufe des Umweltbundesamtes, JuS 1988, 53, 55; *Ossenbühl*, Umweltpflege durch behördliche Warnung und Empfehlung, 1986, S. 31; *Dolde*, Behördliche Warnung vor nicht verkehrsfähigen Lebensmitteln, S. 18; *Di Fabio*, Risikoentscheidungen im Rechtsstaat, S. 400 Fn. 26; *Badura*, Anmerkung zu BVerwG v.27.3.1992, – Bhagwan, JZ 1993, 37, 39.

[181] BVerwG v.23.5.1989, E 82, 76, 79 – Jugendsekte.

[182] *Schulte*, Informales Verwaltungshandeln als Mittel staatlicher Umwelt- und Gesundheitspflege, DVBl 1988, 512, 517; *derselbe*, Anmerkung zu BVerwG v.18.10.1990, E 87, 37 – Veröffentlichung einer Liste diethylenglykolhaltiger Weine, WUR 1991, 229, 231; *Lübbe-Wolff*, Die Grundrechte als Eingriffsabwehrrechte, 1988, S. 42; *Bleckmann/Eckhoff*, Der „mittelbare" Grundrechtseingriff, DVBl 1988, 373, 376; ähnlich *Di Fabio*, Risikoentscheidungen im Rechtsstaat, S. 425ff. S. bereits *Gallwas*, Faktische Beeinträchtigungen im Bereich der Grundrechte, 1970, S. 21.

[183] *Ramsauer*, Die faktischen Beeinträchtigungen des Eigentums, 1980, S. 130ff; *derselbe*, Die Bestimmung des Schutzbereichs von Grundrechten nach dem Normzweck, VerwArch 72 (1981), 89, 103; ihm folgend: *Schürmann*, Öffentlichkeitsarbeit der Bundesregierung, S. 278.

[184] Je dichter der Staat einen Bereich wirtschaftlicher Betätigung gestaltend verändert, desto eher erweisen sich Einzelmaßnahmen als Eingriff, *Di Fabio*, Risikoentscheidungen im Rechtsstaat, S. 432f. Das hat für ihn zur Folge, daß die Arzneimittel-Schnellinformation (ASI) einen Eingriff darstellt und somit eine Ermächtigungsgrundlage erfordert. Zum ASI s. gerade § 9.II.3.a). Daneben soll ein Eingriff dann vorliegen, wenn die Information über das engere Fachpublikum hinaus öffentliche Resonanz erzeugt, *Di Fabio*, Risikoentscheidungen im Rechtsstaat, S. 435; dagegen *Möllers*, JZ 1994, 1110, 1112.

[185] Danach wäre der Staat im religiösen Bereich zur größeren Zurückhaltung verpflichtet als im Wirtschaftsleben, *Robbers*, AfP 1988, 84, 85; *Heintzen*, Staatliche Warnungen als Grundrechtsproblem, VerwArch 81 (1990), 532, 544.

[186] BVerwG v.23.5.1989, E 82, 76, 79 – Jugendsekte.

diese Kriterien alternativ[187] oder kumulativ vorliegen müssen und wie die Kriterien zu gewichten sind[188].

Weil Öffentlichkeitsarbeit ganz unterschiedliche Formen umfassen kann, wird von einer Meinung eine Dreiteilung vorgeschlagen. Ein Eingriff soll nicht vorliegen bei reiner Öffentlichkeitsarbeit oder Verbraucheraufklärung, soweit sich diese Information nicht gegen ein konkretes Produkt richtet[189]. Auch allgemein gehaltene Verhaltensempfehlungen, z.B. der Nichtkauf von bestimmten Produktgattungen mit umweltbelastenden Eigenschaften, sollen keinen Eingriff darstellen[190]. Ein gezielter, vollzugsgleicher Informationseingriff liege allerdings dann vor, wenn Produkt und Hersteller konkret beim Namen genannt würden[191].

b) *Ermächtigungsgrundlage*

Bejaht man in den schwerer wiegenden Fällen einen Eingriff, so ist weiterhin umstritten, welche Ermächtigungsgrundlagen einen solchen Eingriff legitimieren. Auch stellen viele Gesetze nur Aufgabennormen dar, ohne daß deshalb eine solche Norm ohne weiteres zu einem Grundrechtseingriff ermächtigt. Bis jetzt erlauben nur einige wenige Gesetze eine Veröffentlichung von Daten des Unternehmens durch Behörden. So wird gem. § 46 BImSchG ein Emissionskataster veröffentlicht[192]. Bei technischen Arbeits-

---

[187] Nach Auffassung des 7. Senates reicht z.B. die Schwere des Eingriffs aus; auf die Finalität wird nicht abgestellt, BVerwG v.30.8.1968, E 30, 191, 198f – Weinbausubventionierung. A.A. der 3. Senat, der zudem die Finalität prüft, BVerwG v.18.4.1985, E 71, 183, 193f – Transparenzliste. In einem neueren Urteil prüft der 7. Senat jedoch auch die Finalität, BVerwG v.27.3.1992, JZ 1993, 33, 35 - Bhagwan.

[188] Im Sinne eines Beweglichen Systems z.B. *Schürmann*, Öffentlichkeitsarbeit der Bundesregierung, S. 279. S. auch *Scherzberg*, Grundrechtsschutz und Eingriffsintensität, 1989.

[189] *Philipp*, Staatliche Verbraucherinformation im Umwelt- und Gesundheitsrecht, S. 158, 232; *Gröschner*, DVBl 1990, 619, 621; *Gramm*, Aufklärung durch staatliche Publikumsinformation 30 (1991), 51, 78; *Schürmann*, Öffentlichkeitsarbeit der Bundesregierung, S. 281.

[190] Sehr umstritten; *Schürmann*, Öffentlichkeitsarbeit der Bundesregierung, S. 282. Nach anderer Auffassung enthält auch die produktbezogene Empfehlung eine Warnung über das nicht empfohlene Produkt und ist damit als Eingriff zu qualifizieren, *Gröschner*, DVBl 1990, 619, 621; *derselbe*, WUR 1991, 71, 74; *Ossenbühl*, Umweltpflege durch behördliche Warnung und Empfehlung, S. 14ff; *derselbe*, Informelles Hoheitshandeln im Gesundheits- und Umweltschutz, UTR 3 (1987), 27ff.

[191] *Philipp*, Staatliche Verbraucherinformation, S. 157; *Gröschner*, DVBl 1990, 619, 621; Gusy, JZ 1989, 1003, 1005; ähnlich *Kloepfer*, Umweltrecht, § 4 Rdnr. 155, S. 164; *Schürmann*, Öffentlichkeitsarbeit der Bundesregierung, S. 284; *Fricke*, Warnen statt mahnen?, VersR 1992, 1325, 1327; *Gramm*, Der Staat 30 (1991), 49, 78. Dagegen betont *Köck* (Risiko-Information – Zur Diskussion um produktbezogene behördliche Informationstätigkeit im Umwelt- und Gesundheitsbereich in Damm/Hart (Hrsg.), 1993, S. 215, 227) zu Recht, daß nicht jede den Namen des Produktes nennende Warnung einen Eingriff darstellen muß. Zudem müßten die Finalität und die Intensität Berücksichtigung finden.

[192] Auch die Emissionserklärungen der einzelnen Unternehmen dürfen veröffentlicht werden, da § 27 III BImSchG dies nur verbietet, soweit Betriebsgeheimnisse tangiert würden,

mitteln bietet § 6 I 2 GSG eine Ermächtigungsgrundlage für eine öffentliche Warnung. Ansonsten bleibt nur die polizeirechtliche Generalklausel, welche in den einzelnen Bundesländern das Recht zur öffentlichen Warnung gibt[193]. Mangels entsprechender Ermächtigungsgrundlagen wird bezweifelt, ob der Bund ein entsprechendes Recht auf Warnung hat. Zum Teil wird eine solche Ermächtigungsgrundlage „in der verfassungsrechtlichen Aufgabenstellung der Bundesregierung und deren Befugnissen zur Information und Aufklärung der Öffentlichkeit" gesehen, die auch staatliche Empfehlungen und Warnungen gestatte[194]. Die überwiegende Literaturauffassung lehnt eine solche Ermächtigungsgrundlage des Bundes für Warnungen mit gezielter Namensnennung ab, weil damit die polizeirechtlichen Kompetenzen der Länder ausgehöhlt und der Grundsatz des Gesetzesvorbehalts aufgegeben würden[195].

Die Frage nach der richtigen Ermächtigungsgrundlage kann an dieser Stelle nicht entschieden werden: Öffentlich-rechtliche Rechtsprechung und Literatur sind hier noch im Fluß. Um informales Handeln durch zu hohe Anforderungen an die Gesetzmäßigkeit letztlich nicht vollständig ad absurdum zu führen, erscheint es allerdings für ein Handeln der Verwaltung ausreichend, wenn sich ihrer gesetzlichen Aufgabenzuweisung mit hinreichender Deutlichkeit auch die Zuweisung einer entsprechenden Befugnis ent-

Jarass, BImSchG, § 27 Rdnr. 11; *Rehbinder* in Kloepfer/Schmidt-Aßmann/Rehbinder, UGB-AT, S. 408.

193 VGH Mannheim v.29.9.1988, DÖV 1989, 169 – Jugendsekte. Inzwischen hat Baden-Württemberg eine rechtliche Grundlage für eine Warnung bei Lebensmitteln erlassen, Gesetz zur Ausführung des Lebensmittel- und Bedarfsgegenständegesetzes (AGLMBG BW) v. 9.7.1991, GBl 473.

194 BVerwG v.23.5.1989, E 82, 76, 79ff – Jugendsekte; BVerfG v.15.8.1989, NJW 1989, 3269 – Jugendsekte; BVerwG v.18.10.1990, E 87, 37, 47 – Veröffentlichung einer Liste diethylenglykolhaltiger Weine; BVerwG v.13.3.1991, NJW 1991, 1770f – Bhagwan. *Brohm* (Rechtsstaatliche Vorgaben für informelles Verwaltungshandeln, DVBl 1994, 133, 136) möchte eine Ermächtigungsgrundlage nicht in der Verfassung, sondern in einer gewohnheitsrechtlich geltenden Polizeiklausel des Bundes sehen.

195 *Zuck*, Die Eingriffswarnung, MDR 1988, 1020, 1022; *Badura*, Der Schutz von Religion und Weltanschauung durch das Grundgesetz, 1989, S. 84; *Gusy*, Anmerkungen zu BVerwG v.23.5.1989, E 82, 76 – Jugendsekte, JZ 1989, 1003, 1005; *Berg*, Die behördliche Warnung – eine neue Handlungsform des Verwaltungsrechts?, ZLR 1990, 565, 568ff; *Heintzen*, VerwArch 81 (1990), 532, 549ff, 556; *Gröschner*, DVBl 1991, 619, 629; *Ossenbühl*, ZHR 155 (1991), 329, 333; *Schoch*, DVBl 1991, 667, 672ff; *H.-A. Hesse*, Der Schutzstaat geht um, JZ 1991, 744, 747; *Brandt*, Warnungen vor Gesundheitsrisiken – öffentlich-rechtliche Probleme in Damm/Hart (Hrsg.), Rechtliche Regulierung von Gesundheitsrisiken, 1993, S. 187, 196.

Noch weitergehend wird die Auffassung vertreten, daß die bereits jetzt vorhandenen gesetzlichen Grundlagen des Bundes zur Warnung, wie z.B. § 9 I 1 StrVG, mangels Zuständigkeit des Bundes verfassungwidrig seien, *Voitl*, Behördliche Warnkompetenz im Bundesstaat, 1994, S. 103. Allerdings bejaht auch er (S. 87ff) eine Notkompetenz des Bundes in Dringlichkeitsfällen; ebenso *Philipp*, S. 62, 228; *Heintzen*, Hoheitliche Warnungen und Empfehlungen im Bundesstaat, NJW 1990, 1448, 1450; *Ossenbühl*, ZHR 155 (1991), 329, 333. Von Amtshilfe sprechen dagegen *Gröschner*, DVBl 1990, 619, 624; *Köck* in Damm/Hart (Hrsg.), S. 215, 224.

nehmen läßt[196]. So berechtigt § 2 I Nr. 2 UBAG das Umweltbundesamt zur Aufklärung der Öffentlichkeit in Umweltfragen[197]; nach § 4 IV GNG sind die aus dem BGA entstandenen Bundesinstitute berechtigt, im Rahmen ihrer Zuständigkeit die Öffentlichkeit zu informieren[198]. Wird das Ziel des Umweltbundesamtes für rechtmäßig erachtet, das umweltschädigende Produkt vom Markt zu entfernen, kann es nicht maßgeblich sein, ob der Name des Produktes genannt wird oder nicht.

3. Anforderungen an die produktbezogene behördliche Warnung

Auch bei der Frage, welche inhaltlichen Anforderungen an produktbezogene behördliche Warnungen zu stellen sind, ist nahezu jedes einzelne Kriterium umstritten.

a) Sachlicher Anlaß ist ausreichend

Es wird die Auffassung vertreten, die Voraussetzungen einer Warnung entsprächen den Voraussetzungen der polizeilichen Generalklausel: Man könne ein „Ob" und ein „Wie" unterscheiden[199]. Ein hinreichender Anlaß verlange eine Gefahr für die persönlichen Rechtsgüter[200]. Liege keine Gesundheitsgefahr vor, sondern – wie im Birkel-Fall – nur ein Verstoß gegen Täuschungsvorschriften, dürfe auch nicht gewarnt werden[201]. Etwas weitergehend erlaubt § 106 IV 1 UGB-E des Professorenentwurfs der

---

[196] So präzisierend das BVerwG v.27.3.1992, JZ 1993, 33, 37 m. zustimmender Anm. Badura, 38 – Bhagwan; ebenso für das ASI im Stufenplanverfahren *Di Fabio*, Risikoentscheidungen im Rechtsstaat, S. 437 für das Arzneimittel-Informationssystem. A.A. insbesondere *Gröschner*, WUR 1991, 71, 77; *derselbe*, Anmerkung zu BVerwG v.18.10.1990, E 87, 37 – Veröffentlichung einer Liste diethylenglykolhaltiger Weine, JZ 1991, 624, 628; *Schoch*, DVBl 1991, 667. Zu den Argumenten s. gerade oben § 9.III.1.b).

[197] Gesetz über die Errichtung eines Umweltbundesamtes v.22.7.1974 (UBAG), geändert durch VO v.26.11.1986, BGBl 2089; a.A. ausdrücklich *Gröschner*, WUR 1991, 71, 74; *Sodan*, Gesundheitsbehördliche Informationstätigkeit und Grundrechtsschutz, DÖV 1987, 858, 866.

[198] Gesetz über die Neuordnung zentraler Einrichtungen des Gesundheitswesens v.24.6.1994, BGBl I 1416.

[199] OLG Stuttgart v.21.3.1990, NJW 1990, 2690, 2693 – Birkel; Vorinstanz: LG Stuttgart v.23.5.1989, NJW 1989, 2257, 2258; *Philipp*, Staatliche Verbraucherinformation im Umwelt- und Gesundheitsrecht, 1989, S. 120; *Ossenbühl*, ZHR 155 (1991), 333, 335.

[200] BVerwG v.23.5.1989, E 82, 76, 83 – Jugendsekte; BVerwG v.13.3.1991, NJW 1991, 1770 – Bhagwan; *Ossenbühl*, ZHR 155 (1991), 333, 335. Zu den Voraussetzungen des begründeten Verdachts s. oben § 2.I.4.

[201] *Hummel-Liljegren*, Staatliche Warnungen vor unschädlichen Lebensmitteln sind unverhältnismäßig, unzumutbar und verfassungswidrig, ZLR 1991, 126 ff; *Schade* (Öffentliche Warnungen zum Schutz der Verbraucher vor Gesundheitsschäden durch Lebensmittel, Kosmetika und Bedarfsgegenstände, ZLR 1991, 601, 605) verneint das Recht zur Warnung, wenn trotz Überschreitens von Grenzwerten keine Gesundheitsgefahr besteht. *Ossenbühl*, Umweltpflege durch behördliche Warnung und Empfehlungen, S. 41; *Dolde*, Behördliche Warnung vor nicht verkehrsfähigen Lebensmitteln, S. 27 f.

Behörde eine Veröffentlichung von Daten des Unternehmens auch dann, wenn „überwiegende Gründe des Allgemeinwohls die Information der Allgemeinheit erfordern".

Auf der anderen Seite wurde aufgezeigt, daß bei Information durch Private der Verbraucher auch aufgeklärt werden darf, ohne daß die genannten engen Voraussetzungen vorliegen müssen, d.h. ein sachlicher Anlaß ist ausreichend. Dieser sachliche Anlaß ist weit zu verstehen und darf nur nicht in Schmähkritik ausarten. Begründet wurde dies damit, daß das Unternehmen eine der Wahrheit entsprechende Kritik hinnehmen muß, weil diese Äußerungen den Interessen des Unternehmens im Rahmen der Meinungs- und Pressefreiheit des Art. 5 I GG vorgehen[202]. Diese Grundsätze privater Verbraucheraufklärung könnten auf staatliche Informationen übertragbar sein. Dagegen spricht, daß sich staatliche Organe nicht auf Art. 5 I GG als Abwehrrecht berufen können. Für staatliche Organe ist immer die Befugnisnorm entscheidend, um die Öffentlichkeit informieren zu dürfen[203]. Überzeugend erscheint der Einwand, daß Informationen von Privaten und Informationen seitens des Staates sich von ihrem Wesen her unterscheiden. Zwar kann auch eine private Organisation, wie die Stiftung Warentest, ein hohes Ansehen genießen. Staatliche Informationen nehmen darüber hinaus staatliche Autorität in Anspruch[204]. Zwischen Privaten spricht die Rechtsprechung zu Recht vom geistigen Meinungskampf, bei dem der mündige Bürger in der freiheitlichen Demokratie selbst aufgerufen ist zu erkennen, ob die Kritik berechtigt ist. Es besteht eine Vermutung für die Zulässigkeit der „freien Rede"[205]. Ein solcher gleichrangiger Meinungskampf besteht jedoch nicht, wenn staatlichen Organen kraft ihrer staatlichen Legitimation ein deutlich höheres Maß an Autorität zukommt als privaten Stellen.

Trotz dieses Autoritätsanspruchs des Staates haben private Verbraucherverbände und staatliche Stellen aber eines gemein: Sie wollen im Interesse des Verbrauchers unter volkswirtschaftlichen Gesichtspunkten Markttransparenz herstellen[206]. Denn ein funktionsfähiger Markt setzt ein relativ hohes Maß an Transparenz voraus, d.h. an Verfügbarkeit der für das individuelle Marktverhalten entscheidungserheblichen Preis- und Qualitätsinformationen[207].

---

[202] S. gerade § 9.III.1.b).

[203] *Wendt* in v.Münch/Kunig, GG, Art. 5 Rdnr. 7; *Jarrass/Pieroth*, GG, 2.Aufl., 1992, Art. 5 Rdnr. 6; *Philipp*, Staatliche Verbraucherinformation, S. 53f; *Gramm*, Aufklärung durch staatliche Verbraucherinformation 30 (1991), 51, 74.

[204] S. oben als Kriterium für einen Eingriff § 9.III.1.b); *Philipp*, Staatliche Verbraucherinformation, S. 145.

[205] S. bereits BGH v.21.6.1966, Z 45, 296, 308 – Höllenfeuer; BGH v.9.12.1975, Z 65, 325, 331f – Warentest II.

[206] BGH v.9.12.1975, Z 65, 325, 332 – Warentest II; *Gröschner*, WUR 1991, 71, 76; *Köck*, VuR 1991, 181, 182. Zur Rolle der Werbung s. bereits oben § 5.II.2.a), S. 156f.

[207] *Lübbe-Wolff*, NJW 1987, 2705, 2711. Noch weitergehend mit dem informierten Bürger als Grundlage einer pluralistischen Demokratie argumentierend *Henning*, Öffentlichkeitsarbeit des öffentlichen Gesundheitsdienstes und des BGA, Bundesgesundheitsbl 33 (1990), 64, 65.

Zweck der Stiftung Warentest ist es, Untersuchungen an miteinander vergleichbaren Waren durchzuführen. In diesem Rahmen darf die Stiftung auch informieren[208]. Erst recht müssen dann Behörden zu einer Information an den Verbraucher berechtigt sein, wenn nicht nur entscheidungserhebliche Preis- und Qualitätsinformationen, sondern Informationen zum Schutz der Gesundheit und Umwelt weitergegeben werden sollen. Schließlich läßt sich auch der schon mehrmals erwähnte Grundsatz der Eigenverantwortung zu Hilfe nehmen, um die Behörde zur Verbraucherinformation zu berechtigen. Das Unternehmen ist bereits deliktsrechtlich originär verpflichtet, nicht nur bei Gefahren, sondern auch bei einem Gefährlichkeitsverdacht Informationen zu sammeln und gegebenenfalls den Verbraucher zu informieren[209]. Bejaht man für den Bereich des Gefährlichkeitsverdachts die unternehmerische Eigenverantwortung, so müssen deshalb sekundär auch die staatlichen Stellen die Möglichkeit haben, den Verbraucher zu informieren[210].

Deliktsrechtliche Informationspflichten finden jedoch ihre Grenzen, wenn mangels Rechtsgüterbedrohung allein die Umwelt geschädigt wird oder mangels wissenschaftlicher Anhaltspunkte ein Gefährlichkeitsverdacht (noch) nicht bejaht werden kann, man sich also im Bereich der Vorsorge befindet[211]. In diesem Bereich können staatliche Informationen eine wichtige Ergänzungsfunktion übernehmen. Die Zulässigkeit von Information im Umweltbereich läßt sich damit rechtfertigen, daß Unternehmen keinen Anspruch haben, vor der Wahrheit entsprechender Kritik geschützt zu werden[212]. Der obige Babybrei-Fall zeigt[213], daß bereits ein sachlicher Anlaß unterhalb einer Gefahr ausreichen muß, damit staatliche Stellen den Namen des Herstellers nennen und damit in Rechte des Unternehmens eingreifen dürfen. In diesem Fall wäre eine rein produktgattungsbezogene Warnung unrichtig gewesen.

Damit sind die Auffassungen abzulehnen, die eine den Namen des Produktes nennende Information nur dann zulassen wollen, wenn dies eine Gefahr oder ein überwiegendes Interesse des Allgemeinwohls erfordert[214].

---

[208] BGH v.9.12.1975, Z 65, 325, 332- Warentest II.

[209] Zu diesem Grundsatz und seinen Ausformungen s. § 5.IV.1.a); § 6.III.1.b); § 8.I.4.b).

[210] Inwieweit staatliche Verbraucheraufklärung sich auf den objektivrechtlichen-institutionellen Sinngehalt des Art. 5 I GG stützen kann, mag dahinstehen, so *Robbers*, AfP 1990, 89, 94, der sich auf BVerfG v.20.4.1982, E 60, 234, 241 – Kredithai beruft. Zu Art. 5 GG für die Öffentlichkeitsarbeit der Bundesregierung auch BVerwG v.27.3.1992, JZ 1993, 33, 36 – Bhagwan.

[211] § 5.II.1.b) und § 8.II.3.

[212] S. dazu gerade § 9.III.1.b).

[213] Zum Babybrei-Fall s. § 9.II.2.a).

[214] Ähnlich im Ergebnis auch *Köck* in Damm/Hart (Hrsg.), S. 215, 232. Auch das OLG Stuttgart (v.21.3.1990, NJW 1990, 2690, 2693 – Birkel) betont, daß die Warnung vor nicht verkehrsfähigen Lebenmitteln zulässig ist; zustimmend *Stillner*, NJW 1991, 1340; *Schoch*, WUR 1990, 43, 46.

Ausreichend ist ein sachlicher Anlaß[215]. Den Besonderheiten einer staatlichen Warnung kann zudem bei dem „Wie", also der Art und Weise der staatlichen Information, Rechnung getragen werden.

b) Hinzuziehung des Sachverstandes Dritter

Vergleichbar mit den Anforderungen an Private[216] muß auch die Behörde ihre Untersuchung neutral und sachkundig vornehmen und um Gewinnung eines objektiv richtigen Testergebnisses bemüht sein. Regelmäßig ist in dieser Phase auch der Sachverstand Dritter hinzuzuziehen[217]. Die Behörde ist – wie auch ein Richter – verpflichtet, zu prüfen, ob der Sachverständige von einem zutreffenden Sachverhalt ausgegangen ist und seine Schlußfolgerungen widerspruchsfrei sind[218].

c) Verfahren: Anhörung des Unternehmens

Umstritten ist auch die Frage, inwieweit das Unternehmen angehört werden muß, bevor staatliche Organe über das Unternehmen gezielt informieren. Die Notwendigkeit einer Anhörung wird zum Teil mit dem Argument abgelehnt, daß damit die Behörde mit ihrem „informalen" Verfahren zu sehr eingeengt würde. Oft fehle der Behörde ein besonderer Rechtsbindungswillen[219]. Dem ist jedoch entgegenzuhalten, daß Grundrechte auch im informalen Verfahren durch die Information gegenüber der Öffentlichkeit tangiert werden. Das Erfordernis der Anhörung läßt sich schon mit dem Gedanken des § 28 VwVfG begründen; die Behörde könnte ansonsten die Anhörung durch ihr „informales" Handeln bewußt umgehen[220]. Das Unternehmen ist deshalb – abgesehen von Eilfällen – anzuhören[221].

---

[215] Diese inhaltlichen Anforderungen werden bestätigt von dem Ergebnis, daß bereits eine Aufgabenbefugnis als Ermächtigungsgrundlage ausreicht, s. gerade § 9.III.2.b), Fn. 196ff.

[216] S. gerade § 9.III.1.b).

[217] Darauf weist *Ossenbühl* (ZHR 155 (1991), 333, 338) ausdrücklich hin. Das können auch die staatlichen Untersuchungsämter sein.

[218] OLG Stuttgart v.21.3.1990, NJW 1990, 2690, 2691 – Birkel; Vorinstanz: LG Stuttgart v.23.5.1989, NJW 1989, 2257, 2259; zustimmend *Ossenbühl*, ZHR 155 (1991), 329, 338; *Köck* in Damm/Hart (Hrsg.), S. 215, 233.

[219] *Wolff/Bachof/Stober*, Verwaltungsrecht I, 10. Aufl. 1994, § 57 Rdnr. 22.

[220] An dieser Stelle soll offenbleiben, ob nicht bereits das Recht des Unternehmens auf Gewährung rechtlichen Gehörs gem. Art. 103 GG zu einer Anhörung verpflichtet.

[221] LG Stuttgart v.23.5.1989, NJW 1989, 2257, 2260f – Birkel; *Ossenbühl*, Umweltpflege durch behördliche Warnung und Empfehlung, S. 67; *derselbe*, ZHR 155 (1991), 329, 333; *Philipp*, Staatliche Verbraucherinformation, S. 227f; *Schoch*, WuR 1990, 43, 47; *Schade*, ZLR 1991, 601, 608; *Brohm*, Rechtsstaatliche Vorgaben für informelles Verwaltungshandeln, DVBl 1994, 133, 136. So auch § 106 II 2 UGB-E und *Rehbinder* in Kloepfer/Schmidt-Aßmann/Rehbinder, UGB-AT, S. 409.

Oft weiß die Behörde aber (noch) nicht, ob die Gefahr besteht, und eine Gefahr läßt sich noch nicht ausreichend begründen[222]. Damit in dieser Situation die Behörde ausreichende Informationen erhält, ist sie auf die Mitarbeit des potentiellen Gefahrverursachers angewiesen. Zu Recht wird in der Literatur auf das oben beschriebene arzneimittelrechtliche Stufenplanverfahren verwiesen, das bereits vor einem begründeten Verdacht die Behörden verpflichtet, Informationen der Unternehmen zu sammeln und auszuwerten[223]. Verstößt das Unternehmen schließlich gegen die obengenannten Mitwirkungspflichten, darf die Behörde die Öffentlichkeit informieren. Auch trägt das Unternehmen dann die Beweislast, wenn unklar bleibt, ob eine bestimmte Gefahr bestanden hat[224].

d) Verhältnismäßigkeit: Subsidiarität der staatlichen Information

Des weiteren ist – wie auch sonst im Öffentlichen Recht – der Grundsatz der Verhältnismäßigkeit zu beachten[225]. Dieser Grundsatz hat zur Folge, daß eine öffentlich-rechtliche Warnung gegenüber der eigenen Warnung des Unternehmers immer subsidiär ist. Die öffentlich-rechtliche Warnung ist nicht erforderlich, wenn der Hersteller selbst warnt. Einen Hinweis für diesen Grundsatz gibt § 6 I 3 GSG[226]. Sowohl ein „stiller" als auch ein öffentlicher Rückruf des Unternehmers greifen i.d.R. deutlich weniger in Grundrechte des Unternehmens ein als Warnungen durch die Behörde[227]. Damit gewinnt die Notwendigkeit, daß die Behörde mit dem Unternehmen Kontakt aufnimmt, es anhört, auch an dieser Stelle eine essentielle Bedeutung.

---

[222] S. oben § 2.I.4.

[223] *Di Fabio*, Risikoentscheidungen im Rechtsstaat, S. 403ff; zum Stufenplanverfahren s. bereits genauer oben § 9.II.3.a). Zum Verfahren zwischen Bund und Ländern bei der Lebensmittelüberwachung s. *Ossenbühl*, ZHR 155 (1991), 333, 338. Je schwerer die drohende Gesundheitsbeeinträchtigung ist, desto kürzer kann die Prüfungsphase sein, *Philipp*, Staatliche Verbraucherinformation, S. 223. Dabei muß die Behörde auch die Möglichkeit haben, bereits bei einem Gefahrverdacht zu warnen, weil ansonsten die Möglichkeit der rechtzeitigen Produktwarnung leerliefe, LG Bielefeld v.1.9.1987 – Warnung vor strahlenbelastetem Island-Moos, NWVBl 1988, 279, 280; *Schoch*, WUR 1990, 43, 47.

[224] Angesprochen bei LG Stuttgart v.23.5.1989, NJW 1989, 2257, 2260 – Birkel. S. dazu ausführlich oben § 5.III.3.a). Der Frage, inwieweit sich auch Private bei demjenigen, über den sie berichten wollen, rückversichern müssen, soll an dieser Stelle nicht nachgegangen werden. Ebenfalls muß das Problem ausgespart werden, inwieweit der Grundsatz der Eigenverantwortung des Unternehmens auch der Pflicht zur Sachverhaltsermittlung durch die Behörde vorrangig ist.

[225] Zum Verhältnismäßigkeitsgrundsatz im Zivilrecht s. bereits oben § 7.III.3.; *Epiney/Möllers*, Freier Warenverkehr und nationaler Umweltschutz, S. 81ff.

[226] S. oben § 9.II.2.a).

[227] *Dolde*, Behördliche Warnung vor nicht verkehrsfähigen Lebensmitteln, S. 18; *Ossenbühl*, ZHR 155 (1991), 333, 340f. Insoweit sind behördliche Anordnungen im nicht öffentlichen Verfahren ein milderes Mittel, s. *Philipp*, Staatliche Verbraucherinformation, S. 224; *Fricke*, VersR 1992, 1325, 1336.

Dieser Grundsatz der Subsidiarität staatlicher Information gilt auch dann, wenn es nicht um eine Warnung oder einen Rückruf geht, also das Produkt z.B. verkehrsfähig, aber umweltschädlich ist. Auch dann muß dem Unternehmen die Möglichkeit gegeben werden, den Verbraucher zu warnen[228] oder die Inhaltsstoffe des Produktes zu verändern. Denn der teuer und aufwendig erworbene Name eines Produktes kann nur zu leicht mittels staatlicher Informationen ruiniert werden.

e) Pflicht zur erklärenden Information

Schließlich hat die Behörde jede überschießende Tendenz einer Warnung zu vermeiden, also darauf zu achten, daß von der Warnung nur das konkrete Produkt (und gegebenenfalls nur eine bestimmte Verbrauchergruppe, wie z.B. Kinder) betroffen ist und nicht die ganze Produktpalette des Unternehmens. Denn die Gefahr ist außerordentlich hoch, daß die öffentliche Warnung eine nicht mehr überschaubare Eigendynamik entwickelt und daß eine Pranger- und Stigmatisierungswirkung zu teilweise dramatischen Umsatzeinbußen führen kann[229]. Darüber hinaus kann sogar eine Pflicht zur erklärenden Information bestehen. Dazu reicht es nicht immer aus, wenn die Behörde nur sachliche Informationen an die Presse weitergibt[230]. Sie kann darüber hinaus verpflichtet sein, bestimmte Begriffe zu *erklären*, um Mißdeutungen durch die Presse, durch Verbraucherverbände oder allgemein durch den durchschnittlichen Verbraucher vorzubeugen. Tut die Behörde dies nicht, muß sie sich die verfälschende Verbreitung der Information durch die Presse zurechnen lassen. Dies zeigt recht deutlich die Birkel-Entscheidung: Weil gerade nicht nachgewiesen worden war, daß Produkte des Unternehmens Birkel auf ekelerregende Weise hergestellt worden waren, durften ihre Produkte, selbst wenn sie „mikrobiell verdorben" waren, nicht mit jenen Produkten, die ekelerregend hergestellt worden waren, in Verbindung gebracht werden. Denn der Durchschnittsbürger wird „mikrobiell verdorben" und „ekelerregend" gleichsetzen[231]. Begründen läßt sich dies mit den Fürsorgepflichten, die im Verhältnis von Staat zum Unternehmen bestehen[232].

---

[228] Hersteller von Textilentfärbern wollen z.B. künftig auf den Verpackungen auf die Gefahren von hohen Konzentrationen von Schwefeldioxid in der Raumluft warnen, nachdem das Institut für Wasser-, Boden und Lufthygiene des UBA diese Gefahren festgestellt hatte, s. LZ v.2.12.1994, S. 62.

[229] S. dazu OLG Stuttgart v.21.3.1990, NJW 1990, 2690 – Birkel; Vorinstanz: LG Stuttgart v.23.5.1989, NJW 1989, 2257; *Ossenbühl*, ZHR 155 (1991), 333, 341ff; *Pauly*, Der Regelungsvorbehalt, DVBl 1991, 521, 523.

[230] BVerwG v.23.5.1989, E 82, 76, 83f – Jugendsekte. Zu dem Begriff der erklärenden Warnung s. oben § 3.IV.1.

[231] Einl. Beispiel 8 – OLG Stuttgart v.21.3.1990, NJW 1990, 2690, 2692 – Birkel. S. auch das Beispiel 1 (Hoechst-Fall) in der Einleitung und die Verunsicherung der Nachbarschaft, als sich herausstellte, daß der Begriff „mindergiftig" auch Stoffe umfaßt, die krebserregend sind.

[232] *Robbers*, AfP 1990, 84, 87.

Ob man deshalb eine Pflicht der Behörde zum schonenden Umgang mit dem Unternehmen bejaht, mag dahinstehen[233]. Entscheidend ist, daß die Behörde bei staatlichen Informationen in besonders hohem Maße Autorität in Anspruch nimmt und aufgrund ihrer Neutralität dafür Sorge tragen muß, daß Informationen nicht mißverstanden werden. Handelt die Behörde nach diesen Grundsätzen, begeht sie keine Amtspflichtverletzung[234]. Im Ergebnis hatte das BGA das Recht, die Öffentlichkeit über umweltschädliche paradichlorbenzolhaltige Toilettensteine zu informieren und in diesem Rahmen auch die Namen der Hersteller zu nennen[235].

4. *Zusammenspiel unternehmerischer und staatlicher Informationen*

Oben wurde das Zusammenspiel von Informationspflichten des Herstellers und der Informationsobliegenheit des Verbrauchers genannt[236]. Oft muß eine staatliche Information hinzukommen, damit eine Warnung verstanden und der Schadenseintritt vermieden werden kann. Es kommt dann zu einem Zusammenspiel von Herstellerinformation, Informationen der Behörde und der Selbstvorsorge des Verbrauchers. Das ist vor allem im Bereich der Aufklärung der Fall. Genannt sei nochmals das Beispiel der Sonneneinstrahlung[237]. Aufgrund des größer werdenden Ozonlochs nimmt auch in unseren Breiten die Intensität der UV-Strahlung und damit der Hautkrebs rapide zu. In Neuseeland wird nicht nur vor Ozon gewarnt, sondern inzwischen auch die tägliche *burn-time* angegeben, also die Zeitspanne, in der man sich ungeschützt der Sonne aussetzen kann[238]. Mittels dieser Information kann der Verbraucher effektive Gefahrenvorsorge betreiben und sich die Leistungsgrenzen der Sonnenschutzmittel verdeutlichen[239].

---

[233] So *Köck* in Damm/Hart (Hrsg.), S. 215, 232.

[234] LG Stuttgart v.23.5.1989, NJW 1989, 2257, 2260 – Birkel. Gegebenenfalls fehlt es an einem Verschulden, *Robbers*, AfP 1990, 84, 88.

[235] Anfang 1985 riefen UBA und BGA zur Nichtanwendung von Toilettensteinen auf, Bundesgesundheitsblatt 28 Nr. 3 v. März 1985, S. 86; s. ausführlich *Gröschner*, Aufklärung der Öffentlichkeit in Umweltfragen – wirtschaftspolitisches Ziel und wirtschaftsverwaltungsrechtliche Aufgabe, WUR 1991, 71, 72. Sowohl die Ermächtigungsgrundlage als auch die materielle Rechtfertigung eines solchen Aufrufs würden sowohl *Ossenbühl* als auch *Rehbinder* ablehnen. Noch weitergehend wird die Auffassung vertreten, wahre Informationen, die auf Neutralität, Objektivität und Sachkunde beruhen, stellten keinen Eingriff dar, *Schwerdtfeger*, Verbrauchslenkung durch Information – Die Transparenzkommission beim Bundesgesundheitsamt, in 125jähriges Bestehen der Juristischen Gesellschaft zu Berlin, 1984, S. 715, 723; *Lübbe-Wolff*, NJW 1987, 2705, 2711; *Paschke*, AfP 1991, 89, 95. Ähnlich BVerwG v.18.10.1990, E 87, 37, 47 – Veröffentlichung einer Liste diethylenglykolhaltiger Weine: rechtmäßige Warnung kein Eingriff. Dagegen bereits *Philipp*, Staatliche Verbraucherinformation, S. 144f; *Köck* in Damm/Hart (Hrsg.), S. 215, 225.

[236] S. oben § 8.II.3.

[237] S. oben § 8.II.3.

[238] S. *Münch*, Tödliche Sonnenflecken, SZ v.19.4.1993, 3.

[239] Im Sommer 1995 hatte der Wetterbericht der Tagesschau an einzelnen Tagen die „burn-time" bekanntgegeben.

IV. Informationsansprüche

Nachdem bisher die Informationspflichten von Gefahrverursachern und Behörden aufgezeigt wurden, soll noch auf die Informationsansprüche des Bürgers eingegangen werden, wie sie sich nach § 4 UIG, den §§ 8ff UHG und § 242 BGB ergeben. Für eine Reihe von Tatbestandsmerkmalen ist außerordentlich umstritten, ob sie eng oder weit auszulegen sind (1.). Zur Beantwortung dieser Fragen ist der historische Wille des Gesetzgebers zu beachten. Es wird zu zeigen sein, daß die Umweltinformations-RiL nicht bezweckte, die Behörde zu kontrollieren (2.). Nach der hier vertretenen Auffassung sind Mitteilungspflichten den Auskunftsansprüchen vorzuziehen. Zudem sind Mitteilungspflichten in der Zweierbeziehung Gefahrverursacher – Gefährdeter/Geschädigter regelmäßig effektiver als indirekte Ansprüche im Dreieck über staatliche Behörden (3.).

1. Der Umfang des Informationsanspruchs nach § 4 UIG und §§ 8ff UHG

Das neue Umweltinformationsgesetz, das die Richtlinie über den freien Zugang zu Informationen über die Umwelt umsetzt[240], unterscheidet sich vom bisherigen bundesdeutschen Verwaltungsverfahren in ganz erheblicher Weise. Bis dato kannte das bundesdeutsche Verwaltungsrecht Auskunftsrechte nur in einem anhängigen Verwaltungsverfahren, der Behörde kommt ein Ermessen gem. § 29 VwVfG zu, und schließlich ist der Auskunftsanspruch mit materiellen Anforderungen, wie z.B. dem Geltendmachen eines „berechtigten Interesses", verbunden[241]. Im Unterschied dazu gibt § 4 I UIG dem Bürger einen materiellen Anspruch auf freien Zugang zu Informationen über die Umwelt. Er kann den Anspruch ohne weitergehendes Interesse geltend machen, und die Erteilung der Auskunft steht nicht im Ermessen der Behörde. Weil Auskunftsansprüche „systemfremd" sind, fragt sich, ob die Tatbestandsmerkmale eher eng oder weit auszulegen sind. Höchst umstritten ist die Frage, ob das Umweltinformationsgesetz wirklich dem Umweltschutz diene oder das behördliche Vollzugsdefizit eher verstärke. Während auf der einen Seite betont wird, daß der Anspruch des Bürgers auf freien Zugang effektiv sein muß, wird auf der anderen Seite auf die nicht

---

[240] RiL 90/313 über den freien Zugang zu Informationen über die Umwelt v.7.6.1990, ABl. Nr. L 158, 56; Umweltinformationsgesetz (UIG) v.8.7.1994, BGBl I 1490; s. *Turiaux*, Umweltinformationsgesetz, 1995.

[241] *Gurlit*, Die Verwaltungsöffentlichkeit im Umweltrecht, 1989, S. 131ff; *Rehbinder* in Kloepfer/Schmidt-Aßmann/Rehbinder, UGB-AT, S. 437f; *Breuer*, Freier Zugang zu Umweltinformationen, Beiträge und Diskussion des Kolloquiums am 9.7.1992 in Bonn, UTR 1993, 1, 3. Insoweit spricht man vom Grundsatz der beschränkten Aktenöffentlichkeit, *Blumenberg*, NuR 1992, 8, 9; *Meyer-Rutz*, Die Umsetzung der Richtlinie über den freien Zugang zu Informationen über die Umwelt in das deutsche Recht, UTR 1993, S. 5, 7.

finanzierbaren Kosten eines weiten Informationsanspruchs hingewiesen. Vor diesem Hintergrund sind eine Reihe von Einzelproblemen zu verstehen, die noch weitgehend ungelöst sind: Der Anspruch des Bürgers auf freien Zugang zu Informationen über die Umwelt wird gem. § 4 I 2 UIG[242] insoweit eingeschränkt, als die Behörde die Wahl hat („kann"), ob sie Auskunft erteilt, Akteneinsicht gewährt oder Informationsträger in sonstiger Weise zur Verfügung stellt. Art. 3 I 2 der RiL hat das Recht auf Akteneinsicht nicht geregelt. Die bisherige herrschende Literatur betont, daß ein effizientes Zugangsrecht auch die Akteneinsicht einschließen muß und deshalb eine gemeinschaftsrechtskonforme Auslegung des Zugangsrechts das Wahlrecht der Behörde einschränke[243]. Überdies müsse das Behördenwissen systematisch erschlossen werden[244]; der Bürger hätte ergänzend einen Anspruch auf Hilfestellung beim Aufsuchen und Entschlüsseln der gewünschten Informationen[245]. Von der Gegenauffassung wird dieses Wahlrecht der Behörde verteidigt[246]. Bereits der jetzige Umfang des UIG würde die Ressourcen der Verwaltung stark binden. Alle Ausnahmetatbestände, wie z.B. der Schutz der Geschäfts- und Betriebsgeheimnisse[247], müßten ausführlich (juristisch) geprüft werden, Unternehmen müßten bei dieser Frage angehört werden[248], bei der Akteneinsicht müßten Beamtenvertreter anwesend sein, um die Originale zu schützen. Da keine Finanzmittel zur weiteren Ausweitung der Umweltbehörden vorhanden wären, sei mit einer starken Belastung der Umweltbehörden zu rechnen[249]. Es bestünde die Gefahr, daß wichtige Umweltschutzverfahren liegenblieben, weil Auskunftsansprüche vorrangig bearbeitet werden müßten[250]. Damit würde das Vollzugsdefizit nicht gelöst, sondern vielmehr verstärkt[251]. In diesem Spannungsfeld – effektives Informationszugangsrecht contra Verwaltungsblockade – stehen die Fragen, welche

[242] Zum Wortlaut s. Anh. A.III.1.

[243] Es bestünde ein Wahlrecht des Bürgers, nicht ein Wahlrecht der Behörde, *Schröder*, NVwZ 1990, 905, 908; *Bieber*, DÖV 1991, 857, 863; *Blumenberg*, NuR 1992, 8, 13; *Arzt*, Entwurf eines Umweltinformationsgesetzes vorgelegt, ZRP 1993, 18, 19; Diskussionsbeitrag von *Meyer-Rutz*, UTR 1993, 65; *Scherzberg*, Freedom of Information – deutsch gewendet: Das neue Umweltinformationsgesetz, DVBl 1994, 733, 737; *Kramer* (§ 4 UIG Anm. 10) spricht von einem Anspruch auf fehlerfreie Ermessensausübung.

[244] *Arzt*, ZRP 1993, 18, 19.

[245] *Schröder*, NVwZ 1990, 905, 908; *Erichsen*, Zur Umsetzung der RiL 90/313 über den freien Zugang zu Informationen über die Umwelt, S. 54f; *derselbe*, NVwZ 1992, 409, 412; *Scherzberg*, DVBl 1994, 733, 737; *Blumenberg*, NuR 1992, 8, 13.

[246] S. z.B. Diskussionsbeitrag von *Hilger*, UTR 1993, S. 70.

[247] Zur Frage des Geschäfts- und Betriebsgeheimnisses s. die Literatur in der Einl.Fn. 77.

[248] Gem. §§ 13, 28 VwVfG.

[249] *Lemp*, UTR 1993, 13, 19ff für Hessen; *Czychowski*, UTR 1993, 64 für Nordrhein-Westfalen.

[250] Gem. § 5 II 1 UIG ist der Informationsanspruch innerhalb von zwei Monaten zu bescheiden.

[251] *Lemp*, UTR 1993, 13, 23; kritisch auch der Diskussionsbeitrag von *Rebentisch*, UTR 1993, 67f.

Behörden im einzelnen zur Auskunft verpflichtet[252] und in welcher Höhe Gebühren zu erheben sind[253].

Auch mit den Auskunftsansprüchen des UHG wird Neuland betreten. Eine den §§ 8, 9 UHG vergleichbare Regelung von Informationsansprüchen existiert im bundesdeutschen Recht bisher nicht[254]. Zwar gibt § 809 2.Hs. BGB das Recht zur Besichtigung von Grundstücken, wenn eine Wahrscheinlichkeit dafür spricht, daß nur noch die Besichtigung hinzukommen muß, um das Bestehen des Anspruchs zu beurteilen[255]. Auch nach § 242 BGB ist ein allgemeiner Auskunftsanspruch bekannt. Jedoch reicht der Umfang des § 809 2.Hs. BGB in den seltensten Fällen, um ausreichende Informationen zu bekommen, damit der Haftungsanspruch bewiesen werden kann[256]. § 242 BGB verlangt regelmäßig eine Sonderrechtsbeziehung, die im Umweltrecht zwischen Geschädigtem und Schädiger oft fehlt[257].

Im Unterschied zum voraussetzungslosen Auskunftsanspruch nach § 4 UIG geben §§ 8, 9 UHG dem Geschädigten gegenüber dem Unternehmen und der Behörde nur unter bestimmten Voraussetzungen ein Recht auf Auskunft. Der Geschädigte muß für einen solchen Auskunftsanspruch gem. § 9 S. 1 UHG nachweisen, daß ein Schaden und Tatsachen gegeben sind, welche die Annahme der Schadensverursachung durch die in Frage stehende Anlage begründen. Zudem muß das Auskunftsverlangen zur Feststellung des Schadensersatzanspruches erforderlich sein, und es können nur bestimmte Information gem. § 8 I 2 UHG verlangt werden[258]. Die Voraussetzungen für eine Auskunft und der Umfang der Auskunft sind nach §§ 8, 9 UHG also deutlich höher als nach dem UIG.

---

[252] Da gem. Art. 2 lit. b RiL 90/313 alle Stellen gemeint sind, die „Aufgaben im Bereich der Umweltpflege wahrnehmen", fallen darunter sowohl die mit der Bauordnung oder dem Bauleitungsplan befaßten Kommunalverwaltungen als auch die Polizeibehörden im Rahmen ihrer Eilzuständigkeit, in diesem Sinne BT-Dr. 12/7582; *Schröder*, ZHR 155 (1991), 471, 480f; *v. Schwanenflügel*, Das Öffentlichkeitsprinzip des EG-Umweltrechts – Zur Bedeutung der Richtlinie über den freien Zugang zu Umweltinformationen, DVBl 1991, 93, 95, 99; *Erichsen*, Zur Umsetzung der RiL, S. 11; *Meyer-Rutz*, UTR 1993, 5, 9; *Lemp*, UTR 1993, 13, 14f; *Scherzberg*, DVBl 1994, 733, 735.

[253] Während *Scherzberg* (DVBl 1994, 733, 745) z.B. eine Gebühr in Höhe von bis zu 2.000,- DM nur unter strikter Beachtung der Verhältnismäßigkeit für rechtmäßig erachtet, weil ansonsten ein effektives Zugangsrecht vereitelt würde, wird von anderer Seite ihr Zweck in der Lenkung der Antragsflut gesehen, s. *Schröder*, NVwZ 1990, 905, 907 und den Diskussionsbeitrag von *Sünner*, UTR 1993, 57f; s. auch BT-Dr. 12/7138, S. 15.

[254] *Peter* in Salje, Umwelthaftungsgesetz, vor §§ 8–10 Rdnr. 1; s. jetzt aber § 35 GenTG.

[255] BGH v.8.1.1985, Z 93, 191, 206 – Patentrecht; s. *Hüffer* in MünchKomm § 809 Rdnr. 5.

[256] Er umfaßt z.B. nur ein Besichtigungsrecht, *Peter* in Salje, Umwelthaftungsgesetz, vor §§8–10 Rdnr. 3.

[257] *Keller* in MünchKomm, § 260 Rdnr. 7; *Landsberg/Lülling*, Umwelthaftungsrecht, § 8 Rdnr. 5; *G. Hager* in Landmann/Rohmer, Umweltrecht, Bd. II, § 8 UHG Rdnr. 2.

[258] Zum Wortlaut s. Anh. A.III.1.

2. Die gesetzgeberische Intention der Informationsansprüche

a) Aufklärung der Öffentlichkeit durch die Richtlinie 90/313

Im Schrifttum wurde darauf hingewiesen, daß die Intention der Umweltinformations-RiL nicht eindeutig ist: Art. 1 der RiL beschreibe als Ziel nur die inhaltlichen Anforderungen an das Zugangsrecht[259]. Auch der Erwägungsgrund 4 der RiL, wonach der Zugang zu umweltbezogenen Informationen den Umweltschutz verbessern wird, sei nicht als Ziel, sondern nur als Prognose zu verstehen[260]. Einzelne Autoren in der Literatur sind der Auffassung, das UIG würde das Umweltrecht durch Verfahrensgrundrechte absichern[261], andere sprechen noch weitergehend davon, daß eine allgemeine Akteneinsicht die durch das Demokratie- und Rechtsstaatsprinzip gebotene Öffentlichkeit staatlichen Handelns neu bewerten könnte[262]. Letzteres wird von anderer Seite abgelehnt. Der Gesetzgeber wollte gerade kein Grundrecht auf Umweltschutz festlegen, wie Art. 20a GG zeige; ein solches sei damit auch nicht durch das UIG geschaffen worden[263]. Statt dessen sollte das Vollzugsdefizit nach dem gesetzgeberischen Willen der Gemeinschaft im Umweltbereich dadurch verringert werden, daß der einzelne Bürger durch das Zugangsrecht in die Lage versetzt würde, den Staat und seine Behörden zu kontrollieren[264].

Betrachtet man dagegen die Erwägungsgründe der RiL 90/313, die Vorschläge zu dieser Richtlinie und das Vierte Aktionsprogramm der Euro-

---

[259] Ebenso § 1 UIG, der statt dessen vom Zweck spricht.

[260] Diskussionsbeitrag von *Feldhaus*, UTR 22 (1993), 76.

[261] *Bieber*, Informationsrechte Dritter im Verwaltungsverfahren. Ansätze zu legislativer und dogmatischer Neubewertung, DÖV 1991, 857, 866; Diskussionsbeitrag von *Winter*, UTR 1993, 83, 85.

[262] *Bieber*, DÖV 1991, 857, 865f; *Arzt*, ZRP 1992, 18; *Gurlit*, ZRP 1989, 253, 256; *dieselbe*, Die Verwaltungsöffentlichkeit im Umweltrecht, 1989, S. 97ff, 213ff, *Schoenemann*, Akteneinsicht und Persönlichkeitsschutz, DVBl 1988, 520, 526; *Erichsen*, NVwZ 1992, 409, 419; *Peter* in Salje, Umwelthaftungsgesetz, vor §§ 8–10 Rdnr. 32. Ähnlich *Rehbinder* in Kloepfer/Schmidt-Aßmann/Rehbinder für §§ 134ff UGB-E, UGB-AT, S. 442. Allgemein auch *Kopp*, VwVfG § 29 Rdnr. 2; *Knack-Clausen*, VwVfG, § 29 Rdnr. 3; auch in einzelnen Landesverfassungen ist inzwischen ein Recht auf Zugang zu Umweltdaten verankert, s. Art. 34 Sächs.Verf, GVBl Sachsen 1992, 243; Art. 6 I Sächs-Anhal.Verf, GVBl Sachsen-Anhalt, 1992, 600.

[263] Diskussionsbeitrag von *Breuer*, UTR 1993, 78ff. Ein verfahrensrechtliches Grundrecht schaffe das UIG nicht, da es gerade unabhängig von einem Verfahren ein materielles Zugangsrecht begründe, BT-Dr. 12/7582; Diskussionsbeitrag von *Breuer*, UTR 1993, 86. Zum Wortlaut des Art. 20a s. Anh. A.III.1.

[264] Ausführlich *Erichsen*, NVwZ 1992, 409, 410, 418f; *Scherzberg*, UPR 1992, 48, 49; Diskussionsbeitrag von *Feldhaus*, UTR 1993, 76; Diskussionsbeitrag von *Lemp*, UTR 1993, 56; *Arzt*, ZRP 1993, 18; *v. Schwanenflügel*, Die Richtlinie über den freien Zugang zu Umweltinformationen als Chance für den Umweltschutz, DÖV 1993, 95, 96; *Kramer*, Umweltinformationsgesetz, Umwelt-AuditVO, Umweltzeichenverordnung, S. 7, 15, 59. So auch *Rehbinder* in Kloepfer/Schmidt-Aßmann/Rehbinder für die §§ 134ff UGB-E, UGB-AT, S. 435.

päischen Gemeinschaften[265], das bereits das Informationszugangsrecht als Ziel erklärt hatte, so werden dort als gesetzgeberischer Wille genannt: die Umweltverwaltung transparent zu machen[266], die Akzeptanz von Umweltmaßnahmen[267] und das Umweltbewußtsein zu stärken[268], eine breite Aufklärung der Öffentlichkeit zu erreichen[269], die Umwelterziehung zu unterstützen[270] und durch die Beteiligung der Bürger die Umweltverschmutzung zu kontrollieren[271]. In diesen gemeinschaftsrechtlichen Dokumenten wurden also weder ein Grundrecht des Bürgers auf Publizität noch ein Recht auf Kontrolle der Verwaltung genannt.

b) Überwindung der Informationsschwierigkeiten des Geschädigten durch §§ 8, 9 UHG

In der Einleitung wurden schon die Auffassungen wiedergegeben, welche die Auskunftsansprüche des UHG als bekanntes Instrumentarium[272] bzw. als unzulässige Ausforschung im Sinne des US-amerikanischen *pre-trial-discovery*-Verfahrens[273] bezeichneten. Die gesetzgeberische Intention der Auskunftsansprüche nach dem Umwelthaftungsgesetz ist enger als nach dem UIG: Es geht nicht um Transparenz, Aufklärung oder Kontrolle, sondern der geschädigte Bürger erhält einen Auskunftsanspruch gegenüber dem Unternehmen bzw. der Behörde, um einen Schadensersatzanspruch durchsetzen zu können[274]. Demgemäß verlangen §§ 8 und 9 UHG einen Schaden an Rechtsgütern des Geschädigten, während Auskünfte nach dem UIG gerade auch Umweltschutzdefizite aufdecken wollen oder sollen. Ansprüche nach dem UHG wollen primär nur den Schadensausgleich ermöglichen, während

---

[265] Erwägungsgrund 2 der RiL 90/313 verweist ausdrücklich auf das 4. Aktionsprogramm.

[266] 4. Aktionsprogramm, KOM (86) v.15.10.1986, ABl. Nr. C 70, 3, 15 Nr. 2.6.1.; *Blumenberg*, NuR 1992, 8; *Erichsen*, NVwZ 1992, 409; *R. Krämer*, Umweltinformationsgesetz, Öko-Audit-Verordnung, Umweltzeichenverordnung, S. 65.

[267] 4. Aktionsprogramm, KOM (86) v.15.10.1986, ABl. Nr. C 70, 3, 15 Nr. 2.6.3.; *Blumenberg*, NuR 1992, 8; *Erichsen*, NVwZ 1992, 409, 410.

[268] 4. Aktionsprogramm, KOM (86) v.15.10.1986, ABl Nr. C 70, 3, 15 Nr. 2.6.5.; *Arzt*, ZRP 1993, 18.

[269] Erwägungsgrund 3 der RiL 90/313 spricht ausdrücklich von „Unterrichtung jeden Bürgers", ABl. Nr. L 158, 56; 4. Aktionsprogramm, KOM (86) v.15.10.1986, ABl. Nr. C 70, 3, 15f, Nr. 2.6.4.f.; *Engel*, NVwZ 1992, 111.

[270] 4. Aktionsprogramm, KOM (86) v.15.10.1986, ABl. Nr. C 70, 3, 15f, Nr. 2.6.8.

[271] Präambel zum Richtlinienentwurf v.31.10.1988, ABl. Nr. C 335, 4; 4. Aktionsprogramm, KOM (86) v.15.10.1986, ABl. Nr. C 70, 3, 15f, Nr. 2.6.1. spricht von „Zugang zur Information als ein Element zum besseren Schutz von Mensch und Umwelt"; *Gurlit*, ZRP 1989, 253; *v. Schwanenflügel*, DVBl 1991, 93; *Schindel*, Datenschutz contra Umweltschutz?, Plädoyer für ein Informationsgesetz, ZRP 1990, 135, 136.

[272] *Toepfer*, Das Umwelthaftungsrecht kommt!, in Bitburger Gespräche, 1989, S. 119, 126; ebenso *BMU*, Bericht Umwelthaftungsrecht, 1988, S. 65f.

[273] *Marburger*, Grundsatzfragen des Haftungsrechts, AcP 192 (1992), 1, 27; *derselbe* vor der Juristischen Gesellschaft in Berlin, zitiert nach *Vogel*, JR 1992, 60.

[274] *Landsberg/Lülling*, Umwelthaftungsrecht, § 9 Rdnr. 3.

Ansprüche nach dem UIG mittelbar auch einem besseren Vollzug von Umweltgesetzen dienen. Aus dieser unterschiedlichen gesetzgeberischen Intention lassen sich auch die Voraussetzungen des Auskunftsanspruchs des UHG erklären, die deutlich umfangreicher sind als das „berechtigte Interesse" des § 29 VwVfG. Der Geschädigte muß Tatsachen vortragen, welche die Annahme begründen, daß das Unternehmen den Schaden verursacht hat. Die für den Auskunftsanspruch geltend zu machenden Tatsachen müssen mehr als einen bloßen Verdacht darstellen; eine allgemeine Plausibilitätsprüfung im Sinne einer gewissen Wahrscheinlichkeit muß möglich sein[275]. Mit den Voraussetzungen wurde bezweckt, einerseits den Informationsschwierigkeiten des Geschädigten Rechnung zu tragen[276]. Diese kommen zustande, weil sich der Schädiger des „Umweltpfades" bedient, also unmittelbare Rechtsgutsverletzungen ausbleiben, und weil sich die Tatbeiträge erst durch mehrere Störer zu einem Schaden summieren[277]. Auf der anderen Seite soll der Schädiger vor der Ausforschung geschützt werden[278]; aufgrund dieser Voraussetzungen sind §§ 8 und 9 UHG nicht mit dem US-amerikanischen *pre-trial-discovery*-Verfahren vergleichbar[279].

3. Eigene Bewertung: Rechtsschutz durch Mitteilungspflichten

a) Mitteilungspflichten des Staates contra Auskunftsansprüche des Bürgers

Wenn nach dem historischen Willen der Europäischen Gemeinschaft keine Kontrolle der Verwaltung angestrebt wird und solche Kontrollrechte auch durch die Verfassung nicht zwingend geboten sind[280], gewinnen warnende Stimmen an Gewicht, die Schwierigkeiten durch voraussetzungslose Auskunftsansprüche voraussehen[281]. Sollte die befürchtete Überlastung der

---

[275] *Schmidt-Salzer*, Kommentar zum Umwelthaftungsrecht, § 8 Rdnr. 32, 41ff; *Diederichsen/Wagner*, VersR 1993, 641, 650f; mißverständlich *Landsberg/Lülling*, Umwelthaftungsrecht, § 8 Rdnr. 10 und § 9 Rdnr. 7 = *dieselben*, DB 1990, 2205, 2209 = *dieselben*, DB 1991, 479, 482.

[276] BT-Dr. 11/7104, S. 19; *Landsberg/Lülling*, Umwelthaftungsrecht, § 8 Rdnr. 1.

[277] S. hierzu *G. Hager* in Landmann/Rohmer, Umweltrecht, Bd. II, § 6 UHG Rdnr. 30ff; *Salje*, Umwelthaftungsgesetz, §§ 1–3 Rdnr. 130, 136; *Möllers*, NJW 1994, 844.

[278] Z.B. umfaßt der Auskunftsanspruch nicht den Betriebsablauf. *Landsberg/Lülling*, Umwelthaftungsrecht, § 8 Rdnr. 7, 15.

[279] *Schmidt-Salzer*, Kommentar zum Umwelthaftungsrecht, § 8 Rdnr. 73; *Diederichsen/Wagner*, VersR 1993, 641, 650.

[280] *Schnapp* in v. Münch/Kunig, GG, Art. 20 Rdnr. 11; BVerfG v.20.1.1986, NJW 1986, 1243 – Einsichtnahme in Behördenakten; *Rehbinder* in Kloepfer/Schmidt-Aßmann/Rehbinder, UGB-AT, S. 442.

[281] S. die kritischen Diskussionsbeiträge von *Kloepfer*, UTR 1993, 56; *Gallas*, UTR 1993, 62f; *Breuer*, UTR 1993, 78ff; s. die Diskussion der Fünfzehnten Umweltrechtlichen Fachtagung der Gesellschaft für Umwelt, wiedergegeben bei *Stüer*, DVBl 1991, 1355, 1358.

Verwaltung und damit eine weitere Zunahme des Vollzugsdefizits ausbleiben[282], bleibt die Frage, wie denn das Ziel eines effektiven Umweltschutzes am besten erreicht werden kann, ohne in unnötiger Weise Ressourcen zu blockieren.

Der individuell geltend gemachte Auskunftsanspruch hat gegenüber einer Mitteilungspflicht zwei wesentliche Nachteile. Einerseits gibt er zu wenig: Der Verbraucher muß von sich aus sein Informationsdefizit erkennen, anstatt von dritter kompetenter Seite darauf hingewiesen zu werden. Auch ohne Nachweis eines berechtigten Interesses wird der Bürger in der Regel nur im Verdachtsfall um Auskunft ersuchen, Umweltschutz würde nicht vollzogen. Andererseits gibt der Anspruch zu viel: Unnötige Ressourcen werden blockiert, wenn zahlreiche Bürger nach ein und demselben Sachverhalt fragen. Zudem haben Mitteilungspflichten gegenüber den Auskunftsansprüchen eine Reihe von Vorteilen für den Informationssuchenden: Die Mitteilungspflicht verlangt bereits dann eine Informationsweitergabe, wenn der Besitzer eines Informationsvorsprungs erkennt, daß er zum Schutze von Mensch oder Gesundheit den Informationsbenachteiligten informieren muß. Die Mitteilungspflicht ist gerade unabhängig vom Auskunftsbegehren. Nur durch eine einzige Veröffentlichung wird ein großer Teil der Fragen beantwortet. Sie ist deutlich effizienter als die Beantwortung vieler Auskunftsbegehren zu ein und demselben Thema[283] und zwingt stärker zu einer Systematisierung, die auch jetzt schon für die Auskunftsansprüche gefordert wird. Durch Mitteilungspflichten können vor allem viele Probleme umgangen werden, die sich bei Auskunftsansprüchen stellen und bisher nur höchst unzureichend geklärt sind: Nach § 5 II 2 UIG ist die Behörde nicht verpflichtet, die inhaltliche Richtigkeit der Daten zu prüfen. Gleichwohl besteht die Gefahr, daß sich die Behörde bei unrichtigen Auskünften Haftungsansprüchen des Auskunftssuchenden aussetzt[284]. Gleichzeitig sieht sich die Behörde Haftungsansprüchen des Unternehmens ausgesetzt, falls in unzulässiger Weise Geschäfts- oder Betriebsgeheimnisse an die Öffentlich-

---

[282] So mit rechtsvergleichenden Erfahrungen *Winter*, Akteneinsicht in Frankreich in Burmeister/Winter (Hrsg.), Öffentlichkeit von Umweltinformationen, Europäische und nordamerikanische Rechte und Erfahrungen, 1990, S. 175ff = *derselbe*, Akteneinsicht in Frankreich, UPR 1989, 81ff; *derselbe* als Diskussionsbeitrag, UTR 1993, 83f; *Gurlit*, Akteneinsicht in den Vereinigten Staaten, in Burmeister/Winter (Hrsg.), Öffentlichkeit von Umweltinformationen, Europäische und nordamerikanische Rechte und Erfahrungen, 1990. Durchschnittlich sind 2,5 Arbeitsstunden notwendig, um ein Auskunftsersuchen zu beantworten, s. *Meininger*, NVwZ 1994, 150, 151.

[283] S. die Erfahrungen in Nordrhein-Westfalen, nachdem Luftreinhaltepläne veröffentlicht wurden, Diskussionsbeitrag von *Sander*, UTR 1993, 51.

[284] S. allgemein Wolff/Bachof/*Stober*, Verwaltungsrecht I, § 57 Rdnr. 11, S. 850; BGH v.11.5.1989, DVBl 1989, 1094 – Planungskonzeption; angedeutet bei *Landsberg/Lülling*, Umwelthaftungsrecht, § 9 Rdnr. 26. Zu den hohen Anforderungen bei den staatlichen Informationen s. gerade § 9.III.3.

keit gelangen[285]. Schließlich muß damit gerechnet werden, daß Unternehmen vertrauliche Informationen nicht mehr freiwillig an die Behörden weitergeben, wenn diese von der Allgemeinheit oder dem Konkurrenten abgefragt werden können[286]. Auch dies spricht dafür, Informationspflichten zu schaffen, die einheitlichen Kriterien folgen. Diese Überlegungen könnten in einem künftigen Umweltgesetzbuch berücksichtigt werden[287].

De lege ferenda sind deshalb weitere Mitteilungspflichten sowohl des Unternehmens an die Behörde[288] als auch der Behörde gegenüber dem Bürger zu schaffen[289]. Durch ein deutliches Mehr an Statistiken und Auswertungen können das Informationsinteresse des Bürgers – und damit die von der Europäischen Gemeinschaft gewünschte Aufklärung, Akzeptanz und Transparenz – erfüllt werden: § 11 UIG schafft hierfür die Grundlage. Soweit diese Mitteilungspflichten keinen Eingriff darstellen, bestehen auch nicht die Probleme, die unter III. dargestellt wurden.

b) Mitteilungspflichten des Unternehmens

aa) Informationsansprüche sind nur dann sinnvoll, wenn sie in der Lage sind, ein Informationsdefizit zwischen beteiligten Parteien abzubauen. Wenn es um Daten zum Schutze von Mensch und Umwelt geht, hat die Behörde bzw. der Staat in den Bereichen der Vorsorge und des Monitoring einen Informationsvorsprung, weil erst die systematische Auswertung durch den Staat bestimmte Risikotatbestände aufdeckt[290]. Im Bereich der Überwachung verfügt die Behörde in der Regel nur über ein von dem Unternehmen abgeleitetes übertragenes „Sekundärwissen". Nicht der Staat, sondern die Gefahrverursacher, meist Unternehmen, besitzen das eigentliche „Primärwissen" oder originäre, unverfälschte Risiko- und Gefahreninformationen. Erfragt jetzt der Bürger mittels Auskunftsansprüchen Informationen bei der Behörde, so ist dies nur der *indirekte, mittelbare Weg*. Dieser Umweg führt in der Regel zu einem Weniger an Information, zu Informationsverlusten, denn der Auskunftsanspruch ist beschränkt auf vorhandendes Wissen

[285] Allgemein *Rebentisch*, Probleme des Geheimnisschutzes im Rahmen der Emissionserklärung, NJW 1980, 99, 101; *Kollmer*, NVwZ 1995, 858, 863.

[286] *Schröder*, ZHR 151 (1991), 471, 474.

[287] § 137 UGB-E beläßt es jedoch beim Auskunftsrecht des Bürgers gegenüber der Verwaltung. § 106 IV UGB-E gibt der Behörde das Recht, über die von einem Unternehmen verursachten Umweltbeeinträchtigungen zu berichten, soweit „überwiegende Gründe des Allgemeinwohls" dies erfordern. Dieses Kriterium wurde bereits als zu eng abgelehnt, § 9.III.3.a).

[288] Hierzu oben § 9.II.4.

[289] S. oben § 9.II.2.b), S. 340f.

[290] S. oben § 9.II.2.

der Behörde[291]. Insoweit erscheint auch eine solche weitere Kontrolle der Kontrolleure auf quasi dritter Ebene, nämlich der Verwaltungsebene, durch den Bürger wenig sinnvoll. Erheblich effektiver ist es vielmehr, Informationspflichten direkt in der *Zweierbeziehung zwischen Unternehmen und Verbraucher/Bürger/Nachbar* zu begründen. Genau dies war der Ansatz, mit welchem die zivilrechtlichen Informationspflichten zum Schutz von Mensch und Umwelt in den vorhergehenden Paragraphen näher betrachtet und begründet wurden. Sie bauen regelmäßig auf Informationspflichten zwischen Privaten auf, deren Verletzung mit sekundären Schadensersatzansprüchen (und gegebenenfalls Beweiserleichterungen) sanktioniert werden. Auskunftsansprüche bestehen fast nicht[292]. Auch im Verhältnis des Unternehmens zur Verwaltung wurde für eine Ausweitung der bereits bestehenden Mitteilungspflichten des Unternehmens anstelle vermehrter Auskunftsansprüche der Verwaltung plädiert[293]. Solche Pflichten sind am besten beim Unternehmen angesiedelt, weil dieses zum einen den Informationsvorsprung bei Gesundheits- und Umweltdaten besitzt und zum anderen seiner Eigenverantwortung gerecht werden muß[294], nämlich die Gefahr zu vermeiden oder durch Informationstransfer abzuwehren.

bb) Solche Mitteilungspflichten wurden oben ausführlich für das Produkt- und Arztrecht behandelt[295]. Mitteilungs- bzw. Kennzeichnungspflichten bestehen gem. §§ 13ff ChemG[296]. Bereits jetzt müssen Betreiber von Abfallverbrennungsanlagen die Bevölkerung aufgrund immissionsschutzrechtlicher Bestimmungen über die Verbrennungsdaten einmal jährlich[297] sowie zusätzlich bei Störfällen[298] informieren. § 11a der 12. BImSchV (StörfallVO) ist unzureichend, weil danach nur gewarnt werden muß, wenn ernste Lebensgefahren oder Gesundheitsbeeinträchtigungen schwerwiegender Art zu befürchten sind[299]. Da nach der Verwaltungsvorschrift hierzu körperliche Beeinträchtigungen eintreten müssen, ist diese Voraussetzung zu

---

[291] Es besteht keine Pflicht zur Informationsbeschaffung, *Meyer-Rutz*, UTR 1993, 5, 6; *Kramer*, § 4 UIG Anm. 8; *Scherzberg*, DVBl 1994, 733, 736.

[292] S. gerade § 9.IV.1.

[293] § 9.II.3.

[294] S. ausführlich § 7.I.2.

[295] §. 8.I.4.-6. und § 5.III.3.c), S. 177 für § 11 AMG. Auch Art. 6 I lit. e Produktsicherheits-RiL bestimmt jetzt eine Pflicht, den Verbraucher zu warnen. S. auch *Schiffer/Delbrück*, Kennzeichnung als Instrument des produktbezogenen Umweltschutzes, DB 1991, 1002ff.

[296] Durch die jüngste Novelle des ChemG werden jetzt die Kennzeichnungspflichten für gefährliche Stoffe durch ein Sicherheitsdatenblatt ergänzt, § 14 I Nr. 3 lit. b ChemG; s. gleichlautend auch § 454 UGB-E.

[297] § 18 S.1 der 17.BImSchV (VO für Verbrennungsanlagen für Abfälle und ähnliche brennbare Stoffe).

[298] § 11a der 12.BImschV (StörfallVO).

[299] § 2 II Nr. 1 der 12.BImSchV (StörfallVO); *Führ*, NWVBl 1992, 121, 127.

hoch und daher abzulehnen[300]. Auch durch die in § 6 dargestellte Umwelterklärung der Umwelt-AuditVO wird der Verbraucher über umweltrelevante Daten informiert. Weitergehend sieht § 14 UGB-E eine Pflicht zur Umweltrechnungslegung vor, die sich an die gesellschaftsrechtliche Publizität der §§ 325ff HGB anlehnt[301].

c) Verbleibender Bereich für Auskunftsansprüche

Die im UHG vorgesehenen Auskunftsansprüche bilden ein umfangreiches Geflecht zwischen verschiedenen Beteiligten. Es bestehen sowohl Auskunftsansprüche des Geschädigten gegenüber Unternehmen (§ 8 UHG) und Behörden (§ 9 UHG) als auch Ansprüche des Unternehmers gegenüber dem Geschädigten (§ 10 I 1. Alt. UHG), dem Inhaber einer anderen Anlage (10 I 2. Alt. UHG) oder der Behörde (10 I 3. Alt. UHG)[302]. Dieses System sollte nicht ohne Not aufgegeben werden, sondern vielmehr vorsichtig erweitert und gegebenenfalls auf andere Bereiche übertragen werden.

aa) Der Auskunftsanspruch gegenüber dem *Unternehmen* besteht, weil nur auf diese Weise ein interessengerechter Schadensausgleich ermöglicht werden kann[303]. Der Auskunftsanspruch kann sich in ergänzender Auslegung auch auf die Menge des ein- bzw. freigesetzten Stoffes beziehen, ohne sogleich unzulässige Ausforschung zu sein[304]. Ein Auskunftsanspruch besteht auch dann, wenn sich der Unternehmer selbst bezichtigt[305]. Schließlich können die Grenzen des Auskunftsanspruchs eingeschränkt werden. Gem. § 8 II UHG besteht bei einem überwiegenden Interesse des Inhabers der Anlage ein Recht auf Geheimhaltung seiner Geschäfts- oder Betriebsgeheimnisse. Höchst umstritten ist, ob und inwieweit diesem Interesse dadurch Rechnung getragen werden kann, daß ein Sachverständiger die Frage des Betriebsgeheimnisses beurteilt und daß dessen Gutachten nur in entsprechenden Auszügen dem Gericht oder der klagenden Partei mitgeteilt wird[306]. Ein

---

300 2.7.2. zu Abs. 2 Nr. 2 der 1.StörfallVwV. Wesentliche Beeinträchtigungen des Wohlbefindens sind nach der in § 1 vertretenen Auffassung Gesundheitsbeeinträchtigungen, s. oben § 1.V.1., S. 50.

301 *Rehbinder* in Kloepfer/Schmidt-Aßmann/Rehbinder, UGB-AT, 180.

302 *Landsberg/Lülling*, DB 1991, 479, 482.

303 Zu dem gesetzgeberischen Willen s. gerade § 9.IV.2.b).

304 *G. Hager* in Landmann/Rohmer, Umweltrecht, Bd. II, § 8 UHG Rdnr. 15; *Peter* in Salje, Umwelthaftungsgesetz, § 8 Rdnr.17; *Enders/Reiter*, VersR 1991, 1329, 1339f. Darüber hinaus möchten die §§ 122ff UGB-E Auskunftsansprüche nicht nur für genehmigungsbedürftige Anlagen, sondern allgemein für umweltgefährliche Anlagen begründen.

305 BGH v.30.4.1964, Z 41, 318, 326 – Auskunftspflicht des Architekten; *Landsberg/Lülling*, Umwelthaftungsrecht, § 8 Rdnr. 25; zur Einschränkung des Auskunftsverweigerungsrechts bei Mitteilungspflichten gegenüber Behörden s. bereits oben § 9.I.1.b).

306 Angesprochen in BT-Dr. 11/7104, S. 19; *Landsberg/Lülling*, Umwelthaftungsrecht, § 8 Rdnr. 26ff; *G. Hager* in Landmann/Rohmer, Umweltrecht, Bd. II, § 8 UHG Rdnr. 36, 43; *Peter* in Salje, Umwelthaftungsgesetz, § 8 Rdnr. 28.

solches Verfahren wird teilweise befürwortet[307], gegebenenfalls in Verbindung mit einem Einsichtsrecht der Anwälte unter Ausschluß der Parteien[308]. Der BGH hat jüngst einen Verstoß gegen ein solches „Geheimverfahren" festgestellt, weil zum einen das Gericht gem. § 286 ZPO verpflichtet ist, Gutachten gerichtlicher Sachverständiger sorgfältig und kritisch zu würdigen und zum anderen der Grundsatz der Parteiöffentlichkeit umgangen würde[309].

Für den Bereich des Rechtsgüterschutzes kann man diese Problematik mit der Prämisse umgehen, bei der Verletzung der Gesundheit würden überwiegende Interessen *nie* zugunsten des Geheimnisschutzes sprechen, so daß der Unternehmer zur Auskunft verpflichtet ist[310]. Für diese Auffassung spricht das oben entwickelte Rechtsgüterprinzip, wonach die persönlichen Rechtsgüter höhere Schutzgüter darstellen als das Eigentum [311]. Auch nach Art. 12 2.Hs. der Produktsicherheits-RiL tritt im Zweifel der Geheimnisschutz gegenüber dem Schutz der Gesundheit und der Sicherheit von Personen zurück[312]. Leistet der Betreiber dann keine Auskunft und hilft auch das Einsichtsrecht des § 8 III UHG nicht weiter, greifen die unter § 5 dargestellten Beweiserleichterungen ein: Weil eine entsprechende Dokumentationspflicht besteht, wird bei unterlassener Auskunft vermutet, daß die Anlage geeignet ist, den Schaden verursacht zu haben[313].

bb) Auch im Öffentlichen Recht wurde ein *richterliches* Akteneinsichtsrecht entwickelt, welches über das bestehende Recht auf Akteneinsicht der

---

[307] OLG Nürnberg v.8.5.1984, BB 1984, 1252 – Urheberschutz von Computerprogrammen, *Stadler*, Der Schutz von Unternehmensgeheimnissen im Zivilprozeß, NJW 1989, 1202, 1203; s. bereits *Stürner*, Die Aufklärungspflicht der Parteien des Zivilprozesses, 1976, S. 223f, 373.

[308] Ausführlich bereits *Stürner*, Die Aufklärungspflicht der Parteien des Zivilprozesses, S. 223ff, 227; *derselbe*, Die gewerbliche Geheimsphäre im Zivilprozeß, JZ 1985, 453, 456; *Pagenberg*, Betrieblicher Know-how-Schutz in gerichtlichen Auseinandersetzungen, CuR 1991, 65, 69; *Lachmann*, Unternehmensgeheimnisse im Zivilrechtsstreit, dargestellt am Beispiel des EDV-Prozesses, NJW 1987, 2206, 2210.

[309] § 357 I ZPO; dieser Grundsatz wird aus Art. 103 GG abgeleitet. Nur die Öffentlichkeit kann gem. § 172 Nr. 2 GVG zur Wahrung von Geschäfts- und Betriebsgeheimnissen ausgeschlossen werden. BGH v.12.11.1991, Z 116, 47 – Amtsanzeiger; kritisch auch *Baumgärtel*, Geheimverfahren im Zivilprozeß zur Wahrung von Geschäftsgeheimnissen? in FS Habscheid, 1991, S. 1, 6ff; *Prütting* in MünchKommZPO, vor § 286 Rdnr. 10.

[310] *Peter* in Salje, Umwelthaftungsgesetz, § 8 Rdnr. 27; *G. Hager* in Landmann/Rohmer, Umweltrecht, Bd. II, § 8 UHG Rdnr. 35; a.A. *Landsberg/Lülling*, Umwelthaftungsrecht, § 8 Rdnr. 23; *dieselben*, DB 1990, 2205, 2209.

[311] Zum Rechtsgüterprinzip § 5.I.1.

[312] Auch hat das BVerfG jüngst ein Zugangsrecht zu Informationsquellen trotz Verstoßes gegen Art. 10 I GG bejaht, weil eine Fangschaltung ein besonders wirksames, oft sogar das einzige Mittel zum Schutze des allgemeinen Persönlichkeitsrechts bzw. des Rechtes auf körperliche Unversehrtheit vor anonymen Telefonanrufen darstelle, BVerfG v.25.3.1992, E 85, 386 – Fangschaltung; deshalb sei auch die Rechtsprechung des BGH teilweise überholt, welche den zivilrechtlichen Zugang weitgehend einschränke, so *Schlosser*, Das Bundesverfassungsgericht und der Zugang zu den Informationsquellen im Zivilprozeß, NJW 1992, 3275, 3277 gegen BGH v.12.11.1991, Z 116, 47 – Amtsanzeiger.

[313] Ebenso *G. Hager* in Landmann/Rohmer, Umweltrecht, Bd. II, § 8 UHG Rdnr. 48.

Beteiligten im Verwaltungsverfahren gem. § 29 VwVfG hinausgeht. So wird ein berechtigtes Interesse auf Akteneinsicht auch eines am Verfahren nicht Beteiligten bejaht, wenn er für die Durchsetzung seiner Rechte ein eigenes gewichtiges und auf andere Weise nicht zu befriedigendes Informationsbedürfnis hat. Ein solches gewichtiges Bedürfnis besteht bei der Vorbereitung einer zivilrechtlichen Klage. Der Kläger hat dann einen Anspruch auf ermessensfehlerfreie Entscheidung über die Gewährung von Akteneinsicht[314].

Im Arztrecht besteht für den Patienten ein vor- bzw. außerprozessuales Recht auf Einsicht in die Krankenunterlagen. Dieses auch außervertragliche *Einsichtsrecht* wird aus dem Behandlungsverhältnis hergeleitet[315] und mit dem Selbstbestimmungsrecht und der personalen Würde des Patienten begründet. Sie verbieten es, den Patienten im Rahmen der Behandlung als bloßes Objekt zu betrachten[316]. Als Bereich des Vorhofs wurde in § 5 die selbstbestimmende Entscheidung begründet, nach der bestimmte Informationen dem Verbraucher mitzuteilen sind[317]. Unmittelbare Auskunftsansprüche gegenüber dem (pharmazeutischen) Unternehmen bestehen dagegen nicht. Deshalb sollte in weit stärkerem Maße als bisher die Möglichkeit genutzt werden, von Behörden Auskunft zu erlangen, um Schadensersatzansprüche wegen Verletzung der persönlichen Rechtsgüter geltend zu machen[318]. Die Nachfolgebehörden des BGA haben oft Informationen, auf die der Geschädigte angewiesen ist, wenn er die Fehlerhaftigkeit von Arzneimitteln dartun will. Das gilt besonders für den Bereich der Marktkontrolle, wenn die zuständige Behörde aufgrund des Monitorings von verschiedenen Seiten über Verdachtsfälle informiert wird[319]. Im Zivilprozeß können Informationsansprüche gegenüber der Behörde nach § 273 II Nr. 2 ZPO oder § 423 ZPO geltend gemacht werden[320].

---

[314] Das öffentlich-rechtliche richterliche Akteneinsichtsrecht verlangt also nicht wie das Auskunftsrecht nach § 242 BGB, daß eine Sonderbeziehung zwischen Informationssuchendem und Auskunftspflichtigem besteht. BVerwG v.23.8.1968, E 30, 154, 160 – Akteneinsicht in Baugenehmigung; OVG Münster v.22.7.1988, NJW 1989, 544, 545 – Akteneinsicht in Baugenehmigungsverfahren; VG Braunschweig v.21.4.1986, NJW 1987, 459 – Flugunfall; *Peter* in Salje, Umwelthaftungsgesetz, § 9 Rdnr. 24ff.

[315] BGH v.23.11.1982, Z 85, 327 – Einsicht in Krankenunterlagen; BGH v.23.11.1982, Z 85, 339 – Einsicht in Krankenunterlagen; *Steffen*, Arzthaftungsrecht, B.III., S. 118; *Nüßgens* in RGRK, § 823 Anh.II, Rdnr. 271; *Keller* in MünchKomm, § 260 Rdnr. 22ff.

[316] BGH v.23.11.1982, Z 85, 327, 332f – Einsichtsrecht in Krankenunterlagen, BGH v.6.12.1988, Z 106, 146, 148, 150f – Einsicht in Krankenunterlagen bei psychiatrischer Behandlung II; *Giesen*, Arzthaftungsrecht, S. 235.

[317] § 5.III.3.c)cc).

[318] BVerfG v.25.3.1992, E 85, 386 – Fangschaltung; a.A. noch BVerfG v.24.3.1987, NJW 1988, 405 – Akteneinsicht des Opfers.

[319] § 9.II.2.

[320] Zu den Voraussetzungen s. *Zöller*, ZPO, 17. Aufl., 1991, § 423 Rdnr. 1ff. Bis jetzt hilft der BGH dem Geschädigten damit, daß die Anforderungen an die Substantiierungspflicht für den Fehler reduziert werden, s. § 8.III.2., S. 314f.

cc) Informationsansprüche können mit Hilfe des UIG, des öffentlichrechtlichen richterlichen Akteneinsichtsrechts und mittels § 242 BGB[321] ausgedehnt werden. Zur Durchsetzung von Ansprüchen wird die Ansicht vertreten, die Voraussetzungen des § 8 UHG seien weiter zu reduzieren[322]. So wird überlegt, ob – über den eindeutigen Wortlaut des § 9 I 3 i.V.m. § 8 I 2 UHG hinaus – ein Anspruch des Geschädigten gegenüber der Behörde besteht, auch Informationen über den Betriebsablauf und die Betriebsstruktur zu erhalten, die die Behörde gem. § 52a II BImSchG vom Unternehmen mitgeteilt bekommt[323]. Sinnvoller erscheint es allerdings, statt dessen mit Beweiserleichterungen und Substantiierungspflichten zu arbeiten. Das Unternehmen muß seine Betriebsstruktur substantiiert darlegen und im Zweifel mittels Dokumentationen belegen[324].

Zwischenergebnis zu § 9: Informationspflichten des Staates und Externe Kontrolle

1. Der Staat überwacht eine Vielzahl von gefährlichen Situationen im Gesundheits- und Umweltrecht. In diesem Rahmen bestehen Mitteilungs- und Auskunftspflichten. Begrenzte Kapazitäten und mangelnder Sachverstand zwingen die Behörden oft, auf sachverständige Dritte zurückzugreifen.

2. Der „schlanke Staat" kann verwirklicht werden, indem stärker als bisher die Überwachung auf Private verlagert wird. Bereits jetzt werden im Arzneimittelrecht Sachverständige hinzugezogen. Im Umweltrecht sind Sachverständige regelmäßig bei der Zulassung und Überwachung beteiligt. Im Produktsicherheitsrecht findet eine Zulassung sogar ausschließlich durch unternehmensexterne Private statt. Im BImSchG ist das Verfahren zur Anordnung einer Sicherheitsüberprüfung zu vereinfachen.

3. Die überwiegende Ansicht, daß Zulassung und Überwachung durch Private nur ausnahmsweise zulässig seien, ist als zu eng abzulehnen. In der Regel ist es ausreichend, daß der Staat die unternehmensexternen Privaten überwacht. Auch geht die Ansicht zu weit, daß der Gesetzgeber die *unternehmensinterne* Eigenüberwachung bereits dann erlauben dürfe, soweit diese gegenüber der staatlichen Überwachung personell oder organisatorisch

[321] *Gernhuber*, Das Schuldverhältnis, § 24.III.2. m.w.Nachw.; *Keller* in MünchKomm, § 260 Rdnr. 10ff; Palandt/*Thomas*, § 261 Rdnr. 8ff

[322] *Enders/Reiter*, VersR 1991, 1329, 1339f.

[323] Dies problematisiert *Maansen*, GewA 1993, 280, 284 aufgrund des § 4 UIG; zu denken wäre auch an das richterliche Einsichtsrecht. Zur Mitteilungspflicht nach § 52a BImschG s. oben § 6.IV.4.a), S. 240ff.

[324] S. ausführlich § 6.IV.4.b), S. 243 ff. Ebenso für § 8 UHG: *G. Hager* in Landmann/Rohmer, Umweltrecht, Bd. II, § 8 UHG Rdnr. 49; allgemein: *Salje*, ZRP 1989, 408, 411; *Peter* in Salje, Umwelthaftungsgesetz, § 9 Rdnr. 2.

gleichwertig wäre. Bei einem hohen Gefährdungspotential verlangt vielmehr die Schutzpflicht des Staates ein Letztentscheidungsrecht der Behörde. Auch ist ein gänzlicher Verzicht auf externe Kontrolle ausnahmsweise nur dann hinzunehmen, wenn von bestimmten Schutzzielen abgewichen werden darf oder der Staat privates Ausweichverhalten durch hoheitliche Mittel ordnungsrechtlich korrigieren kann.

4. Weitere Aufgabenbereiche für staatliches Handeln liegen bei der Vorsorge und der systematischen Dauerüberwachung (Monitoring). Erst durch dieses systematische Auswerten von Risikoinformationen ist der aktuelle Risiko- oder Gefahrenzustand zu erkennen.

5. Das arzneimittelrechtliche Stufenplanverfahren dient dazu, Risikoinformationen zwischen den Unternehmen, der Behörde und den Sachverständigen auszutauschen und zu bewerten. Ein vergleichbares Verfahren fehlt für Produkte. Inzwischen bestehen Informationsverfahren auch auf Gemeinschaftsebene.

6. Die gesetzlichen Mitteilungspflichten sind *de lege ferenda* auszuweiten, damit die Behörde von Risiken erfährt. Diese Pflichten sind mit Bußgeld zu bewehren.

7. Berichten Private kritisch über Unternehmen, so kann eine Haftung nach Delikt oder UWG in Betracht kommen. Das ist der Fall, wenn in Rechte des Unternehmens eingegriffen und nicht in neutraler, sachkundiger Weise und auf Gewinnung eines objektiv richtigen Ergebnisses gerichtet informiert worden ist. Die Berechtigung zur sachlichen Kritik ist aufgrund des Art. 5 I GG weit zu ziehen.

8. Höchst umstritten ist, wann staatliche Informationen einen Eingriff in Grundrechte des Unternehmens darstellen. Soweit ein Eingriff zu bejahen ist, bedarf es einer Ermächtigungsgrundlage. Auch diese ist, soweit gesetzliche Vorgaben fehlen, umstritten.

9. Zwar genießen staatliche Informationen nicht den Schutz des Art. 5 I GG; sie nehmen nicht unmittelbar am geistigen Meinungskampf teil. Jedoch bezwecken staatliche Informationen Markttransparenz und in den hier zu behandelnden Fällen den Schutz von Gesundheit und/oder Umwelt. Damit ist die Auffassung abzulehnen, wonach eine Information nur dann den Namen des Produktes nennen darf, wenn eine Gefahr oder ein überwiegendes Interesse des Allgemeinwohls dies erfordert. Den Besonderheiten einer staatlichen Warnung kann durch die Art und Weise der staatlichen Information Rechnung getragen werden. Die staatliche Information ist gegenüber der Information des Unternehmens subsidiär. Das Unternehmen ist anzuhören. Es besteht eine Pflicht zur erklärenden Information.

10. Das UIG normiert erstmals Auskunftsansprüche gegenüber der Behörde, das UHG darüber hinaus auch gegenüber dem Unternehmen. Die Ansprüche sind insoweit „systemfremd". Umstritten ist, wie die einzelnen Voraussetzungen der Auskunftsansprüche des UIG und des UHG auszulegen sind. Hierzu kann der historische Wille des Gesetzgebers herangezogen wer-

den. Die RiL 90/313 soll nach dem gesetzgeberischen Willen nicht die Grundlage schaffen, um die Verwaltung zu kontrollieren, sondern die Verwaltung transparent machen. Die §§ 8, 9 UHG bezwecken einen interessensgerechten Ausgleich zwischen Geschädigtem und Schädiger.

11. Informationspflichten und Auskunftsansprüche lassen sich in einer abschließenden Bewertung miteinander vergleichen. Mitteilungspflichten des Staates sind gegenüber Auskunftsansprüchen des Bürgers effektiver, weil sie eingreifen, sobald der Informationsvorsprung besteht und weil sie Informationsbedürfnisse zahlreicher Einzelpersonen befriedigen können. Die Mitteilungspflichten des Unternehmens gegenüber dem Verbraucher bilden den direktesten Weg, ein Informationsdefizit zu beheben. Der Staat verfügt dagegen oft nur über abgeleitete Informationen; zudem ist er potentiellen Haftungsansprüchen ausgesetzt, wenn er informiert.

12. Im Ergebnis sind Auskunftsansprüche nur vorsichtig auszudehnen, wenn beispielsweise kein überwiegendes Interesse des Unternehmens besteht, seine Betriebsgeheimnisse zu schützen, oder wenn das im Öffentlichen Recht entwickelte Akteneinsichtsrecht gegenüber den Nachfolgeinstituten des BGA mehr als bisher – etwa bei fehlerhaften Arzneimitteln – geltend gemacht werden kann. Ein angemessener Schadensausgleich sollte mittels Beweiserleichterungen und Substantiierungspflichten statt mittels umfangreicher Auskunftsansprüchen ermöglicht werden.

§ 10 Bilanz und Ausblick: Zusammenwirken der Rechtsgebiete zum Schutz von Mensch und Umwelt

In der vorliegenden Untersuchung wurde der Schutz von Mensch und Umwelt mit Hilfe des Zivilrechts und des Öffentlichen Rechts fortentwickelt. In diesem Paragraphen werden als Resümee die wichtigsten Ergebnisse der Arbeit genannt und in Zusammenhang gestellt[1].

I. Rechtsgüterschutz, Eigenverantwortung, Informationsermittlung und -weitergabe

1. Die Wertehierarchie der Rechtsgüter und der Vorhof

Erstmals ist der Versuch unternommen worden, die Wertehierarchie der Rechtsgüter als entscheidenden Rechtsgrund für besonders strenge Haftungsanforderungen der Rechtsprechung heranzuziehen. Mit Hilfe des Rechtsgüterschutzes ließen sich eine Reihe von präventiven Verkehrspflichten begründen, die z.B. das Unternehmen zum Handeln verpflichten, auch wenn die Kausalität zwischen Handeln und Rechtsgutsverletzung (noch) nicht nachgewiesen werden kann. Auch eine Fülle von Beweiserleichterungen zugunsten des Geschädigten, die ihm den Nachweis der Kausalität ersparen, wurden mit Hilfe des Rechtsgüterschutzes begründet. Es existiert ein Bereich des Vorhofs, in welchem erfolgsbezogene Pflichten des Gefahrverursachers die Rechtsgüter des Gefährdeten besonders effektiv schützen. Der Gefahrverursacher muß den Erfolg, d.h. den Schaden, vermeiden; mißlingt ihm dies, hat er für den Erfolg einzustehen. Verstöße gegen solche erfolgsbezogenen Pflichten bildeten beispielsweise der schwere Fehler bei der Ermittlung der Gefahr, der grobe Berufsfehler bei der Gefahrvermeidung, aber auch ein Verstoß gegen die selbstbestimmende Entscheidung bei der Gefahrabwehr durch unzureichende Informationsweitergabe[2]. Damit wurde eine Reihe anderer Begründungsversuche, wie die Beweisvereitelung, die ökonomische Analyse des Rechts, Gefahrbereich und Gefahrbeherrschung sowie das Bewegliche System als unzureichend abgelehnt. Ihre Überzeugungskraft war nicht ausreichend, um die Beweiserleich-

---

[1] Die einzelnen Resümees der §§ 1–9 finden sich jeweils an deren Ende als „Zwischenergebnis".

[2] § 5.III.3., S 168ff. und Graphik 4 auf S. 188.

terungen zu rechtfertigen[3]. Zentraler Ausgangspunkt für Beweiserleichterungen zugunsten des Geschädigten ist stets die Wertigkeit des Rechtsgutes, das im Einzelfall bedroht ist. Das Rechtsgüterprinzip konnte mit Hilfe der Wertehierarchie der persönlichen Rechtsgüter und deren Verhältnis zu den Sachgütern, wie Eigentum oder Besitz, begründet werden. Diese Wertehierarchie ließ sich im Grundgesetz, im Bürgerlichen Gesetzbuch und im Strafgesetzbuch nachweisen. Eine verfassungskonforme Auslegung konnte den Vorhof rechtfertigen und weiterhin begründen, daß im Fall einer (groben) Verletzung hoher Rechtsgüter die Beweislast für das Nichtvorliegen der Tatbestandsmerkmale „Verschulden“ und „Kausalität“ dem Schädiger auferlegt werden kann. Damit wird keineswegs einer reinen Gefährdungshaftung das Wort geredet, weil der Schädiger nicht unabhängig von der Einhaltung oder dem Verstoß gegen eine Sorgfaltspflicht verurteilt wird, sondern ihm die Möglichkeit des Entlastungsbeweises offensteht[4]. Mit dem Rechtsgüterprinzip kann die Entwicklung der Rechtsprechung dogmatisch legitimiert werden, die zum Teil das Verschuldensprinzip aufgibt und oft unberechtigt als „überspannt“ bezeichnet wird. Die klassische Zweiteilung des Haftungsrechts in Verschuldens- und Gefährdungshaftung ist damit aufgehoben[5], es existiert ein mehrspuriges Haftungsrecht.

2. Präventive Verkehrspflichten

Entgegen weitverbreiteter Meinung hat das Zivilrecht durchaus noch unausgeschöpfte „Reserven“ für einen effektiveren Gesundheits- und Umweltschutz. Das Haftungsrecht zielt mittelbar auf Prävention. Dem Zivilrecht kommt dabei eine präventive Steuerungsfunktion zu. Es ist nicht nur auf Schadensausgleich angelegt[6]. Prävention wird auch durch einen weiter verstandenen Gesundheitsbegriff und die rechtlichen Anforderungen an die Organisation und die Betriebsstruktur verwirklicht. Vor allem können vorbeugender Gesundheits- und Umweltschutz auch dadurch erreicht werden, daß präventive Verkehrspflichten selbst bei nicht bewiesener Kausalität bestehen. So beziehen sich Informationserhebungspflichten auch auf den Gefährlichkeitsverdacht[7]. Zudem kann der Gefährlichkeitsverdacht zur Informationsweitergabe und gegebenenfalls zum Rückruf verpflichten[8].

---

[3] Jedoch können die für sich genommen unzureichenden Begründungen an einigen Stellen einen unterstützenden Argumentationsbeitrag leisten. Zur Definition des Rechtsprinzips s. oben § 4.I.3.

[4] A.A. dagegen die weitergehende Forderung von *Picker* (JZ 1987, 1041, 1048ff) und von *G. Hager* (PHI 1991, 2, 9), für Erkenntnisfehler s. oben § 5 II.3., S. 160 und § 8.I.2.a)bb), S. 284f.

[5] § 4.I.2. und § 5.II.3., S. 159f.

[6] § 4.I.3.a) und Fn. 87ff.

[7] § 6.III.1.b), S. 218ff.

[8] § 8.I.4.b), S. 293ff.

Schließlich ermöglichen Beweiserleichterungen im Rahmen des Vorhofs eine Haftung ohne bewiesene Kausalität[9].

a) Eigenverantwortung des Gefahrverursachers: Die Rangordnung von Gefahrvermeidung, Gefahrabwehr und allgemeinem Lebensrisiko

Der Rechtsgüterschutz ermöglicht es, präventive Verkehrspflichten zu begründen. Es bestehen originäre Pflichten des Handelnden aus dem Grundsatz der Eigenverantwortung des Gefahrverursachers. Dieser Grundsatz geht sowohl der Selbstvorsorge des Gefährdeten als auch staatlicher Aufsicht vor, weil der Gefahrverursacher die Gefährdung eigenständig setzt[10]. Der Grundsatz besagt auch, daß die Gefahr primär vermieden werden muß und Informationen an den Verbraucher nur hilfsweise ausreichen, damit dieser die Gefahr abwehrt. Damit ist die Gefahrvermeidung des Gefahrverursachers der Gefahrabwehr durch den Gefährdeten vorrangig[11]. Gegenüber diesen beiden Pflichten ist das allgemeine Lebensrisiko nachrangig.

b) Informationsermittlung und Informationsweitergabe

Sowohl die Verstöße des Unternehmens gegen Verhaltenspflichten als auch die einzelnen Fehlertypen des Produkthaftungsrechts lassen sich überwiegend als Fälle unzureichender Information auffassen, sei es als unzureichende Sachverhaltsermittlung oder als unzureichende Informationsweitergabe[12]. Der Grundsatz der Eigenverantwortung verpflichtet den Gefahrverursacher in einem ersten Schritt zur Gefahrermittlung. Nur bei Kenntnis der Gefahr ist der Gefahrverursacher in der Lage, ihr zu begegnen. In einem zweiten Schritt stellt sich die Frage, wann Gefahren vermieden oder wann sie abgewehrt werden müssen. Die Gefahrabwehr findet dadurch statt, daß der Gefährdete durch den Gefahrverursacher über die Gefahr informiert, vor ihr gewarnt wird[13].

---

[9] § 5.III., S. 160ff.

[10] S. § 5.IV.1., S. 181ff.

[11] S. § 7.I.1., S. 250ff.

[12] S. bereits Einl.II.2. und die Literatur in Fn. 50.

[13] Für diesen (Teil-)Bereich ließe sich dann vielleicht von einer Informationsordnung sprechen. So der Titel der Arbeit von *Zöllner*, Informationsordnung und Recht, 1990, der diese allerdings nicht auf die persönlichen Rechtsgüter beschränkt; s. unter Berücksichtigung des Datenschutzes auch *Ehmann*, Informationsschutz und Informationsverkehr im Zivilrecht, AcP 188 (1988), 230ff.

3. Notwendigkeit objektiver Kriterien des Fehlerbegriffs und einer festen Prüfungsfolge

Um der Rangordnung „Gefahrvermeidung vor Gefahrabwehr durch Informationsweitergabe" gerecht zu werden, bedarf es objektiver Kriterien, die dann in eine feste Prüfungsfolge gebracht werden können[14]. Dies ist um so notwendiger, weil nach derzeitiger Rechtsprechung oft der Vorrang der Gefahrvermeidung vor der Gefahrabwehr mißachtet wird. Das von der h. M. in diesem Zusammenhang verwendete Kriterium der „Verbrauchererwartung" wurde abgelehnt, weil es oft eine Fiktion darstellt und deshalb keine nachvollziehbaren Entscheidungen ermöglicht.

Die Kriterien Erforderlichkeit und Zumutbarkeit wurden neu definiert. Die Erforderlichkeit einer Gefahrvermeidung wird erstens mit Hilfe der Risiko-Nutzen-Bewertung konkretisiert. In diesem Schritt sind die Anforderungen an die Gefahrvermeidung hoch anzusetzen. Ein vernünftiges Herstellerverhalten berücksichtigt zweitens den Stand der Technik und wettbewerbsrechtliche Überlegungen. Das Kriterium „Verhältnismäßigkeit" kann drittens dem Hersteller den Einwand eröffnen, eine Information an den Verbraucher wäre genauso effektiv wie die Gefahrvermeidung gewesen. Viertens ist dem Recht auf selbstbestimmende Entscheidung als Teil des Vorhofs Rechnung zu tragen. Schließlich muß fünftens der Gefahrverursacher an den Verbraucher Informationen zur Gefahrabwehr geben, wenn die Gefahren für den Verbraucher nicht offensichtlich sind. Mit diesen Überlegungen erreicht man einen deutlich höheren Schutzstandard als durch die bisherige Rechtsprechung, wie einzelne Sicherheitsmaßnahmen bei neuen Kraftfahrzeugen verdeutlichen[15]. Diese Anforderungen stimmen überdies mit denen des Gemeinschaftsrechts überein, wonach Gefahren zu vermeiden sind und Informationen zur Gefahrabwehr nur noch bei einem sog. Restrisiko zugelassen werden[16].

II. Gesundheits- und Umweltschutz durch Zivilrecht

1. Gesundheitsverletzung als erhebliche Beeinträchtigung des Wohlbefindens

Das Rechtsgut „Gesundheit" ist normübergreifend und deutlich weiter zu definieren als bisher vorgenommen (§ 1). Durch den weiter verstandenen Gesundheitsbegriff wird – wie die Fälle chemischer Dämpfe durch Reinigungen oder gefährlicher Produkte gezeigt haben – auch mittelbar die Umwelt geschützt. Der Schutz persönlicher Rechtsgüter als individualisie-

[14] S. § 7.III., S. 265 ff. und § 8.I.
[15] § 8.IV.
[16] § 7.I.2., S. 252.

render Ansatz des Bürgerlichen Rechts umfaßt damit ähnlich wie der anthropozentrische Umweltschutz auch die Umwelt um des Menschen willen[17]. Er ist auch Grundlage des UHG, welches unmittelbar nur die persönlichen Rechtsgüter und das Eigentum schützt. Umweltschutz wird mit Hilfe des Rechtsgüterschutzes mittelbar realisiert.

Die Gesundheitsverletzung umfaßt auch erhebliche Beeinträchtigungen des Wohlbefindens. Maßgebend für die Bejahung der Erheblichkeit sind sowohl die Wohn- und Erholungsfunktion des Tatortes als auch die Dauerhaftigkeit und Unentrinnbarkeit der Beeinträchtigung. Damit werden Wertungswidersprüche vermieden, die dann auftreten würden, wenn erhebliche Beeinträchtigungen des Wohlbefindens nur mittelbar über das Nachbarrecht und damit das Eigentumsrecht geschützt würden, nicht aber durch den Gesundheitsbegriff des § 823 I BGB. Dieser Ansatz ist Analogien zu § 906 BGB vorzuziehen, die jeweils nur mittelbar Schutz über das Grundstück ermöglichen. Dieser weiter definierte Gesundheitsbegriff stimmt zudem mit der Wertehierarchie der Rechtsgüter überein.

2. Unternehmensstrukturen: DIN (EN) ISO 9000ff und Umwelt-AuditVO

Die ISO 9000 ff und Umwelt-AuditVO bilden Rahmenwerke, um Qualitätssicherungssysteme bzw. eine Umweltbetriebsprüfung im Unternehmen zu ermöglichen. Sie zielen auf eine Erhöhung der Qualität bzw. des Umweltschutzes, die mit der Einführung und Fortführung der Qualitätssicherungsprogramme erreicht wird. Die mit solchen Systemen verbundenen Pflichten werden bereits schon jetzt zu einem Teil durch Haftungsrecht erzeugt. Die Organisationspflichten lassen sich inhaltlich unterteilen in die Prinzipien der kontrollierten Gefährdung, der Mehrfachkontrolle, der Unabhängigkeit der Kontrolle und der Dokumentation[18].

3. Haftung bei nicht bewiesener Kausalität

Das Öffentliche Recht muß die Gefahr bei nicht bewiesener Kausalität verneinen. Es bedarf eigener Ermächtigungsgrundlagen, um Handeln und Eingriff des Staates zu legitimieren. Im Zivilrecht muß in bestimmten Fällen der Gefahrverursacher auch ohne nachgewiesene Kausalität handeln oder sogar haften, falls er nicht ausreichend gehandelt hat. Gerade weil sich die Kausalität im Umweltrecht oft nicht nachweisen läßt, kann für diesen Bereich das Zivilrecht durchaus effektiv sein, wie der in der vorliegenden Arbeit entwickelte Bereich des Vorhofs zeigt. Ein jüngstes Beispiel bildet § 6 I UHG, wonach der Anlagenbetreiber auch bei einer nur vermuteten

---

[17] Einl.Fn. 79; *Epiney/Möllers*, Freier Warenverkehr und nationaler Umweltschutz, S. 70.
[18] § 6.III., S. 217 ff.

Kausalität haftet, soweit Rechtsgüter verletzt werden. Auch der geplante § 84 S. 3 AMG-E möchte Beweiserleichterungen bezüglich der Kausalität für den Geschädigten schaffen[19].

III. Das Zusammenwirken von Zivilrecht und Öffentlichem Recht

Bereits in der Einleitung waren die jeweiligen Schwächen des Zivilrechts und des Öffentlichen Rechts aufgezeigt worden. Gesundheits- und Umweltschutz als Querschnittsgebiete[20] verlangen ein „Zusammenspiel" der verschiedenen Rechtsdisziplinen: Nur auf diese Weise kann der Rechtsschutz so effektiv wie möglich verwirklicht werden. In der Einleitung wurde die Hoffnung geäußert, daß jeweils die Schwächen des einen Rechtsgebietes durch die Stärken des anderen Rechtsgebietes ausgeglichen werden. Eine solche Ergänzung von Zivilrecht und Öffentlichem Recht zur Stärkung des Rechtsgüter- und Umweltschutzes ließ sich tatsächlich nachweisen.

1. Stärken des Zivilrechts

Als Ergebnis der Arbeit läßt sich vor allem feststellen, daß Rechtsgüter- und Umweltschutz viel effektiver als bisher in der direkten Zweierbeziehung Gefahrverursacher – Gefährdeter, also oft im Verhältnis zwischen Unternehmen und Verbraucher, geregelt werden kann als über das Dreieck unter Hinzuziehung staatlicher Behörden[21]. Dabei erweisen sich möglicherweise zwei oder sogar drei Wege in der Zukunft als besonders erfolgreich, das bisherige Vollzugsdefizit des Öffentlichen Rechts zumindest teilweise zu beheben: Die Übertragung von Informationserhebungspflichten als präventiv wirkenden Verkehrspflichten auf den Gefahrverursacher auch im Bereich des Umweltrechts (a), eine Übertragung unternehmensexterner Kontrolle auf Private (b) und die Ausdehnung von Informationsweitergabepflichten für den Gefahrverursacher (dazu unter 3).

a) Informationserhebungs- und Organisationspflichten

Potentielle Gefahren lassen sich am besten direkt beim Gefahrverursacher bekämpfen oder, noch besser, ganz vermeiden. Damit wird das Verursacherprinzip konsequent umgesetzt. Das zivile Haftungsrecht hat hierzu schon

---

[19] Oben § 5.III.3.b)bb), S. 172.

[20] S. zu den im einzelnen untersuchten Rechtsgebieten bereits Einl.II.3., S. 13 ff.; Zum Zusammenspiel von Zivilrecht und Öffentlichem Recht s. auch *Hoffmann-Riem/Schmidt-Aßmann (Hrsg.)*, Öffentliches Recht und Privatrecht – Ihre Funktion als wechselseitige Auffangordnung, 1996 (im Erscheinen)

[21] S. dazu die Graphik 3 auf S. 103.

eine Reihe von Verhaltenspflichten entwickelt. Gesundheitsschutz und Umweltschutz sind als unmittelbar unternehmensinterne Aufgaben zu erkennen und mittels entsprechender Verhaltensanforderungen umzusetzen[22]. Nicht allein die stärkere Überwachung durch externe Dritte oder den Staat ist gefordert, sondern die Eigenverantwortung des Gefahrverursachers als desjenigen, der am besten informiert ist und die Gefahren am billigsten vermeiden kann[23]. Er ist unmittelbar zu bestimmten Maßnahmen zum Schutz von Gesundheit und Umwelt verpflichtet. Die Intensität und Höhe der Verhaltensanforderungen werden durch die abstrakte Gefahrenhöhe vorgegeben, was sich anhand des Arzneimittelrechts und des gemeinschaftsrechtlichen Produktsicherheitsrechts verdeutlichen läßt, aber auch für das Umweltrecht gilt.

b) Kontrolle durch unternehmensexterne Private

Das Vollzugsdefizit läßt sich schließlich dadurch abbauen, daß der Staat notwendige Aufgaben der Fremdkontrolle auf Private überträgt; dies bildet zugleich einen Beitrag für den „schlanken Staat“[24]. Eine solche externe Kontrolle findet schon jetzt in weiten Bereichen des Produktsicherheitsrechts statt und kann in bestimmtem Umfang auf das Umweltrecht übertragen werden. Grundsätzlich ist eine Kontrolle der unternehmensexternen Privaten durch den Staat ausreichend.

2. Ergänzungsfunktion des Öffentlichen Rechts: Bereiche eines hohen Gefahrenpotentials, der Vorsorge und des Monitoring

Auf der anderen Seite ist jedoch die staatliche Überwachung zur Gefahrerkennung notwendig, wenn dazu ein einzelner nicht in der Lage ist. Immer dann, wenn erst ein systematisches Erfassen zahlreicher Daten auf eine Gefahr oder ein Risiko schließen läßt, wie dies bei Arzneimitteln der Fall ist, ist der Staat durch die Einrichtung einer Dauerüberwachung, eines Monitoring, gefordert. Dieses Monitoring muß auch im Bereich der Vorsorge, wie bei den Krebsregistern, viel stärker als bisher genutzt werden[25]. In diesen Bereichen findet eine Überwachung durch den Staat statt, so daß sich dann ein Informationsdreieck zwischen Gefahrverursacher, Verbraucher und Staat ergibt. Hier übernimmt staatliches Handeln eine wichtige Ergänzungsfunktion. Unzureichend ist die staatliche Qualitätskontrolle noch im Arztrecht, speziell im Krankenhauswesen, sowie bei Produkten des Marktes[26].

---

[22] Dieser Weg erscheint noch erfolgversprechender als ein weit verstandener Gesundheitsbegriff. Zur Verrechtlichung der Unternehmensstruktur s. ausführlich § 6.

[23] Zum cheapest-cost-avoider s. oben § 7.I.1.a).

[24] Ausführlich § 9.I.2. und II.1., S. 332 ff.

[25] § 9.II.2.

[26] S. § 6.I.1.a), S. 194 f und § 9.II.3.b), S. 344 f.

3. *Informationspflichten und Informationsansprüche de lege ferenda*

a) *Informationspflichten des Unternehmens gegenüber dem Staat*

Bereits jetzt bestehen Auskunfts- und Mitteilungspflichten des Unternehmens gegenüber dem Staat. Jedoch sollte der Gesetzgeber diese Mitteilungspflichten *de lege ferenda* mit Bußgeld bewehren, weil sie nur dann effektiv sind. Eine unzureichende Informationspolitik muß, wie die Störfälle bei dem Unternehmen Hoechst zeigten, künftig zumindest mit Bußgeld geahndet werden[27].

b) *Informationsweitergabepflichten des Unternehmens und des Staates gegenüber dem Verbraucher*

Im zivilen Haftungsrecht hat die Rechtsprechung umfangreiche Informationsweitergabepflichten (Kennzeichnungs-, Warn-, Rückrufpflichten) entwickelt, damit der Verbraucher die Gefahr abwehren kann oder, wie beim Rückruf, nicht mit ihr konfrontiert wird. Informationen des Staates übernehmen auch dann eine sinnvolle Ergänzungsfunktion, wenn z.B. nur die Umwelt, nicht aber persönliche Rechtsgüter gefährdet sind und das Haftungsrecht insoweit keinen Rechtsschutz gewährt. Hier sollten die bereits bestehenden Informationspflichten des Staates, wie beispielsweise die Veröffentlichung von Krebsregistern, weiter ausgebaut werden. Allerdings haben Informationen durch den Staat eine Reihe von Nachteilen. So stößt die produktbezogene staatliche (behördliche) Warnung auf eine Reihe schwieriger verfassungsrechtlicher Fragen nach Eingriff, Ermächtigungsgrundlage, Verhältnismäßigkeit und nach den sonstigen Voraussetzungen[28], die im Zivilrecht nicht bestehen, wenn um die Erforderlichkeit einer Instruktion gestritten wird. Vor allem aber ist die Behörde – mit Ausnahme der Bereiche von Vorsorge und Monitoring – in vielen Fällen nur indirekt und damit schlechter informiert. Dann sind die direkten Informationen des Gefahrverursachers an den Verbraucher und Bürger der bessere Weg[29].

c) *Informationspflicht und Informationsanspruch*

Hier zeigen sich die Vorzüge einer haftungsrechtlich durchsetzbaren Informationspflicht des Unternehmens gegenüber staatlicher Verbraucherinformation. Solche Pflichten, die im Produkthaftungsrecht entwickelt wur-

---

[27] Einl.Beispiel 1 und ausführlich § 9.II.4., S. 346ff.

[28] S. § 9.III.2. und 3., S. 352ff.

[29] Das gilt vor allem unter der Prämisse, daß sich der Staat bei behördlichen Informationen einer doppelten Haftung ausgesetzt sieht, nämlich seitens des Unternehmens, weil zu viele Informationen, insbesondere Geschäftsgeheimnisse, seitens des Verletzten, weil zu wenige Informationen weitergegeben wurden.

den, bestehen aufgrund des Chemikalien- und Arzneimittelrechts, der StörfallVO und seit neuestem, soweit sich der Hersteller beteiligt, aufgrund der Umwelt-AuditVO. Ist man bereit, den Gesundheitsbegriff weiter als nach der Verwaltungsvorschrift[30] zu verstehen, werden künftig Warn- und Hinweispflichten auch im Nachbarrecht häufiger zu bejahen sein als bisher.

Aufgrund der Umweltinformations-RiL, die durch das UIG umgesetzt wurde, kann der Bürger erstmals ohne Nachweis eines berechtigten Interesses Umweltinformationen von der Behörde erfragen. Jedoch besteht die Gefahr, daß diese Ansprüche das genannte Vollzugsdefizit verstärken. *Informationspflichten* haben gegenüber *Informationsansprüchen* den Vorteil, daß sie viele Informationsansprüche und Nachfragen durch eine veröffentlichte Information ersetzen können. Informationspflichten des Unternehmens sind vor allem wiederum der direktere Weg[31]. Mit Hilfe von Beweiserleichterungen und einer Reduzierung der Substantiierungspflichten lassen sich oft dieselben Ergebnisse erzielen wie mittels eines Auskunftsanspruchs, nämlich daß der Geschädigte Schadensersatz erhält, wenn der Gefahrverursacher gegen seine Verhaltenspflicht verstoßen hat.

4. *Wechselwirkung zwischen Zivilrecht und Öffentlichem Recht*

Neben dieser Ergänzung, dem Zusammenspiel zwischen Zivilrecht und Öffentlichem Recht, läßt sich zudem eine Wechselwirkung zwischen den beiden Rechtsgebieten feststellen. Die seit einem Jahrhundert entwickelte Dogmatik im Öffentlichen Recht zu den Begriffen Gefahr, Gefahrverdacht, Risiko, Vorsorge, Gefährlichkeitsverdacht und Risikovermutung ließ sich zum einen präzisieren und auf das Zivilrecht übertragen (§ 2.). Zum anderen konnten die Informationserhebungspflichten des Gefahrverursachers, die im Zivilrecht vor allem im Produkthaftungs- und Arztrecht entwickelt wurden, für das Öffentliche Recht, vor allem das Immissionsschutzrecht, nutzbar gemacht werden (§ 6.). Inzwischen wird Risikomanagement auch im Öffentlichen Recht gefordert[32]. Zudem werden – nach der in der vorliegenden Arbeit vertretenen Auffassung – die Anforderungen an die Betriebsorganisation gem. § 52a BImSchG durch zivilrechtliche Verkehrspflichten konkretisiert. Dies hatte Folgerungen für die Beweisvermutung des § 6 I–III UHG[33].

Als ein weiteres Ergebnis der Arbeit konnten bestimmte Termini vereinheitlicht werden. Das galt sowohl für die Begriffe der einzelnen persönlichen Rechtsgüter, wie Körper und Gesundheit (§ 1), für die Begriffe Gefahr (abstrakte, konkrete Gefahr) und Risikovorsorge (Risiko, Vorsorge und

---

[30] 2.7.2. zu Abs. 2 Nr. 2 der 1.StörfallVwV und oben § 9.IV.3.b) und Fn. 299f.

[31] § 9.IV., S. 363ff.

[32] *Scherzberg*, VerwArch 84 (1993), 484, 499f.

[33] § 6.IV.4., S. 240ff.

Gefährlichkeitsverdacht) (§ 2) als auch für die Termini bestimmter Informationsermittlungs- und -weitergabepflichten. Damit wurden die im ersten Teil eingeführten Begriffe normübergreifend definiert.

IV. Dogmatische Legitimation

Die Ergebnisse dieser Untersuchung ließen sich auf drei verschiedenen Wegen methodisch absichern. Zum einen sollten Wertungswidersprüche vermieden werden. Dies war die Begründung, um den Gesundheitsschutz, den das Delikt vermittelt, mit dem über das Eigentum vermittelten Rechtsschutz zu harmonisieren[34] und auch rechtlich vorgegebene Vorsorgewerte nicht nur über Vertrag, sondern auch über Delikt zu schützen[35]. Zum zweiten wurde anhand der Wertehierarchie der persönlichen Rechtsgüter der Gedanke des Rechtsgüterschutzes abgeleitet; er bildete den Rechtsgrund, um Vorhof und präventive Verkehrspflichten zu legitimieren und damit den Einwand unzulässiger Rechtsfortbildung und einer „Überspannung" von Verkehrspflichten zu entkräften[36]. Die so entwickelten einzelnen Grundsätze – wie z.B. des Vorrangs der Gefahrvermeidung vor der Gefahrabwehr – konnten schließlich im Gemeinschaftsrecht nachgewiesen werden, welches künftig die bundesdeutsche Rechtsprechung und Lehre deutlich beeinflussen wird[37].

[34] § 1.III.2.b), S. 38 ff.
[35] § 2.II.4., S. 74 ff; § 5.II.1.a), S. 154 f.
[36] § 5.I.1., S. 143 ff.
[37] § 7.I.2., S. 252 f; § 7.III., S. 266 ff.

Anhang

A. Gesetze und Gesetzesentwürfe (mit einzelnen Wortlautauszügen)[1]

I. Supranationales Recht

Pharmaceutical Inspections-Convention (PIC); umgesetzt durch Gesetz v.10.3.1982, BGBl II 158.

Deklaration von Helsinki; geändert durch 41. Generalversammlung in Hongkong im September 1989, abgedruckt in PharmInd 1990, 1474, 1497ff; alte Fassung in BAnz. v.26.5.1987, 7109; v.29.12.1989, Nr. 243a.

II. Gemeinschaftsrecht

1. Primärrecht

Vertrag zur Gründung der Europäischen Gemeinschaft (EG-Vertrag) v.25.3.1957, zuletzt geändert durch Vertrag über die Europäische Union v.7.2.1992.

Art. 129 a (Verbraucherschutz)

(1) Die Gemeinschaft leistet einen Beitrag zur Erreichung eines hohen Verbraucherschutzniveaus durch

...b) spezifische Aktionen, welche die Politik der Mitgliedstaaten zum Schutz der Gesundheit, der Sicherheit und der wirtschaftlichen Interessen der Verbraucher und zur Sicherstellung einer angemessenen Infomation der Verbraucher unterstützen und ergänzen.

2. Verordnungen

Verordnung (EWG) Nr. 1210/90 zur Errichtung einer Europäischen Umweltagentur und eines Europäischen Umweltinformations- und Umweltbeobachtungsnetzes v.7.5.1990, ABl. Nr. L 120, 1.

VO (EWG) Nr. 2377/90 über Tierarzneimittelrückstände bei Nahrungsmitteln v.26.6.1990, ABl. Nr. L 224, 1ff; zuletzt geändert durch VO (EWG) Nr. 675/92, ABl. Nr. L 73, 8.

„Bio"-Lebensmittel-VO Nr. 2092/91 v.22.7.1991, ABl. Nr. L 198, 1

Verordnung (EWG) Nr. 880/92 betreffend ein gemeinschaftliches System zur Vergabe eines Umweltzeichens (Umweltzeichen-VO), ABl. v.11.4.1992, Nr. L 99, 1.

Verordnung über die freiwillige Beteiligung gewerblicher Unternehmen an einem Gemeinschaftssystem für das Umweltmanagement und die Umweltbetriebsprüfung („Umwelt-AuditVO") Nr. 1836/93 v.29.6.1993, ABl. Nr. L 168, 1.

Geänderter Vorschlag für eine VO über neuartige Lebensmittel und neuartige Lebensmittelzutaten v.1.12.1993, ABl. Nr. C 16, 10.

---

[1] Im folgenden werden nur die nicht leicht auffindbaren Rechtsnormen aufgelistet. Fundstellen zum Europäischen Umweltrecht finden sich bei *Landmann/Rohmer*, Umweltrecht II.

3. *Richtlinien*

RiL 65/65/EWG zur Angleichung der Rechts- und Verwaltungsvorschriften über Arzneimittel v.26.1.1965 (1. Arzneimittel-RiL), ABl. Nr. L 22, 369; zuletzt geändert durch RiL 92/27 v.31.3.1992, ABl. Nr. L 113, 8.

NiederspannungsRiL 73/23/EWG v.19.2.1973, ABl. Nr. L 77, 29.

RiL 75/318/EWG über die analytischen, toxikologisch-pharmakologischen und ärztlichen oder klinischen Vorschriften mit Arzneimitteln v.20.5.1975, Nr. L 147, 1; zuletzt geändert durch RiL 91/507/EWG v.19.7.1991, ABl. Nr. L 270, 32.

RiL 75/319/EWG zur Angleichung der Rechts- und Verwaltungsvorschriften über Arzneimittelspezialitäten v.20.5.1975 (2. Arzneimittel-RiL), ABl. Nr. L 147, 13; zuletzt geändert durch RiL 92/277/EWG v.31.3.1992, ABl. Nr. L 113.

RiL 76/768 über Kosmetika v.27.7.1978, ABl. Nr. L 262, 169.

Kennzeichnungs-RiL 79/112/EWG über Etikettierung, Aufmachung und Werbung von Lebensmitteln v.18.12.1978, ABl. Nr. L 33, 1; zuletzt geändert durch RiL 89/395 v.14.6.1989, ABl. Nr. L 186, 17.

RiL 81/851/EWG über Tierarzneimittel v.28.89.1981, ABl. Nr. L 317, 1; geändert durch RiL 90/676 v.13.12.1990, ABl. Nr. L 373, 15.

RiL 81/852/EWG über die analytischen, toxikologisch-pharmakologischen und tierärztlichen oder klinischen Vorschriften und Nachweise über Versuche mit Tierarzneimitteln v.28.9.1981, ABl Nr. L 317, 16; zuletzt geändert durch RiL 92/18/EWG v.20.3.1992, ABl. Nr. L 97, 1.

RiL 82/501/EWG über die Gefahren schwerer Unfälle bei bestimmten Industrietätigkeiten v.24.6.1982 (Seveso-RiL), ABl. Nr. L 230, 1; geändert durch RiL 87/216/EWG v.19.3.1987, ABl. Nr. L 85, 36; geändert durch RiL 88/619/EWG v.24.11.1988, ABl. Nr. L 336, 14; zuletzt geändert durch RiL 91/692/EWG v.23.12.1991, ABl. Nr. L 377, 48.

RiL 83/189/EWG über ein Informationsverfahren auf dem Gebiet der Normen und technischen Vorschriften v.28.3.1983, ABl. Nr. L 109, 8; geändert durch RiL 88/182/EWG v. 22.3.1988, ABl. Nr. L 81, 75 und Entscheidung v.18.5.1990, ABl. Nr. L 128, 15.

RiL 84/450/EWG über irreführende Werbung v.10.9.1984, ABl. Nr. L 250, 17.

Produkthaftungs-RiL 85/374/EWG v.25.7.1985, ABl. Nr. L 210, 29.

RiL 85/591 über Probenahmen und Analysemethoden von Lebensmitteln v.20.12.1985, ABl. Nr. L 372, 50.

RiL 87/18/EWG v.18.12.1986 über die Inspektion und Überprüfung der Guten Laborpraxis (Good Labor Praxis = Gute Laborpraxis – 1.GLP-RiL), ABl. Nr. L 15, 29.

RiL 87/22/EWG über technologisch hochwertige Arzneimittel v.22.12.1986, ABl. Nr. L 15, 38.

RiL 87/357/EWG über Erzeugnisse, deren tatsächliche Beschaffenheit nicht erkennbar ist und die Gesundheit oder die Sicherheit der Verbraucher gefährden v.25.6.1987, ABl. Nr. L 192, 1.

Einfache Druckbehälter-RiL 87/404/EWG v.25.7.1987, ABl. Nr. L 220, 48.

Spielzeug-RiL 88/378/EWG v.3.5.1988, ABl. Nr. L 187, 1.

RiL 88/379/EWG zur Angleichung der Rechts- und Verwaltungsvorschriften der Mitgliedstaaten für die Einstufung, Verpackung und Kennzeichnung gefährlicher Zubereitungen (Zubereitungs-RiL) v.7.6.1988, ABl. Nr. L 187, 14.

RiL 88/320/EWG über die Inspektion und Überprüfung der Guten Laborpraxis (Good Labor Practice = Gute Laborpraxis – 2.GLP-RiL) v.7.6.1988, ABl. Nr. L 145, 35; geändert durch RiL 90/18/EWG v.18.12.1989, ABl. Nr. L 11, 37.

Bauprodukte-RiL 89/106/EWG v. 21.12.1988, zur Angleichung der Rechts- und Verwaltungsvorschriften der Mitgliedstaaten über Bauprodukte, ABl. Nr. L 40, 12.

RiL 89/107/EWG über Lebensmittelzusatzstoffe v.21.12.1988, ABl. Nr. L 40, 27.

RiL 89/109/EWG über Bedarfsgegenstände v.21.12.1988, ABl. Nr. L 40, 38.

Elektromagnetische VerträglichkeitsRiL 89/336/EWG v.3.5.1989, ABl. Nr. L 139, 19.

RiL 89/361 v.12.6.1989 über die Durchführung von Maßnahmen zur Verbesserung der Sicherheit und des Gesundheitsschutzes der Arbeitnehmer am Arbeitsplatz, ABl. Nr. L 183, 1.

Maschinen-RiL 89/392/EWG des Rates v.14.6.1989, ABl. Nr. L 183, 9.

RiL 89/397 über die amtliche Lebensmittelüberwachung v.14.6.1989, ABl. Nr. L 186, 23.

RiL 89/656/EWG v.30.11.1989 über Mindestvorschriften für Sicherheit und Gesundheitsschutz bei Benutzung persönlicher Schutzausrüstungen durch Arbeitnehmer bei der Arbeit, ABl. Nr. L 393, 18ff.

Persönliche Schutzausrüstungen-RiL 89/686/EWG des Rates v.21.12.1989, ABl. Nr. L 399, 18.

RiL 90/269/EWG v.29.5.1990 über die Mindestvorschriften bezüglich der Sicherheit und des Gesundheitsschutzes bei der manuellen Handhabung von Lasten, die für die Arbeitnehmer insbesondere eine Gefährdung der Lendenwirbelsäule mit sich bringt, ABl. Nr. L 156, 9.

RiL 90/270/EWG v.29.5.1990 über die Mindestvorschriften bezüglich der Sicherheit und des Gesundheitsschutzes bei der Arbeit an Bildschirmgeräten, ABl. Nr. L 156, 14[2].

RiL 90/313 über den freien Zugang zu Informationen über die Umwelt v.7.6.1990, ABl. Nr. L 158, 56.

Medizinische Implantate-RiL 90/385/EWG v.20.6.1990, ABl. Nr. L 189, 17.

RiL 91/356/EWG über die Gute Herstellungspraxis von Arzneimitteln v.17.7.1991 (Good Manufactoring Practice = Gute Herstellungspraxis – GMP), ABl. Nr. L 193, 30.

RiL 91/412/EWG über die Gute Herstellungspraxis von Tierarzneimitteln v.23.7.1991 (GMP), ABl. Nr. L 228, 70.

Milchhygiene-RiL 92/46/EWG v.16.6.1992, ABl. Nr. L 268, 1ff.

Allgemeine Produktsicherheits-RiL 92/59/EWG v.29.7.1992, ABl. Nr. L 228, 24[3].

Artikel 2:

Im Sinne dieser Richtlinie gilt als

a) „Produkt" jedes Produkt, das für Verbraucher bestimmt ist oder von Verbrauchern benutzt werden könnte und das entgeltlich oder unentgeltlich im Rahmen einer Geschäftstätigkeit geliefert wird, unabhängig davon, ob es neu, gebraucht oder wiederaufgearbeitet ist.

Diese Richtlinie gilt jedoch nicht für gebrauchte Produkte, die als Antiquitäten oder als Produkte geliefert werden, die vor ihrer Verwendung instandgesetzt oder wiederaufgearbeitet werden müssen, sofern der Lieferant der von ihm belieferten Person klare Angaben darüber macht;

b) „sicheres Produkt" jedes Produkt, das bei normaler oder vernünftigerweise vorhersehbarer Verwendung, was auch die Gebrauchsdauer einschließt, keine oder nur geringe, mit seiner Verwendung zu vereinbarende und unter Wahrung eines hohen Schutzniveaus für die Gemeinschaft und Sicherheit von Personen vertretbare Gefahren birgt, insbesondere im Hinblick auf

- die Eigenschaften des Produkts, unter anderem seine Zusammensetzung, seine Verpackung, die Bedingungen für seinen Zusammenbau, seine Wartung;

- seine Einwirkung auf andere Produkte, wenn eine gemeinsame Verwendung mit anderen Produkten vernünftigerweise vorhersehbar ist;

- seine Aufmachung, seine Etikettierung, gegebenenfalls seine Gebrauchs- und Bedienungsanleitung und Anweisungen für seine Beseitigung sowie alle sonstigen Angaben oder Informationen seitens des Herstellers;

- die Gruppen von Verbrauchern, die bei der Verwendung des Produkts einem erhöhten Risiko ausgesetzt sind, vor allem Kinder.

---

[2] S. *Koch*, NJW-CoR 1994, 101.

[3] S. dazu Vorschlag der Kommission v.27.4.1989 für eine RiL des Rates über die allgemeine Produktsicherheit KOM (89) 162 endg. – SYN 192, ABl. Nr. C 193, 1; Stellungnahme des Europäischen Parlamentes v.15.3.1990, ABl. Nr. C 96, 283, Stellungnahme des Wirtschafts- und Sozialausschusses v.31.1.1990, ABl. Nr. C 75, 1 und Geänderter Vorschlag, ABl. Nr. C 156, 8.

Die Produktsicherheits-RiL war von der Bundesrepublik Deutschland bis zum 31.1.1995 noch nicht umgesetzt, s. zum Gesetzesentwurf eines Produktsicherheitsgesetzes (ProdSG) der Bundesregierung und zur ablehnenden Stellungnahme des Bundesrates, BR-Dr. 457/95.

Die Möglichkeit, einen höheren Sicherheitsgrad zu erreichen oder die Verfügbarkeit anderer Produkte, die eine geringere Gefährdung aufweisen, ist kein ausreichender Grund, um ein Produkt als nicht sicher oder gefährlich anzusehen;

c) „gefährliches Produkt" jedes Produkt, das nicht der Begriffsbestimmung des sicheren Produkts gemäß Buchstabe b) entspricht;

d) „Hersteller"

- der Hersteller des Produkts, wenn er seinen Sitz in der Gemeinschaft hat, und jede andere Person, die als Hersteller auftritt, indem sie auf dem Produkt ihren Namen, ihr Markenzeichen oder ein anderes Unterscheidungszeichen anbringt, oder die Person, die das Produkt wiederaufarbeitet;

- der Vertreter des Herstellers, wenn dieser seinen Sitz nicht in der Gemeinschaft hat, oder, falls kein Vertreter mit Sitz in der Gemeinschaft vorhanden ist, der Importeur des Produkts;

- sonstige Gewerbetreibende der Absatzkette, soweit ihre Tätigkeit die Sicherheitseigenschaften eines auf den Markt gebrachten Produkts beeinflussen kann;

e) „Händler" jeder Gewerbetreibende der Absatzkette, dessen Tätigkeit die Sicherheitseigenschaften eines auf den Markt gebrachten Produktes nicht beeinflußt.

Artikel 3:

(1) Die Hersteller dürfen nur sichere Produkte auf den Markt bringen.

(2) Die Hersteller haben im Rahmen ihrer jeweiligen Geschäftstätigkeit

- dem Verbraucher einschlägige Informationen zu erteilen, damit er die Gefahren, die von dem Produkt während der üblichen oder nach vernünftigem Ermessen voraussehbaren Gebrauchsdauer ausgehen und ohne entsprechende Warnhinweise nicht unmittelbar erkennbar sind, beurteilen und sich dagegen schützen kann.

Die Anbringung solcher Warnhinweise entbindet jedoch nicht von der Verpflichtung, die übrigen Sicherheitsanforderungen dieser Richtlinie zu beachten;

- den Eigenschaften der von ihnen gelieferten Produkte angemessene Maßnahmen zu treffen, damit sie imstande sind, die etwaigen von diesen Produkten ausgehenden Gefahren zu erkennen, und zu deren Vermeidung zweckmäßige Vorkehrungen, erforderlichenfalls einschließlich der Rücknahme des betreffenden Produkts vom Markt, zu treffen.

Die obenerwähnten Maßnahmen umfassen, sofern zweckmäßig, beispielsweise die Kennzeichnung der Produkte oder des Produktpostens im Hinblick auf deren Identifizierung, die Durchführung von Stichproben bei den in den Verkehr gebrachten Produkten und die Untersuchung von Beschwerden sowie die Unterrichtung der Händler über diese Überwachungsmaßnahmen.

(3) [1] Die Händler haben sorgfältig zu handeln, um zur Einhaltung der allgemeinen Sicherheitsverpflichtung beizutragen, indem sie vor allem keine Produkte liefern, von denen sie wissen oder bei denen sie anhand der ihnen vorliegenden Informationen und als Gewerbetreibende hätten davon ausgehen müssen, daß sie dieser Anforderung nicht genügen. [2] Im Rahmen ihrer jeweiligen Geschäftstätigkeit haben sie vor allem an der Überwachung der Sicherheit der auf dem Markt befindlichen Produkte mitzuwirken, insbesondere durch Weitergabe von Hinweisen auf eine von den Produkten ausgehende Gefährdung und durch Mitarbeit an Maßnahmen zur Vermeidung dieser Gefahren.

Artikel 4:

(1) Sind die Sicherheitsanforderungen an das Produkt nicht durch spezifische gemeinschaftliche Rechtsvorschriften geregelt, so gilt ein Produkt als sicher, wenn es den mit dem Vertrag, insbesondere den Artikeln 30 und 36, in Einklang stehenden spezifischen Rechtsvorschriften des Mitgliedstaats, in dessen Hoheitsgebiet sich das Produkt im Verkehr befindet, über die Gesundheits- und Sicherheitsanforderungen für das Inverkehrbringen dieses Produkts entspricht.

(2) In Ermangelung einer spezifischen Vorschrift im Sinne von Absatz 1 wird die Übereinstimmung eines Produkts mit der allgemeinen Sicherheitsanforderung unter Berücksichtigung der innerstaatlichen unverbindlichen Normen, die eine europäische Norm umsetzen, etwaiger technischer Spezifikationen der Gemeinschaft oder andernfalls der Normen des Mitgliedstaats, in dem sich das Produkt im Verkehr befindet, der auf dem Gebiet der Gesundheit und der Sicherheit bestehenden Verhaltenskodizes des betreffenden Bereichs oder aber anhand des Stands der Kenntnisse und der Technik sowie der Sicherheit, welche die Verbraucher billigerweise erwarten dürfen, bewertet.

(3) Die Übereinstimmung eines Produkts mit den Bestimmungen des Absatzes 1 oder 2 hindert die zuständigen Behörden der Mitgliedstaaten nicht daran, zweckmäßige Maßnahmen zu ergreifen, um die Vermarktung eines Produkts zu beschränken oder dessen Rücknahme vom Markt zu verlangen, wenn sich trotz dieser Übereinstimmung herausstellt, daß es für die Gesundheit und die Sicherheit der Verbraucher gefährlich ist.

RiL 92/27/EWG über die Etikettierung und die Packungsbeilage von Humanarzneimitteln v.31.3.1992, ABl. Nr. L 113, 8.

RiL 92/28/EWG über die Werbung für Humanarzneimittel v.31.3.1992, ABl. Nr. L 113, 13.

Medizinprodukte-RiL 93/42/EWG v.14.6.1993, ABl. Nr. L 169, 1.

Lebensmittelhygiene-RiL 93/43/EWG v.14.6.1993, ABl. Nr. L 175, 5.

4. Beschlüsse, Entschließungen und Entscheidungen

Beschluß des Rates v.23.7.1993 über die in den technischen Harmonisierungsrichtlinien zu verwendenden Module für die verschiedenen Phasen der Konformitätsbewertung 93/465/EWG, ABl. Nr. L 220, 23, der den Beschluß des Rates v.13.12.1990 über die in den technischen Harmonisierungsrichtlinien zu verwendenden Module für die verschiedenen Phasen der Konformitätsbewertung, ABl. Nr. L 380, 13, aufhebt.

Entschließung des Rates v.7.5.1985 über eine neue Konzeption auf dem Gebiet der technischen Harmonisierung und der Normierung, sog. „Modell-RiL", ABl. Nr. C 136, 1.

Entscheidung des Rates 92/608/EWG v.14.11.1992 zur Festlegung von Analyse- und Testverfahren für wärmebehandelte Milch, die zum unmittelbaren Genuß durch Menschen bestimmt ist, ABl. Nr. L 407, 29.

5. Empfehlungen, Mitteilungen, Programme

Empfehlung zu Versuchen mit Arzneimittelspezialitäten 83/571 v.26.10.1983.

Mitteilung an die Antragsteller betreffend die Genehmigung für das Inverkehrbringen von Arzneimittelspezialitäten 83/571 v.26.10.1983.

Empfehlung zu Versuchen mit Arzneimittelspezialitäten 87/176f v.29.2.1987.

Empfehlung über die Gute Klinische Praxis von Arzneimitteln (Good Clinic Practice = Gute klinische Praxis – GCP) v.11.7.1990, auch abgedruckt in PharmInd 1990, 1474, 1485ff.

4. Aktionsprogramm – Entwurf einer Entschließung des Rates zur Fortschreibung und Durchführung einer Umweltpolitik und eines Aktionsprogramms der Europäischen Gemeinschaften für den Umweltschutz (1987 – 1992), KOM (86) v.15.10.1986, ABl. Nr. C 70, 3.

III. Nationales Recht

1. Gesetze

Grundgesetz (GG), zuletzt geändert durch Gesetz v.27.10.1994, BGBl I 3146.

Art 2:

(2) [1]Jeder hat das Recht auf Leben und körperliche Unversehrtheit. [2]Die Freiheit der Person ist unverletzlich.

Art. 20a: Der Staat schützt auch in Verantwortung für die künftigen Generationen die natürlichen Lebensgrundlagen im Rahmen der verfassungsmäßigen Ordnung durch die Gesetzgebung und nach Maßgabe von Gesetz und Recht durch die vollziehende Gewalt und die Rechtsprechung.

Gesetz über die Errichtung eines Umweltbundesamtes v.22.7.1974 (UBAG); geändert durch VO v.26.11.1986, BGBl 2089.

Produkthaftungsgesetz (PHG) v.15.12.1989, BGBl I 2198; beruhend auf der Produkthaftungs-RiL 85/374/EWG v.25.7.1985, ABl. Nr. L 210, 29.

§ 3 (Art. 6 Produkthaftungs-RiL):
Fehler

(1) Ein Produkt hat einen Fehler, wenn es nicht die Sicherheit bietet, die unter Berücksichtigung aller Umstände, insbesondere
a) seiner Darbietung
b) des Gebrauchs, mit dem billigerweise gerechnet werden kann,
c) des Zeitpunkts, in dem es in den Verkehr gebracht wurde,
berechtigterweise erwartet werden kann.

(2) Ein Produkt hat nicht allein deshalb einen Fehler, weil später ein verbessertes Produkt in den Verkehr gebracht wurde.

Arzneimittelgesetz (*AMG*) v.24.8.1976, zuletzt geändert durch 5.Änderungsgesetz v.19.10.1994, BGBl I 3018[4].

§ 84 AMG: Gefährdungshaftung

Wird infolge der Anwendung eines zum Gebrauch bei Menschen bestimmten Arzneimittels, das im Geltungsbereich dieses Gesetzes an den Verbraucher abgegeben wurde und der Pflicht zur Zulassung unterliegt oder durch Rechtsverordnung von der Zulassung befreit worden ist, ein Mensch getötet oder der Körper oder die Gesundheit eines Menschen nicht unerheblich verletzt, so ist der pharmazeutische Unternehmer, der das Arzneimittel im Geltungsbereich dieses Gesetzes in den Verkehr gebracht hat, verpflichtet, dem Verletzten den daraus entstandenen Schaden zu ersetzen. Die Ersatzpflicht besteht nur, wenn

1. das Arzneimittel bei bestimmungsgemäßem Gebrauch schädliche Wirkungen hat, die über ein nach den Erkenntnissen der medizinischen Wissenschaft vertretbares Maß hinausgehen und ihre Ursache im Bereich der Entwicklung oder der Herstellung haben oder

2. der Schaden infolge einer nicht den Erkenntnissen der medizinischen Wissenschaft entsprechenden Kennzeichnung, Fachinformation oder Gebrauchsinformation eingetreten ist.

Gesetz über die Werbung auf dem Gebiet des Heilwesens (HWG) v.18.10.1978, BGBl I 1677.

Umwelthaftungsgesetz (UHG) v.10.12.1990, BGBl I 2634.

§ 6 Ursachenvermutung:

(1) [1] Ist eine Anlage nach den Gegebenheiten des Einzelfalls geeignet, den entstandenen Schaden zu verursachen, so wird vermutet, daß der Schaden durch diese Anlage verursacht ist. [2] Die Eignung im Einzelfall beurteilt sich nach dem Betriebsablauf, den verwendeten Einrichtungen, der Art und Konzentration der eingesetzten und freigesetzten Stoffe, den meteorologischen Gegebenheiten, nach Zeit und Ort des Schadenseintritts und nach dem Schadensbild sowie den sonstigen Gegebenheiten, die im Einzelfall für oder gegen die Schadensverursachung sprechen.

(2) Absatz 1 findet keine Anwendung, wenn die Anlage bestimmungsgemäß betrieben wurde. Ein bestimmungsgemäßer Betrieb liegt vor, wenn die besonderen Betriebspflichten eingehalten worden sind und auch keine Störung des Betriebs vorliegt.

(3) Besondere Betriebspflichten sind solche, die sich aus verwaltungsrechtlichen Zulassungen, Auflagen und vollziehbaren Anordnungen und Rechtsvorschriften ergeben, soweit sie die Verhinderung von solchen Umwelteinwirkungen bezwecken, die für die Verursachung des Schadens in Betracht kommen.

(4) Sind in der Zulassung, in Auflagen, in vollziehbaren Anordnungen oder in Rechtsvorschriften zur Überwachung einer besonderen Betriebspflicht Kontrollen vorgeschrieben, so wird die Einhaltung dieser Betriebspflicht vermutet, wenn

1. die Kontrollen in dem Zeitraum durchgeführt wurden, in dem die in Frage stehende Umwelteinwirkung von der Anlage ausgegangen sein kann, und diese Kontrollen keinen Anhalt für die Verletzung der Betriebspflicht ergeben haben, oder

---

[4] Zur geplanten 6. Novellierung des AMG s. § 5.III.2.b), S. 172.

2. im Zeitpunkt der Geltendmachung des Schadensersatzanspruchs die in Frage stehende Umwelteinwirkung länger als zehn Jahre zurückliegt.

...

§ 8 Auskunftsanspruch des Geschädigten gegen den Inhaber einer Anlage.

(1) [1] Liegen Tatsachen vor, die die Annahme begründen, daß eine Anlage den Schaden verursacht hat, so kann der Geschädigte vom Inhaber der Anlage Auskunft verlangen, soweit dies zur Feststellung, daß ein Anspruch auf Schadensersatz nach diesem Gesetz besteht, erforderlich ist.

...

§ 9 Auskunftsanspruch des Geschädigten gegen die Behörden.

[1] Liegen Tatsachen vor, die die Annahme begründen, daß eine Anlage den Schaden verursacht hat, so kann der Geschädigte von Behörden, die die Anlage genehmigt haben oder überwachen, oder deren Aufgabe es ist, Einwirkungen auf die Umwelt zu erfassen, Auskunft verlangen, soweit dies zur Feststellung, daß ein Anspruch auf Schadensersatz nach diesem Gesetz besteht, erforderlich ist.

Umweltinformationsgesetz (UIG) v.8.7.1994, BGBl I 1490 zur Umsetzung der RiL 90/313 über den freien Zugang zu Informationen über die Umwelt v.7.6.1990, ABl. Nr. L 158, 56.

§ 4 I (vgl. Art. 3 I der RiL):

[1] Jeder hat Anspruch auf freien Zugang zu Informationen über die Umwelt, die bei einer Behörde oder einer Person des Privatrechts im Sinne des § 2 Nr. 2 vorhanden sind. [2] Die Behörde kann auf Antrag Auskunft erteilen, Akteneinsicht gewähren oder Informationsträger in sonstiger Weise zur Verfügung stellen.

Gesundheitseinrichtungen-Neuordnungs-Gesetz (GNG) v.24.6.1994, BGBl I 1416.

Gesetz über die friedliche Verwendung der Kernenergie und den Schutz gegen ihre Gefahren (Atomgesetz – AtG) i.d.F. v.15.7.1985, BGBl I 1565.

Chemikaliengesetz (ChemG) i.d.F. v.25.7.1994, BGBl I 1703, mit Anhang 1 (Gute Laborpraxis).

Medizinproduktegesetz (MPG) v.2.8.1994, BGBl I 1963; beruhend auf MedizinprodukteRiL 93/42/EWG v.14.6.1993, ABl. Nr. L 169, 1[5].

Gerätesicherheitsgesetz (GSG) v. 22.10.1992, BGBl I 1794.

Bauproduktegesetz (BPG) v.10.8.1992, BGBl I 1495; beruhend auf Bauprodukte-RiL 89/106/EWG v.21.12.1988, ABl. Nr. L 40, 12.

Gesetz über elektromagnetische Verträglichkeit von Geräten (EMVG) v. 30.8.1995, BGBl I 1114; beruhend auf der Elektromagnetischen VerträglichkeitsRiL 89/336/EWG v.3.5.1989, ABl. Nr. L 139, 19[6].

Bundes-Immissionsschutzgesetz (BImSchG) in der Fassung vom 14.5.1990, BGBl I 466.

§ 52a. Mitteilungspflichten zur Betriebsorganisation.

(1) [1] Besteht bei Kapitalgesellschaften das vertretungsberechtigte Organ aus mehreren Mitgliedern oder sind bei Personengesellschaften mehrere vertretungsberechtigte Gesellschafter vorhanden, so ist der zuständigen Behörde anzuzeigen, wer von ihnen nach den Bestimmungen über die Geschäftsführungsbefugnis für die Gesellschaft die Pflichten des Betreibers der genehmigungsbedürftigen Anlage wahrnimmt, die ihm nach diesem Gesetz und nach den auf Grund dieses Gesetzes erlassenen Rechtsverordnungen und allgemeinen Verwaltungsvorschriften obliegen. [2] Die Gesamtverantwortung aller Organmitglieder oder Gesellschafter bleibt hiervon unberührt.

(2) Der Betreiber der genehmigungsbedürftigen Anlage oder im Rahmen ihrer Geschäftsführungsbefugnis die nach Absatz 1 Satz 1 anzuzeigende Person hat der zuständigen Behörde mitzuteilen, auf welche Weise sichergestellt ist, daß die dem Schutz vor schädlichen Umwelteinwirkungen und vor sonstigen Gefahren, erheblichen Nachteilen und erheblichen Belästigungen dienenden Vorschriften und Anordnungen beim Betrieb beachtet werden.

---

[5] *Deutsch*, NJW 1995, 752ff.

[6] *Schünemann*, NJW 1996, 81ff.

Gesetz über Milch, Milcherzeugnisse, Margarineerzeugnisse und ähnliche Erzeugnisse – Milch- und Margarinegesetz v.25.7.1990, BGBl I 1471.

Gesetz über den Verkehr mit Lebensmitteln, Tabakerzeugnissen, kosmetischen Mitteln und sonstigen Bedarfsgegenständen – (LMBG) v.8.7.1993, BGBl I 1170; zuletzt geändert durch Gesetz v.27.4.1995, BGBl II 638.

Gesetz über Umweltstatistiken (Umweltstatistikgesetz – UStatG) v.21.9.1994, BGBl I 2530.

Gesetz über die Werbung für Säuglingsanfangsnahrung und Folgenahrung (Säuglingsnahrungswerbegesetz – SNWG) v.10.10.1994, BGBl I 2846.

Gesetz über Krebsregister (Krebsregistergesetz – KRG) v.4.11.1994, BGBl I 3351[7].

Gesetz zur Ausführung des Lebensmittel- und Bedarfsgegenständegesetzes von Baden-Württemberg (AGLMBG BW) v.9.7.1991, GBl 473.

2. *Verordnungen*

Verordnung über die Arbeitsstätten (ArbStVO) v.20.3.1975, BGBl I 729.

Verordnung für Betriebsbeauftragte für Abfall (AbfBetrBV) v.26.10.1977, BGBl I 1913.

ArzneimittelwarnhinweisVO (AMWarnV) v.21.12.1984, BGBl 1985 I 22.

Medizingeräteverordnung (MedGV) v.14.1.1985, BGBl I 93.

Verordnung über den Betrieb von Apotheken (Apothekenbetriebsordnung – ApBetrO) v.9.2.1987; BGBl I 547, i.d.F. v.26.10.1993, BGBl I 1782.

Betriebverordnung für Arzneimittelgroßhandelsbetriebe v.10.11.1987 (ArzmghBetrV) BGBl I 2370.

Betriebverordnung für pharmazeutische Unternehmer (PharmBetrV) v.8.3.1985, BGBl I 546; zuletzt geändert durch Einigungsvertrag v.31.8.1990, BGBl II 889, 1025.

Verordnung über Standardzulassungen von Arzneimitteln v.3.12.1992, BGBl I 1601.

Verordnung über Hygiene- und Qualitätsanforderungen an das Gewinnen, Behandeln und Inverkehrbringen von Milch – Milchverordnung v.23.6.1989; zuletzt geändert durch VO v.16.8.1990, BGBl I 1774.

HühnereierVO v.28.5.1993, BAnz. Nr. 99/193, 4965.

Verordnung zur Neuordnung der Nährwertkennzeichnungsvorschriften für Lebensmittel v.25.12.1994, BGBl I 3526.

Gerätesicherheits-Prüfstellenverordnung (GS PrüfstellenV) v.15.1.1986, BGBl I 124; aufgehoben durch Zweites Gesetz zur Änderung des GSG v.26.8.1992, BGBl I 1564[8].

Verordnung über die Sicherheit von Spielzeug v.21.12.1989, BGBl I 2541; beruhend auf Spielzeug-RiL 88/378/EWG v.3.5.1988, ABl. Nr. L 187, 1.

Verordnung über gefährliche Stoffe (Gefahrstoffverordnung – GefStoffV) in der Fassung v.25.9.1991, BGBl I 1931.

Verordnung über das Inverkehrbringen von einfachen Druckbehältern – 6.GSGV v.25.6.1992, BGBl I 1171; beruhend auf Einfache Druckbehälter-RiL 87/404/EWG v.25.7.1987, ABl. Nr. L 220, 48.

Verordnung über das Inverkehrbringen von persönlichen Schutzausrüstungen – 8.GSGV v.10.6.1992, BGBl I 1019; beruhend auf Persönliche Schutzausrüstungen-RiL 89/686/EWG des Rates v.21.12.1989, ABl. Nr. L 399, 18.

Maschinenverordnung – 9.GSGV v.12.5.1993, BGBl I 704; beruhend auf Maschinen-RiL 89/392/EWG des Rates v.14.6.1989, ABl. Nr. L 183, 9.

1. BImSchV (KleinfeuerungsanlagenVO) v.15.7.1988, BGBl I 1059.

5. BImSchV (Immissionsschutz- und StörfallbeauftragterVO) v.30.7.1993, BGBl I 1433.

9. BImSchV (GenehmigungsverfahrensVO) v.18.7.1977, BGBl I 274.

---

[7] *Hollmann*, NJW 1995, 762ff.

[8] Bis zum 31.12.1997 gelten die aufgeführten Prüfstellen als zugelassene Stellen i.S.v. § 9 II GSG.

12. BImSchV (StörfallVO) i.d.F. v.20.9.1991, BGBl I 1891.

13. BImSchV (GroßfeuerungsanlagenVO) v.22.6.1983, BGBl I 719.

17. BImSchV (VO für Verbrennungsanlagen für Abfälle und ähnliche brennbare Stoffe) v.23.11.1990, BGBl I 2545, ber. 2832.

Bayerische Bauordnung (BayBO) i.d.F. der Bekanntmachung v.18.4.1994, GVBl 251.

3. *Allgemeine Verwaltungsvorschriften, Bekanntmachungen etc.*

Allgemeine Verwaltungsvorschrift zum Gesetz über technische Arbeitsmittel (GSG-VwV) v.27.10.1970, BAnz. Nr. 205, i.d.F. v.6.8.1992, BAnz. Nr. 153.

Allgemeine Verwaltungsvorschrift zum Arzneimittelgesetz (AMG-VwV) v.25.8.1983, BAnz. 9646 v.1.9.1983, i.d.F. v.7.12.1990, BAnz. Nr. 6660.

Allgemeine Verwaltungvorschrift zur Anwendung der Arzneimittelprüfrichtlinien, BAnz. Nr. 243a v.29.12.1989.

Bekanntmachung des Leitfadens einer Guten Herstellungspraxis für pharmazeutische Produkte der Pharmazeutischen Inspections-Convention vom August 1990, BAnz. Nr. 214a, abgedruckt auch in Arzneimittelrecht, G 151, umgesetzt durch PharmBetrVO.

Bekanntmachung von Grundsätzen für die ordnungsgemäße Durchführung der klinischen Prüfung von Arzneimitteln v.9.12.1987, BAnz. Nr. 243 v.30.12.1987, 16667.

Bekanntmachung über die Zulassung, Verlängerung der Zulassung und Registrierung von Arzneimitteln v. 2.1.1990, BAnz. Nr. 77a v.24.4.1990.

Bekanntmachung über die Anzeige von Nebenwirkungen, Wechselwirkungen mit anderen Mitteln und Arzneimittelmißbrauch nach § 29 I 2–5 des AMG v.25.7.1991, BAnz. Nr. 5389.

Bekanntmachung der Neufassung der Allgemeinen Verwaltungsvorschrift zur Beobachtung, Sammlung und Auswertung von Arzneimittelrisiken nach § 63 AMG (Stufenplanverfahren) v.10.5.1990, BAnz. 2570.

Bekanntmachung einer Anleitung für die Erstellung von Informationen gem. Art. 2 der PIC v.6.1.1992, BAnz. 468.

Bekanntmachung über Mindestanforderungen bei der pharmakologisch-toxikologischen Prüfung als Voraussetzung für die klinische Prüfung von Arzneimitteln gegen HIV-Infektionen und AIDS v.31.10.1991, BAnz. Nr. 204 v.31.10.1991.

Erste Allgemeine Verwaltungsvorschrift zur Störfall-Verordnung (1. Störfall-VwV) v.27.4.1993, GMBl S. 582.

4. *Berufsrecht*

Approbationsordnung für Ärzte (ÄAppO) v.14.7.1987, BGBl I 1593.

Berufsordnung für Ärzte (BOÄ), abgedruckt in DÄBl 1988, 2547.

Weiterbildungsordnung für Ärzte, abgedruckt in DÄBl 1987, 1.

B. Liste der Gesprächspartner[9]

Achim Abel, Physiker, Max-Planck-Institut für Quantenoptik, Garching
Universitätsprofessor Dr. Kurt Behringer, Elektrotechnik, Universität Augsburg, Max-Planck-Institut für Plasmaphysik
Hedwig Bigler, staatl. geprüfte Lebensmittelchemikerin, Umweltinstitut München e.V.
Dr. H. Bothe, Ingenieur, Physikalisch-Technische Bundesanstalt, Braunschweig
H. Brettschneider, Ingenieur, Bundesministerium für Verkehr, Bonn
Dr. Stefan Brom, Pharmazeut, Klinikum Großhadern, München
Gerhard Brösike, Ingenieur, BMW, Konstruktionsabteilung, München
Frau Czybulka, Juristin, Umweltreferat der Stadt München
Michael Dahmen, Informatiker, PC-Plus, München
Herr Kalb, Jurist, Bayerische Landesärztekammer
Dr. Michael Gerhard, Jurist, Bayerischer Verwaltungsgerichtshof
Manfred Groß, Ingenieur, ADAC, Fahrzeugtechnik, Bonn
Christine Joho, Pharmazeutin, Apotheke Hoechst
Christian Lahnstein, Jurist, Münchener Rückversicherung, München
Gerd Landsberg, Jurist, Bundesministerium der Justiz, Bonn
Roland Münichsdorfer, Autoliv (Insassenschutzsysteme), Dachau
Dr. Helga Osiander-Fuchs, staatl. geprüfte Lebensmittelchemikerin, Landesuntersuchungsamt für das Gesundheitswesen Südbayern, Oberschleißheim
Dr. rer.nat. Helmut Stäblein, Physiker, vormals Abteilungsleiter der Forschungsabteilung der Krupp-WIDIA
Universitätsprofessor Dr. Hans-Georg Stäblein, Elektrotechnik, Technische Universität München
Ludwig Stocker, Vorsitzender der Geschäftsleitung der Hofpfisterei GmbH, München
Marion Weindl, staatl. geprüfte Lebensmittelchemikerin, Klinische Forschungsassistentin, Synthelabo Rechere, München
Dr. Marlies Wellan, Juristin, Bayerisches Staatsministerium für Landesentwicklung und Umweltfragen, München
Petra Zisler, staatl. geprüfte Lebensmittelchemikerin, München
H. Zimmermann, Ingenieur, Bundesanstalt für Arbeitsschutz, Dortmund

---

[9] Den hier genannten Gesprächspartnern sei an dieser Stelle für die aufschlußreichen Gespräche über die Probleme aus der Praxis gedankt.

C. *Literaturverzeichnis*[1]

Adams, Heinz W.: Sicherheitsmanagement, Frankfurt 1990.

Adams, Michael: Zur Aufgabe des Haftungsrechts im Umweltschutz, Eine Abhandlung zur Theorie optimaler Beweislast- und Haftungsregeln bei Unsicherheit, ZZP 99 (1986), 129.

- Produkthaftung – Wohltat oder Plage – Eine ökonomische Analyse, BB 1987, Beilage 20.
- Ökonomische Analyse der Gefährdungs- und Verschuldenshaftung, Heidelberg 1989.
- Das „Verursacherprinzip" als Leerformel, JZ 1989, 787 ff.

Affolter, Markus: Die Durchsetzung von Informationspflichten im Zivilprozeß, Bern 1994.

Albrecht, Wolfgang: Informationspflichten der Parteien und Schutz der Prozeßvorbereitung im Zivilprozeß in den USA, Diss. Hamburg 1983.

Alexy, Robert: Theorie der Grundrechte, Baden-Baden 1985.

Allgaier, Edwin: Zur Haftung für Gurtschäden, VersR 1993, 676 ff.

Alternativkommentar (Hrsg. Rudolf Wassermann): Kommentar zum Bürgerlichen Gesetzbuch, 6 Bde., Neuwied 1980 ff.

Amelung, Knut: Die Einwilligung in die Beeinträchtigung eines Grundrechtsgutes, Berlin 1981.

Anhalt, Peter: Produzentenhaftung – Rechtsgrundlagen, Haftungsrisiken, Absicherungsmöglichkeiten – eine Gesamtdarstellung für die Praxis des Warenherstellers und seiner Mitarbeiter in Produktion und Vertrieb, 2. Aufl., Kissing 1978.

Anselmann, Norbert: Die Bezugnahme auf harmonisierte technische Regeln im Rahmen der Rechtsangleichung in Müller-Graff, Peter (Hrsg.), Technische Regeln im Binnenmarkt, 1991, S. 101 ff.

Antes, Ralf/Clausen, Jens/Fichter, Klaus: Die guten Managementpraktiken in der EU-Audit-Verordnung, DB 1995, 685 ff.

Arens, Peter: Zur Aufklärungspflicht der nicht beweisbelasteten Partei im Zivilprozeß, ZZP 96 (1983), 1 ff.

- Zur Beweislastproblematik im heutigen deutschen Produkthaftungsprozeß, ZZP 104 (1991), 123 ff.

Arzt, Clemens: Entwurf eines Umweltinformationsgesetzes vorgelegt, ZRP 1993, 18 ff.

Asendorf, Claus Dietrich: Gesetz zur Stärkung des Schutzes geistigen Eigentums und zur Bekämpfung der Produktpiraterie, NJW 1990, 1283 ff.

Assmann, Heinz-Dietrich: Prospekthaftung, Köln u.a. 1985.

- Die Transformationsprobleme des Privatrechts in Assmann, Heinz-Dietrich/Kirchner, Christian/Schanze, Erich: Ökonomische Analyse des Rechts, 2. Aufl., 1993, S. 17 ff.

Assmann, Heinz-Dietrich/Kübler, Friedrich: Staatliche Verbraucherinformation im Ordnungsgefüge des Privatrechts, Königstein 1981; dieselben gekürzt in Testhaftung und Testwerbung, ZHR 142 (1978), 413 ff.

Badura, Peter: Persönlichkeitsrechtliche Schutzpflichten des Staates in FS für Karl Molitor zum 60. Geburtstag, München 1988, S. 1 ff.

- Der Schutz von Religion und Weltanschauung durch das Grundgesetz, Tübingen 1989.

Bährle, Jürgen: Die arbeitsrechtliche Stellung der Umweltschutzbeauftragten, UPR 1995, 93 ff.

Bälz, Ulrich: Zum Strukturwandel des Systems zivilrechtlicher Haftung, Tübingen 1991.

- Ersatz oder Ausgleich?, JZ 1992, 57 ff.

---

[1] Kürzere Urteilsanmerkungen sowie medizinische, pharmazeutische, lebensmittelchemische und technische Literatur finden sich grundsätzlich nur in den Fußnoten des laufenden Textes. Dasselbe gilt für Diskussionsbeiträge und nichtwissenschaftliche Literatur.

Bär, Oliver E.: Das Tatbestandsmerkmal „personenbezogene Daten" bei Eingriffsnormen, BayVBl 1992, 618ff.

Ballerstedt, Kurt: Zur Haftung für culpa in contrahendo bei Geschäftsabschluß durch Vertreter, AcP 151 (1951/1952), 501ff.

v. Bar, Christian: Verkehrspflichten, Richterliche Gefahrsteuerungsgebote im Deutschen Deliktsrecht, Köln u.a. 1980.

- Deliktsrecht in BMJ (Hrsg.), Gutachten und Vorschläge zur Überarbeitung des Schuldrechts, Bd. II, Köln 1981, S. 1681ff.
- Vorbeugender Rechtsschutz vor Verkehrspflichtverletzungen, KF 1983, 80ff.
- Zur Bedeutung des Beweglichen Systems für die Dogmatik der Verkehrspflichten in Bydlinski, Franz u.a. (Hrsg.), Das Bewegliche System im geltenden und künftigen Recht, Wien 1986, S. 63ff.
- Zur Dogmatik des zivilrechtlichen Ausgleichs von Umweltschäden, KF 1987, 4ff.
- Entwicklung und Entwicklungstendenzen im Recht der Verkehrs(sicherungs)pflichten, JuS 1988, 169ff.
- Neues Haftungsrecht durch Europäisches Gemeinschaftsrecht in FS für Hermann Lange zum 70. Geburtstag, Stuttgart 1992, S. 373ff.
- Zur Struktur der Deliktshaftung von juristischen Personen, ihren Organen und ihren Verrichtungsgehilfen in FS für Zentaro Kitagawa zum 60. Geburtstag, Berlin 1992, S. 279ff.
- Der Einfluß des Verfassungsrechts auf die westeuropäischen Deliktsrechte, RabelsZ 59 (1995), 203ff.

Basedow, Jürgen: Der kollisionsrechtliche Gehalt der Produktfreiheiten im europäischen Binnenmarkt: favor offerentis, RabelsZ 59 (1995), 1ff.

Bauer, Hartmut: Altes und neues zur Schutznormtheorie, AöR 113 (1988), 598, 609.

Baumann, Peter: Die Haftung für Umweltschäden aus zivilrechtlicher Sicht, JuS 1989, 433ff.

Baumann, Wolfgang (Hrsg.): Rechtsschutz für den Wald, Heidelberg 1986.

Baumbach, Adolf/Hefermehl, Wolfgang: Wettbewerbsrecht, 17. Aufl., München 1993.

Baumbach, Adolf/Lauterbach, Wolfgang: Zivilprozeßordnung, 53. Aufl., München 1995.

Baumgärtel, Gottfried: Die Beweislastverteilung bei der Produzentenhaftung, JA 1984, 660ff.

- Die Beweisvereitelung im Zivilprozeß in FS für Winfried Kralik zum 65. Geburtstag, Wien 1986, S. 75ff.
- Geheimverfahren im Zivilprozeß zur Wahrung von Geschäftsgeheimnissen? in FS für Walther J. Habscheid zum 65. Geburtstag, Bielefeld 1989, S. 1ff.
- Handbuch der Beweislast im Privatrecht, Bd. 1: Allgemeiner Teil und Schuldrecht BGB mit VOB, HOAI, KSchG und ProdhaftG, 2. Aufl., Köln u.a. 1991 (zititiert: Baumgärtel, Handbuch der Beweislast).

Baur, Fritz: Parteirechte und Richterpflichten im modernen Zivilprozeß – Wandlungen und Erfahrungen in FS für Winfried Kralik zum 65. Geburtstag, Wien 1986.

- Zur Entstehung des Umweltschutzrechts aus dem Sachenrecht des BGB, JZ 1987, 317ff.

Baur, Jürgen F./Stürner, Rolf: Lehrbuch des Sachenrechts, 16. Aufl., München 1992.

Becher, Dieter: Umweltschutz und technische Sicherheit als Aufgabe der Unternehmensleitung aus unternehmerischer Sicht, UTR 1994, 3ff.

Bechmann, Gotthard: Risiko als Schlüsselkategorie der Gesellschaftstheorie, KritV 74 (1991), 212ff.

Becker, Helmut: Produkthaftung in der EG, München 1994.

Behrens, Peter: Die ökonomischen Grundlagen des Rechts, Tübingen 1986.

Bender, Bernd: Gefahrenabwehr und Risikovorsorge als Gegenstand nukleartechnischen Sicherheitsrechts, NJW 1979, 1425ff.

Bender, Bernd/Sparwasser, Reinhard: Umweltrecht, 2. Aufl., Heidelberg, 1990.

Bengert, Wolfgang: Neue Strategien der Umweltpolitik in den USA, NuR 1983, 295ff.

Berg, Wilfried: Die verwaltungsrechtliche Entscheidung bei ungewissem Sachverhalt, Berlin 1980.

- Die behördliche Warnung – eine neue Handlungsform des Verwaltungsrechts?, ZLR 1990, 565ff.

Bergmann, Lutz/Möhrle, Roland/Herb, Armin: Datenschutzrecht, Handkommentar zum Bundesdatenschutzgesetz und zu den Datenschutzgesetzen der Länder, München 1992.

Beschluß des Länderausschusses für Immissionsschutz über Auskunftsrechte und Auskunftspflichten gegenüber Nachbarn bei Emissionen von Industrieanlagen, NVwZ 1986, 283ff.

Bethge, Herbert: Zur Problematik von Grundrechtskollisionen, München 1977.

Beulke, Werner/Bachmann, Gregor: Die „Lederspray-Entscheidung" – BGHSt 37, 106, JuS 1992, 737ff.

Beyer, Christian: Grenzen der Arzneimittelhaftung dargestellt am Beispiel des Contergan-Falles, Diss. München 1989.

Beyer, Thomas C.W./Möllers, Thomas M.J.: Europäisierung des Arbeitsrechts, JZ 1991, 24ff.

Bieber, Roland: Informationsrechte Dritter im Verwaltungsverfahren, Ansätze zu legislativer und dogmatischer Neubewertung, DÖV 1991, 857ff.

Frhr. Marschall v. Bieberstein, Wolfgang: Zur Verantwortlichkeit leitender Mitarbeiter im Produkthaftpflichtrecht, VersR 1976, 411ff.

Birkl, Nikolaus (Hrsg.): Nachbarschutz im Bau-, Umwelt- und Zivilrecht, 2 Bde., München 1990.

Birkmann, Andreas: Produktbeobachtungspflicht bei Kraftfahrzeugen – Entwicklung und Weiterentwicklung der Produktbeobachtungspflicht durch die Rechtsprechung des Bundesgerichtshofs, DAR 1990, 124ff.

Blaschczok, Andreas: Gefährdungshaftung und Risikozuweisung, Köln u.a. 1993, mit Rezension von Deutsch, NJW 1994, 432.

Bleckmann, Albert/Eckhoff, Rolf: Der „mittelbare" Grundrechtseingriff, DVBl 1988, 373ff.

Blumenberg, Hildegard: Die Umwelt-Informations-Richtlinie der EG und ihre Umsetzung in das deutsche Recht, NuR 1992, 8ff.

Bodewig, Theo: Probleme alternativer Kausalität bei Massenschäden, AcP 185 (1985), 505ff.

Boecken, Winfried: Umwelthaftungsgesetz: zeitlicher Anwendungsbereich und Beweislast für Altlast (§ 23), VersR 1991, 962ff.

Böckenförde, Ernst-Wolfgang: Grundrechtstheorie und Grundrechtsinterpretation, NJW 1974, 1529ff.

Böhmeke-Tillmann, Jan: Konstruktions- und Instruktionsfehler – Haftung für Entwicklungsrisiken?, Diss. Marburg 1992.

Börgers, Michael: Von den „Wandlungen" zur „Restrukturierung" des Deliktsrechts, Diss. Bonn, Berlin 1993, mit Rezension von Foerste, AcP 194 (1994), 516ff.

Bonus, Holger: Der Schutz des Schwächeren in der Umweltökonomie, RabelsZ 40 (1976), 411ff.

- Vergleich von Abgaben und Zertifikaten in FS für Karl-Heinrich Hansmeyer zum 65. Geburtstag, Berlin 1994, S. 287ff.

Borchmann, Michael: Die Bundesgesetzgebung zum Gesundheitsrecht im Jahre 1989, MedR 1990, 22ff, 109ff; ... im Jahre 1990, MedR 1991, 16ff, 109ff; ... im Jahre 1991, MedR 1992, 22ff, 195ff.

Borer, Peter: Produktehaftung: Der Fehlerbegriff nach deutschem, amerikanischem und europäischem Recht, Bern 1986.

Bork, Reinhard: Auskunft über Dritte – Notiz zum vorprozessualen Informationsrecht, JA 1983, 174ff.

Boujong, Karlheinz: Die Rechtsprechung des Bundesgerichtshofs zur Umwelthaftung in Bitburger Gespräche, Jahrbuch 1989, 35ff.

Brammsen, Joerg: Kausalitäts- und Täterfragen bei Produktfehlern, Jura 1991, 533ff.

Brandes, Thomas: Die Haftung für Organisationspflichtverletzung, Frankfurt 1994.

Brandner, Thilo: Gefahrenerkennbarkeit und polizeirechtliche Verantwortlichkeit, Berlin 1990.

Brandt, Edmund: Warnungen vor Gesundheitsrisiken – öffentlich-rechtliche Probleme in Damm, Reinhard/Hart, Dieter (Hrsg.): Rechtliche Regulierung von Gesundheitsrisiken, Baden-Baden 1993, S. 187ff.

Brauner, Karl-Ernst/Göhner, Reinhard: Die Strafbarkeit „kostenloser Störanrufe", NJW 1978, 1469ff.

Breidenbach, Stephan: Die Voraussetzungen von Informationspflichten bei Vertragsschluß, München 1989.

Brendl, Erich: Produkt- und Produzentenhaftung – Handbuch für die betriebliche Praxis, Loseblattsammlung, Freiburg 1980ff.

Breuer, Rüdiger: Schutz von Betriebs- und Geschäftsgeheimnissen im Umweltrecht, NVwZ 1986, 171ff.

- Umweltschutz und Gefahrenabwehr bei Anscheins- und Verdachtslagen in Gedächtnisschrift Werner Mertens, Berlin 1987, S. 317ff.
- Die internationale Orientierung von Umwelt- und Technikstandards im deutschen und europäischen Recht, UTR 1989, 43ff.
- Anlagensicherheit und Störfälle – Vergleichende Risikobewertung im Atom- und Immissionsschutzrecht, NVwZ 1990, 211ff.
- Umweltschutz in v. Münch, Ingo/Schmidt-Aßmann, Eberhard (Hrsg.), Besonderes Verwaltungsrecht, 9. Aufl., Berlin 1992, S. 391ff.
- Empfiehlt es sich, ein Umweltgesetzbuch zu schaffen, gegebenenfalls mit welchen Regelungsbereichen?, Gutachten B zum 59. DJT, München 1992.
- Verwaltungsrechtlicher und strafrechtlicher Umweltschutz – Vom Ersten zum Zweiten Umweltkriminalitätsgesetz, JZ 1994, 1077ff.

Brinkmann, Werner: Der äußerungsrechtliche Unternehmensschutz in der Rechtsprechung des Bundesgerichtshofs, GRUR 1988, 516ff.

Brohm, Winfried: Rechtsstaatliche Vorgaben für informelles Verwaltungshandeln, DVBl 1994, 133ff.

Brüggemeier, Gert: Gesellschaftsrechtliche Schadensverteilung und Deliktsrecht, AcP 182 (1982), 385ff.

- Deliktsrecht, Baden-Baden 1986.
- Produkthaftung und Produktsicherheit, ZHR 152 (1988), 511ff.
- Die Haftung mehrerer im Umweltrecht – Multikausalität – Nebentäterschaft – „Teilkausalität", UTR 1990, 261ff.
- Organisationshaftung, AcP 191 (1991), 33ff.
- Umwelthaftungsrecht, Ein Beitrag zum Recht der Risikogesellschaft?, KJ 24 (1991), 209ff.
- Jenseits des Verursacherprinzips? Zur Diskussion um den Kausalitätsnachweis im Umwelthaftungsrecht, KritV 74 (1991), 297ff.
- Unternehmenshaftung für Umweltschäden im deutschen und nach EG-Recht in FS für Günther Jahr zum 70. Geburtstag, Tübingen 1993, S. 223ff.

Brüggemeier, Gert/Reich, Norbert: Die EG-Produkthaftungs-Richtlinie 1985 und ihr Verhältnis zur Produzentenhaftung nach § 823 I BGB, WM 1986, 149ff.

Buhk, Matthias: Produzentenhaftung bei gesüßtem Kindertee mit Hilfe einer ökonomischen Betrachtung, JA 1995, 706ff.

Bullinger, Martin: Wettbewerbsgefährdung durch präventive Wirtschaftsaufsicht, NJW 1978, 2121ff.

- Verfassungsrechtliche Aspekte der Haftung in FS für Ernst v. Caemmerer zum 70. Geburtstag, Tübingen 1978, S. 297ff.
- Investitionsförderung durch nachfragegerechte und kooperative Beschleunigung von Genehmigungsverfahren – Vorschläge der Beschleunigungskommission, JZ 1994, 1129ff.

Bundesministerium der Justiz (Hrsg.): Gutachten und Vorschläge zur Überarbeitung des Schuldrechts, 3 Bde., Köln 1981.

- Abschlußbericht der Kommission zur Überarbeitung des Schuldrechts, Köln 1992.

Bundesministerium für Umwelt, Naturschutz und Reaktorsicherheit: Bericht Umwelthaftungsrecht, Bonn 1988 (unveröffentlicht).

Burmeister, Joachim H./Winter, Gerd: Akteneinsicht in der Bundesrepublik in Winter, Gerd (Hrsg.), Öffentlichkeit von Umweltinformationen, Europäische und nordamerikanische Rechte und Erfahrungen, Baden-Baden 1990.

Busnelli, Francesco D.: Landesbericht Italien in v. Bar, Christian (Hrsg.): Deliktsrecht in Europa, Systematische Einführung, Gesetzestexte, Übersetzungen, Landesberichte Italien, Jugoslawien, Köln u.a. 1993, S. 1ff.

Buxbaum, Richard M.: Die private Klage als Mittel der Durchsetzung wirtschaftspolitischer Rechtsnormen, Karlsruhe 1972.

Bydlinski, Franz: Aktuelle Fragen um die alternative Kausalität in FS für Günther Beitzke zum 70. Geburtstag, Berlin 1979, S. 3ff.

- Juristische Methodenlehre und Rechtsbegriff, 2. Aufl., Wien 1991.

Bydlinski, Franz u.a. (Hrsg.): Das Bewegliche System im geltenden und künftigen Recht, Wien 1986, mit Beiträgen von *v. Bar*, Zur Bedeutung des Beweglichen Systems für die Dogmatik der Verkehrspflichten, S. 63ff; *Deutsch*, Die Elemente des Schadensrechts und das Bewegliche System, S. 43ff; *Koziol*, Bewegliches System und Gefährdungshaftung, S. 51ff; *Bydlinski*, Bewegliches System und juristische Methodenlehre, S. 21ff.

v. Caemmerer, Ernst: Das Problem des Kausalzusammenhangs im Privatrecht, Freiburger Universitätsreden Heft 23, 1956.

- Wandlungen des Deliktsrechts in FS zum hundertjährigen Bestehen des Deutschen Juristentages 1860 - 1960, Bd. 2, Karlsruhe 1960 = GeS I, S. 452ff.
- Die absoluten Rechte in § 823 Abs. 1 BGB, KF 1961, 19ff = GeS I, S. 554ff.
- Reform der Gefährdungshaftung, Berlin 1971 = GeS III, S. 239ff.
- Das Verschuldensprinzip in rechtsvergleichender Sicht, RabelsZ (1978), 5ff = GeS III, S. 261ff.

Calabresi, Guido: Some Thoughts on Risk Distribution and the Law of Torts, 70 Yale L.J., 499ff (1961).

- The Decision for Accidents: An Approach to Nonfault Allocation of Costs, 78 Harv.L.Rev. 713ff (1965) (Übersetzung in Assmann, Heinz-Dieter/Kirchner, Christian/Schanze, Erich, S. 241ff).
- Concerning Cause and the Law of Torts: An Essay for Harry Kalven, Jr. 42 U.Chi.L.Rev. 69ff (1975).
- The Cost of Accidents, A Legal and Economic Analysis, 5th ed., New Haven, London 1977.

Canaris, Claus-Wilhelm: Ansprüche wegen „positiver Vertragsverletzung" und „Schutzwirkung für Dritte" bei nichtigen Verträgen, JZ 1965, 475ff.

- Die Produzentenhaftung in dogmatischer und rechtspolitischer Sicht, JZ 1968, 494ff.
- Die Vertrauenshaftung im deutschen Privatrecht, München 1971.
- Schutzgesetze – Verkehrspflichten – Schutzpflichten in FS für Karl Larenz zum 80. Geburtstag, München, 1983, S. 27ff.
- Systemdenken und Systembegriff in der Jurisprudenz, 2. Aufl., Berlin 1983.
- Grundrechte und Privatrecht, AcP 184 (1984), 201ff.
- Grundrechtswirkungen und Verhältnismäßigkeitsprinzip in der richterlichen Anwendung und Fortbildung des Privatrechts, JuS 1989, 161ff.

Christensen, Guido: Verkehrspflichten in arbeitsteiligen Prozessen, Diss. Hamburg, Frankfurt 1995.

Coase, Ronald H.: The Problem of Social Cost, J.L & E. 2 (1960), 1ff (Übersetzung in Assmann, Heinz-Dieter/Kirchner, Christian/Schanze, Erich, Ökonomische Analyse des Rechts, 1993, S. 129ff).

Cooter, Robert/Ulen, Thomas: Law and Economics, Glenview, Ill. 1986.

Cordes, Christoph Reinhard: Umweltwerbung: wettbewerbsrechtliche Grenzen der Werbung mit Umweltschutzargumenten, Köln u.a. 1994.

Currie, David P.: Luftreinhaltung in der Bundesrepublik aus amerikanischer Sicht, UPR 1982, 147ff, 186ff.

Dahs, Hans: Zur strafrechtlichen Haftung des Gewässerschutzbeauftragten nach § 324 StGB, NStZ 1986, 97ff.

Damm, Reinhard: Gentechnologie und Haftungsrecht, JZ 1989, 561ff.

- Entwicklungstendenzen der Expertenhaftung, JZ 1991, 373ff.

Damm, Reinhard/Hart, Dieter: Regulierung von Gesundheitsrisiken, Baden-Baden 1993.

Darnstaedt, Thomas: Gefahrenabwehr und Gefahrenvorsorge, Frankfurt a.M. 1983.

Däubler, Wolfgang: Haftung für gefährliche Technologien. Das Beispiel Atomrecht, Heidelberg 1988, mit Rezension von Marburger, JZ 1988, 917.

Deckert, Martina R.: Steuerung durch Recht – oder: mehr Mut zur Normierung im Umwelt- und Technikrecht, ZRP 1995, 64ff.

Degenhart, Christoph: Kernenergierecht, Köln u.a. 1981.

Denninger, Erhard: „Der Rechtsstaat" im (Antrags-)Stau, Fristenregelungen (§§ 27 I AMG, § 75 VwGO) und Grundrechtsschutz, PharmInd 1989, 249ff.

Dernburg, Heinrich: Lehrbuch des Preußischen Privatrechts und der Privatrechtsnormen des Reichs, Bd. 2, Das Obligationenrecht, Halle 1897.

Deutsch, Erwin: Schutzbereich und Tatbestand des unerlaubten Heileingriffs im Zivilrecht, NJW 1965, 1985ff.

- Haftungsrecht und Strafrecht in FS für Eduard Wahl zum 70. Geburtstag, Heidelberg 1973, S. 339ff.
- Gefahr, Gefährdung, Gefahrerhöhung in FS für Karl Larenz zum 70. Geburtstag, München 1973, S. 885ff.
- Haftungsrecht, Erster Bd.: Allgemeine Lehren, Köln u.a. 1976.
- Das Arzneimittelrecht im Haftungssystem, VersR 1979, 685ff.
- Die Gesundheit als Rechtsgut im Haftungsrecht und Staatshaftungsrecht, KF 1983, 93ff.
- Der grobe Behandlungsfehler: Dogmatik und Rechtsfolgen, VersR 1988, 1ff.
- Das Risiko bei der Zulassung von Arzneimitteln, VersR 1988, 869ff.
- Der Schutzbereich der Produzentenhaftung nach dem BGB und PHG, JZ 1989, 465ff.
- Der Zurechnungsgrund der Produzentenhaftung, VersR 1989, 1197ff.
- Arztrecht und Arzneimittelrecht. Eine zusammenfassende Darstellung mit Fallbeispielen und Texten, 2. Aufl., Berlin u.a. 1991. mit Rezension von Lippert, NJW 1992, 732f.
- Umwelthaftung: Theorie und Grundsätze, JZ 1991, 1097ff.
- Fallgruppen der Produkthaftung: gelöste und ungelöste Probleme, VersR 1992, 521ff.
- Das neue System der Gefährdungshaftungen: Gefährdungshaftung, erweiterte Gefährdungshaftung und Kausal-Vermutungshaftung, NJW 1992, 73ff.
- Das Persönlichkeitsrecht des Patienten, AcP 192 (1992), 161ff.
- Beweis und Beweiserleichterung des Kausalzusammenhangs im deutschen Recht in FS für Hermann Lange zum 70. Geburtstag, Stuttgart 1992, S. 433ff.
- Das „allgemeine Lebensrisiko" als negativer Zurechnungsgrund, VersR 1993, 1041ff.
- Unerlaubte Handlung, Schadensersatz und Schmerzensgeld, 2. Aufl., Köln u.a. 1993.
- Das Gesetz über Medizinprodukte von 1994, NJW 1995, 752ff.

Di Fabio, Udo: Verwaltungsentscheidung durch externen Sachverstand, VerwArch 81 (1990), 193ff.

- Vorläufiger Verwaltungsakt bei ungewissem Sachverhalt, DÖV 1991, 629ff.
- Entscheidungsprobleme der Risikoverwaltung, NuR 1991, 353ff.
- Grundrechte im präzeptoralen Staat am Beispiel der hoheitlichen Informationstätigkeit, JZ 1993, 689ff.
- Risikoentscheidungen im Rechtsstaat. Zum Wandel der Dogmatik im öffentlichen Recht, insbesondere am Beispiel der Arzneimittelüberwachung, Tübingen 1994, mit Rezension von Möllers, JZ 1994, 1110ff.
- Rechtsfragen zu unerkannten Gesundheitsrisiken elektromagnetischer Felder, DÖV 1995, 1ff.
- Die Verfassungskontrolle indirekter Umweltpolitik am Beispiel der Verpackungsverordnung, NVwZ 1995, 1ff.

Diederichsen, Lars: Ein neues Umweltzeichen für Europa, RIW 1993, 224.

Diederichsen, Uwe: Zur Rechtsnatur und systematischen Stellung von Beweislast und Anscheinsbeweis, VersR 1966, 211ff.

- Die Haftung des Warenherstellers, München 1967.
- Die Haftung für Umweltschäden, BB 1973, 485ff.
- Wohin treibt die Produzentenhaftung?, NJW 1978, 1281ff.
- Zur gesetzlichen Neuordnung des Schuldrechts, AcP 182 (1982), 101ff.
- Referat zum 56. DJT, Abteilung Umweltrecht, München 1986.
- Zur Dogmatik der Produkthaftung nach Inkrafttreten des Produkthaftungsgesetzes in Arbeitsgemeinschaft der Verkehrsanwälte (Hrsg.), Probleme der Produzentenhaftung, Essen 1988, S. 9ff.
- Verantwortlichkeit für Altlasten – Industrie als Störer?, BB 1988, 917ff.

- Die Beurteilung der Regierungsvorschläge aus rechtswissenschaftlicher Sicht in Bitburger Gespräche, Jahrbuch 1989, S. 47ff.
- Umwelthaftung – zwischen gestern und morgen in FS für Rudolf Lukes zum 65. Geburtstag, Köln 1989, S. 41ff.
- Das UmweltHG zwischen gesetzgeberischer Intention und interpretatorischer Phantasie, VersR 1992, 641ff.

Diederichsen, Uwe/Scholz, Andreas: Kausalitäts- und Beweisprobleme im zivilrechtlichen Umweltschutz, WiVerw 1984, 23ff.

Dielmann, Heinz J.: Produkthaftung in den Vereinigten Staaten von Amerika, AG 1987, 108ff.

Diercksen, Günter: Der „Beipackzettel" in medizinischen Präparatepackungen, Fortschritt oder Rückschritt in der Medizin?, MedR 1984, 137ff.

Dietlein, Johannes: Die Lehre von den grundrechtlichen Schutzpflichten, Berlin 1992.

Dietrich, Martin: Produktbeobachtungspflicht und Schadensverhütungspflicht der Produzenten, Diss. Hamburg, Frankfurt 1994.

Dietze, Lutz: Die gesundheitsrechtliche Zweckbestimmtheit von Arzneimitteln, Kosmetika und Lebensmitteln, MedR 1987, 16ff.

Dolde, Klaus-Peter: Behördliche Warnung vor nicht verkehrsfähigen Lebensmitteln. Rechtsgutachten erstellt im Auftrag des Bundes für Lebensmittelrecht und Lebensmittelkunde e.V., Bonn 1987.

Dombert, Matthias: Umwelthaftung aktuell, PHI 1992, 95f.

Donner, Hartwig/Magoulas, Georgios/Simon, Jürgen/Rolf, Rainer (Hrsg.): Umweltschutz zwischen Staat und Markt, Moderne Konzeptionen im Umweltschutz, Baden-Baden 1989.

Dreher, Eduard/Tröndle, Herbert: Strafgesetzbuch und Nebengesetze, 47. Aufl., München 1995.

Dreher, Meinhard: Die Versicherung als Rechtsprodukt. Die Privatversicherung und ihre rechtliche Gestaltung, Tübingen 1991.
- Die persönliche Verantwortung von Geschäftsleitern nach außen und die innergesellschaftliche Aufgabenteilung, ZGR 1992, 22ff.

Drews, Bill/Wacke, Gerhard/Vogel, Klaus/Martens, Wolfgang: Gefahrenabwehr, Allgemeines Polizeirecht des Bundes und der Länder, 9. Aufl., Köln u.a. 1985.

Dubach, Alexander: Das Recht auf Akteneinsicht, Zürich 1990.

Dubsidar, Roland: Grundsätze der Beweislastverteilung im Zivil- und Verwaltungsprozeß, JuS 1971, 385ff.

Eberhardt, Alfred: Risikobezogene und medienübergreifende Ansätze in der US-amerikanischen und bundesdeutschen Umweltpolitik, ZfU 1988, 361ff.

Ebersbach, Harry: Ausgleichspflicht des Staates bei neuartigen immissionsbedingten Waldschäden, NuR 1985, 185ff.

Ebinger, Barbara: Der unbestimmte Rechtsbegriff im Recht der Technik. Eine Untersuchung anhand des Beispiels der „Gefahren, erhebliche Nachteile oder Belästigungen" im Anlagengenehmigungsverfahren, Diss. Bayreuth, Berlin 1993.

Eger, Thomas/Nagel, Bernhard/Weise, Peter: Effizienz und Menschenwürde – ein Gegensatz? in Ott, Claus/Schäfer, Hans-Bernd (Hrsg.): Ökonomische Probleme des Zivilrechts, Berlin u.a. 1991, S. 18ff.

Eggenberger, Isabelle Häner: Öffentlichkeit und Verwaltung, Zürich 1990.

Ehlers, Alexander P.F.: Die ärztliche Aufklärung vor medizinischen Eingriffen, Köln u.a. 1987.

Ehlers, Dirk/Heydemann, Christoph: Datenschutzrecht in der Kommunalverwaltung, DVBl 1990, 1ff.

Ehmann, Horst: Informationsschutz und Informationsverkehr im Zivilrecht, AcP 188 (1988), 230ff.

Eichholz, Rainer: Die Bedeutung der arzneimittelrechtlichen Produkthaftung für das Blutspenden und den Vertrieb von Blutkonserven, NJW 1991, 732ff.

Eidenmüller, Horst: Effizienz als Rechtsprinzip, Möglichkeiten und Grenzen der ökonomischen Analyse des Rechts, Tübingen 1995.

Eilers, Stephan/Schröer, Thomas: Der Schutz der betrieblichen Informationssphäre im Umweltinformationsgesetz, BB 1993, 1025ff.

Emmerich, Volker: Das Recht der Leistungsstörungen, 3. Aufl., München 1991.

Enders, Rainald/Reiter, Birgit: Die Umwelthaftung im System des Umweltgesetzbuches, VersR 1991, 1329ff.

Endres, Alfred/Rehbinder, Eckart/Schwarze, Reimund: Haftung und Versicherung für Umweltschäden aus ökonomischer und juristischer Sicht, Berlin 1992.

Engel, Rüdiger: Der freie Zugang zu Umweltinformationen nach der Informationsrichtlinie der EG und der Schutz von Rechten Dritter, NVwZ 1992, 111ff.

Engelbert, Anke/Kutscha, Martin: Staatliche Öffentlichkeitsarbeit und Demokratieprinzip, NJW 1993, 1233ff.

Engelhardt, Wolfgang: Die deliktsrechtliche Haftung für Umweltschäden, Diss. Hamburg 1992.

Engisch, Karl: Die Einheit der Rechtsordnung, Heidelberg 1935.

- Einführung in das juristische Denken, 7. Aufl., 1977, 8. Aufl., Stuttgart u.a. 1983.

Enneccerus, Ludwig/Nipperdey, Heinrich: Lehrbuch des Bürgerlichen Rechts, Recht der Schuldverhältnisse, Bd. 2, 15. Aufl., Tübingen 1958.

- Lehrbuch des Bürgerlichen Rechts, Allgemeiner Teil, 15. Aufl., Tübingen 1959.

Ensthaler, Jürgen: Haftungsrechtliche Bedeutung von Qualitätssicherungsvereinbarungen, NJW 1994, 817ff.

Epiney, Astrid/Möllers, Thomas M.J.: Freier Warenverkehr und nationaler Umweltschutz, Köln u.a. 1992 mit Rezensionen von Middeke, DVBl 1992, 1456 und Prieß, NVwZ 1993, 458f.

Erbguth, Wilfried: Rechtssystematische Grundfragen des Umweltrechts, Berlin 1987.

- Die Umweltleitplanung im Entwurf eines Umweltgesetzbuchs – Allgemeiner Teil, DVBl 1992, 1122ff.

Erichsen, Hans-Uwe: Zur Umsetzung der Richtlinie des Rates über den freien Zugang zu Informationen über die Umwelt, Berichte des Umweltbundesamtes 1/92, Berlin 1992 (zitiert: Erichsen, Zur Umsetzung der RiL).

- Das Recht auf freien Zugang zu Informationen über die Umwelt, NVwZ 1992, 409ff = in Dokumentation zur 15. Wissenschaftlichen Fachtagung der Gesellschaft für Umweltrecht, Berlin 1991.

Erman, Walter: Handkommentar zum Bürgerlichen Gesetzbuch, 2 Bde., 9. Aufl., Münster 1993 (zitiert: Erman/Bearbeiter).

Esser, Josef: Grundlagen und Entwicklung der Gefährdungshaftung, 1941, 2. Aufl., München 1969.

- Zweispurigkeit unseres Haftpflichtrechts, JZ 1953, 129ff.

Esser, Josef/Schmid, Eike: Schuldrecht, Bd. I, Allgemeiner Teil, 7. Aufl., Heidelberg 1992.

Esser, Josef/Weyers, Hans-Leo: Schuldrecht, Bd. II, Besonderer Teil, 7. Aufl., Heidelberg 1991.

Etmer, Peter: Deutsches Gesundheitsrecht, 3 Bde., Starnberg, Stand: August 1994.

Fabricius, Fritz: Zur Dogmatik des „sonstigen" Rechts, AcP 160 (1961), 273ff.

Fahrenhorst, Irene: Instruktionspflicht des Herstellers eines Kindertees – BGHZ 116, 60, JuS 1994, 288ff.

Falke, Josef: Rechtliche Kriterien für und Folgerungen aus Grenzwerten im Arbeitsschutz in Winter, Gerd (Hrsg.), Grenzwerte, Düsseldorf 1986, S. 164ff.

- „Umwelt-Audit"-Verordnung, ZUR 1995, 4ff.

- Untersagungsverfügung über sicherheitstechnisch mangelhafte Geräte, VuR 1987, 3ff.

Fastenrath, Jörg: Arzthaftungsprozeß und Beweislastverteilung, Frankfurt 1989.

Feger, Juliane: Darbietung und Produktfehler. Die Haftung des Herstellers für die Präsentation seines Produkts im Vergleich mit dem US-amerikanischen Recht, Karlsruhe 1990.

Feldhaus, Gerhard: Der Vorsorgegrundsatz des Bundes-Immissionsschutzgesetzes, DVBl 1980, 133ff.

- Umweltschutzsichernde Betriebsorganisation, NVwZ 1991, 927ff.

- Umwelthaftungsgesetz und Bundes-Immissionsschutzgesetz, UPR 1992, 161ff.

- Kommentar zum Bundes-Immissionsschutzgesetz, 9. Aufl., Heidelberg 1993.

Feldhaus, Gerhard/Schmitt, Otto Alfred: Kausalitätsprobleme im öffentlich-rechtlichen Umweltschutz, WiVerw 1984, 1ff.

Feldmann, Franz-Josef: Umwelthaftung aus umweltpolitischer Sicht. Zum Inkrafttreten des Gesetzes über die Umwelthaftung am 1. Januar 1991, UPR 1991, 45ff = Umwelthaftungsgesetz: Konzeption, Auswirkungen und Perspektiven, EP 1992, 193.

Femers, Susanne/Jungermann, Helmut: Risikoindikatoren (I): Eine Systematisierung von Risikomaßnahmen, ZfU 1992, 59ff.

Fenyves, Attila/Weyers, Hans-Leo (Hrsg.): Multikausale Schäden in modernen Haftungsrechten, Frankfurt 1988.

Fezer, Karl-Heinz: Aspekte einer Rechtskritik an der economic analysis of law und am property right approach, JZ 1986, 817ff;

- Nochmals: Kritik an der ökonomischen Analyse des Rechts, JZ 1988, 223ff.

Ficker, Hans Claudius: Grundprobleme der Produktenhaftung in FS für Konrad Duden zum 70. Geburtstag, München 1977, S. 93ff.

- Produktenhaftung als Gefährdungshaftung in FS für Ernst v. Caemmerer zum 70. Geburtstag, Tübingen 1978, S. 343ff.

Fikentscher, Wolfgang: Methoden des Rechts in vergleichender Darstellung, 5 Bde., Tübingen 1975–1977.

- Wirtschaftsrecht, 2 Bde., München 1983.
- The Sense of Justice and the Concept of Cultural Justice: Views from Law and Anthropology, 34 (1991) American Behavioral Scientist, 314ff.
- Die umweltsoziale Marktwirtschaft – als Rechtsproblem –, Heidelberg 1991.
- Schuldrecht, 8. Aufl., Berlin 1992.
- Recht und wirtschaftliche Freiheit, 3 Bde., Tübingen 1992-1993.
- Modes of Thought. A study in the Anthropology of Law and Religion, Tübingen 1995.

Fluck, Jürgen: Freier Zugang zu Umweltinformationen aus der Sicht der Industrie, UTR 1993, 25ff.

Förschle, Gerhart/Hermann, Silke/Mandler, Udo: Umwelt-Audits, DB 1994, 1093ff.

Forkel, Hans: Immissionsschutz und Persönlichkeitsrecht, Köln u.a. 1968.

- Die seelische Unversehrtheit als Schutzanliegen des Zivil- und Strafrechts in FS für Friedrich-Wilhelm Krause zum 70. Geburtstag, Köln u.a. 1990, S. 297ff.

Francke, Robert/Hart, Dieter: Ärztliche Verantwortung und Patienteninformation, Stuttgart 1987.

Frese, Erich/von Werder, Axel/Klinkenberg, Ulrich: Produkthaftungs-Management deutscher Großunternehmungen nach altem und neuem Recht, DB 1988, 2369ff.

Friauf, Karl Heinrich: Polizei- und Ordnungsrecht in v. Münch, Ingo/Schmidt-Aßmann, Eberhard (Hrsg.): Besonderes Verwaltungsrecht, 9. Aufl., Berlin 1992, S. 97ff.

Fricke, Martin: Warnung statt mahnen?, VersR 1992, 1325ff.

Friehe, Heinz-Josef: Der Konventionsentwurf des Europarats über die zivilrechtliche Haftung für Schäden, die aus umweltgefährlichen Aktivitäten herrühren, NuR 1992, 249ff.

Fritze, Albert: EG-Recht zu Arbeitsschutz, Gesundheitsschutz und Produktsicherheit, 2 Bde., Loseblatt, Augsburg 1993.

Fuchs, Maximilian: Deliktsrecht, Berlin 1994.

Führ, Martin: Sanierung von Industrieanlagen, Düsseldorf 1989.

- Umweltinformationen im Genehmigungsverfahren. Eine Fallstudie in Burmeister, Joachim/Winter, Gerd (Hrsg.), Öffentlichkeit von Umweltinformationen, Europäische und nordamerikanische Rechte und Erfahrungen, Baden-Baden 1990, S. 129ff.
- Umweltbewußtes Management durch „Öko-Audit"?, EuZW 1992, 468ff.
- Umweltmanagement und Umweltbetriebsprüfung – neue EG-Verordnung zum „Öko-Audit" verabschiedet, NVwZ 1993, 858ff.
- Verordnung über Verbrennungsanlagen für Abfälle und ähnliche brennbare Stoffe (17. BImSchV), NWVBl 1992, 121ff.

Gaentzsch, Günther: Ausbau des Individualschutzes gegen Umweltbelastungen als Aufgabe des bürgerlichen und des öffentlichen Rechts, NVwZ 1986, 601ff.

Gahrmann, Arno/Hempfling, Reinhold/Sietz, Manfred: Bewertung betrieblicher Umweltschutzmaßnahmen, Taunusstein 1993.

Gallwas, Hans-Ullrich: Faktische Beeinträchtigungen im Bereich der Grundrechte, Berlin 1970.
- Der allgemeine Konflikt zwischen dem Recht auf informationelle Selbstbestimmung und der Informationsfreiheit, NJW 1992, 2785 ff.

Ganten, Reinhard M./Lemke, Michael: Haftungsprobleme im Umweltbereich, UPR 1989, 1 ff.

Gassert, Herbert: Umweltschutzorientiertes Management in Zahn/Gassert (Hrsg.), Umweltschutzorientiertes Management, Stuttgart 1991, S. 1 ff.

Gassner, Erich: Der Ersatz des ökologischen Schadens nach dem geltenden Recht, UPR 1987, 370 ff.

Gege, Maximilian: Chancen und Voraussetzung einer umweltbewußten Unternehmensführung in Zahn/Gassert (Hrsg.), Umweltschutzorientiertes Management, 1991, S. 121 ff.

Geis, Max-Emanuel: Der Kernbereich des Persönlichkeitsrechts, JZ 1991, 112 ff.

Geiß, Karlmann: Arzthaftungspflichtrecht, München 1989.

Gemeinschaftskommentar zum Bundes-Immissionsschutzgesetz (Hrsg. Hans-Joachim Koch/Dieter H. Scheuing), Loseblatt, Düsseldorf 1994 ff (zitiert: Bearbeiter in GK-BImSchG).

Gerlach, Johann W.: Die Grundstrukturen des privaten Umweltrechts im Spannungsverhältnis zum öffentlichen Recht, JZ 1988, 161 ff.
- Privatrecht und Umweltschutz im System des Umweltrechts, Berlin 1989.

Gernhuber, Joachim: Das Schuldverhältnis, Begründung und Änderung, Pflichten und Strukturen, Drittwirkungen, Tübingen 1989.
- Bürgerliches Recht, 3. Aufl., München 1991.

Gesellschaft für Umweltrecht (Hrsg.): Dokumentation zur 17. Wissenschaftlichen Fachtagung, Umweltschutz durch Betriebsorganisation und Auditing. Biotopschutz im deutschen, europäischen und internationalen Recht, Berlin 1994.

Gessner, Volkmar: Soziale Voraussetzungen des Selbstschutzes gegen Umweltschäden, RabelsZ 40 (1976), 430 ff.

Gethmann, Carl Friedrich/Kloepfer, Michael: Handeln unter Risiko im Umweltstaat, Berlin 1993.

Gieseke, Paul/Wiedemann, Werner/Czychowski, Manfred: Wasserhaushaltsgesetz, 6. Aufl., München 1992.

Giesen, Dieter: Arzthaftungsrecht, 3. Aufl., Tübingen 1990, mit Rezension von Deutsch, NJW 1993, 771.
- Zur Annäherung von Arzthaftung und Dienstleistungshaftung in Deutschland und Europa, JR 1991, 485 ff.

Giesen, Dieter/Poll, Jens: Zur Haftung für infizierte Blutkonserven im amerikanischen und deutschen Recht, RIW 1993, 265 ff.

Giesen, Dieter/Walter, Katrin: Ärztliche Aufklärungspflicht und Selbstbestimmungsrecht des Patienten, Jura 1991, 182 ff.

Gimpel-Hinteregger, Monika: Grundfragen der Umwelthaftung, Wien 1994.

Glaese, Gerd/Hart, Dieter/Merkel, Harald: Regulierung des europäischen Arzneimittelmarktes durch nationales und europäisches Zulassungsrecht in Reich, Norbert (Hrsg.), Die Europäisierung des Arzneimittelmarktes – Chancen und Risiken, Baden-Baden 1988, S. 13 ff.

Gmehling, Bernhard: Die Beweislastverteilung bei Schäden aus Industrieimmissionen, Köln u.a. 1989.

Göpfert, Burkhard: „Bewegliche Systeme" zur Bewältigung von Ähnlichkeiten am Beispiel der „Bürgschaftsfälle" des BGH, JuS 1993, 655 ff.

Götz, Volkmar: Allgemeines Polizei- und Ordnungsrecht, 11. Aufl., Göttingen 1992.

Gottwald, Peter: Zur Anfechtung einer inkorrekten Entscheidung, ZZP 92 (1979), 362 ff.
- Zur Wahrung von Geschäftsgeheimnissen im Zivilprozeß, BB 1979, 1780.
- Grundprobleme der Beweislastverteilung, Jura 1980, 225 ff.
- Kausalität und Zurechnung, KF 1986, 3 ff.
- Die Schadenszurechnung nach dem Umwelthaftungsgesetz in FS für Hermann Lange zum 70. Geburtstag, Stuttgart u.a. 1992, S. 447 ff.

Gounalakis, Georgios: Anfängernarkose und -operation – Behandlungsfehler oder Aufklärungspflichtverletzung, NJW 1991, 2945 ff.

Grabitz, Eberhard/Hilf, Meinhard: Kommentar zum EWG-Vertrag, 2 Bde., München, Loseblatt, 2. Aufl., 1994.
Gramm, Christof: Rechtsfragen der staatlichen Aids-Aufklärung, NJW 1989, 2917ff.
- Aufklärung durch staatliche Publikumsinformation, Der Staat 30 (1991), 51ff.
- Nachweltschutz durch kooperative Rechtsstrukturen, JZ 1990, 905ff.
- Prävention durch staatliche Information, ZRP 1990, 183ff.
Grimmer, Klaus: Demokratie und Grundrechte, Berlin 1980.
Gröschner, Rolf: Öffentlichkeitsaufklärung als Behördenaufgabe, DVBl 1990, 619ff.
- Aufklärung der Öffentlichkeit in Umweltfragen – wirtschaftspolitisches Ziel und wirtschaftsverwaltungsrechtliche Aufgabe, WuR 1991, 71ff.
- Das Überwachungsrechtsverhältnis, Wirtschaftsüberwachung in gewerbepolizeirechtlicher Tradition und wirtschaftsverwaltungsrechtlichem Wandel, Tübingen 1992.
Großfeld, Bernhard: Macht und Ohnmacht der Rechtsvergleichung, Tübingen 1984.
Grunewald, Barbara: Zur Haftung von Fachleuten im Zivilrechtsverkehr, JZ 1982, 627ff.
- Aufklärungspflichten ohne Grenzen?, AcP 190 (1990), 609ff.
- Die Haftung von Organmitgliedern nach Deliktsrecht, ZHR 157 (1993), 451ff.
- Die Beweislastverteilung bei der Verletzung von Aufklärungspflichten, ZIP 1994, 1162ff.
Gurlit, Elke: Die Verwaltungsöffentlichkeit im Umweltrecht. Ein Rechtsvergleich Bundesrepublik Deutschland – USA, Düsseldorf 1989.
- Europa auf dem Weg zur gläsernen Verwaltung? Zum Vorschlag der EG-Kommission für eine Richtlinie über den freien Zugang zu Informationen über die Umwelt, ZRP 1989, 253ff.
- Akteneinsicht in den Vereinigten Staaten in Burmeister Joachim/Winter, Gerd (Hrsg.), Öffentlichkeit von Umweltinformationen, Europäische und nordamerikanische Rechte und Erfahrungen, Baden-Baden 1990.
Gusy, Christoph: Polizeirecht, Tübingen 1993.
Hacks, Susanne/Ring, Ameli/Böhm, Peter: Schmerzensgeldbeträge, 16. Aufl., München 1993.
Häberle, Peter: Das Prinzip der Subsidiarität aus der Sicht der vergleichenden Verfassungslehre, AöR 119 (1994), 170ff.
Härterich, Susanne: Risk Management von industriellen Produktions- und Produktrisiken, Karlsruhe 1987.
Häsemeyer, Ludwig: Das Produkthaftungsrecht im System des Haftungsrechts in FS für Hubert Niederländer zum 70. Geburtstag, Heidelberg 1991, S. 251ff.
Hagen, Horst: Sportanlagen im Wohnbereich, UPR 1985, 192ff.
Hager, Günter: Umweltschäden – ein Prüfstein für die Wandlungs- und Leistungsfähigkeit des Deliktsrechts, NJW 1986, 1961ff.
- Schäden infolge Unvereinbarkeit mehrerer Medikamente, VersR 1987, 1053ff.
- Umwelthaftung und Produkthaftung, UTR 1990, 133ff = JZ 1990, 397ff.
- Deutschland: Fehlerbegriff, Entwicklungsrisiko und Produktbeobachtungspflicht bei der Produkthaftung, PHI 1991, 2ff.
- Das neue Umwelthaftungsgesetz, NJW 1991, 134ff.
- Die Haftung des Abfallerzeugers nach dem Vorschlag der EG-Abfallhaftungsrichtlinie aus Sicht des deutschen Rechts, UTR 1991, 149ff.
- Ökologisierung des Verbraucherschutzrechtes, UPR 1995, 401 ff.
Hager, Johannes: Die Kostentragung bei Rückruf fehlerhafter Produkte, VersR 1984, 799ff.
- Der Kupolofenfall, Jura 1991, 303ff.
- Grundrechte im Privatrecht, JZ 1994, 373ff.
Hahn, Werner: Offenbarungspflichten im Umweltschutz, Köln u.a. 1984.
Hanau, Peter: Die Kausalität der Pflichtwidrigkeit, Göttingen 1971.
Hanebuth, Klaus: Das Auskunftsrecht im europäischen Wirtschaftsrecht – Rechtsgrundlagen und Handhabung, Diss. Hamburg 1967.
Hansen-Dix, Frauke: Die Gefahr im Polizeirecht, im Ordnungsrecht und im Technischen Sicherheitsrecht, Köln u.a. 1982.
Hansmann, Klaus: TA Luft, Technische Anleitung zur Reinhaltung der Luft, München 1987.
- Neue Durchführungsvorschriften zum Bundesimmissionsschutzgesetz, NVwZ 1988, 1000ff.

Hart, Dieter: Die Unbedenklichkeit von Arzneimitteln – zu zwei Beschlüssen des OVG Berlin, MedR 1989, 15ff.
- Arzneimitteltherapie und ärztliche Verantwortung, Stuttgart 1990.
- Arzthaftung und Arzneimitteltherapie, MedR 1991, 300ff.
- Sozialschutzbezogene Normbildungsprozesse bei Risikoentscheidungen im Vertragsrecht, KritV 1991, 365ff.
- Arzneimittelsicherheit und Länderüberwachung, MedR 1993, 207ff.

Hart, Dieter/Hilken, Arnold/Merkel, Harald/Woggan, Olaf: Das Recht des Arzneimittelmarktes, Baden-Baden 1988.

Hart, Dieter/Köck, Wolfgang: Zum Stand der Verbraucherrechtsentwicklung, ZRP 1991, 61ff.

Hartwieg, Oskar: Culpa in contrahendo als Korrektiv für „ungerechte" Verträge, JuS 1983, 733ff.

Hasskarl, Horst: Aufklärungspflichten des Warenherstellers, BB 1973, 120ff.
- Sicherheit durch Information im Arzneimittelrecht, NJW 1988, 2265 = PharmInd 1989, 37.

Hassold, Gerhard: Die Lehre vom Organisationsverschulden, JuS 1982, 583ff.

Hauck, Ernst: Recht der überwachungsbedürftigen Anlagen, GewArch 1987, 145ff.

Hauschka, Christoph E.: Die vorbeugenden Organisations- und Produktbeobachtungspflichten des Herstellers in rechtlicher und unternehmerischer Sicht, AG 1988, 29ff.

Heck, Philipp: Grundriß des Schuldrechts, Tübingen 1929.

Hegele, Dorothea: Die Bedeutung von Sachverständigengutachten für die richterliche Rechtskonkretisierung im Umweltschutz, Berlin 1993.

Heidel, Thomas: Keine Bundeskompetenz zur Warnung vor Lebensmitteln, ZLR 1989, 447ff.

Heilmann, Klaus: Arzneimittel der Zukunft, München 1991.

Heine, Günther/Meinberg, Volker: Empfehlen sich Änderungen im strafrechtlichen Umweltschutz, insbesondere in Verbindung mit dem Verwaltungsrecht?, Gutachten D für den 57. DJT, München 1988.

Heinemeyer, Gerhard/Hahn, Axel: Vergiftungen in der Bundesrepublik Deutschland – eine erste Bilanz, BundesgesundheitsBl 1993, 181ff.

Heintzen, Markus: Hoheitliche Warnungen und Empfehlungen im Bundesstaat, NJW 1990, 1448ff.
- Staatliche Warnungen als Grundrechtsproblem, VerwArch 1990, 532ff.

Heinz, Ingo: Kostensteigerungen im Gesundheitswesen durch Luftverunreinigungen, ZfU 1992, 45ff.

Helle, Jürgen: Besondere Persönlichkeitsrechte im Privatrecht, Tübingen 1991 mit Rezension von Seitz, NJW 1991, 2692.

Henckel, Wolfram: Vorbeugender Rechtsschutz im Zivilrecht, AcP 174 (1974), 97ff.

Henderson, James A.: Judicial Review of Manufacturers' Conscious Design Choices: The Limits of Adjudication, 63 Colum.L.Rev 1973, 1531ff.
- Renewed Judicial Controvers over Defective Produkt Design: Toward the Preservation of an Emerging Consensus, 63 Minn.L.Rev. 1979, 773ff.

Henderson, James A./Twersky, Aaron D.: Doctrinal Collapse in Products Liability: The Empty Shell of Failure to Warn, 65 N.Y.U.L.Rev. 1990, 265ff.
- Stargazing: The Future of American Products Liability Law, 66 N.Y.U.L.Rev. 1991, 1332ff.

Henke, Jörg: EuGH und Umweltschutz: Die Auswirkungen der Rechtsprechung des EuGH auf das Umweltschutzrecht in Europa, München 1992.

Henning, Klaus-Jürgen: Öffentlichkeitsarbeit des öffentlichen Gesundheitsdienstes und des BGA, BundesgesundheitsBl 33 (1990), 64ff.

Henschler, Dietrich: Stochastische Risiken von Stoffen: Risikoerkennung, Risikosituation, Grenzwerte in Kuhlmann, Albert (Hrsg.): 1. Weltkonkreß für Sicherheitswissenschaft, Bd. 1, 1990, S. 427ff.

Henssler, Martin: Risiko als Vertragsgegenstand, Tübingen 1994.

Hermann, Martin: Schutz vor Fluglärm bei der Planung von Verkehrsflughäfen im Lichte des Verfassungsrechts, Diss. Regensburg, Berlin 1994.

Hermes, Georg: Das Grundrecht auf Schutz von Leben und Gesundheit, Heidelberg 1987.
- Grundrechtsschutz durch Privatrecht auf neuerer Grundlage, NJW 1990, 1764ff.

Herrmann, Joachim: Soll ein Krebspatient über seine Diagnose aufgeklärt werden?, MedR 1988, 1ff.
Hesse, Hans Albrecht: Der Schutzstaat geht um, JZ 1991, 744ff.
Hester, Edward J.: Umweltverschmutzung: Ein Prüfstein für Industrie und Versicherer, VP 1989, 65ff.
Hettinger, Michael: Zur Rationalität heutiger Strafgesetzgebung im Hinblick auf die Rechtsfolgenbestimmung, GA 1995, 399ff.
Hill, Hermann (Hrsg.): Verwaltungshandeln durch Verträge und Absprachen, Baden-Baden 1990.
Himmelmann, Steffen/Pohl, Andreas/Tünnessen-Harmes, Christian: Handbuch des Umweltrechts, Loseblatt, München 1995.
v. Hippel, Eike: Verbraucherschutz, RabelsZ 40 (1976), 513ff.
Hirsch, Günther/Schmidt-Didczuhn, Andrea: Die Haftung für das gentechnische Restrisiko, VersR 1990, 1193ff.
- Gentechnikgesetz, München 1991.
Hirte, Heribert: Berufshaftung, München 1996.
Hirte, Heribert/Otte, Karsten: Die Gesetzgebung in den Vereinigten Staaten im Jahre 1989, ZG 1990, 373ff; ... im Jahre 1990, ZG 1991, 175ff; ... im Jahre 1991, ZG 1992, 165ff; ... im Jahre 1992, ZG 1993, 62ff; ... im Jahre 1993, ZG 1994, 157ff.
Hix, Jan-Peter: Das Recht auf Akteneinsicht im europäischen Wirtschaftsverwaltungsrecht: dargestellt am Beispiel des Kartell- und Antidumpingverfahrens der EWG, Baden-Baden 1992.
Hochgreve, Horst: Stärkung des Umweltschutzes durch unabhängige betriebliche Anwälte, Die Mitbestimmung 1988, 196ff.
Hoechst, Peter: Die US-amerikanische Produzentenhaftung, Köln u.a. 1986 mit Rezension de Lousanoff, ZHR 151 (1987), 72ff.
Hoffert, Ursula: Europarecht und nationale Umweltpolitik, Wien u.a. 1993.
Hoffmann, Edgar: Der Schadensersatzprozeß, München 1992.
Hoffmann, William C.: „Unvermeidbar unsichere" Produkte, PHI 1993, 64ff.
- Germany's New Environmental Liability Act: Strict Liability for Facilities Causing Pollution, NILR 38 (1991), 27ff.
Hoffmann-Riem, Wolfgang: „Anscheinsgefahr" und „Anscheinsverursachung" im Polizeirecht in FS für Gerhard Wacke zum 70. Geburtstag, Köln 1972, S. 327ff.
- Experimentelle Gesetzgebung in FS für Werner Thieme zum 70. Geburtstag, Köln u.a. 1993, S. 55ff.
Hoffmann-Riem, Wolfgang/Schmidt-Aßmann, Eberhard (Hrsg.): Öffentliches Recht und Privatrecht – Ihre Funktion als wechselseitige Auffangordnung, Baden-Baden 1996.
Hohloch, Gerhard: Produkthaftung in Europa, Rechtsangleichung und nationale Entwicklungen im zehnten Jahr nach der Produkthaftungsrichtlinie, ZEuP 1994, 408ff.
Hohm, Karl-Heinz: Der Stufenplanbeauftragte nach dem neuen AMG – eine vorläufige Standortbestimmung, MedR 1988, 15ff.
- Arzneimittelsicherheit und Nachmarktkontrolle, Baden-Baden 1990.
Hollmann, Angela: Das Bundeskrebsregister, NJW 1995, 762ff.
Hollmann, Hermann H.: Bundesrepublik Deutschland: Zur rechtlichen und technischen Bedeutung von Qualitätssicherungsvereinbarungen, PHI 1989, 146ff.
- Produktbeobachtungs-, Prüfungs- und Warnpflichten für Kraftfahrzeuge und Zubehör, PHI 1990, 38ff.
- Industrielles Risiko-Management in einem geänderten haftungsrechtlichen Umfeld, EWS 1992, 259ff.
Holtschneider, Rainer: Normenflut und Rechtsversagen, Baden-Baden 1991.
Honsell, Heinrich/Harrer, Friedrich: Schaden und Schadensberechnung, JuS 1991, 441ff.
Hoppe, Werner/Beckmann, Martin: Umweltrecht, München 1989.
Hopt, Klaus J.: Der Kapitalanlegerschutz im Recht der Banken, München 1975.
- Nichtvertragliche Haftung außerhalb von Schadens- und Bereicherungsausgleich – Zur Theorie und Dogmatik des Berufsrechts und der Berufshaftung, AcP 183 (1983), 608ff.

- Funktion, Dogmatik und Reichweite der Aufklärungs-, Warn- und Beratungspflichten der Kreditinstitute in FS für Joachim Gernhuber zum 70. Geburtstag, Tübingen 1993, S. 169ff.

Hopt, Klaus J./Teubner, Gunther (Hrsg.): Corporate Governance and Director's Liability, Berlin u.a. 1985.

Horn, Eckard: Zur ökonomischen Rationalität des Privatrechts, AcP 176 (1976), 307ff.

- Rechtsprechungsübersicht zum Umweltstrafrecht, JZ 1994, 1097ff.

Horst, Matthias: Verbraucherinformation bei verpackten Lebensmitteln, Köln 1988.

- Behördliche Warnungen, ZLR 1989, 530ff.
- Entwicklungen des gemeinschaftlichen Kennzeichnungsrechts, ZLR 1993, 133ff.

Huber, Christian: Fragen der Schadensberechnung, 2. Aufl., Wien 1995.

Huber, Peter M.: Der Immissionsschutz im Brennpunkt modernen Verwaltungsrechts, AöR 114 (1989), 252ff.

Hubmann, Heinrich: Das Persönlichkeitsrecht, 2. Aufl., 1967.

Hübner, Ulrich: Die Bestimmung des Ersatzpflichtigen in der Gefährdungshaftung nach dem Kriterium der abstrakten Gefahrbeherrschbarkeit, KF 1983, 126ff.

Hueck, Adolf/Nipperdey, Hans Carl: Lehrbuch des Arbeitsrechts, Bd. I, 7. Aufl., München 1963.

Hüffer, Uwe: Aktiengesetz, 2. Aufl., München 1995.

Hummel-Liljegren, Hermann: Staatliche Warnungen vor unschädlichen Lebensmitteln sind unverhältnismäßig, unzumutbar und verfassungswidrig, ZLR 1991, 126ff.

Huth, Rainer: Die Bedeutung technischer Normen für die Haftung des Warenherstellers nach § 823 BGB und dem Produkthaftungsgesetz, Frankfurt 1992.

v. Ihering, Rudolf: Recht des Besitzes, 7. Aufl., Wien 1865.

- Das Schuldmoment im römischen Privatrecht, Gießen 1867.
- Beiträge zur Dogmatik des Besitzes, Jahrbücher für die Dogmatik des Bürgerlichen Rechts, Bd. 9, 1868, S. 1ff.
- Der Zweck im Recht, 2 Bde., 4. Aufl., Leipzig 1904, 1905.

Immenga, Ulrich: Freier Warenverkehr und technische Handelshemmnisse – Bemerkung aus Anlaß des Urteils des EuGH v.28.1.1986 in FS Rudolf Lukes zum 65. Geburtstag, Köln u.a. 1989, S. 393ff.

Isensee, Josef: Das Grundrecht auf Sicherheit. Zu den Schutzpflichten des freiheitlichen Verfassungsstaates, Berlin 1983.

Isensee, Josef/Kirchhof, Paul (Hrsg.): Handbuch des Staatsrechts der Bundesrepublik Deutschland, 7 Bde., Heidelberg 1987–1992 (zitiert: Bearbeiter in HdbStR).

Jahrbuch Junger Zivilrechtswissenschaftler 1993, Risikoregulierung und Privatrecht, Stuttgart 1994.

Jakobs, Günther: Strafrecht, Allgemeiner Teil, 2.Aufl., Berlin 1991.

Janiszewski, Jörg: Das Umweltzeichen, Bielefeld 1992 mit Rezension Schuschke, NJW 1992, 2405.

Jannott, Horst K.: Aspekte zum Arzneimittelrisiko in der Bundesrepublik Deutschland und seiner Rückversicherung, KF 1983, 129ff.

Jarass, Hans D.: Der Rechtsschutz Dritter bei der Genehmigung von Anlagen, NJW 1983, 2844ff.

- Effektivierung des Umweltschutzes gegenüber bestehenden Anlagen – Nachträgliche Maßnahmen, Drittklagen, Absprachen und Kompensation –, DVBl 1985, 193ff.
- Bundes-Immissionsschutzgesetz, 2. Aufl., München 1993.

Jarass, Hans D./Kloepfer, Michael/Kunig, Philip/Peine, Franz-Joseph/Rehbinder, Eckard/Salzwedel, Jürgen/Schmidt-Aßmann, Eberhard: Umweltgesetzbuch, Besonderer Teil, Berlin 1994 (zitiert: Bearbeiter in Jarass/Kloepfer/Kunig/Peine/Rehbinder/Salzwedel/Schmidt-Aßmann, UBG-BT).

Jarass, Hans D./Neumann, L.F. (Hrsg.): Umweltschutz und Europäische Gemeinschaften. Rechts- und sozialwissenschaftliche Probleme der umweltpolitischen Integration, Berlin 1992.

Jarass, Hans D./Pieroth, Bodo: Grundgesetz, 3. Aufl., München 1995.

Jauernig, Othmar (Hrsg.): Bürgerliches Gesetzbuch, 7. Aufl., München 1994 (zitiert: Jauernig/Bearbeiter).

Jeiter, Wolfram: Das neue Gerätesicherheitsgesetz, 2. Aufl., München 1993.

Joerges, Christian: Die Verwirklichung des Binnenmarktes und die Europäisierung des Produktsicherheitsrechts in FS für Ernst Steindorff zum 70. Geburtstag, Berlin 1990, S. 1247ff.
- Nachmarktkontrollen im amerikanischen Recht in Micklitz, Hans-W. (Hrsg.), Post Market Control of Consumer Goods, Baden-Baden 1990, S. 155ff.
- Die Europäisierung des Rechts und die rechtliche Kontrolle von Risiken, KritV (6) 1991, 417ff.

Joerges, Christian/Brüggemeier, Gerd: Europäisierung des Vertragsrechts und Haftungsrechts in Müller-Graff, Peter (Hrsg.), Gemeinsames Privatrecht in der Europäischen Gemeinschaft, Baden-Baden 1993, S. 233ff.

Joerges, Christian/Falke, Josef: Die Normierung von Konsumgütern in der Europäischen Gemeinschaft und der Richtlinienentwurf über die allgemeine Produktsicherheit in Müller-Graff, Peter (Hrsg.), Technische Regeln im Binnenmarkt, 1991, S. 159ff.

Joerges, Christian/Falke, Josef/Micklitz, Hans-Wolfgang/Brüggemeier, Gert: Die Sicherheit von Konsumgütern und die Entwicklung der Europäischen Gemeinschaft, Baden-Baden 1988.

Jonas, Hans: Das Prinzip Verantwortung – Versuch einer Ethik für die technologische Zivilisation, Frankfurt a. M. 1979.

Jost, Peter J.: Betriebliche Umweltschutzmaßnahmen als Antwort auf den Entwurf zum neuen Umwelthaftungsgesetz, DB 1990, 2381ff.

Jung, Eberhard: Das Recht auf Gesundheit, München 1982.

Junker, Abbo: Discovery im deutsch-amerikanischen Rechtsverkehr, Heidelberg 1987.

Kahl, Wolfgang: Umweltprinzip und Gemeinschaftsrecht, Heidelberg 1993.

Kalis, Peter J./Colecchia, Theresa J: Umwelthaftung in den USA, Teil 1, PHI 1992, 2902ff.

Kalis, Peter J./Lipput, Linda B.: Umwelt aktuell, PHI 1993, 234f.

Kanatsching, Dietmar: Vorsorgeorientiertes Umweltmanagement, Wien u.a. 1992.

Kant, Immanuel: Beantwortung der Frage: Was ist Aufklärung? in Kants Werke (Hrsg. Königlich Preußische Akademie der Wissenschaften), Bd. IX, Berlin 1914, S. 53.
- Metaphysik der Sitten, Einleitung in die Rechtslehre in Kants Werke (Hrsg. Königlich Preußische Akademie der Wissenschaften), Bd. VI, Berlin 1914, S. 236ff.

Kaser, Max: Das römische Privatrecht, 2 Bde., 2. Aufl., München 1971/1975.

Kassebohm, Kristian/Malorny, Christian: Auditierung und Zertifizierung im Brennpunkt wirtschaftlicher und rechtlicher Interessen, ZfB 1994, 693ff.

Keeton, W. Page: Manufacturer's Liability: The Meaning of „Defect" in the Manufacture and Design of Products, Syracuse L.Rev. 20 (1969), 559ff.
- Products Liability – Inadequancy of Information, Tex.L.Rev. 48 (1970), 398ff.

Keeton, W. Page (Hrsg.): Prosser and Keeton on Torts, 5. Aufl., St. Paul, Minn. 1984.

Kern, Bernd-Rüdiger: Die Genugtuungsfunktion des Schmerzensgeldes – ein pönales Element im Schadensrecht?, AcP 191 (1991), 247ff.

Kern, Bernd-Rüdiger/Laufs, Adolf: Die ärztliche Aufklärungspflicht, Berlin, Heidelberg, New York 1983.

Keßler, Jürgen: Wettbewerbsrechtliches Irreführungsverbot und Freiheit des Warenverkehrs, EuZW 1991, 107ff.
- Produktsicherheit im europäischen Binnenmarkt – Abstimmungskonflikte und Kollisionsprobleme im deutschen und europäischen Verbraucherrecht, EuZW 1993, 751ff.
- Die deliktische Eigenhaftung des GmbH-Geschäftsführers, GmbHR 1994, 429ff.

Kickartz, Peter: Ermittlungsmaßnahmen zur Gefahrenerforschung und einstweilige polizeiliche Anordnungen, Diss. Mannheim 1984.

Kim, Hyung-Bae: Fehlerbegriff und Haftungsgrund in der Produkthaftung in FS für Zentaro Kitagawa zum 60. Geburtstag, Berlin 1992, S. 423ff.

Kimminich, Otto (Hrsg.): Handwörterbuch des Umweltschutzes, 2 Bde., 2. Aufl., Berlin 1994.

Kinkel, Klaus: Möglichkeiten und Grenzen der Bewältigung von umwelttypischen Distanz- und Summationsschäden, ZRP 1989, 293ff.

Kirchgässner, Gebhard: Das Verursacherprinzip: Leerformel oder regulative Idee, JZ 1990, 1042ff.
- Haftungsrecht und Schadensersatzansprüche als umweltpolitische Instrumente, ZfU 1992, 15ff.

Kirchhof, Paul: Richterliche Rechtsfindung, gebunden an „Gesetz und Recht", NJW 1986, 2275ff.

Kirsch, Guy: Umweltbewußtsein und Umweltverhalten, ZfU 1991, 249ff.

Klees, Hans: Die Verkehrspflicht der Aufklärung, Diss. Freiburg 1976.

Klein, Eckart: Die verfassungsrechtliche Problematik des ministerialfreien Raumes, Berlin 1974.

- Grundrechtliche Schutzpflicht des Staates, NJW 1989, 1633ff.

Kloepfer, Michael: Chemikaliengesetz, Gesetz zum Schutz vor gefährlichen Stoffen, Berlin 1981.

- Zum Grundrecht auf Umweltschutz, Berlin 1982.
- Aspekte der internationalen Harmonisierung des Umweltrechts, UPR 1984, 281ff.
- Chance und Risiko als rechtliche Dimensionen, UTR 1988, 31ff.
- Umweltrecht, München 1989.
- Umweltschutz als Aufgabe des Zivilrechts – aus öffentlich-rechtlicher Sicht, UTR 1990, 35ff. = NuR 1990, 337ff.
- Zur Rechtsumbildung durch Umweltschutz, Heidelberg 1990.
- Zu den neuen umweltrechtlichen Handlungsformen des Staates, JZ 1991, 737ff.
- Produkthinweispflichten bei Tabakwaren als Verfassungsfrage, Berlin 1991.
- Empfiehlt es sich, ein Umweltgesetzbuch zu schaffen, gegebenenfalls mit welchen Regelungsbereichen?, JZ 1992, 817ff.
- Umweltinformationen durch Unternehmen, NuR 1993, 353ff.
- Betrieblicher Umweltschutz als Rechtsproblem, DB 1993, 1125ff.
- Interdisziplinäre Aspekte des Umweltstaates, DVBl 1994, 12ff.

Kloepfer, Michael/Bosselmann, Klaus: Zentralbegriffe des Umweltchemikalienrechts, Berlin 1985.

Kloepfer, Michael/Meßerschmidt, Michael: Innere Harmonisierung des Umweltrechts, Berichte des Umweltbundesamtes 8/86, Berlin 1986.

Kloepfer, Michael/Rehbinder, Eckart/Schmidt-Aßmann, Eberhard: Umweltgesetzbuch – Allgemeiner Teil, Berichte des Umweltbundesamtes 7/90, Berlin 1990 (zitiert: Bearbeiter in Kloepfer/Rehbinder/Schmidt-Aßmann, UGB-AT).

Kloepfer, Michael/Veit, Günther: Grundstrukturen des technischen Arbeitsschutzrechts, NZA 1990, 121ff.

Kloesel, Arno/Cyran, Walter/Feiden, Karl/Pabel, Hermann Josef: Arzneimittelgesetz, Kommentar, Loseblatt, Stand 1994.

Klooz, Daniel: Luftreinhaltung: Immissionsgrenzwert = Zumutbare Luftbelastung, ZfU 1991, 457ff.

Knack, Hans-Joachim: Verwaltungsverfahrensgesetz, Kommentar, 4. Aufl., Köln u.a. 1994.

Knebel, Jürgen: Überlegungen zur Fortentwicklung des Umwelthaftungsrechts, UTR 1988, 261ff.

Knemeyer, Franz-Ludwig: Auskunftsanspruch und behördliche Auskunftsverweigerung, JZ 1992, 348ff.

- Die Wahrung von Betriebs- und Geschäftsgeheimnissen bei behördlichen Umweltinformationen, DB 1993, 721ff.

Knoche, Joachim: Nebenwirkungen überzogener Anforderungen an die ärztliche Aufklärungspflicht – Eine Analyse der juristisch-medizinischen Wechselbeziehung, NJW 1989, 757ff.

- Sachmängelgewährleistung beim Kauf eines Altlastengrundstücks, NJW 1995, 1985ff.

Knopp, Lothar: Neue EG-Verordnung zum „Umwelt-Audit", EWS 1994, 80ff.

Knopp, Lothar/Striegl, Stefanie: Umweltschutzorientierte Betriebsorganisation zur Risikominimierung, BB 1992, 2009ff.

Koch, Bernhard A.: Die Sachhaftung – Beiträge zu einer Neuabgrenzung der sogenannten Gefährdungshaftung im System des Haftungsrechts, Diss. Tübingen, Berlin 1991.

Koch, Hans-Joachim: „Schädliche Umwelteinwirkungen" – ein mehrdeutiger Begriff?, UTR 1989, 205ff.

- Auf dem Weg zum Umweltgesetzbuch. Der Professoren-Entwurf des Allgemeinen Teils eines Umweltgesetzbuchs, NVwZ 1991, 953ff.

Köck, Wolfgang: Produktinformationen im Umwelt- und Gesundheitsbereich durch Verbraucherorganisationen, VuR 1991, 181ff.

- Umweltrechtsentwicklung und ökonomische Analyse, NuR 1992, 412ff.
- Die rechtliche Bewältigung technischer Risiken, KJ 1993, 125ff.
- Risiko-Information – Zur Diskussion um produktbezogene behördliche Informationstätig-

keit im Umwelt- und Gesundheitsbereich in Damm, Reinhard/Hart, Dieter (Hrsg.), Rechtliche Regulierung von Gesundheitsrisiken, Baden-Baden 1993, S. 215ff.
- Indirekte Steuerung im Umweltrecht: Abgabenerhebung, Umweltschutzbeauftragte und „Öko-Auditing", DVBl 1994, 27ff.
- Die Entdeckung der Organisation durch das Umweltrecht, ZUR 1995, 1ff.
- Umweltschutzsichernde Betriebsorganisation als Gegenstand des Umweltrechts: Die EG-„Öko-Audit"-Verordnung, JZ 1995, 643ff.

Köck, Wolfgang/Meier, Klaus: Vertragsrechtliche Sicherheitsgewährleistung und „neue Risiken", JZ 1992, 548ff.

Koenig, Christian: Internationalisierung des Risikomanagements durch neues Umwelt- und Technikrecht?, NVwZ 1994, 937ff.

Köhler, Helmut: Der gerupfte Umweltengel oder Die wettbewerbsrechtlichen Grenzen der umweltbezogenen Produktwerbung, UTR 1990, 343ff.
- Der Schadensersatz-, Bereicherungs- und Auskunftsanspruch im Wettbewerbsrecht, NJW 1992, 1477ff.

Kölner Kommentar zum Aktiengesetz (Hrsg. Wolfgang Zöllner), 2. Aufl., Köln u.a. 1988ff.

Köndgen, Johannes: Haftpflichtfunktionen und Immaterialschaden am Beispiel von Schmerzensgeld bei Gefährdungshaftung, Berlin 1976.
- Selbstbindung ohne Vertrag, Tübingen 1981.
- Überlegungen zur Fortbildung des Umwelthaftpflichtrechts, UPR 1983, 345ff.

Kötz, Hein: Haftung für besondere Gefahr, AcP 170 (1970), 1ff.
- Vorbeugender Rechtsschutz im Zivilrecht, AcP 174 (1974), 145ff.
- Gefährdungshaftung, in BMJ (Hrsg.), Gutachten und Vorschläge zur Überarbeitung des Schuldrechts, Bd. II, Köln 1981, S. 1824ff.
- Schadenszurechnung und Schadensbeurteilung aus juristischer und ökonomischer Sicht, KF 1990, 14ff.
- Ziele des Haftungsrechts in FS für Ernst Steindorff zum 70. Geburtstag, Berlin 1990, S. 643ff.
- Deliktsrecht, 5. Aufl., Neuwied 1991.
- Ist die Produkthaftung eine vom Verschulden unabhängige Haftung? in FS für Werner Lorenz zum 70. Geburtstag, Tübingen 1991, S. 109ff.

Kötz, Hein/Schäfer, Hans-Bernd: Schadensverhütung durch ökonomische Anreize – Eine empirische Untersuchung, AcP 189 (1989), 501ff.

Kokott, Juliane: Die dogmatische Einordnung der Begriffe „Störer" und „Anscheinsstörer" in einer zunehmend technisierten Gesellschaft, DVBl 1992, 749ff.

Koll, Michael: Arbeitsschutz im europäischen Binnenmarkt, DB 1989, 1234ff.

Kopp, Alfred: Rechtliche Regelungen beim Umgang, beim Inverkehrbringen und bei der Entsorgung von PCP sowie von PCP-haltigen Zubereitungen und Erzeugnissen, GewArch 1991, 128ff.

Kopp, Ferdinand: Verwaltungsverfahrensgesetz, 5. Aufl., München 1991.

Kormann, Joachim: Umwelthaftung und Umweltmanagement, München 1994.

Kort, Michael: „Stand der Wissenschaft und Technik" im neuen deutschen und „state of the art" im amerikanischen Produkthaftungsrecht, VersR 1989, 1113ff.
- Einschränkung des Erfordernisses der Herstelleridentifizierung im US-amerikanischen Produkthaftungsrecht, ZVglRWiss 88 (1989), 387ff.
- Zur Eigenhaftung des GmbH-Geschäftsführers gegenüber privatrechtlichen Dritten, DB 1990, 921ff.

Kossmann, Horst: Der Handel im System der Produkthaftpflicht, NJW 1984, 1644ff.

Koziol, Helmut: Bewegliches System und Gefährdungshaftung in Bydlinski, Franz u.a. (Hrsg.), Das Bewegliche System im geltenden und künftigen Recht, Wien 1986, S. 51ff.

Krämer, Johannes: Europäisches Recht erfordert Umdenken bei der Qualitätssicherung, PZ 1993, 9ff.

Krämer, Ludwig: Zum Rückruf von Produkten in der Europäischen Gemeinschaft, DAR 1982, 37ff.

- Grundrecht auf Umwelt und Gemeinschaftsrecht, EuGRZ 1988, 285ff.
- Umweltrecht der EG, Baden-Baden 1991.

Kramer, Rainer: Umweltinformationsgesetz, Öko-Audit-Verordnung, Umweltzeichenverordnung, Kommentar, Stuttgart 1994.

Krebs, Peter/Dylla-Krebs, Corinna: Deliktische Eigenhaftung von Organen für Organisationsverschulden, DB 1990, 1271ff.

Kreifels, Thomas: Qualitätssicherungsvereinbarungen – Einfluß und Auswirkungen auf die Gewährleistung und Produkthaftung von Hersteller und Zulieferer, ZIP 1990, 489ff.

Kremer, Eduard: Umweltschutz durch Umweltinformationen – zur Umweltinformationsrichtlinie des Rates der Europäischen Gemeinschaften, NVwZ 1990, 843ff.

Kreuzer, Karl: Das neue Umwelthaftungsgesetz, JA 1991, 209ff.
- Prinzipien des deutschen außervertraglichen Haftungsrechts in FS für Werner Lorenz zum 70. Geburtstag, 1991, S. 123ff.

Kriele, Martin: Menschenrechte und Gewaltenteilung in Recht, Vernunft, Wirklichkeit, Berlin 1990.

Krusche, Matthias: Umweltpolitik im Spannungsfeld industrieller und gesetzgeberischer Notwendigkeiten, ZRP 1985, 303ff.

Krutein, Götz: Warn-, Rückruf- und Rückholaktion, DAR 1985, 33ff.

Kuchinke, Kurt: Die Risiken der Beweisführung bei Haftungsklagen gegen den Produzenten in FS für Franz Laufke zum 70. Geburtstag, Würzburg 1971, S. 113ff.

Kübler, Friedrich: Effizienz als Rechtsprinzip, Überlegungen zum rechtspraktischen Gebrauch ökonomischer Argumente in FS für Ernst Steindorff zum 70. Geburtstag, Berlin 1990, S. 687ff.

Kühne, Gunther: Verfahrensstufung im bergrechtlichen Betriebsplanverfahren, UPR 1986, 81ff.

Künzle, Johannes: Die Prozeßförderungspflicht der Parteien im Zivilprozeß, Diss Göttingen, 1991.

Küpper, Georg: Hinweise zu dem neuen Umwelthaftpflicht-Modell, VP 1992, 1ff.

Kürschner, Wolfgang: Parteiöffentlichkeit vor Geheimnisschutz im Zivilpozeß, NJW 1992, 1804f.
- Schmerzensgeld bei Gefährdungshaftung?, NVZ 1995, 6ff.

Kuhlen, Lothar: Strafhaftung bei unterlassenem Rückruf gesundheitsgefährdender Produkte, NStZ 1990, 566ff.
- Zum Strafrecht der Risikogesellschaft, GA 1994, 347ff.
- Grundfragen der strafrechtlichen Produkthaftung, JZ 1994, 1142ff.

Kuhlmann, Albert (Hrsg.): 1. Weltkongreß für Sicherheitswissenschaft, Tagungsbericht, 2 Bde., Köln 1990.

Kullmann, Hans Josef: Die Produktbeobachtungspflicht des Kraftfahrzeugherstellers im Hinblick auf Zubehör, BB 1987, 1957ff.
- Probleme der Produzentenhaftung unter besonderer Berücksichtigung des Straßenverkehrs in Arbeitsgemeinschaft der Verkehrsanwälte (Hrsg.), Probleme der Produzentenhaftung, Essen 1988, S. 33ff.
- Das Risiko in der Produzentenhaftung, VersR 1988, 655ff.
- Aktuelle Fragen der Produkthaftung, 2. Aufl., Köln 1988.
- BR-Deutschland: Die neuere Rechtsprechung des BGH zur Produkthaftpflicht – Konsolidierung und Rechtsfortbildung, PHI 1989, 110ff.
- Die Rechtsprechung des BGH zum Produkthaftpflichtrecht in den Jahren 1989/90, NJW 1991, 675ff; ... in den Jahren 1991/92, NJW 1992, 2669ff., ... in den Jahren 1992–1994, NJW 1994, 1698ff; ... in den Jahren 1994–1995, NJW 1996, 18ff.
- Arzneimittelhaftung bei Blutpräparaten in Damm, Reinhard/Hart, Dieter (Hrsg.), Rechtliche Regulierung von Gesundheitsrisiken, Baden-Baden 1993, S. 133ff.

Kullmann, Hans Josef/Pfister, Bernhard (Hrsg.): Produzentenhaftung, 2 Bde., Loseblatt, Berlin 1980ff.

Kutscheidt, Ernst: Öffentliches Immissionsschutzrecht in Salzwedel, Jürgen (Hrsg.): Grundzüge des Umweltrechts, Siegburg 1982, S. 237ff.

Lachmann, Jens-Peter: Unternehmensgeheimnisse im Zivilrechtsstreit, dargestellt am Beispiel des EDV-Prozesses, NJW 1987, 2206ff.

Lackner, Karl: Strafgesetzbuch mit Erläuterungen, 20. Aufl., München 1993.
Ladeur, Karl-Heinz: Alternativen zum Konzept der „Grenzwerte" im Umweltrecht – Zur Evolution des Verhältnisses von Norm und Wissen im Polizeirecht und Umweltplanungsrecht in Winter, Gerd (Hrsg.), Grenzwerte, Düsseldorf 1986, S. 263ff.
- Umweltrecht und technologische Innovation, UTR 1988, 305ff.
- Die rechtliche Steuerung von Entwicklungsrisiken zwischen zivilrechtlicher Produkthaftung und administrativer Sicherheitskontrolle, BB 1993, 1303ff.
- Der Umwelthaftungsfond – ein Irrweg der Flexibilisierung des Umweltrechts, VersR 1993, 257ff.
Lambsdorff, Hans Georg Graf/Jäger, Stephan: Die individuelle Verantwortlichkeit in der umweltbezogenen Werbung, BB 1992, 2297ff.
v. Landmann, Robert/Rohmer, Gustav: Gewerbeordnung und ergänzende Vorschriften, Kommentar, 2 Bde., München, Loseblatt, Stand 1994 (zitiert: Bearbeiter in Landmann/Rohmer, Gewerbeordnung I oder II).
- Umweltrecht, 2 Bde., München, Loseblatt, Stand 1994 (zitiert: Bearbeiter in Landmann/Rohmer, Umweltrecht I oder II).
Landsberg, Gerd/Lülling, Wilhelm: Das neue Umwelthaftungsgesetz, DB 1990, 2205ff.
- Die Ursachenvermutung und die Auskunftsansprüche nach dem neuen Umwelthaftungsgesetz, DB 1991, 479ff.
- Umwelthaftungsrecht, Kommentar, Bonn 1991.
Lang, Dieter: Bestreiten mit Nichtwissen, NJW 1990, 3233ff.
Lang, Eberhard: Grundfragen des privatrechtlichen Immissionsschutzes in rechtsvergleichender Sicht, AcP 174 (1974), 381ff.
Langbein, J.: The German Advantage in Civil Procedure, 52 U.Chi.L.R. (1985), 823ff.
Lange, Hermann: Schadensersatz, Handbuch des Schuldrechts, 2. Aufl., Tübingen 1990.
Larenz, Karl: Rechtswidrigkeit und Handlungsbegriff im Zivilrecht in FS für Hans Dölle zum 70. Geburtstag, Bd. 1, Tübingen 1963, S. 169ff.
- Zur Beweislast nach Gefahrenbereichen in FS für Fritz Hauß zum 70. Geburtstag, Karlsruhe 1978, S. 225ff.
- Schuldrecht, Allgemeiner Teil, 14. Aufl., München 1987.
- Methodenlehre der Rechtswissenschaft, 6. Aufl., Berlin u.a. 1991.
Larenz, Karl/Canaris, Claus-Wilhelm: Lehrbuch des Schuldrechts, Bd. III, Besonderer Teil, 2. Halbband, 13. Aufl., München 1994.
Lauer, Jürgen: Vorvertragliche Informationspflichten nach schweizerischem, deutschem und französischem Recht, Bern 1983.
Laufs, Adolf: Grundlagen des Arztrechts in FS für Hermann Weitnauer zum 70. Geburtstag, Berlin 1980, S. 363ff.
- Die Entwicklung des Arztrechts 1990/91, NJW 1991, 1517ff; ... 1991/92, NJW 1992, 1529ff; ... 1992/93, NJW 1993, 1497ff.
- Deliktische Haftung ohne Verschulden? – Eine Skizze in FS für Joachim Gernhuber zum 70. Geburtstag, 1993, S. 245ff.
- Arztrecht, 4. Aufl. 1988; 5. Aufl., München 1993.
- Unglück und Unrecht, Ausbau oder Preisgabe des Haftungssystems?, Heidelberg 1994.
Laufs, Adolf/Uhlenbruck, Wilhelm: Handbuch des Arztrechts, München 1992.
Lee, Yeong-Heui: Umweltpolitik und Umweltinformation in Ballungsräumen, Baden-Baden 1991 mit Rezension von Walter Bückmann, UPR 1992, 63f.
Leible, Stefan: Kennzeichnung gentechnisch hergestellter Lebensmittel, EuZW 1992, 599ff.
Leidig, Guido: Umweltrecht und Evaluationsforschung, UPR 1984, 182ff.
Leipold, Dieter: Beweismaß und Beweislast im Zivilprozeß, Berlin 1985.
Leipziger Kommentar (Hrsg. Hans-Heinrich Jescheck/Wolfgang Ruß/Günther Willms): Strafgesetzbuch, 10. Aufl., Berlin 1988.
Leisner, Walter: Der mündige Verbraucher in der Rechtsprechung des EuGH, EuZW 1991, 498ff.
Lemp, Ralph: Die Umsetzung der Richtlinie über den freien Zugang zu Informationen über

die Umwelt aus der Sicht der Hessischen Landesregierung und der Umweltbehörden, UTR 1993, 13 ff.

Leppin, Klaus H.: Besichtigungsanspruch und Betriebsgeheimnis, GRUR 1984, 552 ff.

Lerche, Peter: Meinungsfreiheit und Richtigkeitsanforderungen an Tatsachenangaben im wirtschaftlichen Wettbewerb in FS für Werner Lorenz zum 70. Geburtstag, Tübingen 1991, S. 143 ff.

Lingemann, Michael: Die Gefahrenprognose als Basis eines polizeilichen Beurteilungsspielraums, Bochum 1985.

Lippert, Hans-Dieter: Das Organisationsverschulden in Hochschulkliniken – zivilrechtliche Aspekte, NJW 1984, 2606 ff.

Lisken, Hans/Denninger, Eberhard: Handbuch des Polizeirechts, München 1992.

Littbarski, Sigurd: Herstellerhaftung ohne Ende – ein Segen des Verbrauchers?, NJW 1995, 217 ff.

Löwe, Walter: Rückrufpflicht des Warenherstellers, DAR 1972, 288 ff.

Lorenz, Werner: Beweisprobleme bei der Produzentenhaftung, AcP 170 (1970), 367 ff.

- Europäische Rechtsangleichung auf dem Gebiet der Produzentenhaftung: Zur Richtlinie des Rates der Europäischen Gemeinschaften vom 25. Juli 1985, ZHR 151 (1987), 1 ff.

Losch, Bernhard: Zur Dogmatik der Gefahrenerforschungsmaßnahme, DVBl 1994, 781 ff.

Lübbe-Wolff, Gertrude: Rechtsprobleme der behördlichen Umweltberatung, NJW 1987, 2705 ff.

- Die Grundrechte als Eingriffsabwehrrechte. Struktur und Reichweite der Eingriffsdogmatik im Bereich staatlicher Leistungen, Baden-Baden 1988.
- Das Kooperationsprinzip im Umweltrecht – Rechtsgrundlage oder Deckmantel des Vollzugsdefizits?, NuR 1989, 295 ff.
- Vollzugsprobleme der Umweltverwaltung, NuR 1993, 217 ff.
- Die EG-Verordnung zum Umwelt-Audit, DVBl 1994, 361 ff.

Lüderitz, Alexander: Ausforschungsverbot und Auskunftsanspruch bei der Verfolgung privater Rechte, 1966.

- Wende der amerikanischen Arzneimittelhaftung, RIW 1988, 782 ff.
- Gefährdung und Schuld im Produkthaftungspflichtrecht – Versuch einer Synthese in FS für Kurt Rebmann zum 65. Geburtstag, München 1989, S. 755 ff.

Lüke, Gerhard: Über die Beweislast im Zivil- und Verwaltungsprozeß, JZ 1966, 587 ff.

- Der Informationsanspruch im Zivilrecht, JuS 1986, 2 ff.

Luhmann, Niklas: Ökologische Kommunikation, 3. Aufl., Opladen 1990.

- Soziologie des Risikos, Berlin u.a. 1991.

Lukes, Rudolf: Produzentenhaftung und Maschinenschutzgesetz, JuS 1968, 345 ff.

- Gefahren und Gefahrenbeurteilung in der Rechtsordnung der Bundesrepublik Deutschland in Lukes, Rudolf (Hrsg.), Gefahren und Gefahrenbeteiligung im Recht, Bd. 1, Köln u.a. 1980, S. 17 ff.
- Problematik und Entwicklung in Lukes, Rudolf/Vieweg, Klaus/Hauck, Ernst: Schutz von Betriebs- und Geschäftsgeheimnissen in ausgewählten EG-Staaten, Berlin 1986, S. 11 ff.

Lupberger, Dirk: Auskunfts- und Prüfungsverfahren der Kartellbehörde gegen Unternehmen und verfassungsrechtlicher Datenschutz, Köln 1987.

Lutter, Markus: Zur persönlichen Haftung des Geschäftsführers aus deliktischen Schäden im Unternehmen, ZHR 157 (1993), 464 ff.

- Gefahren persönlicher Haftung für Gesellschafter und Geschäftsführer einer GmbH, DB 1994, 129 ff.

Lutter, Markus/Hommelhoff, Peter: GmbHG, Kommentar, 14. Aufl., Köln 1995.

Maas, Hans-Heinrich: Information und Geheimnis im Zivilrecht, Stuttgart 1970.

Maaßen, Hans-Joachim/Schermer, Joachim/Wiegand, Dietrich/Zipperer, Manfred: SGB V, Gesetzliche Krankenversicherung, Kommentar, Heidelberg 1989 ff.

Mädrich, Matthias: Das allgemeine Lebensrisiko, Berlin 1980.

Magotsch, Michael: Exzessive Entwicklung der Produkthaftung in den USA, RIW 1986, 413 ff.

Mahlmann, Wilfried: Chemikalienrecht – Synoptische Darstellung des alten und neuen Gesetzes mit Auszügen aus den Gesetzesmaterialien und erläuternden Anmerkungen, Köln 1991.

v. Mangoldt, Hermann/Klein, Friedrich/Starck, Christian: Das Bonner Grundgesetz, 19 Bde., 3. Aufl., München 1985 ff.

Manssen, Gerrit: Die Betreiberverantwortung nach § 52a BImSchG, GewArch 1993, 280ff.
Marburger, Peter: Die Regeln der Technik im Recht, Köln u.a. 1979.
- Die haftungs- und versicherungsrechtliche Bedeutung technischer Regeln, VersR 1983, 597ff.
- Atomrechtliche Schadensvorsorge, 2. Aufl., Köln u.a. 1985.
- Ausbau des Individualschutzes gegen Umweltbelastungen als Aufgabe des bürgerlichen und des öffentlichen Rechts, Gutachten C zum 56. DJT, München 1986.
- Entwurf des Umwelthaftungsgesetzes, KF 1990, 4ff.
- Grundsatzfragen des Haftungsrechts unter dem Einfluß der gesetzlichen Regelungen zur Produzenten- und zur Umwelthaftung, AcP 192 (1992), 1ff.
Marburger, Peter/Herrmann, Heinrich: Zur Verteilung der Darlegungs- und Beweislast bei der Haftung für Umweltschäden – BGHZ 92, 143, JuS 1986, 354ff.
Marino, Anthony M.: Market Share Liability and Economic Efficiency, Southern Economic Journal 57 (1991), 667ff.
Martens, Klaus-Peter: Der Grundsatz gemeinsamer Vorstandsverantwortung in FS für Hans-Joachim Fleck zum 70. Geburtstag, Berlin 1988, S. 191ff.
Marton, Géza: Versuch eines einheitlichen Systems zivilrechtlicher Haftung, AcP 162 (1963), 1ff.
Masing, Walter (Hrsg.): Handbuch der Qualitätssicherung, 2. Aufl., München 1988.
Mataja, Victor: Das Recht des Schadensersatzes vom Standpunkt der Nationalökonomie, Leipzig 1888.
Maunz, Theodor/Dürig, Günther/Herzog, Roman/Scholz, Rupert: Grundgesetz, Kommentar, 4 Bde., München 1958ff.
Mayer, Kurt: Produkthaftung und Gefahrbeseitigungsanspruch (Stichwort: „Rückrufpflicht"), DB 1985, 319ff.
- Das neue Umwelthaftungsrecht, MDR 1991, 813ff.
Meadows, Donella/Meadows, Dennis/Randers, Jorgen: Die neuen Grenzen des Wachstums, Stuttgart 1992.
Meder, Stephan: Risiko als Kriterium der Schadensverteilung, JZ 1993, 539ff.
Medicus, Dieter: Zivilrecht und Umweltschutz, JZ 1986, 778ff.
- Umweltschutz als Aufgabe des Zivilrechts – aus zivilrechtlicher Sicht, UTR 1990, 6ff = NuR 1990, 145ff.
- Zur deliktischen Eigenhaftung von Organpersonen in FS für Werner Lorenz zum 70. Geburtstag, Tübingen 1991, S. 155ff.
- Der Grundsatz der Verhältnismäßigkeit im Privatrecht, AcP 192 (1992), 36ff.
- Schuldrecht I, Allgemeiner Teil, 7. Aufl., München 1993.
- Schuldrecht II, Besonderer Teil, 6. Aufl., München 1993.
- Bürgerliches Recht, 16. Aufl., Köln u.a. 1993.
- Grundwissen zum Bürgerlichen Recht, Köln u.a. 1994.
- Die Außenhaftung des GmbH-Geschäftsführers, GmbHR 1993, 533ff.
Meier, Bernd-Dieter: Verbraucherschutz durch Strafrecht?, NJW 1992, 3193ff.
Merkisch, Dietrich: Haftung für Umweltschäden, BB 1990, 223ff.
Mertens, Hans-Joachim: Der Begriff des Vermögensschadens im Bürgerlichen Recht, Stuttgart 1967.
- Deliktsrecht und Sonderprivatrecht, AcP 178 (1978), 227ff.
- Verkehrspflichten und Deliktsrecht, Gedanken zu einer Dogmatik der Verkehrspflichtverletzung, VersR 1980, 397ff.
- § 51a Abs. 1 GmbHG und die kapitalistisch strukturierte GmbH in FS für Winfried Werner zum 70. Geburtstag, Berlin 1984, S. 557ff.
Merz, Axel: Qualitätssicherungsvereinbarungen. Zulieferverträge, Vertragstypologie, Risikoverteilung, AGB-Kontrolle, Köln 1992.
Meuser, Thomas: Umweltschutz und Unternehmensführung, Wiesbaden 1993.
Meyer, Justus: Instruktionshaftung – Eine Analyse aus den Rechts-, Wirtschafts- und Verhaltenswissenschaften, Bielefeld 1992.
- Zur Konkurrenz vom Arzneimittelgesetz und Produkthaftungsgesetz, MedR 1990, 70ff.

Meyer, Thomas J.: Der Auskunftsanspruch der Kartellbehörde (§ 46 GWB), München 1987.

Meyer-Rutz, Eckart: Die Umsetzung der Richtlinie über den freien Zugang zu Informationen über die Umwelt in das deutsche Recht, UTR 1993, 5ff.

Meyn, Karl-Ulrich: Warnung der Bundesregierung vor Jugendsekten – BVerwG NJW 1989, 2272 und BVerfG NJW 1989, 3269, JuS 1990, 630ff.

Michelmann, Frank I.: Pollution as a Tort: A Non-Accidental Perspective on Calabresis's „Cost", 80 Yale L.J. 647ff (1970/71) (Übersetzung in Assmann, Heinz-Dieter/Kirchner, Christian/Schanze, Erich, S. 270ff).

Michelsen, Gerd (Hrsg.): Der Fischer Öko-Almanach 91/92, Frankfurt 1991.

Micklitz, Hans W.: Die Richtlinie über die allgemeine Produktsicherheit vom 29.6.1992, VuR 1992, 261ff.

Micklitz, Hans W. (Hrsg.): Post Market Control of Consumer Goods, Baden-Baden 1990.

Middeke, Andreas: Nationaler Umweltschutz im Binnenmarkt, Köln u.a. 1993.

Migge, Michael: Qualitätssicherungsverträge: Versuch einer Zwischenbilanz aus der Sicht der betrieblichen Praxis, VersR 1992, 665ff.

Milas, René: La signification juridique de l'institution d'un système communautaire d'echange rapide d'informations sur les dangers dècoulant de l'utilisation de produits de consommation, RMC 1984, 71ff.

Möllers, Thomas M.J.: Die Haftung der Bank bei der Kreditkündigung – Ein Beitrag zu den Verhaltenspflichten der Banken bei der Kündigung von Krediten im deutschen und amerikanischen Recht, Berlin 1991.

- Dritte Osnabrücker Gespräche zum deutschen und europäischen Umweltrecht EuR 1995, 279 ff.
- Verkehrspflichten gegenüber Kindern, VersR 1996, 153ff.
- Qualitätsmanagement, Umweltmanagement und Haftung, ISO 9000ff, Umwelt-AuditVO und die Haftung von Unternehmen, Managern und Mitarbeitern, DB 1996, im Erscheinen.
- Zur Zulässigkeit des Boykottaufrufes – Brent Spar und Mururoa, NJW 1996, im Erscheinen.

Mösbauer, Heinz: Der verwaltungsbehördliche Überwachungsauftrag im Immissionschutzrecht, NVwZ 1985, 457ff.

Mohr, Peter: Technische Normen und freier Warenverkehr in der EWG, Köln u.a. 1990.

Montgomery, John D.: Environmental Management as Behavioural Policy, Canadian Public Administration, 1990, 1ff.

Morhard, Peter: Die Informationspflicht der Parteien bei der Erklärung mit Nichtwissen, Köln u.a. 1993.

Motive zu den Entwürfen eines Bürgerlichen Gesetzbuches für das Deutsche Reich, Bd. II, Berlin 1896.

Mühl, Otto: Zusammenhänge zivilrechtlicher und öffentlich-rechtlicher Abwehransprüche im Lichte der neueren Rechtsprechung, UTR 1990, 317ff.

v. Müller: Die Möglichkeit und Wahrscheinlichkeit im Polizeirecht, PrVBl 1930, 92.

Müller, Gerda: Zum Ausgleich des immateriellen Schadens nach § 847 BGB, VersR 1993, 909ff.

Müller, Gerhard F./Wächter, Michael: Der Datenschutzbeauftragte, 2. Aufl., München 1991.

Müller, Rosemarie: Der Ausforschungsbeweis, Zürich 1991.

Müller-Graff, Peter Christian: Technische Regeln im Binnenmarkt, Baden-Baden 1991.

Müller-Guggenberger, Christian: Wirtschaftsstrafrecht, 2. Aufl., Münster 1992 mit Rezension von Tiedemann, NJW 1993, 46.

v. Münch, Ingo (Hrsg.): Grundgesetz-Kommentar, Bd. 1, 3. Aufl., München 1985.

v. Münch, Ingo/Kunig, Philip (Hrsg.): Grundgesetz-Kommentar, Bd. 1, 4. Aufl., München 1992.

v. Münch, Ingo/Schmidt-Aßmann, Eberhard (Hrsg.): Besonderes Verwaltungsrecht, 9. Aufl., Berlin 1992.

Münchener Handbuch zum Arbeitsrecht (Hrsg. Reinhard Richardi/Otfried Wlotzke), 3 Bde., München 1992f (zitiert Bearbeiter in Münchener Handbuch zum Arbeitsrecht).

Münchener Kommentar zum Bürgerlichen Gesetzbuch (Hrsg. Kurt Rebmann/Franz-Jürgen Säcker), Bd. 1-7, 2. Aufl., München ab 1984, 3. Aufl. ab 1993ff (zitiert: Bearbeiter in MünchKomm).
Münchener Kommentar zur Zivilprozeßordnung (Hrsg. Gerhard Lücke/Alfred Walchshöfer/Peter Wax), Bd. 3, München 1993 (zitiert: Bearbeiter in MünchKommZPO).
Münchener Handbuch des Gesellschaftsrechts (Hrsg. Michael Hoffmann-Becking), Bd. 4, Aktiengesellschaft, München 1988.
Murswiek, Dietrich: Die staatliche Verantwortung für die Risiken der Technik, Berlin 1985.
- Zur Bedeutung der grundlegenden Schutzpflichten für den Umweltschutz, WiVerw 1986, 179ff.
Musielak, Hans-Joachim: Die Grundlagen der Beweislast im Zivilprozeß, Berlin 1975.
- Beweislastverteilung nach Gefahrenbereichen, AcP 176 (1976), 465ff.
- Gegenwartsprobleme der Beweislast, ZZP 100 (1987), 385ff.
Musielak, Hans-Joachim/Stadler, Astrid: Grundfragen des Beweisrechts, München 1984.
Muthig, Andrea: Die Haftung des Herstellers für Produktfehler, Diss. München 1993.
Nagel, Bernhard: Schuldrechtliche Probleme bei Just-in-Time-Lieferbeziehungen, DB 1991, 319ff.
- Die Produkt- und Umwelthaftung im Verhältnis von Hersteller und Zulieferer, DB 1993, 2469ff.
Narr, Helmut: Ärztliches Berufsrecht, Loseblatt, Köln 1987.
Nell, Ernst-Ludwig: Wahrscheinlichkeitsurteile in juristischen Entscheidungen, Berlin 1983.
Nettesheim, Martin: Auslegung und Fortbildung nationalen Rechts im Lichte des Gemeinschaftsrechts, AöR 119 (1994), 261ff.
Neuner, Jörg: Die Rechtsfindung contra legem, München 1992.
Nickel, Friedhelm G./Mirkes, Marco: Der Umweltschaden in der Betriebs-Haftpflichtversicherung: Die Berechnung des Emissionsradiuses, VP 1992, 161ff.
Nicklisch, Fritz: Grenzwerte und technische Regeln aus rechtlicher Sicht in Nicklisch, Fritz (Hrsg.): Prävention im Umweltrecht, Risikovorsorge, Grenzwerte, Haftung, Heidelberg 1988, S. 95ff.
- Umweltschutz und Haftungsrisiken. Rechtsfragen der Umwelt-, Gentechnik- und Abfallhaftung, VersR 1991, 1093ff.
- Die Haftung für Risiken des Ungewissen in der jüngsten Gesetzgebung zur Produkt-, Gentechnik- und Umwelthaftung in FS für Herbert Niederländer zum 70. Geburtstag, Heidelberg 1991, S. 341ff.
- Umweltschutz durch privatrechtliche Haftung, – Umwelthaftung, Gentechnikhaftung, Abfallhaftung in Umweltpolitik 1991, 105ff.
- Zur Grundkonzeption der Technik- und Umweltgefährdungshaftung in FS für Rolf Serik zum 70. Geburtstag, Heidelberg 1992, S. 297ff.
Niebling, Jürgen: Rechtsfragen des CE-Zeichens, WiB 1995, 200ff.
Nierhaus, Michael: Beweismaß und Beweislast, München 1989.
Nieß-Mache, Chr.: Auskunftsrechte und Auskunftspflichten gegenüber Dritten bei Abwassereinleitungen, UPR 1987, 130ff.
Nipperdey, Hans-Carl: Warum doch Gefährdungshaftung?, Berlin 1941.
Nolte, Steffen: The Spoliation Tort: An Approach to Unterlying Principles, 26 (1995), St. Mary's L.J., 351ff.
Nöthlichs, Matthias: Gefahrstoffe, Kommentar zu Chemikaliengesetz und Gefahrstoffverordnung, 2 Bde., Loseblatt, Berlin 1980ff.
Odersky, Walter: Entwicklungstendenzen der Expertenhaftung, NJW 1989, 1ff.
Oertel, Clemens: Der Zeitfaktor im öffentlichen Wirtschaftsrecht, Köln u.a. 1992.
Oetker, Hartmut: Der Entwurf eines Arbeitsschutzrahmengesetzes, ZRP 1994, 219ff.
Olzen, Dirk: Zivilrechtlicher Schutz gegen Belastungen der Umwelt, Jura 1991, 281ff.
Oppermann, Bernd H.: Unterlassungsanspruch und materielle Gerechtigkeit im Wettbewerbsprozeß, Tübingen 1993.
Ossenbühl, Fritz: Die Erfüllung von Verwaltungsaufgaben durch Private, VVDStRL 29 (1971), 137ff.

- Die Kontrolle von Tatsachenfeststellungen und Prognoseentscheidungen durch das Bundesverfassungsgericht in Festgabe zum 25jährigen Bestehen des Bundesverfassungsgerichts, Bd.1, Tübingen 1976, 458ff.
- Umweltpflege durch behördliche Warnung und Empfehlung, Köln u.a. 1986.
- Vorsorge als Rechtsprinzip im Gesundheits-, Arbeits- und Umweltschutz, NVwZ 1986, 161ff.
- Informelles Hoheitshandeln im Gesundheits- und Umweltschutz, UTR 1987, 27ff.
- Zur Staatshaftung bei behördlichen Warnungen vor Lebensmitteln, ZHR 155 (1991), 329ff.

Ott, Claus/Schäfer, Hans-Bernd: Die ökonomische Analyse des Rechts – Irrweg oder Chance wissenschaftlicher Rechtserkenntnis?, JZ 1988, 213ff.
- Schmerzensgeld bei Körperverletzungen, JZ 1990, 563ff.

Ott, Claus/Schäfer, Hans-Bernd (Hrsg.): Ökonomische Probleme des Zivilrechts, Berlin u.a. 1991.

Otte, Gerhard: Komparative Sätze im Recht. Zur Logik eines Beweglichen Systems, Jahrbuch für Rechtssoziologie und Rechtstheorie 2 (1972), S. 301ff.

Otto, Harro: Grundkurs Strafrecht, 3. Aufl., Berlin 1991.

Pagenberg, Jochen: Betrieblicher Know-How-Schutz in gerichtlichen Auseinandersetzungen, CuR 1991, 65ff.

Palandt, Otto (Begr.): Bürgerliches Gesetzbuch, Kommentar, 54. Aufl. 1995 (zitiert: Palandt/Bearbeiter).

Panther, Stephan: Zivilrecht und Umweltschutz in Ott, Claus/Schäfer, Hans-Bernd (Hrsg.), Ökonomische Probleme des Zivilrechts, Berlin u.a. 1991, S. 267ff.

Pape, Kay Arthur: Die Bewältigung von Altlasten in der Praxis, NJW 1992, 2661ff.

Papier, Hans-Jürgen: Urteilsanmerkung zu OVG Berlin v.17.7.1978 - Kraftwerk Lichterfelde, DVBl 1979, 162ff.
- Altlasten- und polizeirechtliche Störerhaftung, Köln u.a. 1985.
- Altlasten – Rechtsprobleme und politische Lösungsmodelle, Jura 1989, 505ff.
- Bedeutung der Verwaltungsvorschriften im Recht der Technik in FS für Rudolf Lukes zum 65. Geburtstag, Köln u.a. 1989, S. 159ff.
- Entwurf eines Umweltgesetzbuches – Vom Allgemeinen zum Besonderen Teil, DVBl 1992, 1133ff.
- Umweltschutz und technische Sicherheit als Aufgabe des Staates, UTR 1994, 105ff.

Paschke, Marian: Eckwerte zivilrechtlicher Umwelthaftung, UTR 1990, 281ff.
- Behördliche Auskünfte und Warnungen gegenüber der Öffentlichkeit – Zivil- und wirtschaftsrechtliche Aspekte, AfP 1991, 89ff.
- Warnungen vor Gesundheitsrisiken im Privatrecht in Damm, Reinhard/Hart, Dieter (Hrsg.), Rechtliche Regulierung von Gesundheitsrisiken, Baden-Baden 1993, S. 199ff.

Paulus, Christoph: Discovery – Deutsches Recht und das Haager Beweisübereinkommen, ZZP 104 (1991), 397ff.

Pauly, Walter: Der Regelungsvorbehalt, DVBl 1991, 521ff.

Pawslowski, Hans-Martin: Methodenlehre für Juristen, 2. Aufl., Heidelberg 1991.

Peglau, Reinhard: Die Normung von Umweltmanagementsystemen und Umweltauditing im Kontext der EG-Öko-Audit-Verordnung, ZUR 1995, 19ff.

Peine, Franz-Josef: Probleme des Chemikalienrechts, Jura 1993, 337ff.

Pernice, Ingolf: Gestaltung und Vollzug des Umweltrechts im europäischen Binnenmarkt – Europäische Impulse und Zwänge für das deutsche Umweltrecht, NVwZ 1990, 424ff.

Peter, Jörg/Salje, Peter: Haftpflichtversicherung und Deckungsvorsorge nach dem neuen Umwelthaftungsgesetz (UmweltHG), VP 1991, 5ff.

Peters, Egbert: Richterliche Hinweispflichten und Beweisinitiativen im Zivilprozeß, Tübingen 1983.

Peters, Heinz-Joachim/Schenk, Karlheinz/Schlabach, Erhard: Umweltverwaltungsrecht, Heidelberg 1990.

Pfeifer, Axel: Produktfehler oder Fehlverhalten des Produzenten, Das neue Produkthaftungsrecht in Deutschland, den USA und nach der EG-Richtlinie, Berlin 1987.

Pfeiffer, Thomas: Die Bedeutung des privatrechtlichen Immissionsschutzes. Eine Untersuchung zu §§ 1004, 906 BGB, Frankfurt 1987.

Pfleger, Helmut: „Novel Food-Verordnung" – Zur Kennzeichnung gentechnisch hergestellter oder veränderter Lebensmittel, ZLR 1993, 367ff.

Philipp, Renate: Staatliche Verbraucherinformation im Umwelt- und Gesundheitsrecht, Köln u.a. 1989 (zitiert: Philipp, Staatliche Verbraucherinformation).

Picker, Eduard: Positive Forderungsverletzung und culpa in contrahendo – Zur Problematik der Haftung „zwischen" Vertrag und Delikt, AcP 183 (1983), 369ff.

- Vertragliche und deliktische Schadenshaftung, JZ 1987, 1041ff.
- Negatorische Haftung und Geldabfindung in FS für Hermann Lange zum 70. Geburtstag, Stuttgart 1992, S. 625ff.

Pieper, Helmut: Verbraucherschutz durch Pflicht zum „Rückruf" fehlerhafter Produkte?, BB 1991, 985ff.

Pinger, Udo: Öffentliches Recht: Die Aufrufe des Umweltbundesamtes, JuS 1988, 52ff.

Planck, G.: BGB, 2. Aufl., Berlin 1907.

Polinsky, A. Mitchell: An Introduction to Law and Economics, Boston 1983.

Posner, Richard A.: 1 A Theory of Negligence, J.Leg.Stud 28ff (1972).

- Economic Analysis of Law, 3rd ed., Boston 1986.

Preu, Peter: Freiheitsgefährdung durch die Lehre von den grundrechtlichen Schutzpflichten, JZ 1991, 265ff.

Prölss, Jürgen: Die Beweislast nach Gefahrenbereichen, VersR 1964, 901ff.

- Beweiserleichterungen im Schadensersatzprozeß, Karlsruhe 1966.

Protokolle der Kommission für die zweite Lesung des Entwurfs des Bürgerlichen Gesetzbuchs, Bd. II, Berlin 1898.

Prütting, Hanns: Gegenwartsprobleme der Beweislast, München 1983.

- Grundprobleme des Beweisrechts, JA 1985, 315ff.
- Beweiserleichterungen für den Geschädigten, Karlsruher Forum 1989, 3ff.

Quentin, Andreas: Kausalität und deliktische Haftungsbegründung, Diss. Erlangen-Nürnberg, Berlin 1994.

Quittnat, Joachim: Qualitätssicherungsvereinbarung und Produkthaftung, BB 1989, 571ff.

Rabe, Dieter: Vorschläge zur Überarbeitung des Schuldrechts: Verjährung, NJW 1992, 2395ff.

Rabe, Hans-Jürgen: Arzneimittel und Lebensmittel – Abgrenzungsproblematik und europarechtliche Dimension, NJW 1990, 1390ff.

Rabin, Robert L.: Environmental Liability and the Tort System, 24 (1987) Houston Law Review, 27ff.

Radek, Erwin/Friedel, Hans-Peter: Das neue Chemikaliengesetz, München 1981.

Ramsauer, Ulrich: Die faktischen Beeinträchtigungen des Eigentums, Berlin 1980.

- Die Bestimmung des Schutzbereichs von Grundrechten nach dem Normzweck, VerwArch 1981, 89ff.

Ransiek, Andreas: Zur deliktischen Eigenhaftung des GmbH-Geschäftsführers aus strafrechtlicher Sicht, ZGR 1992, 203ff.

Rauschnig, Dietrich: Staatsaufgabe Umweltschutz, VVDStRL 38 (1980), 167ff.

Rebentisch, Manfred: Probleme des Geheimnisschutzes im Rahmen der Emissionserklärung, NJW 1980, 99ff.

- Technische Kontrolle in staatlicher Verantwortung, UPR 1987, 401ff.
- Änderungen des Bundes-Immissionsschutzgesetzes – Überwachungs-, stoff und gebietsbezogene Neuerungen, NVwZ 1991, 310ff.
- Die Neuerungen im Genehmigungsverfahren nach dem Bundes-Immissionsschutzgesetz, NVwZ 1992, 926ff.

Redeker, Konrad: Individualisierung, NJW 1993, 1835f.

Rehbinder, Eckard: Zur Haftung des Warenherstellers ohne Verschulden, BB 1965, 439ff.

- Grundfragen des Umweltrechts, ZRP 1970, 250ff.
- Politische und rechtliche Probleme des Verursacherprinzips, Berlin 1973.
- Immissionsschutzrechtlicher Gefahrenbegriff – Beurteilung von Störfällen durch äußere Einwirkungen, BB 1976, 1ff
- Umweltrecht, RabelsZ 40 (1976), 363ff.

- Argumente für die Verbandsklage, ZRP 1976, 257ff.
- Schutz vor gefährlichen Stoffen (Chemikalien) in Salzwedel, Jürgen (Hrsg.): Grundzüge des Umweltrechts, Siegburg 1982, S. 455ff.
- Ersatz ökologischer Schäden – Begriff, Anspruchsberechtigung und Umfang des Ersatzes unter Berücksichtigung rechtsvergleichender Erfahrungen, NuR 1988, 105ff.
- Andere Organe der Unternehmensverfassung, ZGR 1989, 305ff.
- Fortentwicklung des Umwelthaftungsrechts in der Bundesrepublik Deutschland, NuR 1989, 149ff.
- Ein Umweltschutzdirektor in der Geschäftsführung der Großunternehmen? in FS für Ernst Steindorff zum 70. Geburtstag, Berlin 1990, S. 215ff.
- Umweltschutz und technische Sicherheit als Aufgabe der Unternehmensleitung aus juristischer Sicht, UTR 1994, 29ff.
- Ein weiterer Schritt auf dem Weg zur Kodifikation des deutschen Umweltrechts, NuR 1994, 313ff.

Rehbinder, Eckard/Burgbacher, Hans-Gerwin/Knieper, Rolf: Ein Betriebsbeauftragter für Umweltschutz?, Berlin 1972.

Rehbinder, Eckard/Kayser, Detlev/Klein, Helmut: Chemikaliengesetz, Heidelberg 1985.

Rehbinder, Eckard/Stewart, Richard: Environmental Protection Policy, Berlin 1985.

Reich, Andreas: Gesetzliche Anforderungen an Grenzwerte im Lebensmittelrecht in Winter, Gerd (Hrsg.), Grenzwerte, Düsseldorf 1986, S. 199ff.
- Gefahr, Risiko, Restrisiko, Diss. Bremen, Düsseldorf 1989.

Reich, Norbert: Schuldrechtliche Informationspflichten gegenüber Endverbrauchern, NJW 1978, 513ff.
- Europäisches Verbraucherschutzrecht, 2. Aufl., Baden-Baden 1993 mit Rezension Kappus, NJW 1993, 2860.
- Zur Theorie des Europäischen Verbraucherrechtes, ZEuP 1994, 381ff.

Reichsgerichtsräte-Kommentar, Das Bürgerliche Gesetzbuch, 12. Aufl., Berlin u.a. 1978 (zitiert: Bearbeiter in RGRK).

Reinelt, Ekkehart: Zur Haftung des Arzneimittelherstellers für die Übertragung von Viren durch Blutprodukte, VersR 1990, 565ff.
- Zur Haftung des Arzneimittelherstellers für die Übertragung von Viren durch Blutprodukte – Zur beabsichtigten Änderung des Arzneimittelgesetzes, ZRP 1994, 333ff.

Reinhardt, Friedrich: Geschäftsgeheimnisse und deren Bewahrung, Leipzig 1905.

Reinhardt, Michael: Die Überwachung durch Private im Umwelt- und Technikrecht, AöR 118 (1993), 617ff.
- Die Umkehr der Beweislast aus verfassungsrechtlicher Sicht, NJW 1994, 93ff.

Rengeling, Hans-Werner: Die immissionsschutzrechtliche Vorsorge als Genehmigungsvoraussetzung, DVBl 1982, 622ff.
- Der Stand der Technik bei der Genehmigung umweltgefährdender Anlagen, Köln u.a. 1985.

Rengeling; Hans-Werner/v. Borries, Reimer: Aktuelle Entwicklungen in der Europäischen Gemeinschaft, Köln u.a. 1992.

Reuter, Alexander: Die neue Maschinenrichtlinie: Ein europäischer Binnenmarkt im Maschinen- und Anlagenbau, BB 1990, 1213ff.
- Das neue Gesetz über die Umwelthaftung, BB 1991, 145ff.
- Umwelthaftung, strikte Organisation und kreative Unordnung, DB 1993, 1605ff.

Rhein, Cornelius: Das Gemeinschaftssystem für das Umweltmanagement und die Umweltbetriebsprüfung, Diss. Würzburg 1996.

Richardson, Mervyn L. (Hrsg.): Risk Management of Chemicals, Melksham, Wiltshire, 1992.

Richler, Werner: Schutz von Betriebs- und Geschäftsgeheimnissen im Umweltrecht, Diss. Regensburg 1989.

Riedmaier, Karl: Die neuere Rechtsprechung zur Verkehrssicherungspflicht, VersR 1990, 1315ff.

Rieger, Hans-Jürgen: Lexikon des Arztrechts, Berlin 1984.

Ritter, Ernst-Hasso: Von den Schwierigkeiten des Rechts mit der Ökologie, DÖV 1992, 641ff.

Robbers, Gerhard: Sicherheit als Menschenrecht, Baden-Baden 1987.

- Behördliche Auskünfte und Warnungen gegenüber der Öffentlichkeit, AfP 1990, 84ff.
Roddy, Nadine E.: Produktbeobachtungspflichten im US-amerikanischen Recht, PHI 1988, 42ff.
Röttinger, Moritz/Weyringer, Claudia (Hrsg.), Handbuch der europäischen Integration, Wien 1991.
Rogall, Klaus: Informationseingriff und Gesetzesvorbehalt im Strafprozeß, Tübingen 1992.
Rohde-Liebenau, Wolfram: Umwelthaftung als Anreiz zum Umweltschutz, ZfU 1992, 299ff.
Rolland, Walter: Produkthaftungsrecht, München 1990.
Roller, Gerhard: Der „Blaue Engel" und die „Europäische Blume", EuZW 1992, 499ff.
Ronellenfitsch, Michael: Das atomrechtliche Genehmigungsverfahren, Berlin 1983.
Ronellenfitsch, Michael/Wolf, Rüdiger: Ausbau des Individualschutzes gegen Umweltbelastungen als Aufgabe des bürgerlichen und des öffentlichen Rechts, NJW 1986, 1955.
Rosenberg, David: The Causal Connection in Mass Exposure Cases: A Public Law Vision of the Tort System, 97 (1984) H.L.Rev. 851ff.
Rosenberg, Leo: Die Beweislast auf der Grundlage des Bürgerlichen Gesetzbuchs und der Zivilprozeßordnung, 5. Aufl., München 1965.
Rosenberg, Leo/Schwab, Karl Heinz/Gottwald, Peter: Zivilprozeßrecht, 15. Aufl., München 1993.
Roßnagel, Alexander: Die rechtliche Fassung technischer Risiken, UPR 1986, 46ff.
Roßner, Hans-Jürgen: Verzicht des Patienten auf eine Aufklärung durch den Arzt, NJW 1990, 2291ff.
Roth, Günther H.: Materiellrechtliche und prozessuale Aspekte eines privatrechtlichen Umweltschutzes, NJW 1972, 921ff.
Roth, Herbert: Das „selbst gesetzte Risiko" als Argument im Schadensrecht – BGHZ 115, 94, JuS 1993, 716.
Roxin, Claus: Strafrecht, Allgemeiner Teil, Bd. 1, 2. Aufl., München 1994.
Rümelin, Gustav: Culpahaftung und Causalhaftung, AcP 88 (1898), 285ff.
Rümelin, Max: Der Zufall im Recht, Freiburg/Leipzig 1896.
- Die Gründe der Schadenszurechnung, Tübingen 1896.
- Schadensersatz ohne Verschulden, Tübingen 1910.
Sachs, Michael: Unterlassungsansprüche gegen hoheitliche Immissionen aus § 22 BImSchG, NVwZ 1988, 127ff.
- Produzentenhaftung nach § 823 Abs. 2 in Verbindung mit § 3 UWG?, BB 1974, 1369ff.
- Deliktsrechtlicher Verbraucherschutz gegen unlauteren Wettbewerb, NJW 1975, 1303ff.
- Produzentenhaftung und Produktbeobachtungspflicht, BB 1985, 813ff.
Sack, Rolf: Produzentenhaftung und Produktbeobachtungspflicht, BB 1985, 813ff.
Salje, Peter: Reform des Umwelthaftungsrechts, ZRP 1988, 153ff.
- Zur Kritik des Diskussionsentwurfs eines Umwelthaftungsgesetzes, ZRP 1989, 408ff.
- Verschärfung der Haftung für Umweltschäden?, UPR 1990, 1ff.
- Europäisierung der Umwelt- und Abfallhaftung, IUR 1992, 66ff.
- Umwelthaftungsgesetz, Kommentar, München 1993 mit Rezension von Möllers, NJW 1994, 844.
Salzwedel, Jürgen: Risiko im Umweltrecht – Zuständigkeit, Verfahren und Maßstäbe der Bewertung, NVwZ 1987, 276ff.
- Umwelthaftungsrecht als System wirtschaftlicher Anreize? Ein Beitrag zu Meinungsverschiedenheiten zwischen dem Bundesminister der Justiz und für Umwelt zur Reform des Umwelthaftungsrechts, Jahrbuch des UTR 1989, 147ff.
Salzwedel, Jürgen (Hrsg.): Grundzüge des Umweltrechts, Siegburg 1982.
Salzwedel, Jürgen/Reinhard, Michael: Neuere Tendenzen im Wasserrecht, NVwZ 1991, 946ff.
Samson, Erich: Probleme strafrechtlicher Produkthaftung, StrV 1991, 182ff.
Samson, Erich/Wolz, Birgit: Bedenklichkeit von Arzneimitteln und Gebrauchsinformation, MedR 1988, 71ff.
Sander, Axel: Arzneimittelrecht, Kommentar, 5 Bde., Loseblatt, Köln, 1977ff.
Sander, Horst P.: Rechtsstellung und Rechtsschutz des Betriebsbeauftragten für Gewässerschutz aus der Sicht der Industrie, NuR 1985, 47ff.
Sattler, Hugo Benten: Die Novelle zum Gerätesicherheitsgesetz, EuZW 1992, 764ff.

Schack, Heimo: Einführung in das US-amerikanische Zivilprozeßrecht, München 1988.

Schade, Rainer: Öffentliche Warnungen zum Schutz der Verbraucher vor Gesundheitsschäden durch Lebensmittel, Kosmetika und Bedarfsgegenstände, ZLR 1991, 601 ff.

Schäfer, Hans-Bernd: Probleme bei der Festlegung von Sorgfaltsstandards durch Zivilgerichte aus ökonomischer Sicht, KritV 75 (1992), 374 ff.

Schäfer, Hans-Bernd/Ott, Claus: Lehrbuch der ökonomischen Analyse des Zivilrechts, Berlin 1986.

- Schmerzensgeld bei Körperverletzungen – Eine ökonomische Analyse, JZ 1990, 563 ff.

Schaub, Günther: Arbeitsrechts-Handbuch, 7. Aufl., München 1992.

Scherer, Joachim: Umwelt-Audits: Instrument zur Durchsetzung des Umweltrechts im europäischen Binnenmarkt?, NVwZ 1993, 11 ff.

Scherzberg, Arno: Grundrechtsschutz und „Eingriffsintensität", Berlin 1989.

- Risiko als Rechtsproblem, Ein neues Paradigma für das technische Sicherheitsrecht, VerwArch 1993, 484 ff.
- Der freie Zugang zu Informationen über die Umwelt, UPR 1992, 48 ff.
- Freedom of information – deutsch gewendet: Das neue Umweltinformationsgesetz, DVBl 1994, 733 ff.

Scheuing, Dieter H.: Europarechtliche Impulse für innovative Ansätze im deutschen Verwaltungsrecht in Hoffmann-Riem, Wolfgang/Schmidt-Aßmann, Eberhard (Hrsg.), Innovation und Flexibilität des Verwaltungshandelns, Baden-Baden 1994, S. 289 ff.

Schiemann, Gottfried: Argumente und Prinzipien bei der Fortbildung des Schadensrechts, München 1981.

- Das allgemeine Schädigungsverbot „alterum non laedere", JuS 1989, 345 ff.

Schiffer, Hans-Wilhelm/Delbrück, Kilian: Kennzeichnung als Instrument des produktbezogenen Umweltschutzes, DB 1991, 1002 ff.

Schimikowski, Peter: Haftung für Umweltrisiken, St. Augustin 1991.

Schindel, Jost: Datenschutz contra Umweltschutz?, Plädoyer für ein Informationsgesetz, ZRP 1990, 135 ff.

Schink, Alexander: Vollzugsdefizite im kommunalen Umweltschutz, ZUR 1993, 1 ff.

Schiwy, Peter: Deutsches Arzneimittelrecht, Kommentar, 2 Bde., Starnberg Stand: Juli 1994.

Schlechtriem, Peter: Dogma und Sachfrage – Überlegungen zum Fehlerbegriff des Produkthaftungsgesetzes in FS für Fritz Rittner zum 70. Geburtstag, München 1991, S. 545 ff.

- Schuldrecht, Besonderer Teil, 3. Aufl., Tübingen 1993.

Schlink, Bernhard: Freiheit durch Eingriffsabwehr – Rekonstruktion der klassischen Grundrechtsfunktion, EuGRZ 1984, 457 ff.

Schlomann, Barbara: Gesellschaftliche Risiken und ihre Minimierung bei Energieumwandlung und -nutzung in Risiken für unsere Gesundheit – einschätzen und handhaben, Bundesvereinigung für Gesundheitserziehung, Bonn 1991, S. 67 ff.

Schlosser, Peter: Internationale Rechtshilfe und rechtsstaatlicher Schutz von Beweispersonen, ZZP 94 (1983), 369 ff.

- Die lange Reise in die prozessuale Moderne, Zugleich eine Besprechung des Urteils des BGH vom 11.6.1990, JZ 1991, 599 ff.
- Zivilprozeßrecht, Bd. I, Erkenntnisverfahren, 2. Aufl., München 1991.
- Das Bundesverfassungsgericht und der Zugang zu den Informationsquellen im Zivilprozeß, NJW 1992, 3275 ff.

Schlosshauer-Selbach, Stefan: Zurechnungszusammenhang und Selbstbestimmung bei ärztlicher Aufklärung, NJW 1985, 660 ff.

Schmatz, Hans/Nöthlichs, Matthias: Sicherheitstechnik, 9 Bde., Berlin 1969 ff.

Schmidhäuser, Eberhard: Vom Sinn der Strafe, 2. Aufl., Göttingen 1971.

Schmidt, Detlef: Qualitätssicherungsvereinbarungen und ihr rechtlicher Rahmen, NJW 1991, 144 ff.

Schmidt, Guido: Haftung für Umweltschäden, DÖV 1991, 878 ff.

Schmidt, Jürgen: Steuerung „neuer Risiken" mit Hilfe des zivilrechtlichen Vertragsrechts, KritV 1991, 344 ff.

Schmidt, Karsten: Informationsrechte in Gesellschaften und Verbänden, Heidelberg 1984.
– Haftung und Zurechnung im Unternehmensbereich – Grundlagen im Zivil- und Versicherungsrecht, KF 1993, 4ff.
– Haftungsrisiken für Umweltschutz und technische Sicherheit im gegliederten Unternehmen – Gesellschafts- und konzernrechtliche Betrachtungen, UTR 1991, 69ff.
Schmidt-Aßmann, Eberhard: Anwendungsprobleme des Art. 2 Abs. 2 GG im Immissionsschutzrecht, AöR 106 (1981), 205ff.
Schmidt-Bleibtreu, Bruno/Klein, Franz: Kommentar zum Grundgesetz, 7. Aufl., Neuwied 1990.
Schmidt-Glaeser, Walter/Mackeprang, Rudolf: Zur Institution des öffentlich-rechtlichen Beauftragten, Verw 1991, 15ff.
Schmidt-Leithoff, Christian: Das Risk-Management industrieller Produktions- und Produktrisiken, insbesondere in der Automobilindustrie, in Arbeitsgemeinschaft der Verkehrsanwälte (Hrsg.), Probleme der Produzentenhaftung, Essen 1988, S. 74ff.
- Auswirkungen des neuen Umwelt-Haftungsrechts auf die Industrie, VP 1991, 204ff.
Schmidt-Salzer, Joachim: Produkthaftung, Produkthaftpflichtversicherung, Betriebsorganisation und risk managment, BB 1972, 1430ff.
- Rechtliche und tatsächliche Aspekte der Produktbeobachtungshaftung, BB 1981, 1041ff.
- Das Mehrwegflaschen-Urteil des Bundesgerichtshofs und die allgemeine Produkt-Verschuldenshaftung, PHI 1988, 146ff.
- Haftung und Versicherung, KF 1990, 21ff.
- Produkthaftung, Bd. III/1, Deliktsrecht, 1. Teil, 2. Aufl., Heidelberg 1990 mit Rezension von Lousanoff, ZHR 155 (1991), 309ff.
- Umwelthaftpflicht und Umwelthaftpflichtversicherung (III.): das Umwelthaftungsgesetz 1991, VersR 1991, 9ff.
- Umwelthaftpflicht und Umwelthaftpflichtversicherung (IV): Umwelthaftung in der westlichen Industriegesellschaft – Deutschland und Westeuropa, VersR 1992, 389ff.
- Kommentar zum Umwelthaftungsrecht, Heidelberg 1992 mit Rezension von Diederichsen/Wagner, VersR 1993, 641 und von Möllers, NJW 1993, 1121f.
- Verbraucherschutz, Produkthaftung, Umwelthaftung, Unternehmensverantwortung, NJW 1994, 1305ff.
– Konkretisierung der strafrechtlichen Produkt- und Umweltverantwortung, NJW 1996, 1ff.
Schmidt-Salzer, Joachim/Hollmann, Hermann H.: Kommentar EG Produkthaftung, Bd. 1, Heidelberg 1986.
Schneider, Egon: Die Beweisvereitelung, MDR 1969, 4ff.
Schneider, Jens-Peter: Nachvollziehbare Amtsermittlung bei der Umweltverträglichkeitsprüfung, Berlin 1991.
– Öko-Audit als Scharnier in einer ganzheitlichen Regulierungsstrategie, Verw 1995, 361ff.
Schneider, Otmar: Grundsätzliche Überlegungen zur polizeilichen Gefahr, DVBl 1980, 406ff.
Schneider, Uwe: Die Wahrung öffentlich-rechtlicher Pflichten durch den Geschäftsführer in FS 100 Jahre GmbG, Köln 1992, S. 473ff.
- Gesellschaftsrechtliche und öffentlich-rechtliche Anforderungen an eine ordnungsgemäße Unternehmensorganisation, DB 1993, 1909ff.
Schnutenhaus, Jörn: Die Umsetzung der Öko-Audit-Verordnung in Deutschland, ZUR 1995, 9ff.
Schoch, Friedrich: Staatliche Informationspolitik und Berufsfreiheit, DVBl 1991, 667ff.
- Privatisierung von Verwaltungsaufgaben, DVBl 1994, 962ff.
Schoenemann, Peter: Akteneinsicht und Persönlichkeitsschutz, DVBl 1988, 520ff.
Schönhöfer, Peter S.: Risikoabschätzung bei Arzneimittelsicherheitsentscheidungen aus medizinischer Sicht in Damm, Reinhard/Hart, Dieter (Hrsg.), Rechtliche Regulierung von Gesundheitsrisiken, Baden-Baden 1993, S. 95ff.
Schönke, Adolf/Schröder, Horst: Strafgesetzbuch, Kommentar, 24. Aufl., München 1991.
Scholz, Rupert: Verfassungsfragen zum Schutz des Nichtrauchers, DB 1979, Beilage 10.
Scholz, Rupert/Pitschas, Rainer: Informationelle Selbstbestimmung und staatliche Informationsverantwortung, Berlin 1984.

Schottelius, Dieter/Küpper-Djindjic, Corinna: Die Interdependenz zwischen Gesundheits-, Umwelt-, Arbeitsschutz und Anlagensicherheit aus der Sicht der betrieblichen Praxis, BB 1993, 445ff.

Schramm, Stephan: Der Schutzbereich der Norm im Arzthaftungsrecht, Karlsruhe 1992.

Schröder, Meinhard: Der Geheimhaltungsschutz im Recht der Umweltchemikalien, Berichte des Umweltbundesamtes 10/80, Berlin 1980.

- Der Schutz von Betriebs- und Geschäftsgeheimnissen im Umweltschutzrecht, UPR 1985, 394ff.
- Auskunft und Zugang in bezug auf Umweltdaten als Rechtsproblem, NVwZ 1990, 905ff.
- Die Berücksichtigung der Interessen der Wirtschaft bei der Gestaltung und Umsetzung der Umweltinformationsrichtlinie der Europäischen Gemeinschaft, ZHR 155 (1991), 471ff.

Schubert, Mathias: BR Deutschland/EG: Verschuldenselemente im Fehlerbegriff des neuen Produkthaftungsrechts, PHI 1989, 74ff.

Schünemann, Bernd: Strafrechtsdogmatische und kriminalpolitische Grundfragen der Unternehmenskriminalität, wistra 1982, 41ff.

- Die strafrechtliche Verantwortung der Unternehmensleitung im Bereich von Umweltschutz und technischer Sicherheit, UTR 1994, 137ff.

Schünemann, Wolfgang B.: Aufklärungspflicht und Haftung, BB 1987, 2243ff.

– Das Gesetz über die elektromagnetische Verträglichkeit von Geräten als Schutzgesetz i.S. von § 823 II BGB, NJW 1996, 81ff.

Schulte, Hans: Ausgleich ökologischer Schäden und Duldungspflicht geschädigter Grundeigentümer, Berlin 1990, gekürzt *derselbe*, Zivilrechtsdogmatische Probleme im Hinblick auf Ersatz „ökologischer Schäden", JZ 1988, 278ff.

Schulte, Martin: Informales Verwaltungshandeln als Mittel staatlicher Umwelt- und Gesundheitspflege, DVBl 1988, 512ff.

Schulz, Fritz: System der Rechte auf den Eingriffserwerb, AcP 105 (1909), 1ff.

Schulze-Fielitz, Helmuth: Recht des Immissionsschutzes in Schmidt, Reiner (Hrsg.), Öffentliches Wirtschaftsrecht, Besonderer Teil 1, Berlin u.a. 1995, § 3.

Schürmann, Frank: Öffentlichkeitsarbeit der Bundesregierung, Berlin 1991.

Schwab, Joachim: Rechtskontrolle im Umweltschutzrecht nach dem Vorbild amerikanischer Verwaltungskontrollen, UPR 1987, 94ff.

Schwabe, Jürgen: Die sogenannte Drittwirkung der Grundrechte, München 1971.

Schwan, Eggert: Amtsgeheimnis oder Aktenöffentlichkeit, München 1984.

v. Schwanenflügel, Matthias: Das Öffentlichkeitsprinzip des EG-Umweltrechts – Zur Bedeutung der Richtlinie über den freien Zugang zu Umweltinformationen, DVBl 1991, 93ff.

- Die Richtlinie über den freien Zugang zu Umweltinformationen als Chance für den Umweltschutz, DÖV 1993, 95ff.

Schwenzer, Ingeborg: Rückruf- und Warnpflichten des Warenherstellers, JZ 1987, 1059ff.

Schwerdtfeger, Gunther: Verbrauchslenkung durch Information – Die Transparenzkommission beim Bundesgesundheitsamt in 125jähriges Bestehen der Juristischen Gesellschaft zu Berlin, Berlin 1984, 715ff.

Seeberger, Waltraud: Einführung und Akzeptanz eines Qualitätsmanagementsystems in der Produktion, Deutsche Milchwirtschaft 1994, 874ff.

Seewald, Otfried: Zum Verfassungsrecht auf Gesundheit, Köln u.a. 1981.

- Die Bedeutung der Umwelt im Umweltrecht, NuR 1988, 161ff.

Seibt, Christoph H.: Zivilrechtlicher Ausgleich ökologischer Schäden, Tübingen 1994.

Sellner, Dieter: Zum Vorsorgegrundsatz im Bundes-Immissionsschutzgesetz, NJW 1980, 1255ff.

Sellner, Dieter/Schnutenhaus, Jörn: Umweltmanagement und Umweltbetriebsprüfung („Umweltaudit") – ein wirksames, nicht ordnungsrechtliches System des betrieblichen Umweltschutzes?, NVwZ 1993, 928ff.

Selmer, Peter: Privates Umwelthaftungsrecht und öffentliche Gefahrenabwehr, Heidelberg 1991, mit Rezension v. Bar, DVBl 1992, 1180.

Sendler, Horst: Wer gefährdet wen: Eigentum und Bestandsschutz den Umweltschutz – oder umgekehrt?, UPR 1983, 33ff.

- Die Entwicklung des Umweltschutzrechts in der Rechtsprechung des Bundesverwaltungsgerichts, UPR 1991, 241 ff.
- Brauchen wir ein Umweltgesetzbuch (UGB) ?, Wenn ja: Wie sollte es aussehen?, DVBl 1992, 1113 ff.

Servatius, H.G.: Umsetzung umweltbewußter Führung als Prozeß eines kulturellen Wandels in Zahn/Gassert (Hrsg.), Umweltschutzorientiertes Management, 1991, S. 97 ff.

Seyppel, Marcel: Gläserne Umweltbürokratie europaweit, EG-Magazin 1990, 18 ff.

Shavell, Economic Analysis of Accident Law, 1987

Sieger, Jürgen: Probleme der Nutzen-Risiko-Abwägung des § 84 AMG, VersR 1989, 1014 ff.

Simitis, Spiros: Haftungsprobleme beim Umweltschutz, VersR 1972, 1087 ff.
- Verbraucherschutz, Schlagwort oder Rechtsprinzip?, Baden-Baden 1976.
- Produzentenhaftung von der strikten Haftung zur Schadensprävention in FS für Konrad Duden zum 70. Geburtstag, München 1977, S. 605 ff.

Simitis, Spiros/Dammann, Ulrich/Geiger, Hansjörg/Mallmann, Otto/Walz, Stefan: Der Großkommentar zum neuen Bundesdatenschutzgesetz, 4. Aufl., Baden-Baden 1992.

Singer, Reinhard: Das Verbot widersprüchlichen Verhaltens, München 1993.

Sodan, Helge: Gesundheitsbehördliche Informationstätigkeit und Grundrechtsschutz, DÖV 1987, 858 ff.

Soergel, Hans Theodor (Begr.): Kommentar zum Bürgerlichen Gesetzbuch mit Einführungsgesetz und Nebengesetzen, 8 Bde., 12. Aufl., Stuttgart u.a. ab 1987 (zitiert: Bearbeiter in Soergel).

Spendel, Günther: Zur Lehre vom Strafmaß, Frankfurt 1954.

Spickhoff, Andreas: Zur Haftung für HIV-kontaminierte Blutkonserven, JZ 1991, 757 ff.

Spiecker, Herbert: Das Umwelthaftungsgesetz, BayVBl 1991, 263 ff.

Stadler, Astrid: Der Schutz von Unternehmensgeheimnissen im Zivilprozeß, NJW 1989, 1202 ff.
- Der Schutz der Unternehmensgeheimnisse im deutschen und US-amerikanischen Zivilprozeß und im Rechtshilfeverfahren, Tübingen 1989.

Stahlmann, Volker: Umweltverantwortliche Unternehmensführung, Aufbau und Nutzen eines Öko-Controlling, München 1994.

v. Staudinger, Julius: Kommentar zum Bürgerlichen Gesetzbuch mit Einführungsgesetz und Nebengesetzen, 12.Aufl., Berlin 1988 (zitiert: Bearbeiter in Staudinger).

Stecher, Heiner: Die Ursachenvermutungen des Umwelthaftungs- und des Gentechnikgesetzes, Diss. Heidelberg, Frankfurt 1995.

Steffen, Erich: Verkehrspflichten im Spannungsfeld von Bestandsschutz und Handlungsfreiheit, VersR 1980, 409 ff.
- Der verständige Patient aus der Sicht des Juristen, MedR 1983, 88 ff.
- Kausalitäts- und Zurechnungsprobleme bei Umweltschäden nach dem geltenden und dem geplanten Umwelthaftungsrecht, VP 1990, 97 ff.
- Verschuldenshaftung und Gefährdungshaftung für Umweltschäden, UTR 1990, 71 ff = NJW 1990, 1817 ff.
- Neue Entwicklungslinien der BGH-Rechtsprechung zum Arzthaftungsrecht, 5. Aufl. Köln 1992 (4. Aufl. 1990, zitiert: Steffen, Arzthaftungsrecht).

Steffen, Erika: Zivilrechtliche Haftung im Sport, NJW 1990, 2658 ff.

Stein, Ekkehart: Staatsrecht, 13. Aufl., Tübingen 1991.

Stein, Martin/Jonas, Friedrich: Kommentar zur Zivilprozeßordnung, 21. Aufl., Tübingen 1993 ff.

Steinberg, Rudolf: Schutz von Geschäfts- und Betriebsgeheimnissen im atomrechtlichen Genehmigungs- und Aufsichtsverfahren, UPR 1988, 1 ff.

Steindorff, Ernst: Repräsentanten- und Gehilfenversagen und Qualitätsregelungen in der Industrie, AcP 170 (1970), 93 ff.
- Wirtschaftsordnung und -steuerung durch Privatrecht in FS für Ludwig Raiser zum 70. Geburtstag, Tübingen 1974, S. 621 ff.
- Persönlichkeitsschutz im Zivilrecht, Heidelberg 1983.
- Zivilrechtliche Grundfragen von Bankgeheimnis, Bankauskunft und Persönlichkeitsschutz, ZHR 149 (1985), 151 ff.

Steiner, Udo: Technische Kontrolle im privaten Bereich – insbesondere Eigenüberwachung und Betriebsbeauftragte, DVBl 1987, 1133ff = UTR 1988, 19ff.

Steinmann, Christine: Qualitätssicherungsvereinbarungen zwischen Endproduktherstellern und Zulieferern, Heidelberg 1993.

Steinmark, Thomas: „Betriebsbeauftragte" im Umwelt- und Sozialbereich, BB 1983, 867ff.

Stern, Klaus: Das Staatsrecht der Bundesrepublik Deutschland, Bd. III/1, München 1988.

Stiehr, Karin: Risikokonflikte und der Streit um das Rauchen – Eine Analyse der gesellschaftlichen Diskurse über die Schaffung von Sicherheit, Wiesbaden 1992.

Stoll, Hans: Unrechtstypen bei Verletzung absoluter Rechte, AcP 162 (1963), 203ff.

- Empfiehlt sich eine Neuregelung der Verpflichtung zum Geldersatz für immateriellen Schaden?, Gutachten zum 45. DJT, Bd.I, Berlin 1964.
- Die Beweislastverteilung bei positiven Vertragsverletzungen in FS für Fritz v. Hippel zum 70. Geburtstag, Tübingen 1967, S. 517ff.
- Haftungsverlagerung durch beweisrechtliche Mittel, AcP 176 (1976), 145ff.
- Tatbestände und Funktionen der Haftung für culpa in contrahendo in FS Ernst v. Caemmerer zum 70. Geburtstag, Tübingen 1978, S. 435ff.
- Haftungsrechtlicher Schutz gegen drohendes Unrecht in FS für Hermann Lange zum 70. Geburtstag, Stuttgart u.a. 1992, S. 729ff.
- Haftungsfolgen im bürgerlichen Recht, Heidelberg 1993.

Stollmann, Frank: Umweltinformation im Verwaltungsverfahren zwischen europäischem Anspruch und deutscher Umsetzung NVwZ 1995, 146ff.

Stone, Christopher D.: Umwelt vor Gericht – Die Eigenrechte der Natur, Darmstadt 1992, gekürzt *derselbe*: Die spirituellen, juristischen und institutionellen Wurzeln, IUR 1992, 145ff.

Storm, Peter-Christoph: Empfiehlt es sich, ein Umweltgesetzbuch zu schaffen, gegebenenfalls mit welchen Regelungsbereichen?, ZRP 1992, 346ff.

Storz, Eugen: Der Verbraucher und der richtige Umgang mit Gesundheit und Arzneimitteln, PharmInd 1989, 137ff.

Strauch, Robert G.: Zur wettbewerbsrechtlichen Zulässigkeit von sog. „Bio-Werbung" gem. § 3 UWG, WRP 1992, 540ff.

Streckel, Siegmar: Umweltschutz und Versicherung, Zivilrechtliche Haftung im Umweltschutz, ZVerWiss 65 (1976), 55ff.

Streinz, Rudolf: Gesundheitsschutz und Verbraucherinformation im Lebensmittelrecht der Europäischen Gemeinschaften in Damm, Reinhard/Hart, Dieter (Hrsg.), Rechtliche Regulierung von Gesundheitsrisiken, Baden-Baden 1993, S. 151ff.

Streinz, Rudolf/Hohmann, Gert: Die Rechtsprechung des EuGH im Bereich des Lebensmittelrechts 1990–1992, JZ 1993, 712ff.

Stürner, Rolf: Die Aufklärungspflicht der Parteien des Zivilprozesses, Tübingen 1976 mit Rezension Wolfram Henckel, ZZP 92 (1979), 100ff.

- Der Anspruch auf Erfüllung von Treue- und Sorgfaltspflichten, JZ 1976, 384ff.
- Die Einwirkungen der Verfassung auf das Zivilrecht und den Zivilprozeß, NJW 1979, 2234ff.
- Die richterliche Aufklärung im Zivilprozeß, Tübingen 1982.
- Parteipflichten bei der Sachverhaltsaufklärung im Zivilprozeß, ZZP 98 (1985), 237ff.
- Die gewerbliche Geheimsphäre im Zivilprozeß, JZ 1985, 453ff.
- Kurzfassung der Gutachten zum 60. DJT in Münster, NJW 1994, Beilage 1.

Suhr, Dieter: Die Freiheit vom staatlichen Eingriff als Freiheit zum privaten Eingriff?, JZ 1980, 166ff.

- Immissionsschäden vor Gericht, Kehl am Rhein 1986.

Systematischer Kommentar zum Strafgesetzbuch (Hrsg. Hans-Joachim Rudolphi/Eckard Horn/Erich Samson), 2. Ordner, Loseblatt, Neuwied 1994 (zitiert: Bearbeiter in SK).

Szelinski, Bert Axel: Der Umweltschutzbeauftragte, WiVerw 1980, 266ff.

Taeger, Jürgen: Die Offenbarung von Betriebs- und Geschäftsgeheimnissen, Baden-Baden 1988.

- Auskunftspflichten und Geheimnisschutz im Umweltrecht in Donner, Hartwig/Magoulas Georgios/Simon, Jürgen/Wolf, Rainer (Hrsg.): Umweltschutz zwischen Staat und Markt, Baden-Baden 1989, S. 435ff.
- Umweltschutz und Datenschutz, CuR 1991, 681ff.

Taschner, Hans Claudius: Die künftige Produzentenhaftung in Deutschland, NJW 1986, 611ff.

Taschner, Hans Claudius/Frietsch, Edwin: Produkthaftungsgesetz und EG-Produkthaftungsrichtlinie, 2. Aufl. München, 1990.

Taupitz, Jochen: Die zivilrechtliche Pflicht zur unaufgeforderten Offenbarung eigenen Fehlverhaltens, Tübingen 1989 mit Rezension von Knappmann, NJW 1991, 2948.
- Die Standesordnung der Berufe, Berlin 1991.
- Aufklärung über Behandlungsfehler: Rechtspflicht gegenüber dem Patienten oder ärztliche Ehrenpflicht, NJW 1992, 713ff.
- Das Umwelthaftungsgesetz als Zwischenschritt auf dem Weg zu einem effektiven Umwelthaftungsrecht, Jura 1992, 113ff.
- Umweltschutz durch zivilrechtliche Haftung in Nicklisch, Fritz (Hrsg.), Umweltrisiken und Umweltprivatrecht im deutschen und europäischen Recht, Heidelberg 1995, S. 21ff.

Teichler, Maximilian: Qualitätssicherung und -vereinbarung, BB 1991, 428ff.

Teichmann, Arndt: Nebenverpflichtungen aus Treu und Glauben, JA 1984, 545ff.

Tempel, Otto: Inhalt, Grenzen und Durchführung der ärztlichen Aufklärungspflicht unter Zugrundelegung der höchstrichterlichen Rechtsprechung, NJW 1980, 609ff.

Tettinger, Peter J.: Der Immissionsschutzbeauftragte – ein Beliehener?, DVBl 1976, 752ff.

Teubner, Gunther: Der Beirat zwischen Verbandssouveränität und Mitbestimmung – Zu den Schranken der Beiratsverfassung in der GmbH –, ZGR 1985, 565ff.
- Verbund, Verband oder Verkehr, ZHR 154 (1990), 295ff.
- The Invisible Cupola: From Causal to Collective Attribution in Ecological Liability, EUI Colloquium Papers, Florenz 1992 – Die unsichtbare „Cupola“: Kausalitätskrise und kollektive Zurechnung in Weyma, Lübbe (Hrsg.): Kausalität und Zurechnung, Über Verantwortung in komplexen kulturellen Prozessen, Berlin 1994, S. 91ff.

Thamm, Manfred: Die persönliche Haftung bzw. Verantwortlichkeit von Führungskräften und Mitarbeitern in Unternehmen, DB 1994, 1021ff.

Thomas, Heinz/Putzo, Hans: Zivilprozeßordnung mit Gerichtsverfassung und Einführungsgesetzen, 19. Aufl., München 1995.

Thomas, Jürgen: Unternehmenshaftung – ein neuer Tatbestand an den Grenzen des zivilen Haftungsrechts, UTR 1991, 87ff.

Thon, August: Rechtsnorm und subjektives Recht, 2 Bde., Weimar 1878.

Tiedtke, Klaus: Die Haftung des Produzenten für die Verletzung von Warnpflichten in FS für Joachim Gernhuber zum 70. Geburtstag, Tübingen 1993, S. 471ff.

Tilmann, Winfried: Zum Rechtsschutz gegenüber Veröffentlichungen der MAK-Werte-Kommission, BB 1981, 521ff.

Toepfer, Klaus: Das Umwelthaftungsgesetz kommt!, in Bitburger Gespräche, Jahrbuch 1989, S. 119ff.

Tomerius, Stephan: Der „National Environmental Policy Act“ der USA – Impulse US-amerikanischer Umweltpolitik für das deutsche Umweltrecht, ZVglRWiss, Bd. 91 (1992), S. 423ff.

Tomuschat, Christian: Rechtsgutachten zur Frage der Bearbeitungsfristen für die Zulassung von Arzneimitteln, PharmInd 1993, 217ff.

Tünnesen-Harmes, Christian: Die CE-Kennzeichnung zum Abbau technischer Handelshemmnisse in der Europäischen Union, DVBl 1994, 1334ff.

Turiaux, André: Umweltinformationsgesetz, München 1995.

Twersky, Aaron D./Weinstein, Alvin S./Donaher, William A./Piehler, Henry R.: Shifting Perspectives in Products Liability: From Quality to Process Standards, 55 N.Y.U.L.Rev. 1980, 347ff.

Ule, Carl Hermann/Laubinger, Hans-Werner: Empfehlen sich unter dem Gesichtspunkt der Gewährleistung notwendigen Umweltschutzes ergänzende Regelungen im Verwaltungsverfahrensgesetz und Verwaltungsprozeßrecht?, Gutachten B zum 52. DJT, München 1978.

- Bundes-Immissionschutzgesetz, Kommentar und Entscheidungssammlung, 10 Ordner, Neuwied, Stand Juli 1991.

Ulmer, Peter: Produktbeobachtungs-, Prüfungs- und Warnpflichten eines Warenherstellers in bezug auf Fremdprodukte?, ZHR 152 (1988), 564ff.

Ulrich, Gustav-Adolf: Die vorprozessualen Informationspflichten des Anspruchsgegners in Wettbewerbssachen, ZIP 1990, 1377ff.

Ulsenheimer, Klaus: Zur zivil- und strafrechtlichen Verantwortlichkeit des Arztes unter besonderer Berücksichtigung der neueren Judikatur und ihrer Folgen für eine defensive Medizin, MedR 1992, 127ff.

Uppenbrink, Martin/Broecker, Bernard/Schottehus, Dieter/Schmidt-Bleek, Friedrich: Chemikaliengesetz, Stand März 1987.

Versen, Hartmut: Zivilrechtliche Haftung für Umweltschäden, Heidelberg 1994.

Viehweg, Theodor: Topik und Jurisprudenz, 5. Aufl., München 1974.

Vieweg, Klaus: Technische Normen im EG-Binnenmarkt in Müller-Graff, Peter (Hrsg.), Technische Regeln im Binnenmarkt, Baden-Baden 1991, S. 57ff.

Vogel, Rüdiger: Deliktischer Zivilrechtsschutz bei summierten Immissionen als besondere Berücksichtigung der Kausalitätsproblematik, Diss. Hannover 1991.

Vogeler, Michael: Die speziellen Haftungsvoraussetzungen des § 84 Satz 2 AMG, MedR 1984, 18ff, 57ff.

Vogelsang, Klaus: Grundrecht auf informationelle Selbstbestimmung?, Baden-Baden 1987 mit Rezension von Hahlen, DVBl 1988, 1133ff.

Voitl, Alexander: Behördliche Warnkompetenz im Bundesstaat, Baden-Baden 1994.

Vorentwürfe der Redaktoren zum BGB (Hrsg. Werner Schubert), Schuldrecht 3, 1871ff, Neudruck Berlin 1978.

Voss, Axel: Zur Vereinbarkeit von nationalen Umweltzeichen mit Art. 30 EWGV, EWS 1993, 202ff.

Wacke, Andreas: Gefahrerhöhung als Besitzverschulden in FS für Heinz Hübner zum 70. Geburtstag, Berlin 1984, S. 669ff.

Wade, John: On the Nature of Strict Tort Liability for Products, Miss.L.J. 44 (1973), 825ff.

Wagner, Gerhard: Öffentlich-rechtliche Genehmigung und zivilrechtliche Rechtswidrigkeit, Köln u.a. 1989.

- Kollektives Umwelthaftungsrecht auf genossenschaftsrechtlicher Grundlage, Berlin 1990.
- Die Aufgaben des Haftungsrechts – eine Untersuchung am Beispiel der Umwelthaftungsrecht-Reform, JZ 1991, 175ff.
- Umwelthaftung und Versicherung, VersR 1991, 249ff.
- Umweltschutz mit zivilrechtlichen Mitteln, NuR 1992, 201ff.
- Die Zukunft der Umwelthaftpflichtversicherung, VersR 1992, 261ff.

Wagner, Hellmut: Die Risiken von Wissenschaft und Technik als Rechtsproblem, NJW 1980, 665ff.

- Effizienz des Ordnungsrechts für den Umweltschutz?, NVwZ 1995, 1046ff.

Wahl, Rainer/Masing, Johannes: Schutz durch Eingriff, JZ 1990, 553ff.

Wahrendorf, Volker: Die Prinzipien der Beweislast im Haftungsrecht, Köln u.a. 1976.

Walter, Gerhard: Freie Beweiswürdigung, Tübingen 1979.

- Kaufrecht, Tübingen 1987.

Wank, Rolf: Lieferung von Glykolwein als Falschlieferung – BGH NJW 1989, 218, JuS 1990, 95ff.

Waskow, Siegfried: Betriebliches Umweltmanagement. Anforderungen nach der Audit-Verordnung der EG, Heidelberg 1994.

Wedde, Peter: Mobiltelefone und Arbeitsrecht, CR 1995, 41ff.

Wegener, Wolf: Produktbeobachtungspflicht bei Kraftfahrzeugen, DAR 1990, 130ff.

Weimar, Robert: Umweltrechtliche Verantwortung des GmbH-Geschäftsführers, GmbHR 1994, 82ff.

Weinmann, Wolfram/Thomas, Hans-Peter: Gefahrstoffverordnung mit Chemikaliengesetz, 2Bde., Köln u.a. 1986/1992.

Weitnauer, Hermann: Aktuelle Fragen des Haftungsrechts, VersR 1970, 585ff.
- Beweisfragen in der Produktenhaftung in FS für Karl Larenz zum 70. Geburtstag I, München 1973, S. 905ff.

v. Werder, Axel: Produkthaftungsmanagement US-amerikanischer Großunternehmen, ZfB 1988, 1010ff.

v. Werder, Axel/Nestler, Anke: Grundsätze ordnungsgemäßer Umweltschutzorganisation als Maßstab des europäischen Umwelt-Audit, RIW 1995, 296ff.

Werres, Rüdiger: Aufklärungspflichten in Schuldverhältnissen und deren Grenzen, Diss. Köln 1985.

Wessels, Johannes: Strafrecht, Allgemeiner Teil, 24. Aufl., Heidelberg 1994.

Westerhoff, Rudolf: Die Elemente des Beweglichen Systems, Berlin 1991.

Westermann, Harm Peter: Das private Nachbarrecht als Instrument des Umweltschutzes, UTR 1989, 103ff.
- Umwelthaftung im Konzern, ZHR 155 (1991), 223ff.

Westermann, Harry: Die Funktionen des Nachbarrechts in FS für Karl Larenz zum 70. Geburtstag, München 1973, S. 1003ff.

Graf v. Westphalen, Friedrich: Rückstellungen wegen gestiegener Risiken aus der Produzentenhaftung?, WM 1981, 1154ff.
- Produkthaftungshandbuch, 2 Bde., München 1989ff (zitiert: Bearbeiter in Produkthaftungshandbuch I oder II).
- Das Milupa-Urteil – eine beträchtliche Verschärfung der Produkthaftung, ZIP 1992, 18ff.
- Qualitätssicherungsvereinbarungen, CR 1993, 65ff.

Weyers, Hans-Leo: Unfallschäden, Frankfurt 1971.

Wickhorst, Thomas: Recht und Ökonomie des Produkthaftungsgesetzes, Diss. Hannover, Baden-Baden 1994.

Wieacker, Franz: Privatrechtsgeschichte der Neuzeit, 2. Aufl., Göttingen 1967.
- Geschichtliche Wurzeln des Prinzips der verhältnismäßigen Rechtsanwendung in FS für Robert Fischer, Berlin 1979, S. 867ff.

Wiebe, Andreas: Zur „ökologischen Relevanz" des Wettbewerbsrechts – Lauterkeitsrechtliche Grenzen der Umweltwerbung, WRP 1993, 798ff.
- Umweltschutz durch Wettbewerb, Das betriebliche Umweltschutzsystem der EG, NJW 1994, 289ff.
- EG-rechtliche Grenzen des deutschen Wettbewerbsrechts am Beispiel der Umweltwerbung, EuZW 1994, 41ff.

Wiebecke, Ferdinand (Hrsg.): Umwelthaftung und Umwelthaftungsrecht, Wiesbaden 1990.

Wilburg, Walter: Die Elemente des Schadensrechts, Marburg 1941.
- Entwicklung eines Beweglichen Systems im Bürgerlichen Recht, Graz 1950.
- Zusammenspiel der Kräfte im Aufbau des Schuldrechts, AcP 163 (1964), 346ff.

Will, Michael R.: Quellen erhöhter Gefahr, München 1980.

Wimmer, Raimund: Die gefährliche Gefahrstoffverordnung – Rechtliche Anmerkungen zum Ausschuß für Gefahrstoffe und zur MAK-Werte-Kommission, NVwZ 1988, 130ff.
- Ein blauer Engel mit rechtlichen Macken, BB 1989, 565ff.

Winckler, Rudolf: Verfahren und Organisation der Harmonisierung technischer Normen – weltweit und im europäischen Rahmen in Müller-Graff, Peter (Hrsg.), Technische Regeln im Binnenmarkt, 1991, S. 79ff.

Winkelmann, Thomas: Die Befundsicherungspflicht des Herstellers – Ein erster Schritt zur Beweislastumkehr beim Kausalitätsnachweis im Produzentenhaftungsrecht?, MDR 1989, 16ff.
- Beschränkung der Haftung durch Unternehmenskooperation? Haftungsverlagerungen durch Qualitätsvereinbarungen in Jahrbuch Junger Zivilrechtswissenschaftler 1993, München 1993, S. 211ff.

Winkler von Mohrenfels, Peter: Abgeleitete Informationspflichten im deutschen Zivilrecht, Berlin 1986.

Winter, Gerd: Gesetzliche Anforderungen an Grenzwerte für Luftimmissionen in Winter, Gerd (Hrsg.), Grenzwerte, Düsseldorf 1986, S. 127ff.

- Perspektiven des Umweltrechts, DVBl 1988, 659 ff.
- Akteneinsicht in Frankreich in Burmeister/Winter, Gerd (Hrsg.), Öffentlichkeit von Umweltinformationen, Europäische und nordamerikanische Rechte und Erfahrungen, Baden-Baden 1990, 175 ff = Akteneinsicht in Frankreich, UPR 1989, 81.
- Entfesselungskunst. Eine Kritik des Gentechnik-Gesetzes, KritV 24 (1991), 18 ff.

Winter, Gerd (Hrsg.): Grenzwerte, Düsseldorf 1986.
- Öffentlichkeit von Umweltinformationen, Europäische und nordamerikanische Rechte und Erfahrungen, Baden-Baden 1990.

Wöhe, Günter: Einführung in die Allgemeine Betriebswirtschaftslehre, 18. Aufl., München 1993.

Wolff, Hans J./Bachof, Otto/Stober, Rolf: Verwaltungsrecht I, 10. Aufl. München 1994.

Wolter, Udo: Die Haftungsregelung des neuen Arzneimittelgesetzes, DB 1976, 2001 ff.

Wolz, Birgit: Der Begriff der „bedenklichen" Arzneimittel und das Verbot ihres Inverkehrbringens, §§ 95 I Nr. 1 iVm 5 AMG, Diss. Kiel 1987.

Würtenberger, Thomas: Akzeptanz durch Verwaltungsverfahren, NJW 1991, 257 ff.

Wurst, Matthias: Europa 1992: Auf dem Weg zu einem einheitlichen Datenschutzrecht in der europäischen Gemeinschaft, JuS 1991, 448 ff.

Wussow, Werner/Küppersbusch, Gerhard: Ersatzansprüche bei Personenschäden, 4. Aufl., München 1986.

Zacher, Hans F.: Internationales und Europäisches Sozialrecht 1976, Nr. 93.

Zahn, Erich/Gassert, Herbert (Hrsg.): Umweltschutzorientiertes Management, Stuttgart 1991.

Zahn, Erich/Schmidt, Uwe: Wettbewerbsvorteile durch umweltschutzorientiertes Management in Zahn/Gassert (Hrsg.), Umweltschutzorientiertes Management, Stuttgart 1991, S. 41 ff.

Zapka, Klaus: Passivrauchen und Recht, Diss. Göttingen, Berlin 1992.

Zettel, Günther: Der Beibringungsgrundsatz, Berlin 1977.

Zeuner, Albrecht: Historische Linien in der Entwicklung des Rechts am Gewerbebetrieb, des allgemeinen Persönlichkeitsrechts und der Verkehrspflichten, KF 1983, 196 ff.

Zimmermann, Reinhard: The Law of Obligations, Roman Foundations of the Civilian Tradition, Cape Town, München 1992 mit Rezension von Giesen, JZ 1992, 33.

Zinkann, Reinhard Christian: Die Reduzierung der Produkthaftungsrisiken, Berlin 1989.

Zinke, Horst: Umweltschutz als Herausforderung für die Ziviljustiz, NuR 1988, 1 ff.

Zipfel, Walter: Lebensmittelrecht, Kommentar, 5 Bde., 4. Aufl., München, Loseblatt Stand 1994.

Zippelius, Reinhold: Wertungsprobleme im System der Grundrechte, München 1962.
- Politikverdrossenheit, ZRP 1993, 241 ff.

Zirkel, Herbert: Der Vertrag zwischen Zulieferer und Assembler – eine Vertragsart sui generis?, NJW 1990, 345 ff.

Zöllner, Wolfgang: Zivilrechtswissenschaft und Zivilrecht im ausgehenden 20. Jahrhundert, AcP 188 (1988), 85 ff.
- Informationsordnung und Recht, Berlin 1990.

Zöllner, Wolfgang/Loritz, Karl-Georg: Arbeitsrecht, 4. Aufl., München 1992.

Zuck, Rüdiger: Die Eingriffswarnung, MDR 1988, 1020 ff.

D. Paragraphenregister

E. Sachregister[1]

[1] Die Fundstellen verweisen auf die Seitenzahl dieses Buches. Besonders wichtige Stellen sind kursiv gedruckt. Häufig zitierte Entscheidungen sind im Sachregister aufgenommen.

Urteile aus dem Produkthaftungs- und Arzneimittelrecht sind wiedergegeben bei *Kullmann/Pfister*, Kza. 7000ff; eine umfassende Übersicht von Entscheidungen des EuGH in bezug auf Gesundheits- und Umweltschutz findet sich bei *Epiney/Möllers*, Freier Warenverkehr und nationaler Umweltschutz, S. 139ff.

Jus Privatum

Beiträge zum Privatrecht

1 Frank Peters: Der Entzug des Eigentums an beweglichen Sachen durch gutgläubigen Erwerb
1991. XIII, 160 Seiten. Leinen.

2 Abbo Junker: Internationales Arbeitsrecht im Konzern
1992. XXIX, 597 Seiten. Leinen.

3 Bernd H. Oppermann: Unterlassungsanspruch und materielle Gerechtigkeit im Wettbewerbsprozeß
Zur Entstehung und Durchsetzung von Unterlassungsansprüchen im Wettbewerb und im gewerblichen Sonderrechtsschutz
1993. XIV, 346 Seiten. Leinen.

4 Johann Braun: Grundfragen der Abänderungsklage
1994. XVII, 289 Seiten. Leinen.

5 Karlheinz Muscheler: Die Haftungsordnung der Testamentsvollstreckung
1994. XVIII, 593 Seiten. Leinen.

6 Martin Henssler: Risiko als Vertragsgegenstand
1994. XX, 784 Seiten. Leinen.

7 Horst-Peter Götting: Persönlichkeitsrechte als Vermögensrechte
1995. XIX, 303 Seiten. Leinen.

8 Dorothee Einsele: Wertpapierrecht als Schuldrecht
Funktionsverlust von Effektenurkunden im internationalen Rechtsverkehr
1995. XXXIV, 649 Seiten. Leinen.

9 Hartmut Oetker: Das Dauerschuldverhältnis und seine Beendigung
Bestandsaufnahme und kritische Würdigung einer tradierten Figur der Schuldrechtsdogmatik
1994. XXXIII, 757 Seiten. Leinen.

10 Axel Beater: Nachahmen im Wettbewerb
1995. XVIII, 476 Seiten. Leinen.

11 Walter Bayer: Der Vertrag zugunsten Dritter
Neuere Dogmengeschichte – Anwendungsbereich – Dogmatische Strukturen
1995. XVI, 436 Seiten. Leinen.

12 Curt Wolfgang Hergenröder: Zivilprozessuale Grundlagen richterlicher Fortbildung
1995. XXXIV, 209 Seiten. Leinen.

13 Jürgen Taeger: Außervertragliche Haftung für fehlerhafte Computerprogramme
1995. XIX, 379 Seiten. Leinen.

14 Raimund Waltermann: Rechtsetzung durch Betriebsvereinbarung zwischen Privatautonomie und Tarifautonomie
1996. XVIII, 329 Seiten. Leinen.

15 Astrid Stadler: Gestaltungsfreiheit und Verkehrsschutz durch Abstraktion
Eine rechtsvergleichende Studie zur abstrakten und kausalen Gestaltung rechtsgeschäftlicher Zuwendungen anhand des deutschen, schweizerischen, österreichischen, französischen und US-amerikanischen Rechts
1996. XXXV, 797 Seiten. Leinen.

16 Peter Kindler: Gesetzliche Zinsansprüche im Zivil- und Handelsrecht
Plädoyer für einen kreditmarktorientierten Fälligkeitszins
1996. XXIX, 395 Seiten. Leinen.

17 Matthias Habersack: Die Mitgliedschaft – subjektives und ›sonstiges‹ Recht
1996. XXII, 401 Seiten. Leinen.

18 Thomas M. J. Möllers: Rechtsgüterschutz im Umwelt- und Haftungsrecht
Präventive Verkehrspflichten und Beweiserleichterungen in Risikolagen
1996. XXV, 451 Seiten. Leinen.

J. C. B. Mohr (Paul Siebeck) Tübingen